法学阶梯
INSTITUTIONES
普通高等教育法学精品教材

第四版

法理学

——全球视野

JURISPRUDENCE:
GLOBAL PERSPECTIVE

周永坤 著

法律出版社
LAW PRESS · CHINA
北京

作 者 简 介

周永坤

苏州大学二级教授，博士生导师，苏州大学人权研究中心主任，全国精品课程“法理学”负责人。1995 年破格晋升为教授，1999 年担任博士生导师，2010 年被评为二级教授。曾被“中国人文社会科学学术论文影响力评价课题组”评为“中国法学研究的顶尖学者”，并获得全国优秀法律硕士教学奖、全国法律硕士专业学位教育指导委员会(2006)等奖项。代表性著作有：《公民权利：有尊严的活着》、《规范权力——权力的法理研究》、《解禁中的人权——中国大陆人权研究》等，并在《法学研究》、《中国法学》等期刊发表论文一百四十余篇，代表性文章“论宪法权利的直接效力”为全国他引率最高的五十篇论文之一，著作的总他引频次在法理、法史领域名列第二。

在形式中追求正义

——第四版序

司法的最高目标是追求正义，这个正义是作为公平、公道的正义，是个案中的正义，这样的正义唯有在形式中才有可能达致。让我们来看一个“法呆子”判决。

2010年8月，美国马萨诸塞州一男子在地铁上偷拍、偷录穿短裙的女性，手机摄像头直接对准女性两腿之间。2014年3月5日，马州最高法院法官巴茨福德（Margot Botsford）判被告无罪。理由是马州的偷窥法只针对“全裸”和“半裸”影片或照片，而身着短裙不属于裸体范畴。判决说，女性当然享有不被偷拍裙底的隐私权，然而“目前这部法律没有触及这个问题”。[1] 这是一个形式主义的判决：尽管事实上被告已经侵犯了被偷拍女性的隐私权，但是因法律没有涉及，法官拒绝作出有罪判决。形式主义可以分为两种：一是“拘泥于事实的外在特征或履行某种具有固定意涵的象征行为”的形式主义，二是罗马法确立的、建立在法律规则逻辑推理之上的形式理性。作为现代司法原则的形式主义，是后者而非前者，它不是机械的、罔顾法律精神的形式主义，而是一种以法律规范、正当程序为导向的司法方法与原则，其核心内容是强调法律规范的权威，强调法官遵守法律的义务。具体来说包括六个层面的内容：

第一，奉法律为排他性的最高权威。即法律推理中排斥任何个人与机构的权威，只认规则的权威；在规则体系中，尊崇法律的权威，其他的规则体系与法律冲突无效；在法律体系中，强调宪法的至上性，与宪法冲突的法律无效。

第二，司法目标的规则导向。形式主义司法排除规则以外的任何工具主义、功利主义、现实主义考量，排斥道德与政策性考量，原则上排斥结果的考量，更排斥任何基于法官自身利益、利益群体利益的机会主义考量。

第三，法律解释的规则化。法律解释应当遵守文字解释规则、黄金规则和纠错规则，而其中文字解释又具有优先性。

第四，遵守正当程序。它不仅要求程序必须是正当的，而且将正当程序视为司法必须遵守的规则，而不仅仅是工具。

第五，遵守逻辑规则。法律判决的形成与论证，必须在逻辑形式中展开，逻辑规则对于法

---

〔1〕 这个判决引发了轩然大波，有人称这是历史的倒退。州议会立即着手制定新的法案，不仅在1天之内快速获得一致通过，且加大了惩罚力度。根据新法，任何人未经允许，使用照相机、摄像头或者其他电子设备偷拍他人私处或隐秘部位，不管是否为衣服下方或周围，都属于犯罪，将面临最高2年半的监禁和5000美元罚款。如果偷拍的是18岁以下儿童，处罚加倍。该法立即生效。“偷拍‘裙下风光’合法引众怒美立新法补漏严惩偷窥狂”，载新加坡《联合早报》2014年3月9日。本案遵循的原则是，公正判决考虑的是依据法律当如何下判，而不是其实质内容——应当处罚这个“事实上”的色狼。

律人来说就是"法律"。

第六,价值评价(衡量)应当遵守法律精神并规则化。司法离不开价值衡量,当法律规定缺失或法律规定不一致或法律规定违反法律精神时,尤其需要价值评价。诚如拉伦兹所言:"法学及司法裁判的特色正在于:它们'几乎完全是在处理评价的事'。"〔2〕但是,与司法实质主义的价值评价不同,司法形式主义下的价值评价要求价值衡量建立的基础不是伦理原则,不是功利主义,不是社会效果,而是现行法秩序,同时评价必须遵守一定的规则。法官应当避免把自己当作立法者,防止将自己的价值偏好作为评价标准。

司法为什么必须遵守形式主义原则呢?择其要者有:

其一,司法形式主义是司法的生命。如果立法的根本属性是设制立规,行政的属性是依据规范和现实作出决断,它们都离不开实质性判断;那么,司法的属性则是依据法律正当地处理个案,这一过程是解释法律并在法律与个案事实、判决间建立逻辑联系的过程,这必须是一系列推理过程,而推理在形式逻辑中才有可能。不仅如此,司法因形式主义而获得正当性——离开形式主义从而远离法律的司法就不是司法,它要么是立法、行政行为,要么是法官任性,不具有正当性;司法因形式主义获得与权威——司法的权威来自法律而不是任何实体,抛弃形式就是抛弃了法律。

其二,司法形式主义是同案同判的要求。同案同判是司法公正的最低要求,诚如伯尔曼所言:"如果狗的主人对同样一件事一会儿赏一会儿罚,连狗也苦恼。"〔3〕"同样行为同样待遇"是人从动物祖先那里获得的基本公正观。〔4〕同案同判要求将个案归类,对相类似的案件适用同样的法律。归类过程和从相同法律推出相同结论的过程,都是一个将案件形式化,再进行以法律为前提的推理过程,它必须是形式主义的。如果把法律及其精神放到一边去追求其他的实体目标,判决将异化为政治决断甚至权力任意,同案同判就失去了方法基础。

其三,司法形式主义是有效实现法的作用的需要。法律的作用就是规则治理,规则治理对于司法来说就是将法律贯彻于个案,而这必须将政治意志、民意和"大局"之类的不确定的因素排除在外,否则,规则治理将徒有其名。

其四,司法形式主义也是维护制度稳定性的需要。制度的载体是法律,如果法官可以用自己的意志对法律作"实质性"处理,则必然会导致法律在时间与空间上的不一致,结果受到伤害的是制度的统一性与稳定性。

其五,司法形式主义是控制权力的需要。形式主义司法对抗司法外权力干预司法的意义是一目了然的,它提供对抗司法外权力的法律基础。司法形式主义也是防止司法权滥用、减少司法腐败的需要,因为法官裁量权与司法寻租空间成正比,而司法形式主义是限制司法裁量的方法工具。

其六,司法形式主义是保障权利的要求。法官如果不恪守司法形式主义,就极容易产生正

---

〔2〕 参见 Karl Larenz:《法学方法论》,陈爱娥译,五南图书出版公司 1996 年版,第 105 页以下。

〔3〕 [美]伯尔曼:《信仰与秩序》,姚剑波译,中央编译出版社 2011 年版,第 10 页。

〔4〕 美国埃默里大学动物心理学博士研究生布鲁斯南在与一群猴子的游戏中发现,如果完成相同的工作而给予不同的奖励,猴子会拒绝接受奖励。例如猴子可能不吃拿到手的黄瓜,甚至将黄瓜扔向不平等对待它的主人,原因是它看到同伙得到的是更可口的葡萄。参见"猴子也有平等观念",载《中国青年报》2003 年 9 月 19 日。

义名义下的司法专横,权利必成为权力刀俎下的鱼肉。

通观人类司法史,司法形式主义总是同人的自由、民主共命运,而极权主义都偏爱不同名目的实质主义司法:卡迪司法、父爱司法、政治司法等等。例如,希特勒时代的德国贯彻纳粹意志的主要手段不是通过立法,而是通过在司法中寻找"领袖意志"、纳粹的政党纲领、由种族决定的新的"来自血统与国籍的自然法"这种反形式主义的司法来完成的。[5] 其所以如此,是因为司法形式主义是权力滥用的克星,是自由的铠甲,欲褫夺公民权利,必先拿形式主义开刀。

不过,尽管权力具有反对司法形式主义的天性,只要存在司法的地方,却都会存在一定程度上的司法形式主义,中国古代也不例外。[6] 原因在于彻底抛弃司法形式主义,就不仅抛弃了司法,也抛弃了法律,对社会的规范性管理就将退化为纯粹的"个案处理",人们将回归丛林世界。

司法形式主义如此重要,那么,它在法思想史上的地位如何?可以这样说,在西方法史上司法形式主义都执法学之牛耳,尤其是法治成为共识的现代。且不说所有的规范法学派的司法思想都可以归入形式主义,就是新自然派中也不乏司法形式主义思想。富勒的"法律内在道德"的思想、德沃金"认真对待权利"的法哲学贯彻的都是明确的司法形式主义,新自由主义学派的哈耶克认为,法官"只能考虑这个有争议的行动是否符合公认的规则。法官所能关注的唯一的公益,就是要求人们对个人能够合理依赖的规则予以遵循"。[7] 这是实实在在的司法形式主义。

社会法学派通常被认为是具有反形式主义倾向的,其实不然。让我们举几个社会法学派代表人物对该当司法的论述。耶林说:"形式乃是反复无常之行为的不共戴天之敌——亦即自由的孪生姐妹。……确定的形式乃是有关纪律和秩序(的)基础,据此也是自由本身的基础。它们是抵御外部进攻的堡垒,因为它们只会断裂,而不会弯曲;而且在一个民族真正理解自由的作用的情况下,他们也将从本能上发现形式的价值并且从直觉上认识到,就其形式而言,他们所拥有的和所坚持的并不是某种纯粹外部性的东西,而是其自由的保障。"[8]鼎鼎大名的社会法学家韦伯说:"在真正的法律领域里,都因其相对的简明与实事求是形式而著名。"[9]美国社会法学派的领军人物庞德指出形式具有两大优点:"形式可以避免争议",形式乃是一种防止司法执政官"专断行动的保障措施"。[10]

也许被中国法学界视为反形式主义的代表人物的观点对于证成司法形式主义是最有说服力的。现实主义的卡多佐常常被纳入反形式主义阵营,但是连他也明确地说,他"并不轻视对

---

〔5〕 参见[德]魏德士:《法理学》,丁晓春、吴越译,法律出版社 2013 年版,第 214 页。

〔6〕 例如,《晋书·刑法志》规定:"又律法断罪,皆当以法律令正文,若无正文,依名例断之,其正文名例所不及,皆勿论。法吏以上,所执不同,得为异议。如律之文,守法之官,唯当奉用律令。至于法律之内,所见不同,乃得为异议也。今限法曹郎令史,意有不同为驳,唯得论释法律,以正所断,不得援求诸外,论随时之宜,以明法官守局之分。"

〔7〕 [英]弗里德利希·冯·哈耶克:《法律、立法与自由》,邓正来等译,中国大百科全书出版社 2000 年版,第 134 页。

〔8〕 转引自[美]罗斯科·庞德:《法理学》(第一卷),邓正来译,中国政法大学出版社 2004 年版,第 400 页。

〔9〕 [德]韦伯:《中国的宗教:宗教与世界》,康乐、简惠美译,广西师范大学出版社 2004 年版,第 158 页。

〔10〕 [美]罗斯科·庞德:《法理学》(第一卷),邓正来译,中国政法大学出版社 2004 年版,第 398、400 页。

机械而形式化的标准的向往”。[11] 在中国学界被看作反形式主义旗手的波斯纳坦言,“一个形式主义者就是法律推理的模范,他仅仅根据法律而不添附任何东西通过演绎得出合法的结论。一个如此演绎推理的法官不会远离法律,也不可能堕入政治的领域”。[12] 判例教学的开创者、哈佛大学法学院首任院长兰德尔(1826—1906)说:法律作为一门科学,如果离开了逻辑的支撑,它在大学教育中就没有位置,只是由工匠传授的一门技艺性职业。[13] 需要说明的是,形式主义的司法哲学始终执法学教育之牛耳:“虽说美国法律界的少数派,在一些美国法学院里,长期以来一直在法理上反对形式主义……但这无关大局。”[14]

那么,这些形式主义的司法哲学对审判的实际影响又如何呢? 它们仅仅是法学家们的孤芳自赏吗? 不。

有学者认为,自从20世纪上半叶以法律现实主义为代表的反叛形式主义运动对法律形式主义批判以后,“法律形式主义作为一种理论和方法都已经名声扫地了……法律形式主义已经成了法律理论中一个确定无疑的贬义词。”这无疑夸大了法律现实主义的社会影响力。其实起码从近代法治主义兴起以来,法律形式主义就始终左右着西方司法实践,法律现实主义对司法实践影响甚微。依据现实主义代表人物卡多佐的观点,需要“发现法律”的案件极少,只需要按照法律(先例)办事的案件“构成了法院的大部分事务”。[15] 理查德·戴纳德教授对20世纪美国300个涉及宪法解释的案件进行了研究,结论是,有289个案件的法官受先例或案件事实或法律约束,只有11个案件的法官采“宏大的作风”,他们或求助于先例中的“精神”,或求助于“社会政策”,但是没有一个案件仅以“社会政策”为根据。“显露出来的这些法院的图像是保守的。总的来说,这种作风在19世纪也不会不合适。”[16]需要进一步指出的是,旧现实主义已经被21世纪所兴起的“新法律现实主义”所超越,新法律现实主义是现实主义内部的反思派,它“更加警惕过分强调政策对法治的影响所可能导致的法律与政治混淆以及法律独特性的消失”。[17] 与此相应,在司法实践中那种被称为“宏大风格”的“宽松”的形式主义在20世纪90年代的美国也已经衰退,回到了严格的形式主义。[18]

但是令人遗憾的是,长期以来中国的司法呈现出明显的反形式主义特色,它的核心是消解法律的权威与确定性,突出机构、个人、社会组织、政治决断的权威,法院被工具化。这一反形

---

〔11〕 请注意卡多佐说的是“机械的”形式,对“机械的”形式如此看重,可知他对司法形式主义的态度。参见[美]本杰明·内森·卡多佐:《法律的生长》,刘培峰、刘骁军译,贵族人民出版社2003年版,第38页。

〔12〕 Richard A. Posner, Law and Legal Theory in England and American, Oxford: Clarendon Press, 1996, p.11. 转引自“渐行渐远的英美两国法律——‘接着’并‘对着’波斯纳的挑战讲”,载《中国图书评论》2015年第7期。

〔13〕 转引自周祯祥:“实用主义法学和法律中的逻辑——兼论中国文化背景下的法律逻辑”,载《华南师范大学学报》(社会科学版)2008年第5期。

〔14〕 [美]朱迪期·N.施克莱:《守法主义——法、道德和政治审判》,彭亚楠译,中国政法大学出版社2005年版,第17页。

〔15〕 [美]本杰明·卡多佐:《司法过程的性质》,朱苏力译,商务印书馆1998年版,第104页。

〔16〕 需要注意的是,这300个案件都涉及宪法解释,而此类案件只占所有案件的极少数,且即使这11个案件也不能称为“反形式主义”的,可见反形式主义的司法在美国微乎其微。参见[美]弗里德曼:《法律制度》,李琼英、林欣译,中国政法大学出版社1994年版,第208页。

〔17〕 邓矜婷:“新法律现实主义的最新发展与启示”,载《法学家》2014年第4期。

〔18〕 参见[美]A.L.考夫曼:《卡多佐》,张守东译,法律出版社2001年版,第208页。

式主义的最高峰是文化大革命,极端反形式主义的结果是公检法被砸烂。改革开放以后,这一局面得到一定改善,但是总的来说,无论在司法理论上还是在司法实践中,反形式主义仍然占据主流,其主要表现有:司法工具主义、结果导向的司法、功利主义司法、轻程序的司法、司法能动主义、民意司法、大局至上的司法等等司法思潮迭出,各领风骚三五年。不过令人欣慰的是,近年来出现了一些转向的苗头。例如,出现了一些强调法律权威的司法政策。〔19〕最高人民法院副院长江必新在2013年发表的一篇文章中明显表达了"经由形式正义的实质法治"的司法形式主义思路。〔20〕一些学者则更明确提出法条主义的方法主张。〔21〕

在法治、人权入宪的今天,我们有理由期待司法形式主义在中国站稳脚跟,但是实事求是地说,难以毕其功于一役。然而,法官不能因此而放弃自己的社会担当,法官应当忠实于法律,不畏权势,在审判中拒绝任何法律以外的价值或指令,依法、独立、依据自己的司法良知作出裁判。

《法理学——全球视野》初版于2000年,加上副标题"全球视野"的初旨在于秉承思想解放的时代精神,超越国家性、阶级性的法理学,探求规范性的、普适性的法理学,将追求正义、规范权力、保障权利作为法理学的核心内容。〔22〕本书第一版(2000年版)多次重印;第二版(2004年版)纳入"高等学校法学通用教材"系列,第三版(2010年版)作为教育部国家精品课程教材,同时作为研究生教材。这几年无论立法、司法还是法学理论研究都有了很大改观,需要作出回应与评价,因此推出第四版。

这次修订的主要内容是进一步增强了司法理论,删除了一些学术性不足的部分,例如法的正当性、法律监督等,进一步压缩了一些已经过时的但是作为中国教材又不能少的内容,例如法与经济、法的历史类型理论、法的阶级性等等。在体系方面,根据教学需要,将"法治"章充实并调整到第一部分,以为一年级学生强化法治意识打下基础,与此相应,原来的四编改为上、下两编。其他的主要修订包括:注释体例上统一增加了译者,引用的法条按新法作了修改,引用的著作有新版的,尽量改用新版以便于读者查找并进一步延伸阅读,每章后增加了延伸阅读书目,对讨论题、延伸思考部分进行调整与充实,调整参考文献,对立论、概念、文字作了进一步的增删、润色与推敲等等。

本书是我从事法理学研究与教学三十多年的心得,她凝聚了我的心力与人生追求。本书得以顺利面世立言,当感谢者众。首先要感谢法律出版社的见容与抬爱,这在当下的中国尤其值得敬仰与感谢!要感谢苏州大学王健法学院法理教研室亲爱的同事们。在一定意义上,本书是一个集体成果,同事们不断将教学过程中发现的问题反馈给我,以便完善,每次的修订都以私下交流及会议的形式反复商讨其结构与内容。还要感谢历届的同学们及尚未谋面的读者

---

〔19〕 例如,最高人民法院发布的《关于切实践行司法为民大力加强公正司法不断提高司法公信力的若干意见》(法发〔2013〕9号)规定:全体法官要"始终坚持'以事实为根据,以法律为准绳'的原则,不得以任何理由突破法律底线,杜绝任何超越法律、歪曲法律以及其他违法枉法裁判现象的发生"。

〔20〕 江必新:"严格依法办事:经由形式正义的实质法治观",载《法学研究》2013年第6期。

〔21〕 代表性的论著有陈兴良:《罪刑法定主义》,中国法制出版社2010年版,第34页;孙海波:"'后果考量'与'法条主义'的较量——穿行于法律方法的噩梦与美梦之间",载《法制与社会发展》2015年第2期;陈金钊:"被社会效果所异化的法律效果及其克服——对两个效果统一论的反思",载《东方法学》2012年第6期。

〔22〕 有兴趣的朋友可以参见拙著《法理学——全球视野》,法律出版社2000年版,"自序"。

们，他们是本书的读者，也是本书的“校阅”者，他们热情地通过种种方式给本书“挑刺”，使其更少瑕疵。本次修订中焦宝乾教授准备了法学方法论、法教义学的相关资料，许小亮副教授则提供了世界法的最新研究成果，并准备了延伸阅读的书目，在此特别谢过！当然，本书的一切错误或不当均由本人负责。

是为序。

周永坤

2016年5月于苏州高尔夫花园

为了正义，哪怕天崩地裂

——第三版序

公平正义正成为当代中国的稀罕之物，代之而起的是社会的日益暴力化：强制拆迁几成常态，群体性事件一波接一波，花样年华的生命绝望地选择了自杀，犯罪分子甚至向童稚举起了屠刀，连作为"正义生产者的法官"也惨遭暴力。这一切已经引起了有识之士的普遍担忧，以至于国家总理都疾呼："公平正义比太阳还要有光辉！"

公平正义的缺失当然首先表现在分配领域，这主要是个立法问题。不过在我看来，近年的立法已经有了很大改观，更为严重的问题发生在法律的执行与司法领域，特别是在司法领域。近年来司法出现了远离公平正义的倾向。这主要表现在几个方面：一是在制度上司法正在失去它的特质——中立与被动。一方面宪法规定的司法独立原则遭到忽略甚至质疑；另一方面司法权又向行政领域扩展，与行政权联盟（诉调对接、大调解），司法不仅堕落为行政的工具，而且司法本身也在行政化，它的结果是正义的生产失去了制度依托。二是司法的非程序化。放下法槌、脱下法袍、走向田间地头、蔑视程序正在成为时尚，这降低了对司法的程序规制。三是远离法律。"强化调解"、"听众民意"、"案结事了"、"社会效果"等等司法政治化口号及其相关的"内部管理措施"都告诉法官，法律并不重要，"摆平就是水平"。四是强大的信访正在从司法外消解司法的正义取向。强化信访使信访机构及当地的集权者成为事实上的"超级法院"，强化信访使信访者（涉诉）通过"信访行为政治化"赢得了对法官的某种优势。结果是，权力偏好、信访压力大小及"缠访"者的韧性如何往往决定了纠纷的最终结果，正义成为牺牲品。

司法本来应当是社会正义的最后一道防线，司法就其本义来讲就是"依法审理并作出判决"，但是现在对大多数想在法院追求正义的人来说，进入"审理"并得到一纸"依法的判决"似乎已经高不可攀。许多纠纷不能进入法院——立案前就"被自愿"调解了，进入法院后又有远超过80%的案子"被自愿"调解，好不容易盼到判决，判决的依据又是"民意"。民意是什么？是法官说了算，更是法官后面的"影子"说了算。这种状态使公民对社会提供公平正义失去了起码的期待。结果是弱者忍气吞声，强者肆无忌惮。司法正义是高度个案性的，对于社会仅仅是一个个案的不正义，对于当事人却是百分之百的不正义，这关乎他一辈子的幸福，甚至事关他的生命。因此，失去司法正义就难免引发极端事件。

于是人们又想起"严打"这一人治社会的常用武器。但是历史早已告诉我们，即使从"治标"的角度来看，以暴制暴亦不能解决问题。如果严打而没有司法正义，则结果只会越来越糟。事实上严打本身就以牺牲正义为代价——起码是程序正义，而没有程序正义，实体正义焉存？因此，解决社会乱象的根本之策是重建社会正义。

重建社会正义当从司法正义开始，应当提出"重建司法正义"的口号，恢复老百姓对司法正义的期待。司法正义是形式化的，它是依据法律的正义；司法正义是高度程序化的，它是程序内的正义；司法正义是高度职业化的，它是建立在职业法官判决权威之上的正义。这些特点使司法正义较容易为人所认同，重建司法正义容易在短期内见效，重建它的社会阻力也要小得多。

重建司法正义首先应当体现在重塑审判的目的上：审判就是为了正义，这个正义就是当事人间权利的厘清与保障，就是法律的严格执行，其他附加到司法目标上的负担应当一律“剃去”，使司法轻装上阵。为了实现司法正义，执政党及所有的法官应当有这样的气量与胆识：为了正义，哪怕天崩地裂！

如果说改革开放之初法理学的任务在于清除“阶级斗争为纲”的压迫性法律意识形态，其后法理学的任务在于建构自由的法律理想的话，那么，时下法理学的根本任务就在于为重建公平正义的司法而建言立功。后者正是本次修订的目标之所在。

为达这一目标，这次修订的主要内容一是增加了“法学学”一章，从知识论的角度论证法学追求公平正义的本性；二是压缩显得过时的知识，增加近年来的新成果，特别是增加与人的尊严相关的内容；三是大力扩充与司法相关的内容，将“法律解释”章扩充为“法律方法”，“法律程序”章里增加正当程序的内容，同时增设了“法律职业”章。

修订时碰到一个难以两全的问题：知识体系的内在逻辑性与教学需要之间的协调问题，结果只能在两者间作出平衡。因为现在许多学校的法理学分为两门课，一年级解决法学“入门”问题，高年级研究一般法理问题。为适应这一教学需要，本书在内容上作了调整，导论和第一编为第一学期所用，第二、三、四编为高年级所用。另外，为了便于教学，增加了“讨论题”，供本科生用。鉴于有的学校将它作为研究生教材用，修订时增加了“延伸思考”和“参考文献”，为延伸阅读及有志于研究的朋友提供便利。常言道，十年磨一剑，《法理学——全球视野》诞生至今正好十年，期待它与法治社会和平民的幸福同在！

第三版的修订是苏州大学法学院法理学全体老师和同学共同努力的成果，当然责任由我一人承担。我特别要感谢经常与我商谈切磋的挚友：擅长哲理思维的孙莉教授、嗜书如命的胡玉鸿教授、思维缜密的庞凌副教授和于晓琪副教授，他们为本次修订无私地贡献了智慧，庞凌副教授还为本书提供了参考文献及讨论题。我要感谢张林、朱寅浩、孙北等同学，他们为本书的修订尽心尽力。我还要感谢关心此书修订的所有朋友，特别是那些陌生的热心人，他们通过 E－mail 和博客无私地奉献了许多有益的批评建议，使本书增色不少，也更加贴近学生的需要。为了不断从新老朋友那里汲取智慧，我将电邮地址布于此：llfreedom@ sina. com，同时欢迎朋友们光临“平民法理”博客，讨论令人着迷的法理问题！

周永坤
2010 年 7 月 5 日

寻求法律的精神家园

——第二版序

我是谁？我从哪里来？到哪里去？思考这些“无用”的问题似乎是人的专利。但是千万不可小觑它们。追问它们是人所特有的对自己精神家园的追求，正是这一追求显示出人这个物类的特质。这一追求寄托着人类的理想，它从灵魂深处规约着人类的行为，制约着人类社会与人类的未来。这些问题大多是无法“实证”地回答的，回答这些问题是哲学与伦理学的任务。法律作为规范人类行为的“该当”的规范，它的良恶与精神家园的有无息息相关。法理学的首要任务就在于通过对法律的精神家园的追求而促进法律走向公平与正义。

西方法理学从古希腊开始就以孜孜追求法律的精神家园为己任。古希腊的自然法学思潮将法律的精神归于自然，这个“自然”是自然赋予人类的理性。通过这一逻辑转换，将法律与人的精神相连接。不过这一理性毕竟过于抽象和不确定，它的权威性令人怀疑。中世纪法学对这一问题的回答与古希腊罗马没有根本的区别，他们只是为这一精神（理性）寻找到一个远离尘世的、纯净的、高于人的权威的家园：天国的上帝，使理性更具神圣性。如果像康德那样，将上帝理解为一个不被人的意志所左右的、客观的、精神的存在，这一存在作为最高的、最终的合法性依据，那么上帝应该是人类一个伟大的创造物。正是他成为人的精神的载体与家园，正是他使人的精神具备了神圣性与至上性。正是在上帝之光的照耀下、借助上帝的权威，西方的法律取得了至上的地位，为现代法治社会的建立奠定了基础。但是，上帝是容易被滥用的，由于上帝和理性一样是可以装进完全不同的东西的，而且一旦有人垄断了与上帝沟通的渠道，上帝将成为作恶的工具。中世纪的宗教裁判所就是这样的例子。17、18 世纪的启蒙运动对这一弊端进行了清理，再次将法律的精神与人的理性相沟通。与古希腊不同的是，他们力图为理性找到“科学”的根据，因为这时科学取代上帝成为最终、最高的精神权威。这一努力的代表作首推久负盛名的鸿篇巨制《论法的精神》。正是在这一精神引导下，法发生了巨大的变革，人们称这一变革为法律现代化，其实质是一次法律精神的历史性跃进。但是老的问题仍然存在：科学为人类带来福音，同样，有多少恶行借科学之名行之！

康德从方法论的视角对科学证明理性的能力提出了质疑。他认为价值是不可证明的，只有形式意义的存在才可以证明。他确立了形式理性对于法律的精神引导作用，但是康德并没有把价值交给魔鬼，而是为法律找到比理性更为具体的精神：自由。在康德那里，法律是一个人的自由与他人的自由共存的条件的总和，这一条件的表现就是人的权利。所以康德的法哲学是以权利开篇，以权利终结的。他的权利是世界公民的权利。但是康德的睿智并没有得到足够的重视。当希特勒的恶法以自然法之名大行其道的时候，法理学几乎进入了进退维谷的境地。人们再次想到法律有一些不可违背的原则，必须无条件地遵守。对这一精神的追求就形成了20世纪下半叶轰轰烈烈的人权运动。至此,人们终于认识到,法律的精神蕴于人权,岂有他哉!接下来的努力便是对人权这一维纳斯之像进行精雕细刻。

中国古代社会的法理思想将法律的精神家园归于一个字:理。中国历史上第一个大法官称为“理官”,中国历代的法律家都试图将法律与“理”相沟通。但是由于中国的理中包含了“天尊地卑”的等级主义与王权主义,它的核心不是人,不是自主的人,更不是人的权利,而是统治人的权力。人是为权力而存在的,对权力的服从被解释为根本的“理”。所以这个“理”与实在法的张力便不足,在事涉王权的问题上,“理”更是与法律合一,与权力合一,结果导致法律精神的迷失与法律工具主义的泛滥。这是中国法律劣于西方法律甚至印度法律、伊斯兰法律的一个根本原因。与这一法律相匹配的法理学当然是与法律同构的。基于这一理由,从20世纪30年代开始就有学者主张中国古代没有法学。如果说这一立论有失偏颇的话,有一点是可以肯定的:秦以后的正统法学是没有精神脊梁的。[1]

20世纪初的法律现代化运动的真谛是实现中国法律精神的根本转换:从巩固统治到保障人权。这从清末、民国的一系列法律变革中可以清楚地看到:禁革人口买卖,消灭奴隶制;废除刑讯逼供制度,废除非人的酷刑;制定民法典,加强财产权的保护;制定民刑诉讼法,从诉讼程序上加强人权的保护;建立单列的司法机关,成为中立的解决纠纷与保护人权的机构;建立西式的律师制度等等。与此同时,在法理学方面也开始学习西方,努力追求法律的精神家园。当然,这一切都带有初创的痕迹。

20世纪下半叶,似乎人类的目标已经确定,剩下的只是践行的问题。人们把自己的一切都交给了权力,相信权力会给芸芸众生带来幸福。法律被作为权力意志改造社会的、可有可无的工具。在前期,法律为阶级斗争的工具,甚至阶级镇压的工具,并将法律朝这一方向推进。其结果几乎导致法律的毁灭,它的顶点就是人所共知的无产阶级“文化大革命”。在这一过程中,法理学为法律的阶级性与法律的暴力性寻找必然性的根基——经济基础,在论证阶级性法律的必然性的同时证明了现实的阶级特权立法的正当性。其结果是导致自身的毁灭———个权力意志工具的法律不需要精神,当然更不需要寻找法律精神的真正的法理学。改革开放大潮中人们对阶级斗争为纲的法律与法学进行了深刻反省。但是由于法的阶级性这一法宗教学的教条没有改变,法律由阶级斗争的工具变成了发展经济的工具,这无疑是一大进步。但是,法律仍然是没有精神的存在物,它仍然是权力的创造物与实现权力意志的工具。在经过了近20年的徘徊以后,中国的法律与法学迎来了精神上的新生。在20世纪90年代后期,我国签署了一系列的人权国际公约,同时在立法中也出现了明显的人权导向,中国法律获得了精神的再生。与此同时,一些法理学研究者开始关注人权。

法律的发展过程是一个不断追求自己的精神家园的过程,在这个意义上说,法律的历史刚刚开始,法律绝对没有到消亡之时,法律也永远不会消亡。如果法理学是追求法律的精神家园的学问,那么,法理学正处于青春期;至于中国的法理学则几乎仍处于襁褓之中。

---

〔1〕 先秦的儒家思想与汉以后的正统思想存在很大差异。一个重要的差异是理论“范式”的转换。先秦儒家思想的理论结构是“规范性”的,而秦以后的正统儒家思想是“证明性”的。先秦儒家思想通过对以“仁”为核心的理念的陈述,来规范人包括统治者的言行甚至思想。秦以后的正统儒家思想则是以儒家的思想体系来证明现存统治的合理性与永恒性。当然,在少数正直之士那里,儒家思想仍然是规劝帝王的思想工具。

并不是所有自称为法理学的理论都可以称为法理学的。只有寻求法律精神家园的学问才配得上它。追求法的精神家园的法理学的基本认识前提就是对权力的不信任,对权力作恶可能的警醒与担忧。在此基础上,将人定法置于价值的天平之上。这是法理学的基本认识框架。这个价值是承认多元的,以此防止价值独断;这个价值又是相对统一的,这里的统一是指存在某些价值共识,它是法律的精神所在,是不可违背的。违背了它,就是迷失了法律的本真。特别重要的是,这里的价值是建立在所有的人都具有平等的人格这一基础之上的,任何人格不平等的假设不是特权就是歧视,为现代法律所不容。也就是说,你所言说的价值可能只为部分人所认同,这并不奇怪;但是,你言说的价值必须将所有的人同样看待,否则你就不是在言说价值,而是在宣传特权或宣扬歧视,而这为法律所不容。希特勒的雅利安人优越论、种族主义的白人优越论、某一阶级的优越论等等都是适例。诚如当代散文大家唐德刚先生所言:人总是人,正如狗总是狗,猫总是猫。猫种虽有不同,但所有的猫都捉老鼠,狗种虽有不同,但所有的狗都摇尾巴。"人种虽有不同,人类的行为却有其相通之处;其社会组织,因而也有其类似之处。"[2]同理,法理学可以有不同的,但是法理学有一些基本的原则是不能放弃的,那就是对人的尊重,对所有的人的人格平等的声张。法理学应当拒绝以任何标准将人分成"自己人"和"外人"。法律没有敌人,否则就不配称为现代法律;法理学不承认敌我,否则就不配称为法理学。

对于我们置身于其中的法理学,我想借用新康德主义者拉德布鲁赫反思德国法理学所讲的一句话:"难道还没有从我们身上,从我们经历的灾难,从可悲可叹的自傲、刚愎自用——自以为是,从世界史的巨大变迁中学会点什么吗?"[3]同样,德国当代法理学教科书上的一句话也是不无教益的:"科学认知的可靠性及其成果对社会的有用性在很大程度上取决于科学自身是否有能力并准备着认识并纠正自身的弱点和缺点。"[4]只有经历过巨大的历史创痛的民族、只有具有自我反省能力的民族、只有对科学与正义充满敬畏的民族才会发此振聋发聩之论。

那么,我国法理学的弱点是什么?可以用一句话来概括:缺乏对法律精神的追求。

首先,我国法理学的定位是科学,它的目标是寻找规律而不是正义,它的基本理论框架是描述法的实在而不是寻找应然的规范。这样的法理学使人成为法律史长河中的泡沫,成为体现规律的客体。其次,这一法理学缺乏作为类的、一般的"人"这一概念,它只承认阶级的人、对立为你死我活的两个阵营的人。这一理论作为批判那些行尸走肉式的法律是有意义的,但是如果将它作为建构法律的理论基础就会使法律误入歧途。这在历史上是不乏其例的。当以空间为畛域把人分成自己人和野蛮人的时候,对野蛮人不用法律,中国古代的夷夏之辩是其例;当以人种为标准区分自己人和外人的时候,对非我族类的人不用法律,希特勒是其典型;当以意识形态为标准将人分成自己人和外人的时候,对不信"我主"的人不用法律,中世纪的十字军东征是其适例;当以阶级为标准把人分成人民和敌人的时候,对敌人不用法律,中国的

---

〔2〕 唐德刚译注:《胡适口述自传》,华东师范大学出版社 1993 年版,第 274 页。

〔3〕 拉德布鲁赫语,转引自[德]阿图尔·考夫曼:《古斯塔夫·拉德布鲁赫传——法律思想家、哲学家和社会民主主义者》,舒国滢译,法律出版社 2004 年版,第 23 页。

〔4〕 参见[德]伯恩·魏德士:《法理学》,丁小春等译,法律出版社 2003 年版,第 360 页。

“文化大革命”是其典型。更为严重的是,其结果不仅仅是对“异己的人”不用法律,而是最终对所有的人不用法律。因为你是“自己人”还是“外人”是由权力说了算的。

在鄙视理论的今天,拙著出版以后得到读者的厚爱,四次印刷均告售罄,这是始料未及的。这也许表明了读者对本书从一般人出发的平民精神的首肯;也许表明了阶级性法理学将最终淡出中国的法理学;也许表明中国的法理学正悄悄地发生着质的变革,这一变革的核心是放弃将人等级化的法律模式而最终将法律的正当性建立在所有人的平等的人格之上。这次的修改是围绕法律的精神家园——正义、人权而展开的。主要表现在三个方面:一是以人权为精神对理论进一步完善,增加了人权与主权一章;二是增加了一些内容,特别是增加了一些注,以便于阅读,同时深化认识本身;三是纠正了初版的一些失误包括笔误。

是为序。

周永坤

2004年2月6日于苏城乐思斋

自　　序

20 世纪 90 年代冷战结束以来,全球化运动加速,在全球化的客观背景下,20 世纪 90 年代初我国确立了市场经济方向,1997 年中共十五大又为法治正名,1999 年 3 月 15 日的宪法修正案更将法治载入宪法。至此,我国社会在全球化的宏观背景下正式迈入由农业社会向工业社会、由计划经济向市场经济、由人治向法治的亘古未有的社会转型期。在这种转型过程中,我国社会将不可避免地进一步对外开放、融入国际社会、参与国际竞争,否则只有被日益边缘化。全球化必将带来法律和法治观念产生相应的变革。

改革开放以来,法理学研究虽然取得了前所未有的成就。但是从整体上来说,主流法理学特别是“讲坛法理学”却仍然是在冷战的时代背景下形成的,反映计划经济和人治实践的理论体系。因此,新世纪法理学必须作出相应调整,以全球化眼光来重新审视法律问题,审视自身。笔者提出全球视野中的法理学正缘于此。

本书本着解放思想、实事求是的思想路线,在对传统法理学作系统梳理的基础上,进行学科的自我反思,寻找与全球化趋势相契合的、为市场经济和法治建设服务的科学、理性的法理学。本书力图实现几个转换:(1)从“国家法理学”到一般法理学。传统法理学的分析对象仅限于国家法,是片面的国家法理学。本书的分析对象及于各种形式的法律,除国家法以外还有社会法、超国家的法、原始法律和产生中的世界法。(2)从“斗争法理学”到“合作法理学”。传统法理学与阶级斗争为纲路线存在亲缘关系,以主客体思维——把法律看成“作为主体的人”治理“作为客体的人”的工具——的产物,这是片面的。法律,起码是现代法律,是主体际关系的产物与调整工具,需要贯彻“主体际思维”、合作思维及其方法。(3)从单纯认知性法理学到认知与伦理统一的法理学。法理学属于精神科学,它需要对法律的认识成分,但不止于此。传统的法理学几乎只有法律认知的成分,以研究“法律规律”为目的,这就显得片面(近几年有所好转),法理学需要在认识的基础上对法律作出评价,需要为法律寻找正当性的基础,所以应当有公平、正义的讨论,应当有一般法律规则、原则的设定。(4)从“解释性法理学”到“解释性、规定性法理学”。传统法理学以解释政策、法律为目的,缺乏规范意义,是不完整的法理学。法理学应当具有为立法提供指导与限制、填补法律空白、解决疑难案件、阐述法律方法与技术的规范意义和实用意义。为达此目的,本书大量压缩法史、法社会学和宣传性内容,增加法律方法和技术方面的内容。

为初学者计,本书在体例上作了新的尝试。放弃从抽象的法概念开始的体例,采用先形而下后形而上、先静后动的体例,从法存在论到法本体论,再到法的运作,最后讨论法律的宏观发展。

本书内容涵盖了国家教委《法理学教学指导纲要》规定的知识点,同时增加了近年我国法理学研究的新成果以及西方法理学中的经典课题。本书对传统法理学的内容是这样处理的:先予简要概述,而后予以评价,并提出作者的结论。对于书中繁琐的逻辑推理的过程,初学者可以不予理睬,而留给有兴趣的研究者来批评。

我国以《法理学》为名的书几乎全是教材,且是名家挂帅,大兵团作战。权威是有了,但是学术含量不足也是事实。这造成"讲坛法理学"与"论坛法理学"的严重脱节。据我所知,若非为应付考试,人们是懒得去拜读它的。平心而论,这不完全是"重实用、轻理论"的功利观念所致,法理学本身应当认真反思。本书是一本个人作品,书中将与您讨论实践中碰到的真正的法理问题,使法理学真正成为有用之学。当然,这有"王婆卖瓜"之嫌,书中究竟有多少真理、正义、技术,是要读者自己去思考和批评的。作者自知无能力给您一个绝对的真理和正义。

是为序。

周永坤

1999 年 9 月于苏州大学法学院

目　　录

导　　论

上编 | 静态的法

导　　论

第一章　法　学　学

建立普遍的和持久的和平，是构成权利科学的整个的（不仅仅是一部分）最终的意图和目的。

——[德]康德《法的形而上学原理》

法学之盛衰，与政之治忽，实息息相通。

——沈家本《历代刑法考》

第一节　法学概述

一、法学词源

这一章要告诉大家您正在步入的知识殿堂是一个什么样的所在，即法学是什么样的学问，这是一个知识学的问题。回答它当从法学的词源说起。

我国先秦时期有"刑名法术之学"或"刑名之学"的提法，那时刑、名、法、术各成一学，"法学"是其中之一。春秋百家争鸣，一家有一学，儒家有儒学，法家则有法学。顾名思义，那时的"法学"即讲求法律之学的人的学问。汉代改称"法"为"律"，就有了专门研究"律"的"律学"，其词义与今之"法学"大致相当。

在二十五史中，"法学"一词首见于南齐。南齐永明九年，廷尉孔稚珪上表说："寻古之名流，多有法学……国学置律助教，依《五经》例，国子生有欲读者，策试上过高第，即便擢用，使处法职，以劝士流。诏报从纳，事竟不施行。"[1]可见在其时不仅有"法学"一词，且有人提议将法学与经学同样看待，可惜当权的不准。但是古代中国之法学主要是介绍法律的"知识"，与今之"法学"相差甚远，今天的"法学"一词是19世纪西学东渐的产物。

对知识体系作分门别类研究的传统来自古希腊。希腊人的科学分科中就有法学一科。柏拉图在《法律篇》中这样赞美法学："在一切科学中，最能使人类完善且使他们感兴趣的就是法

[1]《南齐书·袁彖传》。

律科学。”在古罗马,法学一词为 iura。现代英语中用 legal science、science of law 和 jurisprudence 指称法学或法律科学。

二、法学的研究对象

法学的研究对象即法学研究些什么或研究的客体问题。古今中外的思想家对法学的研究对象是“法律”这一点上存在高度共识,但在具体的研究对象方面又存在分歧,特别是对“法律”这一概念外延的把握上存在差异。对中国古代学者来说,“法律”就是指国家制定的强制性的规则或命令,或仅指国家法、制定法,最多包括国家认可的习惯法。迟至 20 世纪,国际法才纳入法学家的视野。在西方,“法律”这个词从古希腊、古罗马开始就不单单指国家制定(承认)法,它也包括习惯、正义在内;不单单指一国的法律,而且包括不同国家共同适用的法律;不单单指国家内的法律,也指国家间的法律。所以古罗马人给法学的定义是:“法学是关于神和人的事务的知识;是关于正义和非正义的科学。”〔2〕

与此相关联,不同学派在研究的侧重点方面也存在分歧。具有价值法学倾向的法学家侧重于寻找法律的最高价值或最高目标,探究法与道德、法与正义的联系,探究法律的一般原则,探究良法的标准,探究作为法律之源的自然理性、法性(法的本性)、人性、神的理性,等等。这占据西方的主流法学地位很长一段时期。从古希腊前苏格拉底时代的哲学家、苏格拉底及其门徒、斯多葛学派、古罗马的西塞罗、中世纪的托马斯·阿奎那、启蒙思想家到现代新自然法学派等莫不如此。具有规范法学倾向的人则认为法学应着重研究实在法,特别是研究国家法的规范及其结构要素,尤其应当注重对各种法律概念(例如权利、义务、责任)的分析。至于正义问题,那是法律“应当怎样”的问题,不是法律“是什么”的问题,当由伦理学去研究。具有社会法学倾向的人则主张注重对社会中的“活法”的研究,应当研究法与社会的关系、法的功能、法的实际效果、研究如何实现司法公正等等。也有的学者认为应当将法的价值研究、规范研究、社会事实研究三方面结合起来进行综合的研究,例如以博登海默(Edgar Bodenheimer,1908—1991)为代表的美国综合法学。

中国古代法学家并不注重法学研究对象的讨论。从思想家们的实际研究范围来看,中国古代法学家研究的法律只指国家法,甚至只指国家颁布的“律”、“刑统”之类,更极端的仅仅指刑法。迟至 20 世纪 30 年代,还有中国法学者说:“法学者,国法的科学也。”从具体对象来看,先秦的法学家们着重研究“法律与道德”、“法律与礼”在治理国家中的功能关系,例如儒法两家关于“礼治”与“刑治”的争论。秦汉以降,法学着重解释与宣传国家法,故法学以“律学”的形式出现。进入 20 世纪特别是辛亥革命以来,中国法学在研究对象上对于上述价值法学、规范法学、社会法学思潮均有介绍,唯在“法律”的外延方面,国家法一元论传统仍很强劲,不过已经开展了国际法的研究。1949 年以后,中国在各方面全面学习苏联,将法学研究对象定为国家与法,而在当时的观念里,国家与法都是阶级斗争的产物与工具,因此法学实际上的对象成了阶级斗争。研究对象上的迷失使法学在前改革时代沦为“绝学”。改革开放以后,法学研究的对象复归于法律。但是上述研究对象上的“国家法”局限仍然是个问题。

---

〔2〕 [古罗马]查士丁尼:《法学总论》,张企泰译,商务印书馆 1989 年版,第 5 页。罗马人之所以说“法学是关于神的知识”,是因为古罗马的法律是由神职人员掌握的,法律以“神的教谕”的形式出现的。

三、法学的性质

法学的性质研究法学是一门什么样的学科,这是一个知识分类的问题。[3] 说起法学,我们通常说是"法律科学"的简称,其实这是不准确的,这是"科学泛化"的产物。所谓"科学泛化"又称"唯科学主义",是一种将知识归于单一的"科学知识"的社会思潮。这当简单说一说知识分类史。

在古希腊,知识有三门:神学、哲学和科学,科学只是三大知识门类中的一门,它们"各司其职"。中世纪神学一统天下,哲学依附于神学,科学则因其与神学的教条相左而遭到禁绝,全部有用的知识因此只有一种:神学。直到公元13世纪左右,科学再次复活,复活初期的科学家只能藏身于大山中,身上插些羽毛,把自己装扮成疯子,做些今天中学生在实验室里干的事。又经过了几百年的积累,西方发生了所谓的"第二次科学革命"(第一次科学革命发生在公元前7世纪的古希腊),科学取得了革命性的胜利,科学知识成为最权威的知识。科学的复兴带来了一个伟大的知识运动:知识的科学化运动,各种知识纷纷依照科学知识的范式进行改造。这本不错,但是正所谓物极必反。科学本是认知"自然"的知识,当科学登上"霸语"宝座后,关于社会的知识、关于思想的知识,甚至关于神的知识也开始"科学化",科学开始垄断知识,它的结果是"一切有用的知识都成了科学知识"。这就等于一旦毁掉了蔬菜筐、木料筐、石料筐等筐子,只有一个水果筐的时候,我们就把大白菜甚至木头都放进了水果筐一样。[4]

还好,实证主义者终于出来说话了,他们以"实证方法"为武器捍卫科学的纯洁性,将"非科学范畴"的知识逐出科学。法学中的佼佼者当数奥斯丁(John Austin,1790—1859)和凯尔森(Hans Kelsen,1881—1973),他们在法学中祛除非科学成分(心理学和意识形态等等)、建立"科学的法学"的努力是法律人所共知的。在马克斯·韦伯(Max Weber,1864—1920)时代的西方,实证主义已取得了决定性的胜利。关于社会的知识从关于自然的知识在方法论上分化,关于社会的知识本身也开始分化。

但是,这一问题在中国至今没有解决,"科学"仍然是一切知识的统称,这与中国的知识传统及其转型有关。中国古代思想中"科学"没有成为有影响力的话语体系,在西学东渐的文化大变革中,科学话语以其先进的方法和看得见的结论很快有取代儒学成为权威话语之势。在这一过程中,发生在20世纪初的"科玄之争"是其转折点。[5]

上述描述告诉我们,科学这一概念在漂洋过海来到中国以后便患上了意识形态综合症,它

---

〔3〕 有的学者认为法学的属性有"人文性"、"意识形态性"、"实用性和理论性"等等,似乎不得要领,因为许多关于社会的学问都有上述属性。

〔4〕 关于科学的知识有两大类:一是"知识的本体问题",比如儒学是不是真理、是不是善,是不是美等等;二是"知识分类问题",比如牛顿力学究属"科学知识"还是"神学知识"问题等等。

〔5〕 这是以张君劢(宪法学家,1887—1969)等为代表的"新儒家"同以丁文江(中国地质学的创始人,1887—1936)等为代表的"科学派"之间的争论,争论的焦点是科学与人生观的关系。张主张人生观应当由玄学解决,丁则主张科学应当解决人生观的部分问题。这时候,唯物主义者出来作裁判:张固然是唯心主义,丁包括梁启超、胡适之等人均成了折中主义。他们宣称,科学当然可以解决人生观问题。结果是唯物主义"完胜","科学"成为一切有用的知识的代名词。它进一步的后果便是"科学"替代传统的"天"成了价值权威的渊源,而思想的"科学与否"常常与权力的归属息息相关。

承担了太多的意识形态重任。这使得国人的"科学"概念的外延大大地宽于西方人,且不说相对于持狭义科学观的英美人,就是相对于主张广义科学观的德国人来讲,也要宽泛得多。一直到现在,"科学"仍然是一切有用的知识的统称,科学泛化仍然是中国社会的主导思潮。[6] 但是,科学其实只是有用的知识中的"一科",不是全部,许多关于社会的知识、关于神的知识、关于思想的知识不属于"科学知识"范畴(不是说它"不对"也不是说它"无用"),"科学知识"不应当超越更不能替代其他知识。[7]

科学泛化有极大的危害性。一是"科学"作为知识体系分类的标准不再有意义,一切有用的知识都成了"科学的知识",科学成为一切知识话语的统称;二是知识体系正确与否的争论成为单纯的真理问题,正义与否、公平不公平、善恶与否的争论不再有意义;三是由于强调知识体系与人的立场相关,所以知识论的根本问题就是立场问题,这一判断的直接后果就是正义、公平、良心、道德等问题的相对主义结论。这一结果对于所有的知识体系都构成了伤害。对于"非科学范畴"知识体系的打击更是致命的。一方面它对学术目标产生了全面的误导:它们像自然科学一样去追求规律。一时间中国所有的知识体系都成了规律学,权威学者们争相宣称自己发现了某一方面的规律。另一方面,因为这一规律是建立在"事实"基础上的,规律就意味着对事实的价值化处理,它不可避免地导致价值问题上的二分法:我的价值是对的,非我的价值是错的或是恶的,在价值问题上彻底排斥了对话,而价值的知识只有在对话中才能生存。科学主义实在是当今中国权力通吃、功利至上的重要知识论基础。

那么,知识有哪些大的门类呢?这首先得说说"科学知识"的特点。据当代学界的共识,"科学"的首要含义是方法意义的——实证的方法,而不是指结论。科学方法的核心是可重复的、独立的观察或实验。因此,"科学"的知识体系大概有三大要件:概念、逻辑、经验,缺乏其中任何一项的知识体系都不是真正的科学。

依据上面的科学概念,人类的知识可以分为三大门类或三大学科:科学学科(包括自然科学和社会科学)、规范学科、人文学科。自然科学的外延大家很清楚,社会科学的外延要说一下。社会科学只是研究社会(含思想)的学问中的一部分:以实证方法研究的那部分。例如,实证的社会学、实证的经济学、实证的政治学等等。其他以社会为研究对象的学问不是科学,它们分属于规范学科和人文学科。属于规范学的主要知识有伦理学、神学、法学,属于人文学的有历史学、各种语言文学、艺术学、美学等等。不过应当注意,由于学者在研究时所运用的方法不同,研究同一对象的学问可能属于不同的学科。例如,以科学为研究对象的"科学哲学"却是人文学而不是科学。这三大学科各有自己的追求:科学学科追求真,即规律;规范学科追求善,即公平、正义;人文学科追求美。知识体系如下表所示:[8]

---

〔6〕 北京大学教授黄楠森在一篇文章中说:"哲学与自然科学和社会科学……都是科学","我们当力求使哲学成为一门科学"。黄楠森:"哲学三题",载《江海学刊》2006 年第 1 期。

〔7〕 2007 年,"中国科学院"和"中国科学院院部主席团"联名在报纸上公开发表"关于科学理念的宣言",该宣言特别提到:"避免把科学知识凌驾于其它知识之上。"这个提法在国内从未见过,它表明中国科学家从"科学泛化"思潮中的觉醒,但是它没有得到"社会科学"界的响应。江晓原:"科学的三大误导",载《文汇报》2009 年 2 月 26 日。

〔8〕 需要说明的是,知识是一个整体,任何分类都存在"灰色地带",更不能将某本著作僵硬地划为某个学科,因为一本著作中的知识可能是跨学科的。

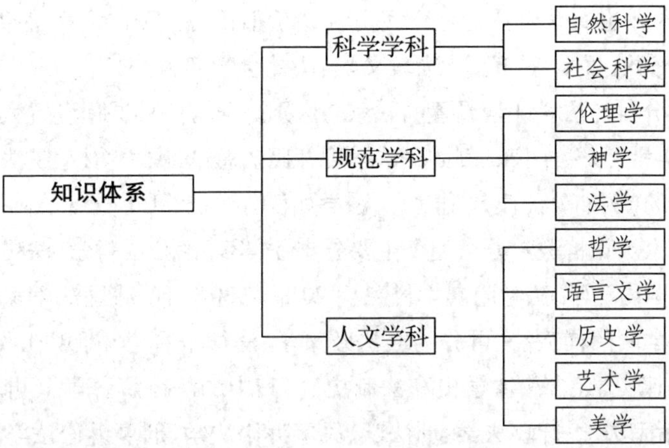

上图可知,法学不属于科学。[9] 法学不属于科学或法学作为科学的无用性的思想在历史上就存在过。德国法学家基尔希曼1847年针对概念法学和历史法学,否定法学的科学性与有用性。他从两个方面来论述这一命题。其一,“法学尽管是一门科学,却不像其他科学那样能够并且应当对现实以及人们的生活产生影响”;其二是“法学作为‘科学’,从理论上说是无价值的,它并非‘科学’,不符合科学一词的真正定义”。“既然法学只关注偶然,它自己也就变成了一种‘偶然’,立法者的三个更正词就可以使所有的文献变成废纸。”[10] 美国心理学家B. F. 斯金纳指出将法学定位为“科学”与人的自由相悖,他说:“如果我们要在人类事务的领域采用科学方法,我们就必须假定行为是合乎规律并且已经被决定的。我们必须期待着发现:一个人的所作所为是一些可被指明的条件的结果,而一旦这些条件被揭示出来,我们就能够预测并且在某种程度决定他的行动……它对立于一种将人视为自由行动主体的悠久传统。”[11]

那么,法学的性质是什么?法学是规范学。但是,因为法学本身是一个复杂的知识体系,这样说并不全面,要说清楚法学是什么,得首先了解法学的体系。

四、法学体系与结构

与上述严格意义的法学(规范学)相对,日常用语中的法学是广义的,它涵盖了法学院教学的所有专业知识和专业基础知识,法学体系指这一广义法学的知识体系。这一问题的回答与人们对法学的定义有关,也与学术传统有关。德国法哲学家德来尔(Ralf Dreier)说:“法学的用语在德文的语言使用上,虽有争议,但是通常是赋予广义的,广义的法学不仅涵盖了法律科学,还包括法官的以及法律咨询的法律实务。”[12] 狭义的法学专指法律理论。拉德布鲁赫(G. Radbruch,1878—1949)则认为:“我们有三种观察法律的方式:涉及价值的观察,即将法律看作文化事实——法律科学的本质在于此;其次是带着评价的观察,即把法律视为文化价值——这是法哲学的特征;最后是超越价值的观察,即观察法律的本质或无本质——这是法律

〔9〕 这里的“法学”是严格意义上的法学,以区别于日常用语中的“法学”或广义的“法学”。

〔10〕 [德]J. H. 冯·基尔希曼:“作为科学的法学的无价值性——在柏林法学会的演讲”,赵阳译,载《比较法研究》2004年第1期。

〔11〕 转引自[美]富勒:《法律的道德性》,郑戈译,商务印书馆2005年版,第189页。

〔12〕 转引自陈妙芬:“法学可能纯粹吗?”,载《月旦法学杂志》第57期。

宗教哲学的任务。"[13] 也有学者认为法学可分为法价值论、法历史哲学、法方法论三界。[14] 荷兰法学家将法学分为法哲学、法理论、法教义学、法社会学四科。[15]

应当注意法学分科与法科课程设置的联系与区别。通常法科课程设置大体上依学科分设为依据,但有些分支学科可开数门课(例如民法学可开民法总论、民法物权、民法债权等课),也有些课程可以是跨学科的(例如公证律师制度)。法学如何分、分成几个分支学科,法学界并无一致做法。例如英国法学家沃克将法学分为七个主要分支:法学理论和法哲学、法史学、比较法学、国际法学、超国家法学、国内法学、法学附属学科。[16] 20 世纪 30 年代,我国法学家丁元普将法学分为法律科学和法律哲学两门,前者又可分为立法政策学、法律解释学(即现在我们所称的"部门法学")、比较法学、法律史学(含法律学史和法制史)。其中的法律解释学又再分为公法学和私法学两门,公法学包括宪法学、行政法学、刑法学、民事诉讼法学、刑事诉讼法学、国际公法学六科,私法学含民法学和国际私法学。[17] 我国台湾学者在20 世纪90 年代将法学分为理论法学和应用法学两支。将法理论学科再分为法理学(含三大课题:法的历史哲学、法学方法论、法价值论)和法经验科学(含法律社会学、法制史学等)。法应用科学包括法律解释学和社会政策学等。其中的法律解释学包括宪法学、行政法学、刑法学、刑事诉讼法、民法学、民事诉讼法等。[18] 如下表所示:

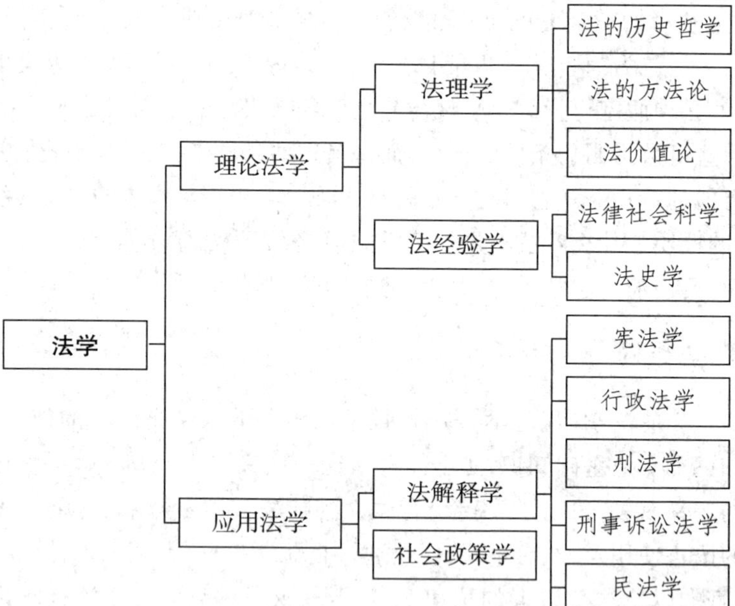

〔13〕 陈妙芬:"法学可能纯粹吗?",载《月旦法学杂志》第 57 期。

〔14〕 参见黄建辉:"伦理学的法律实践",载《月旦法学杂志》第 38 期。

〔15〕 [荷]伊芙琳·T. 菲特丽丝:《法律论证原理——司法裁决之证立理论概览》,张其山等译,商务印书馆 2005 年版,第 7 页。

〔16〕 参见[英]沃克:《牛津法律大辞典》,邓正来等译,光明日报出版社 1988 年版,第 545 页。

〔17〕 参见丁元普:《西方法律思想史》,上海法学编译社 1937 年版。转引自王勇飞编:《法学基础理论参考资料》,北京大学出版社 1981 年版,第 37 页。

〔18〕 参见杨日然:《法理学论文集》,月旦出版股份有限公司 1997 年版,第 672 页。

我国大陆的学者通常从法律部门和认识论两个角度对法学进行分科,划分的结果大同小异。从法律部门的角度所作的划分难以涵盖理论法学,所以,本书采用认识论为划分标准。这样,可以将法学分为理论法学和应用法学两大块,这两大块知识共同形成法学体系。法学体系见下表:

- **法学**
  - 理论法学
    - 法理学、法哲学
    - 法史学
      - 法思想史
        - 中国法律思想史
        - 国外法律思想史
      - 法制度史
        - 中国法律制度史
        - 国外法律制度史
    - 比较法学(含宏观的比较和微观的比较)
  - 应用法学
    - 国内法学(含宪法学、民法学、刑法学、行政法学、经济法学、三大诉讼法学和其他边缘学科)
    - 国际法学(含国际公法、国际私法、国际经济法学)
    - 外国法学(含外国的部门法学,也可将其归入比较法学范围)
    - 超国家法学(主要指欧盟法学)

依据法学分科,结合实际需要,我国现在规定16门课程为法律类本科专业核心课程,即法理学、中国法制史、宪法学、行政法学与行政诉讼法学、民法学、知识产权法学、商法学、经济法学、民事诉讼法学、刑法学、刑事诉讼法学、国际公法学、国际私法学、国际经济法学、劳动与社会保障法学、环境与资源保护法学。进入21世纪,有些学校将人权法学列为必修课,这是一大进步,因为人权实为现代法律的灵魂。

这一体系中的法学知识并不是平面地展开的,它是一个有机体系,是一个结构性事物。这一结构是一个以狭义法学——规范学为核心的同心圆,共分四个层次。

第一层(核心):法律规范学,即作为规范学的法学,用规范的方法研究法律现象的知识,这是严格意义的法学,包括法理学、各部门法学、法证科学等等。[19]

第二层:法律人文学,用人文的方法研究法律现象的知识,是法学与人文学的交叉学科,包括法逻辑学、法语言学、法哲学、法宗教学、法人类学、法史学、法社会学(宏观)、比较法学。

第三层:法律社会科学,用实证的、经验科学的方法研究作为社会现象的法律的知识,是法学与社会科学的交叉学科,包括法经济学、法社会学(微观)、犯罪社会学、刑罚社会学等等。

第四层:法律自然科学,用自然科学的方法研究法学的知识,这是法学与自然科学的交叉学科,包括法医学、犯罪侦查学、痕迹学、司法鉴定学、法心理学等等。见下图:

---

〔19〕 forensic science,也译法庭科学,这是一门将自然科学运用于法律(司法)的学科,早在百年前,法证科学就被系统地整理成一门专业。法证科学涉及物理学、化学、生物学、医学、遗传学等自然科学在法律中的应用,最著名的当然是20世纪90年代DNA技术在法律上的应用。一些境外大学开有专门的法证科学课程,澳大利亚和新西兰还设有专门的法证科学协会,并制定有专门的规则。

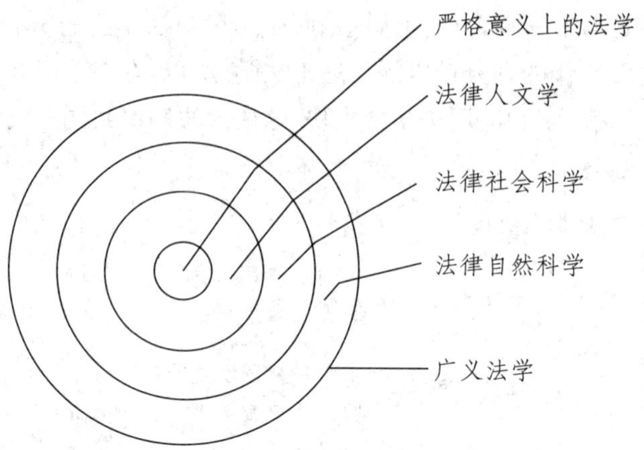

广义法学结构图

五、法学与相邻学科的关系

每一门学科都以一定的客体为研究对象并具有各自的研究方法,从而形成区别于其他学科的独立知识体系,在这个意义上它们是独立的。但是由于世界的普遍联系,对于同一对象可以进行多学科研究,因此,各学科间又存在密切的联系,甚至存在交叉。例如,广义法学中的法律人文学是法学与人文学的交叉,法律社会科学是法学与社会科学的交叉,法律自然科学是法学与自然科学的交叉。为了更好地了解法学,下面着重介绍法学与五大常见学科之间的关系。

(一)法学与哲学

哲学是研究自然界、社会、思维最一般问题的学科。法学与哲学的密切联系表现在:第一,研究对象的部分同一。法学研究的"法律"是社会现象之一种,同时法律的创制与实现离不开人的思维活动。哲学则以自然界、社会和思维的一般问题为对象,两者的研究对象存在部分重合。第二,在学科发展史上,理论法学中的法哲学曾经是哲学的一个分支。直到今天,法哲学究属哲学分支还是法学分支还存在分歧。第三,哲学对法学在方法论和观念方面有重要影响。在法学发展史上,特别是近代以来,法学的变革几乎都以哲学变革为先导。例如实证主义哲学产生了法学中的分析实证主义,哲学中的托马斯主义催生了法学中的托马斯主义,存在主义哲学使法学中出现相应的存在主义思潮等等。前改革开放时代以阶级斗争为纲的哲学直接产生了以阶级斗争为纲的法学,改革开放以后哲学层面上的思想解放使自由平等观念进入中国法学也是一个很好的例证。

(二)法学与政治学

政治学是以政治为研究对象的学科。法学和政治学的联系表现在:第一,研究对象上的交叉。政治学要研究政治,法学也要研究政治,特别是公法学。例如,国家、政党、宪政、政府行为、公民权利、民主制度、国际关系等这些无疑是政治学的研究对象,同时也是法学的研究对象。正由于此,各国在某些分支学科究属法学还是政治学存在分歧。例如在美国,宪法学和行政法学就属政治学学科。第二,学科发展史上关系密切。在学科发展史上,理论法学与政治学长期不分,亚里士多德的法学名著就取名《政治学》。直到 19 世纪前期,法理学、政治学、国际法还是难分的,19 世纪中后期,理论法学与政治学才最终分家。1949 年以后,我国一度取消政治学,改革开放以后恢复政治学。恢复后的政治学曾一度成为大学科包含法学,现在政治学又成为法学的一个分支。当然,政治学与法学的密切联系并不等于两者没有独立的存在价值。即使于相同的对象,法学与政治学研究的侧重点与方法也是不同的。政治学着重宏观的利益分析,法学立足于规范分析和纠纷的排解,立足于社会公正。另外,在教育行政部门的学科分类上,将党史、政治教育、科学社会主义等与法学完全不同的知识门类也归于法学,发法学文凭,这是不适当的。

(三)法学与社会学

社会学是以人类社会生活及其发展为研究对象的学科。孔德当初提出"社会学"这一概念时它指一切有关社会的学问,后来各科(如经济学、政治学、法学)逐渐独立出来,未独立的一部分构成今天的社会学。法学与社会学的联系表现在研究对象上的交叉。社会学要研究法律,法学也要把法律放到社会系统中去研究,所以在法学和社会学中间产生了相互渗透的学科:社会学中的法社会学和法学中的社会学法学,在法学和社会学中间产生了一些边缘学科,例如青少年犯罪学、越轨社会学、刑事政策学等。

(四)法学与经济学

经济学是研究各种经济关系、经济组织、经济活动和经济发展等经济现象的学科。法学和经济学在研究对象上存在交叉。在当代法治社会,经济行为必须遵守法律,所以组建经济组织的规则、经济人的行为规则等为经济学和法学共同关注的热点。同时,在立法和司法过程中,不仅要注意公正,而且要对立法和司法行为作经济分析,西方的经济分析法学正是这一需要的产物。再者,一定的经济理论特别是宏观经济学理论会对法学产生影响。例如经济学的科斯定律就成为经济分析法学的主要工具。

(五)法学与历史学

历史学是以人类社会的发展过程为研究对象的学科,法律是人类社会的现象之一,法律也是一个历史过程,这就决定了法学和历史学的密切关系。这种关系最典型的表现是:法律史学。首先,法律史学是法学中的理论法学分支,同时又是史学中的专门史分支;其次,法理学要研究法律的起源以及法律发展的理论问题,这就涉及史学中的先民文化的考据,社会发展观念等一系列与史学有关的问题。

在学科高度分化后出现更高层次上的高度综合趋势的当代,法学与许多学科相互渗透。这就要求法学院的学生具有广阔的知识面。只有具备广博知识的法科毕业生才能成为"艺术家"式的法律家,否则只能成为绍兴师爷式的"刑名之吏",初学法律者不可不察。

六、法学的目的与功能

(一)法学的目的

法学研究的目的即法学家研究工作的主观目标。从实然的角度来看,法学研究有三大目的,各家的侧重点各有不同。一是伦理目的,即为了发现或探究法律的一般规则和原则,为公正安排社会关系及公平解决社会纷争找到合理的交往模式或法律框架;二是科学目的,即法学研究追求的是发现法律,认识法律的本来面目;三是政治目的,即法学研究为了给统治者的统治出谋划策,或者相反:法学研究的目的在于证明、揭露法律的毛病从而在政治上否定它。一般说来法学研究的三大目的不同程度地存在于法学家所追求的目的之中。[20]

应当注意"事实上法学研究的目的"和"法学研究的应然目的"这两者间的区分,前者因人、因社会而异,因而良莠不齐。在实践上,不同文化传统中的法学研究和不同学者的法学研究目的常常出现极大的差异。法学的应然目的是"法学作为公平正义的学问"对研究者研究目的的要求。虽然不同文化传统中的法学研究目的存在差异,但是可以称得上是"法学研究"的行为,当多多少少以追求公正正义为目的。这就要进一步区分两个东西:"法学研究的目的"与"研究者所要达到的私利"的区别。一个法学家将学术当作升官发财的工具是常见的,但那不是法学研究的目的,那只是一种"商业行为",甚至是出卖灵魂的行为,是不配称为"法学研究"的,它的"产出"只能是学术垃圾。区分了两者,我们就可以理解完全不同的两种行为:古罗马的西塞罗为捍卫(公)法的原理而不惜牺牲自己,而纳粹的法学家则为希特勒的法律摇旗呐喊;许多清末的御用文人为自己的既得利益不惜出卖良知,而沈家本、伍廷芳等先贤却为中国法律的现代化殚精竭虑。

中西法学研究的目的存在很大差异,这是中西法律思想和中西法律产生巨大差异的重要原因之一。我国古代法学服务于王权巩固,它是"货卖帝王家"的卖品;西方法学从古希腊开始就以追求正义为目的,产生了丰富的法律学术与法治学术。苏联法学背叛了西方传统,公然宣称为集团利益服务,为僭主统治张目,最终在一定程度上加速了苏联的瓦解。前改革开放时代,我国学界唯苏联马首是瞻,法学误入阶级斗争为纲歧途,使法学成为绝学。改革开放以来,有良知的学者纷纷以马克思主义"人的自由与解放"为法学研究的根本目的,使法学取得了长足进展。

(二)法学的功能

法学的功能是指法学在现实生活中所起的作用。中国的法学起码从开始就是政治统治的一部分,是政治统治的工具。早在春秋战国时代,统治者就有意识地将法学纳入到统治序列中来。秦王看中申韩之学就在于它可以为己所用。秦汉以后,国家法占据主导地位,儒家法律思想更是由国家定于一尊,成为国家统治的有力工具。在西方,法学存在于民间,它是众多民间言说的一种,是民主论辩、赛会文化的一部分。到现在,法学仍然是民间的言说,它是公民社会约束政治统治的工具。具体来说,在正常的社会中,法学的功能主要有:

第一,指导立法司法实践。法学家通过理论研究和直接参加立法实践,将社会规则和原则系统化,或将它们加以改造,从而提高法律的合理性、确定性程度。法学家通过参加诉讼或直

---

〔20〕　中西"政治"概念的含义完全不同。从亚里士多德《政治学》开创的传统开始,西方的"政治"就是共同体的利益,"政治学"追求的是政治正义——法治,政治的形式是法治秩序下的争论、表达、立法、选举等等。但是,政治东移后,它的内容逐渐演变成阶级斗争,变成了维护一党一派的"专政",变成了与法治相对立的概念。这是在阅读东西法律著作时特别需要注意的。

接从事裁判活动，以理论的睿智和公正的品格提升司法公正。这种功能在古罗马法学家那里有充分的展现——古罗马五大法学家的解释就是法律。[21] 16世纪的德国出现过“卷宗递送”这种专家司法的制度。[22] 在英美法系，法官在疑难问题上的判决引用法学家的理论是常事。从1981至1983年，联邦最高法院作出的551个判决中，引用法律评论文章多达760次，2008年的一项调查显示，在20世纪70年代，联邦法院的判决意见至少引用过4410次《哈佛法律评论》上的文章。[23]

第二，填补实在法的空白，纠正实在法的讹误。在任何时代的任何法域，法律的空白乃至讹误在所难免。在无法可依时法官实际上只能拿法理来填补。在特殊情况下，法理甚至有纠正实在法错误的作用。

第三，创造和传播法观念，使法思想不断合理化与系统化。法观念一方面来自实践，另一方面也离不开法学的创造，具有较大实践价值、产生较大社会影响的法观念通常是由法学所创造或对法学之于实践中的零星观念进行学术加工所得。法学传播法观念的主要途径是法学教育、研究者之间的学术商谈、介绍域外法与法思想等等。通过对实践中法观念的发掘与再创造，法学不断推进法观念的合理化与系统化。

第四，培养法律人才。法律的连续、发展与运作离不开法律人才，法学通过法学专业教育培养各种法律人才：法官、律师、懂法的行政官员、立法者。早在古罗马，就有制度化了的法律教育，培养出大量的法律专门人才，这是罗马法在古代法中独占鳌头的关键因素。公元11世纪，意大利的波伦亚大学法学院培养的学生是西方法律现代化和传播罗马法的中坚力量。

第二节　法学方法

一、方法及其重要性

古人云：工欲善其事，必先利其器。虽则好的方法未必出优秀成果，但是，错误的方法产生好成果却纯属偶然。翻开科学史与思想史，学术的进步常常伴随方法之争与方法上的突破。令人遗憾的是，方法滞后正是中华文化的致命弱点。[24] 方法的落伍严重阻碍了我国古代学术特别是规范学和人文学的发展。

---

〔21〕 古罗马皇帝特奥多西乌斯之《学说引用法》规定，帕比尼安、保罗、乌尔比安、盖尤斯、莫蒂斯蒂努斯五大法学家的学说具有法律效力，如有问题，依多数说裁决，如尚有疑，或无多数说时，依帕比尼安之说。

〔22〕 如果法院碰到疑难法律问题不得其解时，就将卷宗递送到当地的法学院，请当地法学院的全体教授定谳，法学院全体教授会议的决议就是法律。

〔23〕 何帆：“法官为什么疏离法学期刊”，载法律博客，http://hefan.fyfz.cn/art/591931.htm，2010年3月16日访问。

〔24〕 我国古代涉及方法问题的观念主要有：先秦的正名学说、宋儒的格物致知理论和清乾嘉学派的考据等等。但是，总的来说，我国古代的方法观念未能形成系统的知识体系。

近现代以来,方法在漠视方法的文化里命运堪忧。[25] 首先,方法仍然被冷落。在各大知识领域里,人们对于西方学术结论的重视远甚于对其方法的重视。其次,方法的虚化。在科学泛化和哲学泛化的时代氛围里,自然科学方法和社会科学方法不分,规范学的方法更是从来没有被人重视。同时,所有的方法又都为哲学方法所取代,哲学方法又被劣化为到处套用的无用且有害的教条。再次,方法的政治化与附庸化。人们偏执地将方法与政治立场挂钩,只要立场对了,方法也就对了,甚至结果也就对了;如若立场错了,则一切免谈。这样的方法实际上充当了权力与真理间的桥梁,它背后是一个权力决定真理、权力决定善甚至是权力决定美的预设。改革开放以后,这一观念在自然科学领域已逐渐淡出,但在社会科学和规范学领域却仍很叫座。

与国人轻视方法的传统相反,西方文明似乎于开始就很重视方法问题。在公元前 6 世纪的科学与哲学生成浪潮中,毕达哥拉斯对数学及其形式的研究就有重要的方法意蕴,苏格拉底对归纳论证和普遍性的研究更是自觉的方法研究,亚里士多德对辩证法和工具论的研究已使方法成为系统的知识体系。希腊人的方法偏好后来成为西方文化的重要特质之一。虽然中世纪的方法研究走上了神学的歧途,但是,重方法的传统从未中断,我们从当时普遍开展的对教义的辩论中可以窥见一斑。[26] 进入近代以来,归纳与演绎、证明主义、怀疑主义、概率主义、证伪主义、范式理论、科学研究纲领方法论理论等各种方法理论层出不穷,涂尔干开创的社会科学方法论、马克斯·韦伯的价值中立理论等各种专门的社会科学方法论更是令人目不暇接。在法学与法律实践上,西方人也历来重视方法。例如,西方人讲民主,首先讲如何开会,如何得出决议,古希腊人、古罗马人、日耳曼人、盎格鲁—撒克逊人概莫能外。美国人则有大名鼎鼎的《罗伯特议事规则》,这个规则就是告诉你如何开会。要司法正义,则首先要讲"正当程序原则",正当程序就是达于裁判正义的方法。但是中国的传统不是这样,我们讲许多民主的大话,却至今不知如何开会、不知如何选举;天天讲司法公正,却反对达于司法公正的方法——形式主义司法。

什么是方法?对方法本体的认识大体上经历了两个阶段。18 世纪以前的古典方法论阶段和其后的现代方法论阶段。古典方法论视方法为达到目的的手段,是"一本解决问题的规则指南"。现代的方法论则视方法是发现的逻辑、论证的逻辑。它只是一套(甚至可能是不紧凑的、根本谈不上可机械照搬的)评价各种现成的清楚表达理论的规则。[27] 即是说,古典方法论是教义性的,现代方法论是反思性的和规范性的,它不承认唯一的、独断的达于真理性认识的道路,它主要研究什么样的手段是不允许的。现代方法规则并不具有证明结论正当性(真、善、美)的意义,它只具有否定的意义:不遵守该规则的知识不应当被知识共同体接受,它只是巫术、宗教、意识形态或别的什么主观宣示。可以称现代方法观为"篱笆式"方法观。依据现

〔25〕 这一问题在将近 100 年前胡适就论述过,他指出中国人做学问的方法有这样的特点:灵异鬼怪的迷信、漫骂无理的议论、用诗云子曰作根据的议论等等,他认为少年中国的方法当是"用事实作起点的"。胡适:"少年中国之精神",载《胡适文集》(第 12 卷),北京大学出版社 1998 年版,第 561 页以下。

〔26〕 那时虽然"神启真理"是不可怀疑的,但对于"神启真理"的理解是可以讨论的,谁也不能垄断对神的理解。为此,教会设立了"辩护士"一职,专门从事有关教义的论辩。

〔27〕 参见[匈]拉卡托斯:《科学研究纲领方法论》,欧阳绛、范建年译,商务印书馆 1992 年版,第 142 页。

代方法观，人们永远无法找到一个永恒的、唯一的达于真理性认识的方法——“芝麻开门”式的万能钥匙，就像永远无法达到超越批判的绝对真理一样。追求或相信一个永恒的可到处套用的方法与信仰永恒真理的认识属于同一个时代——一个愚昧的时代，一个思想独断的时代。

二、法学方法及其意义

上面说的是广义的方法，主要是“科学”的方法，现在说法学方法。法学方法是法学研究与法律实践的方法。由于广义的法学是横跨科学学科、规范学科和人文学科三大知识门类的，所以广义的法学方法包含了科学的方法、规范的方法、人文的方法。由于法学的核心知识是规范学的，下面我们着重研究狭义法学方法。

中国古代法学的主要方法关注法律解释，且对法律解释的关注也只是局限于“语义解释”。民国在法律西化的同时引进了西方的法学方法，1949 年以后这一传统中断了近三十年。改革开放后在法学复兴的时代潮流中，法学方法逐渐受到关注，20 世纪 90 年代中期以来，法学方法受到法学家的追捧：吉林大学开展过关于法学方法论的讨论，山东大学出了相关文集，同时有关解释学、法解释学、一般方法论的译著与论著也相继面世。

讨论法学研究的方法问题之前有一个前提性的问题要予以说明，这就是法学研究方法的问题域。国内学界的传统是将法学方法仅仅作为一个“认识科学”的问题来讨论的，法学方法因而成为一般科学研究方法的展开甚至是套用。20 世纪 90 年代以来，两类问题逐渐进入中国法学研究者的视野：一是法律公正问题，二是法律实践问题。随着对这两大问题的关注，人们逐渐将法学研究的视野由“对法律的认识”拓展至“对制定什么样的法律和如何裁判”的关怀。这就要求我们拓宽法学研究方法问题的视阈，将它由一个纯认识的问题拓宽至认识、评价、实践的三重问题。也就是说，法学研究的方法不仅涉及如何正确认识法律的问题，而且关涉如何正当地评价法律、公正地践行法律的问题。这样，法学方法就逐渐扩充成为一个知识体系，它有三个层面：

第一，哲学层面或方法论层面的方法。这一层面的“法学方法”研究法学方法问题的一般知识，研究法学方法的本体问题，研究法学研究中自然科学方法和社会科学方法的异同，研究在追求真、善、美的道路上何种方法是不可取的，研究方法宽容的哲理等等。研究这一层面的法学方法属于法哲学的内容，我们表过不谈。

第二，法学理论研究使用的方法，这一层面上的方法包括实证分析和价值评价两种，以及这两种方法的综合运用或延伸——比较方法。实证又可分社会实证、经济实证、逻辑实证，价值分析也可依其基本立足点及涉及的领域分为政治的、经济的、社会的、文化的等等。

第三，法律方法，即法律实践的方法。广义的法律方法包括立法的方法、执法的方法、从事法律行为的方法（例如法律谈判的方法、订合同的方法等等）、法律文书的书写方法，当然还有审判的方法。“法律方法”是“法学方法”中最重要的内容，有许多学者认为“法学方法就是法律方法”也不是完全没有道理。

法学方法对于法学研究和法律实践都是至关重要的，归纳起来起码有以下几个方面：

其一，保障个案正义。法律是一般规则或原则，将它正确适用于案件才能保障立法中的正义在司法中得到贯彻；否则，再好的法律也可能产生邪恶的判决。要正确适用法律，离不开方法的规制。

其二,对法行为有规范意义,它是法律人的“道德圣典”和行为手册。这里的方法是消极意义多于积极意义的,它主要是规定哪些行为是不许可的。对于法学研究来说,它规定哪些基本假设是不许可的(例如,假设基于“人种”或“阶级”等标准的人的不平等的必然性与该当性),任何违背真实的描述与说理都是非道德的,法律人依据任何集团私利与个人利益来建构理论体系或推导法律结论均为恶等等。

其三,评价功能和文明积累功能。前已论及,现代方法观具有反思性,这种反思性使它对以往的法律理论与实践作出评价,通过评价使文明得以继承与发展,使非文明的理论与实践得以扬弃,从而提升文明。

其四,使法律成为一项职业。一项职业形成的一个重要条件是有自己的方法,法律方法使法律成为一项专门的职业,它的进一步社会影响就是法律日益精密,正义日益确定。

其五,它使法律人群体得以形成并获得相对独立性。法律人是一个利益共同体,与其他利益共同体不同的是,他的利益在于法律及其权威本身,在于对真和善的追求。何以使法律人成为真正意义上的利益群体?独立的利益群体除了具备共同的利益基础以外,必须具有维护共同利益的手段。对法律人来说这就是他的自律及由此而来的社会尊重。此种社会属性从何而来?除了其他因素(例如人格魅力)以外,最基本的就是具备最大社会认同的专业方法。

其六,为全球法律人之间的认同和沟通提供标识与手段。中国的法学需要走向世界,中国的某些法律需要同外国接轨,中国的某些司法判决需要外国的承认与执行,所有这些与外国在理论和实践上互动的条件之一无疑是中外法律人之间的职业认同,法学方法正是这种认同的基础。虽然法学方法是多元的,但是,法律人行为的基线是有共识的,缺乏这种共识,全球范围的法理论与法实践的互动便不可能。

三、法学研究方法

法学研究方法是法学方法的第二个层面。我国法学界通常将法学研究方法归纳为社会调查方法、历史考察方法、分析方法等。实际上这些方法都可归之于实证分析方法,是西方分析实证主义法学通常采用的方法。除此以外,法学是否可以采用价值分析方法在西方法学界存在分歧。边沁(Jeremy Bentham,1748—1832)提出把法学分为解释法律是什么的法学和法律应当怎样的法学两部分,前者是说明性的,后者是批判性的,是立法学。可见在边沁那里法学研究方法包括实证分析和价值分析,不过他们只是应用于不同的法律分支学科。但在奥斯丁(John Austin,1790—1859)那里,他把立法学逐出法学领域,归之于伦理学,法学研究的方法就成了单纯的实证分析方法。不过应当注意,奥斯丁的“法学”只是指他的“一般法理学”,如果采现今的“广义法学”说,相信他也不会排除价值评价。其实,从古希腊、古罗马开始,价值分析就是法学的首要方法,这从柏拉图的《法律篇》和罗马人法学是“善良公平的艺术”的定义中可以清楚地看到。到20世纪,除个别例外,法学家都采用实证分析和价值分析两种方法。

民国时期我国法学界是分析与价值评价共用的,但是1949年以后一度摒弃了价值分析,这与法学界把法学当作“科学”、“规律学”有关。作为规范学的法学,它主要研究如何确立公正的人际关系,因此它离不开价值分析。比较研究的方法是兼具实证分析和价值分析的方法。

据此,我们把法学研究方法归纳为实证分析、价值分析和比较研究三种。

(一)实证分析方法

实证分析是"科学学科"研究的主要方法。实证分析方法的特点有二:通过对经验事实的观察、描述、分析并以此为依据来建立和检验各种理论,在事实领域之外,则运用逻辑和纯数学知识。实证分析倾向在哲学中可以追溯到公元前5世纪的希腊哲学家普罗塔哥拉、中世纪的唯名论者奥康姆。实证分析方法的现代根源则是启蒙运动中的英国经验主义。在法学中,实证分析的运用较早的是公元11世纪到13世纪发端于意大利的注释法学派。边沁的法学有明显的实证分析倾向。法学中注重应用实证分析方法的流派主要有:着重对规范作实证分析的分析法学,着重对历史作实证分析的历史法学,着重对法律社会事实作分析的社会学法学,着重语言分析和逻辑分析的学派等。实证分析方法有各种形态,主要有以下几种:

一是规范实证分析方法。这是法学研究最基本的方法之一,主要是通过对法律文件或事实(习惯、惯例)的分析从而找出法律的含义,抽象出法律的规则和原则。除了西方规范法学派以外,一切具有实用倾向的法律解释学实际上都采用规范分析方法。我国《唐律疏议》中对唐律的解释,也可视为对规范的实证分析。

二是社会调查的方法。社会调查方法是社会学研究的主要方法,在法学中主要指通过对与法律有关的社会事实作调查并进行实证分析作出结论的方法。社会调查方法对立法学的研究和法律实施质量的评估具有特别重要的意义。在采取重大的立法行为之前,通常要对社会现实进行调查从而决定选择何种立法方案,如何在法律中实现利益平衡。我国清末和民国时期在制定民法时就曾对各地的民事习惯进行过大量的调查分析。[28]

三是历史考察的方法。历史考察方法是实证分析方法在历史领域的延伸。世界是过程的集合体,法律本身表现为一个过程,因此认识和评价法律绝不可缺了历史考察这一时间维度。只有了解法律的历史发展,才能更全面地认识法律。

四是经济分析方法。经济分析方法是用经济学的理论和经验方法来阐述法律领域中的各种争议和问题的方法。法学研究中经济分析方法的使用始于20世纪40年代美国芝加哥大学的著名经济学家亨利·西蒙斯(Henry Simons),到60年代,法律经济学这一学科初创。到70年代,美国芝加哥大学著名法学教授理查德·A. 波斯纳对法律的经济分析引起世人关注,从而使经济分析方法应用于法学研究站稳了脚跟。经济分析方法又可以分为实证的经济分析、规范的经济分析和公共选择分析。法学中经济分析方法运用的领域非常广,它涉及侵权法学、契约法学、财产法学、产品责任法学、犯罪学及刑法学、环境保护法学等应用法学,也涉及法理学、法史学、立法学等理论法学。

其他实证分析方法还有语言分析方法、逻辑分析方法、心理分析方法等等。

(二)价值分析方法

价值分析是相对于实证分析而言的方法,实证分析是对法律实在的分析,而价值分析则是

---

〔28〕 这些调查直到县一级,它的成果后来汇编成册。参见南京国民政府司法行政部编:《民事习惯调查报告录》(二十世纪中华法学文丛),中国政法大学出版社2000年版。

对法律的价值评估。价值分析的方法在西方经济学、伦理学、美学中早已运用,到19世纪,西方才形成了专门研究价值问题的价值学。价值分析方法在古希腊法学中早已运用。柏拉图和亚里士多德的正义论法概念是其先导。启蒙思想家用人性、自由、平等、权利来批判封建专制的法律,使用的也是价值分析方法。19世纪,西方法学中兴起了一股分析实证主义思潮,价值分析方法一度衰落。20世纪下半叶,价值分析方法再度兴起。除少数例外(例如凯尔森),大部分现代西方法学家都不排斥价值分析方法。例如,实证分析倾向很浓的庞德(Roscoe Pound,1870—1964)认为价值问题是个困难的问题,但不能因其困难就否定它的存在,即使是最粗糙的、最草率的或最反复无常的调整或行为安排,在其背后总会有对各种相互冲突的和相互重叠的利益进行评价的某种准则。庞德说,爱因斯坦教导我们,我们生活在曲线的宇宙中,这里没有任何直线、平面、直角、垂直线,但不能因此而放弃测量。直线、平面实际上不存在,但对实践有用,已接近真实,所以必须有它。法律的价值就是这样一种尺度、标准、平面、直线。[29] 按照法律具有的目的价值和工具价值,价值分析方法也可以分为对法律目的的价值分析和对法律调整方法的价值分析,这两者都对法律的完善与进步具有重要意义。

(三)比较研究方法

比较研究的方法是实证方法和价值分析方法的综合运用,严格说来它并不是与上述两种方法并列的方法,但是由于比较方法的特殊意义,我们还是将它单列出来。早在公元前4世纪,亚里士多德就对雅典151个城邦的宪法进行过比较研究。孟德斯鸠《论法的精神》一书也采用了比较的方法。19世纪中叶,西方更兴起了比较法学这一新学科。民国时期,东吴大学(苏州大学前身)法学院的比较法研究享有盛誉。比较研究无论对于认识和完善本国的法律与司法,对于从不同的法律制度中抽取共同的法律原则,对于消除敌意建立不同法域的相互理解与沟通,对于减少因偶然性而形成的非理性的法律规定,对于培养高素质的法学人才等等,都具有重要意义。比较研究通常可以分为纵向的历时性比较和横向的空间性比较,纵向的比较和横向的比较通常综合使用。比较研究包括实证分析和价值分析两种方法,比较研究不但包括对法律的实在(reality)的比较,也包括对法律价值的比较。

四、法学研究的道德原则

任何学术研究都必须遵守一定的道德原则,例如,医学研究要遵守"希波克拉底誓言"。因为法学研究是一项公共事业,它对于公众有一定的导向意义;也因为法学研究本身离不开价值分析,具有一定的主观性;加上法学研究者也是人,是利益的一方,法学研究可能为私利所用,因此,遵守一定的道德原则对于法学研究显得十分重要。法学研究的道德原则可以概括为以下三点:

第一,法学乃公器,公器不可私用。法学为公器不用多说,这里"私用"包含的内容很广,它指一切对法学的"非法学利用"。法学研究必须坚持"法学就是法学"的道德立场,不能为了法学以外的利益而牺牲法学,改变法学。这个法学以外的利益是非常广泛的,包括自己的升官

〔29〕 [美]罗斯科·庞德:《通过法律的社会控制法律的任务》,沈宗灵译,商务印书馆1984年版,第35页以下。

发财,职称评定,也包括利益集团的利益,巩固某些人的统治。应当区分律师行为和学术行为这两种不同的行为,律师追求法律范围内当事人利益的最大化,这很正常。但是法学家不行,法学家用学术的名义为利益集团代言严重违反学术道德。

第二,尊重事实。这是一切学术研究的基本道德,无视事实的行为不是真正的学术研究。对于法学研究者来说,那些"需要出数据"、"需要出事实"、虚假的引证等等,都是地地道道的犯罪。尊重事实需要"完全客观"的立场。我国前改革开放时代的法学之所以出现如此大的失误与我们过分强调"阶级立场"、不顾起码的事实有关。"阶级立场决定科学性"的判断是对学术研究的生命——学术客观性的背叛。因此,科学研究如果有"立场"问题的话,那就是"完全客观"的立场。哥白尼日心说的遭遇、摩尔根遗传学在20世纪30年代的命运,数理逻辑在我国50年代受批,人权、法治被妖魔化等等,都从反面告诉我们这个真理。

第三,坚守人的尊严。法学的核心知识是规范学,它研究何为良善的行为规范,如何贯彻良善的行为规范,而这一切是为了捍卫人的尊严,因此法学研究必须坚守人的尊严。

第三节 法学历史

在对法学作了"平面"的探讨以后,有必要从纵向的历史发展的视角对法学作立体的认识,而这自然又得从法学的产生说起。

一、法学产生的条件

中国古代有无法学?西方法学产生于古希腊,还是古罗马,还是中古中期?对此学者们有很大争议。争议的原因之一就是对法学产生的条件存在不同看法,或曰对法学产生的标准的看法不一。

法学以法律为研究对象,但并不等于说有了法律就有了法学,只有人们对法律的认识积累到一定程度,形成了有一定概念和判断组成的知识体系时才产生法学。而这离不开一定的条件。恩格斯在"论住宅问题"中说:"随着立法发展为复杂和广泛的整体,出现了新的社会分工的必要性,一个职业法学者阶层形成起来了,同时也就产生了法学。"〔30〕这里,恩格斯告诉我们法学产生的两个条件:一是认识对象方面的条件:法律发展成广泛复杂的体系;二是认识主体方面的条件:职业法学家阶层的产生。这是我们判断一个社会是否有法学的重要标准,当然不能机械地套用。

二、中国法学的沿革

中国古代有无法学?对这一问题的看法不太统一。在20世纪30年代就有学者主张"无

〔30〕[德]恩格斯:"论住宅问题",载《马克思恩格斯选集》(第2卷),人民出版社1972年版,第539页。

法学说”,80 年代,也有青年学者认可此说。当然,主张“无法学说”的学者并不否认中国古代有丰富的法律学问。这里就涉及法学存在的标准问题。主张“无法学说”的学者是以西方法学为标准的,即不仅有注释法律的知识,而且有对法律的认识与评价的学问。由于中国古代缺乏对法律评价的系统的知识,只有注释法律的知识,因此他们认为中国古代有“律学”而无“法学”。笔者认为,“律学”就是“法学”,或曰“中国特色”的法学。如果用现代学术标准评价古代学术,则不但中国古代无法学,而且古希腊、西方中世纪是否有法学也是很值得怀疑的。对于古代法学,我们只要看其是否存在较系统的法律知识体系就可以了。

中国古代法学始于何时?学界大体上也有两种学说:西周说和春秋战国说。笔者认为西周时期虽然有一些零星的关于法律的思想,但是不够体系,还是春秋战国说比较靠谱。如果我们同意春秋战国说,则中国法学的历史可分为三个时期:春秋战国时期、汉代至清代的大一统时期、西学东渐和法学再生时期。下面分别介绍中国的法学思想与法学教育。

(一)中国法学思想的演变

春秋战国时期是我国法学产生时期,也是法学思想的多元与繁荣时期——“百家争鸣”时期。所谓“百家”并非实指,言其多也,主要有儒、法、道、墨、农、兵、阴阳、纵横、名、杂等各家。其中儒、法、道、墨有丰富的法律思想。儒家思想是中国古代思想的主要代表。先秦儒家的主要代表人物是孔子、孟子。儒家主张礼治、德政、行仁政,在德刑关系上主张德主刑辅,主张维护等级特权。先秦儒家思想与后世儒家有非常大的不同。先秦儒家思想有非常明显的“规范”统治者的意蕴,其中的“礼治”思想主要是对统治者的要求,“礼”的重要内容是规范统治行为的。先秦儒家思想的精华是其“德政”思想。所谓“德政”是提倡“政治道德”,统治者的统治行为要讲道德。法家的代表人物是商鞅和韩非。法家主张执法平等,注重法的作用,认为法有“定分止争”的作用,法家还有进化论的法律起源思想。法家思想中最消极的成分有两个:一是极端统治工具主义法观念,二是重刑思想。法家的重刑思想实际上影响了中国的统治两千多年。但是,中国历史上法家思想的地位却是远不如儒家的,因为统治者大多害怕重刑的恶名。凡是公开主张严刑峻法的皇朝大多是衰世。应当指出,法家的“法”主要是指“刑”,法家的“法治”实为“刑治”。因此,用现代的法律概念来看法家,则称法家为“刑家”更为妥帖,这样可以避免将法家的“缘法而治”与当今之“法治”相混淆。道家的代表人物是老子和庄子,道家主张“无为而治”。《老子》有言:“治大国若烹小鲜。”“有为”则伤人、伤道。背后的思想是要求统治者尊重习惯法,按照自己制定的法律来统治,这与新自由主义者哈耶克“自生自发秩序”的思想颇为接近。墨家是我国古代最具人文色彩的学派,墨家的始祖是墨翟。墨家主张“兼爱”、“尚同”,反对等级特权,主张法律平等,[31] 墨家还提倡“非攻”,提倡和平。墨家弟子300 人曾经协助宋国守城,抵抗楚国侵略,城破全部战死,则俨然像当今的“维和部队”了。墨家还提倡“天志”,即世俗统治者的法应当符合“天志”,这是一种超越实在法的“超级法”观念。

---

〔31〕 墨家不但说而且做,墨者巨子(思想导师)腹䵍(tun)的事迹广为传诵。他在秦国做官时儿子杀了人。秦惠王对他说:“先生之年长矣,非有它子也。寡人已令吏弗诛矣。”腹䵍却回答说:“墨者之法曰‘杀人者死,伤人者刑。’此所以禁杀伤人也。夫禁杀伤人者,天下之大义也。王虽为之赐而令吏弗诛,腹䵍不可不行墨者之法。”不许惠王而遂杀子。参见《吕氏春秋·去私》。

汉代至清代是我国封建大一统法学形成并最终成为“绝学”的时期,这一时期的法思想呈现出“儒家独唱”的特色。战国争于力,法家思想流行。秦因法家而兴,却旋即因恃暴力而亡,这给新上台的统治者以极大震撼。目睹不可一世的“强秦”速亡的汉统治者转行黄老之学(道家思想),思想上也较宽容。至汉武帝“罢黜百家、独尊儒术”,开始形成以儒学为主,兼纳法、道各家思想的封建大一统的儒家法学。由于专制大一统的局面加上统治者追求统一思想,百家争鸣的学术自由与繁荣景况不再,最终形成了以解律为宗旨的“律学”。这一“万马齐喑”的局面一直维系到清末。不过,随着法律的发展,汉以后的律学,特别是法律解释思想还是有相当的成就。

西学东渐与中国法学之再生是中国法学的现代化阶段,这一时期的法学产生了根本性的变革,这一过程始于19世纪末20世纪初,今天仍在继续中。1840年鸦片战争以后,中国国门被列强撞开,在西学东渐的时代潮流中西方法学开始在古老的中国大地传播,给面临绝境的中国法学带来了生机。1894年甲午战争以后,西方法学在华传布的速度加快。进入20世纪以后,中国法学无论在内容和形式上都快速西化。民国建立以后,新法学更是得到了前所未有的大发展。这一时期的中国法学思想基本上是西方思想的移植,但是也产生了中西合璧的法学思想。例如,用西方法学范式对中国古代法律思想的重整,用中国传统文化诠释西方法律思想,逐渐形成了自己独特的法律思想,例如吴经熊的“法律三度论”,〔32〕孙中山先生的五权宪法理论等等。1949年以后,刚刚形成的新法律传统被彻底抛弃,转而照搬苏联的维辛斯基法学,这是一个反法治的张扬暴力的极端工具主义法学。20世纪50年代以后,由于阶级斗争为纲思想的泛滥,运动治国,领袖治国,法律被抛弃,真正意义的法律思想不复存在。

1978年十一届三中全会开启了改革开放的时代,法学成为显学,种种西方法学思潮纷纷译介进来,法学研究大兴,形成了多元思想共存的局面。其主要思潮有两个:一是经过改造的维辛斯基“统治法学”,二是与世界法学相接轨的种种更具学术性的“人的法学”。就总的趋势来看,中国法学思想呈现出不断进取的时代特色,“人的法学”渐渐发展壮大。但是,阶级斗争为纲的思维定式,法学研究中的利益导向、工具导向仍然不可小觑,要实现中国法学向马克思主义“人的自由与解放”的转型还需要学界共同努力,也需要保障学术自由。

(二)中国的法学教育

法律在中国历来是统治工具,统治者担心懂法的老百姓会与他“争利”,因此统治者并不希望老百姓懂法;再者统治者不希望法学“捆住手脚”,因此中国历来的统治者不喜欢法学,自然也不喜欢法学教育。在“权力通吃”的古代,统治者不喜欢之物不可能发达。因此,中国古代法学教育的落后便在情理之中了,其转机在清末立宪运动。

中国古代没有形成专业的法学教育。先秦“以吏为师”,即学在官府,而官府没有兴趣举办专门的法律学校。汉兴,学法律的人必诣京师,又必于丞相府,还是没有专门的法律学校。由于汉代较尚法律,所以汉代法学也较兴盛,发展出一种“章句之学”。民间私塾、家学也传播一些法律知识。魏设“律博士”传授法律,下及唐宋,至元废亡。唐朝国子监(最高学府)所设

〔32〕 参见吴经熊:《法律哲学研究》,清华大学出版社2005年版,第15页以下。

六学中有律学一科,[33]可见当时法学知识是一个专业。隋唐科举取士,唐有“明法科”,这种“自学考试”式的制度表明法学作为专门知识受到官府认可。不过“明法科”相对于“明经科”历来遭轻视,录取人数仅占总数2%左右,且动不动被取消。值得一提的是宋代的司法考试,宋代不但在科举中设“明法科”,而且有专门的司法官的入门考试:刑法科,考断案、律义,有时加试经义。但是即使是宋代,法律考试也是断断续续。王安石变法复设“明法科”,然新政一败,旋即罢试律义。明太祖时也考法律以取士,明律将“讲读律令”规定为官员职责之一,很注重法学的宣传教育功能,但是真正的“法学教育”是谈不上的:学校里不仅没有法学专业,而且将“不准议论法律”定为校规。至清代则法学更衰,“因无专科,群相鄙弃”。[34] 中国古代经、史、子、集四大知识体系中没有法学一支。18世纪官修之《四库全书》收文3503种,而政书类法令之属仅收2部,存目仅5部。到清末沈家本任职西曹时,东三省“官吏多不知刑名事”。[35]可见法学教育早已寿终正寝。

在清末法律传统发生历史性变革的同时,宪政、法治的时代需要使法学一跃成为显学,法学教育大兴,开创了中国法学教育的新时代。这一新时代的法学教育以西方化的专业学校教育为特点,“法政学堂”遍地开花。与此同时,大量译介西方法律典籍,派遣留学生到西方国家学习法律,约请西方法学家来华讲学,请西方的法学家来华帮助中国起草法律,法学界还成立了“法学会”,法学会也办了杂志。民国时期法学教育更是极度兴盛,几乎各大学都设有法学院。到20世纪30年代,高校学生总数中法科学生占了半壁江山。当时中国的法学是完全世界化的,种种外国思潮包括苏联的思潮纷至沓来。在开放的时代大势和较自由的学术环境中,逐渐形成中国自己的法学,出现了大量的成果。种种法学期刊、法律书籍可以自由出版。1922年,东吴大学出版了中国第一本法学刊物:《法学季刊》(The China Law Review)东吴学生办的《东吴法声》也有很高的学术水准。民国时期出版法律论文无法统计,仅法律书籍就有5500种左右,这归功于民国时期的学术与出版自由。

1949年以后,在前改革开放时代,由于复杂的原因,法学教育受到打击。1952年院系调整时,绝大多数法律院系被裁撤合并,老师改行,法学教育极度衰落。1957年以后,由于阶级斗争为纲路线的影响,法律被妖魔化,“文革”中法院一度被解散,法学教育处于停顿状态。有幸保存下来的法律院系也是不务正业,学生“搞四清”,参加生产劳动,学校几乎不开法律课,开的法律课也主要是批判所谓“资产阶级法律思想”。[36] 就是这样培养出来的少得可怜的法科学生,还通常不能进司法机关。具备法律知识(其实并不具备)成为政治上不被信任的理由。

---

〔33〕 这六学是:国子学、太学、四门学、律学、书学和算学。

〔34〕 沈家本:《历代刑法考》,中华书局1985年版,第2143页。

〔35〕 沈家本:《历代刑法考》,中华书局1985年版,第2225页。

〔36〕 华东政法学院和北京政法学院(中国政法大学前身)的课程表为证:华东政法学院1958届毕业生所学课程:政治经济学、辩证唯物主义与历史唯物主义、中国革命史、国家与法权理论、体育、马列主义基础、国家与法权通史、俄语、苏联国家与法权史、苏联与人民民主国家法、中国国家与法权史、中华人民共和国国家法、中华人民共和国人民法院与人民检察院组织法、民法、逻辑学、刑法、资产阶级国家法、财政法、民事诉讼、刑事诉讼、行政法、(民法2)除体育以外共20门。20世纪50年代北京政法学院的课程:国家与法的理论、逻辑学、国家与法的通史、社会主义与共产主义思想教育、生产劳动、哲学、政治经济学、中国国家与法的历史、中国宪法、中共党史、国际法、政策法律等,包括劳动课在内共12门。

1978 年改革开放以来,法学教育也迎来了春天。1977 年恢复高考,1978 年以后政法学院陆续恢复招生,20 世纪 80 年代各综合性大学开始组建法学院,法学得到了快速发展。80 年代中期有法学院(系)60 多所。1999 年后扩容加速,截止到 2008 年 11 月,全国共设立法学院系 634 所,改革开放 30 年增长了 105.67 倍;法学本科在校生 30 万人左右,法律专科在校生达 22 万多人,改革开放 30 年增长了 200 多倍;在校法学硕士研究生达 6 万多人,改革开放 30 年增长了 260 多倍;在校法律硕士研究生 3 万人左右,较 10 年前增长了 4 倍左右;法律硕士培养单位增至 79 所,比 1996 年试办时增长了 9.88 倍;1983 年,中国法学博士研究生开始招生时只录取了 1 人。至 1998 年,在校法学博士研究生达 1340 人。2008 年,中国法学博士毕业生人数 1700 余人,法学博士招生人数 2500 余人,法学博士在校生人数达 8500 余人;法学教师已达 55000 余人,改革开放 30 年增长了近 10 倍。〔37〕

后改革开放时代中国法学的进步举世瞩目,但是,繁华的背后其危机也是深刻的,教育体系出现紊乱。突出表现在大量的法律专科教育没有必要地开设,硕士教育开始出现混乱,法学类硕士包括"法学硕士"和"法律硕士",法律硕士中又分为全日制的"大法硕"和在职的"小法硕"。2009 年,为了解决就业问题,又产生了一个新种:"法律硕士(法学)"。数量上的"大跃进"也是严重问题,它背后是教育质量的下降。许多学校本不具备法学教育的师资与资料,仓促上马,海量招生,其结果是不言而喻的。

通过对中国法学思想及法学教育的鸟瞰,我们应当承认,中国古代法学是低水平的,它存在一些根本性的缺陷。从形式上看,中国古代法学始终未能形成系统的法学教育体系,未能形成独立的法学家阶层。从内容上看,中国古代法学知识的体系化程度低,概念系统相当不发达,被包容于政治学、伦理学、哲学之中,甚至成了为君主统治服务之"术","少学而多术",是一种"跟命法学"、"统治法学"。"刑名之学"、"申韩之学"主要讲刑罚政策,目的是如何发挥刑罚统治功能。汉以后的律学则以解释和宣传国家法为己任。从精神上来讲,中国法学的根本缺陷是缺乏批判精神。批判是学术的本质之所在。从先秦开始,议论法律就是犯忌的,商鞅变法时曾严厉处置"议论"法律的人。〔38〕不过,这种情况在春秋战国时代由于"列国"的存在,它的负面效应得以缓解。汉以后,由于大一统政治局面的形成,法学中的批判精神就几乎丧失殆尽。中国法学落后的最后一个表现是方法的不发达,甚至没能形成有价值的法律方法。

中国古代法学之所以落后当然主要原因是封建专制制度本身。专制需要暴力、恐怖,法律只是可有可无的工具。其次在于法学本身的范式。中国法学的基本范式是"认同"的而不是规范的,这种法学缺乏对统治者的规范力量,法学把这种力量让给了伦理学。再次是中国文化的伦理传统。在我国的伦理型文化中法律是不得已的恶,理想的社会不需要法律,所以就无法形成对法律的信仰,法学中也就缺乏对正义的追求。"用则进,废则退",法学的无用阻碍了法学的生长。与全社会的法即刑、畏法避刑观念相一致的是,全社会对法学的轻视以致"鄙视"

---

〔37〕 数据出处:中国社会科学院法学研究所编:《中国法治发展报告 No.7》(2009),社会科学文献出版社 2009 年版,第 332 页。这个数字只包括普通教育,不包括成人教育。另外,有类似数据的书有十多本,数据各异,不知谁更可信。这也从一个侧面反映了中国法学的虚浮。

〔38〕 商鞅变法,"秦民初言令不便者有来言令便者,卫鞅曰'此皆乱化之民也',尽迁之于边城。其后民莫敢议令"。《史记·商君列传》。

成为一种社会风尚。[39] 民国以后,社会的法治转向催生了法学的兴盛,新法学开始走向世界,实现了向自由民主的法学的转型,但是由于沉重的历史包袱及社会结构上的问题,中国法学还是相对欠发达,它对法律实践的作用还很弱,中国法学在世界法学中还没有取得应有的地位,改变中国法学的落后状态有待于法律人与全社会的共同努力。

三、西方法学的沿革

西方法学无疑是世界上最为发达的法学,现在世界各国的法学无论在内容上还是形式上都受到西方法学的极大影响。

西方法学产生于何时?学界有不同看法,一种主张产生于古希腊,另一种主张产生于古罗马。"古罗马说"的主要理由是古希腊的立法不够发达以及古希腊未能形成职业的法学家阶层。[40] "罗马说"的标准似乎严格了些,如按此标准,则中国古代有无法学就很值得怀疑了。考虑到中西法学产生当采用同一标准,笔者采"古希腊说"。这样,西方法学可以分为古希腊、古罗马的法学、中世纪的法学和近现代的法学三个阶段。

(一)西方法学思想的演变

古希腊、古罗马法学是西方法学的产生阶段,也是第一个辉煌的时期。它奠定了西方法学的基本范式。古希腊的法学虽然没有从哲学、伦理学和政治学中独立出来,但它已有了相当丰富的法律思想,并且产生了传世法学巨著,例如柏拉图的《法律篇》、亚里士多德的《雅典政制》和《政治学》等。亚里士多德的继承人曾对各城邦国家的法律制度及其规则进行了系统的描述与比较。古希腊是西方源远流长的自然法思想的源头,古希腊人讨论了许多法律问题,例如,法与道德的关系、守法问题、法与理性的关系及法与意志的关系,讨论了政体问题,主张分权的混合政体等等。特别是古希腊人在人类历史上最早讨论法治与人治问题,亚里士多德的法治思想至今难以超越。

如果说古希腊人决定了西方法学的精神的话,那么,古罗马人则决定了西方法学的形式。

古罗马人继承了古希腊人的法思想,并使法学独立出来成为显学。公元前3世纪(有些学者认为在公元前4世纪)罗马法学产生。公元前2世纪,法学成为独立的学科。共和国后期,罗马法学得到迅速发展,帝国前期达于鼎盛。到公元6世纪,罗马法学大备。罗马法学是古代社会最发达的法学。罗马法学中最发达的是应用法学,特别是它的私法学。罗马法学形成了自己的概念体系和理论体系,这些概念与理论一直影响到现在。就思想来说,古罗马继承了古希腊的思想并加以实践化,他们将古希腊的自然法观念发展成系统的思想体系,这使古罗马法学中充满了自由主义和个人主义色彩,它发达的民法及其思想是人格独立与人的自由的保障。特别值得注意的是,罗马法学家西塞罗的共和主义理念和世界法思想对当代世界具有重大影响。

---

〔39〕 对法学的鄙视甚至导致司法考试难以为继。宋代的"刑法科"考试报考者少,及格者更是寥寥无几,因为读书种子不愿意报考。政府没有办法只好一再放低要求,最后连只得2分(满分10分)的都收了。难怪苏东坡说"读书万卷不读律"了。

〔40〕 何勤华:《西方法学史》,中国政法大学出版社1996年版,第11页以下。

中世纪西方学界是神学的一统天下,法学也不能例外,不过,法学还是有相当发展的。11世纪罗马法开始复兴,这促成了现代法学教育的先驱——意大利波伦亚大学法学教育的产生与发展,并形成了注释法学派和寺院法学派。《圣经》是中世纪的法律,其中的法思想不仅是中世纪的主导思想,且与当今世界上许多法制度和法思想相关。[41] 圣经中提出了许多人类普适性的法观念与法律原则,例如,统治行为要服从高于人的权威的规则,正义的至上性,人在正义(上帝)面前和在法律面前的平等,契约观念,公平审判,毋作伪证,证者唯一不能定谳等等。奥古斯丁(Aurelius Augustinus,公元354—430)的教父学也研究了许多法律问题,并提出了有价值的思想,例如,将法律分为永恒法、自然法、世俗法,提出法的作用在于控制人的欲望,主张法律和正义是永恒性、多样性与流变性的统一,强调上帝面前人人平等,责任统治,公正裁判等等。13世纪出现了托马斯·阿奎那(St. Thomas Aquinas,1224—1274)的经院主义法哲学,他提出了法的特征是理性、国家性、规范性、社会公益性,他也对法律进行了分类,并且提出了法治思想。

中世纪中后期产生了人文主义思潮,这一思潮本身含有丰富的法观念,并对后世法思想产生了深远影响。人文主义一词在英文为Humanism,从德语Humanismus而来,此德语是1808年根据拉丁文首创,其拉丁文词根为Humanus。对英文Humanism中文有不同的译法:人道主义、人本主义、人性主义、唯人主义等等。这一词主要用于定义与宗教相对立的思潮。另有一英文词为Humanist,主要用来表示一个学科。此词来自意大利文,是意大利学界对执教古典语言和文学的老师的称呼,这些学科在文艺复兴时期就叫Studia Humannitatics,即人文学科,与法科相对称,法科称为Legista。在拉丁文中则有Humanitas,是百科全书式的人的全面教育的意思,类似今天所说的人文精神的培养。[42] 人文主义者重视人的经验,提倡人的尊严,重视思想的观念到今天仍然是很有启蒙意义的。人文主义者马基雅弗利的"法律产生于人们对共同福利"思想,"法律的目的是为了保障人们自由地使用财产,为了个人安全"的思想,他的人人"自由的社会才能发展"的思想,他的多党牵制的宪政思想等等,都具有启蒙意义。人文主义者博丹的主权思想更是开启了民族国家的时代。

17、18世纪,西方法学开始步入近现代。[43] 在启蒙运动中,西方法学逐渐摆脱了神学和专制的束缚,主张自由、平等、人权的古典自然法学派成为时代的骄子。步入19世纪以后,西方法学思想学派纷呈,进入了更高层次上的多元法学时代。

(二)西方的法学教育

古罗马的法学教育可能是世界上最早的。古罗马法律知识原本掌握在僧侣手中,推断其法学知识承传形式是僧侣集团内部"口耳相传"。公元前5世纪中叶《十二表法》诞生,法律向社会公开,法律知识成为公共知识,这不仅为公众研究法律提供了可能与便利,也产生了传播

---

〔41〕 了解《圣经》不仅是了解西方中世纪所必需,也是理解当代西方法律所必需,不了解《圣经》就不可能真正理解西方现代法律与法学之"根"。

〔42〕 参见[英]阿伦·布洛克:《西方人文主义传统》,董乐山译,三联书店1997年版,第3页以下。

〔43〕 有的西方学者认为西方现代法律科学起源于13世纪,似乎早了些。参见[美]罗斯科·庞德:《法律史解释》,曹玉堂、杨知译,华夏出版社1989年版,第43页。

法律知识的社会需求。公元前304年,弗拉维乌斯把古代法律总结出来进行公开的法律教学,公元前252年科伦卡纳斯公开回答法律问题,公元前200年,出版了罗马法教材,法学教育开始发达起来。

日耳曼人的入侵毁了罗马,也毁了罗马法和罗马的法学教育。但是从11世纪开始,西方的城市再次发展起来,紧跟着的是商业的发展,商业的发展再次彰显了罗马法的魅力,同时促进了法学教育的社会需求,它的结果之一便是促成了号称世界"现代大学之母"(Alma Mater Studiorum)——波伦亚大学(一译博洛尼亚)——的诞生。[44] 1088年开始,当时众多被称为注释者的语法学、修辞学和逻辑学的学者们聚集在一起,共同评注古老的罗马法法典,他们成立了波伦亚大学的第一个学院——法学院,也是世界上第一个法学院。

波伦亚是世界上最早的现代型大学,它一开始就是以法学为中心的,这奠定了法学在西方大学教育中的核心地位,对法学的发展至关重要,对现代法治社会的形成功不可没。波伦亚大学的学生来自欧洲各地,这些学生回到各自的家乡创办法学院,将现代大学的法学教育模式及自由独立的法学研究精神普及于欧洲大陆。现代西方的法学教育模式大体上传承了波伦亚开创的传统。与欧洲大陆上的法学教育相较,英国的法学教育更多采用的是"学徒式",其教育机构虽然也叫"法学院",但是其实主要是律师带徒弟的所在。不过,从19世纪开始,它也逐渐地"大陆化"了。美国的法学教育先承传的是英国式的,现在也与大陆无甚大的差异,耶鲁大学法学院、哈佛大学法学院是世界上最优秀的法学院。西方的法学教育以正义为宗旨,法学院要求学生成为正义的卫士,这值得我们学习。最后需要指出的是,西方法学教育的发达,一个重要的原因是西方的教育与东方的教育不同。西方教育的主体是社会,不是政府,教育遵守市场规则,服从市场需求。特别重要的是,西方大学很早就取得了自治权,政府不得干预大学教育。1231年,罗马教皇以敕令肯定巴黎大学的自决权,14世纪初,布伦亚大学甚至取得独立的审判权。

讨论题

1. 法学是什么学科?广义法学的知识结构怎样?
2. 法学有哪些主要功能?
3. 法学方法有哪三个层次?
4. 法学研究的主要方法有哪些?

延伸阅读

1. [英]雷蒙德·瓦克斯:《法哲学:价值与事实》,谭宇生译,译林出版社2013年版。

---

[44] Università di Bologna,一译波隆纳大学、博罗尼亚大学,1088年由依内里奥创办。1158年,神圣罗马皇帝腓特烈一世颁布法令,规定了大学不受任何权力的影响,这使波伦亚大学成为现代大学精神——自由与独立——的发祥地。正是这种自由与独立的精神使波伦亚大学不仅对法学发展的贡献无可匹敌,而且对人文科学和自然科学的发展作出了重大贡献。

2. [英]布赖恩·辛普森:《法学的邀请》,范双飞译,北京大学出版社 2014 年版。
3. [德]鲁道夫·冯·耶林:《法学是一门科学吗?》,李君韬译,法律出版社 2010 年版。
4. [德]赫尔曼·康特洛维茨:《为法学而斗争　法的定义》,雷磊译,中国法制出版社 2011 年版。

延伸思考

1. 法学知识学问题:不同的科学观及法学的不同学科定位对法学研究有何影响?
2. 从知识社会学的角度分析中西法学的不同境遇。

第二章　法　理　学

法之修也，不可不审，不可不明。而欲法之审，法之明，不可不穷其理。而欲穷其理，舍讲学又奚由哉。

——沈家本《历代刑法考》

你们可能认为，追求终极观念的理论与实践完全搭不上边。你在刚刚开始职业生涯时，这或许是真的。碰上更重要的问题时，你却可能最终发现，不是研究基础知识徒劳无益，而是除了研究基础知识，几乎不可能获得任何有益的东西。

——［美］本杰明·N. 卡多佐《法律的成长法律科学的悖论》

第一节　法理学概述

一、法理学释义

“法理学”一词在古汉语中未见，“法理”一词在正史中首见于《汉书·宣帝纪》。汉宣帝死后，作者赞之曰：“孝宣之治，信赏必罚，综核名实，政事文学法理之士咸精其能……”[1]《三国志·武帝纪》：“其选明达法理者，使持典刑。”[2]“臣闻匠万物者以绳墨为正，驭大国者以法理为本。”[3]中国二十五史，法理一词共31见，大多在汉魏，晋以后难觅，不知其缘由。“理”作名词时在古汉语中有“道理”、“事理”的意思，“法理”者“法之理”也，这与西方法理学的jurisprudence的形式意义较接近，但是二者的实质性内容相差很大，差就差在“法”的外延上。东汉章帝刘炟（dá）批评相互控告的宗室双方的话传递了一个重要信息：“小子不勖（xù，勉力）大道，控于法理，以堕宗绪。”[4]可见“法理”之“法”是指实在法，甚至仅指刑法，“法理”的价值是在“大道”（孝）“以下”甚至是“以外”的，讲求“法理”受鄙视。而jurisprudence就是“大道”，公

〔1〕《汉书·宣帝纪》。

〔2〕《三国志·魏书·武帝操》。

〔3〕《南齐书·孔稚珪传》。

〔4〕《后汉书·齐武王演传》。

正的“大道”。

作为学科名称的中文“法理学”一词从英文 jurisprudence 译来,意思是“法律的智慧”。[5] jurisprudence 为英语和法语通用,在德语中相应的词为 Jurisprudenz、Pandektenwissenchaft 和 Rechtswissenschaft。jurisprudence 一词源自拉丁语 jurisprudentia。该词至迟在公元前 3 世纪末已产生,它由 ius(法律、正义、权利)和 providere(先见、知识、聪明)两词合成,意指系统的法律知识、法律学问;[6] 在更专业的意义上指法理学或法哲学。简单来说,法理学的词义是指“法的道理”或“法的理论”,例如我国旧民法第 1 条规定“无习惯者,以法理判断之”。法理学的定义受到各个不同学派的学术观点的影响。美国的《布莱克法律词典》的定义具有规范性法学的色彩:法理学是阐述实在法的原则和法律关系的法律科学。英国法学家沃克在 jurisprudence 的第二个义项中给法理学所下的定义是:法理学作为最一般地研究法律的法学分支,是对法律的一般性研究,着重于考察法律中最普遍、最抽象、最基本的理论问题。美国经济分析法学家波斯纳(Richard A. Posner)说:“所谓‘法理学’,我指的是关于法律这种社会现象的最基本的、最一般的、最理论化的分析。法理学所涉及的问题、所使用的视角,大部分与法律实务者的日常关心相距甚远。它所涉及的问题无法参照或根据常规的法律文件推理加以解决……法理学的许多问题是跨越原理、时间和民族的界限的……因此,传统将法理学定义为法律哲学或哲学在法律中的运用,这显然是恰当的。”[7] 英国法学家哈里斯(J. W. Harris)则诙谐地称法理学为“装满各种各样有关法的一般思辨的大口袋”。[8] 我国法理学界通常认为法理学是研究一切法律现象的共性问题或一般问题的法学分支学科。这种说法大体上与西方法学界的定义相通。据以上分析,我们给法理学定义如下:法理学是研究法的一般理论问题的法学分支学科。[9]

法理学在整个法学体系中占有重要的地位。它在法学体系中属于理论法学,它是纯理论的。当然,这不是说法理学与法实践无干,它也关注法律实践问题,不过它关注的是“一般法律实践”问题,例如法律技术。

法理学与法律思想史存在密切的关联。这主要是因为法理学本身是法律思想史的研究对象,而法理学也以法律思想史为对象。这突出表现在法理学与西方法理思想史的关系上。可以说,法理思想史是法理学的历史之维,法理学是法理思想史的现实之维。

法理学与法哲学的关系更密切。从思想史的角度来看,历史上的法理学(奥斯丁之前)是以法哲学的面貌出现的,康德、黑格尔的法理学都以法哲学命名,奥斯丁视 jurisprudence 和 the philosophy of law 为同义语。在现代英美国家,法理学(jurisprudence)、法哲学(the philosophy of law)、法律科学(the science of law)一词也常通用。不过在德语中,与中文法哲学对应的是

---

[5] jurisprudentia 由两个词组合而成,prudentia 是智慧的意思,而 juris 不仅仅指实在法,而且指高于实在法的正义。这样一来,jurisprudentia 就与“法理”不同了。中国人理解西方法律的困难之一是中文缺少与 juris 相应的、涵盖“实在法和正义”的用词。也不是完全没有,《墨子》中的“大义”与此相当,但是,在历史发展过程中,墨学成为绝学,“义”和“法”最终两分,惜哉!

[6] 何勤华:《西方法学史》,中国政法大学出版社 1996 年版,第 1 页以下。

[7] [美]波斯纳:《法理学问题》,苏力译,中国政法大学出版社 1994 年版,序言。

[8] J. W. Harris, Legal Philosophies, 1980, p. 1.

[9] 需要说明的是,西语中“法理学”是个多义词,例如,它有时可指判例,也可以指法律。

Rechtsphilosophie,与法理学(法律理论)相对应的或接近的词是 Rechtstheorie,据郑永流教授考证,在 19 世纪 40 年代,主要是黑格尔(G. F. W. Hegel,1770—1831)和斯达尔(Friedrich Julius Stahl,1802—1861)的影响,法哲学很快为整个德语区和欧洲大陆所接受。[10] 也就是说,在欧洲大陆上,法理学与法哲学的分化早在 19 世纪上半叶就已经完成。[11]

在西学东渐过程中,人们将 the philosophy of law 译成法哲学,将 the science of law 译成法律科学,也有译成法理学、法哲学的。jurisprudence 一词中译时,产生了两个译法:“法理学”和“法哲学”,这是翻译所带来的问题。民国时期的著作中法理学与法哲学是通用的,同样的著作有些名“法哲学”,有的则以“法理学”名之,并没有形成两个有区别的知识体系。1949 年以后,法哲学和法理学双双被妖魔化,都成为“资产阶级法律思想”的代名词,因此,除了在翻译西方原著时偶尔用之以外(例如,黑格尔的大作在 1961 年就被译作《法哲学原理》),它们从学术词汇中消失,代之而起的是“国家与法权理论”或“国家与法的理论”。这是“与资产阶级对着干”思维的产物,在那时,“宪法”一词也曾因有“资产阶级”之嫌而被“国家法”取代。改革开放以后,“法学基础理论”这一名词开始代替“国家与法权理论”成为指称一般法的理论的学科名称,为的是将“国家理论”还给复活了的政治学。[12] “法学基础理论”这一词汇被造出来本身表明,当时“法哲学”与“法理学”还没有取得正当性。到 20 世纪 80 年代中期以后,“法理学”这一名词开始再现,并迅速被接受,到 90 年代中期,作为指称特殊的法律理论学科的名词——“法理学”一词在学界成为共识,相应的课程、著作、研究机构等等都以法理学为名。可以这样说,“法理学”这一词汇的复活本身就是一件标志性的事件:它标志着中国的“理论法学”向真正的学术传统的回归,它也标志着中国的理论法学向世界法学的开放与回归。[13]

20 世纪 90 年代,“法哲学”一词也开始复活,有学者开始着手法哲学研究。现在,法哲学的理论体系正在建构,法哲学与法理学作为两门理论学科,它们的分野正在清晰起来,法哲学日益“上天”——哲学化,法理学则日益“入地”——分析化和方法化,这与德国法哲学和法律一般理论的分化非常相近。

二、法理学的对象与功能

法理学的研究对象与其他法学分支学科有异。其他法学分支学科都有特定的某一类法律规范或事实为分析对象。例如民法学研究民法,刑法学研究刑法,国际公法学研究国际公法,法史学研究法的历史等等,法理学的研究对象包括了古今中外的法律及其与法律相关的事物,

---

〔10〕 参见郑永流:“法哲学名词的产生及传播考略”,载《中外法学》1999 年第 1 期。

〔11〕 [德]阿图尔·考夫曼、温弗里德·哈斯默尔主编:《当代法哲学和法律理论导论》,郑永流译,法律出版社 2002 年版,第 3 页。

〔12〕 1952 年开始的大学院系调整过程中,政治学、社会学被取消,改革开放后恢复政治学、社会学,1980 年 12 月,在北京召开了中国政治学会成立(重建)大会。

〔13〕 有趣的是,直到今天,“法理学”一词在一些非法学的马克思主义权威那里还是可疑的。据马工程《法理学》的参加者在一个会议上说,一些马克思主义权威在审查“法理学”时质疑道:马克思恩格斯说过“法理学”吗? 既然他们没有说过,哪来的“马克思主义法理学”? 最后马工程教材的“法理学”之名是在那些参加“工程”的法学家的坚持与再三解释才得以保留。

它的研究对象相当宽泛。法理学研究对象的宽泛性取决于法理学的学科性质:它是研究法的一般理论的科学,即它的研究目标的一般性与普遍性。

这样一个"空泛"的法理学有什么用?或有什么社会功能?特别是它对从事法律职业的人有何用处?我国法学界通常仅从理解马克思主义法学、学好分支学科等"认识工具"方面去理解。其实,法理学的社会功能远不止这些。打响关于美国革命论战第一炮的奥提斯(James Otis,1725—1783)给他的学生灌输的格言是:一个律师无论在他的公案上还是在他的衣袋里,都绝不能没有一本关于自然法、公法或道德哲学的小册子。我国台湾法学家杨日然称:能学通法理学,对所有的人际法律问题,都可以迎刃而解。这些见解是非常深刻的。法理学的重要社会功能有:

第一,法学学科体系内的指导功能。法理学确立的方法和一般原则对其他法学分支学科的研究有指导意义。对于学习法学的人来说,学好法理学也有助于学习其他法学分支学科。这是法理学研究对象与法理学研究成果的普遍性使然。当然,这不能理解为法理学可以替代其他部门法学的研究。

第二,促进法律实践理性化的功能。法理学所确立的法律一般原则和规则对立法具有指导、规范和评价意义,从而促进立法的合理化,法理学确立的司法原则和方法对司法具有指导与规范意义,从而促进司法实践的理性化。例如,法理学研究确立的立法体系对立什么法、如何立法具有指导意义;法理学所确立的法律面前人人平等原则对立法者、司法者有规范意义;法理学通过对实在法的评价不断促进法律的进化;法理学确立的一般原则,例如依法行政原则、司法独立原则,对行政、司法行为产生规范意义;法理学确立的法律理想可增进民众的法律信念从而为法律的安定提供强有力的社会支撑等等。

第三,解决疑难案件的功能。这里所说的"疑难案件"不是指"事实不清"的疑难,而是指法律上的"疑难"。法律上的疑难案件有三种情况:法律不清、法律空缺和法律失误。在法律不清的情况下,法理可以使法律清楚起来,例如,在碰到政策与法律相冲突的情况下,法律至上原则就成为选择规则的准则,在几种法源相冲突的情况下,法律位阶原则、新法优于旧法原则、特别法优于普通法原则等法理原则就成为选择规则的准则,这方面最有说服力的例子当数"告密者案"。任何实在法体系都存在潜在的空缺或哈特(H. L. A. Hart,1907—1992)所称的"空缺结构",在没有实在法可资援用的情况下,法理学所提供的一般原则和价值可作为裁判的依据。在特殊情况下,当适用实在法可能导致重大不公的情况下,法理学确立的一般法律原则可对实在法作出矫正。例如,1882 年发生在美国的帕尔默案。〔14〕 如果把纳粹德国的法律和日本军国主义的法律也看作法律,那么二战后的纽伦堡审判和东京审判也是以自然法学派所确立的法理原则对实在法的纠正。

第四,提供法律适用的方法与规范,限制法官的自由裁量权。法律适用,特别是需要自由裁量时法官需要遵守一定的规范,才能保障法律的安定性,保障法律确定的正义落实到个案。

---

〔14〕 少年帕尔默得知祖父的遗嘱将他列为继承人,为尽快取得遗产,这个不肖孙谋杀了自己的祖父,被他的姑妈告上法庭。按照普通法,帕尔默享有继承权,但这明显不公。后来法庭依据"任何人不得从不当行为中获利"这一法理原则剥夺了帕尔默的继承权。

在这方面,离不开法理学确立的适用方法与规范。

当然,上述法理学功能的发挥是有条件的。首先,良好的社会条件,这主要是指自由、民主、法治的社会环境,在人治社会和缺乏自由的法学研究的社会里,法理学上述功能特别是实践功能是难以发挥甚至无法发挥的。其次,法理学本身的"善"。恶劣的法理学不但不会产生上述社会功能,而且还会对人的法观念、立法、司法实践产生严重的误导,甚至起到助纣为虐的作用。例如,新黑格尔主义确立的恶法亦法原则曾经为法西斯的立法张目,维辛斯基的统治阶级意志论曾经是斯大林个人独裁的帮凶,阶级斗争为纲的法理学曾经招致中国整个法制度的崩溃。即使在改革开放以后,我们的法理学对法律实践的作用也不是完全正面的,它对人们的法观念,以及对立法与司法实践所起的负面影响仍然不能忽视。例如,法理学长期对法治的排斥,对我国法治建设的不利影响;法理学中的阶级思维对于我国法律平等的实现产生极大负面影响;法理学中将法律绝对地分为"资产阶级法"与"无产阶级法"的思想妨碍了对先进法规范的引进;法理学对法律中的不平等现象的正当性辩解延误了法律的现代化过程;法理学为司法中的"脱法现象"推波助澜,阻碍法治国家建设进程等等,都曾经是或者仍然是值得注意的现象。

那么,什么样的法理学才是"善的法理学",才能担当此任?这当然是一个复杂的问题,难以尽言。不过,有一点是肯定的:它必须是"理性的法理学",即与实践保持距离的法理学。俗话说"距离产生美感",思想与实践保持距离才能产生理性。这里的理性是狭义的,是指"将个人的选择——行动、目标、价值和优先性——置于合理审查之下的方式……即使个人的选择服从于推理要求(the demands of reason)的需要"。〔15〕

当然,法理学可能产生的负面影响不是轻视法理学的理由,相反,这从一个侧面告诉我们法理学研究对于法律实践的极端重要性,同时赋予法理学研究人员在研究过程中的伦理责任:法理学不是纯理论的,它是"实践理性",它对人的行为有极大的影响。因此,法理学研究人员如果不去追求正义,它就可能在为魔鬼说话。马丁·海德格尔、卡尔·施密特等人为纳粹作伥的教训值得法理学人深思。从社会方面来说,法理学的发展需要宽容与自由的社会氛围,提供这样氛围的社会最终将从"善的法理学"中获益;一个不宽容与不自由的社会最终将被它自己结出的毒果所伤害。这真是一个"种瓜得瓜、种豆得豆"的逻辑。

三、法理学的体系

由于各学派的立足点不同,各家的法理学理论体系有很大差异。民国时期我国学者的理论体系中常常较多介绍西方的各派学说。改革开放前的体系是苏联的"国家与法权理论"体系,分"国家理论"和"法律理论"两大块。改革开放以来我国法理学的理论体系大体上有纵向和横向两个体系。纵向体系是以法律发展史为线索,大体上第一部分介绍法的本质特征等一般问题,而后按法的起源、奴隶制法、封建制法、资本主义法、社会主义法一步步下来,最后到法的消亡。横向体系是以法律问题为线索按逻辑展开,通常分法的一般原理、法与其他社会现象的关系和法的运作三大块。纵向体系有明显的社会发展史痕迹,真正的法律问题被忽略,它的

---

〔15〕[印]阿马蒂亚·森:《理性与自由》,李风华译,中国人民大学出版社2002年版,第4页。

实质是反法律的。到20世纪90年代初,完全的纵向体制已被抛弃,有的在总体的横向体制中保留了部分纵向体系,显得凌乱、交叉、重叠。目前的横向体系中社会学、政治学特别是意识形态的成分过多,法理学的学术性被冲淡。据此,本书采取按法本身的逻辑为顺序同时照顾到从具体到抽象的认识逻辑的要求,采用存、本、运、发四大编的体系。即除导论性质的"法学学"、"法理学""法治"三章外,分法的存在论、本体论、运作论和发展论四编。法存在论讨论什么是法律,即从法律的社会表现形态入手,从可见的法律形态入手分析法律的渊源与分类、法律体系、法律效力、法律关系、法律文化、法律作用、法与社会等基本法律问题。而后进一步对深层次上的法的本体作出分析,即讨论"法律是什么"。这包括从法的要素、价值、权利、权力和义务、责任、概念等方面认识法本体的各个侧面。第三编是对法律在社会中生成与运动这一动态过程进行分析。即对法的个体生成、法的生命的实现、法律方法、法律程序、法律职业、法的安定与监督等问题进行研究。在对静态的法和个体法的生命过程进行研究以后,最后进入对法律整体宏观历史的研究:法发展论的研究,这就需要从法的种群发育史(法的起源)开始,对法发展的各个时代进行研究。

第二节　法理学发展史

一、法理学学科的产生

无论中西,法理学思想源远流长。西方早在古希腊,中国则早在春秋时代就有丰富的法理思想。但是法理学成为独立的学科却迟至19世纪。早在17、18世纪,法理学就出现了独立的趋势,德国哲学家莱布尼茨(Gottfriend Wilhelm von Leibniz,1646—1716)首先提到法哲学,康德(Immanuel Kant,1724—1804)著述了他的法哲学专著《法的形而上学原理》,几乎在同时,历史法学派的胡果(Gustav Hugo,1764—1844)也出版了法哲学著作,黑格尔(Georg Wilhelm Fredrich Hegel,1770—1831)于1821年出版了《法哲学原理》一书。但是由于当时的自然法学派运用的是非实证的假设和逻辑演绎的方法,这就使法理学难以脱离哲学而独立,它也没有与政治学、国际法分家。19世纪前期,由于实证科学的发展,法理学中的分析实证主义思潮兴起,法理学方法遂由假设、演绎方法转向从实证材料(法律)出发的归纳、分析方法为主的方法,从而形成了有别于哲学的独立内容,并最终同国际法和政治学分开。在这一过程中起到关键性作用的是英国人约翰·奥斯丁(John Austin,1790—1859)。1826年奥斯丁被任命为伦敦大学第一任法理学教授(大概也是世界上第一位法理学教授)。自1828年开始,他连续多年在伦敦大学和英国法学协会会所(the Inner Tempple)开设法理学系列讲座,1832年,由于听众日少,不得不停止讲座,1834年他又在英国法学协会会所开设法理学讲座。1835年辞去伦敦大学法理学教授之职。奥斯丁的代表作《法理学的范围》(1832年第一版)被认为是法理学成为独立学科的标志,他被尊称为"现代英国法理学之父",事实上也当是世界法理学之父。

二、西方法理学的发展

19 世纪西方法理学的中心在欧洲。从法理思潮来看,17、18 世纪的自然法学派开始退潮。但是自然法学派播下的自由、平等、权利、有限政府等现代法理念已为朝野共识。在此同时,19 世纪的法理学实现了从哲理分析到实证分析的转换。19 世纪的法理学主要有三大流派:一是德国的哲理法学派。哲理法学派又叫哲学法学派,是继承自然法学派哲理分析方法并加以深化的法学派别。哲理法学派的影响主要在德国。它的代表人物是康德和黑格尔。康德的法理学是自由主义的,他认为法律是一个人的自由与他人的自由共存的条件的总和。黑格尔的法哲学是国家主义的。他虽然认为法律是自由意志的定在,但同时认为国家是运行于地上的神,国家是自由意志的代言人,遵守法律就是自由。黑格尔身后有很多的研究者或继承人,形成新黑格尔主义,这个学派曾为纳粹德国的法律辩护,二战后基本绝迹。但是新黑格尔主义的国家主义思潮在东方却长期存在,在当下中国宪法学界还有相当影响。19 世纪的第二个流派是德国的历史法学派。这个学派的影响及于西方主要国家。美国 20 世纪的法学家庞德曾说“19 世纪是历史的世纪”。历史法学派重历史经验,重法史的实证分析,认为法律是自然形成的,是民族精神的产物。历史法学派的主要代表是马克思的罗马法老师,德国现代私法理论的奠基人萨维尼(Friedrich Karl von Savigny,1779—1861)。萨维尼的主要贡献在于对罗马法史的开创性研究以及对现代民法理论的研究。历史法学派的英国代表是梅因(Henry Maine,1822—1888)。历史法学派对美国也有影响。19 世纪的第三个流派是分析实证主义法学。边沁(Jeremy Bentham,1748—1832)的功利主义法学是分析实证主义的理论先导。边沁认为法律的目的是增进最大多数人的最大利益,法律是主权者的命令。边沁的功利主义被他的学生奥斯丁继承,后者建立了一直影响至今的分析实证主义法学。奥斯丁提倡对实证法律的规范分析,将对法律的价值研究(自然法学派的主要方法与贡献)逐出法理学。如此对待价值研究固然片面,但是他开创的对法律的规范分析却是法理学得以独立的主要学术力量。奥斯丁的熔“主权、命令、制裁”于一炉的三位一体的法律定义日后颇受诟病:法律是主权者给有服从义务的人所下的命令,如果不服从,就要给予制裁。

当代(20 世纪以降)的西方法理中心随着美洲在政治与经济上的崛起而逐渐移师美国。20 世纪上半叶人们忙于内外战争,法理学中的命令学说与正义相对主义大行其道,法理学研究也显得相对不景气。二战以后西方法理学中自然法思潮东山再起,这就是复兴的自然法。二战后自然法学派在德国的兴起源于对纳粹暴行的法学反思。当时德国法官碰到的棘手问题是所谓“告密者案”。[16] 如果承认纳粹的非人道法律为法律,那么将无法处罚告密者,而不处罚告密者显然又有失公正。在此情况下,德国一地方法院(班贝克地方法院)依据自然法理论

---

〔16〕 纳粹德国的法律号召告密,许多善良人因此获罪甚至被处死。纳粹倒台后,民主政府碰到令人头痛的“告密者案”。当年受到告密行为伤害的人或其亲属到法庭控告告密者,而告密者则以“告密是合法行为”相抗辩。班贝克地方法院就碰到一起这样的案子:某纳粹军官的妻子想离婚而不能(军婚若离要军人一方同意),恰好在探亲时该倒霉的军官与妻子讲了几句不尊重元首的话,妻子遂将其告发,结果他差点掉了脑袋。战后该军官以“谋杀罪”控告告密者。法院最终依法理否定了“告密的法律”为法律,判告密者有罪。

作出告密者有罪的判决。这标志着自然法在战后的复兴。20 世纪 50 年代末哈特、富勒(Lon L. Fuller,1902—1978)的论战催生了自然法在美国复兴。20 世纪 70 年代,一向规范法学占主流地位的英国法院也依自然法作出判决。沉寂了一个多世纪的自然法再次成为西方三大法学流派之一。

当代西方第二大法学流派是规范法学。奥斯丁以后,规范法学向两个方向发展:一是将规范法学推向极端的纯粹法学,二是向自然法学靠拢的新分析法学。纯粹法学的代表人物是凯尔森(Hans Kelsen,1881—1973)。凯尔森主张法理学只研究实在法,不研究实在法以外的东西,他将意识形态驱逐出法理学。他建立的规范等级理论成为现代法律位阶制度的理论基础。哈特的新分析法学承认最低限度自然法存在,呈现出与自然法学派靠拢的趋势。

当代西方法理学的第三大流派是社会法学派。社会法学派在欧美以及东方均有很大影响。社会法学派重法律事实的陈述,即研究社会中的"活的法律"。社会法学是个包容很广的流派,包括欧洲的利益法学、自由法学、法社会学、社会连带主义法学、美国的现实主义法学和社会学法学。社会法学派的主要代表人物是韦伯、狄骥和庞德三大家。德国人马克斯·韦伯(Max Weber,1864—1920)创立的法律社会学直到今天都有相当影响,他的长达 115 万字的《经济与社会》使他不朽,成为社会学大师。法国人莱昂·狄骥(Leon Duguit,1859—1928)是社会连带主义法学的创始人,也是现代公法理论特别是行政法理论的奠基人。他认为社会连带关系是基本社会事实,在社会连带关系基础上人们形成道德规范、经济规范和法律规范(客观法),客观法先于实在法,实在法源自客观法,客观法高于实在法。罗斯科·庞德(Roscoe Pound,1870—1964)是美国社会学法学的主要代表。他认为法律是一项社会工程,法律是社会控制的工具,法律的目的是用最小的代价解决社会纠纷。当代法理学的特色之一是司法理论的兴起,它的主要代表人物是德国的拉伦兹和阿列克西。除此以外,当代西方法理学还有存在主义法学、经济分析法学、综合法学、批判法学等等,呈现出百家争鸣的兴盛局面。

近代以来西方主要法理流派如图所示:

发展阶段	学派	代表人物	核心观点及理论
17、18 世纪	自然法学	洛克	自由主义权力分立
		孟德斯鸠	三权分立
		卢梭	人民主权
19 世纪	哲理法学	康德	法律是自由权利
		黑格尔	法律是自由意志并由国家表达
	历史法学	萨维尼	法律是民族精神
		梅因	从身份到契约的运动
	分析法学	奥斯丁	法律是在上位者的命令
		边沁	法律是最大多数人的最大幸福
		密尔	自由主义

续表

发展阶段	学派	代表人物	核心观点及理论
当代	新自然法学	富勒	法律是符合规则治理的事业
		德沃金	法律是具有德性的解释性工程
	新分析法学	凯尔森	纯粹法学
		哈特	主要规则与次要规则的结合
	社会法学派	庞德	法律是一项日益灵验的社会工程
		韦伯	理想类型价值中立
		狄骥	社会连带关系客观法
	司法理论	拉伦茨	法教义学理论
		阿列克西	法律论证理论

三、中国法理学的发展

中国古代有丰富的法理思想,法理一词从汉代就出现在正史中,但是中国古代从未将法理作为专门的学问来研究。在19、20世纪之交的西学东渐历史大潮中,西方法理学思潮相继涌入,在仿效西方举办新学的过程中,一些法律学校仿效西方开设法理学课程。例如,设立于1902年的山西西学专斋就将“法理”列为法律学专业课程,成立于1906年的京师法政学堂在1910年编定的法律门课程目录中也有法理学一科。梁启超在1904年写的一篇文章的题名就是“中国法理学发达史论”。这些课程与著作的内容,大多是以西方学术范式重构中国有关法律的思想。

辛亥革命以后民国教育部发布的大学令和法政专门学校规程都将法理学列为法科大学生的必修课。最初的中国法理学主要为应法学教学之需,传播西方法理学思潮,很难说有真正的“中国法理学”。20世纪20年代以后,开始出版中国学者的法理学著作,例如1925年王振先的《中国古代法理学》,1926年梁启超的《中国法理学发达史论》,1929年的《法理学史概论》,1931年赵琛的《法理学讲义》等等。不过,这些法理学著作重在发掘中国古代法理思想。此时也出版了一些西方法学译著,影响较大的有1926年美国庞德的《社会法理学论略》,1928年李达(号李鹤鸣)译日本穗积重远的《法理学大纲》,同时出版了许多版本的《法学通论》,其中包含了丰富的法理学思想。到20世纪30年代,可以说中国有了独立的法理学,不过仍处在译介西方法理学著作为主的阶段。当然,独创性的著作并非没有。例如,东吴大学吴经熊的《施塔姆勒及其批评者》、《法学论丛》(Juristic Essays and Studies)堪称世界级的著作,瞿同祖先生写于1947年的《中国法律与中国社会》这一对中国古代法律作社会学研究的著作,半个世纪以后在该领域中仍少有比肩者。特别值得一提的是,早在1947年,时任湖南大学法律系教授的李达就用马克思主义的观点讲授法理学,并完成了《法理学大纲》讲稿。[17]

1949年以后,中国的法理学走过了曲折的道路。1949年至今的法理学大致经过了“国家

---

〔17〕 可惜此讲稿的大部分在“文革”中被焚。

与法权理论”阶段、“法学基础理论”阶段和“法理学”阶段三个历史时期。“国家与法权理论”阶段(1949—1978)是教条主义横行的阶段,先是苏联学说的教条主义,后来是阶级斗争为纲的教条主义。第一个十年(1949—1959)基本上沿用苏联理论,尽管还有些是维辛斯基的暴力色彩极浓的理论。后来二十年则苏联的东西被批为修正主义,法理学与法学整体上被取消。改革开放以来到1992年,基本上是“法学基础理论”阶段,这是计划经济时代的法理学。1992年邓小平南行讲话以后,“法理学”成为这一学科公认的名称,学科本身也取得了长足进步,基本上进入“法理学”阶段。

改革开放以来,法理学研究成就卓著。成立了学科研究会:中国法学会法理学研究会,许多省设有分会。社会科学院系统和各高校法学院有一批专门研究机构,各法科学校都开设了法理学(法学基础理论)课程,培养了一大批法理学教学研究人员。特别是突破了一系列学术禁区,取得了大量的研究成果。这些成果主要是:(1)结束了法理学与政治学不分的状态,将法理学的研究对象从国家和法转变为法律,确立了法理学基本研究框架;(2)在研究方法上纠正极端的阶级分析法,引进实证分析与价值分析等新的方法;(3)法的产生与消亡研究有了新的进展,原始社会有法,法不会消亡被越来越多的学者认可;(4)法的本质研究突破了阶级性唯一的观念;(5)引进法的规范作用的研究,对法的社会作用的研究也突破阶级斗争为纲的观念而转向法与文明和法与社会公益的研究;(6)法与经济的研究从强调阶级关系走向强调法与生产力的关系;(7)突破法的继承性的禁区,并进而研究法律移植问题;(8)开展了法律文化研究;(9)开展法与正义的研究,正义相对主义受到质疑;(10)开展了权利研究以及权利本位的争论;(11)清除人权是“资产阶级口号”的偏见,开展人权研究;(12)分权制衡研究;(13)开展法律面前人人平等和立法平等的研究,克服“法律面前人人平等是资产阶级口号”的偏见;(14)法律规范研究;(15)法律渊源研究中克服国家法一元论;(16)法律要素的研究;(17)法律实现与实效的研究;(18)法律效力等级的研究;(19)法律确定性的研究;(20)法治人治问题的研究;(21)法律方法研究;(22)法律解释问题研究;(23)法教义学研究;(24)司法公正和司法改革问题研究;(25)法律全球化的研究等等。二十年来大量译介西方名著,同时国人的法理学专著也频频问世。近年来法理学产生了明显的司法转向,特别是对法律方法的研究。

改革开放以来中国法理学取得的成就是巨大的,但是,与建设社会主义法治国家的实践要求相比,与飞速发展的部门法学相比,特别是与全球化的时代要求相比,法理学的研究仍然显得滞后。它的主要问题有:法学中的主客体思维仍然是主要的思维方式,法律工具主义思想仍然是主流思想,法理学中的意识形态成分仍然太浓,对外域法律文明的态度还不够开放。我们面临的任务是要进一步坚持解放思想、实事求是的方法,将中国法理学建设成为一个可以与世界法理学对话的、在世界法学中占有一席之地的世界性的、开放的法理学。

四、当代法理学的发展趋势

第一,司法转向。传统西方法理学主要将正义问题看作立法问题,司法只是立法的贯彻。早在20世纪中叶,西方法学产生了“司法转向”,将法律正义从立法领域扩充到司法领域。在大陆法系,这一转向开始于黑克(Philipp Heck,1858—1943)的利益法学,他将以往在大陆上占强势的“法律的利益分析”从立法领域推向司法领域,研究司法中的利益衡量问题。考夫曼

(Arthur Kaufmann,1923—2001)则从大陆法系同样非常强势的“事物的本质”的概念扩充用于司法研究。[18] “事物的本质”本身是一个自然法的概念,“本质”与“自然”在英语中都是nature。自然法其实可以分为两种,一种是从自然之“非人为性”而生的自然法,在古希腊,这就是“习惯自然法”;另一种是“事物之本质”的自然法,符合“事物本质”的法律就是自然法,这其实是考夫曼思想的源头。如果说“事物本质”视角的法学本来是属于法律本体研究的,考夫曼则应用诠释学的方法将它延伸到司法。这在考夫曼教授的早期著作《类推与事物本质——兼论类型理论》(1965)的第一版序言中说得很清楚:“‘事物本质’的难题指出了一连串的面向,其中有两个面向最为重要:一个系较为法律伦理学的——法律哲学的面向,另一个系较为法律理论的——方法论的面向。”他认为传统的研究倾向于第一个面向,而他的研究侧重方法论的研究。[19] 在方法论研究方面,拉伦茨(Karl Larenz,1903—1993)的法学方法论与阿列克西的法律论证理论具有很大的影响力。近年来中国也紧跟其后,展开了法律方法研究,成果迭出。

第二,观点的融合。自然法学、规范法学、社会法学是西方三大经典流派,它们分别从价值、规范、社会的角度研究法律。大约从20世纪50年代开始,在相互论战中三方的观点走向融合,在各自深化理论的同时,部分吸收他人的长处。自然法学派在向“程序自然法”发展过程中实际上接受了规范法学的部分思想,规范法学则公开表示接受“最低限度的自然法”,自然法学派的“程序自然法”思想和德沃金(Ronald Dworkin)关注权利的思想、规范法学派的基于习惯的“法律有效性学说”都具有社会法学派的色彩。在这个融合过程中,区别流派的学术价值正在降低。

第三,研究的全球化趋势。西方世界的法理学研究历来是世界性的,但是在冷战时期,法理学也分化成东西方两个阵营。1989年柏林墙倒掉,冷战结束后,东西方的壁垒逐渐消失。在此时代大势下,法理学研究的世界化趋势日渐明显,中国法理学正在逐渐融入全球法理学大家庭之中。中国法学会法理学研究会成为“国际法哲学与社会哲学大会”的团体会员,并且成功地举办了该会的第24届年会,这就是一个有说服力的例证。当然,刻意强调特色的自大、封闭倾向也同样存在。

讨论题

1. 法理学的含义及其主要特点是什么?
2. 法理学有哪些实践功能?
3. 中国法理学发展的曲折道路告诉我们什么?
4. 概述西方法理学的发展脉络。

---

〔18〕 “本质”一词在现代汉语中是与“现象”相对立的哲学范畴,具有相当的“神秘性”。“本质”从德语Natur译来,英语的对应词是Nature。“事物的本质”一词在德语中是Naturder Sache,为了防止产生“本质崇拜”,我认为译成“事物的本性”更妥帖。

〔19〕 [德]亚图·考夫曼:《类推与“事物本质”——兼论类型理论》,吴从周译,学林文化事业有限公司1999年版,第21页。

延伸阅读

1. [奥]凯尔森:《纯粹法理论》,张书友译,中国法制出版社 2008 年版。
2. [英]约翰·奥斯丁:《法理学的范围》,刘星译,中国法制出版社 2002 年版。
3. [美]劳伦斯·索伦:《法理词汇法学院学生的工具箱》,王凌皞译,中国政法大学出版社 2010 年版。
4. [日]长谷部恭男:《法律是什么? 法哲学的思辨旅程》,郭怡青译,中国政法大学出版社 2015 年版。

延伸思考

1. 法理学与法哲学是否应当分家?
2. 您如何评价“部门法理学”研究?

上编 | 静态的法

第三章　法律渊源与分类

在文化稀少之处，法律亦少；而在文化丰富之处，法律亦繁荣。文化越多，法律也越多：法律的变化与文化成正比。

——［美］布莱克《法律的运作行为》

第一节　法律的一般渊源

一、法律渊源释义

法律渊源(sources of law)是个多义词。法学界通常在四种意义上使用它：(1)法律的历史来源或法律的历史传统，比如当代大陆法系渊源于罗马法，英美法系渊源于日耳曼法等等；(2)法律产生的根源，即法律从何而来，不同的法学理论为法律找到不同的源头，比如经济关系、哲学观念、自然公正原则等等；(3)法律的文件来源，即记载法律规则或原则的法律文件，比如说制定法文件、判例法国家的判例汇编等等；(4)法律的形式渊源。

有学者区分法律渊源与法律形式，认为法的渊源的基本含义主要是指"法的来源或法之栖身之所"，法的形式指"法的具体的外部表现形态"，〔1〕这是很有见地的。不过，这种区分可能只适合于制定法国家，这里的"法"仅指制定法。从学理上来说，确定某事物是否为"法律形式"有不同的视角。一是立法视角，从这一视角来看，由立法权威确立的规范是"法律"；另一个是司法视角，在这一视角下，凡是司法适用的规范就是"法律"，不管它是否被立法权威所承认。如果采用的是司法视角，则在立法视角下仅仅是"法律藏身之所"的东西就是"法律"，两者是同一的。这里的"法"是广义的。考虑到广义的法概念有利于消解法观念上的国家主义，有利于将法律原则纳入法律的外延，所以本章采用司法的视角，不区分"法律渊源"和"形式渊源"，法律渊源指法律的权威及强制力的来源或法律的存在形态。

不同时空中的法律渊源差别很大。古希腊最早的法律是以神谕形式存在的习惯法，在苏格拉底时代，人们还到祭司那儿去寻找法律。大约在公元前621年，执政官德拉古开始制定成

---

〔1〕 张文显主编：《法理学》，高等教育出版社、北京大学出版社2007年版，第89页以下。

文法。至此,民众大会的立法——制定法成为古希腊重要的法律渊源,当然,习惯法仍然占据重要的地位,有关城邦制度的重要习惯与民众大会的立法都是不能违反的,具有宪法性质。

古罗马的法律渊源很丰富,可分为成文法和不成文法(习惯法)两大类。成文法包括:罗马人民大会制定的法律、平民大会的决议、元老院的决议、皇帝的法令、长官的告示和法学家的解答。[2] 在共和时代,人民制定的法律是主要法源,帝政时期,皇帝的立法成为主要法源,包括书信、敕令、关于法律问题的复文、实际的附加条款、命令等。在欧洲中世纪,不同国家的法源不一,主要有:被视为理性法的罗马法、日耳曼习惯法、教会法、王室法令、自由市的法律、判例法、商人习惯法等。在当代欧洲,欧盟各国的法源比较接近,这些法源按效力高低分为:欧盟立法、欧洲法院的判决、国家议会制定法、各种附属立法(授权立法)、习惯法、权威性解释、公认的价值观,判例法国家还包括本国法院的某些判例,甚至是其他国家的重要判例。

与其他国家一样,我国早期的法律渊源也是习惯法,公元前6世纪开始出现制定法。公元前539年,郑国的子产首创将法律铸在鼎上,将法律公开,从此开始出现了国家制定法。[3] 秦征服列国后,皇帝垄断立法权,制定法大备,成为主要法源。但是,一直到古代社会终结的清代变法以前,习惯法始终是我国重要的法律渊源。例如,我国古代的民法与诉讼法最主要的形式一直是习惯。我国古代社会制定法的表现形式历代有所不同,但是大致不改。汉代的主要制定法法源是律、令、科、比,后来经官方认可的对法律的注释——法律章句为次要法源。董仲舒创"以经决狱",儒家经典取得次要法源地位。唐代制定法的主要法源为律、令、格、式。唐以后各朝变化不大。各代皇帝的诏、敕等均为法源,但是其地位一般低于成法,有些朝代禁止法官使用皇帝针对个案的发出的诏。除此以外,礼、宗族法、情理等也是重要的法源。清末变法标志着我国法律传统的西化——向西方法律传统转型。作为这一过程的一个重要方面,我国的法律渊源也发生了根本性的变化,这个过程在推翻帝制建立民国以后完成。其一是制定法在整个法律渊源中的数量与地位的提高,习惯法无论在量上还是地位上都大大弱化;其二是皇帝的诏、敕等退出法源;其三是制定法本身的形式发生了变化,产生了中国历史上从未有过的宪法,法律体系采用了大陆法系的六法体系:宪法、刑法、刑事诉讼法、民法、民事诉讼法、行政法。

二、主要渊源、次要渊源及其相互关系

不同时空中的法律渊源不同,对各种法律渊源进行归纳就得出法的一般渊源。法律一般渊源通常分为主要渊源和次要渊源。远古社会的法律渊源无一例外是习惯法,法律渊源分为主要渊源和次要渊源是法律发达以后的产物。

法的主要渊源是法源的主体,是在诉讼中优先适用的法律,包括制定法、判例法、习惯法三种。次要的法源是附属性的法源,在诉讼中通常居于次要地位。次要法源通常包括权威的理论和公认的价值。主要法源和次要法源的关系通常可以分为一般和特别两种情况。在一般情

---

〔2〕 [古罗马]查士丁尼:《法学总论》,张企泰译,商务印书馆1989年版,第6页以下。

〔3〕 早期制定法只是习惯的"公示"。严格说起来,子产铸刑鼎并非制定法的开端。因为在我国国君主权的体制下,子产为郑国大夫,并无出令立法之权。况且还有周天子这个形式上的最高统治者存在。战国竞于力,各国变法乃我国早期制定法之始,最成功者当是秦国。

况下,主要法源具有优先适用性,只有在无主要法源可资援引的情况下,才可以适用次要法源,即次要法源只起填补主要法源空白的作用。在特殊情况下,次要法源可以纠正主要法源的失误。这主要包括两种情况:一是在发生大规模法制中断的情况下,主要法源失去权威,只能适用次要法源。例如,1949 年以后相当长的时期内,民国的六法被废止,新的制定法又没有制定出来,发生了全局性的法制中断。依据当时中共中央《关于废除国民党的六法全书与确定解放区的司法原则的指示》的规定,法院适用的法源有:纲领、法律、命令、条例、决议、新民主主义的政策。其中绝大部分是次要法源。二是当个别主要法源的适用将会产生极不公正、令人难以接受的结果时,可以适用次要法源以纠正主要法源的失误。

另外,主要法源和次要法源可以转换。罗马帝政初期的一些权威理论被《引证法》(Law of Citations)作为唯一合法的理论而存在,后来通过编纂活动被转化为制定法,其代价是作为独立法源的权威理论最后退出了法源领域。再如经过法典化运动,罗马法理论被转化为制定法——《法国民法典》、《德国民法典》,同时被转化的还有日耳曼习惯法与地方习惯法。在山克诉合众国案(Schenck v. United States,1919)中,霍姆斯大法官阐发了"明显且即刻危险"(clear and present danger)标准,本案后来成为判例法,"明显且即刻危险"理论成为判断言论自由边界的正式法源,很多宪法诉讼判决之所以能够成为判例法就是因为其中包含了重要的权威理论。

三、三种主要法源

主要法律渊源中的制定法、判例法和习惯法的效力关系通常是制定法最高,判例法次之,习惯法居末,但如果此习惯为宪法习惯则另当别论。制定法和判例法都不得违反宪法习惯,这种情况只发生在承认非成文宪法的国家。在当代,我们在研究各主要法源的法律效力关系时还应注意两种不同层级的法律的关系。在欧盟法域内,欧盟的法律高于成员国的法律,这不仅指欧盟的制定法,也包括欧盟的判例法,因此,欧盟的判例法高于成员国的制定法,甚至高于成员国的宪法。

制定法、判例法、习惯法孰优孰劣是个难以评价的问题。在法律发达的地方,习惯法已居末流。习惯法同制定法和判例法相比似乎有其不足。习惯法的主要问题是明确性较低,相比之下,制定法的明确性程度最高,判例法次之。制定法和判例法在当今世界法律中的地位几乎是平分秋色。大陆法系以制定法为主要法源,但也开始部分承认判例法的地位。英美法系国家则仍由判例法唱主角,尽管制定法日隆。美国在独立之初,英国则在 19 世纪上半叶有人提出向制定法转变的建议,但均告失败。推崇制定法的人认为判例法是法官造法,有违人民主权原则,判例法倾向于守旧,判例法依据先例作出的判决有片面性,判例法内容庞杂等。而坚持判例法的人们则主张判例法的确定性、可预测性高于制定法,遵循先例原则有利于控制法官的恣意,可以提高司法工作效率,有利于实现公平和正义等等。其实,制定法和判例法各有利弊,双方是互补的。制定法固然有形式上整齐划一的优点,但它在确定性方面,特别是限制立法者的任意方面却远不如判例法。在英国,判例法始终是社会限制政府权力的有力工具,英国的法治(rule of law)始终是判例法之治,当然不排斥制定法的作用。判例法所具有的优势正是它在英美法系得以长期存在、大陆法系也部分承认判例法地位的原因之所在。至于我国,有些学者主张学习判例法,以弥补制定法之不足。这种想法是好的。但是,判例法的长处是有条件的,即优良的、高度技术化的法官团体的存在。没有这一点,判例绝不能也不应当成为法律。当然,这并不排斥发挥判例的示范和指导作用。

(一)制定法

制定法(statute law)是有权的机关制定的法律。有权制定法律的机关主要是国家立法机关,但也不尽然。除了国家立法机关以外,国际社会有权的机关也制定法律,最典型的是欧洲部长会议。同样,国家内的社会自治单位也制定法律,例如联邦制国家的州。在特殊情况下,社会团体也制定自己的法律,例如中世纪的寺院法就是基督教当局为教会的组织和管理制定的法律。早期寺院法主要是《新约》的内容和习惯,后来的寺院法许多是教皇或者是宗教会议制定的文件。在现代单一制国家,立法权通常集中于议会,议会制定法成为主要的制定法。此外,还有经议会授权而制定的授权立法。[4]

制定法的权威直接来自制定法律的机关的权威。在实行直接民主的地方,制定法的权威来自人民,在实行间接民主的地方,制定法的权威来自人民选举产生的立法机关。在实行君主制的地方,制定法的权威直接来自帝王的权威。为强化立法者的正当性以提高制定法的权威,人们通常为制定法找到一个更高的间接权威。这个权威通常可分为三类:一是神,即人民相信或假设立法权来自超自然的神的力量,违反制定法就违反了神的意志或理性;二是哲学假设,从哲学上找到一个非人所能控制的外力、客观的东西,例如人性、社会发展规律等等;三是从经验上找到人民主权,认为立法权是治权,来自人民主权。人民主权不仅仅是一种假设,而且是一种制度化了的机制。人民通过选举和罢免立法者,实现对立法权的间接控制;人民通过政治参与监督立法(例如立法听证、参与立法讨论);人民还可以通过全民公决直接立法,以限制立法者的权力。关于制定法还有一种特殊情况可称作“协定法”,从立法结果来说,它与制定法相同,从立法主体和法律产生的过程来看又与一般制定法有异。协定法是指几个自主的主体通过协商程序而制定的法律,最典型的是国际社会的许多立法,例如国际公约、国际条约、双边和多边协定等等。

(二)判例法

判例法(case law)是以判例形式出现的法律。判例法的存在与否并不在于是否存在判例汇编,也不在于司法者在此后的审理中是否从先前的判决中得到帮助或指导,而在于是否把先例看作一个规范,并且对其后的判决具有拘束力。在判例法的发源地英国,长期以来并没有判例汇编就是一个很好的例证。而无论在什么地方,先在的判决尤其是高层次法院的判决无疑

---

〔4〕 行政机关制定的规范性文件是不是法律渊源是个复杂的问题。在古代东方国家,王权集中了一切权力,他的命令就是法律。现代国家实行权力分立,代议制机关被认为是人民意志的表达者。现代理念强调只有人民的意志才是法律,行政机关是执行机关,因此,行政机关制定的规范性文件只有在经过议会授权的情况下才是法源。但是我国的情况有点特殊,我国大量的规范性文件是行政机关自主制定的,这就产生了认识上的困难:从现代法律理念来看,行政机关制定的规范性文件不应当是法源,但是实际上它又是重要的法源,在法律中,又将“行政法规”作为仅次于法律法源。这需要读者认真思考。

都会对其后的判决产生影响，这是法律稳定性和司法公正的重要机制之一。

在不同法律传统的地方，判例的地位也不同。在大陆法系国家，判例通常不被看作法源。在法国大革命前，法国的高等法院尤其是巴黎高等法院的判例具有与立法同样的甚至是更高的效力。大革命以后，出于三权分立和人民主权的理念，判例失去了法源地位。1804 年《法国民法典》第 5 条为此专门作出规定，禁止法官用确立一般原则的方法进行判决。这实际上是法国大革命的有害遗产：法国大革命中法官们的表现比较保守，革命者对法官不信任，由此产生对判例的不信任。但即使是当代大陆法系，也不完全排斥判例法。例如，《意大利民法典》第 5 条规定劳动法院作出的有关集体争议的判决是行业规则，而行业规则是法源之一种。欧洲法院和欧洲人权法院的判决在欧盟成员国都是法律。在判例法系，也不是所有的判例都是法律。作出判决的法院的地位不同，判例的拘束力大小也不同，有些判例根本不是法律。在英国，上议院的判决对一切法院有拘束力，上诉法院的判决对上议院以外的其他法院有拘束力（含上诉法院自身），高等法院的判决下级法院必须遵循，但对该法院其他法官及刑事法院的法官只具有“重要的说服力”而不是“拘束力”。[5] 1865 年英国成立半官方的判例汇编委员会以来，未被收入汇编的判决基本上失去了法源地位。在特殊情况下，判例法系的国家可相互引用有重要影响的判例。当然，这只是作为判决的一项理由。这里讲的判例是司法判决。行政先例通常不是法源。但是在当代，行政先例越来越受到重视，在一些大陆法系国家，将重要的行政先例作为行政法的法源。

判例法与制定法的主要区别在于：(1)造法的主体不同，判例法产生于诉讼（行政先例作为法源是例外），是法官造的法，制定法产生于事前的预设，是立法机关造的法或人们的协定（例如国家协定）造的法；(2)造法的过程不同，判例法产生于对某一案件的判决，对于规则的形成似乎是无意的，而制定法则是人们有意识制定出来适用于一般案件的；(3)法律文本的形式不同，判例法的文本是判决书，法律就在判决中，而制定法文本一般是系统的规范性文件；(4)法律适用的思维方式不同，通常认为，判例法适用的过程是从个别到个别的类比推理的过程，而制定法适用的过程则是从一般到个别的演绎推理的过程。[6] 不过，这两者的区别是相对的，主要的区别在于寻找规范的方法不同。制定法的适用直接查找法律文本中的规范即可，而判例法的适用则要到判决理由中去总结出规范。

判例法的基本原则是遵循先例（stare decisis），此原则要求法官在审理案件时必须考虑上级法院和自身甚至同级法院以前类似的判决。正是这一原则才使判例成为有拘束力的法律。对于最高法院是否有义务遵循自己的先例的问题，判例法系的各国存在差异。美国、印度、南非、以色列等国的最高法院都有权推翻自己以前的判决。在这个问题上，英国最高法院（上议院）的态度比较保守。1959 年，丹宁勋爵（1962 年至 1982 年任英国上诉法院院长）在罗马尼斯讲演中就对僵硬地遵循先例提出了责难。20 世纪 60 年代，虽然上议院规避了某些先例，但上议院不能推翻以前的判决仍是定论。一直到 1973 年的米连格斯诉乔治 · 弗兰克案，上诉法

---

〔5〕 沈宗灵：《比较法总论》，北京大学出版社 1987 年版，第 246 页。

〔6〕 对法律适用过程的思维特色的分析各家的看法不一，当代德国法理学家考夫曼认为，任何法律适用的过程都是类推的过程。不过，对于制定法的适用与判例法的适用过程的不同大家还是承认的。参见[德]亚图 · 考夫曼：《类推与“事物本质”——兼论类型理论》，吴从周译，学林文化事业有限公司 1999 年版。

院才推翻了自己的先例。[7] 当然,这并不表明遵循先例不再是判例法的基本原则,这只是判例作为法律在最高层的例外,以求判例法跟上时代的步伐。推翻判例必须有充分的法理论证,在这个意义上说,立基于经验的判例法其实是最讲究说理的。

(三)习惯法

讲习惯法首先要弄清两个既有区别又有联系的概念:习惯和习惯法。习惯(custom)是以人们的惯常行为方式表现出来的社会规范。习惯法(customary law)是以习惯形式表现出来的法律。习惯比习惯法的外延要广得多,不是所有的习惯都是法律。在现代社会,可以习惯和法律的关系为标准,将习惯分为:(1)法律上的习惯,即法律上的一些习惯做法,这本身就是法律;(2)法律以外的习惯,这部分的习惯与法律共存;(3)违反法律的习惯。[8] 这三种习惯中,第一种已是习惯法,第二种可能转化为习惯法,第三种则不能转化为习惯法,除非法律发生改变。

习惯法的权威来自何方,或一个习惯何以取得法律效力?法学界有两种看法:国家认可说和社会公认(力量)说。我国、苏联和大陆法系的国家持"国家认可说"为多,英国、美国的学者则多持社会公认说。规范法学派持国家认可说,社会法学派主社会力量说。在古罗马,人们认为"由习惯制定的法叫习惯法",可见他们将习惯法的权威归之于社会。只是到了19世纪初,由于理性主义的兴起,人们确信可以通过理性的创造而制定完备无缺的法律,国家可以垄断所有立法权的时候,国家认可说才抬头。在苏联和我国当代,国家认可说占主导地位。而在英美国家,由于判例法的存在,社会公认说仍占主导地位。国家认可说无法说明未经国家认可的习惯作为断案标准这一现象。按照法官只能适用法律、不能创造法律的制定法观念,一个习惯在法官适用前就已经是法律,否则法官无权适用,那么这个习惯的"法律性"从何而来?制定法并未认可,只能假定其权威来自社会。国家认可说还有一个问题是,国家认可的"习惯"是"习惯法"还是"制定法"?其答案当然是习惯法。但是这样一来,早期的法律都是国家认可的习惯,其逻辑结论就是人类的早期立法——例如罗马的十二表法、中国的刑鼎、两河流域的汉谟拉比法典等等——都是习惯法,这是有违常识的,同时也使习惯法与制定法的界线难以划清。国家认可说的法观念是封闭的:除非国家改变法律,法律是一个不变的存在;而社会公认说的法观念是开放的:向社会开放、向习惯开放的。开放的法观念无疑要优于封闭的法观念。

在强调习惯法并不以国家认可才取得"法性"的同时,也要强调不是所有的习惯都可吸纳为习惯法,除经制定法认可的习惯法以外,一个习惯被吸纳为法律或作为法源被引用必须具备以下条件:(1)这个习惯必须是长期以来得到遵守的,且它得到遵守并非源于暴力;(2)这个习惯是众所周知的且是合理的,一个秘密的或不合理的习惯不能作为法源引用;(3)这个习惯必须与制定法不矛盾,与制定法相抵触的习惯不能作为法源加以引用。例如,我国许多地方都有父母决定女儿婚姻的习惯,这种习惯与我国婚姻法确立的婚姻自由原则相矛盾,因而不得作为法源引用。此外,在现代社会,习惯作为法源还受到法律部门的限制,各种处罚法特别是刑法

---

〔7〕[英]丹宁:《法律的训诫》,杨百揆等译,群众出版社1985年版,第271页以下。

〔8〕[法]勒内·达维德:《当代主要法律体系》,漆竹生译,上海译文出版社1984年版,第122页以下。

不得引用习惯作为法源，[9]这是“处罚法定”原则的要求，“处罚法定”之“法”只能是议会制定法，或经议会授权而制定的授权立法，且刑事立法权属于法律保留范围，刑事立法权不得授出。

习惯法的地位随法律的发展而呈不断下降的趋势。远古社会的法律无一例外都是习惯法，原始法时代的法均为习惯法。早期的制定法也只是习惯法的汇编，罗马的十二表法、两河流域的乌尔纳姆法典和汉谟拉比法典概莫能外。古希腊、古罗马王政时期和共和时期习惯均为主要法源。在西方许多法学家的眼里，习惯法就是自然法（自然而然形成）。随着制定法日益发展，习惯法的地位开始下降，但也存在反复。罗马帝政时期，制定法极为发达，习惯法地位很低。但是在罗马灭亡、野蛮民族入侵以后的中世纪，习惯法又成了主要的法源，特别是在前现代的德意志民族，习惯始终是主要的法律。在中世纪，有许多习惯法的汇编被称为“法典”，例如法国贵族庄园的《习惯法》、德国的《撒克逊之镜》、俄罗斯的《罗斯真理》等等。在19世纪大规模的法典编纂运动中，习惯法的地位大跌，成为制定法的补充。在英国，1066年诺曼人入侵之前习惯法是主要法源，入侵以后随着普通法的发展，习惯法的地位下降。但即使在今天，英国的习惯法仍有很高地位，其主要表现形式是英国的宪法性惯例。在非洲的许多地区，习惯仍是主要的法源。即使在现代的欧洲，习惯仍然是法源之一，例如《意大利民法典》第9条规定可以适用习惯。

有必要说明习惯在国际法渊源中的特殊地位。《国际法院规约》第38条第1款列出的可作为国际法院裁判依据的国际法渊源中就有习惯。[10]在国际强行法领域，有的学者甚至认为“习惯法是强行法的唯一渊源”。[11]而国际贸易法，权威学者干脆称之为“新的商人习惯法”。[12]可以肯定地说，习惯法仍然是国际法的主要渊源。

最后有必要说几句“民间法”问题。多年来，我国一些学者注重中国“民间法”的研究，这是有价值的。许多民间法其实是习惯，或可归入习惯法。但是也有些与国家法律不同的习惯被法院承认的事例，这些或可称“民间法”。例如，美国法律和正义中心的律师乔丹·塞库洛说，英国目前活跃着85个伊斯兰法法庭。“这些法庭不仅处理离婚、继承权这样的家庭法问题，还受理家庭暴力方面的案子。在英国，一个男人如果殴打妻子或女朋友，在普通法庭，他有可能会被判刑坐牢，但是，在伊斯兰法法庭，他有可能只被要求去上愤怒管理课程。由于实施的法律不同，受到的刑罚也就不同。”美国也发生了类似的情况，在新泽西州，一个丈夫在强迫妻子行房事遭到拒绝后，动手打了妻子。但是，法官却拒绝向丈夫颁发禁止令（依照国家法律

---

〔9〕这当然有例外：对被告有利的习惯例外。不过，当引用与刑法不一致、但是对被告有利的习惯时，又当考虑刑法的统一适用问题，这需要法官的裁量。在法律形式主义尚没有站住脚的当下中国，笔者不主张将习惯作为刑法法源。

〔10〕这四种法源是：（1）为当事国明白承认的国际协约；（2）国际习惯，作为通例之证明而被接受为法律者；（3）文明国家承认的一般法律原则；（4）在第59条规定之下，司法判例及各国权威最高之公法学家之学说，作为确定法律原则之辅助资料者。这里，国际习惯不但作为仅次于国际协约的第二位的法源，且“条约要以国际习惯法为背景加以解释，国际习惯法在它包含有一项强制法规则而条约却与之相抵触的范围内就将优于条约”，国际法院主要依靠国际习惯法得以发展。［英］R. 詹宁斯（Robert Jennings）、A. 瓦茨（Arthur Watts）修订：《奥本海国际法》（第一卷第一分册），王铁崖等译，中国大百科全书出版社1995年版，第13页以下。

〔11〕强行法（jus cogens，又译绝对法），相对于任意法（jus dispositivum）而言。依《维也纳条约法公约》第53条之规定，违反国际强行法的条约无效，这实际上成为制定条约所应遵守的“法上之法”。参见张潇剑：《国际强行法论》，北京大学出版社1995年版，第71页。

〔12〕［英］施米托夫：《国际贸易法文选》，程家瑞编辑，赵秀文选译，中国大百科全书出版社1993年版，第2页。

法官应当发出),理由是,根据伊斯兰法规定,丈夫这么要求妻子是允许的,附近清真寺的伊玛姆还被允许到法庭上作证。[13]

四、权威理论和公认的价值

权威的理论指著名法学家的解释、论著等等。权威的理论在不同时代、不同法文化传统里的法源地位不同。在西方,权威的理论始终是法律渊源,在早期甚至是重要的法源。在古罗马早期,祭司是“法律仓库”,祭司法学是法律的重要渊源。罗马法学家阶层形成后,世俗法学逐渐取代祭司法学成为重要的法源。当时的法学家们回答各种法律问题,民选的、任期很短的官员(通常不懂法律)常常向法学家请教法律问题。在形式上,法学家并不创造法,他只是法律的传播者、解释者,他们把规范吸纳进适当的结构。这个结构以jus(权利、高于实在法的法)为依据,法学家实际上以此发展法律。在《学说汇纂》中人们把市民法定义为“以不成文形式由法学家创造的法”就充分证明了这一点。罗马法确立的这种理性法的传统是罗马法优于同时代其他法律以及后来得到广泛传播、几乎成为世界性法律的最重要原因。公元426年,东罗马的狄奥多西二世和西罗马的瓦伦提尼安三世,共同颁布了《引证法》,规定可将帕比尼安、保罗、乌尔比安、莫德斯丁、盖尤斯的著作作为权威引证,这一方面表明专制权力的兴起导致的法学衰败,同时也表明权威理论仍是罗马的重要法源。公元528年,查士丁尼(又译优士丁尼)皇帝下令编纂法典,全部编成后的《国法大全》分四个部分:其中有一部分是法学理论的汇集——《学说汇纂》,一部分是法律教科书——《法学阶梯》,它们与制定法一样是生效的法律。公元554年,查士丁尼皇帝在全国重建意大利的一次法律意见中重申:已收入汇编中的法学理论和法律,经皇帝告示形式于意大利公布后具有效力。[14] 在中世纪,法学理论仍是重要的法源。11世纪复兴罗马法以后,罗马法在许多国家被接受为法律,此时的罗马法已不是国家机关的制定法,而是教授们在大学里讲授的法律,是法学家对罗马法的评注。中世纪的德国承审官大多不懂法律,他们乐意听取法学家的意见,以致在1600年形成了这样的制度:遇到疑难案件,法官就求教于法学教授,当地法学院的全体教授的决议就是法律。一直到今天,民法法系的诉讼当事人仍享有一项权利:可以请求法学教授出具法律意见,并可当庭宣读,可谓古风犹存。西方学者认为,长期以来法律学说是罗马日耳曼法系的基本法源,因为法的原则主要是从13—19世纪在各大学定出来的。只是最近以来,随着法典编纂的胜利,特别是绝对国家主权思想的泛滥,制定法的优先地位才取代了学说的优先地位。换句话说,法律理论的主要法源地位的旁落是不到两个世纪的事。在今天的西方国家,权威理论是次要的法源,有的国家法律并有明确规定。例如,1907年《瑞士民法典》要求法官如发现法律漏洞则“接受公认的法律学说和司法传统的指引”;1942年《意大利民法典》规定,只要法官用其他法律无法解决案件时,必须“依照本国法学界的一般原理处理”。在传统伊斯兰法中,“圣训”(教会法学家的文献)是除《古兰经》以外的重要法律。

---

〔13〕“美国一个联邦上诉法庭审议是否可以使用伊斯兰法断案”,载普世社会科学研究网,http://www.pacilution.com/ShowArticle.asp? ArticleID=5292。

〔14〕[意]朱佩塞·格罗索:《罗马法史》,黄风译,中国政法大学出版社1994年版,第454页。

一般来说,我国的法律是权力型的法律,权威性理论的法律地位较低。但是从汉代开创“经义决狱”的传统以后,儒家经典的法律地位是相当高的,它不但有填补法律空白的作用,而且有纠正法律错误的作用。但是,与西方不同的是,儒家思想不是职业法律家的思想,而是社会伦理家的思想;运用于法庭的不是法律理念和法律原则,而是伦理的、政治的或一般意识形态的理论与原则,是游离于法律之外的,具有不确定性。因此,在中国法庭上发挥作用的权威理论始终是与法律格格不入的,是法律本身固有逻辑的中断甚至是法律的破坏者。“经义决狱”的传统反映了中国古代对法律的不信任,反映的是人治社会的政治逻辑。但是,由于古代政治权威与思想权威的两分,权威理论具有一定的制约政治权威的作用;同时,经义中的仁义观念还是抑制了重刑观念对司法的影响。1949 年以后,由于意识形态处于绝对崇高的地位,法律以外的权威理论再次成为法律的主人。与传统中国社会不同的是,此时的权威理论已经不是理论家的理论(例如孔子、朱熹等),而是政治家的理论,政治权威本身就是或起码自以为是理论权威,因此,理论权威就与政治权威合一,“权威理论”的权威实际上就是政治权威的威权,传统中国的法律外的权威理论制约政治权威的作用不复存在。它的结果就不仅是审判的意识形态化,而且是审判的随意化。这一人治历史的顶点是“文革”时期的“语录治国”、政治裁判、党委批案。

公认的价值观(或称正义、普遍原则、情理等)也是法律的次要渊源。在法治社会,由于法学家地位的崇高,公认的价值观由法学家来阐发,所以公认的价值观便以“公认的法律原理”的形式出现,这些原理往往被尊称为“法律格言”,这在罗马法传统里表现得最为明显,直至今天,法律格言也不时见于判决。在有些地方,则公认的价值观由法官发现,以“衡平”的形式填补其他法源之不足或纠正其不当。这在英国形成了专门的法律——衡平法。在法学家和法官地位均不佳的地方,则社会保留了这一权力,它便以“情理”这一百姓理想的面目出现。

对于是否存在公认的价值观,以及如果存在它是否可以成为法律,人们的看法不一。在正义相对主义者看来,公认的价值、正义是不存在的,既然不存在公认的价值观,自然也不存在是否可以为法的问题。在承认公认价值观的学者群里,有些人承认它们是法律,甚至是高于实在法的法律;有些则否认它们是法律。价值法学特别是自然法学派十分看重公认价值观的法源地位,法国社会连带主义法学家狄骥也承认高于实在法的客观法(来自道德规范与经济规范)的存在。规范分析法学派通常将公认的价值观逐出法律。事实上,不管人们是否承认公认价值观的存在,它都存在,任何实在法都离不开它。问题在于有的统治者公开要求法学家合作,有的留由法官裁量,有的则死不认账而已。“没有一个立法制度能够不用这些矫正剂或解脱术,否则法与正义之间就有可能产生不能容许的脱节。”[15]现代许多国家的制定法都作出明确规定或在司法实践中形成了各种吸纳公认价值观的制度。例如《德意志联邦共和国基本法》第 20 条第 3 款规定:“行政权和司法权受法律和正义的约束。”《奥地利民法典》第 7 条要求参照习惯或自然法处理案件。在英美法系,审查行政行为的重要法律原则——“合理性原则”其实就是公认的价值观的载体。

---

〔15〕 [法]勒内·达维德:《当代主要法律体系》,漆竹生译,上海译文出版社 1984 年版,第 141 页。

第二节　当代中国法律渊源

一、当代中国制定法八大渊源

在讨论当代中国的法律渊源之前,当简要回顾一下中国古代的法律渊源。在春秋战国之前,习惯和统治者发布的命令为主要法源。公元前6世纪出现制定法。国家的制定法文件称为“法”、“律”或“刑”等等,重要的习惯则以“礼”的面目被吸纳为法律。秦兴,制定法大备。自秦以降,制定法成为首要的法律渊源。而制定法几乎就是皇帝命令的同义语。这些形式是:(1)律,这是秦以降综合性法典的名称(元称“大元通制”,宋称“刑统”),其核心内容是刑法和诉讼程序;(2)令,即命令,皇帝发布的命令称赦,亦称制、制书、诏等;(3)格,亦称条格、令格,相当于规程、准则之类;(4)式,亦称品式,类似现代的标准、准则、办法之类;(5)例,是皇帝就具体案件作出的处理决定,经编例程序而成为常法之一种。此种制度始于宋,至明、清大备,律例编在一起。我国古代的制定法有极浓的王权色彩,只要皇帝愿意,就可以成为法(当然他要受祖宗之法的约束),如朱元璋定有律,但是在他生前,律几乎不用,用的是命令性质的“大诰”酷刑。我国古代第二大法源是判例法。这种判例法虽不发达,且断断续续,但却是存在的。通说以为我国古代的判例有“廷行事”、“科”、“比”。廷行事始于秦,《秦律》法律问答有七处允许以廷行事断狱。“科”为法源,《尚书》即有记载,至汉成为制度,唐仍保留科。科是先例。“比”即比附决事比,一说为“比附援引”,是一种判决方法;一说为在先例中存在的法律。应当指出,中国古代“判例”的法源意义是很小的,因为判例的实质是法官造法,而这是与王权原则相悖的。且中国具有法源意义的判例多为皇帝的判决。一般的判决在我国是没有法源意义的。随着王权的强化,判例的法源意义逐渐消失。我国古代的第三大法源为习惯法,这些习惯法不仅指社会上流行的某些习惯,更重要的是指家法、族规。宋以后,族规大量成文化,成为效力很高的宗法社会的自治法。第四种法源是某些朝代的法律解释。例如秦的“法律问答”、汉代的“法律章句”,前者是官方的法律解释,后者是法学家的解释。辛亥革命结束帝制,开创民国,法律渊源走了大陆法系的道路。制定法是主要法源,其他如习惯、权威理论和公认价值也成为法源,另外还有大理院或大法官会议的司法解释等等。制定法分为宪法、立法和授权命令三级。

1949年以后我国的法源比较单一。就大陆而言,制定法居于至高甚至唯一的地位,其他的法源不是不存在就是居于微不足道的地位。但是,从香港和澳门回归祖国以来,形成了特殊的“一国三法”局面:一个国家三个法域。如果把我国台湾地区的“法律”也包含在内,那么我国的法源极为丰富,包括了所有的主要和次要法源。因港澳与大陆不是同一法域,故另行介绍。我国大陆现存的制定法有以下八大渊源:

(一)宪法

宪法是我国制定法的首要渊源。与其他法律相比,宪法具有的特征是:宪法具有最高法律效力,是其他法律的立法根据,其他任何法律与宪法冲突无效;宪法规定的是有关公民基本权利和国家机关权力配置等最重大的法律问题,因而内容比普通法律重要;宪法的制定和修改的程序要求比普通法严格。我国宪法虽不是由专门的立宪机关制定,但是修改宪法需由全国人民代表大会常委会或五分之一以上的全国人大代表提议,并由全国人民代表大会以全体代表三分之二以上多数通过。在实践中,我国的宪法修正案都是由中国共产党中央委员会向全国人大常委会提出的。宪法的最高地位源于这样的实践或理论假设:宪法是人民意志的直接体现,是人民制定,用来约束政府(包括立法机关)的法律,而法律是人民选举出来的代表们制定的,立法机关的任务就在于按照宪法制定法律,法律是按照宪法制定出来的,因此,宪法的地位应当高于法律。我国 1949 年以后共通过了四部宪法:1954 年宪法、1975 年宪法、1978 年宪法、1982 年宪法。1954 年宪法是一部很好的宪法。1975 年宪法是以阶级斗争为纲作为指导思想的宪法,是对"文革"现状的确认,是徒有宪法之名的权力意志。1978 年宪法基本保留了 1975 年宪法的精神。现行宪法是 1982 年宪法,已经过 1988 年、1993 年和 1999 年、2004 年四次修改,共通过了 31 条修正案。

(二)法律

法律是我国仅次于宪法的法源,是国家最高权力机关全国人民代表大会及其常委会制定的规范性文件。法律规定社会生活基本的、主要的方面。法律是我国法律体系的核心组成部分。我国的法律可以分为两种:基本法律和"基本法律以外的其他法律"。基本法律是由全国人民代表大会制定和修改(在全国人大闭会期间人大常委会可以在不同原法基本精神相抵触的前提下进行修改、补充)、规定和调整社会生活某一方面的根本性、全面性关系的法律,例如《中华人民共和国刑法》、《中华人民共和国民法通则》、《中华人民共和国民事诉讼法》等等。基本法律以外的其他法律指由全国人大常委会制定和修改,规定和调整除由基本法律调整以外的社会生活某一方面关系的法律。它比基本法律调整的面要窄些,例如《中华人民共和国环境保护法》、《中华人民共和国文物保护法》、《中华人民共和国商标法》等等。

全国人大及其常委会就特定问题所作出的决议和决定与法律具有同等地位。其中的规范性文件是宪法或法律之一种。例如,五届人大二次会议通过的《关于修改〈中华人民共和国宪法〉若干规定的决议》为宪法修正案,是宪法的一部分。1983 年六届全国人大常委会通过的《关于严惩严重危害社会治安的犯罪的决议》即为单行刑法。在我国还有一类特殊的问题:全国人大常委会通过的法律解释性文件其中许多是规范性的,它是法律还是法律解释?这是分不清的。它只在形式意义上是法律解释,在实质意义上它与法律无异。这从一个侧面反映出立法解释制度是不合理的,它使立法权与法律解释权难分。用法治的观念来看,这是人大侵犯了法院的权限。

(三)行政法规

日常用语中的行政法规常常包括行政机关根据宪法和法律制定的规范性文件。作为法源的行政法规是指国务院为领导和管理国家各项行政工作,根据宪法和法律制定的政治、经济、教育、科技、文化、外事等各类法规,其效力低于法律,高于地方性法规,是国务院行使行政权的表现之一。它的实施靠行政权力和行政措施,违反者承担行政责任,如果违反行政法规同时触犯刑法或构成侵权的,要承担刑事责任或民事责任。行政法规的合法性渊源主要是《宪法》(第 89 条)。除宪法以外,我国许多法律授权国务院制定行政法规之权。这类法律可分为两种:一是专门的授权性决定,二是某项法律中的授权性条款。从法理上讲,以宪法为依据制定的行政法为"自主性法规",依授权法制定的行政法规叫"授权性法规"或授权立法。

国务院发布的决议、决定、通知如果是规范性的,其法源地位同行政法规,例如国务院《关于加强工业企业管理若干问题的决议》(1987 年 7 月 4 日)、国务院《关于修改〈电力设施保护条例〉的决定》(1998 年 1 月 7 日)。另外,还有一种中共中央与国务院联合发布的文件,应当也属行政法规,例如中共中央、国务院《关于加强土地管理、制止乱占耕地的通知》(1986 年)、中共中央、国务院《关于加快发展第三产业的决定》(1992 年)。这是长期党政不分体制的产物,法治国家应杜绝此类现象的发生。

(四)军事法规

军事法规指国家最高军事机关——中央军事委员会制定的规范性文件,军事法规的效力只及于军队内部。这里的军队不仅指中国人民解放军,也指武装警察部队。作为法源的军事法规和"军事法"不是同一概念。军事法是调整军事行为的法规,它由法律、行政法规中有关军事的部分和军事法规组成。军事法规的名称有条令、条例、规定、规则、办法等。

军事法规的合法性渊源有宪法和法律。[16] 产生于宪法确定的体制的军事法规称自主性军事法规,产生于法律授权的军事法规为授权性军事法规。中华人民共和国中央军委经法律授权制定军事法规是改革开放以后的事,例如,《中华人民共和国审计法》(1994 年 8 月 31 日通过)第 50 条授权中央军委"依据该法制定中国人民解放军审计工作的规定"等,我国现行法律中有大量的此类授权。

至于最高军事机关制定自主的军事法规的权力,早在建国之初就在行使,例如,1952 年 12 月 11 日中央人民政府人民革命军事委员会、政务院联合制定的《中华人民共和国民兵组织暂行条例》、1952 年 12 月 30 日中共中央、中央人民政府人民革命军事委员会、中央人民政府政务院《关于处理伤病员工作的决定》。其中有些法规甚至与军事工作关系不大,例如,1975 年的国务院、中央军委《关于发布〈关于边境地区安全保卫工作若干问题的规定〉(试行)的通知》就与军事关系不大,这与国家体制的不正常有关。改革开放以后,此类立法行为作为习惯继承下来。大量的军事法规是中央军委或中央军委与国务院合署自主制定的。依据宪法规定,军事委员会是我国中央国家机关之一,负责领导全国武装力量(《宪法》第 93 条),中央军事委员会主席向全国人民代表大会和全国人民代表大会常务委员会负责(《宪法》第 94 条)。宪法规定过于简单,未有关于自主制定军事法规的权力的规定。依据通行的法律解释原则,权力必须有法律(含宪法)依据,应当认为中央军委并无自主制定军事法规的权力,至多说此项权力因其行使多年,已构成一项宪法习惯。正基于这样的考虑,1993 年八届全国人大第一次会议有的代表提出修改宪法的建议:建议增加规定中央军委立法权的内容,但未被采纳,理由

---

〔16〕《立法法》(2000)在"附则"部分第 93 条规定了军事法的制定权限。

是:“中央军委可以而且已经制定适用于军队内部的军事法规,宪法中可以不再作规定。”[17]这样的理由是缺乏说服力的。因为“可以”行使国家权力的依据是法律,而立法权的正当来源只能是宪法,但是宪法并无此项规定;“已经”行使当然更不能说明已有了正当的法律依据。现在,《立法法》(2015)第103条有明确规定。

(五)地方性法规和自治条例、单行条例

地方性法规指省、自治区、直辖市人大及其常委会,省、自治区政府所在地的市、经国务院批准的较大的市和设区的市的人大及其常委会为执行和实施法律、行政法规,根据本行政区域的具体情况和实际需要,在法定权限内制定、发布并报全国人大常委会和国务院备案的规范性文件。省、自治区政府所在地的市和经国务院批准的较大的市、设区的市制定的地方性法规要报省、自治区人大常委会批准后施行,并由省、自治区人大常委会报全国人大常委会和国务院备案。

从效力等级角度看,我国的地方性法规分为两个层次:一是省级人大及其常委会制定的地方性法规(省级法规);二是省、自治区政府所在地的市和经国务院批准的较大的市、设区的市的人大及其常委会制定的地方性法规。

我国地方性法规这种法源的产生经历了一个过程。1954年《宪法》第22条规定:“全国人民代表大会是行使国家立法权的唯一机关”,全国人大常委会也只能“制定法令”(第30条)。1975年《宪法》保留了这一体制(第17、18条)。1978年《宪法》仍如此(第22、25条)。这里遵循的是国际惯例:单一制国家的立法权集中于中央,地方无立法权。改革开放以后,社会迫切需要大量的法律。面对繁重的立法任务,1979年7月1日五届人大通过的《中华人民共和国地方各级人民代表大会和地方各级人民政府组织法》(简称《地方组织法》)之第6、27条打破中央一级立法体制,赋予省、自治区、直辖市人大及其常委会以地方性法规制定权。现行宪法规定的立法权正式趋于分散。除全国人大可以制定法律外,全国人大常委会取得了“制定和修改除应当由全国人民代表大会制定的法律以外的其他法律”和在全国人大闭会期间,“对全国人民代表大会制定的法律进行部分补充和修改”(第67条第3项)的权力。省、直辖市的人大及其常委会在不同宪法、法律、行政法规抵触的前提下,可以制定地方性法规,并报全国人大常委会备案(第100条)。《宪法》第115条规定自治区人大及其常委会也享有地方性法规制定权。至此,我国省、直辖市、自治区人大及其常委会取得了地方性法规制定权。1982年12月10日,五届人大五次会议修改《地方组织法》,修改后的《地方组织法》第27条规定“省、自治区人民政府所在地的市和经国务院批准的较大的市的人民代表大会常务委员会,可以拟订本市需要的地方性法规草案,提请省、自治区人民代表大会常务委员会审议制定,并报全国人民代表大会和国务院备案”。这可以看作是扩大地方性法规制定权的过渡性措施。1986年12月,六届全国人大常委会第十八次会议再次修改《地方组织法》。再次修改后的《地方组织法》第7、38条正式授权省、自治区所在地的市和经国务院批准的较大的市的人大及其常委会地方性法规制定权,2000年《立法法》作了相同规定。2015年修改《立法法》,修改后的《立法法》第

[17]《中华人民共和国全国人民代表大会常务委员会公报》,1993年第2号,第77页。

72 条第 2 款赋予设区的市以地方立法权,该条规定"设区的市的人民代表大会及其常务委员会根据本市的具体情况和实际需要,在不同宪法、法律、行政法规和本省、自治区的地方性法规相抵触的前提下,可以对城乡建设与管理、环境保护、历史文化保护等方面的事项制定地方性法规",由此,我国所有(现为 284 个)设区的市(以下简称大市)都享有了地方立法权,具体何时实际行使此项职权,则由省、自治区的人民代表大会常务委员会确定,并报全国人民代表大会常务委员会和国务院备案。

从法治国家建设的要求来看,我国地方性法规制定权的取得和扩大存在三个可以讨论的问题。第一,1979 年 7 月 1 日制定的地方组织法规定赋予省、自治区、直辖市人大及其常委会制定地方性法规之权的合法性不无问题。因为按法律位阶原则,宪法是国家的最高法律,法律和宪法抵触无效。当时生效的 1978 年《宪法》规定的是一级立法体制,制定法律之权在全国人大,全国人大常委会只能"解释宪法和法律、制定法令",遑论地方人大及其常委会! 作为地方组织法的普通法律公开违背宪法规定,在法治国家是不合适的。第二,1986 年修改地方组织法将地方立法权扩大到较大市也存在类似的问题。因为现行宪法并没有赋予大市以立法权。尽管《宪法》第 95 条第 2 款规定"地方各级人民代表大会和地方各级人民政府的组织由法律规定"也不能使上述做法合法。因为是否具有地方立法权不是组织问题而是权限问题,特别是事关立法权,本属宪法规定的范围。第三,关于较大的市的资格认定问题。"较大的市"的资格由国务院决定,具备了较大的市的资格就具备了地方立法权,因此,具体的较大的市的立法权事实上是由国务院赋予的。行政机关授予议事机关立法权的行为的合宪性、正当性不无问题。不过,由于修改后的《立法法》(2015)赋予所有设区的市以地方立法权,这一问题得以缓解。

从实践结果来看,我国地方立法取得了一定成果,弥补了中央立法能力不足的问题。但是负面效应也应引起足够的重视。通过地方立法争地方利益,甚至进行地方保护的不在少数;许多地方缺乏法律专家资源,立法质量低下,《立法法》(2015)将地方立法权进一步扩散以后这一问题可能越发严重;地方立法与上位阶法律不协调的情况时有发生;许多地方立法只是照抄中央立法而已,造成不必要的资源浪费。另外,由于地方"立法政绩"的冲动,造成法律量的膨胀,实在是污染了法律,并由此造成法律适用的困难和法律权威的下降,同时也有碍全国统一市场的形成和政令的统一与畅通。现在我国各个方面基本上已有法可依,立法快速膨胀的现象应当纠正。

自治条例和单行条例是我国民族自治地方的自治机关的人民代表大会制定的自治性地方法规。依据《宪法》第 112 条规定,我国的地方自治机关分为自治区、自治州、自治县三级。依据《宪法》第 115 条的规定,民族自治地方的自治机关除行使宪法第 3 章第 5 节规定的地方国家机关的职权以外,还行使自治权。制定自治条例和单行条例是自治权的重要组成部分。依据《宪法》第 116 条和《民族区域自治法》(1984)第 19 条之规定,民族自治地方的人民代表大会有权依照当地民族的政治、经济和文化特点,制定自治条例和单行条例。在实践上通常自治条例涉及的事项范围广些,而单行条例则只就某些或某一方面的事务作出自治性规定。

对于自治条例和单行条例的法律地位问题学界看法不一。有的著作将它单独列为一种法源,有的将它与地方性法规列在一起。我们认为自治条例和单行条例是广义地方性法规之一种。自治条例和单行条例与狭义的地方性法规相比又有如下特点:立法依据不是一般地方政府的权力而是民族地方自治权;立法机关只能是地方自治机关,而且只能是人大,不包括人大常委会,包括自治区、自治州和自治县三级;它的内容是民族地方自治事务;立法权限大于一般地方性法规,自治条例和单行条例可以依据本地方的实际情况,在不违反宪法、法律基本精神的前提下,作出变通性规定;在制定程序上较严格,自治区的自治条例和单行条例要报全国人大批准后生效,自治州、自治县的自治条例和单行条例报省或自治区人大常委会批准后生效,并报全国人大常委会备案(《宪法》第 116 条)。

经济特区的授权立法是我国一种特殊的地方性法规,也是我国的一种法源。经济特区是指为发展对外经济贸易、经济合作和技术交流而实行某些特殊政策、法规的地区。1980 年全国人大常委会批准《广东省经济特区条例》,该条例是我国第一个有关经济特区的法律。1981 年,全国人大常委会授权广东省、福建省人大及其常委会制定所属经济特区的各项单行行政法规,1988 年全国人大通过了《关于建立海南经济特区的决议》,也授权海南省人大及其常委会制定在海南经济特区施行的法规。其后,全国人大常委会于 1992 年授权深圳市,1994 年全国人民代表大会授权厦门市,1996 年全国人民代表大会授权汕头市和珠海市各自制定法规和规章在各自的经济特区施行。自此,我国的五个经济特区都具备了制定经济特区法规规章的权力。

经济特区授权立法与一般地方性法规相比的不同点在于,它可以与全国性的法律作出不同的规定,它的立法范围只在经济领域。我们认为,经济特区的立法是我国由计划经济向市场经济过渡时期采取的试验性立法,有其合理性,在实践中也取得了积极效果。但是,在同一国家采取不同的经济立法有违公平竞争的要求,同时,在经济高度全球化的今天,全球的重要经济规则正在趋向同一,一国国内的经济规则差异过大是违反时代大趋势的。且我国已于 2001 年加入 WTO,按照国际通行的经济规则办事不仅会给国家带来经济利益,而且也是我国的一项国际义务。从实践上来看,它的正效应正在递减,负效应日益增加。所以建议对经济特区立法加强控制,逐步取消这种导致位阶混乱的法源。

(六)部门规章

部门规章指国务院各部、各委员会依据宪法、法律、行政法规,在权限内发布的命令、指示和规章,在各部委业务管辖范围内生效,其效力低于地方性法规。部门规章只是"准法源"或"参照性法源",因为依据《行政诉讼法》第 53 条之规定,部门规章只能作为人民法院审理行政案件的"参照",而不是"依据"。从规章制定的实际情况来看,有些规章的制定有法律授权,有些规章的制定却没有法律授权。我国许多法律授权国务院的部、委制定实施办法、实施细则,国务院的部、委依据授权制定的规章便是授权性规章。还有许多规章依据的只是某些立法的精神,而无法律、行政法规授权,有些学者称此类规章为"自主性规章"。其依据为《宪法》第 90 条第 2 款:"各部、各委员会根据法律和国务院的行政法规、决定、命令,在本部门的权限内,发布命令、指示和规章。"这条规定是授予部、委自主制定规章的权力呢,还是授予部、委经法律、行政法规、决定、命令的授权制定规章的权力?语意不甚清楚。从现代法治国家依法行政的要求来看,当由法律、行政法规、决定、命令的明确授权,各部委才能制定规章。

(七)地方规章

地方规章指省、自治区、直辖市和设区的市、自治州的人民政府,根据法律、行政法规和本省、自治区、直辖市的地方性法规,制定的规章。没有法律、行政法规、地方性法规的依据,地方政府规章不得设定减损公民、法人和其他组织权利或者增加其义务的规范(《立法法》第 82 条)。地方两级政府规章制定权的取得是修改地方组织法和《立法法》的结果,经 1982 年和 1986 年两次修改《地方组织法》以后,在省、直辖市、自治区和省府、自治区府所在地的市的人大及其常委会取得地方法规制定权的同时,同级政府也取得了地方规章的制定权(《地方各级人民代表大会和地方各级人民政府组织法》第 51 条第 1 项),《立法法》(2015)将规章制定权扩充到设区的市(第 82 条第 1 款)。地方规章和部门规章处于同一个层次,属"准法源"或"参照性法源"。地方规章的"准法源"或参照性法源地位是《行政诉讼法》(1989)第 53 条(2014 年修订后改为第 63 条)赋予的。〔18〕

我国的地方规章中还有一种特殊的规章——经济特区政府制定的经济特区规章。我国五大经济特区在取得经济特区立法权的同时,其政府也取得了相应的制定经济特区规章的权力。经济特区规章的效力与一般地方规章相同。经济特区规章的内容仅限于经济领域,经济特区规章可以与全国性的法律有不同的规定。

(八)国际条约和国际惯例

国际条约是两个或两个以上国家缔结的规定政治、经济、文化、军事、法律等方面相互间权利义务关系的协议。其名称为协议、协定、条约、公约等等。关于国际条约是否是国内法法源问题,人们的认识经历了从否定到肯定的过程。早期人们通常否认条约是国内法法源,17 世纪的霍布斯和 19 世纪的奥斯丁是其代表。现代国家都承认国际条约是国内法的一部分。开此先河的是《美国宪法》(1787)。该宪法第 6 条第 2 款明定:"以合众国的权力所缔结或将缔结的条约,均为全国的最高法律。"在实践中,各国将国际条约和国际惯例纳入国内法体系的方法不同。有的采取议会批准方有效的方法,例如英国、比利时;有的则不需议会批准,例如德国;有的则采折中办法:一方面承认国际法是国内法的组成部分,另一方面规定如果条约有修改国内法的内容,需国会核准,例如奥地利。我国宪法对此无明确规定,《中华人民共和国缔结条约程序法》(1990)第 7 条规定条约和重要协定的批准由全国人大常委会决定。列入批准范围的条约和重要协定包括了与我国法律有不同规定的条约。看来我国采取的是接近奥地利式的折中方法,但是需批准的范围比奥地利更广些。现在我国学界和有关立法都承认国际条约是我国的法律渊源。

国际惯例也是我国的法律渊源。习惯(custom)和惯例(usage)是两个不同的概念。习惯作为国际法渊源的强度远胜于惯例。但是不知何原因,我国立法中使用的均是惯例而非习惯。

---

〔18〕 值得注意的是,《行政诉讼法》规定的作为"准法源"的地方规章只到省、自治区政府所在地的市和经国务院批准的"较大的市"的规章,不包括《立法法》(2015)第 82 条规定的"设区的市"的规章。参见《行政诉讼法》(2014 年修订)第 63 条。

作为国际法渊源的习惯"是作某种行为的明显的和持续的惯行,而这种惯行是在这些行动按照国际法为必需的和正当的信念下形成的"。而作为惯例的惯行却不是在"这些行为按照国际法为必需的或正当的信念下形成的"。[19] 我国有关涉外法律都规定(例如《民法通则》、《涉外经济合同法》等)我国缔结或者参加的国际条约同我国民事法律有不同规定的,适用国际条约的规定,但我国声明保留的条款除外;我国法律没有规定的或我国缔结或者参加的国际条约没有规定的,可以适用国际惯例,但是适用外国法律或者国际惯例的,不得违背我国的社会公共利益。这表明国际惯例只是补充性的法源。应当指出的是:我国现行法律确认国际条约、国际惯例为法源的仅限于在涉外法律关系中,对于国内法律关系却无规定,就范围而言,也仅指民商事法律。随着世界经济全球化进程和全球法治社会进程的发展,我国将参加或签订更多的国际条约,我国在享受更多的国际法权利的同时,也将承担更多的国际法义务,这些义务中包括对更多的国际法的国内效力的承认。

另外,在考察中国当下的法律渊源时还应当注意"司法证据法规"问题。所谓"司法证据规则"是指最高人民法院关于证据规则的规定,它虽然不是正式的法源,但是它事实上对审判工作有非常重要的规范意义,如果从"司法的观点"来看,它们是事实上的法源。这些规则主要有:《最高人民法院关于民事诉讼证据的若干规定》(2002 年 4 月 1 日起施行),最高人民法院、最高人民检察院、公安部、国家安全部、司法部《关于办理刑事案件排除非法证据若干问题的规定》(法发〔2010〕20 号),最高人民检察院《关于办理死刑案件审查判断证据若干问题的规定》(2010 年 7 月 1 日起施行)和《最高人民检察院关于在审查逮捕和审查起诉工作中加强证据审查的若干意见》(高检诉发[2006]47 号)。

二、制定法以外的法律渊源问题的讨论

如前所述,制定法是我国的主要法源,但是这并不意味着我国不存在其他的法源。下面对其他法源问题逐一进行讨论。

(一)判例

1982 年,最高人民法院开始正式发布案例。除少数例外,《最高人民法院公报》每期都刊登数量不等的案例,每年大约在 25 件。这些案例主要是重大疑难的案件,其目的是"对一些重大的、复杂的刑事案件统一量刑标准,对一些新出现的刑事案件的定罪量刑问题提供范例,对审理一些在改革、开放中新出现的民事经济案件提供范例"。这些案例都是经最高人民法院审判委员会讨论通过的。[20] 截至 2015 年 11 月 19 日,最高人民法院共发布 11 批"指导性案例"。虽然这些案例只对法院的判决起"范例"作用,无拘束力,不是我国的法源,但是无疑对法官的断案有重大影响。有的学者建议进行改革,逐步将判例纳入法源,[21] 有的基层法院进行了建立"判例法"的试点,也有的学者进行了"案例指导"问题的研究。不过目前判例不是中

---

〔19〕 [英]R. 詹宁斯、A. 瓦茨修订:《奥本海国际法》(第一卷第一分册),王铁崖等译,中国大百科全书出版社 1995 年版,第 16 页。

〔20〕 郑天翔:"最高人民法院工作报告",载《最高人民法院公报》1985 年第 2 期。

〔21〕 李步云:"关于法系的几个问题——兼谈判例法在中国的运用",载《中国法学》1990 年第 1 期。

国的法源。

(二)习惯

当代许多国家的民法典中大多有“本法无规定者从习惯”之类的规定。作为我国法源的习惯有两种:一是国际社会不与我国现行法律相冲突的习惯(国际惯例),这在我国《民法通则》和《涉外经济合同法》等法律中有规定;二是国内社会的某些习惯。我国许多法律(如婚姻法)规定民族自治地方“可依据本法的原则,结合当地实际情况制定某些变通的或补充的规定”,或法律授权自治地方依据该法精神结合本地实际制定实施细则,有的学者认为这里的“实际情况”即为习惯,这里的习惯是法律渊源。我们认为指出这些“实际情况”为地区习惯是对的,但是这些“实际情况”一旦被自治条例、单行条例或地方自治性的实施细则吸收,它事实上已成为制定法的一部分。我们认为,无论制定法是否认可习惯为法源,习惯为法源的事实都存在。因为任何制定法都不可能穷尽一切可能,即制定法有疏漏是不可避免的,当制定法发生疏漏时,法官的选择之一就是寻找习惯,这些习惯就成为事实上的法源,我国法律也不能例外。只是由于我国制定法未作规定(这本身就是疏漏),使司法者在适用习惯时无法公开指明而已。当然,由于我国制定法的高度发达以及国家主义观念的影响,对社会习惯不够尊重,我国习惯的法源地位是很低的。不过,最近几年这一情况有所改善,法官在民事审判时援用习惯的做法已不鲜见。

(三)政策

西方社会法学派倾向于把政策作为法的渊源之一,规范法学派否认政策是法律渊源。不过西方学者讨论的政策是国家政策,而非政党的政策,例如产业政策、移民政策等等,其规范形态类似于中国的部门规章。事实上,在司法形式主义的主导下,政策在西方司法过程中的影响并不大。

在我国,由于“党政合一”的现实,特别是一党处于绝对的领导地位,民主党派除了拥护共产党的领导以外不可能有自身独立的政策,因此执政党的政策和国家的政策无论在形式上还是在内容上都是难分的,特别是当执政党与国家机关联合发布政策、政令的时候更是如此。1949年2月发布的中共中央《关于废除国民党的六法全书与确定解放区的司法原则的指示》这一政策事实上确定了1949年以后的法律渊源。该政策规定“在人民的法律还不完备的情况下,司法机关的办事原则,应该是:有纲领、法律、命令、条例、决议规定者,从纲领、法律、命令、条例、决议之规定,无纲领、法律、命令、条例、决议规定者,从新民主主义的政策”。这一指示所确定的法律的正式渊源是纲领、法律、命令、条例、决议,“新民主主义的政策”是辅助性法源,并且规定是在“法律还不完备的情况下”,应该说是基本符合法治精神的。但是后来政策的地位日隆,不但制定法律不积极,制定出来的法律也几乎没有什么效力,通行的规范是政策,政策的效力高于法律成为不争的事实。事关全局的重大的社会运动都不是按法律,而是按政策搞起来的,例如合作化、反右、大跃进、人民公社化、“文化大革命”等等。更为严重的是,运动就意味着法律“靠边站”。运动中涉及大量的公民财产权利和人身权利的处置依政策而不是依法律,例如定右派,公社化吃食堂时夺走公民家中的存粮,“文革”中大量的被定为走资派的老一辈革命家的身家性命被剥夺等等。改革开放以后,法律的地位有所上升,法律成为主要的法源,而政策无论在理论上还是事实上均为仅次于法律的法源。在政策与法律的讨论中,只是从“政策大、法律小”走到“政策指引、法律工具”,对于政策的规范效力从未提出疑问。事实上,政策仍然是重要的行为规范。即使在当今,农民的许多“负担”均由政策规定,而且对政策本身的合法性审查无法进入诉讼,政策在许多领域成为最终的因而是最高的行为规范。

由此可见,无论在理论上还是实践上,在前三十年,政策是高于制定法的主要法源,改革开放以来,政策仍然是仅次于制定法的重要法源,这是长期奉行“政策治国”而非“法律治国”的必然结果,是人治在法律渊源上的表现。尽管这种状况在建国初期有其合理性,但是从总体上来看,政策成为主要法源和重要法源都与法治的世界潮流不符。在法治国家,应当分清制定规则和实施规则两个领域,政策的作用应限制在制定规则的领域,在实施规则的领域,政策的作用应降低到最低限度,否则便违背了依法治国的基本原则。且最重要的是,凡是涉及公民权利贬损的规范,必须具有可诉性,而政策不具有可诉性。〔22〕

作为政策治国的遗存,审判中常常会碰到不公开的红头文件、内部纪要。从立法的观点来看,它们不是法源,但是从司法的角度来看,它们是不折不扣的法律。这些规范作为法源违反法律的“法性”:公开性、普遍性,它只是依靠政治权威的强力而事实上得到遵守。〔23〕

(四)法律解释

在其他国家,法律解释是法官针对个案作出的。大陆法系法官不得造法,法律解释自然不得成为法源。英美法系法官可以造法,法官的解释可能通过判决成为判例法。我国的法律解释制度非常特别,一是立法机关和行政机关都有法律解释权,而且我国的法律解释相当一部分都超出法律范围,本身是在创造规则,而不是“复述”规则;二是我国的法律解释主要不是针对个案,而是普遍性行为规则的预设。由此可知,我国的法律解释是重要的法源,当然,不是所有的解释都是法源。一般而言,我国法律解释的法律渊源地位视解释主体的地位而定。

立法解释通常很少见,全国人大常委会的法律解释更罕见,因为它可以通过行使立法权直接创制法律,而不必采用解释这种拐弯抹角的方法。立法机关解释的法源地位与它创制的法律相同。全国人大常委会的解释其法源地位相当于法律,〔24〕有地方立法权的地方立法机关的解释其法源地位相当于同级地方法规。

行政解释亦然,国务院作出的解释其法源地位相当于行政法规,国务院各部、委作出的解

---

〔22〕 最近有一个可喜的迹象。中国共产党第十八届中央委员会第五次全体会议公报规定全面实施一对夫妇可生育两个孩子政策。10月30日,湖南省卫计委相关负责人称“当日起,不符合湖南省现行生育政策的夫妇已经怀孕第二个子女的将不作处理”。不久,湖南省计生委的政策被国家计生委叫停。“中共全会公报允许普遍二孩政策”,载中国新闻网,http://www.fj.chinanews.com/news/2015/2015-10-29/326173.shtml。这表明对立法的尊重,因为虽然计划生育被认为是不合适的,但是它已经法律化,废止它应当经过修改相关法律来完成,不能以政策废法律。

〔23〕 一个值得注意的问题是,近年来出现了一种可以称为“反形式”的法源理论,这一理论将党内文件、违反宪法的习惯性行为甚至领导人的讲话等都作为法律渊源,甚至将“党章”作为宪法的“法上法”,这是严重违反法治原则的。有兴趣的可以参见强世功:“中国宪法中的不成文宪法——理解中国宪法的新视角”,载《开放时代》2009年12期;陈端洪:《制宪权与根本法》,中国法制出版社2010年版,第24页以下。

〔24〕 《立法法》(2015)第50条规定:“全国人民代表大会常务委员会的法律解释同法律具有同等效力。”

释其法源地位相当于部门规章。按照1981年全国人大常委会《关于加强法律解释工作的决议》，地方性法规的解释权属于制定法规的人大常委会及同级政府的主管部门，地方政府无解释权。由地方政府主管部门作出的解释看来不具地方规章的性质，即不是法源，因为地方政府的主管部门本身不具备地方规章制定权。

司法解释的效力则较为复杂。先说司法解释中的审判解释。我国许多审判解释不是针对个案，而是为解决立法粗疏带来的适用法律的困难。早在20世纪50年代，最高人民法院就向各级法院发布各种司法解释，称为批复、复函、通知、规定等等。由于这些解释并不向社会公开，所以不便公开引用，但实际上成为重要的判决依据，成为秘密法源。改革开放以后，在《最高人民法院公报》上公布司法解释逐渐形成制度，为司法解释正式登堂入室提供了条件。长期以来，学界在司法解释是否是法源的问题上意见不一，重事实的学者认为是法源，重形式的学者认为最高人民法院是司法机关，不具造法权能，司法解释不是法源。我们认为"是不是"是一回事，"应不应该"是另一回事。判断某规则是否是法源要看事实上它是否被审判机关用来处理案件，而不是理论上的界定。由此观之，审判解释是我国法源应是无疑问的。1997年，最高人民法院作出《关于司法解释工作的若干规定》，该规定第14条第1款规定："司法解释与有关法律规定一并作为人民法院判决或者裁定的依据时，应当在司法文书中援引。"这就进一步明确了审判解释的法源地位。

我国司法解释的另一种是检察解释。与审判解释相比，检察解释的法源地位要弱些。1997年《最高人民检察院司法解释工作暂行规定》在《最高人民检察院公报》上公布。该规定第9条规定："人民检察院在起诉书等法律文书中，可以引用最高人民检察院司法解释的规定。"检察解释对法院审判行为有无拘束力？法律未有明文规定。检察解释权来自全国人民代表大会常务委员会《关于加强法律解释工作的决议》（1981年）。该决议第2项规定："凡属于检察院检察工作中具体运用法律、法令的问题，由最高人民检察院进行解释。"从这一规定设立检察解释权的宗旨来看，检察解释只能约束检察机关，检察解释只能适用于检察机关制作的文书。这样，检察解释最多只能算"准法源"，或者不是法源。

司法解释中还有一种联合解释，此种解释的合法性不无问题。[25] 但是因为它事实上存在，可以认为，只要有最高人民法院加入的联合解释，其法源地位等同于审判解释，是法源的一种。

（五）不具备地方立法权的国家机关制定的规范性文件

有些学者认为省级人民政府的职能部门以及县级人大、人大常委会和人民政府等制定的规范性的规定、命令等，"就其法律地位和实际作用而言，也应属于我国的法的渊源"。我们认为这值得商榷。地方国家机关制定的规范性文件是否是法源要看制定的主体是否具有地方性法规制定权和地方规章制定权，而不能只看它事实上是否被司法机关参照。事实上司法机关不是把它们作为规则来适用，而只是作为一种证据而已。从法治国家建设的要求来说，法律应当有极高权威，立法权应当相对集中，如果从中央、省、较大的市到县四级政权都享有立法权，

---

〔25〕 参见本书"法律方法"章。

法律的权威必难确立,法律的位阶也将紊乱,而且容易使土政策、个人意志打上法律的印记。所以我们认为,除非经全国人大或全国人大常委会的特别授权而制定,不具地方立法权和规章制定权的国家机关的任何文件都不是法源。当然,这只是权宜之计,最好的解决办法是依据法治国家要求,禁止上述机关未经授权制定涉及公民权利义务的规范性文件。

(六)社会自治规范

社会自治规范指不同地区、社群的公民自行制定的行为准则,例如乡民公约、村民公约、企业内部规章等等。社会自治规范是公民自我教育和管理的有效工具。有的学者认为这是准法源,我们认为这些都不是法源。

(七)软法

近年来,有学者从国际法的"软法"概念引申出国内法的"软法"概念,认为"软法"和"硬法"正成为现代法的两种基本形态,"建设法治国家,特别是建设法治社会,要倚重'软法之治',现代法治应当寻求更多协商、可以应用更少强制、能够实现更高自由"。作者将现实生活中既明显区别于道德,同时也不能用国家强制力来保证实施,而主要通过社会舆论、组织自律、自愿服从等方式得到遵守和执行的规范称为"软法"。与之对应,依靠国家强制力保证实施的法律规范就是"硬法"。学者指出的软法有四种:一是法律、法规和规章中那些宣示性、号召性的条款;二是国家机关创制的大量纲要、指南、规划等规范性文件,旨在满足公共管理特别是国家机关自我管理的制度需求;三是各类政治组织,比如政协、共青团等创制的自律规范;四是足协、村委会等社会团体和自治组织制定的自治规范。[26] 这是一种很有创新意义的思想。但是,将国际法中"软法"的概念引入国内法可能是弊大于利。国际法中的"软法"是出于对国家主权的尊重,一个规则是不是"法"由国家去裁量;国内法的"软法",则完全取决于权力的裁量,可能会加剧权力失控,特别是司法任意。在形式法治都没有实现的情况下引入"软法",可能会对法治建设不利,所以笔者不主张将软法引入法律渊源。

(八)次要法源

前已论述,次要法源是一般性法源。我国是否存在次要法源呢?由于我国的法学欠发达,法学的独立性程度低,法学理论的权威性程度低;由于我国社会历来有崇尚权力、轻视理论的国民意识;由于阶级斗争为纲的思维长期不承认有公认的价值观,凡此种种造成了学界历来否认权威性理论和公认价值的次要法源的地位。但是,次要法源存在的事实却不因理论上的否认而不存在。次要法源不仅填补制定法疏漏,而且纠正实在法的失误,是不可或缺的。在出现制定法疏漏或疑难案件时,或适用制定法将出现严重不公时,法官事实上除了适用习惯外,就是找权威性理论与公认的价值。尽管我国次要法源显得极不重要,但是适用次要法源的现象还是存在的,尤其是在涉外司法与仲裁活动中。随着我国法学的发展与司法人员理性化、专业

〔26〕 罗豪才、宋功德:"软法亦法——公共治理呼唤软法之治",转引自袁祥、王逸吟:"更多协商　更少强制　更高自由——行政法学者眼中的'软法'",载《光明日报》2009 年 12 月 3 日。

化程度的提高,次要法源的地位将得到改善。

三、我国特别行政区和我国台湾地区的法律渊源问题

特别行政区是中国统一过程中的一种制度创新。1997 年 7 月 1 日,香港回归祖国,香港法律成为中国法律的一部分。1999 年 12 月 20 日,澳门回归祖国,成为中国的又一个特别行政区,澳门法律也已成为中国法律的一部分。台湾是中国的一个地区,现在还没有与中国主体部分实现统一,单独形成一个法域。因此描述中国的法律渊源当简单描述一下特别行政区和台湾地区的法律渊源。[27]

(一)香港特别行政区的法律渊源

香港特别行政区的法律渊源的依据是《中华人民共和国香港特别行政区基本法》(以下简称《香港基本法》)第 8、17、18、153 条的规定。按照上述法律规定,香港特别行政区的法律渊源有四种。

1. 适用于香港特别行政区的全国性法律

适用于香港特别行政区的全国性法律为制定法。这些法律可以分为两类:第一类是适用于香港的全国性普通法律。依《香港基本法》第 18 条第 2 款规定,全国性法律除列于本法附件三者外,不在香港特别行政区实施。这样,在香港特别行政区实施的全国性普通法律包括宪法和香港基本法附件三所列的法律。[28] 附件三所列法律共六项。1997 年 7 月 1 日全国人大常委会作出《关于〈中华人民共和国香港特别行政区基本法〉附件三所列全国性法律增减的决定》,该决定增加五项,删去一项。1998 年 11 月 4 日,全国人大常委会又作出决定,在附件三中增加全国性法律《中华人民共和国专属经济区和大陆架法》。这样,在香港特别行政区生效的全国性普通法律共计十一项。第二类是在香港特别行政区生效的全国性特别法律。这部分法律是全国人大或全国人大常委会制定的专门适用于香港特别行政区或处理与香港有关的事务的法律,这类法律有香港特别行政区基本法及附件三所列的法律。[29]

应当指出,上述作为香港法源的全国性制定法是平时的。依据《香港基本法》第 18 条第 4

---

〔27〕 依 1993 年通过的澳门《基本法》第 8、18 条的规定,澳门特别行政区的法源的基本模式同香港基本法,它包括适用于澳门特别行政区的全国性法律、澳门特别行政区的自治法律、国际条约和国际惯例。与香港特别行政区法律不同的是,澳门传统的法律是葡萄牙式的制定法。因为澳门特别行政区的法律渊源与香港特别行政区的法律渊源相仿,所以不专门介绍。

〔28〕 对宪法在香港的效力有两种看法:一是只有《宪法》第 31 条在香港生效;二是大部分适用。从法理上讲,宪法是一国最高法律,是国家统一的象征,宪法应在香港生效。但由于一国两制的现实未能在现行宪法中充分体现,如果宪法都在香港生效则将对一国两制构成威胁。所以事实上依据《宪法》第 31 条和香港基本法的规定,《宪法》只有第 31 条及少量关于国家统一和国家象征的条款在香港生效。当然最好的办法是制定一部全国统一适用的宪法,使宪法贯彻一国两制的精神。

〔29〕 这类法律有:驻军法、全国人民代表大会《关于设立香港特别行政区的决定》(1990 年)、全国人民代表大会《关于香港特别行政区第一届政府和立法会产生办法的决定》(1990 年)、《中华人民共和国香港特别行政区选举第九届全国人民代表大会代表的办法》(1997 年)、全国人大常委会《关于根据〈中华人民共和国香港特别行政区基本法〉第 160 条处理香港原有法律的决定》(1997 年)、全国人民代表大会常务委员会《关于〈中华人民共和国香港特别行政区基本法〉附件三所列全国性法律增减的决定》等等。

款的规定，一旦全国人大常委会宣布进入紧急状态，中央人民政府可发布命令将有关全国性法律在香港特别行政区实施。因此，适用于香港的全国性法律可因情势变更而增加。

2. 香港特别行政区的自治法律

按照《香港基本法》第8、17、18、19条之规定，香港的自治法律分为两部分：一是予以保留的香港原有法律；二是香港特别行政区生成的法律。

依《香港基本法》第8条之规定，香港原有法律有条件地予以保留。其条件，一是不得与《香港基本法》相抵触；二是未经香港特别行政区立法机关作出修改。这些法律渊源包括：(1)适用于香港的英国成文法；(2)适用于香港的英国判例法，包括普通法和衡平法；(3)香港立法机关创制的制定法，包括条例和附属立法；(4)香港本身形成的判例法；(5)一小部分中国清朝的法律与习惯，包括权威性理论和公认的价值(《香港基本法》第153条第2款)。

按《香港基本法》，特别行政区立法会享有立法权，香港判例法制度得以保留。这样，香港特别行政区所生成的法律就包括：(1)香港特别行政区立法会通过的新法；(2)香港特别行政区法院的判决形成的判例法。

3. 国际条约

这部分法源也可分为全国性的法律和香港自治法律两部分。依据《香港基本法》第151、153条之规定，适用于香港特别行政区的国际条约包括两类：一类是中央政府已经缔结和参加的部分国际条约。依据《香港基本法》第153条之规定，中华人民共和国缔结的国际协议，可以有条件地适用于香港特别行政区。这些条件有三：(1)根据香港特别行政区的情况和需要；(2)征询香港特别行政区的意见；(3)经中央政府决定。另一类是香港特别行政区缔结的国际协议。这又包括两部分：一是中华人民共和国尚未参加的但已适用于香港地区的国际协议(《香港基本法》第153条)；二是香港特别行政区以“中国香港”名义缔结的国际协议，这些协议的内容包括经济、贸易、金融、航运、通讯、旅游、文化、体育等领域(《香港基本法》第151条)。

4. 国际惯例

有关的国际惯例也是香港特别行政区的法源。香港特别行政区法院适用的权威性理论和公认的价值观构成香港特别行政区的次要法源。

(二)我国台湾地区的法律渊源

台湾地区正式的法律体系承袭的是我国民国时期的法律框架，即所谓的“六法体系”。现行台湾地区的正式法律渊源有“宪法”、“法律”与“命令”三类。形式上以它的法规标准法为准，实体上遵守“宪法”、“宪法增修条文”厘定的立法权限。狭义的“法律”，只有“立法机关”可以制定，其他机关(无论是行政机关还是地方代议机关)均只能颁布法规命令，且按照“法规标准法”第7条之规定，须送“立法机关”备查。另外，大法官会议的解释，“宪法”法庭的判决理由具有相当的权威，有“实质意义”的拘束力。

第三节 法的分类

一、法的分类及其意义

法的分类指依据一定标准将法律分为不同的种类。法的分类是人们从认识上区别法律存在的形式,从而具有重要的认识意义和实践意义。首先,将法律区分为不同的类别,有利于人们更清楚、更深刻地认识法律,确立法律的基本概念,法的分类所提供的基本概念有利于组建法律理论体系。其次,法律的分类有利于确定不同的调整方式和调整原则,例如,公法和私法是两种不同的法律,有不同的调整方法和调整原则。当人们把某种法律确认为公法或私法的时候,在立法时就较容易找到适当的调整方法和原则。再次,法的分类对法的适用也具有意义,例如在需要选择适当的法律规则时,特别法和一般法的划分就为选择提供了方便。

二、法的主要分类

法的分类标准是多元的,人们为了研究和实践的需要可以从不同角度对法作出分类,例如,上节“法的渊源”所论述的制定法、判例法、习惯法便是从法的渊源的角度对法作出的分类;在讨论法的历史时人们会涉及不同历史阶段的法,这便是以历史阶段为标准对法的分类等等。下面介绍几种常见的分类。

(一)国内法、国际法和超国家法

这是按照法律生成和适用的主体、法律适用的范围不同所作的划分。国内法是指在国内生成并在国内生效的法律。国内法规范的主体是自然人和社团法人、财团法人、国家机关,国家整体在特定法律关系中也成为国内法规范的对象。例如,在公债法律关系中,国家以国库的形式承担法律权利义务;在国家赔偿法律关系中,国家是赔偿的义务主体。

国际法是在国际社会层面上生成的,在国际范围内生效的法律。早期国际法的主体主要是国家,甚至只有国家,现代国际法的主体除了国家以外还有国际组织和个人。当然国家仍然是国际法的主要主体。

超国家法(supra national law)是指超国家的组织生成的法律。当今的超国家法主要是欧盟法,它包括欧洲部长理事会和欧洲议会制定的法律、欧洲法院、欧洲人权法院的判例法等。超国家法不同于国际法。从生成方式上来看,超国家法是超越国家的组织制定的或通过超国家的法院判决形成的,不是国家为主体签订的条约或承认的习惯。即在法生成过程中,超国家法的生成起主导作用的是超国家的组织,而在国际法的生成过程中起主导作用的是国家。就适用范围来看,超国家法在该超国家组织范围内普遍生效。而国际法的效力主要在国家之间。适用法律过程中国家的地位也不同,在超国家法适用过程中国家处于被动地位,而国际法的适

用过程中国家处于主动地位，除国际强行法以外，国际法适用于国家主要基于国家自律。超国家法与国家法两者为统一的法律体系，即在一个超国家集团中，超国家法是国家法的上位法律，实质上是地区性的世界法。[30]

（二）根本法和普通法

这是按照法律的重要性和源流关系作出的划分。从古希腊开始，人们就把决定国家组织与公民权利的宪法称为根本法，把根据宪法而生成的法律称为普通法，也有把宪法称为母法，其他法律称为子法的。根本法的效力高于普通法，根本法是普通法效力的来源。根本法的内容通常包括共同体的组织结构及其成员的权利，根本法的制定和修改通常有特别程序，以保证其严肃性和稳定性。应当注意，这里的普通法是相对根本法而言的子法，例如民法、刑法等，有别于英国法中与衡平法相对的普通法，也有别于欧洲大陆德国等国家内与地方习惯相对而言的普通法，德国等国的普通法毋宁译作"共同法"、"普遍法"。根本法和普通法的划分对于成文宪法的国家很重要，对于不成文宪法的国家却不那么重要，例如在英国，英国通行议会至上原则，议会制定的法律被认为是最高的。在存在超国家法的地方，根本法和普通法的关系出现了复杂的情况。在那里，根本法与普通法的关系只在同类法律中有意义，对于不同类的法律来说，根本法不一定优于普通法。例如，欧盟的普通法就高于成员国的根本法。

（三）一般法和特别法

这是依据法律的适用范围所作的划分。对一般人、一般事，在整个管辖区不定期生效的法律是一般法，对特定人、特殊类型的事，某一特定领域或特定时期内生效的法律是特别法。例如，刑法对一般人生效是一般法，军人违反职责罪条例只对军人有效是特别法；民法典对一般民事关系有效是一般法，保护消费者条例只对消费者权利保障这一特定民事关系有效是特别法；《中华人民共和国选举法》在全国范围内生效是一般法，民族区域自治法只在民族自治区域内生效是特别法；平时法在不定期内生效（例如民法、刑法）是一般法，战时法只在战时生效是特别法。应当指出，一般法和特别法是相对而言的，在不同的参照物面前，一项法既可能是一般法，也可能是特别法，例如，惩治贪污条例相对于刑法典而言是特别法，相对战时法而言则是一般法。一般法和特别法的划分对选择法律有意义。

---

〔30〕 欧盟法院于1963年的Van Gend en Loos案判决确立了欧盟法的直接效力原则。主要案情是：荷兰Van Gend en Loos公司因从德国进口化学物质而被该国政府相关职权部门征收了进口税。该公司认为荷兰征收进口税的行为违反了欧洲共同体条约第25条"禁止对在成员国之间流动的货物征收关税或者有同等效果的费用"的规定。所以Van Gend en Loos公司试图在荷兰税务法院（the Tariefcommissie）提起的诉讼中直接援引条约第25条。于是荷兰税务法院将此案通过先行裁决（Preliminary Reference）的审判程序递交到欧洲法院，要求其答复是否欧盟法在国内诉讼过程中可以被当事方直接援引。欧洲法院最终的判决对这个问题给予了肯定的回答。从此欧盟法的直接效力原则被确定下来。在1964年Flaminio Costa v. ENEL一案中，欧共体法院作出欧共体法高于国家法的裁决，这被称为里程碑式的判决。意大利公民Costa拥有意大利能源公司的股份，在国有化过程中，他拒绝出卖他所拥有的股份，并声称国有化违反了欧共体法。意大利法院作出了对他不利的判决，声称国有化是国家法律规定的，公民个人没有针对它的诉权。但是欧共体法院作出了有利于Costa的裁决，声称，如果Costa在国家法违反欧共体法问题上没有诉权，欧共体法将会没有效力。

(四)实体法和程序法

这是依法律的内容不同所作的划分。通说认为规定权利义务的法律是实体法,规定权利义务得以实现的程序的法律是程序法。这是可以商榷的。程序法难道不规定权利义务?没有权利义务只有程序的法律是不存在的。既然如此,那么,正确的理解应当是,实体法是规定实体权利义务的法律,程序法是规定程序权利义务的法律。前述通说是重实体轻程序的法观念的表现。现代程序法主要包括三大块:立法程序法、行政程序法、司法程序法。

应当注意,许多法律文件中具有实体法和程序法两个部分,这在英美法系是常见的。实体法与程序法的划分主要是法理上的,实体法与程序法的划分是相对的。因为一项权利义务是实体的还是程序的,本身具有相对性。

(五)成文法和不成文法

成文法(written law)和不成文法(unwritten law)是相对的两个术语,语义较含混。这是以法律表现形式为标准作出的划分,通常在英美法系具有意义。成文法通常指成文宪法、制定法及条约。不成文法包括普通法、有法律约束力的习惯以及司法判例或法庭连续作出的相似的决定所形成的规则、原则和格言等未以法令形式公布或公布的那部分法律。[31] 一些以文字形式出现的法律常常被称为"不成文法"。

(六)公法和私法

这是依法律部类所作的划分。公法(public law)和私法(private law)的划分始于古罗马。在古罗马,"公法是有关罗马国家稳定的法,私法是涉及个人利益的法"。[32] 当时的公法是指关于宗教事务、宗教机构和国家管理机构的法,私法则包括自然法、万民法和市民法。划分公法和私法的传统被大陆法系承袭。公法和私法的划分不仅具有理论意义,而且对于立法和司法具有实践意义。公法和私法实行不同的法律规则和原则。英美法系则长期不承认这种划分。因为在英美学者看来,法律只有一个,国家机关和公民遵守同一的法律是法治和自然公正的要求,划分公私法意味着政府追求自己的特权,企图与人民受制于不同的法律。这实际上是对划分公私法的误解。大陆法系的公法恰恰是对政府权力的限制而不是保护。19 世纪末 20 世纪初英美行政法发展起来以后,英美法学界逐渐承认公私法的划分。随着 20 世纪西方法律社会化的发展,公法更多地侵入私法领域,同时,私法的原则也对公法产生渗透,这使公法和私法的界限趋于模糊,但是两者的基本区别仍然存在。西方学者亦有(例如凯尔森)反对公私法划分的。我国 1949 年以后认为社会主义的民事关系也是公的,不承认公私法的划分。近年来,有些学者逐渐认识到划分公私法的意义,开展了有益的研究。应当指出,有些人把私法等同于私有制,把主张私法优先等同于主张私有制优先,是对学术研究打棍子的不负责任的无知

---

〔31〕 参见薛波主编:《元照英美法词典》,法律出版社 2003 年版相关词条。

〔32〕 [意]桑德罗、斯德罗、斯奇巴尼选编:《民法大全选译·正义和法》,黄风译,中国政法大学出版社 1992 年版,第 35 页。

做法。苏联传统的不承认私法存在的思想源自整个社会思想领域不承认“私域”存在的思想，实为将计划经济等同于社会主义的“左倾”思潮。私域的存在实在是人的自由与解放的基本前提。

划分公私法的标准大体上有三种学说：(1)利益说。最早提出公私法划分的古罗马法学家乌尔比安(Domitius Ulpianus，约160—228年)开创了此说。他认为维持公共利益的法律是公法，维护私人利益的法律是私法。(2)主体说。法律调整的一方或双方为国家或公法人者为公法，双方均为私人或私法人者为私法。(3)意志说。调整权力服从关系的为公法，调整平等关系的为私法。意志说是绝对统治观念的产物，国家与公民间的关系并非完全是权力服从关系。综合利益说和主体说，我们认为公法是关于公权力的组织及其行使和对公权力控制的法律。公法通常包括宪法、行政法、刑法、社会保障法、税法、军事法、行政诉讼法、刑事诉讼法等。私法是关于财产关系和人身关系的法律，私法主要调整自然人和私法人之间的关系，但是也包括国家和国家机关与个人间的财产关系。私法主要是民商法，包括人法、家庭法、合同法、侵权行为法、继承法、商事法、海商法、民事诉讼法等。也有将民事诉讼法归入公法者。

公法与私法的两分源于公民与国家两分的现实与观念，在19、20世纪之交，社会发生了相当大的变化，国家对私人领域的干预以保障弱者的权利成为一种时代趋势，在此种情势下，产生了所谓法律的“社会化”现象。与此同时，产生了一种“非公非私”、“亦公亦私”的法律，这对传统的公私法两分的理论提出了挑战，在20世纪30年代就有学者提出了“公法、私法、社会法三分”的法律分类方法，取代传统的公私两分法。在当代中国，被列入社会法的法律通常是指：《劳动法》、《劳动合同法》、《工会法》、《未成年人保护法》、《老年人权益保护法》、《妇女权益保障法》、《残疾人保障法》等等。社会法的提出有其意义，但是并不存在单独的、在公私法以外的特殊的“社会法调整领域”，社会法其实只是一种在特殊的价值导向下产生的对传统的法律关系作出的新的调整，所以，将社会法与公私法放在同一个层面上的“三分法”存在逻辑上的瑕疵，本书不采纳。

(七)强行法和任意法

这是依据法律效力的强弱对法律所作的划分。这种划分始于罗马法。强行法(jus cogens)指法律所规定的事项有必要切实遵守的效力，无私人意思选择余地的法律。违反强行法或者导致行为无效，或者导致受处罚，例如，刑法、行政法皆为强行法。强行法、任意法的划分虽然始于罗马法，但是用jus cogens指称它们的却是19世纪德国研究《学说汇纂》的所谓学说汇纂派的法学家们。[33] 任意法(jus dispositivum)指法律所规定的事项，私人可以进行选择而不必一定遵守的法律。民商法中的部分规范为任意法，例如夫妻财产关系的法律，公民可以通过约定而确定财产关系，不一定遵守它。

(八)普通法和衡平法

在英美法系还有普通法(common law)和衡平法(equity law)的区别。普通法是一多义

---

〔33〕 张潇剑：《国际强行法论》，北京大学出版社1995年版，第6页以下。

词,与衡平法相对的普通法指区别于地方习惯法、12 世纪以来通过判例形成的适用于全英格兰的法律。衡平法即公平法,衡平的原意在纠正法律的失误,寻求社会关系中的正义,这个意义上的衡平法在古罗马也有。与普通法相对的衡平法指产生于英国 14 世纪通过判例而形成的旨在纠正普通法失误的法律。英国长期存在适用普通法的普通法法院和适用衡平法的衡平法法院双重法院体制。1873 年的司法改革将两类法院合并,但是两种法律仍然存在。

三、实然法、应然法问题

早在古罗马,人们的法律分类中就有自然法一种,当时的人们把法律分为自然法、市民法和万民法,到 212 年公布了有名的安东尼尼安宪令(Constitutio Autoniniana)将罗马公民权赋予一切异邦人以后,市民法与万民法的区别已无实际意义(因为在此之前市民法只适用于罗马人),因而罗马法实际上只剩下自然法和制定法(市民法、万民法)两部分。所谓自然法“是自然界教给一切动物的法律”。[34] 在罗马人那里,自然法有两种含义:一是指源自人类理性的法,二是指自然而然产生的习惯。罗马人这种对法律的分类方法为后世所继承。中世纪的托马斯·阿奎那(Thomas Aguinas,1224—1274)将法律分为永恒法、自然法、人法、神法四种,其中也有自然法。[35] 经过 17、18 世纪的法治启蒙运动,自然法成为西方文化中的共识,自然法被高度哲理化、理想化,从制定法中独立出来并被置于制定法之上。19 世纪,西方国家掀起了前所未有的制定法律的热潮,为适应抬高实在法权威的需要,规范法学大行其道。规范法学派认为自然法不是实在的法,而是“应该是怎样”的法,即应然法。奥斯丁甚至认为法学只研究实在法,不研究自然法。现代社会法学派的庞德和新分析法学派的哈特都承认自然法。综合上文可以知道,西方学界关于应然法和实然法问题有两种观念:一是法律可以分为应然法(自然法)和实然法两类,自然法本身是法律中效力较高的一部分;二是法律只指实然法,应然法、自然法只是法律的理想,它本身不是法律。

我们认为,从语义上讲,“应然法”是人们关于美好法律的图画,当然不是实在的法律,就好比建筑物的图纸和建筑物本身不是一回事。但是自然法、正义观这些法律图画是否仅仅是“应然的”却值得讨论,即自然法、正义观这些东西有没有法律效力这一问题不能一概而论。在法律不发达的时代,自然法、正义、中国古代的部分礼本身是法律之一部分。在法律发达的今天,非制定法成为次要法源。在这个意义上讲,“应然法”在当代即为补充的法源,或是“高级法”,是法律之一种。应然法作为高于实在法的价值标准在任何时代都具有进步意义,是法律进步的精神力量。

讨论题

1. 什么是法律渊源?法的主要渊源与次要渊源的关系如何?

---

〔34〕 [古罗马]查士丁尼:《法学总论》,张企泰译,商务印务馆 1989 年版,第 6 页。
〔35〕 《阿奎那政治著作选》,马清槐译,商务印书馆 1982 年版,第 106 页以下。

2. 制定法、判例法、习惯法有何不同？它们各有何优缺点？
3. 我国的一般地方性法规与自治条例和单行条例有何不同？
4. 一般法与特别法的区分标准是什么？这种划分有何意义？
5. 划分公法、私法的主要标准有哪些？这种分类有什么意义？
6. 如何处理执政党的党内规范与法律的关系？

延伸阅读

1. [加拿大]罗杰·赛勒:《法律制度与法律渊源》,项焱译,武汉大学出版社2011年版。
2. [英]迈克尔·赞德:《英国法:议会立法、法条解释、先例原则及法律改革》,江辉译,中国法制出版社2014年版。
3. [瑞典]亚历山大·佩岑尼克:《法律科学:作为法律知识和法律渊源的法律学说》,桂晓伟译,武汉大学出版社2009年版。
4. [美]约翰·奇普曼·格雷:《法律的性质与渊源》,马驰译,中国政法大学出版社2012年版。

延伸思考

1. 比较中国的“经义决狱”与西方的“衡平”。
2. 从规范法学派的现代发展分析应然法、实然法两分的意义及其局限性。
3. 您如何评价“软法”理论？
4. 中国的“指导性案例”的属性是什么？如何评价它对法治建设的影响？

第四章 法 律 体 系

主张权利是人类精神上自我保护的义务，完全放弃权利是精神上的自杀。

——[德]耶林《为权利而斗争》

法院是法律帝国的首都，法官是帝国的王侯。

——[美]德沃金《法律帝国》

第一节 法律体系及其历史

一、法律体系释义

法律体系(legal system)这一词在英语中的含义较为含混。美国的权威法律词典《布莱克法律词典》中甚至未收录。按英国法学家沃克的解释，法律体系是指主权者或权力行使者直接或间接地为一个社会制定的全部法律的总和，亦即某国或某地区的法律总体。第二种含义是指一国法律的结构(立法、行政和司法、法庭、法官、人员等)、法律原则和规则的主体(宪法、刑法、财产法等)、法律思想、法律理论、法律方法、法律程序、法律技术、法律传统以及司法实践的总体。[1] 沃克阐述的法律体系的第二个义项就接近我们所讲的法律文化的含义了。日本学者将法律体系定义为“法律规则和其原则基础组成的独特的体系”,“法律体系是指严格定义的概念和被某些原则合理化的规则组成的规范性构造，目的是实现预期的社会控制”。[2] 可见外国学者眼中的法律体系是法律总体，侧重法律的逻辑结构。

我国法学界的法律体系研究源于苏联，这一学术传统旨在对构成法律总体的法律部门的描述，而不是分析法律的逻辑结构。但其落脚点——法律体系是一国法律整体——是与西方学者相通的。吸收各种定义的长处，我们将法律体系定义为：法律体系是一国现行法律规则和原则按一定逻辑顺序组合起来的整体，法律体系的基本构件是法律部门。

---

〔1〕[英]沃克：《牛津法律大辞典》，邓正来等译，光明日报出版社 1988 年版，第 545 页。

〔2〕[日]千叶正士：《法律多元——从日本法律文化迈向一般理论》，强世功、王宇洁等译，中国政法大学出版社 1997 年版，第 173 页以下。

法律体系是分析法律所使用的一个工具。这一分析的前提是将法律看作一个多层次的构造物。法律的原子是法律概念,法律概念的组合构成法律规则和法律原则。这样,一个法域的法律整体大体上可以分为法律规范(规则和原则)→法律制度→法律部门→法律体系四个层次。应当注意法律制度这一概念可以在不同层次上使用。法律制度可以指一个法域的所有的由法律所组成的制度的总体,例如"中国法律制度"这一短语中的"法律制度"就是此意;也可以指某一制度,例如财产法律制度、选举制度、司法审查制度等等。在这个四层次的结构中,法律体系是法律结构的最高层次。例如,数个法律规范组成物权制度,数个民法制度(人法制度、物权制度、债权制度等)组成民法部门法,所有的部门法组成法律体系。

要把握法律体系这一特殊分析工具,应当弄清法律体系与几个类似概念的区别与联系,主要是法制体系、立法体系、法学体系、法系等。

法律体系与法制体系。法制体系指与整个法律制度运转有关的社会组织系统及其运转方式和规范体系,它包括立法体系、执法体系、司法体系、守法体系、法律监督体系等等。类似于前文沃克所指称的 legal system 的第二个义项。这一概念有时与法制系统工程同义。由于它过于宽泛,难以作为一个有效的分析工具,近年来法学界已不大使用了。一般认为,法律体系只是法制体系的一个部分。

法律体系与立法体系。立法体系指制定法律文件所组成的体系,它与法律文件的效力等级有关,人们在讲立法体系时常是指宪法、法律、行政法规、地方性法规等广义法律文件。这一概念由于与法的渊源、法的效力等级相混,也难以成为有效的分析工具,近年也很少有人论及。从逻辑关系来看,法律体系重在法律的逻辑结构的分析,而立法体系重在对立法文件种类及相互关系的描述。

法律体系与法学体系。法学体系是法学的不同学科组成的学科体系。法学体系与法律体系是不同的:一个是认识成果的体系,另一个是法律规则和原则的体系,就如同宪法学与宪法的区别一样。当然,人们在构建法律体系和对法律体系进行逻辑分析时会受制于一定的法学思想,不过那是另一个问题,而不是概念间的逻辑关系了。

法律体系与法系。法系是具有相同法律传统的几个国家的法律组成的法律家族或法律族类,它是法律文化和比较法运用的分析概念,与法律体系是两回事,初学者常常引起混淆。两者的区别犹如个人和家族的区别一样。由消化系统、循环系统、神经系统、生殖系统等系统组成人体,犹如一国的法律体系,而法系则如同出生于同一祖先的数人组成的人的团体——家族。

二、法律体系的历史发展

法律体系作为分析概念能否适用于古代,或者说古代有无法律体系?这是应当引起注意的问题。应该说,任何社会的法律规则和原则都是按一定的逻辑顺序组织起来的结构,否则就会相互冲突而无法实行有效的社会调整,也无法有效保障人的权利和公平解决社会纠纷,理性的人们所遵循的是符合起码逻辑要求的规则和原则体系,而这就是法律体系。这种体系的存在与人们是否认识到它的存在是另一回事。尽管法律体系这一概念是近代的产物,我们却不能说古代没有法律体系。

把法律当作一个整体的思想在古希腊就存在,古希腊的学者们就对法律作出过分类。例如,亚里士多德就将法律分为基本法和非基本法。罗马法学家将法律分为公法与私法,公法包括政体的法、宗教的法;私法又分为人法、物法、债法。这大概是人类最早的法律体系观念。近代理性主义使人产生了按一定的对象和原则创建法律的观念,这就产生了将法律按内容分门别类的思想。康德就把法律分成外在法、非强制的法两大类,外在法中包括自然法和实在法,实在法又分为公法、私法,公法包括宪法、刑法、国际法、世界法。法国大革命以后,拿破仑的法国首创宪法、刑法、民法、商法、刑事诉讼法、民事诉讼法"六法体系",这一体系一直被人们沿用。英美法系虽然无法典,但是也接受把法律分为不同部门的做法。

诸法合体、民刑不分是中国古代法律形式上的特点。中国古代没有法律体系的观念,不过,从秦开始倾向于把国家的重要法律规则、原则集中起来按逻辑顺序编为统一法典的做法却表明了明确的法律整体观念。这个体系是以刑法为统帅的。明代首创将法律分为吏、户、礼、兵、刑、工六部门。这种按官府职权为标准划分法律门类的方法虽然与现代划分的法律部门不同,却也表现出将整体的法律分为部门的倾向。这一编排法律的方法充分反映出中国古代法律的王权工具主义色彩以及高度政治化的特色。

清末变法,我国放弃了诸法合体的千年传统,仿效西方按民、刑、商、诉讼法分立的模式组建法律体系,并且装模作样地搞立宪。未几革命党起,几千年牢不可破的帝制遂寿终正寝,作为整体的帝国法律体系也随之解体、消失。民国政府早年允许有条件地引用清代法律,以免法制中断。接着按西方"六法体系"进行了大规模的法典编纂活动,到20世纪30年代末基本形成了民国的"六法体系"。不过民国的六法体系不同于法国的六法,它实行民商合一,而将行政法独立为一部门。

三、法律部门

法律部门,有的学者称为部门法,两者为同一概念。法律部门是依一定标准和原则组成的同类法律规则和原则的体系,它是法律体系的组成部分。法律部门本身是一个逻辑严密的结构,它由数个法律制度构成。

法律部门和某一法律部门的法律文件不同。例如,刑法法律部门除了刑法典以外还包括单行的刑事法律、议会有关刑法的决定、非刑事法律中的刑事条款。有些法律部门则干脆没有法典,甚至难以编纂法典,例如行政法部门和经济法部门。在英美法系国家,除宪法有法典外(英国则连宪法法典也没有),没有部门法的法典,一个部门法通常由多个单行法规和相关的判例组成。例如,刑法部门由盗窃罪法、性犯罪法等单行法规和相关的判例组成。

划分法律部门的标准是什么?苏联曾就法律体系的构成要素问题进行过三次大的讨论。第一次是在1938年至1940年,当时阿尔扎诺夫率先提出划分部门法的标准是调整对象,勃拉图西提出应把调整方法作为辅助标准,这一观点未被采纳。1946年,有人提出调整对象与调整方法的关系问题,仍未引起重视。到1954年讨论民法调整对象时,承认将方法作为辅助标准。第二次是在20世纪60年代。当时苏联法学界一致同意将调整对象和调整手段作为标准,同时有人认为调整手段是调整对象派生的。第三次讨论在20世纪80年代,当时在划分标准问题上没有太大变化,但有人对"法律体系由法律部门构成"这一观念提出挑战,认为法律体系是由法律规范构成的,还有人提出了综合法律部门问题,例如运输法。这种趋势表明将法律体系划分为法律部门这一方法本身存在的问题,法律部门本身存在交叉以及标准多重的问题。我国法学界早先承袭了苏联法学界20世纪40年代的看法,主张“法律规范依照它们所调整的社会关系的不同而划分为各个法律部门”。[3] 后来才接受了调整对象和手段的双重标准。

1983年,法学界在上海召开了一次法律体系的专门讨论会,在讨论划分标准的同时提出构建社会主义法律体系问题。近年来,关于法律体系问题的讨论集中于构造社会主义市场经济法律体系问题,不再拘泥于法律部门的划分问题。

综合各种观点,我们将划分法律部门的标准定为三个不同的要素:主要是调整对象,其次是调整手段,最后也要适当考虑规范的数量。例如调整民事关系的法为民法部门,调整经济关系的法为经济法部门等等。但是仅仅依据这一标准在许多情况下说不通,例如刑法部门,民事的、行政的各种关系均要刑法调整,确立刑法部门法地位的是它特殊的调整手段:刑罚。划分法律部门时考虑规范数量的多寡,是为了保持各法律部门间法规数量的平衡。

最后,我们应当注意法律部门划分的相对性。这主要表现在:第一,宪法与其他法律部门的界限难以划清。部门法的根本原则来自宪法,在这个意义上讲,宪法的许多规则与原则属于其他各个部门法律。例如国家机构的组织法可能属于行政法,国家经济制度的法律可能属于民商法,有关公民权利保障的原则可能属于刑法等等。但是这么一分宪法法律部门就只剩下空壳了。所以宪法与其他法律部门存在交叉。严格说来,宪法与其他法律部门间的关系不是平面的关系,而是纵向的关系。[4] 宪法与其他法律部门的区别本身是法律效力的不同,而不是调整的关系的不同。第二,宪法以外的其他法律部门间也难免存在交叉。因为划分的主要标准是调整对象,而法律的调整对象实际上是一个整体。对象的整体性决定了调整的规则、原则是相互联系的,难以分开。事实上,划分标准由单一的调整对象到多元标准就说明了划分的相对性。第三,有些法律文件中包含了两个或两个以上法律部门的法律规则和原则。例如劳动法,劳动合同关系是传统民法部门,但劳动法中有关劳动行政管理的内容却是行政法的内容,这从另一侧面反映了划分的相对性。正是由于划分的相对性,苏联学者在20世纪80年代提出了综合法律部门问题。[5]

第二节　中国现行法律体系

一、中国现行法律体系的特点

中国现行法律体系肇始于1949年,是在彻底废除民国“六法体系”基础上建立起来的新

---

〔3〕 孙国华主编:《法学基础理论》,法律出版社1982年版,第261页。

〔4〕 关于法律体系的层次问题可参见刘大生:《法律层次论——关于法律体系的理论重构》,中国民主法制出版社2015年版。

〔5〕 [苏]C. C. 阿列克谢耶夫:《法的一般理论》,黄良平、丁文琪译,法律出版社1988年版,第253页以下。

的法律体系。这个体系在部门法的划分上基本承袭了大陆法系传统。1997 年、1999 年香港、澳门相继回归以后,我国的法律体系呈现出其他国家不具备的特点:一国两制下的“一国两法三法域”,即在一国的前提下,在统一宪法的框架内形成了三个各自独立的法域(大陆、香港、澳门),在这三个独立的法域内各有自己的法律体系。除了大陆的法律体系以外,香港地区形成了隶属于中华人民共和国国家主权和《中华人民共和国宪法》的相对独立的香港特别行政区法律体系,澳门地区则形成了隶属于中华人民共和国国家主权和《中华人民共和国宪法》的相对独立的澳门特别行政区法律体系。这两个次级法律体系通过《中华人民共和国宪法》第 31 条的规定和《香港特别行政区基本法》、《澳门特别行政区基本法》的规定保持与大陆主法律体系的连接。香港法律体系属英美法系性质,澳门法律体系则承传了葡萄牙的大陆法传统。它们各以上述两个基本法确立的原则和规则为基本规范,由适用于各自特别行政区的全国性制定法和各自的自治法律共同组成。[6]

二、我国现行法律部门划分

国内学者对组成我国现行法律体系的法律部门的描述不尽一致。现举国内影响较大的三种教材的观点并予以简单的讨论。

沈宗灵教授主编的教材将我国现行法律体系划分为十个部门:宪法、行政法、民法、商法、经济法、劳动法与社会保障法、环境法、刑法、诉讼程序法、军事法。[7]

张文显教授主编的教材的分法为宪法及宪法相关法、民商法、行政法、经济法、社会法、刑法、诉讼与非诉讼程序法共七个部门。[8]

孙国华教授主编的教材的分法为八个部门:宪法、行政法、民法、经济法、婚姻法、劳动法、刑法、诉讼法。[9]

这些划分结果大致相同,都包含了宪法、行政法、民(商)法、经济法、刑法、诉讼法这六大部门,不一致的地方给我们提出了以下可以讨论的问题:

(一)国际法是否为法律部门之一

国内大部分学者不把国际法单列为法律部门,近年来有的学者把国际法单列为法律部门,理由是:国际法作为一个客观实在,我们不能将它排除于当代中国法律体系之外。我们认为把国际法单列为一个法律部门有它的好处,那就是有利于提高国际法的地位,弥补以往的划分无视国际法存在的缺陷。但是把国际法单列为一个法律部门也存在一个问题:国际法是与国内法相对应的概念,这里又将国际法作为国内法的一个法律部门似乎在逻辑上难以保持“国际法”这一概念的同一。其实,问题不是出在是否将国际法单列为一个法律部门,而是在于传统的划分没有把国际法规则与原则作为国内法律体系的组成部分,传统法理学的目光局限于国

---

〔6〕 需要注意的是这个描述不包括我国台湾地区的法律。由于台湾地区与中国主体部分在政治上的不统一,目前台湾地区法律也自成一个法域,它承袭了民国的“六法体系”。这是一个政治问题,本书不予讨论。

〔7〕 沈宗灵主编:《法理学》,高等教育出版社 1994 年版,第 333 页以下。

〔8〕 张文显主编:《法理学》,高等教育出版社、北京大学出版社 2007 年版,第 130 页以下。

〔9〕 孙国华主编:《法理学教程》,中国人民大学出版社 1994 年版,第 384 页以下。

内法。只要我们走出传统法观念,就可以看到国际法规则和原则是完全融于国内法律体系的各部门法之中的。在国外,国际私法早就被作为民法的一部分,我国的国际私法学界也早就有人力主此说。国际公法视其不同的等级可划归宪法和行政法这两大部门。例如国际人权法为宪法之一部分,有关外交的条约为外交行政法,可归入行政法部门。至于国际经济法则完全可以归入民法或商法或行政法之中。据此,我们不主张把国际法单列为一个单独的法律部门,而是按统一的划分标准把国际法规则与原则归入不同部门法之中。这样做并不排斥将国际法学作为单独的学科存在的意义。不过,我们的主张会引起另一个问题:国际法律规范和国内法律规范是一个规范体系还是两个规范体系的问题,这将留由"法律效力"章讨论。

(二)民法、商法、经济法三者关系问题

随着对外开放和社会主义市场经济的发展,商事立法在我国发展得很快,因此有的学者将商法单列为一个法律部门,这样做当然有其道理。但我们不主张将商法单列为一个部门,理由有二:一是商法源自早期的商人法,随着商业的发展,专门的商事规则日益渗透到传统民法之中,商事规则单列一部门似乎数量不足。二是我国的传统是民商合一。清末变法时虽然制定单列的商法草案,但并未实行,民国实行民商合一体制。

从20世纪80年代开始,经济法发展为庞大的规范体系。这与我国长期实行高度集中的计划经济有关。改革开放前整个国民经济的运转和民事利益分配几乎全靠经济政策调整,其时不但无民法典,连民事单行法规也很少(婚姻法可算是例外,因为丈夫和妻子不能分配)。改革开放初期人们渴求法律,同时又把主要精力用于发展经济,计划经济的主要规范形态便迅速由经济政策变为经济法律,这就是经济法膨胀的根源。当时流行"纵横双重关系"说,这一理论将经济民事活动的法律全部归于经济法。民法通则的制定将平等主体间关系的调整划归民法,这是经济法领域的第一次缩小。进入90年代,商法和行政法大发展,它们分别形成了自己的调整对象,所以有的学者将部分经济法归为商法,部分划归经济行政法,这样,经济法规范就更少了,再成为独立部门显然过于单薄,我国80年代初的教科书将经济法列为独立部门,应该说这是符合当时实际情况的,今天再将它列为单独部门就有点勉强了,所以我们不把它单列为一个部门。

(三)婚姻法是否为独立法律部门

婚姻法在我国长期作为独立的法律部门是有原因的:婚姻法是我国最早的一部重要的法律,同时长期缺乏民法典和其他的法典,婚姻法的地位就凸显出来了。这是不正常的。改革开放以来我们制定了大量的法律,从规范数量上讲,婚姻法在整个法律体系中所占的比重日益缩小。从传统上来看,婚姻法历来是民法的分支,将婚姻法归入民法法律部门也符合国际惯例。基于以上考虑,我们不把婚姻法单列为独立的法律部门。

(四)军事法的地位问题

改革开放以来,我国制定了大量的军事法规,体现了以法治军的需要。近年有的学者将军事法列为单独的法律部门。笔者认为最高层次的军事法,如关于武装力量的地位、组织、职权

的法律是宪法法律部门的内容,而军法的大量内容是传统的军事行政,当属行政法部门。军事法学作为行业法学有其存在的必要,但没有必要把军事法列为单独法律部门。何况按照国际惯例,军事权为行政权之一种。

三、我国现行主要法律部门

经上文讨论以后,吸收多数学者的共同点,参照国际惯例,我国法律体系可分为七大法律部门:宪法、民商法、行政法、资源环保法、社会法、刑法、诉讼法。

(一)宪法

宪法法律部门简称宪法,宪法部门是我国法律体系中的主导法律部门。宪法由关于国家机关的组织、职权、相互关系和公民基本权利义务的规则和原则组成。从文件构成来看,宪法法律部门与前章所述的作为法律渊源的宪法不同。作为法律渊源的宪法只指宪法法典及其修正案,而宪法法律部门则除了这两部分以外,还包括其他的附属性立法。在许多国家,这些附属性立法本身就在宪法法典当中,以示宪法尊严与显示宪法位阶,但我国目前则以普通立法这一位阶出现,从宪政和法治的要求来看,建议将来修宪时以宪法修正案的形式逐步将它们纳入宪法法典。

我国的宪法法律部门主要包括以下法律文件:(1)宪法法典和宪法修正案。我国现行宪法法典是1982年12月4日五届人大五次会议通过的,经1988年、1993年、1999年和2004年四次修订,共有31条修正案。(2)关于国家的象征、国家机关的组织、职权及其活动程序的法律。这主要包括《国旗法》、《国徽法》、《全国人民代表大会组织法》、《国务院组织法》、《人民法院组织法》、《人民检察院组织法》、《地方各级人民代表大会和地方各级人民政府组织法》、《全国人大议事规则》、《全国人民代表大会常务委员会议事规则》、《全国人民代表大会和地方各级人民代表大会组织法》、《戒严法》、《缔结条约程序法》等。(3)选举法。主要包括《全国人民代表大会和地方各级人民代表大会选举法》、《中国人民解放军选举全国人民代表大会和地方各级人民代表大会的办法》、《香港特别行政区选举第九届全国人民代表大会代表的办法》、《村民委员会组织法》中的选举条款等。(4)立法授权法,即全国人大及其常委会将立法权部分授出的专门立法,不包括普通法律中将实施细则、办法授出的条款。这些立法授权法包括两类:一是全国人大及其常委会授予国务院立法权的法;二是全国人大及其常委会将部分立法权授予地方政府(含特区政府)的法。前者有授权国务院改革工商税制、发布有关税收条例草案试行的决定、授权国务院在经济体制改革和对外开放方面可以制定暂行的规定或条例的决定等,后者如全国人大常委会关于授权广东省、福建省人民代表大会及其常委会制定所属经济特区的各项单行经济法规的决议,以及关于授权深圳、汕头、珠海、厦门市人大及其人大常委会制定特区法规的几个授权决定等等。(5)地方自治法规。这包括两类:一是大陆实施的民族区域自治法;二是在特别行政区施行的特别行政区基本法,目前有两个:《香港特别行政区基本法》和《澳门特别行政区基本法》。(6)关于人民基本权利的立法,例如《游行示威法》、《国籍法》等等。(7)有关国家行为和公民权利的国际条约。这类条约很多,例如1981年参加的《消除一切形式种族歧视国际公约》、1980年批准的《消除对妇女一切形式歧视公约》、1986

年签署的《禁止酷刑和其他残忍、不人道或有辱人格的待遇或处罚公约》、1987 年人大常委会批准的《第 159 号残疾人职业康复和就业公约》、1990 年批准的《男女同工同酬公约》、1990 年签署的《联合国儿童权利公约》、1996 年签署、2001 年批准的《经济、社会、文化权利国际公约》、1997 年加入的《维也纳条约法公约》等等。

（二）民商法

民商法律部门是调整平等主体间的财产关系和人身关系及商事关系的法律部门，简称民商法。民商法是西方法律体系的中坚，被称为真正的宪法。在计划经济体制下，我国的民商法发展严重受挫。改革开放以来，特别是确立了社会主义市场经济发展方向以后，我国的民商法得到了长足的发展，它在整个法律体系中的地位日益提高，正在成为社会主义市场经济法律体系的核心部门。民商法的法律渊源十分广泛，包括制定法、习惯法和次要的法源，制定法中包括法律、行政法规、地方性法规、部门规章和地方规章，还包括大量的司法解释。从内容上看，民商法律部门的主要内容是民法和商法两大块。就民法来说，我国目前还没有民法典，民法由《民法通则》、《物权法》、《侵权责任法》和大量的单行法律、法规、司法解释组成。主要的民事单行法律、法规有：《合同法》、《著作权法》、《专利法》、《商标法》、《婚姻法》、《继承法》、《收养法》、《破产法》、《消费者权益保护法》等，以及有关这些法律的实施细则、司法解释。商法主要包括：《海商法》、《对外贸易法》、《票据法》、《银行法》、《证券法》、《反不正当竞争法》、各类企业法、公司法以及有关这些法律的实施细则、司法解释。应当指出，民商法律部门还包括我国参加和签订的大量的国际条约，以及我国承认的国际惯例。例如 1985 年对我国生效的《保护工业产权巴黎公约》、1986 年批准的《航运的重大包裹标准重量公约》、1974 年对我国生效的《国际民用航空公约》、1980 年在我国生效的《联合国国际货物买卖合同公约》、1980 年对我国生效的《国际油污损害民事责任公约》、1984 年加入的《国际纺织品贸易协议》、1990 年签署的《关于集成电路的知识产权公约》、1992 年批准的《关于解决国家和他国国民之间投资争端公约》、1992 年加入的《伯尔尼保护文学艺术作品公约》、1992 年加入的《世界版权公约》、同年加入的《保护录音制品作者防止未经许可复制其录音制品公约》、1994 年加入的《统一船舶碰撞某些法律规定的国际公约》和 1994 年加入的《1974 年海上旅客及其行李运输雅典公约》等等。

（三）行政法

行政法是调整国家行政机关在行政管理活动中与公民、法人间的关系以及对行政权的控制、给行政管理相对人予以救济的法律。行政法包括行政组织法、行政程序法与行政救济法三大块，广义的行政法包括行政诉讼法，这里指狭义的行政法，将行政诉讼法归入诉讼法律部门。行政法法律部门与作为法律渊源的行政法规不同。作为法律部门的行政法是由各种效力等级的关于国家行政组织、行为、救济的法律规则与原则组成，它可以来自多种法源：法律、行政法规、地方性法规、规章性文件、次要的法源等。而行政法规是国务院制定的规范性文件，其中绝大部分是行政法，但也有属民商法和资源环保法等其他法律部门，从逻辑上来说，这两者是交叉关系：

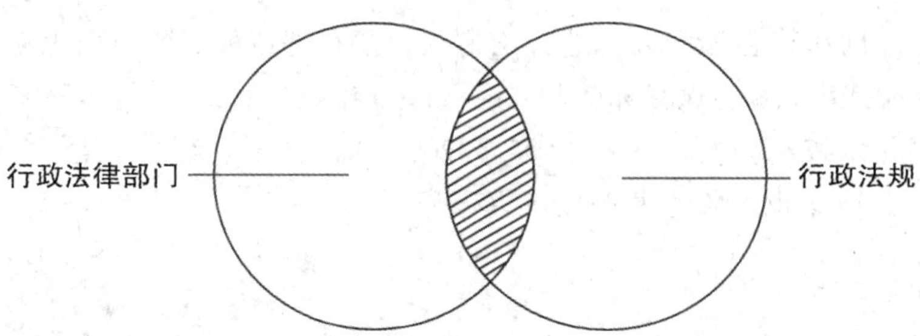

我国行政法没有作为核心文件的行政法典,它由许多单行法律组成。主要包括:(1)关于行政组织的法律,例如《地方各级人民代表大会组织法》和《地方各级人民政府组织法》中关于地方行政机关的组织、职权的部分和公务员法等。(2)关于行政行为的法律,这是行政法规范的主要部分,包括《海关法》、《档案法》、《药品管理法》、《出入境管理法》、《计量法》、《身份证条例实施细则》、《银行管理暂行条例》、《治安管理处罚条例》、《行政处罚法》、《监狱法》等等。(3)对行政行为监督和给相对人予以救济的法律,主要是《行政复议法》、《行政监察法》、《国家赔偿法》等。

(四)资源环保法

资源环保法律部门是保护自然资源和生态环境的法律部门,简称资源环保法。资源环保法主要包括自然资源保护法和生态环境保护法两大规范群。从全球范围来看,资源环保法的发达是二战以后的事。在我国,资源环保法则是20世纪80年代以后逐步发展并形成一个法律部门的。资源环保法之所以成为独立的法律部门的理由是:第一,它具有专门的调整对象,即合理利用自然资源方面的人际关系以及保护生态环境方面形成的人际关系。第二,自然资源的合理开发以及生态环境保护对于现代社会的极端重要性,如果前工业社会的主要问题是人控制自然能力的不足的话,那么,现代社会主要问题就是失控的人类能力本身对自然资源和人类生存的外部环境的威胁,法律对资源和环境的保护应当远胜于对财产的保护。第三,近年来我国的资源环保法律原则和规则大量增长,已足以成为一个独立的法律部门。

我国的自然资源保护法主要有:《森林法》、《草原法》、《渔业法》、《矿产资源法》、《水土保持法》、《土地管理法》、《农业法》、《煤炭法》、《节约能源法》及相关的实施条例、细则、有关的地方性法规。我国的生态环境保护法主要有:作为环境保护一般性规定的《环境保护法》以及防治各种环境污染的专门法,如《海洋环境保护法》、《水污染防治法》、《大气污染防治法》、《固体废物污染环境防治法》、《环境噪声污染防治法》等,以及与这些法律相配套的实施条例与办法。近年来,各地方为了保护地方自然资源与环境,还制定了大量的资源环境保护的地方性法规、规章。例如《上海市城镇环境卫生设施规定》、《上海市黄浦江上游水源保护条例》、《江苏省环境保护条例》、《江苏省基本农田保护条例》、《苏州市阳澄湖水源水质保护条例》等等。

资源环保法还应当包括我国参加和签署的国际条约的有关内容。例如1983年参加的《南极条约》、1985年参加的《保护世界文化和自然遗产公约》、1992年加入的《联合国气候变化框架公约》、1992年批准的《生物多样性公约》、1996年加入的《联合国海洋法公约》、1996年加入的《联合国关于在发生严重干旱和/或荒漠化的国家特别是在非洲防治荒漠化的公约》等等。

（五）社会法

社会法是调整社会保障、社会福利及劳动关系的法律部门，它是为社会中的弱者、竞争中的失利者及不测事件的受难者提供法律保障的法律。社会法主要包括保护劳动者的法律，例如《劳动法》、《劳动合同法》、《矿山安全法》、《安全生产法》、《工会法》等。保护弱者的法律，例如《残疾人保障法》、《未成年人保护法》、《妇女权益保障法》、《红十字会法》、《公益事业捐赠法》、《义务教育法》等。

（六）刑法

刑法法律部门是规范犯罪和刑罚的法律部门，简称刑法。刑法调整的范围非常广，可以看成是处罚一切严重违反法律的行为的“处罚法”，使刑法成为独立法律部门的是它特殊的手段——刑罚。刑法是最古老的法律，在我国古代，它一度是“法律”的代称。我国于1979年制定了第一部刑法典，1997年3月通过修订的《中华人民共和国刑法》（1997年10月1日生效），目前已经有九个修正案。刑法部门由四大块组成：（1）刑法典；（2）最高立法机关的单行刑事法规，例如1998年全国人大常委会通过的《全国人民代表大会常务委员会关于惩治骗购外汇、逃汇和非法买卖外汇犯罪的决定》；（3）非刑事法律中的有关条款，例如1997年《行政监察法》第45、46条，1998年《收养法》第31条之规定；（4）有关司法解释。

我国刑法还应当包括我国参加的有关国际条约中的有关条款，例如1979年对我国生效的《关于在航空器内的犯罪和犯有某些其他行为公约》、1980年对我国生效的《关于制止非法劫持航空器的公约》、1992年加入的《反对劫持人质国际公约》等等。

（七）诉讼法

诉讼法律部门是规定诉讼程序及参加诉讼的各方权利义务关系的法律部门，简称诉讼法或诉讼程序法。诉讼法在整个法律部门中占有极其重要的地位。前述六个法律部门侧重从实体上规定权利义务关系。[10] 诉讼法的功能在于确认实体权利义务在具体当事人中是否存在、排除实体权利义务关系实现的障碍。

我国的诉讼程序长期基本上处于无法状态。我国古代的律典中包含很少量的诉讼程序的规定，诉讼程序基本上处于习惯状态甚至是任意状态。清末变法时开始制定单独的、统一的诉讼法典，那时实行刑事诉讼与民事诉讼合一的立法体例。民国时期我国有了统一的刑事诉讼、民事诉讼、行政诉讼单列的三大诉讼法典。1949年以后，这些法典全部被废止。刑事诉讼和民事诉讼又回到习惯状态和内部规定状态甚至是任意状态，至于行政诉讼则长期欠缺。一直到1979年才制定了一部诉讼法典——《刑事诉讼法》（1996年、2012年两次修订），1982年制定了《民事诉讼法（试行）》，1991年通过正式的《民事诉讼法》（2007年、2012年两次修订），1989年通过了《行政诉讼法》（2014年修订），至此，在建国40年以后我国有了现代国家必备的三种诉讼法。

---

〔10〕 程序法有广义和狭义两种，广义的程序法包括立法程序和行政程序在内，这里的程序是狭义的，仅指诉讼程序。

从内容上分,诉讼法律部门有三大块:民事诉讼法、行政诉讼法、刑事诉讼法。行政诉讼法相对简约,按国际惯例,行政诉讼法的未尽事宜准用民事诉讼法的规定,但不得与行政诉讼法相抵触。从法律渊源上看,诉讼法有四种形式:(1)诉讼法典;(2)最高立法机关关于诉讼程序的决定,例如全国人大常委会《关于军队保卫部门对军内刑事案件行使公安机关侦查拘留预审和执行逮捕职权的决定》;(3)相关的司法解释;(4)我国参加和缔结的国际条约,例如,1991年加入的《关于向国外送达民事和商事司法文书和司法外文书公约》、1987 年加入的《承认及执行外国仲裁裁决的公约》、1997 年加入的《关于从国外调取民事或商事证据的公约》以及大量的刑事、民事司法协助双边条约、引渡条约等。

讨论题

1. 法律体系的含义是什么？它与法学体系、法系有何不同？
2. 什么是法律部门？划分法律部门的标准是什么？
3. 我国现行主要法律部门有哪些？
4. 如何理解我国特别行政区法律与全国法律体系的关系？

延伸阅读

1. [英]约瑟夫·拉兹:《法律体系的概念》,吴玉章译,中国法制出版社 2003 年版。
2. [德]罗伯特·阿列克西:《法·理性·商谈:法哲学研究》,朱光、雷磊译,中国法制出版社 2011 年版。
3. [奥]欧根·埃利希:《法社会学原理》,舒国滢译,中国大百科全书出版社 2009 年版。

延伸思考

1. 分析 1982 年《宪法》在香港的效力。
2. 在法律体系视野下如何看待国际法与国内法的关系？
3. 您认为“社会主义法律体系”这样的概念有没有意义？

第五章　法 律 效 力

只要法律不再有力量，一切合法的东西也都不会再有力量。

——[法]卢梭《社会契约论》

奉法者强则国强，奉法者弱则国弱。

——《韩非子·有度》

第一节　法律效力及其效力范围

一、法律效力释义

法效力论是法理学的基本理论板块之一。如果说法概念论是法理学理论的基本立足点的话，那么，法渊源论、法效力论就是法概念论的两个支点。因为法概念论对法律属性的研究是以将何种对象纳入法概念为前提的。法效力正是从有效性这个角度来看"什么是法律"这一问题的。同时，法律效力是法律生命存在的表现，无效力即无所谓法。

中文的效力一词意为"效劳、卖力"，"法律效力"一词中的"效力"已失去中文的原意，转意为"生效"、"有效"。法律效力这一概念来自西方，英文中的对应词为 validity of law，意为"法律的有效、合法、正当"。《布莱克法律词典》的解释是："法律的充分有效（efficiency），以区别于法律的规则性。"[1] 我国的权威著作长期将法律效力混同于法律的适用范围，称"法律规范的效力是指法律规范的适用范围"，[2] 或"法律效力指法律的生效范围"。[3] 苏联学者认为法律效力是法律现实地发挥作用，是法律能量的实际表现，法律效力即法律的拘束力。[4] 规范法学派代表人物凯尔森认为效力指规范（norm）的特殊存在，说一个规范有效力就是说我们假

---

〔1〕 Black's Law Dictionary, p. 1390.

〔2〕 孙国华：《法学基础理论》，法律出版社 1982 年版，第 284 页；孙国华：《法理学教程》，中国人民大学出版社 1994 年版，第 441 页。

〔3〕《法学词典》，上海辞书出版社 1980 年版，第 471 页。

〔4〕 [苏]C. C. 阿列克谢耶夫：《法的一般理论》（下册），黄良平、丁文琪译，法律出版社 1988 年版，第 616 页。这一理论明显地将"实效"等同于"效力"。

定它的存在,或者就是说,我们假定它对那些其行为由它所调整的人具有“约束力”。我们认为,按约定俗成的定义,法律效力即法律的约束力,是法律存在的方式,没有效力的法律只是过去的、死亡的法律或想象的法律。效力是法律的生命。

法律效力是指法律规则、法律原则的效力还是包括非规范性文件的效力,例如判决书、罚款单、合同等,是个可以讨论的问题。我国有学者认为狭义的法律效力仅指规范性文件的效力,广义的法律效力包括非规范性文件的效力。[5] 这可以商榷。法律效力是指法律的规范效力,是为不特定的人预设的,具体法律文书作为适用法律的结果当然对当事人有效力,但此种效力并非预设的规范,而是具体的后果。如果“法律效力”包括非规范性文件效力,那么这里的“法律”就与其他地方的“法律”难以保持同一了。因为我们的法概念的外延是不包括司法、行政行为在内的。不过在判例法传统里有一个问题需要澄清。在判例法传统下,一个判决的效力包括两个方面:其一是判决文书本身对判决对象的有效性,这不属于法律效力的问题;其二是它的“先例”效力,一个具有拘束力的作为先例存在的判决中包含的法律规则与原则具有“先例”的效力,这是法律效力意义上的效力。因此,可以认为,在判例法中,一个具有先例地位的判决中包含的法律规则与原则的效力包含在法律效力讨论的对象之内,不过,应当注意它与这一文件本身的效力相区别。法律效力与法律适用范围是两个不同的概念,法律效力是法律所具有的能量或作用力,而适用范围则是这种能量、作用力存在的领域。法律效力问题主要讨论三个问题:一是法律的效力来源问题;二是法律效力的适用范围问题;三是不同法律相互间的效力关系问题,即法律的效力等级或法律位阶问题。第三个问题将在下节讨论。

对于法律的效力来源问题不同的学派有不同的看法。在自然法学派来看,法律效力来自正义,来自民众的认可;社会法学派则认为法律效力来自社会事实,事实上人们照此办理,则法律有效,否则法律无效;早期规范法学派则认为法律的效力来自主权者的命令;现代规范法学派的凯尔森则认为法律效力来自更高的法律,而最高的法律是一个“基本规范”,它是法律效力的原始力量所在。但是,同时作为法律的“基本规范”还是有一个效力来源问题,它的效力来自何方?凯尔森的回答回到了社会事实。我们认为应当分清两个问题:某一法律规范的效力与法律制度作为整体的效力。凯尔森的理论可以说明某一法律规范的效力来源,但是对某一时空中(例如中国唐代法律或当代欧盟的法律)法律整体的效力来源就显得说服力不够。哈特认为规范的效力来源于特殊的规则:承认规则。制度法学认为法律来源于制度性共识。某一时空中总体法律效力的来源应当到法律外部去寻找,事实上它的来源是多元的,而且在不同的政治制度下,效力来源的侧重点有所不同。压制型法的效力主要来自主权者实际上的强制地位,辅之以民众的习惯的服从;民主的、自治的法律效力实质上来自民众的认可(通过选举以及人民的制度性安排、民众直接参与立法等形式),来自普适的价值权威,形式上则来自权力和社会的运行本身。

要把握法律效力这一概念还需要弄清它与几个相近概念的关系。

第一,法律效力与法律实效。法律实效是法律实际上成为行为规则,即被人们遵守或被有权机关加以适用和执行,这是一个事实问题;法律效力是法是不是真的存在,即某“规范”应当

---

〔5〕 张文显主编:《法理学》,法律出版社1997年版,第90页。

不应当得到遵守,这是一个规范性问题。凯尔森最注重这两个概念的划分。他认为法律的效力只有在一个有实效的法律秩序中才是可能的,因此法律实效是法律效力的一个条件,而不是理由(他认为法律效力来自更高的法律),这是针对社会法学派讲的。在社会法学派看来,法律的效力来自社会生活,即法律实际上被服从或实施。我们认为法律的效力与实效是两个不同的概念,这两个概念有不同的理论价值。法律效力用来分析法律的生存领域、法律的结构,而法律实效则用来分析法律的实施状况。也就是说,法律的效力是一个规范法学视野下的概念,而法律实效则是一个社会法学视野下的概念。例如,我国现行宪法规范都是有"效力的",包括《宪法》第5条规定的法治原则,但是实际上存在许多人治现象,这告诉我们《宪法》第5条的实效较低,但不能说它没有效力。当然,法律的效力并不是与实效毫无关系。一个有效力的法律通过一定的实效表现出来。极而言之,如果一个法律是有效力的但是却毫无实效,即法律规定与人们的行为毫无联系,那么,这个法律的效力本身就成问题了。例如,我国1954年《宪法》在"文革"中被1975年《宪法》取代之前并没有宣布被废除,是有效力的。但是人民代表大会十年不开,宪法规定的公民权利被随意侵犯,合宪的国家主席被随意迫害,这个宪法是否真正的有效力就得打个问号了。

第二,法律效力和法律效益。效益是一个表明投入产与出间关系的词,如果代价小收效大则为效益高或效益好,反之则效益低或效益差。法律作为人对社会进行调整的工具也是有代价的,所以法律也有个效益问题,这是经济分析法学十分关注的问题。法律效益是法律规范人们行为所付出的代价与法律预设的目标本身及目标在多大程度上达到这两者之间的比例关系,如果法律规范的代价小、法律预设的目标本身含有很高的价值同时实现的程度又高,那么法律的效益就高;反之,法律的效益就低。决定法律效益的主要因素是法律本身的经济合理性,与法律效力的关系不大。

二、法律效力范围

法律效力范围是法律效力所及的时限、界限或领域、对象。法律是用来调整人们行为的,而法律又不都是对所有的人有效,所以确定法律效力的范围就十分重要,否则就难以确定某法是否可适用于某人某事。重要的法典都在总则部分确定该法律的效力范围。法律是调整人的行为的行为规则、原则,而人的行为都发生在一定的时空中,所以法律的效力范围就包括时间范围和空间范围。行为是由一定的主体作出的,所以有法律对人的效力范围,而人的行为又是以一定的事实表现出来的,与一定的事项相联系,所以就有属事的范围。纯粹法学的代表凯尔森将法律效力范围区分为属时的(temporal)效力范围、属地的(territorial)效力范围、属人的(personal)效力范围和属事的(material)效力范围。[6] 这是有道理的,我国法学界通常只讲前三种而忽略第四种,不能不说是一个缺陷。这里一并予以介绍。

(一)法律的属时效力

法律的属时效力即通常讲的法律在什么时间内生效、有效。这是确定法律效力界限首先

---

〔6〕［奥］凯尔森:《法与国家的一般理论》,沈宗灵译,中国大百科全书出版社1996年版,第45页以下。

要考虑的。法律的属时效力通常要确定法律是否已生效、是否失效、是否有追溯力三个问题。

1. 法律的生效

适用法律首先要考虑该法律是否已生效,未生效的法律不得适用。确定法律生效日期多采用以下方法:

(1)法律自身规定自公布之日起生效。例如1997年3月14日通过、公布的《国防法》第70条规定"本法自公布之日起施行"就是一例。这是较常用的方法。但是具体做法上有所不同。许多国家法律规定一定的"预知期"。其理论依据是:"知法"是法律有效的前提。对一个理性的人不能对他适用他不知道的法律,因为不知道法就不知有所遵循和规避,无法选择自己的行为。因此适用不知晓的法是不公正的、非理性的,也是对适用对象的人格的不尊重,犹如我国古代所言"不教而诛谓之虐"。所谓预知期指从法律公布之日到法律信息传到某地公民头脑中所需要的时间,在确定某地法律的实际生效日期时,必须按这一时间将法律的生效日期后推。一些国家通常规定3天、5天、一星期或更长的预知期。这样,法律所言"本法自公布之日起生效"实际上是指在公布以后的第3天后、第5天后、一周后或更长时期后的某一天生效。〔7〕

(2)法律规定具体生效时间。例如,现行《刑法》于1997年3月14日公布,该法第452条规定"本法自1997年10月1日起施行"。

(3)以特定事件的发生为标准确定生效时期。例如,我国《企业破产法(试行)》规定"自全民所有制工业企业法实施满三个月之日起试行";1951年的《关于难民地位的公约》第43条规定"本公约于第六件批准书或加入书交存之日后第90天生效"。〔8〕

2. 法律的失效

法律的失效指法律失去效力。这里包括两个层面:一是作为法律制度整体失去效力;二是某一法律失去效力。前者通常发生在政权更迭时。例如,1949年以后,民国法律制度整体失效,这在外国历史上并不多见。在一国法律体系内、法律依一定程序合法失效的情况通常有:

(1)新法生效,旧法失效。例如,现行《刑法》于1997年10月1日生效后1979年《刑法》及其相关的许多刑事特别法失效。有的教材说"新法公布,旧法失效",严格说来这并不确切,因为有些法律公布而不立即生效,在新法公布而未生效时,旧法仍未失效。例如,我国1997年3月14日公布现行《刑法》,但新《刑法》到1997年10月1日才生效,在1997年3月14日—9月30日期间1979年《刑法》仍有效。

(2)新法宣布废除旧法。例如,《中华人民共和国土地管理法》第57条规定:本法自1987

---

〔7〕 例如,《法国民法典》规定"法律自知悉日生效",在首都,公布的次日为知悉日,外地则按首都与各省府间的距离每百公里增加一日(第1条)。例如,如果法国A省省府离巴黎300公里,那么,如果某法公布日是某年10月1日,且该法规定自知悉日生效,则某法在A省的实际生效期是10月5日。这种制度在当下互联网的时代似乎意义不大了。

〔8〕 有学者认为法律公布后、生效前具有"相对效力"。参见张根大:《法律效力论》,法律出版社1999年版,第148页。所谓"相对效力"似乎不是"效力",而是"影响力",因为它不具有强制性,规范性,而是裁量性的。如果接受"相对效力"就会增加法律效力的不确定性;而且,法律是一个整体,某一法律的"相对效力"会影响到其他法律的效力。例如,如果说1997年《刑法》公布但还没有生效时具有相对效力,那么,如何处理1979年《刑法》的效力?所以本书不采"相对效力"说。

年1月1日起施行,1982年2月13日国务院发布的《村镇建房用地管理条例》和1982年5月14日国务院公布的《国家建设征用土地条例》同时废止。

(3)通过专门的决定废止法律。例如,1987年全国人大常委会就作出决定,批准法制工作委员会的报告,对部分法律予以废止。

(4)法律规定的某一特定事件发生,法律失效。例如,如果某法律针对某项特定工作,该工作完成,则该法律因生效的条件丧失而失效。例如战时法律,一旦战争结束即失效;戒严时适用的法律,戒严结束即失效。

3. 法律的追溯力问题

法律的追溯力即法律溯及既往的效力,是指法律对生效日之前的事件和行为是否有效力的问题。如有效力,就是有追溯力;如无效力,就是无追溯力。早期的法律法律大多是有追溯力的,特别是刑法,但也不是没有例外。在这方面我国古代的法律规定是非常先进的。在《汉书·孔光传》中就有"令,犯法者,各以法时(师古注:始犯法之时)律令论之"。唐《狱官令》规定:"诸犯罪未发,及已发未断决,逢格改者,若格重,听依犯时格。若格轻,听从轻法。"这已有"从旧兼从轻"的含义,但是仅限于"格"。宋《庆元条法事类》则明文规定法不溯及既往。该事类刑狱门第73条规定:"诸犯罪未发及已发未论决而法改者,法(指修改后的法——引者注)重听依犯罪时法,轻从轻法。"这是笔者见到的刑法时效问题上最早的概括性的从旧兼从轻原则,比1787年美国宪法和1789年法国《人权宣言》的规定要早近600年,且比他们的规定更合理。不过,无以后倒退到"用新法"。在启蒙运动中人的主体意识觉醒以后,人权受到重视、法律的追溯力才受到普遍质疑,因为今天制定法律处罚昨天的行为是对理性的蔑视,也是对人权的侵犯。最先规定不得制定有溯及力的法律的宪法是美国1787年宪法,随后在19世纪的立宪运动中许多国家宪法都作了类似规定。1804年的《法国民法典》第2条也有规定。现在,法律不溯及既往成为公认的法治原则。但是这里的"法律"指侵害性法律,例如刑法、行政处罚法、税法等。授益性法律的追溯力不会对人权构成威胁,所以并不违反这一法治原则。例如,美国1947年《行政程序法》就追溯到1946年生效。同样,即使在刑法等处罚法中,如果新法规定的刑罚轻于旧法或新法规定为无罪而旧法为犯罪,则新法具有溯及力,这就是"从旧兼从轻"原则。我国1979年《刑法》贯彻的正是这一先进的原则,但80年代颁布的几个刑事特别决定却是溯及既往的,且我国《宪法》中至今没有这一人权条款。除了侵害性的法律通常禁止溯及既往外,授益性法律是否应当具有溯及力?对于这种情况应当慎重,因为溯及既往的法律有损法律的安定性与法律关系的稳定。对此,我国《立法法》有规定。[9]

(二)法律的空间效力

法律的空间效力或属地效力即法律效力的空间范围,或法律在多大的空间范围内有效。法律的空间效力通常有以下几种情况:

---

〔9〕《立法法》第93条规定:"法律、行政法规、地方性法规、自治条例和单行条例、规章不溯及既往,但为了更好地保护公民、法人和其他组织的权利和利益而作的特别规定除外。"

1. 域内效力

域内效力,即法律在本法域内有效力。法域是一个法律制度生效的特殊法律空间,例如在早期希腊一个城邦是一个法域,我国大陆是一个法域,香港特别行政区是一个法域(相对独立),欧盟也是一个法域(不完全)。按域内效力原则,主权国家的法律通常在主权范围内的所有领域生效,包括陆地、水域及其底土、上空以及延伸意义上的领土。刑法通常采取较严格的域内效力,发生在外国的犯罪除非针对本国或本国公民,刑法不在域外适用。但是自从纽伦堡审判以后这一规则发生了变化,对于侵略、反人类、酷刑等国际罪行各国均有司法管辖权。1998 年通过的《国际刑事法院罗马规约》将这一原则制定法化。[10]

2. 域内部分地区有效

域内部分地区有效,即法律效力并不及于整个法域,而是只在局部空间有效。例如联邦制国家的州的法律只在本州生效,我国的地方性法规、规章只在制定法规、规章的地方政府辖区内生效,自治条例和单行条例只在制定条例的自治地方政府辖区内生效,经济特区法只在本经济特区内生效等。

3. 不同法域的法律效力的相互渗透

伴随着国际交往的增多和国际联系的紧密,特别是全球化进程带来的法律全球化,法域壁垒正在弱化,不同法域间法律效力的相互渗透日益明显。对一个法域来说,就出现两种情况:一是本法域的法律产生域外效力,对主权国家来说,就表现为本国的法律在外国生效,例如我国《刑法》第 7、8、90 条就规定了刑法的域外效力。二是与此相对应,本法域也会接受某些域外法律的效力。

4. 国际法的空间效力

国际法的空间效力有两种情况,一是及于订立条约的国家间,是一种"法域间"的法律;二是在订立条约的国家内生效,例如许多条约使立法者承担立法的条约义务,这些条约就在缔约国国内生效而成为"跨法域"生效的法。

5. 超国家法的空间效力

超国家法在超国家集团所及的范围内生效。超国家法生效的范围本身是一个不完全的法域。1993 年《马斯特里赫特条约》生效后,欧盟法的效力及于整个欧盟。从发展的眼光来看,法域在不断扩大,法律的效力空间不断扩大。这从一个侧面告诉我们,在法律全球化的时代,法律的空间效力具有渗透性,法域是相互重叠的,绝对的以国家区分法域的时代正在成为过去。例如,欧盟这个法域与欧盟成员国的国家法域是重叠的,也就是说,欧盟成员国的法域只是欧盟法域的一个二级法域。与市场范围的扩大一样,法律空间范围的扩大以及法律在不同法域间的"超法域"的适用,会给人际交往带来便利,降低交往的成本。

(三)法律的对人效力范围

法律的对人效力范围指法律对什么样的人生效。这里的"人"指法律关系主体,包括自然

---

〔10〕《国际刑事法院罗马规约》是由罗马联合国粮食及农业组织(FAO)发起,于 1998 年 7 月 17 日由联合国设立国际刑事法院全权代表外交会议以 120 票对 7 票通过(21 票弃权),中国投了反对票。2002 年 7 月 1 日,国际刑事法院在荷兰海牙正式成立。

人和法人，也包括国际组织和国家。确定法的对人效力的原则通常有：

1. 属人主义原则

凡是本法指向的人，不论他所处的空间位置，一律适用该法，如不是，则不论他所处何地均不适用该法。对一个国家的法律来讲，就意味着本国国民不论其所在的空间处所，都适用本国法；本国领域内的外国人不适用所在国的法。这源于中世纪日耳曼习惯法中日耳曼法只适用于日耳曼人这一属人法传统。

2. 属地主义

即法律只对主权管辖范围内的人生效，而不问他的国籍；在外国时本国法律对他不生效，入乡随俗。

3. 保护主义原则

即只要损害了本国利益，不论行为人的国籍与处所，都适用该国法。采属人主义原则的法律今已不多见，属地主义原则有好处，但也有弱点，极端保护主义已不合当今潮流，因而出现了第四种原则。

4. 以属地主义为主、以属人主义和保护主义为辅的原则

这一原则是当今世界上通常采取的原则。在当今世界上，普适性的法律日益增多，通过扩大自身法律的空间范围所能带给本国的利益已大不如前，且许多法律特别是追求民族利益的法律会受到国际社会的质疑，所以，法律空间效力之争在当代的意义正在消减。

我国法律对人的效力分为两种情况：

(1)对我国公民的法律效力。这又可分为两种情况：对中国境内的中国公民的法律效力和对境外的中国公民的法律效力。前者很简单，中国境内的中国公民一律适用中国法，不允许有任何特权。不过，在民商事法律方面，在涉及中国公民与外国公民的法律关系时，虽然中国人在国内，也允许法律关系的双方选择适用的法律。对境外的中国公民的法律适用问题较复杂。按属地主义原则，境外的中国公民有遵守所在国法律的义务，这是尊重所在国主权的需要，但是仍受中国法律保护。究竟何种法律对境外的中国公民有效，由具体法律规定。

(2)中国法律对外国公民的法律效力。这也可分为两种情况：对中国境内的外国公民的效力和对中国境外的外国公民的效力。对于中国领域内的外国公民，原则上适用中国法律，即中国法律原则上对位于中国境内的外国公民有效力(《宪法》第32条)。当然，法律规定适用外国法的则适用外国法。例如按国际私法冲突规则推理的结果可能适用外国法。对中国境外的外国公民中国法一般不适用，只有特别规定的才适用，例如，我国现行《刑法》第8条规定：外国公民在中华人民共和国领域外对中华人民共和国国家或者公民犯罪，而按本法规定的最低刑为三年以上有期徒刑的，可以适用本法。但是按犯罪地的法律不受处罚的除外。当然，在理论上也不排斥法律关系的双方一方为在国外的外国公民甚至双方都是外国公民而选择中国的法律。这表明法律的强制适用不是法律适用的唯一方法。在现代社会，公民具有有限的选择适用法律的权利，这是自然人由国家公民走向“世界公民”的一个征兆。

(四)法律的属事效力

法律的属事效力指法律对何种事项具有效力，这是法律效力的重要界限。法律调整的是

人的行为,人的行为都与一定的事项有关,所以法律的效力就有一个事项维度,法律对于其规范的事项以外的事项不发生效力。这在法律中是普遍存在的。例如合同法只适用于合同事项,侵权责任法只适用于侵权事项,宗教法只适用于宗教事项。法律的属事效力取决于这样的法律理念:事物的性质决定法律,不同的事物有不同的法律,因此,任何法律都有一个事项维度。对于法律规范的事项以外的事项,该法律就没有效力。

另外,一项法律可能对另一项法律的效力及相关事项作出规定。例如,《行政处罚法》第64条规定:“本法公布前制定的法规和规章关于行政处罚的规定与本法不符合的,应当自本法公布之日起,依照本法规定予以修订,在1997年12月31日前修订完毕。”1997年《刑法》第452条规定了“全国人民代表大会常务委员会制定的条例、补充规定和决定”的效力问题,将列入附件一的相关法规废止,保留附件二所列相关法规的效力。也有的法律在附则部分有“法律规定与本法规定不一致的,依本法”的字样。这是不是在上述法律效力范围以外的另一个“法律效力范围”——对其他法律的效力——问题?这是可以讨论的。这一问题与上述讨论的法律效力范围问题似乎有别,上面讨论的是法律效力的不同向度,这一类问题规定的实质是本法生效以后“其他法律的效力”问题,这一效力问题涉及上述效力范围问题的四个维度,没有新的含义。所以我们将它视为特殊的“属事效力”。

三、法律效力的竞争与冲突

法律效力的竞争与冲突指不同的法律均对同一时空或人、事有效,从而发生不协调的情况。法律效力的竞争与冲突可能发生在法律效力范围的各个维度。例如在时间范围上,新旧法律的竞争;在空间范围上,不同法域法律、同一法域中不同地区法律的竞争与冲突;在对人和对事的范围上,特别法和一般法的竞争与冲突等等。法律效力的竞争与冲突可以归纳为三大类:国际法与国内法的竞争与冲突,不同法域间的竞争与冲突,同一法域内不同区域法律间的竞争与冲突,同一法律制度内不同法源间的冲突。在适用法律过程中,必须在效力竞争与冲突的法律中作出选择,以确定最终适用的法律。在作出选择时必须遵循一定的原则,下面分述之。

(一)国际法与国内法的竞争与冲突

这里有一个前提性问题:国家按国际法要求,承认国际法在国内具有效力,这一问题如不解决就不存在国际法与国内法的效力冲突问题。在这一问题上,下面两种极端的做法都不符合现代国家实践和国际法的规范与理论:国际法规则非经国内法明示采用就不能作为国内法的一部分运用,或者认为凡是国际法规则都可以在国内运用。[11] 通常的做法是折中的,某些国际法无须国内法明示采用就在国内运用,另一些则必经国内法明示采用才可以在国内运用。第二次世界大战以后,特别是冷战结束以来,国际法的地位及其重要性越来越突出,国家将日益增多的国际法吸纳到国内法中来,凯尔森在半个多世纪前提出的“国际法国内法一元论”理

---

〔11〕 [英]R.詹宁斯、A.瓦茨修订:《奥本海国际法》(第一卷第一分册),王铁崖等译,中国大百科全书出版社1995年版,第32页以下。

论正在成为现实。我们这里讨论的可能与国内法发生效力冲突的国际法是指国家签订的国际条约和认可的国际惯例。当一个国家签订了国际条约，如果这个条约有规范国内事项的内容，那么它就承担了一项条约义务：在国内适用国际法。为保证国内法的适用，必须确立国际法优先原则，这正是现代各国解决国际法与国内法效力竞争与冲突所采取的一般原则。我国《民法通则》等许多法律即在"涉外法律适用"部分作出了规定。这是一个很大的进步。但是国际法在非涉外关系中的适用仍不明朗。

（二）不同法域或不同区际的法律效力的竞争与冲突

通常一个法域即一个国家，但是也有超国家的法域（欧盟），也有一国内有多法域者（例如邦联国家），我国大陆与特别行政区之香港和澳门也各为一法域。[12] 不承认台湾地区的法律是一个独立的中央政府的法域是对的，但是不承认台湾地区存在法律则是不对的，不承认台湾是一个法域也是不对的。在同一法域内有时也有不同的区域（例如联邦制国家之州）。不同法域和同一法域内不同区域的法律常会产生效力竞争与冲突。在同一主权国家的不同法域和地域内的法律竞争和冲突可通过主权者作出制度安排予以解决。不同主权者控制的不同法域间的冲突通常经过协定冲突规范予以解决。通常采用的原则有：属人法、物之所在地法、行为地法、法院地法、国旗国法等等。

（三）同一法域内存在不同法源的冲突

为解决这一问题，首先必须建立法律位阶制度。当低位阶法与高位阶法抵触时，低位阶法无效。为确定低位阶法是否违反高位阶法，世界上绝大多数国家创立了司法审查制度。在确定位阶制度的同时，在选择法律时还应遵守三项原则：高位阶法优于低位阶法、特别法优于普通法、新法优于旧法。

1. 高位阶法优于低位阶法原则

高位阶法优于低位阶法原则，即当高位阶法与低位阶法发生冲突时，优先适用高位阶法，这是设立法律位阶制度的初衷，是保证法律内部和谐的主要原则。例如，在我国古代，律高于令，律高于例。当清代后期产生以例破律现象时，法律的稳定性与内部和谐就受到了损害，民众的权利就更没有保障了。但是这里有一个例外，即当高位阶的法律作出特别规定，允许低位阶的法律作出灵活的或自治性的规定时，优先适用低位阶法中的灵活的或自治性的规定。例如，联邦制国家是联邦法优于州法，但是在宪法划定的州立法权范围内，州法优先适用。在我国实行民族区域自治的地方和在经济特区内，在国家法律允许的范围内，可以优先适用民族自治地方或经济特区的法律。因为我国此类立法与中央的立法在事项上是同一的，所以不一致的现象经常发生，主要有两种情况：

（1）民族自治地方的自治条例、单行条例、民族自治地方经法律授权为母法制定的实施细则、实施办法等。我国《宪法》第4条和第三章第六节规定实行民族区域自治制度，《民族区域

---

[12] 我国台湾地区的法律是个特殊问题。事实上，在一个中国的原则下，台湾地区也是中国的一个法域。中国应该是一国四法域。但是，台湾地区的法律与香港和澳门的法律情况不同，台湾地区法律的合法性不是源于大陆的宪法。

自治法》规定了具体的自治权。制定自治条例和单行条例是自治权之一种,且自治条例和单行条例经全国人大常委会或省、自治区人大常委会批准后生效,所以,当自治条例和单行条例与上位阶的法发生冲突时,可优先适用自治条例和单行条例的规定。另外,我国许多法律都授权民族自治地方根据该法的原则和精神,根据本地区实际情况制定变通性规定或实施办法、细则。当此类实施办法或细则与该法冲突时,在法律允许的范围内,可适用该办法、细则,但如果与母法的精神和原则不符,则优先适用母法。

(2)经济特区的法规、规章。我国先后设立了五个经济特区,全国人大和全国人大常委会先后授权经济特区人大及其常委会制定法规,政府制定规章,在本经济特区内适用。在特区范围内,如果上位阶的法律与经济特区的法规、规章相冲突,优先适用经济特区法规、规章。当然,也不得与全国性法律的基本精神和原则相抵触。就经济特区立法的授权法规定本身来说,经济特区方面的法律的"特别法优先"仅限于经济方面的法律,但是实际上一些政治上的立法有时也在这样办,例如,有些经济特区长期没有人民代表大会制度。这是有违法治原则的。

2. 特别法优于普通法原则

特别法优于普通法原则,指当同一位阶的特别法和普通法产生冲突时,优先适用特别法。适用此原则的前提是竞争的法律处于同一位阶,否则不能适用此原则。特别法与普通法是相对而言的,竞争的法律何者为"特别",何者为"一般",需要司法者作出判断。区分特别和一般的标准有四个:时间、空间、人、事。时间上,特定时期生效的法优于平时生效的法。例如在战时,战时法优于平时法。空间上,在特定区域生效的法优于普通区域生效的法,例如在民族区域范围内,民族区域内生效的法律优于全国生效的法律(当然是在中央法律允许的范围内)。对人上,对特定人生效的法优于对一般人生效的法,例如对军人,规范军人的法优于规范一般民众的法,中世纪商人法优于一般民法。对事项方面,规范特定事项的法优于规范一般事项的法,例如在劳动关系方面,劳动法优于普通民法。在冲突的法律中确定何者为特别法影响到公民的权利,因此,确定特别法的标准就很重要,需要认真研究。〔13〕

3. 新法优于旧法原则

新法优于旧法原则,指同一位阶的新旧法律效力发生冲突时,优先适用新法。适用这一原则的前提是冲突的法律处于同一位阶,即法律位阶原则高于新法优于旧法原则。例如,我国《民法通则》于1986年生效,假定某行政法规或地方性法规1990年生效,却违反《民法通则》,我们不能以新法优于旧法为理由而适用该行政法规或地方性法规,因为《民法通则》为"法律",位阶优于行政法规和地方性法规。

上述选择效力冲突或竞争的法律的三项原则并不是处在同一平面上,它们相互之间也要

---

〔13〕 例如,关于丈夫生育权法律依据的选择就与此有关。21世纪初有几件关于丈夫生育权的诉讼,由于选择了不同的法律导致同案不同判。我国有两部法律提及生育权,一是《人口与计划生育法》(2001)第17条:"公民有生育的权利";二是《妇女权益保障法》(2005)第51条:"妇女有按照国家有关规定生育子女的权利,也有不生育的自由。"支持丈夫生育权的引用《人口与计划生育法》,不支持丈夫生育权的则引用《妇女权益保障法》。事实上,生育问题是妇女的权利,当适用《妇女权益保障法》这一保障妇女权利的特别法。又如,新修订的《律师法》于2008年6月1日起施行,其中关于律师阅卷权、会见权、调查取证权等问题的规定与《刑事诉讼法》的规定不一致。产生了三种主张:刑事诉讼法优先适用说、新律师法优先适用说、全国人大常委会裁决说。其实,应当适用特别法优先原则。

发生竞争。例如，一项高位阶的旧的普通法与一个低位阶的、新的特别法发生冲突时，上述三项原则的排序不同，就会产生不同的选择结果。我国《立法法》(2000)将上述三条选择法律的一般原则上升成为法律，将位阶原则放在第一位，但对于谁处于第二位未予明确。现行《立法法》(2015)第94条的规定同样未予明确，而是交由制定者裁量。[14] 这一规定的妥当性是不无问题的。因为法律选择权属于司法权，这一规定的实质是立法者与行政者行使了司法权，同时，它也增加了法律的不确定性。笔者认为这一问题的处理方法应当是位阶优先原则处于第一位，特别法优先原则处于第二位，新法优先原则处于第三位。道理很简单，特别法与普通法是两类不同属性的法律，之所以规定特别法优先，就是为了保持立法与事物的性质相吻合，排除与事物发生不相吻合的普通法的适用。而如果将新法优先原则排在第二位，特别法优先将不复存在。那就是说，如果选择适用一项新的普通法以排除旧的特别法的适用，就违背了特别法优先原则，法的制定者没有违反这一法律原则的权力。

应当指出，"法律效力相互冲突与竞争"这一短语中的法律，不仅指法律文件，例如《民法通则》、《劳动法》、《刑法》等，也指同一法律文件中的不同规则或原则。例如我国1979年《刑法》中关于普通犯罪和反革命犯罪的规定也有效力竞争与冲突问题。

四、公民不服从

一般来说，法律效力要么有，要么无。但是有一种特殊情况，即当公民的判断与法律不一致且法律确实有问题时，就产生了非暴力反抗问题。非暴力反抗(civil disobedience)是"一种公开的、非暴力的、既是按照良心的又是政治性的对抗法律的权利"，是在忠诚于法律的边缘范围内"表达对法律的不服从"。[15] 考夫曼称此种行为是法治国家里"反抗不法的合法行动"，他称之为"小额反抗权"。[16] 从效力的角度来看，是法律的"小额合法失效"。

西方公民不服从的思想根源于《圣经》。中世纪的教会倡导良心自由，主张"同基督教信仰相冲突的法律"在良心上没有拘束力，这当是最早的公民不服从思想。中国孟子的"暴君放伐论"与此类似。现代公民不服从思想则源自甘地主义。在立法上，我国明《大诰》上即有类似规定，[17] 作为一项宪法性权利来规定的则首推《联邦德国宪法》(1947，第4条第3款)。公民不服从现在已经为文明国家普遍接受。当年美国种族隔离的取消就当归功于公民不服从运动，[18] 还有20世纪60年代美国公民拒服兵役以反对越南战争，尤其是在印度。[19] 近年来我

---

[14] 《立法法》第94条规定："法律之间对同一事项的新的一般规定与旧的特别规定不一致，不能确定如何适用时，由全国人民代表大会常务委员会裁决。行政法规之间对同一事项的新的一般规定与旧的特别规定不一致，不能确定如何适用时，由国务院裁决。"

[15] [美]约翰·罗尔斯：《正义论》，何怀宏等译，中国社会科学出版社1988年版，第340页以下。

[16] [德]考夫曼：《法律哲学》，刘幸义等译，五南图书出版公司2000年版，第210页。

[17] 《大诰》规定对"违旨下乡，动扰于民"的不法之徒和舞文弄法、欺压良善的贪墨之吏，允许民间年高德劭者率领青壮年将其绑缚，押到京城，"敢有阻挡者，其家族诛"，那时截访可是死罪。

[18] 当时美国实行黑白隔离，火车有黑人车厢和白人车厢，违者为犯罪，最高刑期可为10年。为表示抗议，黑人公民专门买白人车厢的票，进入白人车厢后等警察来抓。

[19] 在现代化运动中，针对政府和开发商破坏环境的行为，印度有一个"抱树运动"，成员大多是妇女，开发商要砍树，她们就抱住树不让砍，开发商只得让步。吴蓓："印度妇女与抱树运动"，载人民网 http://www.people.com.cn/GB/paper2742/10827/983623.html，2010年7月2日访问。

国也发生过一些类似的事件。[20]

公民不服从必须符合一定的条件,通常认为它包括:(1)必须是出于良心,不完全是功利的目的;(2)非暴力;(3)公开性;(4)自愿接受法律的惩罚。

公民不服从无疑会对法律秩序构成一定的冲击,但是权衡利弊,这是一项必要的维护法治的制度。主要理由是:(1)从功利的角度来看,公民不服从有利于减缓社会张力,促进制度进化;(2)从权力与权利关系的维度来看,一个不合法的权力侵犯了人的权利,人没有服从的义务;(3)从宪政的角度来看,恶法违反了宪法,或违反了上位阶的法律,公民不服从正是为了维护宪法;(4)从人的尊严的角度来看,公民在尊重法律的范围内对违法权力行为的和平抵制有利于防止暴政,也是人的尊严的直接体现。当然,公民不服从对现存体制的冲击是客观存在的,如果公民不服从现象大量产生,则会降低法律的权威,也会影响正常社会秩序。因此,公民不服从必须有严格的限制,以保障形式法治得到尊重,特别要注意将暴力的打砸抢行为同公民不服从区别开来。

对于公民不服从是否具有"阻却不法"的效力,在德国,大多数的刑法文献认为,公民不服从挑战民主国家之多数决原则,没有阻却不法的效力,其中的少数见解基于欠缺动用刑罚预防的必要性,承认其为超法规之阻却负责性事由(übergesetzlicher Verantwortungsausschluss),但是多数见解认为只构成量刑减轻或不起诉的理由。[21] 笔者认为,因为公民不服从具有非暴力性,且以促进法治为目的,对它的惩罚当非常慎重,特别是用刑。

第二节　法律位阶

一、法律位阶释义

理性的人所创制和遵循的法律必须是按严密的逻辑组成的体系。这些法律不仅在同一平面上排列有序,而且形成不同的层级。即使是习惯法,也有一个上位法与下位法的问题,一个法律只有与上位阶法协调一致的时候才是有效的,换句话说,一个法律只有找到上位阶法律来源时,它才是合法的。否则,法律内部将产生紊乱,导致法律确定性的下降,进而影响法律的权威。为安排不同层级的法律间的效力关系,人们必须建立法律位阶制度。法律位阶是确立法律效力等级的制度。在一个统一的法律秩序内,高位阶法律的效力高于低位阶法律的效力。不管人们是否在理论上确立法律位阶这一概念,一个成熟的法律秩序必然事实上存在法律位阶制度。例如,我国古代律优于令、例的制度。现代西方国家的一般法律位阶为三级:宪法、法

---

〔20〕 2010年4月13日,辽宁省庄河市城关街道海洋社区上千名群众到庄河市政府集体上访,但未受到当地市长的接见,于是就上演了一场"千人集体下跪求见市长"的抗议,导致该市长下台。"辽宁庄河市市长因'千人下跪事件'辞职获批",载中国新闻网,http://www.china.com.cn/policy/txt/2010-04/29/content_19934828.htm。

〔21〕 "刑法评价、抵抗权和公民不服从",载法律博客,若之,http://ruozhi.fyfz.cn/b/878391。

律(国会制定法)、规章(立法机关以外的其他机关经议会授权制定的法律)。当代英国的法律位阶为欧盟法(包括基本公约、辅助性公约和条约、成员国间的双边条约、欧洲议会的制定法、欧洲法院的判决、成员国法律中的一般原则等)、议会制定法、判例法、习惯法。凯尔森对法律位阶有精深的研究,确立了规范等级理论。他将整个法律秩序的基础性规范称为"基础规范",它是所有法律有效的理由。他认为一个国家的法律秩序的结构依效力高低依次为:宪法、制定法和习惯、授权立法(命令或条例)、个别规范(司法判决、行政决定、契约)共四个等级,宪法是效力最高的法律。[22]

确立法律位阶制度与维护法律位阶的严肃性具有重要意义,它是现代法治的基本形式要件之一。具体说来,确立与维护法律位阶至少有以下意义:(1)维护宪法的权威,从而维护人民主权。人民主权是现代民主的基本假设,主权的体现即为立宪行为以及结果:宪法。位阶制度将宪法置于最高地位,是一切法律的效力来源,所有的法律与宪法冲突无效,这一位阶原则的确立无疑有利于宪法权威的维护,也有利于人民主权的实现。如果人民制定了宪法,但是人民建立的政府(含立法机关)制定的法律与宪法相冲突时不适用宪法,则人民制定的宪法就成为一纸空文。进一步的推论就是:人民成为一个虚拟的摆设,违反人民利益与意愿的东西就会借人民的名义行之,民主就成为专制者的面纱。(2)对权力的限制与指引作用。一方面是对立法权的限制和指引作用。按位阶原则,立法必须符合上位阶的法律,否则无效,这就将立法权的行使限制在宪法的范围内,同时也对立法权的正当行使有指引作用。另一方面是对司法权和行政权的限制与指引。法律位阶制度要求法官、行政官不得适用违反上位阶法的法律,限制法官和行政官选择法律的范围,从而限制裁量权的行使,同时也使法官、行政官在选择法律时有所遵循。(3)提高法律的统一性、稳定性和确定性程度,维护法律内部秩序的和谐。如果没有法律位阶原则,则在法律适用过程中破坏法律本身的逻辑结构,同时各地、各时、各位不同的法官、行政官对同类事项适用不同的法律,则法律的统一性、稳定性、确定性必然受到破坏。

二、我国的法律位阶

我国的法律位阶制度是颇具特色的位阶制度。1997 年、1999 年香港、澳门分别回归祖国,香港和澳门各自成为从属于宪法的相对独立的法域,自有其不同于大陆的法律位阶。我国整体的法律位阶就表现为以宪法为共同的最高法律的,相对并列的大陆和香港、澳门的法律位阶制度。

(一)大陆的法律位阶

大陆的法律位阶是我国主体法律秩序的法律位阶,简称主体法律位阶。依据我国《宪法》和《立法法》的规定,我国的主体法律位阶为:宪法、法律、行政法规(含军事法规)、地方性法规(含自治条例、单行条例、经济特区法规)和规章(含部门规章和地方规章、特区规章)、非制定法五个等级。[23]

---

〔22〕［奥］凯尔森:《法与国家的一般理论》,沈宗灵译,中国大百科全书出版社 1996 年版,第 124 页以下。

〔23〕法律位阶的规定参见《立法法》第五章。

1. 宪法

宪法处于法律位阶的最高层级。我国《宪法》序言最后一个自然段规定:宪法“是国家的根本法,具有最高的法律效力。全国各族人民、一切国家机关和武装力量、各政党和各社会团体、各企业事业组织,都必须以宪法为根本的活动准则”。《宪法》第5条第2款规定:“一切法律、行政法规和地方性法规都不得同宪法相抵触”,这从实体上确立了宪法的最高法律地位。《宪法》第64条规定:“宪法的修改,由全国人民代表大会常务委员会或者五分之一以上的全国人民代表大会代表提议,并由全国人民代表大会以全体代表的三分之二以上的多数通过”,这就从形式上保证宪法的最高地位和尊严。应当指出,作为最高法律的“宪法”,与作为宪法部门法的“宪法”不同。它仅指宪法典(包括宪法修正案31条),而不包括宪法典以外的“宪法性法律”。

2. 法律

法律是仅次于宪法的最重要的法律。《宪法》第89条第1项将其作为制定行政法规的依据,《宪法》第67条第7项规定全国人大常委会有权“撤销国务院制定的同宪法、法律相抵触的行政法规、决定和命令”,这两项规定确立了法律仅次于宪法的位阶。

法律的“次高”位阶是现代宪政与法治的基本要求。与其他国家不同的是,我国全国人民代表大会有常设机关,[24]且全国人大常委会也有立法权,这就产生了全国人大制定的法律与全国人大常委会制定的法律是否属同一位阶的问题。《宪法》第58条规定全国人大和全国人大常委会行使国家立法权,第62条第3项授权全国人大“制定和修改刑事、民事和其他的基本法律”的权力,第67条第2项“授权全国人大常委会制定和修改除应当有全国人民代表大会制定的法律以外的其他法律”,第3项授予全国人大常委会在全国人大闭会期间,对全国人大制定的法律“进行部分补充和修改”的权力,由此可知基本法律和非基本法律处于同一位阶。但是《宪法》同时又规定全国人大常委会是全国人大的常设机关(第57条),其地位低于全国人大,同时在立法权的划分上也是全国人大制定“基本法律”,基本法律以外的法律才由全国人大常委会制定,同时规定全国人大常委会补充和修改基本法律时“不得同该法律的基本原则相抵触”,这告诉我们基本法律和法律在位阶上不完全是同一的,起码在涉及基本法律的“基本原则”问题上,基本法律的效力高于非基本法律。明确这一点有利于维护全国人大及其制定的基本法律的权威,维护基本法律的稳定。同时也有利于《宪法》第67条第3项内容的贯彻落实,因为如果不将基本法律与非基本法律部分地作出位阶划分,在理论上全国人大常委会补充和修改基本法律时违反基本法律的“基本原则”的情况将无法得到纠正,作这样的划分也是宪法本身的逻辑使然。不过,区分基本法与非基本法律对于法律实践似乎没有意义。因为中国法律传统中没有解决这一问题的机制——司法审查制度,且由谁来判断两者是否一致、如何确定两者是否一致、不一致的后果如何等等,法律都付之阙如。从现行法律来看,全国人大常委会有法律解释权,这一解决基本法律与非基本法律的冲突权限似乎应当归全国人大常委

---

〔24〕 域外理论认为议会设立常设机关与民主理论不符。一是因为常设机关会架空人民代表;二是常设机关会成为议会实际上的“上级机关”,从而矮化议会。议会(人民代表大会)设立常设机关始于苏维埃制度,苏东国家解体以后,现在议会设立常设机关的国家已经寥寥无几。从实践上的效果来看,这一制度导致了立法权向少数权重者集中,人民代表大会日益“清闲”。

会,但是,由它自己确定自己制定的非基本法律是否与基本法律相冲突,本身违反正当程序。且事实上行使立法解释权的是全国人大常委会的法律专门机构——全国人大常委会法工委,其结果就不是自己审查自己,而是下级审查上级了。本书提出这个问题不是无事生非,它对法治极其重要。例如1979年《刑法》规定了"从旧兼从轻"的法律原则,但是1981年全国人大常委会通过的关于从重从快惩治严重危害社会秩序的犯罪的决定是溯及既往的,这就表明非基本法律与法律的"基本原则"是否一致的问题是存在的。

3. 行政法规

行政法规是我国主体法律位阶的第三层级。行政法规的第三层级地位是由《宪法》第89条第1项以及第67条第7项确立的,第89条第1项规定宪法和法律是行政法规的立法依据,第67条第7项规定全国人大常委会有权"撤销国务院制定的同宪法、法律相抵触的行政法规、决定和命令"。《宪法》没有明示中央军委的立法权,更没有明示军事法规的位阶。但从《宪法》第94条中央军事委员会向全国人大和全国人大常委会负责的规定来看,军事法规的效力在法律之下,与行政法规处于同一层级。

4. 地方性法规和规章

地方性法规和规章是我国主体法律位阶的第四层级。《宪法》第100条规定省级人大及其常委会在不同宪法、法律、行政法规抵触的前提下,可以制定地方性法规。《宪法》第67条第8项规定全国人大常委会可以撤销同宪法、法律和行政法规相抵触的地方性法规和决议,可见地方性法规的法律效力列于行政法规之后,居第四层级。由于现行《立法法》(2015)将制定地方法规的权力下放到所有设区的市(第75条),我国的地方性法规就有两个层级:省级地方法规和省以下的地方性法规。省级以下的地方法规又包括设区的市、经济特区市和自治州制定的法规。

民族自治地方的自治条例和单行条例也是广义的地方性法规之一种,在通常情况下,它的效力低于法律与行政法规,但是变通性规定例外。现行《立法法》(2015)第90条规定:"自治条例和单行条例依法对法律、行政法规、地方性法规作变通规定的,在本自治地方适用自治条例和单行条例的规定。"

规章能否作为可以适用的法律在我国长期不明确,在制定行政诉讼法时曾产生激烈的争论。行政机关力主将规章列为法源,而审判机关却对泛滥的规章深感头痛,主张将它排斥于法源之外,最后的结果便是行政诉讼法的折中规定:作为"参照"而不是办案"依据"。[25]

应当指出"参照"这样的法律用语是含混的。不过事实上规章是我国最庞大的法律规范群,所以这里把它与地方性法规一起作为法律的一个层级。

中国的规章种类繁多,首先有中央政府的部门规章与地方政府的地方规章之分,地方规章又可以分为省级规章与省以下的规章,省以下的规章再分为设区的市的规章、经济特区市的规章、自治州的规章。这些规章与地方性法规之间的关系、各种规章之间的关系难以理清。首先

〔25〕 参见《行政诉讼法》(2014)第63条。

是地方性法规与部门规章之间的关系,是平级关系。[26] 但是地方性法规本身又分为两个层级,它们之间的关系必难理清。其次是中央政府的部门规章与地方规章竟然也是同一层级。[27] 问题在于,地方性法规与地方规章都是分两个层级的。《立法法》(2015)第89条第2款规定:“省、自治区的人民政府制定的规章的效力高于本行政区域内的设区的市、自治州的人民政府制定的规章。”同样,省级地方性法规的效力出高于省级以下的地方性法规,这就在逻辑上产生了问题。两个不同层级的规章,怎么可能与同一个规章(部门规章)同级?1不能等于1同时又等于2,这是常识。

5. 非制定法

上述四个层级均为制定法。虽然我国非制定法的作用很小,但事实上习惯以及次要的法源(公认的价值和权威理论)是我国法律的组成部分,特别是在涉外法律关系方面,它的作用是不容忽略的。由于法学界对此缺乏研究,同时由于我国司法文书的简略,适用习惯、公认的价值、权威理论的事实被掩盖,因而习惯与次要法源的层级关系不明确,所以我们将它们作为一个层级看待。

(二)香港特别行政区的法律位阶

1997年香港回归以前的香港法律是英国法律体系的一部分,《英皇制诰》和《皇室训令》是香港的宪法性文件。1997年香港回归以后,香港法律实现了基本规范——合法性来源——的转移,由《英皇制诰》转向中国宪法。《中华人民共和国宪法》的有关条文和由它派生的《香港基本法》不但成为香港法律的一部分,而且成为香港法律合法性的终极依据。依《香港基本法》的规定,“香港特别行政区享有立法权”(第17条),在香港实行的法律包括《香港基本法》、香港原有法律和香港特别行政区立法机关制定的法律,全国性法律除列于附件三者外,不在香港特别行政区实施。香港法律的位阶如何确定?

《中华人民共和国宪法》无疑处于最高位阶,《香港基本法》次之。在香港施行的全国性法律由香港基本法附件三确定,它在香港的效力来自《香港基本法》。所以其地位次于《香港基本法》。香港特别行政区的立法权源自基本法,香港特别行政区立法机关的立法须报全国人大常委会备案,同时“全国人民代表大会常务委员会……如认为香港特别行政区立法机关制定的任何法律不符合本法关于中央管理的事务及中央和香港特别行政区的关系的条款,可将有关法律发回,但不作修改。经全国人民代表大会常务委员会发回的法律立即失效”(第17条第3款)。与附件三确定的全国性法律相抵触的香港特别行政区的立法无疑将被全国人大常委会发回并失效。所以香港特别行政区的立法效力低于在香港实施的全国性法律。《香港基本法》第8条规定,“香港原有法律,即普通法、衡平法、条例、附属立法和习惯法,除同本法相抵触或经香港特别行政区立法机关作出修正者外,予以保留”。它的效力依据由英国法而

〔26〕《立法法》(2015)第95条第2项规定:“地方性法规与部门规章之间对同一事项的规定不一致,不能确定如何适用时,由国务院提出意见,国务院认为应当适用地方性法规的,应当决定在该地方适用地方性法规的规定;认为应当适用部门规章的,应当提请全国人民代表大会常务委员会裁决。”

〔27〕《立法法》(2015)第91条规定:“部门规章与地方政府规章之间具有同等效力。在各自的权限范围内施行”。第95条第3项规定:“部门规章与地方政府规章之间对同一事项的规定不一致时,由国务院裁决。”

转向中国法,它继续生效的根源来自《中华人民共和国宪法》和《香港基本法》,当然位阶也低于在香港实施的全国性法律。据以上分析并依据现代制定法优于判例法的惯例,香港的法律位阶可排列如下:《中华人民共和国宪法》、《香港基本法》、施行于香港的全国性法律、香港制定法、香港判例法、习惯法和次要的法源七个层级。制定法中的条例和附属立法还可分为两个层次。

至此,我们可以将中国现行法律位阶列表如下:[28]

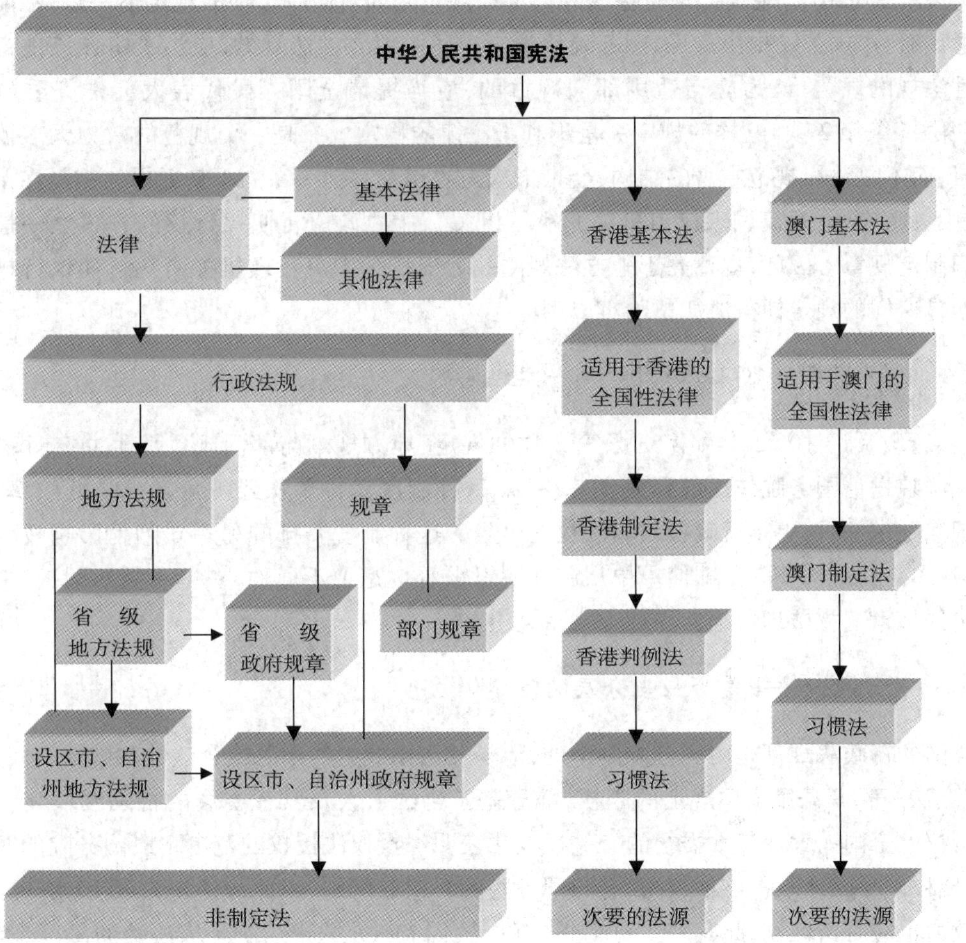

三、有关我国现行法律位阶几个问题的研究

(一)经济特区法规的效力问题

授权经济特区的授权法都有"遵循宪法的规定以及法律和行政法规的基本原则,制定法规"的字样,《立法法》(2015)第90条第2款规定:"经济特区法规根据授权对法律、行政法规、地方性法规作变通规定的,在本经济特区适用经济特区法规的规定。"这就产生一个问题,即

〔28〕 军事法规因其效力问题法律规定不明未列入,台湾地区的法律因其与国家主体部分的法律不存在效力关系,故也未列入。

经济特区法规违反“法律、行政法规、地方性法规的基本原则”的内容是否有效的问题。依据一般法理,这样的规定当属无效,它的位阶当在省级地方法规以下,如果不属于或不违反“法律、行政法规、地方性法规的基本原则”的,它的效力甚至可以高于法律。这样的制度规定加上中国没有有效的规范性的司法审查制度,就难免造成法律体系的不和谐。

(二)地方法规与部门规章间的效力问题

《立法法》(2015)规定:“地方性法规与部门规章之间对同一事项的规定不一致,不能确定如何适用时,由国务院提出意见,国务院认为应当适用地方性法规的,应当决定在该地方适用地方性法规的规定;认为应当适用部门规章的,应当提请全国人民代表大会常务委员会裁决。”(第 95 条第 2 项)这样的规定一是不利于法律的稳定。二是一个规范的效力太多依赖权力裁量,而不是法律规范本身的结构,会带来权力寻租及其他一系列不良后果。三是在单一国家里,中央政府“是最高国家权力机关的执行机关”,中央政府行使执行权的方式之一是通过各部门制定规章。因此,规章高于地方法规的效力安排是中央行政机关有效行使执行权的需要。四是这样的规定使得法律位阶难以理清。

(三)地方规章与部门规章处于同一层级问题

按《行政诉讼法》(2014)第 63 条第 2 款的规定,地方规章与部门规章发生冲突时,“由最高人民法院送请国务院作出解释或者裁决”。这种制度安排单从经济角度讲是低效率的,从法治国家要求来看,更是行政权对司法权的僭越。这种制度安排的另一缺陷是影响政令的统一,导致中央权威的下降。即使单单从制度逻辑来看也是说不通的,在单一制的国家,中央政府制定的规章的权威理所当然在地方规章之上。

(四)关于行政法规是否应当分层的问题

我国的行政法规都是由国务院制定的,但是其法律效力的来源或合法性基础却不同:部分基于《宪法》第 89 条第 1 项规定的职权,部分基于全国人大及其常委会的特别授权和各项法律的授权。全国人大及其常委会的有关授权法表明经授权法授权的范围不属国务院的职权范围,经授权国务院才取得该项权力,它与国务院的职权有区别,因而行使权力(制定法规)的结果的效力也应有所区别,此其一。更为根本的是,国务院的职权立法(从法治的角度来看,毋宁称为规章制定权)通常不能涉及公民的权利义务分配,而授权立法则可以涉及。后者事实上具有法律性质。在世界其他国家有两种做法:一是英国式的三权分立,行政机关无规章制定权,制定规章必须经国会法律授权,行政机关自主制定的规章不得对外适用,所有的规章均为授权立法;二是法国式的,行政机关制订的规章分为两种:经授权制定的和自主制定的。两种都可对外适用,但是授权法规的效力高于自主法规。在其他大陆法系国家有的分为法规命令和规章命令。也就是说,从国际惯例来看,中央行政机关制定的文件的位阶应当分层。建议我国借鉴此种国际惯例,对国务院自主制定规章的权力加以限制,制止行政法规膨胀的不正常现象,同时将行政法规依其效力来源分为两个层级。

讨论题

1. 如何理解法律效力的含义及其与法律效力范围的关系？
2. 法律效力来源的主要理论有哪些？
3. 什么是法律溯及力？为什么法律一般不能溯及既往？
4. 法律效力竞争冲突的类型主要有哪些？如何解决这些冲突？
5. 什么是法律位阶？确立法律位阶制度有何意义？我国现行的法律位阶制度安排存在哪些可以完善之处？

延伸阅读

1. [奥]汉斯·凯尔森:《法与国家的一般理论》,沈宗灵译,中国大百科全书出版社 1996 年版。
2. [德]莱因荷德·齐佩利乌斯:《法哲学》(第六版),金振豹译,北京大学出版社 2013 年版。
3. [德]罗伯特·阿列克西:《法概念与法效力》,王鹏翔译,商务印书馆 2015 年版。
4. [英]丹尼斯·罗伊德:《法律的理念》,张茂柏译,上海译文出版社 2014 年版。
5. [美]科尔斯戈德:《规范性的来源》,杨顺利译,上海译文出版社 2010 年版。

延伸思考

1. 法律效力与法律实效有什么关系？
2. 如何解决全国人大常委会新法与全国人大旧法的冲突？
3. 法律选择的三大原则(高位法优先、特别法优先、新法优先)能否排序？如果可以,如何排为好？

第六章 法律关系

法律关系……不但应该包括权利并且也应该包括义务，则我们对于这个观念就很少有误解的危险。

——［英］梅因《古代法》

阿克塞尔·霍耐特在重评黑格尔实践哲学的基础上指出，社会正义概念应当从对善的分配原则的关注，转向对创造对等的承认关系的关注，这种相互承认的关系重要内容就是法律关系。[1]

第一节 法律关系释义

一、法律关系的定义

法律关系是法律存在的方式之一。法律不但以法律文件、规范的形式存在，而且以人际关系的形式存在。“法律关系”一词源出罗马法，最初仅指双方的债权债务关系：“债是法律关系，基于这种关系，我们受到约束而必须依照我们国家的法律给付某物的义务。”[2] 19世纪，历史法学派的创始人胡果（1764—1844）根据罗马法业已阐明的权利主体旨在设定、变更及消灭民事法律关系的各种行为所必备的条件和原则的基础上，抽象出“法律关系”这一概念。德国法学家萨维尼对法律关系有独到的研究。他将法律关系定义为“法律规定的人与人之间的关系”。[3] 萨维尼并以法律关系的类别为逻辑线索，确定了德国现代民法的基本框架。继历史法学派之后兴起的分析法学派对法律关系这一概念的分析作出了贡献。

苏联法学界从20世纪30年代开始就对法律关系问题有过研究，不过那种相互批评有浓厚的政治斗争色彩。有些学者们曾从心理学的角度认识法律关系，杰尼索夫等人对此进行了批判，而后维辛斯基又对杰尼索夫等人进行批判，从而确定了“法律关系是法律在调整人们行

---

〔1〕“我们中的我——承认理论研究”，载《中国社会科学报》2013年8月6日。

〔2〕［古罗马］查士丁尼：《法学总论》，张企泰译，商务印书馆1999年版，第158页。

〔3〕何勤华：《西方法学史》，中国政法大学出版社1996年版，第248页。

为的过程中形成的社会关系”这一概念。20世纪50年代，这一概念在苏联法学界受到批判。其理由是，“法律可使社会关系变成法律关系”是唯心主义的，立法者的制定法不能使本质上非法的社会关系变成法律关系。所举之例是贝利亚匪帮假借国家名义制定的“行为规则”、“决定”、“命令”、“指示”，并没有使他们迫害苏维埃人的行为成为法律关系。这一理论的立足点实为自然法理论，意在限制国家立法权，有其合理的一面。不过，苏联法学界在法律关系问题上的国家主义倾向并没有得到纠正。1982年出版的苏联《法的一般理论》中仍然片面强调法律关系的国家作用：“法律关系是根据法律产生的、具有主体法律权利和义务的、由国家强制力所支持（保证）的人与人之间个体化的社会联系。”[4]实际上，法律关系不仅发生在个体之间，也发生于个体组成的团体人与个体，以及团体人与团体人之间，也发生在国家与个人、国家与国家，甚至国家与超国家组织、国家与无政府组织之间。

1949年以前我国学界关于法律关系理论或直接来自德国，或间接来自日本，1949年以后接受了来自苏联的法律关系定义：法律关系是法律在调整人们行为的过程中形成的社会关系，即法律上的权利义务关系。这一定义有两个特色：一是强调法律的调整，二是强调权利义务关系，这是一个规范法学的思路。另有一种社会法学的思路：强调法律关系的社会生成性、法律约束性。法律非创造此种关系，它不过是将自然构成之关系加以规则。[5] 我们认为可将法律关系定义为：法律关系是受法律约束的社会关系。这里的“法律”是广义的。

法律关系由三大要素构成：法律关系主体、法律关系内容、法律关系客体。这一理论来自苏联。在苏联还存在以下学说：（1）四要素说：主体、客体、权利、义务，这类似上述通行学说。（2）三要素说：主体、权利、义务，此说将客体排斥于法律关系之外，认为客体只是法律关系的前提之一，而不是其本身。（3）两要素说：权利、义务，其理由是：人是法律关系担当者，不能成为法律关系组成部分。我们认为上述不同说法均缺乏说服力，我们仍采主体、内容、客体三要素说。

二、法律关系的特征

人们通常提到的法律关系的特征有五方面：法律关系是特殊的社会关系，法律关系是法律建立的（或调整的、规范的）社会关系，法律关系是人们之间的权利义务关系，法律关系是国家强制力所支持（或保证）的社会关系，法律关系是思想社会关系等。究其来源，均出自苏联。近年来，人们渐渐将后两者略而不论，这是一个进步。就法律关系的国家强制性而言，是明显的以偏概全。许多法律关系的实现的确需要强制，但是并不是所有的法律关系都需要强制或以强制为后盾。绝大多数社会主体遵守法律关系所确立的权利义务，并不是由于强制，而是由于习惯、人格要求或为了获得、保持社会利益。在那些需要强制力的地方，强制力也不完全出自国家，还包括其他的社会组织，例如商会、教会、联合国等，在国家是法律关系一方的法律关系中，这一理论就明显地说不通。至于说法律关系是思想社会关系，这是容易引起误解的判断。列宁在“什么是‘人民之友’以及他们如何攻击社会民主主义者？”一文中，在反驳民粹派

---

〔4〕［苏］C. C. 阿列克谢耶夫：《法的一般理论》（下册），黄良平、丁文琪译，法律出版社1996年版，第449页。

〔5〕王勇飞编：《法学基础理论参考资料》（第五册），北京大学出版社1981年版，第65页。

时将社会关系分为“物质的”和“思想的”两部分,[6]那是在历史唯物主义层面上讲的,是就最终的、发生学意义上讲的。我们这里的法律关系是一个法律概念,讲人与人之间的权利义务关系,与列宁所说的“法律关系”不是同一概念。法律关系就其涉及的对象言,有物质的,也有思想的。作了以上排除以后,我们讨论一下法律关系的三个特征。

第一,法律关系是人与人之间的社会关系。这是法律关系参与者方面的特征。这里要弄清几个问题:一是这里讲的“人”是法律关系的主体,不仅指单个的人,也指人的集合体或“拟制”的人,例如公司、企业、国家、国家机关、国际组织等。二是法律关系是人与人之间的关系,不是人与物,更不是物与物之间的关系。如何看待法律关系中物权的内容?这是个有争议的问题。19世纪的法学家萨维尼曾把物权看作人与物之间的关系。我们认为,物权虽然规定人对物享有的权利,但是法律关系中的权利是对其他人而言的,物权规定他人对物之所有人的义务,实际还是人际关系。更有一种容易引起误解的法律关系是环境法律关系和保护稀有动物的法律关系,是不是人与环境或人与动物的关系?不是的。在这些法律关系中,环境和动物只是法律关系所指向的对象,环境是人类生存的基本条件,物种多样化、基因是人类的共同财富,所以人们必须制定法律加以保护,这种保护是通过规定人际环境权利与环境义务来实现的,实质上仍是人际关系而非人、物关系。三是法律关系是人与人的关系还指法律关系不包括人与想象中的社会主体的关系,例如人与祖宗的关系、人与上帝的关系、人与某种思想的关系,这些属于神学或哲学范畴。四是法律关系是具有法律人格的主体间的“主体际关系”,不是主客体关系。康德分析了关系双方“权利义务有无”的关系组合情况,指出只有双方都有权利且承担义务的条件下才可能发生主体间的关系即法律上的权利义务关系,其他三种情况下都不可能存在权利义务关系:其一,对那些既无权利又无义务的人的关系;其二,对那些只有义务而无权利的人的关系;其三,对一个只有权利而无义务的人的关系。[7] 总之,那些不具备主体资格或超越主体资格的主体是不可能成为法律关系一方的。[8]

第二,法律关系是受法律约束的社会关系。社会关系的种类很多,可以分成法律关系和非法律的社会关系两类,后者如政党内部的关系、爱情关系、亲情关系、朋友间的友谊关系等等。法律关系是受法律约束的社会关系,这里的“法律”包括各种渊源、不同种类的法律。法律关系受法律约束表现在:一是合格的法律关系主体由法律加以规定。例如,自然人是否具有主体资格、权利能力、行为能力之大小、有无均由法律规定,拟制人(法人)的内部结构、责任形式也由法律规定。二是法律关系的内容由法律规定。例如在刑事法律关系中,何种行为构成犯罪、受何种处罚;在行政法律关系中,确定行政管理的对象、行政给付的内容、行政赔偿的内容等等;民事法律关系中法律禁止的内容不能成立等等。三是法律关系的客体也受法律约束。例如,在现代社会,人口不能成为买卖关系的客体。四是法律关系的存续过程受法律约束。例如引起法律关系产生变更的法律事实由法律规定。

---

[6] 《列宁选集》(第1卷),人民出版社1972年版,第8、18页。

[7] [德]康德:《法的形而上学原理》,沈叔平译,商务印书馆1991年版,第36页。

[8] 这一结论很有启发。法外的奴隶不可能成为法律关系的一方;只有服从义务、没有权利的人不可能有效地纳入法律关系,其服从只能来自法律外的强力或习惯;同样,任何不承担义务的人或组织,不可能成为法律关系的主体,他的统治只能依仗暴力。

第三,法律关系是以权利义务为内容的社会关系。这是法律关系内容上区别于其他社会关系的特点。在这一方面,法理和各国法律的规定不尽一致。英国法学家沃克认为法律关系可以有四类:权利义务关系,特权或特惠与无权力或无能力的关系,权力与责任关系,豁免与无资格豁免的关系。[9] 葡萄牙法律中将法律关系看作是权利与法律拘束的关系,法律拘束包括法律义务和“专属屈从”。[10] 沃克见解的重要之处是把权力引入法律关系的内容(特权、特惠、豁免均与权力有关),这一分析框架比单纯的权利义务分析框架更完善。葡萄牙民法的规定也自有其存在的理由。考虑到我国法律的具体情况,我们仍然同意把法律关系的内容归结为权利义务关系。这里将“以权利义务关系为内容”列为法律关系的特点并不是说其他的社会关系就没有权利义务关系。而是说法律关系必须有权利、义务才能成立,没有权利、义务的空洞的法律关系是不存在的。

三、法律关系的分类

按不同标准可对法律关系作不同分类。按规定社会关系的法律不同可将法律关系分为国际法律关系和国内法律关系,国内法律关系又可以分为宪法关系、民事法律关系、行政法律关系等;按法律关系的性质不同,可将法律关系分为实体法律关系和程序法律关系、公法关系和私法关系等等。对法律关系还可以作第二、第三层次的划分。例如,民事法律关系可以分为物权关系、债权关系,债权关系可以分为合同关系和侵权关系等等。

何种分类具有法理学的意义,或在法理上应如何对法律关系进行分类,法学界的看法不一。萨维尼将法律关系分为与生俱来的权利、人对物的关系和人与人的关系三类,可以说是古典的分类方法,这种分类在当时也只适用于民事法律关系。

苏联法学家阿列克谢耶夫的分类对国人有主导意义。他将法律关系分为一般法律关系和具体法律关系、相对法律关系和绝对法律关系、调整性法律关系和保护性法律关系、积极型和消极型法律关系,以及部门法律关系。与阿列克谢耶夫对立的雅维茨则不同意上述分类,他从三方面加以分类:一是从法律关系的客体即调整对象来分类,此种分类将法律关系分成公法关系、私法关系,并对两者进一步按法律部门来分类。二是从法律关系的产生原因是合法还是非法来分,法律关系可分为权利性法律关系和保护性法律关系。后者如侵权法律关系、刑法法律关系等。三是从哲学和社会学上的分类,将法律关系分为从生产关系直接产生的原有的关系和根据一般法律规范而非直接从生产关系中产生的派生的关系。[11]

国内学者通常将法律关系分为一般法律关系和具体法律关系、绝对法律关系和相对法律关系、调整性法律关系和保护性法律关系、平权性法律关系和隶属性法律关系、第一性法律关系和第二性法律关系等等。一般法律关系和具体法律关系的说法在 20 世纪 70 年代的苏联受

---

〔9〕［英］沃克:《牛津法律大辞典》,邓正来等译,光明日报出版社 1988 年版,第 488 页。

〔10〕所谓“专属屈从”是指权利的相对受动主体必须承受形成权的行使及其效力,例如邻地通行权的权利人有权在相邻的土地上取得通行的权利。邻地所有人必须承受此种结果。范高祖等:《民法概要》,澳门法律出版社 1993 年版,第 71 页。

〔11〕［苏］雅维茨:《法的一般理论》,朱景文译,第 202 页以下。

到质疑。[12] 笔者以为此种分类说不通。从逻辑上讲,与一般相对的是特殊,与具体相对的是抽象,一般和具体不可作为相对称的两分法的依据。因为"一般的"可能是抽象的,也可能是具体的;反过来,"具体的"可能是一般的,也可能是特殊的。因此,此种分法不可避免将产生类的相容。事实上,学者们用"一般的"这一词是用来指称由"法律面前人人平等"产生的"每一个人对每一个人的"法律关系。笔者以为,"法律面前人人平等"只是确立法律关系的原则,它必须和具体的主体关系相连接才有意义,从它本身并不能直接产生法律关系。在司法实践中,法院也无法作出一个"每一个人对每一个人的关系"的判决来。按无救济即无法律的常识,这样的法律关系只存在于法学家的想象之中。退一步说,即使存在这种"每个人对每个人的法律关系",它也首先以具体的方式才能存在,人们才能对它认识与把握,才产生权利义务。

作出这样的筛选以后,遵从大多数学者同意的分法,我们对法律关系作出如下分类:

(一)绝对法律关系和相对法律关系

这是按照权利义务主体是否特定作出的分类。绝对法律关系是指权利主体确定、义务主体不确定的法律关系。相对法律关系指处于特定权利主体与义务主体间的法律关系。这一分法来自罗马法对物权和债权的分类。物权(right in rem)是对世权,具有排他性,所有权人以外的所有人都有不作为义务,因而被称为绝对的关系。债权(right in person)称为对人权,发生在具体的甲、乙或A、B之间,权利义务都是相对的。因而债权关系被称为相对法律关系。

(二)平权型法律关系与隶属型法律关系

这是按照法律关系主体间的地位所作出的分类。平权型法律关系指在平等主体间存在的法律关系。隶属型法律关系指在存在隶属关系的双方间的法律关系。这里的平权是与隶属相对而言的,隶属指职务上的上下级关系,行政上的管理者与被管理者的关系。而平权指不存在此种关系。在作出此种分类的时候,学者们众口一词将行政法律关系作为隶属型法律关系的例子。其实并不是所有的行政法律关系都是隶属型法律关系,例如指导行政法律关系、给付行政法律关系就不是隶属型法律关系。而且进一步讲,行政关系、国家机关与管理相对人间的关系是否属于隶属关系,在现代行政法上是很值得怀疑的。典型的隶属型法律关系似乎只存在于行政上下级间的法律关系。严格说来,只要存在法律关系,双方当事人间就不存在实质性的"隶属关系",一方对另一方的作为或不作为义务——服从——源自法律,实质上是对法律的服从而不是对对方当事人的服从。这是法律关系区别于弱肉强食关系的本质特征。

(三)原生型法律关系和派生型法律关系

原生型法律关系指源自合法行为的法律关系,例如民事合同关系、行政给付关系,又称调整性法律关系、权利型法律关系、第一性法律关系等。派生型法律关系指因原生型法律关系受损而产生的法律关系,故又称保护性法律关系、第二性法律关系。例如违约法律关系、行政处

---

〔12〕 [苏]雅维茨:《法的一般理论》,朱景文译,第191页以下。

罚法律关系、刑事法律关系等。

第二节　法律关系主体

法律关系主体或称法律主体（legal subject）是法律关系的要素之一，即法律关系的参加者，是法律关系中享受权利承担义务的人，通常称为权利主体或权义主体。法律关系主体包括自然人和团体人两大类。作为法律关系主体的实体，必须具备两个条件：它是独立自由的，同时是人格化的。法律关系主体制度发源于古罗马，最初只具有民法意义。在古罗马，作为罗马市民法主体必须具备两个条件：自由的人、罗马人。罗马已发展出一套法人制度。

一、法律关系主体的种类

法律关系的种类可以分为自然人和团体人（或拟制人）两大类，团体人又可以分为法人和非法人团体。

（一）自然人

自然人（natural persons）一般指有生命的、有血有肉的人。此说可取，但是严格说来不太准确。自然人指有生命的、具有法律人格的人。在奴隶制下，奴隶虽是有生命的人，但他不具备法律人格，因而不能成为法律关系主体；在家长制社会里，只有家长才具备完全的、独立的法律人格。18 世纪末法国大革命以后，一切有生命的人都应当具备平等的法律人格得以成为法律关系主体，逐渐为文明国家普遍接受。现在，具备法律关系主体资格即具备法律人格成为《公民权利和政治权利国际公约》规定与保障的基本人权。[13] 自然人包括本国公民和外国公民（含无国籍人）。

作为我国法律关系主体的自然人有中国公民和居住在我国或与我国公民、法人发生法律关系的外国公民（含无国籍人）。凡具备我国国籍的人都是我国公民。我国公民法律人格的平等始于辛亥革命以后（清末仍有奴隶存在）。但是由于对宪法关于法律面前人人平等规定的解释只限于适用法律平等，事实上我国公民的法律人格还没有完全平等。例如，农民不能成为公务员，农民的财产权利不完整（房屋不能完全进入市场），农民的福利权减等，农民被伤害死亡后的赔偿金减等，妇女被强制早于男子退休等等。进入 20 世纪 90 年代以来，一些地方开始试点解决这些问题。传统上本国公民和外国公民的法律人格不平等，通常有“歧视待遇”和“超国民待遇”两种情况。由于国际法之发达和经济全球化趋势的增强，现代国家普遍推行国民待遇制度，本国公民和外国公民的人格差别正在缩小。外国公民的法律地位由国际条约

〔13〕 但是事实并不乐观，有些地方虽然不存在奴隶制，但是一些公民的权利无法得到司法救济的情况在世界各地都存在。那些隶属于政治强力、权利无法得到司法保护的人，他们是不是具有法律人格是值得怀疑的。

决定。

自然人人格的获得始于出生。但是在特殊情况下,胎儿可以成为有限法律关系的主体。例如,美国法律有限保护超过六个月大的胎儿的生命权,[14]在侵权责任中,通常将受到损害的赔偿主体扩充至胎儿,[15]在继承法律关系中,遗腹子有继承权。

(二)团体人

团体人(people's organization)是指在法律上被认为具有法律人格能享受权利承担义务的除自然人以外的任何实体,可以分为法人和非法人团体两大类。

法人(artificial persons),有广义和狭义之分。广义的法人包括行政法人、民法人、国际法人在内。狭义的法人仅指民事法人——具有民事权利能力和民事行为能力,依法成立、享有民事权利和承担民事义务与责任的组织。法理学上讨论的作为法律关系主体的法人是广义的。法人不但参加民事法律关系,而且参加行政法律关系、劳动法律关系和各种诉讼关系,法人还可成为犯罪主体。

从法律上说,国家是特殊法人。国家作为法人具有双重人格。一方面,国家是国际法人。国家作为国际法人享有国际法上的权利同时承担国际法上的义务和责任。另一方面,国家也是国内法上的法人,这时国家以国库的形式存在,在享有权利的同时承担民事义务和责任。例如,发行公债和履行债务,对公民和法人承担各种赔偿责任。具备一定条件的国家机关也是法人,在行使国家权力的同时承担相应的义务与责任。应当指出,国家作为法人有其特殊性。在当今世界上,国家是主要的立法者,国家参加法律关系有一定的选择性。但是当国家作为法律关系一方的时候,它与另一方的关系当受制于法律,这是法治社会的要求。

非法人团体指不具备法人资格的享有权利、承担义务的团体人。这是一类特殊的人的组合,它们不具备法人资格,但是又享有某些权利并承担某些义务。我国的非法人团体主要有合伙、个体户、家庭、大学的院系和教研室、工厂的车间等等。

需要讨论的是,动物是不是法律关系主体?以宠物为遗产继承人的事例并不鲜见,有的学者提出了"动物权利"的命题,[16]当今世界上已经有一百多个国家已制定了禁止虐待动物法,新西兰的《动物福利修正案法案》明确规定动物与人类是一样的众生,英国2007年4月6日开始生效的《动物福利法》确保动物的"五大自由",违反者将被禁养动物,并被罚款2万欧元,甚

〔14〕 1972年,美国联邦最高法院在著名的"罗伊案"的判决中,把妇女九月怀孕平分为三个时期。第一期孕妇有权决定要不要胎儿;第二期孕妇需要跟医生探讨来决定是否堕胎;到第三期,除非为了挽救孕妇的生命,否则禁止堕胎,因为在六个月之后,胎儿在体外已经能够存活了,已经可以看作是生命了。参见任东来:"司法大案如何影响美国宪政",载共识网,http://www.21ccom.net/articles/read/article_2012072064141_2.html。

〔15〕 例如,国务院《道路交通事故处理办法》及有关司法解释,对受害人在丧失劳动能力前形成的胎儿的抚养人的抚养费之赔偿明确作了规定,不过对胎儿的抚养费未作规定。在司法实践中已经有认定胎儿抚养费的先例。

〔16〕 已经译成中文的动物权利著作主要有[美]加里·L. 弗兰西恩:《权利导论:孩子与狗之间》,中国政法大学出版社2005年版;[美]汤姆·雷根、卡尔·科亨:《动物权利论争》,中国政法大学出版社2005年版;[澳]彼得·辛格、[美]汤姆·雷根:《动物权利与人类义务》,北京大学出版社2010年版;[美]汤姆·雷根:《动物权利研究》,北京大学出版社2010年版等。

至坐牢。一个阿根廷法院更判决一只猩猩享有人权。[17] 笔者认为动物得到尊重与保护是人类的伦理进步,在动物与人的关系中,其实背后隐藏的仍然是人与人的关系。当然,将动物认为某些法律关系的主体似乎也没有不妥。不过,这是个复杂的问题,它有待法律关系理论的重构,后文法律关系客体部分也面临同样的难题。

二、法律关系主体的权利能力

法律关系主体与主体的能力不可分,法律关系主体的能力可以分为权利能力和行为能力。

权利能力或称法律人格,指作为法律上的人的资格,即行使权利、承担义务及责任的能力。权利能力一般分为民事权利能力和政治权利能力,以主体的性质不同可将权利能力分为公民权利能力和法人权利能力。任何法律制度都赋予一定的人以权利能力。

自然人的权利能力指自然人行使权利、承担义务和责任的能力。有关自然人权利能力的法律制度不同时代有所不同。在前现代法里,一部分人无权利能力,这就是奴隶;另一部分人则权利能力受到贬损,只具有部分的权利能力,例如中国古代的部曲、贱民,古罗马的外来民、中世纪的农奴等等。自然人权利能力的平等是近代的事。自然人权利能力的范围也是不断扩展的,早期自然人的权利能力主要限于民事方面(古希腊、罗马的公民具有政治权利能力是例外),现代公民的权利能力及于政治领域。自然人的权利能力通常始于出生,终于死亡。在特殊情况下,自然人死亡后的人格权利仍受法律保护。[18] 自然人的某些特殊的权利能力要待达于一定年龄才具备。例如,葡萄牙民法典规定公民到 18 岁才具有立遗嘱的权利。规定成年公民方享有选举权、被选举权,达一定年龄方得结婚等是所有法律的通则。

法人的权利能力是法律赋予法人享有权利、承担义务和责任的能力。法人的权利能力始于法人成立、终于法人终止。法人权利能力的大小及其范围取决于法人成立的目的、任务。法人的权利能力主要包括财产、名称、荣誉、商标、诉讼等方面。

国际法上的权利能力问题常为法理学界所忽略。在国际法上,主权国家享有权利能力,附属国、国家的组成部分不具备权利能力(但有例外,苏联的加盟共和国具有部分国际法上的权利能力),国家组织和非国家组织也具有权利能力,自然人及自然人的联合体在有限的范围内也具备国际法的权利能力。例如,欧洲人权公约设立人权委员会和人权法院,人权委员会可以受理个人的控诉,包括个人诉个人,个人诉政府。自该委员会成立至 1972 年,其登记的个人或个人联名提出的诉国家的案件计 5700 件,近年来,平均每年受理约 400 件。1959 年"帕特基与邓斯本诉奥地利"一案的判决曾导致奥地利《刑事诉讼法》的修改。

三、法律关系主体的行为能力

行为能力是法律规定的法律关系参加者能够以自己的意志、通过自己的行为取得和行使

〔17〕 红毛猩猩桑德拉生于德国,后"移居"阿根廷。2014 年,阿根廷动物权益专业律师协会向法院递交人身保护令申请,认为桑德拉遭到"不正当监禁",应当享有一些原本只属于人的基本权利。2015 年 5 月,阿根廷一家法院认定桑德拉"应该享有更舒适的生活条件和更大的自由"。桑德拉由此成为全球首个拥有"人权"的猩猩。载凤凰网,http://gongyi.ifeng.com/a/20150522/41088644_0.shtml#p=1。

〔18〕 在这方面,西方国家法律中都有规定,我国法律中也有类似规定,参见最高人民法院法释〔2001〕7 号第 3 条。

权利、承担和履行义务及责任的能力。行为能力包括积极行为能力和消极行为能力两大类。积极行为能力指通过合法行为享受权利的能力,例如订合同的能力、投票的能力等等。不具备积极行为能力的人的行为不为法律认可,因而不能产生预期的法律后果。消极行为能力指承担法律义务与责任的能力,例如支付价款、承担侵权责任、承担刑事责任的能力等等。不具备消极行为能力常是减轻或免除义务或责任的理由。

自然人的行为能力指自然人以自己的行为享受权利、承担义务和责任的能力。自然人行为能力的有无、大小悉有法律规定。在现代法律里,确定自然人有无行为能力的依据主要是智力和体力状况。自然人的民事行为能力一般分为三个档次:(1)有行为能力,即有完全的行为能力,指自然人能完全依自己的意志,并以自己的行为取得权利、履行义务和承担责任。法律通常规定,智力健全的成年人具有完全的行为能力。(2)限制行为能力,即有部分的或受限制的行为能力,指只在某些场合或事项上可以自己的意志并通过自己的行为享受权利、履行义务、承担责任,在某些场合或事项上则不能。这通常指有一定智力和体力的人。(3)无行为能力,即不具备行为能力,指公民不能以自己的意志通过自己的行为享受权利、履行义务、承担责任。通常指智力和体力未达最低要求的公民。限制行为能力人从事的"无能力从事"的民事活动(例如买卖黄金珠宝、房地产等重大民事行为),无行为能力人从事的民事活动,均为无效民事行为,不产生预期的法律后果。

自然人的消极行为能力制度较为复杂。自然人的消极行为能力通常包括承担民事义务和责任、行政义务和责任、刑事责任的能力。自然人民事方面的消极行为能力是与其权利能力相对应,而不是与其行为能力相对应的,因为享有民事权利的同时必须承担民事义务和责任。一个自然人即使无行为能力,他也应当为自己的民事行为而承担相应的民事义务与责任。例如,7岁儿童甲是一笔财产的所有人,他通过他的代理人与乙签订买卖合同后,他必须以自己的财产承担合同义务及可能产生的违约责任,他的代理人不能以甲无行为能力为抗辩理由。某些消极行为能力则与自然人的年龄和精神状态有关。因为处罚一个幼童、处罚不能辨认和控制自己行为的人是不道德的,也达不到处罚的目的。当然这只是近代法律的事,我国古代处罚精神病人(特别是谋反罪)的事不乏其例,古罗马甚至将动物也作为处罚的对象。我国《刑法》第17、18、19条规定了刑事责任能力制度。我国《行政处罚法》没有行政责任能力的规定不能不说是一大缺憾。

法人行为能力指法人以自己的意志、通过自己的行为享有权利、承担义务和责任的能力,法人的行为能力始于法人成立,终于法人终止。法人行为能力与其权利能力一致,均取决于法人成立的目的与任务。

最后,当说明法律关系主体权利能力和行为能力的关系。权利能力和行为能力都是能自主从事法律行为的主体所必备的。两者存在联系与差别。首先,权利能力是对权利行使范围的限制,而行为能力则是对权利行使能力的限定,无权利能力表明主体无权利,无行为能力则表明主体享有权利但无能力去实现。例如,奴隶无财产权利能力表明奴隶无财产权,而一个5岁幼童无财产行为能力则不是说他无财产权,而是说他无能力自己去实现财产权利,他应当通过他的监护人或代理人实现他的财产权利。其次,权利能力是行为能力的基础,没有权利能力,也无行为能力。例如在奴隶社会中,奴隶无权利能力,自然也无行为能力。再次,目的不同。权利能力制度是为限制或赋予主体以权利，而行为能力的设置却是为了保障弱者的权利。例如积极行为能力的限制是为了使弱者免受欺诈及其他侵害主体权利的方式转移财产之害，消极行为能力的限制则为了免除主体不合理的义务与责任。

第三节　法律关系客体

一、法律关系客体的概念

法律关系客体是法律关系的要素之一，是指法律关系主体的权利和义务所指向的对象，也称权利客体或权义客体。有一种观点认为客体不是法律关系的构成要素，我们认为，如果没有客体，作为法律关系内容的权利、义务就失去了目标，成为无实际内容的东西。从哲学上讲，客体相对主体而言，指与主体相对立的外在世界。法学中法律关系的"客体"与哲学上的客体有一致的一面，也有不一致的一面。法律关系客体之"客体"仅指对主体有意义，能控制的外在世界。

二、法律关系客体的种类

哪些对象可以成为法律关系客体？早期主要有三要素说和两要素说，以三要素说为通说。三要素说认为法律关系客体有物、精神财富和行为，两要素说则否认"行为"是法律关系客体。这种观点对法律关系的研究仍囿于民事法律关系。近年有的学者增加了"人身利益"作为客体，[19]我们认为是很有见地的。如果跨出传统民法的范围，用法理学的眼光来看法律关系客体，则法律所保护的各种利益当均为法律关系客体。因此，我们将法律关系客体归结为如下三大类：

（一）财产

财产是人类生存的基础，安全地取得、保有和消费财产是所有法律制度的基础。财产的法律形态便是财产权，对财产权的合法取得、保有以及财产权的安全流转即构成民事法律关系的内容——民事权利义务关系，所以民事法律关系的客体自然离不开财产，财产是最古老、最常见的法律关系客体，财产当然也是其他法律关系的客体。作为法律关系客体的财产可以分为物和非物质财富两大类。

1. 物

作为法律关系客体的物指在法律关系中能作为财产权利对象的物品或其他物质财富。例如，许多可以作为商品交换的人类劳动产品都是物：汽车、房屋、氧气、书画、古玩；某些非劳动

---

〔19〕 张文显主编：《法理学》，法律出版社 1997 年版，第 167 页。

成果的自然物品也是物:天然宝石、荒地;甚至某些天体(例如月亮)、某些特定空间(土地上一定距离的空间)都可以是“物”。但是未被人类认识、控制,因而不能利用的物体不是法律上所讲的“物”。1976年《赤道国家波哥大宣言》声称对位于地球赤道上空约35871公里的地球同步轨道这一特殊空间拥有主权,如果得到各国承认,这一特殊空间就成为法律关系客体。20世纪90年代,我国台湾地区修改民事规则,规定土地上层空间可以分层出售,位于土地上空的特殊空间就成为独立于土地的法律关系客体。“电”这种能为人所利用与控制的物质虽看不见、摸不着,也是法律上所讲的“物”。

人能否成为法律关系客体与人的尊严有关,当认真对待。人能否成为买卖法律关系客体?在前资本主义社会,不具备法律人格的人和只具备部分法律人格的人广泛存在,因此事实上人可以成为买卖法律关系客体,奴隶买卖是奴隶社会的通例。在欧洲农奴社会,农奴仍可以随土地转让给新的主人。我国直至清末,卖儿鬻女是常事,清代法律对人口买卖有专门规定。现代社会绝对禁止人口买卖。人能否成为其他法律关系的客体?绝对否认说对一些问题难以解释。[20] 因此,人并不是绝对不可以成为法律关系的客体,前提是不得损害人的尊严,不得将人作为手段。

关于“人能否作为法律关系客体”还有许多问题有待研究。人体器官可否成为买卖法律关系客体?在器官移植手术成为常规手术的今天,人体器官买卖有很大的市场,但是,活体器官买卖有损人的尊严,而且极易造成对弱者身体的伤害,活体器官的买卖当禁止。死体器官成为买卖法律关系的客体,也有损人的尊严。当然,在承认器官赠与的地方,人体器官可以成为捐献、遗赠及赠与法律关系的客体。捐献、赠与人体器官时,人体器官仍是法律关系客体。人体器官能否成为“租用”法律关系的客体?例如,子宫能否“出租”?人体的衍生物(例如血液、卵子)能否成为买卖关系的客体?

在传统理论中,动物历来是重要的财产,动物是财产法律关系客体是没有疑问的,但是近来有些国家的立法越出了这一理论框架。1988年,奥地利通过一部关于动物权利的联邦法律,对奥地利民法典作出修订,规定“动物不是物”,1990年《德国民法典》也作出了类似修订,在第90a条中规定“动物不是物。它们应特别法加以保护。除另有特别规定外,对动物准用有关物所确定的有效规则”。这值得大家思考。

2. 非物质财富

非物质财富也称精神财富,指智力活动所取得的成果,在科技文化领域内创造的产品。法律对这些精神财富加以保护称为发明权、发现权、专利权、著作权。

在知识经济时代正在到来的今天,知识对人类进步与发展和对个人生活的重要性日益凸显,由此带来精神财富作为法律关系客体地位的提高。精神财富不仅可成为传统民事法律关系的客体,也可以成为行政法律关系、刑事法律关系的客体。在互联网时代,出现了一种全新的非物质财富——仅仅在网上存在的虚拟的财产,也已经成为法律关系客体。

---

〔20〕 例如,在离婚诉讼中“探视权”的规定中,被探视的儿童在法律关系主体中的地位是什么?收养法律关系中,被收养者的地位是什么?都是值得探讨的问题。

（二）非财产利益

民法法律关系的客体是财产与人身。整个法律所保障、调整的利益要广泛得多，首先是各种无财富价值的利益。现代社会，这种利益可以分为三个层次：一是全人类的总体利益，这就是人类的和平与进步、发展。这是与基本人权有关的法律关系的客体。例如，对战争罪犯的处罚、对劫机犯的处罚、对种族灭绝行为的处罚，对恐怖行为的惩处所保护的就是此种客体，对全球生态环境的保护也与此类客体有关。二是在国家层面上的利益。例如国家的主权、独立、国家安全、国内和平与秩序等。许多国际法律关系和刑事法律关系所保护的正是此类客体。三是个体的非财富利益。例如个人的言论自由、通讯秘密、隐私、精神利益、一人身有关的利益（例如探视权）等等。随着社会的文明与进步，此类客体的重要性日益提高，有的甚至远远超过财富类客体。对个人非财富利益的侵犯常以金钱补偿，而对全人类和国家层面上的非财富利益的侵犯的补偿常常是刑罚以及国际社会的制裁。

（三）行为

行为是法律关系客体之一，是法律关系主体支配发生的任何事件，可以分为积极的作为和消极的不作为。有的国内学者将行为结果作为法律关系的客体，理由是：法律关系是具有权利与义务关系的一种特殊社会关系，社会关系又是满足一定利益的行为，它是法律关系的社会内容，权利义务是其法律形式，行为结果是法律关系客体。[21] 似乎作者没有把实现法律关系的“行为”与作为法律关系客体的行为相区别。作为法律关系实现手段的行为是依附于客体的，而作为法律关系客体的行为是独立存在的。例如，在货物买卖关系中，法律关系的实现有赖买方支付价款和卖方交付货物的行为方能实现，这里的法律关系客体不是“支付价款”或“交付货物”行为，而是买卖之货物。在“行为”成为法律关系主体权利义务所指向的标的时，此行为才是法律关系客体，例如运输合同中将货物由 A 地运往 B 地的行为、建筑合同中的建筑行为、劳动合同中的“劳动”、服务合同中的“服务”均为法律关系客体。同时，将行为与行为的结果绝对区分是难以做到的，作为法律关系客体的行为包括了行为过程和结果两部分，缺乏过程的结果在许多场合是说不通的。例如，理发服务合同关系的客体就不仅指把头发理成什么样，而且包括整个服务过程。

作为法律关系客体的行为包括作为和不作为，例如，在劳务合同中，如有保守商业秘密的条款，则“保守商业秘密”这一不作为就成为劳务法律关系的客体之一。作为法律关系客体的行为具有多样性，它涵盖各个部门法律关系，不但包括公民和社会组织的行为，也包括国家机关的行为。就国家机关的行为而言，它包括立法行为、执法行为和司法行为。例如，当国家承担在本国法律中贯彻条约规定的立法义务时，立法行为就成为国家间法律关系的客体。行政机关作出行政决定的行为，是行政机关与相对人间法律关系的客体，法官依法审理案件就是法官与诉讼当事人之间法律关系的客体。

---

〔21〕 孙国华主编：《法理学教程》，中国人民大学出版社 1994 年版，第 490 页。

第四节 法律关系的产生、变更和消灭

法律关系的产生、变更和消灭是从动态角度对法律关系的认识,这一动态过程是法律关系的生命过程与存在方式。法律关系的产生指主体间形成法律上的权利义务关系,法律关系的变更指法律关系诸要素的变化,[22]法律关系的消灭指主体间权利义务关系的终止。例如主体死亡、财产权客体灭失、合同履行完毕、行政决定已作出等等。

一、法律事实的概念

法律关系的产生、变更和消灭必须借助于一定的力,或要有一定的原因,这就是法律事实问题。意大利学者彼得罗·彭梵得认为法律事实"是法律使某一权利的取得、丧失或变更赖以发生的条件,换言之,是引起法律后果的事实"。我国法学界关于法律事实的概念来自大陆法系,故与上述概念大致相同:法律事实指法律规定的引起法律关系产生、变更、消灭的客观事实,它是法律关系运动的原因和动力。法律事实意味着由于它的存在,主体间便建立、变更或消灭了一定的关系。法律事实与法律关系联系方式有两种:一是肯定的方式,即某法律事实的存在引起法律关系的生命运动过程;二是否定的方式,指某法律事实的存在阻止某法律关系的产生。前者如订立合同的行为产生合同法律关系,后者如不可抗力阻止违约法律关系的产生。

霍菲尔德将法律事实分为构成性事实和证明性事实。构成性(operative)事实是指"依有效的法律规则足以改变法律关系(创设或消灭)"的事实。构成性事实又可分为肯定的(affirmative)和否定的(negative)两类。例如在合同关系中,甲、乙双方是不是成年人是肯定性的"构成性事实",某甲是否对乙作虚假陈述或未"撤回"是否定性的"构成性事实"。证明性事实是"可为推断其他事实提供(非结论性的)逻辑根据"的事实。这个被证明的对象可以是"构成性事实",也可以是"间接的证明性事实"。[23]

对于法律事实的分类罗马法已较完备,它将法律事实分为本义的法律事实和自愿的法律事实。本义的法律事实指无需主体任何意思表示即引起法律后果的法律事实;自愿的法律事实指必须主体的意思与客观事实相竞合才产生法律后果的法律事实。自愿的法律事实又可分为两类:一类是意思状态持续着或被推测为持续着即产生法律后果的自愿法律事实,例如占有;另一类是只要有意思起始行为就产生法律后果的自愿法律行为,例如签订合同,这相当于我们所讲的法律行为。[24] 但是罗马法对法律事实的分类只具有民法意义。从法理学角度主要可对法律事实作两种分类:以意志为标准的分类和以事实存在形态为标准的分类。

---

〔22〕 例如,甲、乙双方签订房屋租赁合同,甲将房屋两间出租给乙居住,如房屋被丙继承,则法律关系主体发生变化;如物价上涨,双方合意提高租金,则法律关系内容发生变化;如合意收回一间自用,则法律关系客体发生了变化。

〔23〕 [美]霍菲尔德:《基本法律概念》,张书友编译,中国法制出版社2009年版,第20页。

〔24〕 [意]彼得罗·彭梵得:《罗马法教科书》,黄风译,中国政法大学出版社1993年版,第58页。

二、法律事件和法律行为

以法律事实与主观意志的关系为标准可将法律事实分为法律事件和法律行为。法律事件指与人的意志无关的客观事件，由于这种事件的发生，有关当事人就取得了一定的权利，承担一定的义务、责任，或丧失权利、解除义务。客观事件纷繁无比，只有能引起法律关系运动的客观事件才是法律事件。日常的风霜雨雪、日月运行不是法律事件，足以引起财产灭失或对人的行为造成重大阻力的自然灾害都为法律事件。通常将法律事件分为社会事件和自然事件两大类。前者如战争、瘟疫、内乱、人的出生、死亡等等，后者如大地震、旱涝灾害等。

法律行为指能够引起法律关系产生、变更和消灭的人的有意识的活动，包括作为和不作为。法律行为可以是单方的（赠与、判决）、双方的（订立合同），也可以多方的（多方联营、建立社团）。应当将法理学上的法律行为这一概念与民法上的法律行为相区别。民事法律行为是民事主体设立、变更、消灭民事权利义务的合法行为，例如订立合同、登记结婚、立遗嘱等等。法理学上的法律行为是广义的。可以分为合法行为和不合法行为。合法行为是符合法律规定的行为，合法行为产生符合主体意愿的法律后果，并产生对他人和外界的拘束力。例如，合法订立合同的行为会产生对合同另一方的拘束力，合法行政行为产生对社会的影响力和对相对人的拘束力。不合法的法律行为是不符合法律规定的行为。不合法的法律行为不会产生与主体意志相一致的法律后果，相反，它产生与主体的意愿不一致的社会反应，这种反应会导致法律对主体的拘束。例如，侵权行为会产生损害赔偿的后果，重伤他人会引起国家的刑事惩罚，同时会引起与被害人的民事赔偿关系。

三、肯定的法律事实和否定的法律事实

这是以法律事实的存在形态为标准对法律事实作出的划分，有的学者称其为确定式法律事实和排除式法律事实。肯定的法律事实指取得现实存在形态的法律事实，大量的法律事实是肯定的法律事实，例如人的出生与死亡、签订合同、作出行政决定等等。否定的法律事实指未获得现实存在形态的事实，即法律规定的对法律关系的存在过程有作用的“不存在的事实”。肯定的法律事实对法律关系存在过程的正面影响力取决于它的存在，而否定的法律事实对法律关系存在过程的影响力正面取决于它的“不存在”。例如签订合同的行为产生合同关系，不签合同就不存在合同关系。不存在影响结婚的事实（例如影响结婚的疾病、影响结婚的血亲等）是婚姻合法存在的条件。影响结婚的疾病、影响婚姻的血亲等这些就是否定的法律事实。

讨论题

1. 什么是法律关系？法律关系区别于其他社会关系的主要特征是什么？
2. 法律关系的主体包括哪些类型？法律关系主体的权利能力与行为能力的关系如何？
3. 什么是法律关系的客体，它一般包括哪些种类？

4. 什么是法律事实？它的主要类型有哪些？

延伸阅读

1. [葡萄牙]曼努埃尔·安德拉德:《法律关系总论》(第一卷),吴奇琦译,法律出版社2015年版。
2. [德]维尔纳·弗卢梅:《法律行为论》,迟颖译,法律出版社2013年版。
3. [德]米夏埃尔·帕夫利克:《人格体·主体·公民》,谭淦译,中国人民大学出版社2011年版。
4. [德]迪特尔·梅迪库斯:《德国民法总论》,邵建东译,法律出版社2013年版。
5. [日]田中英夫、竹内昭夫:《私人在法实现中的作用》,李薇译,法律出版社2006年版。

延伸思考

1. 从“人(奴隶)是物”到“动物不是物”的法律规定中您想到了什么？
2. 您怎样看待人体器官买卖问题？

第七章　法 律 作 用

法律不应该被看做奴役，法律毋宁是拯救。

——[古希腊]亚里士多德《政治学》

法律提供保护以对抗专断，它给人们以一种安全感和可靠感，并使人们不致在未来处于不祥的黑暗之中。

——[美]J. S. 布鲁纳

第一节　法律作用概述

一、法律作用的定义及其分类

法的作用即法的效用，是法满足人的某种需要或对社会的影响。国内有些学者认为法的作用与法的功能不同，作用是功能的外化，有一定道理。“法律作用”这一概念来自西语 function，function 可译为“作用”，也可译作“功能”。从中文来说，作用是表征不同事物的关系的词，功能是表征系统内的要素对系统的功用的词。法的作用倾向于把法作为工具化的理解，主客体的理解。例如，帝王将法律作为统御臣下、统治百姓的工具，某个集团用来谋私利的工具，等等。法的功能强调的则是法律这个系统对于社会大系统的功用、意义。这个“社会”可以容纳不同的尺度：它可以是一个家庭、族群、国家、国家群甚至是全球、人类。正确的法律作用观不是主客体意义上的作用，而是将法律看作人际关系调整器的意义，在这个意义上，它与法的功能意义相近。因此，我们把法的作用和法的功能看作同一概念的不同用语。

法的作用可按不同的标准进行分类。按参与作用的法律的种类不同，可分为法的整体作用和局部作用。整体作用指某一法律体系所产生的作用；局部作用指这一法律体系内的某些法律制度或法律部门所起的作用，例如刑法的作用、民法的作用、行政法的作用等等。按照法律所满足的主体不同，可分为法对全社会的作用、法对集团的作用、法对个人的作用。从法与所要达到的社会效果的不同联系来看，法的作用可分为直接作用和间接作用。法与所达到的社会效果有直接联系的作用是直接作用，法与所达到的社会效果有间接联系的作用是间接作用。从法律作用的方式和对象来分,法律有规范作用和社会作用。

二、法律作用百家言

法律作用集中讨论两个方面的问题:一是法律是谁手中的工具,二是法律满足什么样的需要。回答这两个问题其实又有两个不同的进路或两个不同的问题域:实然的问题和应然的问题。这样,这两个问题可以这样问:第一,法律事实上是谁手中的工具?法律应该是谁的工具?第二,法律实际上能满足主体的什么样的需要?法律应该满足主体的什么样的需要?由于我国的法学界受到"科学主义"的影响,将法学当作追求"规律"的学问,因此,人们基本上只研究事实层面的问题,而不研究应然层面的问题,并将事实层面的问题当作应然层面的问题予以接受。

关于法律服务的主体即法律是谁手中的工具问题,学界分为两大派:(1)法律是部分人手中的工具,法律是帝王手中的工具或统治者手中的工具。(2)法律是全体社会成员手中的工具。西方从古至今就有法律是促进人类文明进步的工具的理论。这只是事实层面的问题。

关于法满足何种需要问题也是人言人殊,主要有:(1)定分止争说。法用来规定等级名分和制止纷争。(2)禁奸止乱说。例如汉人桓宽就说过:"令者所以教民也,法者所以督奸也"(《盐铁论》),唐武德7年(公元624年)李渊下诏:"所以禁暴惩奸,弘风阐化,安民立政,莫此为先。"(3)规范说。法的作用在于为人们的行为提供规范,例如,古罗马法学家莫迪斯努斯云:"法律的功能在于:命令、禁止、允许和惩罚。"〔1〕凯尔森认为"法律秩序规范调节人们的行为"。〔2〕(4)功利说。西方许多学者以功利立论。例如,庞德认为法律以最小限度牺牲尽可能多地满足全体人类的需要。

与此相关的一个问题是:法律究竟用来维护社会利益还是个人权利?这里有两种极端的学说:(1)自由主义论,即法律的唯一作用在于维护个人自由和权利,这些学者不否认社会利益,但是认为社会利益即个人利益之总和,除了个人利益以外没有所谓社会利益,即社会利益是虚幻的。(2)社会利益说,法律只维护社会利益,个人利益服从社会利益。例如狄骥认为个人无权利只有义务,法的作用在于维护社会连带关系。在这种学说中,社会与国家的观念常相混淆,认为国家即社会,所以其实质为法律国家主义。在上述两种学说之间,存在许多中间学说,这些学说力图在个人利益和社会利益之间保持平衡,法律要维护个人利益,也要维护社会利益。

法的作用理论之所以存在很大分歧,除了各种学派研究的侧重点、研究方法有所不同以外,〔3〕最重要的原因是由于其背后起主导作用的两种对立的法理念:主客体法理念和主体际法理念。

主客体法理念将法律看成是主体创造出来解决主客体关系的工具,是达到主体目的与实

---

〔1〕《学说汇纂》,第一编第三章。

〔2〕[奥]凯尔森:《纯粹法学》,刘燕谷译,中国文化服务社1946年版,第31页。

〔3〕例如,社会法学派侧重法律的社会作用,自然法学派侧重实现正义,规范法学派侧重法的规范作用,功利法学派强调利益调整等等。

现主体利益的工具。此种工具理念将人分为"造法的人"和"'被'法的人"两类。[4] 第一类人是法律的主人,法律代表他的意志和利益,第二类人只是法律处置的客体。因此就有各种各样的统治工具论、阶级工具论和帝王工具论。主客体法理念对于揭露与批判法律中的不平等及其他不合理成分有其积极意义,不过它的结果不是对法律的渐进的改造或改革,而是赤裸裸的压迫或导致革命,作为建构法律的指导理念它是有百害而无一利的。西方古代也有主客体法理念,智者学派就将它作为批判实在法的工具。中国古代社会是主客体法理念一花独放,且成为中国构造实在法的指导思想。这一理论是与中国古代法的压迫性相得益彰的。

主体际法理念将法律看作是主体间合理交往、和平解决纠纷的合意或技术。在法是人造的达到人的目的这个意义上,法律也是工具,但是这里的工具是与主客体的工具论截然对立的。在此种法工具理念里,法是"人"这个"类"存在物达到自身自由与解放的工具,法是所有人的,法不是或至少不应当是部分人手中的工具。作为所有人工具的法律是客观的规范,任何人如要利用规范达到私利,就必须为他人提供服务,压迫与掠夺不是法律。此种法理念产生种种社会工具说、规范说、功利说等等。主体际的法工具理念作为对实在法描述的理论有其不足的一面——它可能使人对法律产生盲目的认同,而缺少批判与审视的目光;作为评价与指导法律实践的理论,它会带来对法律的渐进式的改造。西方的法理念进化的过程实际上是从主客体法理念向主体际法理念进化的过程。中国社会历来只认同主客体法理念,要实现从主客体法理念向主体际法理念的跃进,还有很长的路要走。

三、法律作用的两重性问题

法作为人造的规范有良恶之分。作为工具,它所达到的目的有当与不当之别。即使所要达到的目的是良善的,作为工具还有一个工具合理性问题,一个不合理的工具的结果可能会与欲达之目的适得其反。所以,法的作用有正负之别,由此而产生法的作用评价问题。在这方面,占主导地位的观念是两分法:剥削阶级法特别是资产阶级法是反动的,只有阶级统治作用,言下之意是绝对的恶,而社会主义法就只有正作用。这种看法将法的发展阶段与法的作用混为一谈。对法作用的阶级两分法在实践上的结果一是排斥市场经济立法,抵制自由民主的立法;二是使法理失去对现实法律的评价能力。

法律作用的两重性指法律实际作用的两种倾向或后果:积极作用、消极作用或正作用、负作用。正作用指法律满足主体的需求或达到预期目标,负作用指法律未满足主体的需求或未达到预期目标,并对主体造成了损害。例如,统治者欲用严刑巩固统治,结果却带来社会普遍不满而有损其统治的合法性;立法者欲用法促进生产,结果反而适得其反;某法原为了减少社会浪费,结果却带来了更大的浪费等等。

对法的作用作出合理的科学的评价是个复杂的问题,它受到几方面的干扰。首先,主体价值观的干扰。评价是主体对客体的评估,评价难免受到主体价值观的影响。其次,法律作用结果多样性的干扰。同一法律有不同的社会作用,其中某些作用结果满足了主体需要,而另一些作用结果却正相反。例如,破产法一方面解决了破产而产生的债权、债务问题,同时却可能带

[4] 说得最明白的是《管子·任法》中的话:"夫生法者君也,守法者臣也,法于法者民也。"

来失业问题。再次,预期目标的不相容性。法律要达到的数个目标间有时会相互抵触、难以两全。例如,竞争与社会公平、自由与秩序等等,站在不同侧面对法的作用的评价结果可能会产生不一致。

我们这里只能讨论法律的整体社会作用的评价问题。理论界常常提到的标准有两个:一是统治秩序标准或政治标准;二是生产力标准。第一个标准是从部分人的角度而不是从社会全体立论,有较强的主观性与私利性;生产力标准是针对上述政治标准的偏差而提出来的,它起到了极其重要的纠偏作用,比政治标准要合理得多。但是,许多法律是无法与生产力挂钩的,例如婚姻法、环保法、各种保障人的自由与权利的法等等。而且,人类绝不单纯是物质意义上的人,人还有人格、精神意义上的存在,法律尤其要维护人的精神意义上的存在。如此看来,则生产力标准不能作为评价法律作用的唯一标准是显然的。我们认为,评价法律作用的标准应当是人的自由,是社会文明程度的提高,其可识别的标志是权利保障程度。

对法作用的不同期待常常会对政治形态产生反馈,或者毋宁说,不同的国家形态产生不同的法的作用。米尔伊安·R. 达玛什卡(Mirjan R. Damaska)在《司法和国家权力的多种面孔》一书中构建了两种理想型的国家,一种是国家作为管理者,因此,司法活动的目的是要实现政府的规划和实施政府政策。另一种国家只是为社会的自我管理和民众的活动提供一个基本框架,在这种背景下的司法活动的目的是要解决纠纷。〔5〕 毫无疑问,后者有利于人权的保障。法律的不同作用最终将对社会伦理产生不同作用。“如果你们使法律成为所有公民的自由和财产权的保障,如果法律就是公民个人正当自卫权的组织化,那么,你们就会在公正的基础上,建立起一个合理、简朴而经济的政府……相反,如果你们使法律成了个别人或阶层为了自己的利益而进行掠夺的工具,那么,每个人都会竭力去操纵法律……一切伦理都将毁灭……所有人的良心中已没有正义与非正义之分了。”〔6〕

最后需要指出的是,法律的作用是建立在“规则治理”之上的,并不是所有的被称为“法律”的东西都可以实现法律的作用,也就是说,发挥“法的作用”本身对法律有一定的要求。什么样的“法律”才能真正发挥“法的作用”? 富勒的“法律的内在道德”思想值得重视。〔7〕 在人治社会中,许多非规则的文件、命令实际上在发挥作用,它的实际是行政专横,而不是规则治理意义上的“法的作用”。

四、法律控制地位的演进

法律的特殊作用是限制不正当暴力,使暴力规范化,正当化,以保证社会的统一和人起码的权利。社会的发展是社会日益摆脱任意走向规范化的过程,也是人逐步摆脱对人的服从而大家走到规范之下的过程,是人的自由日益得到保障的过程。因此,社会进步的重要表现就是权力专横作用的降低和法律作用的提高。从法律来到人间至今,法律的控制地位经历了三个阶段。

---

〔5〕 [美]米尔伊安·R. 达玛什卡:《司法和国家权力的多种面孔——比较视野中的法律程序》,郑戈译,中国政法大学出版社2004年版,第145～269页。

〔6〕 [法]弗雷德里克·巴斯夏:《财产、法律与政府》,秋风译,贵州人民出版社2003年版,第294页。

〔7〕 参见[美]富勒:《法律的道德性》,郑戈译,商务印书馆2005年版,第53页以下。

（一）从属阶段

在这一阶段法律从属于宗教、道德，或从属于政治暴力。在原始法阶段，法律与宗教、道德难以分离，法律常常成为宗教和道德的工具。在国家法产生的早期，法律常常成为政治权力的附属物，成为统治者手中的统治工具，正因为是"工具"，所以统治者可以用之，亦可弃之；有用时用之，无用时弃之，转而求助于赤裸裸的暴力。例如，我国春秋时代"议事以制，不为刑辟"，这里的"制"即统治者临时的命令，"刑辟"即为法律。更严重的是兵刑不分，所谓"大刑用甲兵，其次用斧钺，中刑用刀锯，其次用钻凿，薄刑用鞭扑，大者陈诸原野，小者至之市朝"。[8] 至春秋时期，法才逐渐有独立的倾向。

（二）独立阶段

独立阶段，即法律成为独立的规范体系的阶段，法律趋于成熟，形式化程度提高，成为独立的控制手段。此时的法律以成文法为主。古希腊罗马在公元前5世纪左右实现了这一转变，在中国，大部分学者认为独立于汉代。春秋战国时期的礼法之争就是这一社会过程在观念上的反映。当然，法律独立于政治权力比法律成为独立的规范体系更晚，更难实现，那要到第三阶段才能实现。

（三）法治国阶段

法治国阶段是法律取得至上地位，立于社会控制系统之首的阶段。此时的法律不但独立于宗教、道德，更重要的是战胜了政治权力。这里的"法治国"不是帝王或其他什么人手持法律治国，而是法律的效力及于所有社会主体，权力被关进法律的"笼子里"。

第二节　法律的规范作用和社会作用

法律的作用主要可以从规范作用和社会作用去认识。规范作用与法律的规范性相关，社会作用则是法律对社会系统的功能。

一、法律的规范作用

法律的规范作用指法律对人们的行为加以规范、指导、划一的作用，或因法律的规范性而具有的作用。思想史上各家都承认法律的规范作用，我国墨家就将法律比之规矩、绳墨，对此作出最大贡献的当属规范法学派，英国牛津大学研究员拉兹（Joseph Raz）对各种规范作用进

---

〔8〕《汉书·刑法志》。

行了详细研究。[9] 规范仅仅是对"小民"的规范还是包括对"治者"的规范?历来有两种看法和做法。在专制国里,帝王、统治者拿规范去"规范"被统治者,自己则超越于规范之上;在法治国里,天下一体受"规范",特别是统治者必须依规范取得地位,依规范进行统治,依规范负责,依规范下台。我国古代占主导地位的思想是前者,西方规范法学派所谓规范,只是指后者。一般认为法律的规范作用包括指引作用、评价作用、教育作用、预测作用、强制作用。下面分述之。

(一)指引作用

指引作用指法律作为社会规范,指引人们选择行为的内容及其方式的作用。法律告诉人们何者可为,何者应为,何者禁为,告诉人们的可能行为的法律后果,从而对决策过程产生影响,进而影响人们的行为。法律指引的方式有两种,第一种是确定性指引,这是通过规定可能行为的不良后果,要求人们必为某种行为或抑制某种行为,内容是确定的。即通过设定义务或职权的方式予以指引。第二种是选择性指引,指法律规定可以选择的行为方式,可能行为的有利后果,由行为人自主选择对自己有利的行为方式,此即通过授予权利的方式予以指引。

(二)预测作用

预测作用指法律有预知行为的可能结果的作用。法律作为规范,它确定了行为与后果之间的联系,成为人们预测社会后果的工具。这种预测一般包括:(1)某种行为在法律上能否成立的预测;(2)关于对方可能反应的预测;(3)对法官可能判决的预测。

法律的预测作用是建立在法律的可预测性之上的。法律的可预测性是指法律所规定的一定的事实与结果之间的联系作为主观的要求转变为客观的联系,而这一转化过程是人的选择的过程。因此,这一转化不是必然的,而是盖然的。也就是说,法律的预测作用是建立在盖然性之上的,这决定了法律的预测作用是有限的,而法律没有预测作用则表明法律失效。

(三)教育作用

教育作用是法律通过其本身的存在以及运作产生广泛的社会影响,教育人们弃恶从善,正当行为的作用。我国先贤所谓"明刑弼教"、"以法为教"、"刑期无刑"、"禁一奸之恶而止境内之邪"都是指法的教育作用。法的教育作用可分为静态法现象的教育作用和动态法现象的教育作用两大类。静态法现象的教育作用即法作为原则、规范所包含的价值本身所具有的教育作用,此时法如教科书。例如,法律中所包含的忠、孝、节、义、平等、民主等观念对社会有教育作用。这是历代统治者都十分重视的。明代朱元璋将大诰广为印发,家藏大诰一册成为减刑之条件。当代广为开展"普法教育",学校开设"法律基础",就是为了充分发挥法的教科书作用。动态法现象的教育作用指法律运作过程对社会的影响。这种影响主要指:一般人群的守法行为对个体的感染作用,法律运作机构对违法者的处罚和对受害者的补救产生的惩戒、威慑和感化作用。需要注意的是,现代法律的教育作用不应当以牺牲人的尊严为代价,不可展示受

[9] 参见沈宗灵:《现代西方法理学》,北京大学出版社1992年版,第十三章。

处罚者的痛苦,不可污辱被惩罚者的人格。[10]

(四)评价作用

评价作用即法律作为规矩、绳墨、权衡、尺度给人们提供评判,衡量行为的是非、善恶的标准的作用。由于价值标准的差异和自身利益的干扰,人们区别是非、善恶的标准相差悬殊,法律超越于个体差异之上,提供一个共同的标准。这些标准有些是原则的,有些则是具体的。前者如法律原则,后者如各种法定技术性指标:大气污染指标、噪音标准、核污染标准、食品卫生标准、饮用水卫生标准等等。

(五)强制作用

强制作用指法律以物质暴力制止恶行、强制作为,并迫使不法行为人作出赔偿、补偿或予以惩罚以维护法律秩序的作用。法律的强制作用是法律生存的最后屏障。法律的强制作用通常包括:(1)强制社会主体作出某行为或抑制某行为。强制作为是法律规定强制性义务,义务人必须完成,如不作为则强令为之,例如强制服兵役、强制纳税、强制履行契约、强制执行判决文书等等。强制不作为是法律规定了一般禁止性义务,社会主体不履行,则法律确定的公权力可以强制制止某作为,例如制止正在实施中的犯罪、制止闯红灯、制止扰乱社会治安的行为等。(2)强令对他人或社会遭受的损失予以赔偿或补偿。(3)对违法者予以制裁。

二、法律的社会作用

法律的社会作用是相对于法律的规范作用而言的,指法律对社会和人的行为的实际影响。英国法学家拉兹将法的社会作用又分为直接作用和间接作用。进而把法的直接作用归纳为预防和鼓励行为、为私人安排提供便利、提供服务和分配财富、处理未规定的争端四种第一位的作用和改变法律程序、执行法律程序两种第二位的作用。[11] 美国综合法学派学者霍贝尔则将法的基本作用(功能)归之于维护秩序:安排人际关系、设定权力、处理案件、在生活条件变化时重新规定个人和集体间的关系等。[12] 国内法学界通常以法律社会作用的领域将社会作用分为社会、政治、经济、文化四个方面。我们侧重从法律满足的主体的角度对法的社会作用进行分析,这样可将法的作用分为法对社会整体的作用、法对社会集团的作用、法对个人的作用,这三者相互联系但具有相对独立的内容,法对个人的作用核心就是权利保障,将在相关章节论述,这里略而不论。

(一)管理公共事务

任何社会要生存下去,都必须对社会公共事务进行管理,法律最初产生的原因之一就是维

---

〔10〕 在文革及其以前,当众拷打、挂牌游街、戴高帽子、当众坦白甚至当众枪毙的非人道做法很普遍,改革开放以后有了质的进步。但是侵犯人权的所谓"惩罚"在一些地方还是存在。例如,性工作者游街、开大会"宣判"等等。就在2016年3月16日,四川阆中市人民法院还举行公开宣判大会,8名讨薪农民工分别被判处6至8个月不等有期徒刑。载荆楚网,http://news.cnhubei.com/xw/gn/201603/t3572073.shtml。

〔11〕 参见沈宗灵:《现代西方法理学》,北京大学出版社1992年版,第212页以下。

〔12〕 [美]霍贝尔:《原始人的法》,严存生等译,贵州人民出版社1992年版,第244页。

护社会秩序,使社会免受赤裸裸暴力的危害。我国古代的许多法律规定与管理公共事务有关。社会越进步,法律对社会整体的作用越重要;法律的科学化、民主化、理性化程度越高,其管理社会公共事务的作用越明显。这方面的主要作用包括安排人际关系,解决纷争,发展生产、水利建设、交通运输、文教卫生,保护环境和资源,维护公共生活秩序,控制或发展人口等等。

现代法律对社会整体起着前所未有的重要作用,其任务主要包括:(1)维护社会整体利益和公共生活秩序,例如保护生态环境,保护自然资源,制止各种反社会行为,保障社会安宁,反对恐怖活动,制止侵略战争,维护人类整体利益等;(2)对经济和社会整体发展予以规划和指引;(3)对经济和技术发展带来的不良后果予以控制,例如对颓废文化的控制、制止吸毒等等;(4)对不测事件的受难者予以救济和各种形式的社会保险。例如对自然灾害的受难者予以救济和各种形式的社会保险。

(二)阶级性作用

1949年以后,法律长期被视为阶级镇压的工具,改革开放以来,“阶级镇压”逐渐演变为“阶级统治”、“调整阶级关系”,这种法作用观是阶级意志法本质论的演绎结果。作为一种观念,它与我国古代“以法御民”观念一脉相承。在法治成为共识的今天,认识法律的阶级性作用应当注意:(1)阶级性作用只与法律发展的一定历史阶段相联系;(2)即使在阶级对抗时代,法的阶级性作用也只与部分法有关;(3)在法治社会里,法律的阶级性作用已经不具有合法性。因为维护阶级特权的法律有违法治的基本原则——法律面前人人平等原则,也违背我国《宪法》第33条的规定。同时,我国是联合国的五个常任理事国之一,应当尊重联合国宪章和《世界人权宣言》,我国也已经签署了《公民权利和政治权利国际公约》,应当接受这些世界人权法的规约。既然如此,人人具有平等的法律人格就应当是我国法律的精神所在,法律为某一阶级谋利的传统在当代中国已经不具有合法性。

三、法律社会作用和规范作用的关系

法律的规范作用与社会作用不是同一层面上的问题,法律的规范作用是指对法律作用的方式而言,法律的社会作用是指法律发生作用的对象。法律的规范作用是中性的,只要有法律,它就有规范作用,法律的规范作用是法存在的方式,也是法律社会作用实现的方式。法律的社会作用则要受到规范作用的评价。第一,法律的社会作用只有通过规范作用才能实现,这是由法律的特性所产生的,具有必然性。因为法律本身是一种“规范治理的事业”,破坏了法律的规范性,法律不产生规范性作用,则同时破坏了法律的“工具有效性”,法律的社会目的也将无法达到。第二,法律的社会作用只有通过规范作用才具有正当性,这同样基于法律的规范性。违反法律的规范性而去实现法的社会目标,就违反了法作为法应当具有的内在属性。在这方面,美国法学家富勒讲述的“雷克斯国王的寓言”值得我们深思。[13] 现在,中国的司法实务界产生了一种强烈的“非规范”思潮,它主要表现为“社会结果”的优先性考量,强调“案结事

---

〔13〕 参见[美]富勒:《法律的道德性》,郑戈译,商务印书馆2005年版,雷克斯国王改革的寓言见该书第40页以下。程序自然法理论见该书第53页以下。

了”式的解决纠纷。此种司法的合法性姑且不论，这种以牺牲法的规范性为代价追求短期社会目标的做法无疑是杀鸡取卵，对社会主义法治国家建设危害很大。

第三节　法律作用的限度

法律作用的不断提高是法律史的主流，但是法律作用的提高并不意味着法律无所不能，法律的作用有其客观限制。从主体需要同实际可能间的矛盾来看，有效立法受到社会条件的限制，超过此限度，法律将会因不堪重负而趋于无效；从法律的正当性来看，法律应受到道德的限制，过度道德化意味着立法不良。本节只讨论前者，立法的道德限制容道德章阐述。

在这方面，人类有过“矫枉过正”的教训。17、18世纪自然法观念的传播，使法治观念深入人心，人们企图用法律规定人类生活的所有方面，最终碰壁。典型的是1794年的《普鲁士普通邦法》，它的雄心在于预见一切可能的偶然情况，将法律规范的触角延伸到无微不至的家庭生活琐事，以致妨碍其运作。此法被戏称为“法律自大的纪念物”。全面对法律的限度作出研究的当数美国法学家庞德。他在20世纪初即提出法律作用的一些界限，而后不断加以补充。法律作用的主要限制有以下五个方面。

第一，法律仅能涉及人的外部行为，不能也不该涉及人的思想。法社会学家们强调强制干涉思想的无效性，因为人的思想只有表达出来才与社会有关，才是社会行为，才受制于社会。法律强制干预人的思想只能使自己难堪，此即“不能干涉”。法哲学家则认为思想是绝对自由的，用强制手段干扰人的思想、统一思想是不道德的，此即“不该干涉”。马克思曾说过：“只是由于我踏入现实的领域，我才进入受立法者支配的范围。对于法律来说，除了我的行为以外，我是根本不存在的，我根本不是法律的对象。我的行为就是法律在处置我时所应依据的唯一的东西，因为我的行为就是我为之要求生存权利、要求现实权利的唯一东西，而且因此我才受到现行法的支配。可是，追究倾向的法律不仅要惩罚我所做的，而且要惩罚我在行动以外所想的。所以，这种法律是对公民名誉的一种侮辱，是一种危害我的生存的法律。”〔14〕可见干涉人的思想的法律在“有效性”和“正当性”两方面都存在问题。干涉思想可能得逞于一时，从长远的角度来看都将无效，例如中世纪教会对哥白尼学说的禁绝、希特勒对自由民主思潮的打击等等。从正当性角度来看，强制统一思想、禁止研究、禁止和平表达是对人的尊严的侵犯，它阻碍社会的进步，是恶法。

第二，利益相互冲突，使法律不能保护所有利益。这方面的限制主要有：有些利益很微妙，容易陷入圈套，法律不能管，例如感情利益（夫妻感情、亲子关系）。取证困难，为避免伤害无辜，如无证据，只好放纵可能的罪犯或侵权人，不能保护被害者的利益。法律证据本身的缺陷也使得某些人的利益客观上得不到保障。法律证据与科学证据不同，科学证据是完全客观的，

〔14〕［德］马克思：“评普鲁士最近的书报检查令”，载《马克思恩格斯全集》（第1卷），人民出版社1956年版，第121页。

而法律证据却允许有主观的成分,例如证人证言。尽管法律要求达到完全"实事求是",但有时是无法达到的:证人不愿作证,作伪证、错证,或客观证据的消失,允许推定证据。正由于此,法律设立时效制度,过了一定时效的利益,法律不加保护。冲突的利益不能两全,法律只能保护其中之一,例如:一方诉请离婚,他方不愿离婚,法律保障了离婚自由就不能保障他方不离婚自由,反之亦然,法律只能选择其一。这从一个侧面告诉人们,要求法官做到"两造皆服"是荒唐的。

第三,法律的精神属性产生的限制。法律是一系列规范和原则的集合体,它是价值的外化,以精神形态存在,它本身不能直接作用于社会,正所谓"徒法不足以自行",它必须借助行政行为和司法行为才得以贯彻,因此受到行政机关和司法机关行为的影响,这使得法律不能保护它应当保护的所有利益。当行政行为和司法行为偏离法律时,法律保障的许多利益必将受损,一旦两者失控则法将不法了。非但如此,法律有时还可能保护了侵害者。例如,"谁主张谁举证"是重要的法律原则。如果因为相互信任而发生了借款关系没有写借据,万一当出借人诉诸法律而没有证据时,依据"谁主张谁举证"的原则,只能判原告败诉。

第四,法律救济程序启动的被动性导致的限制。大部分法律救济行为必经社会主体的起诉方得以启动,通过审判后予以救济。如果当事人或国家公诉人不起诉,或者法官不受理诉求,则救济程序就无从启动,被害人的利益和被损害的社会利益均将无法得到保护。

第五,法律难以扭转惯常行为方式。法律很难纠正人们的惯常行为方式,特别是作为长期历史积淀的陋习。例如印度年青寡妇自焚的习惯,中国农村的迷信陋习、赌博陋习等等。当然,法律难以纠正惯常行为方式不能成为立法中保留陋习的借口,对于严重侵犯人权的落后习俗,法律应当与之作坚决的斗争。例如,现代法律不能向奴隶制、多妻制、包办婚姻、寡妇自焚、女孩缠小脚等恶习妥协,虽难亦必纠正之。

讨论题

1. 评价法律作用会受到哪些因素的干扰?其应有的评价标准是什么?
2. 什么是法律的规范作用?它具体表现为哪些形式?
3. 什么是法律的社会作用?法律管理公共事务的作用表现在哪些方面?
4. 如何认识法律的阶级性作用?
5. 为什么说法律的作用是有限的?如何正确认识法律作用的局限性?

延伸阅读

1. [美]罗斯科·庞德:《通过法律的社会控制》,沈宗灵译,商务印书馆1984年版。
2. [英]约瑟夫·拉兹:《法律的权威》,朱峰译,法律出版社2005年版。
3. [德]卢曼:《社会中的法》,李君韬译,台湾五南图书出版股份有限公司2009年版。
4. [奥]卡尔·伦纳:《私法的制度及其社会功能》,王家国译,法律出版社2013年版。

延伸思考

1. 法律的规范性对法律的“应有作用”提出了什么要求?
2. 法律作用与政体有何关联?

第八章　法律与社会

民众对权利和审判的漠不关心的态度对法律来说，是一个坏兆头。

——[美]罗斯科·庞德《普通法的精神》

法律必须被信仰，否则它将形同虚设。

——[美]伯尔曼《法律与宗教》

法律是社会的存在物，它不可避免地与其他社会现象存在关联。法是社会结构的一部分，法律与其他社会现象的关系实为法律的社会存在形态。“法律与社会”是一个关系性命题，主要的研究进路有：(1)因果关系维度，这是一种“科学”的描述方法，解决关系“事实上怎样”，例如，经济与法律在发生学意义上的关系，谁是第一性的，谁是第二性的；(2)功能关系进路，即法与其他社会现象在功能意义上的关系，这一进路可以是描述事实，也可以是应然功能关系的评价与建构；(3)法经济分析，分析法的经济成本与经济效益问题；(4)司法中的利益衡量进路，研究利益衡量在法律衡量中的意义及限度问题。本章采用描述与评价的双重方法，讨论法律与经济、法律与政治、法律与道德、法律与宗教、法律与意识等问题。

第一节　法律与经济

一、经济概念辨正

经济是个多义词，例如，政治经济学中常专指生产力、生产关系、生产方式，国民经济各生产部门，生产、流通、消费的过程，人、财、物等各种经济形态等等。“法律与经济”命题中的经济指经济总体，或经济基础。法学界通常将经济基础界定为生产关系的总和，即生产资料归谁所有，人们在生产中结成的关系以及分配关系。这种来自苏联的观点误解了马克思主义的经济基础这一基本概念。恩格斯在 1894 年致符·博尔吉乌斯的信中非常明确地指出，经济基础不但包括我们通常所理解的那种“关系”,还包括技术装备、地理基础、以往经济的残余与外部环境。[1]这是恩格斯晚年总结历史唯物主义的基本原理,纠正人们对这一理论的误解而提出来的,它准确表达了相对于上层建筑的“经济基础”这一概念的含义。“经济基础”之“经济”实包括了一切经济现象,其含义为“经济是基础”。另外,对经济空间的理解还要摆脱民族国家的一隅之地,面向全球经济。对经济资源的理解也要走出单纯的土地资本的局限而加入知识成分。将经济基础理解为仅仅是“生产关系”总和的理论,实为建国几十年来“不断变革生产关系”、“不断革命”实践的理论基石,也是法学领域绝对统治阶级意志论、工具论等观念的理论依据,应当彻底摒弃。下面我们将在以上恩格斯界定的经济概念的基础上讨论法律与经济的关系。

二、法律与经济的互动关系

经济与法的关系在学术界主要有三种观点:一是否定法与经济的关系;二是认为法律创设了经济关系,改变经济关系;三是用经济关系说明法律,或经济决定法律。

否定经济与法律关系的观念是人类早期思想。用单线式的决定、被决定方式解释法律与经济的关系也违反社会整体联系的实际,因此也已被大多数法学家所抛弃。恩格斯晚年对此有过多次论述。在恩格斯看来,上层建筑的许多方面(他特别提到宪法)对历史进程具有决定作用。从1890年直到1895年,恩格斯多次提到“相互作用”的观念。他说,“这里表现出一切因素间的交互作用”,在同一封信的末尾他又一次提到“交互作用”。一个月以后,他在另一封中再次提到“相互作用”,在他永远搁下他的战斗的笔的前一年,他又提到“互相作用”,告诫“要始终注意到总的联系”。[2] 可惜的是,恩格斯的这些重要论述在阶级斗争为纲的思维定式下被筛选掉了,直至今天还没有引起人们的足够重视。

经济对法的作用主要表现在以下几方面:(1)部分法律的内容是由经济决定的,部分法律的内容是受经济发展阶段影响的。法律规范中的民商规范来自经济规范,是对经济规范的确认与改造,当然也有创设。有些法律虽不是由经济决定,但深受经济发展阶段影响。例如全民平等的宪法与工业经济存在相关关系,经济的发达导致对人权的重视和刑法中的轻刑化等等。(2)法律的发展受经济发展的影响。从法律时代的转换来说,古代法与农业经济相伴,现代法与工业经济共生,而世界法则与工业高度发达的知识经济与全球经济匹配。不过应当注意的是,法对经济的作用是在大尺度的历史时段上讲的,短期的经济量的增长并不能导致法的进步。例如,希特勒统治时期是德国经济高速增长时期,同时也是法律黑暗时期。

在狭隘的单线式的阶级斗争为纲的经济决定论氛围中,法律对经济作用的重要性常常被

---

〔1〕 参见[德]恩格斯:“恩格斯致瓦·博尔吉乌斯(1894年1月25日)”,载《马克思恩格斯全集》(第39卷),人民出版社1974年版,第198页。

〔2〕 恩格斯说:“我们视为社会历史的决定性基础的经济关系,是指一定社会的人们用以生产生活资料和彼此交换产品(在有分工的条件下)的方式说的。因此,这里面也包括生产和运输的全部技术装备。这种技术装备,按照我们的观点看来,同时决定着产品的交换方式以及分配方式,从而在氏族社会解体后也决定着阶级的划分,决定着统治和从属关系,决定着国家、政治、法律等等。此外,包括在经济关系中的还有这些关系赖以发展的地理基础和事实上由过去沿袭下来的先前各经济发展阶段的残余(这些残余往往只是由于传统或惰力才继续保存下来),当然还有围绕这一社会形式的外部环境。”参见[德]恩格斯:“恩格斯致瓦·博尔吉乌斯(1894年1月25日)”,载《马克思恩格斯全集》(第39卷),人民出版社1974年版,第198页以下。

忽略,人们只强调法律被动、消极地被经济决定的一面,没有看到法律有创设经济关系甚至决定经济命运的作用。法律对经济作用的强度在不同的社会发展阶段有所不同。在早期社会里,法律主要是被动地适应经济,人们通过法律变革经济的自由空间和能力很小。随着社会的发展,这种自由空间和能力步步提升。法律对经济的作用通常表现为如下方面:(1)对产权制度、经济组织规则和经济纠纷的解决规则等经济运行的基本规范加以确认,从而在整体上影响经济运行。(2)对经济利益作出调整、分配,从而影响经济发展。这主要是税法,通过税法对经济利益作第二次调整,也可以通过规定最低工资制度,甚至统一规定工资、价格等来实现对经济的干预。(3)为经济发展提供稳定的社会环境。这类法律主要是刑法和各种社会法。例如有关养老金的法律,社会保险法、医疗保险法、失业救济法、济贫法等等。

二十年来,我国的经济体制改革主要是一场变法以改变经济结构和经济运行的社会改革运动。法律对经济体制改革的促进作用主要是:(1)为经济体制改革创造必要的社会条件;(2)确认经济体制改革的成果,加以推广,将局部地区经济改革的成果加以规范化、法律化,使之成为新体制的组成部分;(3)用法律创设新的经济关系,完善市场经济规范,深化经济体制改革;(4)抑制人治对体制改革的冲击,防止新的"大跃进"式的经济调整。

三、法与科技

作为生产力要素的科技指自然科学与技术。自然科学指关于各种自然现象及其规律的知识体系,技术泛指根据自然科学原理和实践发展而成的各种工艺操作方法与技能。科学技术是生产力。

(一)科技对法的作用

科学技术对法律的作用也可以分为直接作用和间接作用。

1. 科学技术对法的直接作用

科学技术对法律的直接作用指科学对法律的物质影响,即科学技术本身对法律的内容,对立法、执法、司法过程的作用,可以分为三个方面。第一,科学技术的发展不断提出新的法律问题,丰富与改变了立法。例如网络需要法律规制,基因植物的管理,干细胞研究的管理。最近,取名"辛西娅"的第一个人造生命的诞生可能会催生一系列新的法律。第二,科学技术大大丰富了法律的内容。科学技术改变了人类的生活方式和社会组织,形成了许多新的社会关系、由此催生了许多新的社会规范,法律对这些新的关系和规范加以确认就形成了新的法律部门或产生了新的单行法规。第三,科学技术导致法律内容的更新。这方面的改变主要表现在:权利义务体系的改变;法律责任原则的改变;科学技术的发展大大改变了立法、执法、司法和法学研究、宣传、教育等法制运转过程,例如远程审判。第四,科技对行使权利的方式也产生了影响。

2. 科学技术对法律的间接作用

科学技术对法律的间接作用指科学技术通过对法律意识、法律方法论方面的影响而间接作用于法律。第一,科学技术对法律意识的影响。例如,在技术不发达的古代,法即刑的观念有很大市场;18、19世纪自然科学的发展导致自然规律被发现,将法律看作社会规则的观念便产生了;通讯技术、交通设备的现代化使法律信息传递速度加快,这使法律时效观念大大加强;

国家间相对距离的缩短,法律文化间的相互影响加深,法律是人类统一理性的观念得到更广泛的传播;科学发展技术进步使人的素质大大提高,人们更看重人的价值,所以权力崇拜观念日益为法治观念取代,法律中的人文主义色彩更浓;科学技术的发展也直接导致国际法权威的提高。第二,科学技术对法律方法论的影响。自然科学的突破对法律方法论产生的影响不能低估。现代信息论、控制论、系统论的诞生已对法律方法论产生了重大影响。新的技术进步为处理复杂的法律技术提供了技术手段。例如,对法律草案试验结果的鉴定、改造罪犯新措施试点对比,就是生物学中分组对照控制试验在法律实践中的应用。

(二)法律对科技的作用

法律对科技发展的作用也是巨大的。法律对科学技术的作用也是双向的,良好的法律会推动科学技术的发展,不良的法律会严重阻碍科学技术的发展。我国古代法中禁止公民从事天文历法研究的规定是我国天文学落后的直接原因。西欧中世纪禁止异端,排斥日心说也直接延缓了科学的发展。总的来说,农业社会的立法害怕变革,统一思想。禁止不同言论是科学进步的大敌。现代立法在下述几方面促进科学技术的发展。第一,法律为科学技术的进步创造了良好的社会环境。没有安定的社会环境科学技术的发展是不可能的,更重要的是,科学技术的发展需要自由、宽松的社会环境,需要对科学研究的自由、言论自由予以充分的法律保障。正像科学社会学家巴伯在20世纪50年代早已阐明的:"如果没有一个把社会价值置于'批判理性'之上的社会",科学要取得已有发展是绝对不可能的。""科学的幼芽扎根于人类那根深蒂固的、永不停息的尝试之中。"第二,法律用立法手段促进科学技术进步。其一,法律用立法保障科学技术经费来源,确定科学技术方针、政策,甚至国家组织重大科技攻关。苏联的宇宙飞船载人计划、美国的曼哈顿计划和阿波罗计划的实现是典范,我国的原子弹爆炸、飞弹升空更是国家行为。其二,制定科学法规定科研机构的设置、组织原则、科研组织的法律地位、权限、职能和活动方式。其三,保护和鼓励发明创造,维护科研秩序,促进科学技术尽快转化为生产力,提高科技效益。其四,用立法保障科技人员出国深造,调整国家间的科技合作等等。第三,用法律手段限制科学技术可能给社会带来的副作用,促进科技的健康发展。例如新的生育技术、克隆技术、转基因技术给人类带来便利,但其滥用则可能给人类带来意想不到的危险,其中克隆人更给传统伦理观念、家庭观念等带来冲击。应当用法律加以指引、限制,发达国家已有立法先例。

第二节　法律与政治

政治是个多义词,在不同的文化氛围中政治的含义相差极大。在古希腊人眼里政治与民主、与协商不可分,在现代西方学者眼里政治与法治不可分:"具有统治权威的公共法律体制对自己的权力进行限定,唯有在这样的条件下,政治才能存在。”[3]在我国,则政治与专政(专制)、与压迫不可分。我国“文革”时期把相互整治甚至武斗叫政治,改革开放以来发展经济成为最大的政治等等。我们这里讨论法律与几种政治现象的关系。

一、法律与国家

不同时代、不同价值观的人有不同的国家观念。古代国家观均重权力,即使在民主的古希腊,人们也认为国家是“权力意志”。我国古代家国不分,国家都是统治者的私产。依我国古代观念,国家由三要素组成:土地、人民、社稷。人民与土地和牲畜一样是统治者的私产,至于社稷,那是合法使用暴力的依据。所以从实质上看,国家是暴力:“国之所以重,主之所以尊者,力也。”(《商君书·慎法》)。“人的共同体”、“国际社会平等一员”这样的国家观念,在西学东来之前是绝对没有的,即使在今天,它也常常被视为异端。

当今世界上流行的国家观念主要有五类:(1)工具说:国家是达到某种目的的工具。有人把国家定义为为人民服务的工具,也有人把国家定义为为部分人谋利益的工具。例如,马里旦的国家是为人民服务的工具论,狄骥的统治工具论以及我国流行的阶级统治工具论等等。(2)制度说:国家是一种政治制度。(3)有机体说:国家是一种有机体。(4)工团国家说:每一行业的工人和资本家组成联合体,由资本家指挥,直接受国家控制,罢工、停业均遭禁止,国家至上,此说为法西斯理论。(5)人民即国家说:国家是政治上组织起来的人民,此说在西方民主国家很流行。此外,还有一种将国家与法律视为互为表里的理论,例如博丹认为国家是对众多的家庭人员和家庭所属人员实行法律的治理,[4]此说在民国时期和当今台湾地区颇有影响。(6)法律即国家:凯尔森在《法与国家的一般理论》中提出法律、国家的一元论,他将国家的组织构成看作为法律中所规定的强制性规范,从而认定法与国家的不可分性。此说用法律来定义国家,是地地道道的法治国家说。

我们认为国家是一种高度发达的政治制度。从法学上说,国家作为政治制度有两个指向,一是指特定时空中的人在法律下的组合,此种组合体有资格成为国际社会的一员。这种意义上的国家的法律表现即国际法律人格。二是指这种特定人的组合体中的特殊组织:公权力组织系统,即凯尔森笔下的强制性组织规范。法学的国家观有利于“揭开国家的面纱”,国家无论在那一个意义上都是人,古代的国家是统治者,现代国家是一群人在法律下的联合,国家崇拜只是图腾崇拜的现代变种。

关于国家与法律的关系,我们强调以下三点:

第一,国家与法律发展的一定阶段相联系。法律的产生远早于国家,法律的寿命也远长于国家。原始法与国家无关,未来的世界法也与国家无涉。

第二,国家的产生与法律的发达有关。国家机关的组织离不开法律,国家职能的实现离不开法律,即使在最专制的国家,官吏也不能完全无法律统治他的臣民,国家司法权的行使更不

---

[3] [美]肯尼斯·米诺格:《当代学术入门:政治学》,龚人译,辽宁教育出版社1998年版,第5页。

[4] 转引自[苏]K. A. 莫基切夫:《政治学说史》(上),中国社会科学院法学研究所编译室译,中国社会科学出版社1979年版,第153页。

能没有法律。随着社会公权力不断扩大,有关公权力的法律也就发展起来,当公权力发达到一定程度,我们可以称这个特殊的人类组织为国家。

第三,在国家法阶段,法律与国家不可分离。国家是法律生成的主要(不是唯一)力量,在法的执行和司法中国家成为主导性力量。

国家具有对内和对外双重存在,与此相应,现代国家负有国内法和国际法的义务和责任。就对内存在而言,依据法律的遵守程度可以将国家分为人治国与法治国。人治国的实质是强力统治,权力高于法律。法治国的国家权力依据法律组成,在法律范围内活动,对人民负有忠诚义务、服务义务,并向人民负责,由人民决定去留。就对外存在而言,国家有弱肉强食的世界的一员与国际法治社会的一员两种状态。就第一种情况而言,国家没有尊重他国的义务,不承担国际责任,自然也不享受权利。这是一种国际无政府状态。作为现代世界法治社会的一员,国家是国际法权利义务的主体,因而享有国际法上的权利,例如独立权利、安全权利、外交权利、获得因国际不法行为造成的损害的赔偿的权利以及相关的诉权等等。同时国家也承担相应的义务和责任。

现代国家作为国内事务管理人应当承担的义务和责任有道德上、政治上和法律上的,主要包括:(1)保障公民权利、义务之实现,维护社会秩序,促进文明。国家必须按照法律完成这些任务,所以国家有立法的义务,不能凭任意专断统治,国家有执法的义务、司法的义务。(2)在民事关系中履行民事义务。国家为民事法律关系主体之一,在民事关系中应当以平等的身份履行民事主体的义务。例如兑现公债和履行合同的义务。应当指出,国家作为国有财产的所有人行使财产权利的行为同时也是义务,因为他是受人民之托管理人民的财产(公有财产),疏于管理或将国有财产分给官吏或其他个人所有,均为失职、滥权行为。(3)承担国家侵权行为的后果。现代国家一般要对国家机关及其公职人员的职务行为产生的侵害承担法律责任。这种责任包括行政赔偿责任、冤狱赔偿责任甚至立法赔偿责任。

现代国家作为国际法人、国际社会一员应承担的国际法责任和道义责任主要有:(1)尊重他国的义务,不得干涉别国内政,更不得发动侵略战争;(2)维护国际和平;(3)作为法人履行对他国和他国公民的民事义务;(4)在国内立法中体现国际法公认的法律原则和本国承认、签订的国际公约、条约;(5)信守诺言,承担国际不法行为的责任。

二、法律与民主

民主是十足的舶来品。无论在政治实践还是思想中,我国古代之民从未"作主",而是由别人来为民"作主",所谓民不可一日无主,正如天不可一时无日。这一点汉代大儒董仲舒说得再明白不过了:"民为言固犹瞑(昏昏然未开眼也——引者注)也……于是为之立王以善之,此天意也。"[5]有趣的是古代"民主"一词与今之含义正相反:"天惟时求民主"、"代夏作民主"[6]等语中之"民主"的含义皆为"民的主人"、"为民作主"。与此相对应,"专制"一词在古代是褒义的。"制"则"制书"之谓,是皇帝发出的文书之一种,"命"为"制","令"为"诏"。用

---

〔5〕《春秋繁露·深察名号》。
〔6〕《尚书·多方》。

今天的话来说就是规范性的命令叫“制”,非规范性的命令叫“诏”。“制”的另一含义为裁断。“专制”者,“制”的权力专属一人,这是中国古代政治的基本原则,绝对不可违反。

由此可见,民主无论作为制度还是观念均起源于西方,确切地说是雅典。在希腊语中,民主(democracy)一词由 demo 和 kratos 组合而成,demo 原为与城市相对称的乡村。公元前 509 年克里斯提尼改革重编阿提卡公民时,分城邦为 100 个 demo,后来 demo 逐渐成为城乡通用的基层社区的名称。demo 原来还指散居郊区的庶民,与城居的王族或贵族对称。随着 demo 成为一般城市基层共同体的代称,demo 便转意为公民的通称。kratos 是规范、主权的含义。可见 democracy 原意为“公民主权”或“公民政体”,相对于贵族或君主政体而言。这一词从雅典传到全世界。

雅典的民主只是“公民政体”,而不是“全民政体”,公民在雅典城邦只占人口少数,可见雅典的民主是部分人的民主。现代民主从雅典民主发展而来,除了全民享有政治参与权以外,其真谛与古希腊一般无二。据《简明不列颠百科全书》,现代民主的形式有四种:(1)由全体公民按多数裁决程序直接行使政治决定权的政府形式,即直接民主;(2)公民通过由他们选举并向他们负责的代表行使政治决定权的形式,即代议制民主;(3)在以保障全体公民享有某些个人或集体权利为目的的宪法约束范围内,行使多数人权力的政府形式,即自由民主或立宪民主;(4)任何一种旨在缩小社会经济差别的政治或社会体制,即社会民主或经济民主。《布莱克法律词典》从法学角度给民主下定义:民主是与君主制、独裁制、寡头制相区分的,由全体自由公民直接或经由其代表制度间接执掌和行使最高权力的政府形式。法国当代的法学家认为民主制度两项最基本的因素是“人民自由选择政府和政府对人权的尊重”。[7]

在我国现实生活中,民主是个多义词:国家制度、阶级统治、人民权利、与专横相对立的让人讲话的作风等等。关于民主的定义,国内法学界着重揭示民主的阶级实质,而对民主是什么则模糊不清。这样的定义不能区分雅典和斯巴达,也不能辨别希特勒和罗斯福。还有一种给民主下定义的方式是:将民主分为国体和政体两方面,指出在国体方面“民主是民主和专政的统一”,在政体方面“民主是民主和集中的统一”。我们认为这种做法违背形式逻辑:A 是 A + B,前后之“A”不能保持同一,违背同一律。且“民主”相对的“是专制”,“集中”相对的是“分散”,“民主”与“集中”如何“统一”?结合各家成功的定义和政治实践,我们给民主以如下界定:民主是与专制相对立的,人民直接或经由其代表执掌和行使最高权力的政治制度,民主的主要内容是:选举产生政府组成人员、多数裁决规则、保护少数、公民的基本权利和自由、法治。民主的这些要件是相辅相成的,缺少任何一项要素,就不会有真正的民主。[8]

民主的主要形态固然是制度民主,但是也不能忘记民主的另一种表现形态:街头民主。从民主的起源来看,街头民主常常是制度民主产生的前提,街头民主也是制度民主的力量源泉,正是街头民主促进制度民主的进化。街头民主可以批评法律,包括宪法,但是不得有暴力行为。街头民主的合法性依据是基本人权和宪法规定的基本权利,特别是表达权,政府应当尊重

---

〔7〕 [法]米海依尔·戴尔玛斯—马蒂:《世界法的三个挑战》,罗结珍等译,法律出版社 2001 年版,第 112 页。

〔8〕 现代民主概念非常多,但是其核心含义是选举与罢免领导人的权利与程序。关于民主概念的种类可参见周永坤:“违宪审查的民主正当性问题”,载《法制与社会发展》2007 年第 4 期。

街头民主,并负有保护街头民主的义务。但是,街头民主必须在法律范围内,街头民主如果溢出制度的框架,就可能对他人和社会构成伤害。应当区分街头民主与文革式的打砸抢行为。

法律与民主存在以下关系:

一方面,民主只能是法律下的民主。民主作为特殊的政治制度,是法律制度的一部分(公法制度),无法律即无民主,无法律的社会不是极端无政府主义就是极端专制。民主的核心是多数人作主,多数人作主需要一整套法律化的规范才能实现。民主的政治制度离不开相关法律的保障:宪法、行政法、刑法、诉讼法等等。

关于民主的多数决定问题,有一点必须强调:民主制度下的"多数"不是恒定的,不是按身份确定的多数,而是不确定选择的结果。在决定不同事项时,同一个人可能属多数,也可能属少数。如果制度规定部分人处于多数,另一部分人处于少数,则构成歧视与压迫,是严重违反民主原则的。所以,民主的多数决定原则是以共同体的所有人都具备平等的法律人格为前提的(古代社会的民主是将奴隶排除在外的,奴隶不是民主的主体,不是共同体的成员,奴隶只是财产)。

另一方面,法律与民主的联系不是必然的。法律可以是民主的法律,也可以是专制的法律,民主的法律不但保障民主、促进民主,其部分还是民主的内容;专制的法律则是民主的大敌。

第三节 法律与道德

一、道德与道德相对主义

汉语之"道"原为"道路"之道,"德"原与"直"、"得"通,后来逐渐具备了"外得于人,内得于己"的"道德"的含义。道德一词在西方语言中源出拉丁文 moris,英语中为 morality,原意为风尚、习俗。但是作为个人或团体的道德,却并不仅限于依风尚、习俗行事,而且在于他们认为这样做是适宜的、正当的或必须的。现代道德的一般定义正来于上述古希腊罗马人赋予道德的含义:道德是人们关于善与恶、美与丑、荣与辱、公正与偏私等的观念以及与这些观念相适应的,由人们的内心信念、社会舆论维系的行为规范的总和。

与法律一样,道德作为人类不同时期的价值载体,它的内容具有流变性,在同一社会内部,人们的道德观念也具有多元性,这是不容争辩的事实。问题是,有没有人类共同的道德?在同一社会里,是否有共同的道德观?我们认为是存在的,即道德是流变与稳定的统一,是差异性和一致性的统一。禁止凶杀、抢劫、偷盗,禁止乱伦、禁止说谎、孝敬老人、爱您的家人、帮助弱小、扶危济困等道德,任何时代都不同程度地存在着。

在有此法理学著作中,将道德的流变性和差异性绝对化,典型的表述为:社会出现了私有制,有了阶级压迫,原始社会统一的道德也就分为剥削阶级和被剥削阶级的不同道德,剥削阶级的道德同被剥削阶级的道德“截然对立”,这种道德相对主义是极其错误且有害的,它不但使社会非道德化,而且导致社会分裂。

二、法律与道德之异同

在远古时代,法律与道德浑然一体,都以习俗的形式存在,成文法发达以后,法律才与道德分化成两个体系。

在道德与法律分化以后,道德与法律具有的主要不同之点是:(1)形成的方式不同。道德观念和规范是人类长期社会生活中自发形成的,具有“自然”的色彩,而法律除了习惯法以外,主要以制定、司法审判的方式形成,更具“人定”的色彩。(2)表现形式不同。道德以风尚、习惯、舆论甚至看不见、摸不着的内心信念的形式存在;法律则以制定法、判例法、条约等形式存在。(3)适用的范围不完全相同。在高度伦理化的法律体系里,两者的范围是无法界定的。在法律发达的社会里、法律与道德的适用范围有所分工,这主要表现在两方面:法律只能管束人的外表行为而道德则既要管束行为又要干涉内心世界;有些法律管束的范围无所谓道德问题(例如许多技术性、程序性规定),有些道德问题是法律不应涉及的。即使在两者共同适用的领域(例如禁止赌博),两者也有所分工,法律只对其中严重的行为作出反应。法律与道德的适用范围表现为两个相交的圆。(4)保证实现的力量不同。大部分法律以物质强制力作为实现的保证,保证道德实现的力量是社会舆论和内心信念。

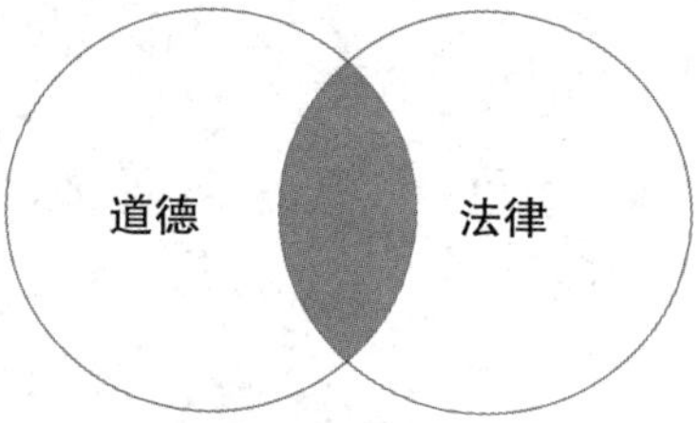

在认识到法律与道德不同的同时,我们也应当看到两者的共同点。在正常的社会里,法律与道德维护的价值基本相同;法律与道德的实现都离不开民众的认同;法律和道德两者可以相互转换。例如基本道德原则可转化为法律,长期存在的法律也可能成为社会道德之一部分。

三、法律与道德的一般关系

法律与道德关系研究的难处在于,道德本身是多元的,法律在各地也不一样,因此法律与道德的关系非常复杂,学界对此历来聚讼纷纭,德国19世纪的法学家甚至将法律与道德的关系称作“法学中的好望角”,他说:“那些法律航海者只要能够征服其中的危险,就再无遭受灭顶之灾的风险了。”[9]我们只从本体关系与功能关系上说一下两者的关系。

在法律与道德的本体关系上,也即法律与道德这两个概念之间的逻辑关系上,主要有三种看法:(1)一元论。认为法律是道德的化身,法即正义,强调法律与道德的不可分割性,持此学说者为古今具有价值法学倾向的学者,最典型的就是各个历史阶段的自然法学派。(2)二元

〔9〕 转引自[美]罗斯科·庞德:《法律与道德》,陈林林译,中国政法大学出版社2003年版,第121页以下。

论。此说强调法律是法律,道德是道德,法律不因道德而获得其“法性”。大部分实证主义者持此说,最典型的当数奥斯丁的“主权者命令说”和凯尔森“纯粹法”理论。(3)折中说。法律与道德有联系,但没有必然的联系。例如英国法学家哈特批评法律与道德的一元论,也反对法律道德二元论。他认为任何法律均会受到一定社会集团的传统道德的影响,也会受到少数人超过流行道德水平的道德的影响。但他同时认为,不能因此而说法律制度必须符合正义或道德,或法律制度必须服从某种道德或其效力来自符合某种道德,即他的法概念具有“规则排他性”,法律是一个规则体系。但是三十年后哈特在20世纪90年代出版的修订本已经有条件地承认“原则”是法律的一个因素,但是强调原则是“可以包容在承认规则”之中的。哈特身后,他的弟子拉兹、德沃金、科尔曼等将法概念的理论争论持续下去,科尔曼的理论更向自然法学派靠拢,他将拉兹的理论称为“排他性实证主义”,而他则提出“包容性实证主义”。在所谓“包容性实证主义”中,法概念进一步向道德开放。[10]

在功能关系上,法律与道德两者通常有相互促进作用。(1)道德对法律的促进作用。道德确立的基本价值是立法的向导,道德是法律正常运转的社会和心理基础,执法、守法都离不开道德。(2)法律对道德的促进作用。这主要通过两种途径:用立法手段推进一定道德的普及,通过法律实施惩治严重的非道德行为以弘扬道德原则。

当然,法律与道德有时会产生抵触或脱节:法律偏离公认的道德标准,这是立法者滥用立法权为个人为集团谋私利所致。法律深刻的道德危机将引发立法者的合法性危机,严重者将引发革命或社会动乱。除此而外,某些道德上正当的利益法律不予保护,例如取得时效,公然占有他人的财产达一定期限则取得所有权。消灭时效规定权利超过一定期限不行使而消灭,这些权益的取得和丧失均与道德不符,但是为了更高的利益:财产关系的稳定,法律对这部分正当利益不予保障。再如,大义灭亲、复仇、替天行道等等“义行”符合道德原则,但是现代法律却禁止此类行为。当然,在量刑时还是应当给予适当考量。

四、立法的道德限制

立法的道德限制可以在两个意义上讨论。一是在必然的意义上,任何立法者都受制于一定的道德观(完全无道德、为兽性所控制的立法者是不存在的),他们的立法行为不可能完全超越道德制约,同时严重非道德的立法只能是纸上的,它必然受到社会的抵制。二是在应然的意义上,遵守基本道德原则是立法者的义务,同时立法者使用法律手段时应当受道德限制。这里只讨论第二个问题。

(一)立法不应违背基本道德原则

在规范上,古代社会立法权几乎不受限制,特别是在专制制度下。东方君主“口含天宪、言出法随”,古罗马帝政时代通行的“皇帝的意志具有法律效力”原则,更是用法律格言的形式表明了立法权不受限制。在近现代民主政体之下,立法权有了新的含义:它是权力又是义务,

〔10〕 关于这一问题,有兴趣的读者可以阅读[美]朱尔斯·L.科尔曼:《原则的实践——为法律理论的实用主义方法辩护》,丁海俊译,法律出版社2006年版。

立法是立法机关履行对人民的承诺。这源于人民主权理论。根据主权在民的学说,主权在全体人民,立法权、行政权、司法权等治权均从人民主权而来,人民通过契约(宪法)委托立法机关行使立法权。因此,立法权的行使不是无条件的,它必须遵守宪法并受人民委托的目的约束:保障公民的财产、自由和安全。当代,对立法者的道德限制从实体进一步扩大到程序方面,例如,立法必须遵守正当程序,不得制定秘密法,法要明确,法不得令为不能为之事等等。如果立法者违反道德原则,即违背了人民的委托,滥用了立法权,要承担政治责任。

(二)立法推进道德的限度

立法可以推进道德,但是立法推进道德应有限度。立法者切忌追求"绝对善",追求"绝对善"的立法必然走向立法者意愿的反面。古代的立法者在这方面大多是"急性子",走过了头,特别是我国古代的伦理法:骂父母、祖父母可判重刑。现代立法一般都承认有限度。例如,英国1957年公布的《关于杀人犯罪和卖淫的沃尔夫登委员会报告》称:法律必须与社会中的普遍道德观念相一致,但"必须给私人道德与不道德留下一定余地,而这些,用简单和粗鲁的话来说:不干法律的事"。[11] 法律推进道德到什么界限为止?各国学者提出了不同的标准:(1)自由主义标准。密尔的名言是这一标准的经典表述:"人类之所以有理有权可以个别地或集体地对其中任何分子的行为自由地进行干涉,唯一的目的就是自我防卫……任何人的行为,只有涉及他人的那部分才须对社会负责。"[12] (2)坏结果标准。一个不道德行为只有产生了坏的结果才能用法律予以制止。(3)家长主义标准。严重不道德妨害了自己,为了保护人类不受非理性行为的伤害,应当用法律制止。(4)保护主义标准。只禁止公开的非道德行为,私下的不道德行为不禁止。上述四种标准各有其理由,主要解决两种非道德行为的法律责任问题:一是对他人的非道德行为,按自由主义标准,对他人产生伤害的可以限制,否则不能限制。坏结果标准给人的自由度较大。二是对伤害自己的非道德行为,按家长主义标准可以干涉,例如酗酒、吸毒;而保护主义标准(即保护公众道德感情)则只对公开的非道德行为予以制止,否则不可制止。我们认为,对损害他人的非道德行为通常将予以禁止,对于未损害他人的非道德行为的限制应当慎重,起码具备其中的一条理由方可制止:产生坏结果、伤害了自己或伤害公众道德感情。这不但为部分人超前的道德要求留下空间,为道德进化提供机遇,也是现代民主、宽容少数的要求。立法在道德上的宽容是基于对道德多元主义的承认,既然道德是多元的,就应当宽容、尊重同主流道德不一致的"非道德"行为。在这方面20世纪下半叶以来最大的进步是对性道德多元的承认,与主流异性恋相左的同性恋、双性恋不但逐步解除法禁,而且也日益"合道德"化。

对于不作为的非道德行为的法律责任问题更微妙,美国学者对此类人称为卑劣的撒马利特人(S.)。[13] 当S.坐在机场瞭望塔内看见牺牲者(V.)走进飞机发动机涡流中去时却怠予

---

〔11〕[英]彼得·斯坦等:《西方社会的法律价值》,王献平译,中国人民公安大学出版社1990年版,第178页。

〔12〕[英]约翰·密尔:《论自由》,程崇华译,商务印书馆1959年版,第10页。

〔13〕《新约·路加福音》第十章讲述了一个"好的撒马利特人"(good samaritan)的故事,他把一个受到强盗攻击、身无分文的伤者带到旅馆,并为他支付费用。因此,good samaritan在西方就成为乐善好施者的代名词;这里"卑劣的撒马利特人"指见死不救者。

警告:这不关我的事。结果导致 V. 死亡;甲板上之 S. 见 V. 失足落水将死而不肯抛下就在身边的救生圈,致 V. 溺死。类似事件在我国近年来时有发生:光天化日之下围观性暴力而不予阻止,有救助能力的船只见沉船落水者不予救助等等。大陆法系国家例如法国、德国、葡萄牙、奥地利等都规定了救助义务。《德国刑法》第 330 条 C 款规定:“在意外事故或公共危险或灾变时,对于有救助必要之人,依当时有可能加以救助,特别是对于自己并无显著之危险,且不致违反其他重要义务,而不为救助者,处一年以下自由刑,或科罚金。”美国佛蒙特州有专门的《帮助临险者责任法》,该法规定:“当人们知道他人面临严重的人身危险时,而且没有相同地位的人可帮助而不具危险,或没有特定义务人对此负责,此时应给予帮助,除非已有别人给予帮助或关心,否则处以 100 元以下罚款。”反对此种立法的人认为此种立法不道德:法律令一个“没有行为”的人承担责任,同时此类立法也会给流氓敲诈富人提供便利。我们认为,此类立法并非不道德,因为这些人并非“没有行为”,而是违反了法律规定的“作为”义务而承担法律责任。与此类似的是中国日益普遍的“不扶老”行为,是不是应当规定“扶老义务”。我认为这类立法应当慎重,它会使公民面临更多的不安全隐患,同时也难以实行。与其惩罚“见义不为”,不如立法减轻“见义勇为”的风险。

五、守法的道德义务

公元前 399 年,古希腊先哲苏格拉底以莫须有的罪名被他的同胞判处死刑,他认为这是不公正的审判。但是,当他的朋友们劝他逃离监狱反抗不公正的法律时,他却认为,当你自愿生活在一个国度的时候,你已作出了遵守法律的承诺,即使个别法律不公正,整个法律仍是保护你的利益的,如果你反抗不正义的法律,就是反抗了整个法律,这是不公正的,因而拒绝离去,最终从容就死。这向我们提出了一系列问题:公民有无守法的道德义务?公民在何种程度上承担这种义务?为什么公民有守法的道德义务?

在正常的社会里,公民事实上都认可守法的道德义务,通常的理论也不否认公民守法的道德义务。问题在于:公民为什么有守法的道德义务?古今中外的法学家们从不同的角度作出了不同的回答,主要观点有:(1)神意说:人服从神的统治,而法律是神的意志或世间的统治者(例如皇帝)按神的意志创制的,所以人民必须服从法律。(2)承诺说:当个人事实上在某个社会生活,就表明他接受了这个制度,承诺遵守其法律,如果公民反抗法律,就是违背了自己的承诺。(3)权力说:法律是国家制定的,国家享有主权,所以公民应当守法。(4)契约说:社会是由社会契约而成立的,每个公民作为缔约者,必须遵守自己所订立的契约,必须遵守法律。(5)功利说:法律体现了最大多数人的最大利益,个人从社会生活中得利,应当服从社会的法律。(6)正义说:每个人都有维护正义制度的自然义务,因而必须服从作为正义制度的基础的法律。上述学说均从某一侧面回答了问题,包含了某些合理因素。

守法的义务有无限制?即公民是否在任何情况下都有遵守任何法律的义务?还是当出现了某一条件时,公民可以解除守法的道德义务,取得反抗的权利?绝对义务说的古代形式是神意说和绝对君主主权说,其现代形式包含在持恶法亦法说的规范法学理论中。在中国古代,绝对义务说占主导地位,臣民对法律甚至不能议论和思考,只能绝对服从,否则即为犯罪。相对义务说的主要代表是近现代的自然法学派。相对义务说又可分为激进派和温和派。激进派例如启蒙思想家卢梭等人认为,非正义的法律根本不是法律,公民不必遵守。荀子也说过:“民诛暴国之君,如诛独夫。”温和派例如新自然法学派的代表罗尔斯(John Rawls,1921—2002)认为绝对正义的制度只存在于理想之中,现实中的制度并非绝对正义或绝对不正义,而且任何正义的制度都不能保证所有立法都符合正义,所以“一个法律的不正义也不是不服从它的充足理由”,是否服从法律取决于“法律和制度不正义的程度”,只要制度基本正义,对不正义的立法也有遵守的义务;同时,如果某项立法不正义达到一定程度,公民便取得了非暴力反抗的权利。我国古代也有类似温和反抗的理论。如果守法导致更大的不公正时,可以不守法。舜不告诉他的父亲就讨了老婆,违反了习惯法,但是因为如果告诉他的父亲,必不获准,这将导致更大的弊害——绝后,所以可以不告诉。

毫无疑问,绝对义务说对社会进步和法律的进化极为不利。相对义务说中的激进派适应反专制的需要,但是这种理论却对社会稳定不利。相对义务说中的温和派既为巩固民主制度提供了理论根据,同时,又适应不断变革制度的需求,是可取的。

通常情况下公民均有守法的道德义务,因为法律一般反映了秩序和正义,遵守法律自然成为内心的道德要求。在一般情况下,即使个别立法不公正,公民也要遵守,因为不遵守法律将使整个社会秩序受到冲击。但是,公民守法的道德义务不是绝对的,公民不必承担“不公正地去死”的严酷守法义务。当法律不公正到一定程度,即法律严重地侵犯公民正当自由和权利时,公民便解除了守法道德义务而取得反抗权。这种反抗权一般是非暴力的,因为暴力将使社会付出沉重代价;而且不能借口某一法律不公正而反抗所有法律,所反抗的只能是该侵犯自由和权利的法律本身。只有在极端条件下,例如对人民滥用武力,则民众的反抗权利转化为革命权,反抗甚至成为义务。[14]

第四节　法律与宗教

一、宗教释义

通常人们认为宗教是通过对超自然神灵的崇拜以期使人的灵魂得到救赎的社会现象,也就是说,宗教是与神联系在一起的,其实并没有那么简单。崇拜神灵只是宗教的一种形式,而非全部。以非神的信仰形式存在的宗教在古希腊就见端倪。面对不信神的指控苏格拉底说:“只要我还有口气,还能动弹,我决不会放弃哲学,决不停止对你们劝告,停止给我遇到的你们任何人指出真理。”[15]这种超越死亡的对真理的坚守,正是异于神的另外一种宗教。卢梭在

---

〔14〕《法国宪法》(1793)的序言《人权宣言》第35条规定:“当政府违犯人民的权利时,对于人民及一部分人民而论,起义就是神圣的权利和最不可缺少的义务。”《联邦德国基本法》(1949)第20条第4款规定:“对于企图废除上述秩序(宪法秩序)的任何人,如没有其他对抗措施时,德国人均有抵抗权。”

〔15〕《柏拉图对话集》,商务印书馆2004年版,第40页以下。

18世纪就提出了“公民宗教”的概念，爱因斯坦不信神，但他对科学的忠贞，对自然的敬畏，远在信神的教徒之上。无神论的宗教其实在启蒙运动中就已经形成。“启蒙运动产生的政治和社会哲学是宗教的，因为它们把终极意义和神圣不可侵犯性归属于个人的头脑”、“自由的民主是西方历史中第一个伟大的世俗宗教——第一个脱离传统基督教同时又从基督教中接收了神圣含义和某些主要价值的意识形态。”[16]这个“世俗宗教”就是所谓的“个人主义、理性主义和民族主义”三位一体的上帝。[17] 在当下的美国，有所谓“公民宗教”（civil religion），“即以自由、民主、平等、个人主义、效率以及其他典型的美国价值观作为教义……美国公民宗教的圣典是《独立宣言》和宪法。”[18]德沃金在他的最后一本著作《没有上帝的宗教》中将宗教与神区分开来，他说：“宗教远比上帝深奥。宗教乃是一种博大精深、卓尔不群的世界观。这种世界观认为万物均有内在的客观价值，宇宙万物令人敬畏，而人的生命既蕴含着宇宙秩序，且富有存在意义。信仰一位神，只是这种深奥世界观的一种可能的表现形式或结果。”[19]

那么，一个能够包容神与非神的宗教如何定义呢？参照德沃金的定义我们给不同于有神论的（狭义）宗教定义一个广义的宗教定义：宗教是一种敬畏人与万物的崇高的信仰。宗教的核心价值是什么？是对人及其人所栖身的世界的尊重。德沃金认为：“宗教观承认价值是一种完整并且独立的现实，它承认以下两个核心判断的客观性。第一个判断认为人的生命具有客观意义的重要性……第二个判断则认为我们称之为‘自然的’，即整个宇宙以及它所包含的各个部分，不仅仅是一个客观事实，更重要的是其本身是崇高的、具有内在价值和奇迹。这两个全面的价值判断合起来揭示了生命在两个层面上的内在价值，即自然的和文化的。”[20]宗教包括宗教教义、宗教礼仪、教会组织等要素，但是具体的宗教却不必然具有这些要素。宗教不仅是人的主要精神支柱，同时是社会统一与团结的象征和纽带，是文明进步的动力。基于广义的宗教观，我们就会发现许多对人类文明起到促进作用的世界观都有宗教的成分与色彩。例如，中国古代的世界大同思想，墨家的大义思想，马克思、恩格斯理论中的追求人的自由与解放的思想等等。

基于广义的宗教观，我们就会发现，神的宗教观是狭隘的，它容易引发有神论与无神论、各种不同的一神论之间的对峙，以至因而导致社会分裂。狭义的宗教观还容易产生对宗教的误解，甚至对宗教价值的怀疑。我国长期通行有神的宗教论，加上社会主流文化提倡无神论，结果导致宗教受到压抑，社会价值共识丧失等等，就是一个很好的例证。[21]

二、宗教对法的双重作用

宗教对法律有极其重要的作用。正如社会法学家庞德所言：“宗教观念在美国法律的形

---

〔16〕［美］哈罗德·J.伯尔曼：《法律与革命》（第一卷），贺卫方等译，法律出版社2008年版，导论第30页。

〔17〕参见［美］伯尔曼：《法律与宗教》，梁治平译，中国政法大学出版社2003年版，第60页以下。

〔18〕［美］亚历克斯·蒂奥：《大众社会学》（第7版），丛霸译，人民邮电出版社2012年版，第367页。

〔19〕［美］罗纳德·德沃金：《没有上帝的宗教》，於兴中译，中国民主法制出版社2015年版，第1页。

〔20〕［美］罗纳德·德沃金：《没有上帝的宗教》，於兴中译，中国民主法制出版社2015年版，第9页以下。

〔21〕毁灭宗教最严重的无疑发生在文化大革命中，那时宗教书籍被查禁，庙宇、道观、教堂被拆毁，种种神像被捣毁，宗教活动一律禁止，宗教人员与牛鬼蛇神等同，受到残酷迫害。

成时期常常起着决定性作用,如果不考虑清教,我们就难以得到美国法制史的完整图画,也就无法理解上个世纪的美国法律。”〔22〕现代西方社会的公民宗教,更是自由、民主法律的强大社会基础。宗教对法律的作用可以分为促进作用和阻滞作用两方面。

(一)宗教对法律的促进作用

宗教对法律的促进作用主要表现在:

第一,宗教对立法的推动作用。许多宗教教义表达了人类的一般价值追求,这些追求部分被法律吸收,成为法律的一部分。例如,圣经、古兰经、摩奴法论等宗教经典分别对西方两大法系、古印度法、伊斯兰法起了根本性的影响,甚至成为这些立法的根本精神。古兰经至今仍是伊斯兰法的最高渊源。在古印度,国王的法(世俗法)只是摩奴法的一部分,旨在维护宗教秩序,所以其内容完全是宗教化了的。在宗教影响不太大的地区,宗教信徒的生活规范,常常成为家庭法、民法的重要内容,而起码的宗教戒律则为刑法所吸收。例如,摩西十诫中除了一神教的内容外,大都为刑法所吸收。〔23〕

第二,宗教影响司法过程。宗教影响司法过程的渠道是多方面的。首先,在宗教作为国教或政教合一的地方,宗教法庭直接掌握部分司法权。例如在中世纪之西欧,教会司法权不但及于教徒,而且及于俗人。其司法权包括:教会执事犯罪由教会法院审判定罪、黜革教籍后由俗界执行刑罚,对教会执事提起之民事诉讼,执事向俗人提起之诉讼未获公正解决者,教会对于孤寡及无自救能力者之诉讼等等。〔24〕 在政教合一的伊斯兰国家,教会行使司法权,法官均为教会权威人士。其次,宗教信仰有助于简化审判程序,例如,宣誓作为证词,神判等。最后,宗教宣扬的公正观念、诚实观念、容忍、爱心等对司法也有影响,宗教容忍观有利于减少诉讼(当然也有不利于权利实现的副作用)。例如,圣经中“不可与恶人联手妄作见证……不可在争讼的事上随众偏行,作见证屈枉正直”,“不可杀无辜和有义的人,不可受贿赂”,“施行审判,不可行不义”〔25〕等教义对司法审判有极其重要的影响。

第三,宗教提高了守法自觉性。一方面,宗教提倡的与人为善,容忍精神等,使公民习惯于循规蹈矩,不为损害他人和社会的行为。另一方面,宗教对超自然的崇拜、各种祭祀仪式等,均使法律蒙上神秘的超自然的色彩,增加了法律的心理威慑力和感召力。例如,东汉建初元年大旱,谷贵,杨终上书以为是永平以来行法过严所致,〔26〕终于使章帝纳其言,刑罚有所宽和。

(二)宗教对法律的阻滞作用

宗教对法律的阻滞作用主要表现在立法和法律的运作两方面。首先,某些宗教因其具有

---

〔22〕 [美]罗斯科·庞德:《法律史解释》,曹玉堂、杨知译,华夏出版社1989年版,第23页。

〔23〕 摩西十诫首见《旧约·出埃及记》第十章,基督教各教派对其内容及排序小有分歧,但是内容大体一致:(1)不可拜耶和华以外的神;(2)不可制造偶像与拜偶像;(3)不可妄称耶和华的名字;(4)当纪念安息日守为圣日;(5)应孝敬父母;(6)不可杀人;(7)不可奸淫;(8)不可偷盗;(9)不可作假见证;(10)不可贪心。

〔24〕 [美]门罗·斯密斯:《欧陆法律发达史》,姚梅镇译,商务印书馆民国1932年版,第158页以下。

〔25〕 《圣经·出埃及记》、《圣经·利未记》。

〔26〕 该“上书”说:“仍连大狱,有司穷考,转相牵引,掠考冤滥,家属徙边……愁困之民,足以感动天地,移变阴阳矣!”《后汉书·杨终传》。

保守性，通常成为法律进化的阻力。在东方某些政教合一的国家，社会生活的许多方面已进入现代，但刑法、家庭法仍保留浓厚的中世纪色彩，其主要原因便是强大的宗教观念作祟。其次，某些宗教会妨碍司法公正的实现。例如佛教的出世观念对司法公正有消极影响："今之法家（指执法官——引者注）感于罪祸报应之说，都善出人罪以求福报，夫使无罪者不得直，而有罪者得幸免。"[27]最后，宗教对守法习性也有不良影响，这主要是指价值观与现存秩序不一致的宗教。例如，中国的祖宗崇拜至今仍是计划生育法、婚姻法实现的严重阻碍。

应当注意的是，不同的宗教对法律实体内容的影响是不同的，一些古代宗教与世俗权力合谋强化专制制度，奴化人类，有的宗教则对世俗权力有驯化作用，促使它遵守规则，尊重人的尊严。例如，公元390年一些民众在帖撒罗尼迦发动暴乱，罗马皇帝狄奥多西大开杀戒，屠杀了7000余人，其中大多数是无辜者。米兰的主教圣安布罗斯要求皇帝为其屠杀行为忏悔，当皇帝拒绝忏悔的时候，他下令开除皇帝的教籍，最终迫使皇帝匍匐在教堂前忏悔。[28]

三、宗教信仰自由

宗教信仰自由法律化经过了漫长的历史。在古罗马，法律对宗教采取宽容态度，允许多元宗教的存在。即使在基督教被宣布为国教以后，罗马神庙也是"诸神平等"，各路神仙同处一室，相安无事，法律也不加干预。但是，即使在古希腊罗马，也存在惩罚宗教罪的问题，例如，在希腊，信什么神可以选择，但是不信神却是有罪的，苏格拉底被处死的罪名之一便是不信神。在古罗马，则对反对政府的人以宗教罪罪之。到中世纪罗马教廷成为"国上之国"以后，基督教呈现出严重的保守倾向：不允许其他宗教存在，甚至禁止本教内部的不同思想，法律成为镇压异教和异端的工具。其典型表现是宗教裁判所的设立。宗教改革运动中产生了许多新的宗派，但是各宗派之间也是"你死我活"。加尔文教对付不同意见的教徒手段之酷烈并不比罗马教廷逊色，许多新教徒便是被加尔文处以火刑的。18世纪，英国表面上保护宗教自由，但实际上却是强力推行一种宗教；凡加入不信奉国教团体的人就丧失宗教自由权。开创了美国历史的"五月花号"上的探险者们都是宗教迫害的受害者，他们宣称人人平等和自由，这就隐含了宗教信仰自由权。法国人权宣言（1789年）第10条规定信教自由，开创了人类争取宗教信仰自由的历史。美国1791年宪法修正案第1条紧随其后，其规定国会不得制定"确立宗教或禁止宗教信仰自由"的立法，英国则到19世纪才逐渐实现宗教信仰自由。二战以后，《世界人权宣言》、《公民权利和政治权利国际公约》等世界人权法，都将宗教信仰自由作为基本人权。据统计，20世纪70年代的宪法有64部涉及宗教自由、信仰自由，15部未涉及，[29]到今天，不管事实上是否得到遵守，公开反对宗教自由的宪法大概难觅了。

我国古代法律虽对宗教较宽容，但是只对拥护当世王权的宗教宽容，只对可以为王权利用的宗教宽容，否则绝不宽容。因此，宗教自由是没有的。明末曾允许西方传教士传教，清代也

---

〔27〕 朱熹：《朱子全书》。

〔28〕 ［美］阿尔文·施密特（Alvin Schmidt）：《基督教对文明的影响》，汪晓丹、赵巍译，北京大学出版社2004年版，第230页。

〔29〕 ［荷］亨利·范·马尔赛文、格尔·范·德·唐：《成文宪法的比较研究》，陈云生译，华夏出版社1987年版，第148页。

一度恩准在北京传教。但当皇帝决定清除白莲教时(1704年),无辜的天主教徒也倒了霉。佛教允许传播,但统治者一变脸教徒就遭殃。《中华民国临时约法》第7条第7款规定"人民有信教之自由"。这是最早见之于我国法律的宗教信仰自由。但在其后相当长时期内,这只是美好的愿望。1954年《宪法》规定公民有宗教信仰自由但实际上未认真实行,"文革"中更是将宗教视为牛鬼蛇神而横扫之。现行《宪法》第36条对宗教信仰自由有较详细规定。

如果说宗教信仰自由法律化很艰难,那么宗教信仰自由真正实现可能更难些。就拿美国来说吧,1951年,美国纽约州教育局还规定,公立学校每天早晨升旗时必须念祷词,以表示对上帝的崇敬。这一规定实为强行推行宗教。1958年,学生家长控告第九联邦自由学区教育主席威尔泰,主张上述强制"念祷词"的规定违反联邦宪法第1条、第14条修正案和违反纽约州宪法,最高法院的判决最终保护学生了宗教信仰自由。[30]

宗教信仰自由的内容应当包括:(1)信仰或不信仰宗教、信仰何种宗教悉由公民自由决定。即宗教是公民个人的事,国家不得设立国教,也不得禁止信教,在诸多宗教中不得厚此薄彼。(2)宣传宗教教义的自由和组织宗教组织的自由。宗教的主要成分是教义,教义不能传播也不成其为宗教,所以宣传教义应有自由。宗教必有组织形式,所以宗教自由理应包括组建宗教组织的自由。(3)举行宗教仪式的自由。这类仪式包括公开或秘密集会、做礼拜、忏悔、举办宗教慈善事业等。

宗教自由的义务人主要是国家,国家承担的义务主要是消极的不作为义务,当然也有作为义务。不作为义务主要是:国家不得设立宗教,不得有侵犯宗教自由的行为(包括制定侵犯宗教自由的立法),不得在诸宗教中厚此薄彼等等。

像任何自由一样,宗教自由也不是无限制的。我国《宪法》第36条规定的限制为:"任何人不得利用宗教进行破坏社会秩序、损害公民身体健康、妨碍国家教育制度的活动。宗教团体和宗教事务不受外国势力支配。"宗教信仰自由起码应受到四方面的限制:(1)公民行使宗教信仰自由权不得妨碍其他公民行使相同的权利;(2)不得利用宗教侵犯他人财产或人身;(3)不得扰乱公共秩序;(4)不得利用宗教信仰自由干涉学校正常教育。当然宗教信仰自由的限制应当由法律规定,不得由政府任意决定,而且这些限制要受到基本法律原则的制约,应当是合理的、正当的,否则就是侵犯宗教自由。

最后需要说明的是,国际公法开创的宗教自由立法中的"宗教"一词的含义是狭义的,而不是广义的。但是这些规定无一例外地将"宗教自由"与"信仰自由"并立,以弥补狭义宗教观的不足。[31]《联邦德国基本法》则将"信仰和良心自由、宗教和世界观信奉自由"四者并立(第4条第1款)。作为法律原则,宗教信仰自由的实质是法律对信仰的开放。

---

〔30〕 1959年郡法院判原告败诉,原告不服,上诉至州终审法院,州终审法院维持原判。原告再上诉至联邦最高法院,到1962年,联邦最高法院方以6∶1判州教育局违宪。

〔31〕《世界人权宣言》第18条:"人人有思想、良心和宗教自由的权利;此项权利包括他的宗教或信仰的自由,以及单独或集体、公开或秘密地以教义、实践、礼拜和戒律表示他的宗教或信仰的自由。"《公民权利和政治权利国际公约》第18条规定:"人人有权享受思想、良心和宗教自由。此项权利包括维持或改变他的宗教或信仰的自由,以及单独或集体、公开或秘密地以礼拜、戒律、实践和教义来表明他的宗教或信仰的自由。"以下四款使用的词都是"宗教或信仰自由"。

四、法律信仰

《法律与宗教》一书的中文版1991年面世以后不久，“法律必须被信仰，否则它将形同虚设”一语很快风靡大江南北，[32]据说成为被引证最多的法律格言，法律信仰成为中国法学研究的一大热点，久盛不衰。[33] 学界对法律信仰问题的研究其主流经历了肯定→否定→肯定的历程。对法律信仰理论贡献最大的非伯尔曼(Harold J. Berman，1918—2007)莫属，不过早在伯尔曼之前一百多年，萨维尼就提出了类似的命题：“法律首先产生于习俗和人民的信仰。”[34]信仰对于法律的重要性是不言而喻的，无论对于立法、司法、守法，信仰都会提升它们的文明程度。《中共中央关于全面推进依法治国若干重大问题的决定》(2014)明确提出，“法律的权威源自人民的内心拥护和真诚信仰”，足见法律信仰的意义。

但是“法律信仰”这一短语是需要论证的，它的首要问题是法律能不能被信仰？国内一些学者对此提出了质疑。[35] 在将法律理解为纯粹制定法，在“信仰”理解为缺乏反思的语境中，对“法律信仰”提出质疑是自然的。问题是，“法律信仰”一语中的法律，不是纯粹的制定法，它主要是指法律中所承载的价值，其中的“信仰”一词也不是“狂信”。如果对这两个命题了有共识，我相信会对法律信仰达成更多的共识。

2006年，伯尔曼以88岁高龄访华，他在一次公开演讲中对这两个问题特别作了解释。对于“法律信仰”一语中的法律，他说，“在英语当中有两种对‘belief’的不同表达，一种是‘相信’，一种是‘信仰’……当我们谈到相信或是信仰法律的时候，可能指的是立法或行政机构所设立的法律条文、法规或者是规则；在另一个意义上，也可以说是一套制度、一种法律的理念，比如：公平、正义、秩序，以及在法庭上伸张正义的权利。”他进一步将法律的精神总结为三个部分：公平、怜悯和诚信。在形式上，他强调法律与信仰有三大类同之处：其一是“仪式”，即在法庭上必须遵循一套如何称谓“法官”的、比较严格的程序，正如宗教一样(要有合适的称谓)；其二是“传统”，法律和宗教都有自己的历史和传统；其三是“普遍性”，即市民宗教也有宗教信仰所具有的精神。[36]

至于“信仰”则显然不是“狂信”。如果我们停留在“信仰开始于思考停止的地方”，那么，任何信仰都没有价值，因为我们已经先在地赋予“信仰”负面的意义。其实信仰的含义远不是如此，伯尔曼的“信仰”是理性的信仰，他说：“当我谈到信仰法律时，特别要强调的是，它也包

---

[32] [美]哈罗德·伯尔曼：《法律与宗教》梁治平译，中国政法大学出版社2003年版，第3页。

[33] 据中国知网，题中出现“法律、信仰”的文章近800篇，单单2015年就有60篇之多。

[34] [德]弗里德里希·卡尔·冯·萨维尼：《论立法与法学的当代使命》，许章润译，中国法制出版社2001年版，第7页。

[35] 质疑法律信仰影响最大的论文有三篇：张永和：“法律不能被信仰的理由”，载《政法论坛》2006年第3期；范愉：“法律信仰批判”，载《现代法学》2008年第1期；范进学：“‘法律信仰’：一个被过度误解的神话——重读伯尔曼《法律与宗教》”，载《政法论坛》2012年第2期。

[36] 伯尔曼说：无论这个世界上各个国家和民族的哲学理念和语言差别有多大，大家对公平、正义的法律的追求和信仰都是共同的。对法律的心愿是对整个法律体制的信仰。我们始终要重视法的精神价值。人类对和平、友善和爱的追求是法律精神的一部分……在西方，一般的法学者是通过理性和良知来面对纷繁复杂的世界的，而法律的精神包括下面三个部分：公平、怜悯和诚信。“‘与大师对话’——伯尔曼法学思想座谈会记录”，载新浪博客，http://blog.sina.com.cn/s/blog_591aa76701009ouk.html，2015年4月19日访问。

括人的感情和理性两个方面。"[37]客观上,由于现代法律有其特别的精神追求,它也要求与之相"匹配"的特别的信仰,它必须有这样几个特质:一是它可以被公众所信仰,不能成为少数殉道者的信仰;二是它应当包含规范的内容,而不是对人的狂信;三是它要与现代社会的基本价值相融通。[38] 至于如何使法律真正令人信仰,则不是"普法教育"所能奏效的,而应当通过法律实践来实现。一是一个法律应当是"可信"的,足以让人"信法为真"、"信法为正",法律不仅仅是一张漂亮的纸,更不是一个特权清单;二是人际关系中依赖法律,当纠纷发生的时候,人们以法律为支点主张自己的权利,而不是以"关系"、以权力(信访)为支点。

讨论题

1. 如何正确认识法律与经济基础的相互关系?
2. 法律与政党政策有哪些区别? 如何正确处理法律与政党政策间的关系?
3. 法律与道德的一般关系如何? 立法推进道德应当受到哪些限制?
4. 宗教与法律的一般关系如何?

延伸阅读

1. [美]布雷恩·Z. 塔玛纳哈:《一般法理学:以法律与社会的关系为视角》,郑海平译,中国政法大学出版社2012年版。
2. [美]哈罗德·J. 伯尔曼:《法律与革命(第一卷):西方法律传统的形成》,贺卫方等译,法律出版社2008年版。
3. [美]泰格:《法律与资本主义兴起》,纪琨译,上海辞书出版社2014年版。
4. [德]马克斯·韦伯:《经济与社会》(第二卷),阎克文译,世纪出版集团、上海人民出版社2010年版。
5. [美]罗纳德·德沃金:《没有上帝的宗教》,中国民主法制出版社2015年版。

延伸思考

1. 哈特和德富林的论战评析。
2. 分析公民不服从与法治的关系。
3. 您如何看待"法律信仰"问题?

---

〔37〕"'与大师对话'——伯尔曼法学思想座谈会记录",载新浪博客,http://blog.sina.com.cn/s/blog_591aa76701009ouk.html,2015年4月19日访问。

〔38〕参见"'与大师对话'——伯尔曼法学思想座谈会记录",载新浪博客,http://blog.sina.com.cn/s/blog_591aa76701009ouk.html,2015年4月19日访问。

第九章　法　　治

法治应包含两重含义:已成立的法律获得普遍的服从,而大家所服从的法律又应该本身是制订得良好的法律。

——[古希腊]亚里士多德《政治学》

因为法律统治执政官,所以执政官统治人民,执政官乃是会说话的法律,而法律乃是不会说话的执政官。

——[古罗马]西塞罗《法律篇》

在讨论了法律的存在方式以后,我们要讨论一个高于法律的政治伦理问题:法治,即法律被尊崇的广度与深度问题。法治一词作为概念具有双重含义。一是描述性概念,这是一个类型学的概念,它用来区分外部事物。例如,法治国家,法治社会,法治思维等词组中的"法治",它相对的是"人治国家"、"人治社会"、"人治思维"。"建设社会主义法治国家"这一短语中的"法治"就是此种含义。二是作为规范学的概念,法治是把法律作为社会活动的最高准则,在这里,法治是一条原则,或规则。比如遵守法治、践行法治等。这两个概念中规范学的概念是基础性的,只有确立了规范学的"法治",才能以此为基础来理解、来定义描述意义上的法治。如果不确定规范意义上的"法治",描述意义上的"法治"就失去了标准。因此,我们先来讨论法治的概念。

第一节　法治的概念

一、法治观念的产生与发展

法治观念源于古希腊,是古希腊思想家们关于法律与"哲人"在国家政治运行中的作用的争论的产物。大约在公元前6世纪雅典国家形成初期,人们便遇到了建立什么样的国家这样一个问题。早期的雅典实际实行的是贵族制。知识界首先反对贵族制,提倡"优秀人"的统治,商人出生的毕达哥拉斯和贵族出身的赫拉克利特都是"优秀人统治"的倡导者。但他们同时都主张法律的统治,即精英们要依法统治。

"优秀人"的统治是针对贵族(以血缘为基础)的统治而提出来的,具有合理性,但最后却走向极端,演变为柏拉图的"哲人"统治理论。亚里士多德起而批驳其师的"哲人"统治理论,提出了西方法律思想史上经典的法治理论。他说:"谁说应该由法律遂行其统治,这就有如说,唯独神祇和理智可以行使统治,至于说应该有一个人来统治,这就在政治中混入了兽性因素。"〔1〕亚氏在人类历史上首次论述了法治的理由,并阐明了法治的核心含义。

务实的罗马人早在公元前5世纪中叶就用行动回答了相同的问题。为了限制执政官的任意权力对人民的侵犯,罗马人要"拟定各种法律来规定执政官的权力,任何高悬于人民头上的法律,都得是他们自己给予执政官的,这些,而且只有这些,才是他可以引用的,绝不许他们把自己的放肆和任性当法律"。〔2〕罗马人的实践与斯多葛学派法治观的结合,产生了罗马人以西塞罗为代表的法治观。在实践上,古罗马也是一度实行法治的,服从法律是罗马社会的共识和优良传统。连罗马皇帝狄奥多西在一封信中也指出:"我们的权威都以法律的权威为依据。事实上,权力服从法律的支配,乃是政治管理上最重要的事情。"〔3〕

中世纪的托马斯·阿奎那在神学的一统天下为法治争得一席之地,他认为立法者(皇帝)应当受自己制定的法律的约束,按照上帝的判断,一个君王不能不受法律的指导力量的约束,"应当自愿地、毫不勉强地满足法律的要求"。〔4〕

近代的自然法学派都是法治论者。他们从人民主权、契约论、人性等不同角度来论证法治的正当性,其中人民主要论是最主要的证据。在他们看来,国家主权属于人民,政府受人民委托行使治权,治权必须依照人民制定的法律保障人民的自由、平等和权利。洛克认为公民社会只能依法治理,不依法治理就等于公民都守法而只有君主一人处于自然状态,那是比自然状态更坏的状态,那就违背了社会契约,与人民组成政府的目的不符。孟德斯鸠则在对古希腊、罗马史研究以后得出法治的结论,"没有法治,国家便将腐化、堕落"。〔5〕卢梭则提倡法律至上。古典自然法学派以后的哲理法学派、规范法学派、社会法学派虽然在学理上所执有异,但是在法治这一点上却有很大的共识性。

经过两个世纪的法治启蒙以后,西方人开始组建自己的法治社会。从18世纪末至19世纪,西方开展大规模立宪和法制改革运动。到20世纪,西方主要发达国家纷纷走上了法治之路,但是德国、意大利等国家却走上了法西斯歧途。二战中劫后余生的德国等法西斯国家,经过十多年的改造也逐步实现了法治。1959年,世界法学家在印度德里召开法治讨论会,1961年各国法学家又在尼日利亚首都讨论法治问题,提出了法治的普遍原则。自此,法治成为发达国家的共识。冷战结束以后,法治"版图"向东方扩展。

---

〔1〕[古希腊]亚里士多德:《政治学》,吴寿彭译,商务印书馆1965年版,第168页。

〔2〕[古罗马]李维:《罗马史》,转引自《外国法制史资料选编》,北京大学出版社1982年版,第158页。

〔3〕《阿奎那政治著作选》,马清槐译,商务印书馆1982年版,第123页。

〔4〕《阿奎那政治著作选》,马清槐译,商务印书馆1982年版,第123页。

〔5〕[法]孟德斯鸠:《论法的精神》(上),张雁深译,商务印书馆1995年版,第278页。

二、法治的含义

简要了解了法治在西方社会中形成的过程以后，我们要进一步追问：什么是法治？让我们从轰动全球的布什诉戈尔案（Bush v. Gore）说起，这得先简单介绍一下知识背景。美国总统大选制度很特别，一是实行选举人票制度，即决定雌雄的不是选民票，而是选举人票；二是对选举人票的归属采取“赢家通吃”原则，即一个总统候选人在某州只要他赢得的选民票多于他的对手，那么，该州的所有选举人票都归他。因此在选举人票接近的时候，某州选民票的一票之差往往决定了该州几十张选举人票的归属，从而决定了总统宝座花落谁家。

2000 年美国总统大选由共和党的小布什和民主党的戈尔对决，双方势均力敌。11 月 7 日东部时间（佛罗里达）半夜两点，CNN 根据预测宣称小布什以 271 张选举人票险胜戈尔。戈尔按惯例打电话给小布什，承认败北，祝贺对手当选，随即驱车前往田纳西州州议会大厦准备公开认输。但是就在戈尔的车队快要到达目的地时，负责佛罗里达选举事务的州检察长电告戈尔：且慢承认失败！因为戈尔与布什在佛州所得选民票的差距不到 0.5%，而根据该州选举法，这种情况需要重新计票，如果计票的结果翻盘，佛罗里达州的 25 张选举人票归了戈尔，则戈尔获胜。于是围绕重新计票的有关事项两党展开了 36 天的“世纪司法大战”，打了十多个官司，官司从佛罗里达州地方法院一直（两次）打到联邦最高法院。

12 月 9 日上午，就在佛罗里达各县刚开始人工统计漏选票两小时，两人的得票更加接近、很可能翻盘时，最高法院突然发出了紧急命令，要求佛罗里达立即停止人工计票，宣布 12 月 11 日再次举行法庭辩论，并将此案正式定名为“布什诉戈尔案”。12 月 12 日晚，经过激烈的法庭辩论后，在全世界的瞩目下，美国联邦最高法院的九名大法官以 5 比 4 作出了裁定，“推翻佛州最高法院命令继续人工计票的决定”。联邦最高法院一锤定音：此前的计票有效，布什当选。[6] 这个案子告诉我们，所有人都得服从法律，政治在法律之下，而法律是什么由法官说了算，这就是法治。

法治（rule of law，或 supremacy of law 或 rule according to law）的字面含义为法律的规制、法律的统治。在德语国家以法治国家（Rechtsstaat）一词表达相同的含义。最早提出法治含义的是亚里士多德。亚氏认为法治有两层含义：“已成立的法律获得普遍的服从，而大家所服从的法律又应该本身是制订得良好的法律。”[7] 简单地说，法治就是普遍守法原则与良法原则的结合，前者称为“形式法治”，后者称为“实质法治”。虽然今天法治的含义比亚里士多德时代要丰富得多，但都是从这两条发展而来。

1959 年世界法学家大会通过的《德里宣言》将法治归纳为三条：（1）立法机关的职能在于创设和维护以使每个人保持“人格尊严”的种种条件；（2）不仅要对制止行政权的滥用提供法律保障，而且要使政府有效地维护法律秩序，借以保证人们具有充分的社会和经济生活条件；（3）司法独立和律师职业自由。1961 年 1 月，在尼日利亚首都拉各斯召开的“法学家代表大

---

〔6〕 参见王磊：《布什诉戈尔》，北京大学出版社 2002 年版。

〔7〕 ［古希腊］亚里士多德：《政治学》，吴寿彭译，商务印书馆 1965 年版，第 199 页。

会”对德里宣言作了修改,称为“拉各斯法则”(Law of lagos)。[8] 进入20世纪70年代以来,一些西方学者重视程序公正的研究,将程序公正纳入法治,强调良好的法律表达形式。同时将保证上述三层法治含义得以实现的基本制度建构也纳入。这样,法治的内涵或原则就包括四方面的内容:法律至上、良法的内容、良法的形式和基本制度原则。下面分述之。

(一)法律至上

哈耶克说,法治的意思就是指政府在一切行动中都受到事前规定并宣布的规则的约束——这种规则使得一个人有可能十分肯定地预见到当局在某一情况中会怎样使用它的强制权力,和根据对此的了解计划它自己的个人事务……法治的基本点是很清楚的:即留给执掌强制权力的执行机构的行动自由,应当减少到最低限度……在已知的竞赛规则之内,个人可以自由地追求他私人的目的和愿望,肯定不会有人有意识地利用政府权力来阻挠他的行动。[9] 哈耶克讲的就是法律至上。法律至上包括法律内部秩序和法律与外部权威的关系两方面。就法律内部秩序言之,指宪法至上和法律位阶制度之维护。宪法处于法律位阶的顶端,一切其他法律违反宪法无效,法律高于行政法规、规章和命令。宪法至上要求宪法是真正的可以适用的法律,不能是中看不中用的悬置的“最高规范”。就法律与外部权威关系言之,表现有三:法律高于任何权力,法律高于任何其他规范,法律高于任何个人。任何权力(包括国家权力与社会权力)都必须在法律之下,任何国家权力(包括各种实质上以国家形式出现的社会权力)都必须有法律依据,受法律约束,违法行使权力要承担法律责任。立法权的行使必须遵守宪法,遵守国际法基本原则和人类基本价值准则。法律在社会规范体系中居于最高地位,任何其他社会规范(道德规范、宗教规范、政党的章程、政策、纪律、社会自治规范等)与法律冲突无效。[10] 任何人(包括自然人和团体人)的权威都在法律之下,任何人都有遵守法律的义务,不得存在“法上公民”或“法上团体”。

(二)良法的内容

法治不是简单的“依法而治”,而是“良法之治”,否则,法治将堕落为“以法治民”。良法即善法——善良之法。善良之法产生于法治的属性——规则之治,只有良法才有资格,只有良法才能有效作为人人遵守的规则。良法可以分为内容与形式两个方面。良法的内容即对人的尊严及大自然的尊重与保护。作为个体的人,不管他或她的个性如何、能力如何、道德如何、政治立场如何、对社会的贡献如何,每个人对于他自己都是有价值的,他们每个人都拥有尊严,他们的尊严均应受到尊重和保护。这种尊重与保护的某些方面甚至及于尚未出生的胎儿、已经离世的亡者。作为自然——整个宇宙以及它所包含的各个部分,应当认识到它不仅是我们生存的环境母亲,也应当承认它“不仅仅是一个客观事实,更重要的是其本身是崇高的,具有内在价值的奇迹”。[11] 据此,良法就必须保障自由、平等、追求幸福等基本人权,应当尊重与保护环境。

---

〔8〕 龚祥瑞:《比较宪法与行政法》,法律出版社1985年版,第82页。

〔9〕 [英]哈耶克:《通往奴役之路》,王明毅等译,中国社会科学出版社1997年版,第73页。

〔10〕 某些道德规范、宗教规范若是法律组成部分则为例外,它们的效力等级由法律位阶制度确定。

〔11〕 [美]罗纳德·德沃金:《没有上帝的宗教》,於兴中译,中国民主法制出版社2015年版,第10页。

(三)良法的形式

优良的法律不但要求内在价值善,而且要求有善的形式。良法的形式即表达良法内容所必须遵守的原则或规则,是“规则之治”的法律所必须具备的品格。良法的形式也是由良法的属性所决定的,舍此优良形式之法不是良法,不能实现良法之治。美国法学家富勒称良法的形式为“程序道德”或“法治原则”,他认为法的“程序道德”是“一项绝对命令”,因为如果被称为法律的东西“呈现为一系列散乱的、毫无章法地行使国家权力的行为,公民便无法根据法律来调整自己的行为”。〔12〕 富勒归纳出形式方面的八大法治原则。〔13〕 菲尼斯(John Finnis)于《自然法与自然权利》(1980)一书中提出了八点主张,也包含了类似的内容。〔14〕 学界具有较大共识性的良法形式要求有:法的一般性,反对针对个别人的立法;法的公开性,反对秘密法;侵害性法律不得溯及既往;法的明确性,不得含糊其词;法律不得自相矛盾;法的可行性,不得要求做不到的事;法律的变革应当保持连续性;官方行为应当与法律相一致,即官方应当遵守自己制定的法律,权力必须在法律的“笼子”里行为。

(四)维护、体现法治的基本制度

这些制度各家表述差异很大,比较一致的有:(1)国家机关分权制衡原则。为了保障国家机关遵守法律,必须建立国家机关间的牵制关系,使这种牵制关系成为保障国家机关遵守法律的力量。(2)司法独立。法治社会里负有维护法律尊严使命的司法机关必须独立才能公正、中立地行使职权,因而司法独立成为法治社会的基本标志之一。(3)司法审查。这包括司法对行政与立法的审查。法律能不能控制权力是衡量法治存否的标志,立法权与行政权是法律控制的重点对象。法律控制立法权与行政权的制度主要是司法审查制度,所以司法审查就成为法治的第三个基本制度。

三、法治与法制

我国法学界长期将法制等同于法治,经过二十年的努力,才确立了法治这一有别于法制的专门概念。近年来流行的法制概念主要有:(1)法律制度说。此说以为法制是法律制度的简称,包括一国的立法制度、执法制度、司法制度等等。此说与法制在古汉语中的含义、近代含义一致。(2)合法性或守法的制度。(3)民主制度说,此说认为法制是民主的法制制度,包括法律制度、守法、不允许法外特权等。(4)广狭两义说,此说将第一说称为广义法制,将第三说称为狭义法制。此说弥补了第三说的不足,却带来了另一个问题,狭义法制说没有包括定义的全部对象,犯了以偏概全的毛病。第二说、第三说都存在明显地将法制这一中性描述性概念“价

---

〔12〕 [美]富勒:《法律的道德性》,郑戈译,商务印书馆2005年版,第130页。

〔13〕 富勒提出的八项原则是:法律的一般性、公开性、不溯及既往、清晰性、不矛盾性、不要求不能为之事、连续性、官方行动与公布的规则之间的一致性。参见[美]富勒:《法律的道德性》,郑戈译,商务印书馆2005年版,第55页以下。

〔14〕 例如,法的可遵循性、可预期及不溯及既往、公开性、明确性、稳定性、一致性、规则制定者有义务遵守规则等等。参见[英]约翰·菲尼斯:《自然法与自然权利》,董娇娇等译,中国政法大学出版社2005年版,第216页以下。

值化”的倾向,赋予法制以特殊的价值内容。这种现象产生的原因有二:一是在不承认法治只承认法制的条件下,学者们企图通过赋予法制以价值内容,使法制成为对法制建设有价值导向作用的概念;二是在当代西方国家,法制已经“法治化”,所以法制一词在现实中确实包含了价值内容,我们在引入西方特定时期的法制概念时未能辨析,将它作为法制的一般概念。将法制概念价值化的倾向是不妥的,因为这将失去普适性的法制这一概念。如果法制都是民主的,或包含了法的普遍性、至上性,那么我国古代是否有法制就值得怀疑,中国法制史之类的课程的合理性也值得怀疑了。如果说中国古代早就有了此类法制,那么当前加强法治建设或建设法治国家的意义就值得怀疑了。

总之,将法制“法治化”的认识和做法是法学界长期步入的一个误区,在“法治”取得正当性的今天这一问题已很清楚。“法制”与“法治”各有所指,各有各的用途。法制一词古汉语中常用,一直使用到今。例如《礼记·月令》:“命有司、修法制”,《商君书·君臣》:“民众而奸邪生。故立法制。”1935年出版的《法律大辞书》定义曰:“法制,legal system,法制制度,简称曰法制”。董必武1957年回答人们什么叫法制时说:“我们望文思义,国家的法律和制度就是法制。”[15]我们认为上述定义简单明了。法制就是法制制度,是法律所规范的制度,这是一个中性的描述性的概念。

从上述对法制与法治的辨析我们可知法制与法治是两个不同的概念,不能相互替代,但是法制与法治又存在密切联系。说它们是两个不同的概念,是指:法制是法律制度,是人们活动的规范或秩序系统,它强调的是实存的规范、秩序;法治则是对法制的特殊要求,它要求法律得到普遍的、一以贯之的遵守,要求法制在程序上、形式上是良善的,例如明确性、确定性、公开性等等,还要求法制能够保障人权、控制权力。两者的相互联系是指,法治以法制为基础,没有法制的法治是不存在的,但是有法制却未必有法治,例如秦始皇、朱元璋、希特勒的统治均有法制,但即没有法治,或不遵守法治。

四、法治与垂法而治

国人常将法治等同于法家的“垂法而治”或“缘法而治”,甚至等同于刑治,这是对法治的又一误解。这当从历史上的儒法之争说起。儒家重视人在治理国家中的地位,《礼记》有云:“为政在人”,“其人存,则其政举,其人亡,则其政息。”[16]孔子强调贤人的表率和道德感化作用:“政者,正也,子帅以正,孰敢不正?”[17]孔子的传人孟子也主张人治,荀子则更重人治:“故有良法而乱之者有之矣,有君子而乱者,自古及今未尝闻。”[18]他的结论是“有治人,无治法……法不能独立,类不能自行,得其人则存,失其人则亡”。[19] 法家则重“法治”。商鞅主张“垂法而治”或“缘法而治”,主张一断以法,进而走向极端:“禁奸止过,莫若重刑”、“以刑去

---

〔15〕 董必武:“在军事检察院检察长、军事法院院长会议上的讲话”。
〔16〕《礼记·中庸》。
〔17〕《论语·颜渊》。
〔18〕《荀子·王制》。
〔19〕《荀子·君道》。

刑”。[20] 韩非在强调“法治”的同时对道德感化的作用表示怀疑,认为只有法才能解决问题:“严家无悍虏,而慈母有败子,吾以此知威势之可以禁暴,而德厚之不足以止乱也。”[21] 可见他所讲的“法治”,其实是“刑治”,唯刑主义。

儒法两家的法治、人治(仁治)之争只是在“治国技术”意义上争“法”与“人”哪个重要。其实儒家从来不否认法的作用,法家也不否认人的作用,只是有所侧重而已。儒家之创始人孔子也说过“刑罚不中,则民无所错手足”,[22]“弃法是无以为国家也”,“知为吏者奉法利民,不知为吏者枉法以侵民”。[23] 孟子则直言“徒善不足以为政”。[24] 当桃应问孟子“舜为天子,皋陶为士,瞽叟(舜的父亲)杀人,则如之何”时,孟子干脆利落地回答:“执之而已矣!”[25] 兼有儒法之长的荀子更不否定法的作用了,他既“隆礼”又“重法”。至于法家,除少数“以刑去刑”者外,也不排斥仁、义的作用。例如,作为法家始祖的管子在《牧民》开宗明义谓:“上服度则六亲固,四维张则君令行。”以上儒法在这一问题上的分歧到荀子时已基本解决,西汉所编纂之儒家经典《礼记》对这一问题的表达可为代表:“礼节民心,乐和民声,政以行之,刑以防之,礼乐刑政,四达而不悖,则王道备矣。”在政治实践中,汉以后统治者大多主张“用法”与“得人”相结合。

由此可知,儒法两家之争的实质并不是今天作为“治国之道”的“法治”与“人治”之争,而是国君、帝王(人)治理天下(他人)的手段之争,它不是法律的原则之争,它不涉及法律的普遍性(帝王立法而不守法),更不涉及良法问题,遑论自由、平等、人权、法的公开等基本法治原则。所以儒法之争与柏拉图师生之争完全不是一回事,法家垂法而治与西方文化中的法治也完全不是一回事。然而可惜的是,在中国法律与法观念现代化过程中,西方法治观念被法家的“法治”、“垂法而治”观念曲解,使法治这一重要的观念法家化而失去意义,其始作俑者是梁启超。宣统元年(1909 年)梁公作“管子评传”,文中将西方法治理解为“以法为治”,用法家之“垂法而治”去诠释西方法治,使西方法治观失去价值内涵。梁公说:“法治者,治之极轨也。而通五洲万国数千年间,其最初发明此法治主义以成一家言者,谁乎,则我国之管子也。”[26] 梁公进一步认为,即使在专制国,也未有舍法家之精神而为治者,子产、商君、诸葛武侯、王安石、张江陵、胡文忠等都是法家,甚至任何国家都是法治国。

梁启超对西方法治的理解起码有三点失误:第一,把“法治”理解为“有法律、用法律”。既然所有国家都有法律且用法律,那么法治就毫无意义,法治与人治无以区别。第二,以人民为治理客体。这一点正好与西方法治观相反,西方法治的主体是人民,统治者只是受人民的委托治理国家,就狭义的法治来说(限制权力,政府依法),那么治理的客体正是政府。第三,不问法律的优劣,只要有法,就有法治。与梁启超同时代的沈家本早在 1911 年就看出将西方法治

---

〔20〕《商君书・靳令》。
〔21〕《韩非子・显学》。
〔22〕《论语・子路》。
〔23〕《孔子集语卷十》。
〔24〕《孟子・离娄》。
〔25〕《孟子・尽心》。
〔26〕《诸子集成・管子评传》,第 9 页。

等同于法家法治的错误所在:“抑知申、韩之学,以刻核为宗旨,恃威相劫,实专制之尤。泰西之学,以保护治安为宗旨,人人有自由之便利,仍人人不得稍越法律之范围。两者相衡,判然有别。则以申韩议泰西,亦无究厥宗旨耳。”[27]梁公之误成共识,沈氏之说和者寡,岂不令人扼腕!

法家之“法治”即“垂法而治”,实为“刑治”、“罚治”,是人治之尤,与今日之法治不可同日而语。其主要区别在于:(1)治理的主体不同。垂法而治的治理主体是君主或不受法律约束的统治者,而法治的主体则是人民。法治实行法律面前人人平等,治者和被治者的地位不是恒定的,而是依法轮流的。(2)治理的客体不同。垂法而治的治理客体是人民,不包含君主、统治者本身,而法治的客体从广义来说是全体公民,因为人人是统治者又是被统治者;从狭义上看,人民是治理主体则政府为治理客体。(3)法理的目的不同。垂法而治追求的是统治者的私利,其最高、最终目标是维持统治秩序;法治的目的则为人民利益和正义。(4)法律的价值内涵不同。“垂法而治”的法处处体现了统治需要,以等级特权、权力至上为特点。法治的法则以人民利益(或全体有政治参与权的人的利益)为最高法律,自由、平等、权利是其核心价值。

五、法治观念的一般与特殊

上述法治观念是高度抽象的,它适用于任何法治的社会。在这样普适性的法治观念下,不同时空中的法治观当然有其差异性。例如,希腊的法治观与罗马的法治观有别,美国的法治与德国的法治也有差异。不过,如果要建立合逻辑的概念体系,就当遵守概念间的逻辑关系,特殊是在一般意义下的特殊,不是脱离一般的特殊。例如,如果美国人说“行政专横是美国的法治观”,就不合逻辑,因为“行政专横”不是法治而是人治。在这里,一般“法治观”是上位概念,具体时空中特殊的“法治观”是下位概念,我们不能把“人治观”作为“法治观”的下位概念。否则,就没有办法进行符合逻辑的表达与交流。应当防止在“特殊法治观”的旗号下复活人治观念。

第二节　建设法治国家

一、人治与法治的艰难抉择

中国古代从来不知法治为何物,清末行宪政,法治观逐渐在知识界传播。1912 年民国建立,民国选择了法治之路。但是由于军阀混战、抗日战争、国共内战,法治其实只停留在梦想阶段。1949 年以后,中国发生了翻天覆地的变化,从三民主义走向社会主义。这导致对法治的怀疑与否定。其实,从早期的社会主义实践与理论来看,社会主义与法治不可分离,而不是与人治亲近。早在公元前 15 世纪左右存在于伯罗奔尼撒半岛的迈锡尼王国就是法治的。国王受习惯法的约束,土地全民所有,国王与所有自由民一样只是“人民的佃户”。斯巴达这个军

〔27〕 沈家本:《历代刑法考》,中华书局 1985 年版,第 2240 页。

事共产主义社会也是法治的,重要官员均由选举产生,国家机关受习惯法约束,财产全民(种族奴隶除外)所有。公元1世纪左右存在于死海边上的小小的库兰宗团这个宗教共产主义社会也是法治的。[28] 空想社会主义代表人物,特别是莫尔的思想里就有法治思想。马克思主义是人的自由与解放的理论,共产主义社会是自由人的联合体,是"一个以个人自由发展为一切人自由发展的条件的联合体"。[29] 如何才能实现"人的自由与解放"?很显然,只有法治社会才能达于这一伟大目标。但是可惜的是,1949年以后中国效仿的斯大林主义是个极端人治的意识形态,在它的极端权威下,人们逐渐放弃了从清末就明确了的法治目标,建立了个人崇拜的极端人治社会。1957年以后,随着阶级斗争为纲思想的传播和政治运动不断,人治这个反马克思主义的思想逐渐被奉为马克思主义的正统,法治则被打成资产阶级反动思想并受到抵制与批判。1957年反右运动中,主张法治的人(其实只是主张发挥法的作用而已)几乎全被打成右派,法治遂成理论禁区,最终导致无法无天的文化大革命。

1978年的思想解放运动给法治建设带来了春天,人们开展了法治人治问题的大讨论。当时的观点主要有四:(1)取消论。此说以为人制定法,人当然高于法,统治只能是人对人的统治,死的法不可能统治人,所以法治是资产阶级唯心史观的表现,与唯物史观对立,不科学,应予取消。(2)结合论。即法治人治应当结合。其理由是法治、人治是统治阶级治国的两种方法,"封建统治阶级侧重人治,但也并不轻视法治","资产阶级厉行法治,并不能说明他排斥人治",任何法律都是人制定的,法的实施离不开人,所以必须有人治;统治必须以法律为工具,所以要法治,两者不可分离。(3)社会主义人治论。此说以为社会主义需要人治,社会主义人治"就是在无产阶级政党的正确领导下,紧密依靠广大人民群众……就是无产阶级和人民群众在马克思主义原则指导下任贤使能"。[30] (4)法治论。前三种观点实际上都是人治论的不同表现形式。从发表的文章的篇数及社会接受程度来看,人治论仍是强势理论,法治论仍未摆脱"资产阶级意识形态"的命运。后来由于一个政治权威提出一个问题:实行法治,那么共产党的权威往哪里放?于是,问题又回到了50年代,讲法治就是反对共产党的领导。改革开放以来的第一次法治讨论以失败告终。

1985年以后又开始有少量介绍法治(主要是苏联法治理论和法治观念)的文章,但不久再度沉寂。1992年邓小平南方讲话提出社会主义市场经济以后,法治再次成为热门话题。1996年春天,中共中央领导人听了"以法治国,建设社会主义法制国家"的讲座,在该次讲座上中共中央领导人强调了"实行和坚持依法治国"。1997年,中共中央召开第十五次全国代表大会,大会报告指出要:"进一步扩大社会主义民主,健全社会主义法制,依法治国,建设社会主义法治国家。"[31]1999年3月15日第九届全国人大第二次会议通过宪法修正案,其中第13条决定

---

〔28〕 1947年,一个巴勒斯坦牧童在寻找一只迷失的羊时,在一个洞穴中发现了被罗马兵团追杀而消失在历史中的库兰宗团的"国家档案",内中有堪称完备的法律,可见它是法治的社会。有兴趣的读者可参见[美]西奥多·H.加斯特:《死活古卷》,西奥多·H.加斯特英译,王神荫中译,商务印书馆1995年版。

〔29〕 [德]马克思、恩格斯:"共产党宣言",载《马克思恩格斯全集》(第1卷),人民出版社1956年版,第491页。

〔30〕 韩延龙:"试论人治与法治的统一",载《法治与人治问题讨论集》,群众出版社1980年版,第274页。

〔31〕 江泽民:"高举邓小平理论伟大旗帜把建设有中国特色社会主义事业全面推向二十一世纪"。细心的读者会发现,从十五大报告开始,"法治国家"替代"法制国家"出现在党和政府的重要文件中。这表明法治取得了合法性。由法制而法治经过了几乎一代人的努力,法学界称为"二十年改一字"。

《宪法》第5条增加1款,作为第1款:“中华人民共和国实行依法治国,建设社会主义法治国家。”至此,被否定了半个世纪的法治得以合法化,取得了宪法规范的效力。从此,法治就不断为中国共产党的诸多文件所强调。中国共产党的十八届四中全会更通过了“全面依法治国”的决定,这在中国共产党的历史上是第一次。[32]

二、人类为什么选择了法治?

1924年,奥地利作家卡夫卡在他的寓言性小说《洞穴》中,以第一人称讲述了一只鼹鼠的故事。鼹鼠担心外来袭击,修筑了坚固地洞,贮存了大量食物,地洞畅通无阻,防御退逃自如。但鼹鼠还是时时处于惊恐之中,惶惶不可终日。为了躲避这种恐惧,鼹鼠不断设计、挖掘和修缮这个地下工事,但终其一生,恐惧还是如影随形,无法摆脱。但是人不是鼹鼠,人类在实践中找到了摆脱恐惧的终极武器:法治,人类走向自由的历史其实是一个“法治版图”不断扩张的历史。在公元前,世界上大概只有古希腊罗马人选择了法治,一直到19世纪结束的时候,选择法治的国家还是凤毛麟角,二战以后,法治国家迅速在西方国家普及,并通过他们走向亚非拉。1990年苏东国家垮台后,他们也纳入法治版图。今天,即使是最专制的国家,他们虽然在实践上不把法律当回事,但在嘴巴上也承认法治。人类为什么义无反顾地一体选择了法治?

早在古希腊人治法治争论的时候,亚里士多德就提出了许多理由证明法治的正当性。在亚里士多德看来,法治是“政治社会”的前提,没有法治,就没有任何政治体制,他的言下之意是没有法治就是野蛮。他说:“凡不能维持法律威信的城邦都不能说它已经建立了任何政体。法律应在任何方面受到尊重而保持无上的权威,执政人员和公民团体只应在法律(通则)所不及的‘个别’事例上有所抉择,两者都不该侵犯法律。”“任何真实的政体必须以通则即法律为基础。”[33]亚里士多德将法治与人治相对照,找出法治优于人治的许多理由,主要有:(1)法治符合正义,人治不正义,因为人人是平等的,平等的人应当大家互为统治者和被统治者,由一个人统治不合正义。(2)众人比一人聪明。亚氏认为,法治是依照法律治理,而法律是众多聪明人制定的,所以法治实为众多聪明人治理,许多聪明人比一个聪明人(哲人)更聪明,他打比方说,众人办的宴席总比一个人办的宴席要丰盛。(3)法无感情。法律无感情,所以不会感情用事,容易达到公正;而再好的人都会有感情,有感情就会出偏差。(4)法律具有稳定性、明确性。哲人说的话前后不一致,而且不如法律明确。(5)个人精力有限。亚氏说,个人日理万机事实上不可能,还是要依靠官僚统治,与其由统治者选择官僚,由官僚进行统治,还不如一开始法律就把一切都规定好了。针对部分人认为现在法律不完备需要人治,亚氏说,问题是由谁去完备,是一个人还是大家?他认为,还是众人去完备,这就是法治。

两千多年以后的今天,当我们再来研究法治为什么会从小小的希腊半岛走向全球的时候,这个问题就更加清楚,法治是现代社会的必要前提。福山认为,政治现代化有三个关键因素。第一,国家的现代化是作为稳定的、有效的、非个人的机制,能够确保法则在整个社会起作用;

---

〔32〕“中共中央关于全面推进依法治国若干重大问题的决定”,载 http://news.xinhuanet.com/legal/2014-10/28/c_1113015330_2.htm。

〔33〕[古希腊]亚里士多德:《政治学》,吴寿彭译,商务印书馆1965年版,第191页以下。

第二,法治,即国家本身的行为受到具有至高无上权威的法律体系的限制,换句话说,统治者或者执政党不能为所欲为;第三,存在对权力的某种问责。在回答有关“问责制”的问题是,福山进一步指出:“归根结底,道德是远远不够的。你不能通过道德劝说来解决‘糟糕皇帝’的问题……没有程序性的问责,你别指望建立真正的问责制。”[34]这三个关键因素中他明确提出第二个是法治,其实第一实质是法治,第三个还是法治。中国1949年以后的国家问题核心是缺乏法治,未来的方向无疑是法治。对于当下的中国,选择法治除了法治所具备的一般价值以外,还具有以下的意义:

第一,法治是发展市场经济的需要。现代市场经济的高度发展与高度发达的法治相辅相成,最具代表性的是英国。人们大多可能知道英国是市场经济的发源地,但可能很少有人知道英国也是现代法治的发祥地。正是普通法下的法治,才使英国这个当时只有区区300万人的岛国日后成为具有全球影响力的日不落帝国。现代经济发达的国家,无一不是法治国家,而人治国家,其经济也必落后,即使一时起飞,因为缺乏法治支撑,也无法实现可持续发展,例如二战前的日本和德国。因为市场经济要求人们行为的高度规范化、高度可预测性,因此要求规范的权威而不是人的权威、权力的权威。相反,人的权威干预的不确定性,对市场本身的平稳发展始终是潜在的威胁。

第二,法治是发展社会主义民主,实现人的自由和解放的需要。社会主义民主是人民,即所有公民当家作主,这种民主不是无政府主义,更不是个人的任意统治,它只能以人民参与制定的法律形式表现出来,并得到普遍遵守,民主而没有法治是难以想象的。“文化大革命”中的“大民主”和最高指示治国带来的灾难应当永远记取。法治也是实现人的自由发展的需要。人的自由全面的发展需要为每个人提供自由的法律环境,平等的机遇,一个处在他人任意之下的人是无法自由发展的;同样,一个对他人有任意处置之权的人也是无法自由发展的:他发展了自己的兽性而压制了理性——对他人的尊重。怎样才能保证人人平等?唯一的办法就是大家遵守共同的良法,这就是法治。

第三,法治是社会长治久安的需要。社会的稳定、正常发展需要行为的高度规范化,要求充分发挥每个个体的聪明才智,这就要求树立法律的权威和优良的立法,特别要限制统治者的任性对社会的急剧、任意调整。法律一旦对权力失控,即使主观上想做好事的统治者也常常会给社会带来意想不到的灾难。且不说大跃进、公社化之类的疯狂运动对社会稳定和发展带来的破坏,就是几年一个周期的盲目发展、大幅整顿这种权力经济模式也是社会所承受不起的。如果说社会的稳定和发展一般需要法治的话,那么现代社会就更离不开法治。现代社会的统治者掌握着高新技术和强大的物质力量,如不依法办事,那么他所带来的破坏力也就更大。现代社会的社会化程度是农业社会所无法比拟的,社会化程度越高的社会越是脆弱,某一方面或某一地区的问题将很快波及全局,并将效应放大。社会化程度高本身意味着对秩序、规范的需求程度高。所以现代社会如不实现法治,不但难以发展,最终连起码的社会稳定也难以达到。前几年一些地方为了维稳而漠视法律,结果“越维越不稳”的事实,充分说明了法治对于社会

---

〔34〕［美］内森·加德尔斯:“社会现代化不一定非要先世俗化——弗朗西斯·福山访谈录”,吴万伟译,中国法律思想论坛 http://bbs.zhongguosixiang.com/thread-17145-1-1.html。

长治久安的意义。

第四,法治是反腐败的需要。回归家庭本位或部族本位,为自己或为自己有亲属关系的人谋利,将财富、权力和身份地位传给亲属的欲望,“是人类政治中最持久的常态”,而这就是腐败,福山称之为“传统世袭主义”(patrimonialism)。这种“传统世袭主义”植根于人类本能,虽然人有战胜自己弱点的能力,但是很难战胜自己的本能。[35] 因此,任何将清廉政府寄托于道德说教或寄希望于圣人的说教与制度设计都是不可靠的,甚至就是欺骗,有效反腐败的唯一的办法是将权力置于制度的笼子里,而这个制度必须是刚性的,即以法律规范的形式出现,使其不能为恶,如果为恶,就必须承担责任,而这就是法治。

三、法治的基础

法治社会的形成有一定的条件或基础。当然,社会各要素间是一个相互联系的整体,是互为因果关系的,很难绝对地说谁是基础。例如,我们说市场经济需要法治,在这个意义上讲,法治是市场经济的基础,就像伯尔曼在《法律与革命》一书中所论述的,西方市场经济实起于11世纪的法律革命。同样,我们也可以说,法治以市场经济为基础,没有市场经济难以建立法治。这要看研究者研究的目标而定。如果从“人首先要吃饭才能生存”、一切制度都需要物质力量支撑这个最终意义上讲,经济是基础。从研究法治的产生与运作这个视角来看,法治的生存与运作需要经济、政治与文化的基础。

法治的经济基础是市场经济。这是将市场经济与计划经济相对照而言。计划经济的特点是政府不但掌握一切政治资源,而且垄断一切经济资源,包括人力资源,人只是完成计划的工具。计划经济体制内在地要求集中权力,内在地排斥普适性的规则,所以计划经济社会必然是人治的,它会自发地扼杀一切法治冲动。苏联和我国计划经济时代对法治的恐惧与排斥就是证明。市场经济从几个方面对法治社会的形成起促进和支撑作用:(1)市场经济强烈的规范需求是促进法治生成的重要力量。市场经济是规范经济,人们一旦选择了市场经济,市场对规范的渴求就成为强大的社会力量,以经济必然性的形式推动法治的生成。(2)市场对权力的限制有利于法治建设。市场作为与政府权力相对的资源配置体系,自然构成对政府经济权力的限制。市场主体的权利成为限制政府行为的一道“篱笆”,同时市场本身形成一种“社会权力”,也对政府权力构成牵制,防止权力滥用,迫使权力遵守法律。例如商会的权力、企业的权力等都可以成为防止政府权力滥用的力量。(3)市场经济中经济主体利益的多元必然产生相互竞争、合作关系,此种合作关系是规则下的自由、平等关系,这必然产生自由、平等、自主、责任等观念。正是这些观念,构成了法治的精神与灵魂。在一个等级特权的社会、在一个一切等待上级恩惠的消极的社会里是无法实现法治的。(4)市场经济产生的强烈的司法需求促使法律的完备并提高司法的权威。这有利于司法独立这一法治最基本要件的实现。

法治的政治基础是民主政治。民主与法治实际是同一枚银币的两面,不可分离。没有法治绝对没有民主。至于法治,如果没有民主奠基,也只能是空中楼阁,只要看一下古代法治社

---

〔35〕 刘杉:“从‘历史终结论’到对中国模式的历史考察——福山地人类社会政治发展的新思考”,载《中国社会科学报》2011年9月6日。

会都产生于民主社会这一基本事实就清楚了。民主为良法的产生提供了前提条件,没有民主的立法制度,选举制度,良法便失去民意依托和制度依托。民主为普遍守法提供了心理和社会基础,民主的良法是建立在民众认同之上的,而不是简单地凭借暴力,所以民主的立法有利于取得民众的认同,有利于法律得到普遍遵守。民主有利于对权力的控制,从而保障法治原则得到遵守。民主的核心是权力取得与行使建立在民意之上,民意及其制度体现、舆论等都构成对权力的控制,迫使权力走到法律之下,迫使政府成为责任政府,而不是家长式的不负责任的社会管理者。

法治的文化基础是法治观念。这里的"文化"是狭义的,仅指意识、观念。法治作为人治社会中的制度创新不是自发的产物,是人类有意识的创造物,所以法治的建立离不开法治观念的塑造与传播。西方现代法治经历了两个多世纪的法治启蒙才得以确立。对于后起法律现代化的国家,特别是以人治为文化传统的国家,法治观念的培育与普及就成为法治的必备基础。没有法治的文化基础就不会有法治制度建设,除非是纯外力的他组织行为。[36] 由于不同民族走向法治所面临的问题不同,所以法治观念在不同时空中无疑存在差异,但是法治观念也有其普适性的内容,主要包括:以对非人格的规范信仰与尊重取代对人格化的各种权威的信仰,特别是摒弃个人崇拜;自由、平等、权利观念;人格独立自主的责任观念;对权力的不信任观念,信任司法权威的观念;等等。

四、建设社会主义法治国家

建设社会主义法治国家是我国人民21世纪面临的历史性任务,在一个有数千年人治传统的地方建立法治社会,其困难是可想而知的。如何建设法治国家是法理学必须回答的重大课题。在根本观念上首先要回答一个问题:如何解决"国情"与"法治原则"的平衡?在中国建设法治国家当然得结合中国国情,这是不言而喻的。但是问题在于,这一国情恰恰是人治的,如果我们一味迁就国情,就意味着放弃法治建设。因此,正确的办法就只能是以一般法治原则来改造这个国家,国情只有在"改造的有效性"这个意义上才予以考量,放弃法治一般原则就意味着放弃法治。因此,我们必须在踏踏实实地进行法治基础建设——市场经济建设、民主建设、法治文化建设的同时,加快政治体制改革的步伐。这方面主要应当进行以下制度建设:

第一,完善公民权利保障制度,以权利限制国家权力。现代社会设置权力的目的在于保障权利,权利是法治的力量源泉,所以完善权利保障机制以限制权力就成为法治国家建设的重要一环。这方面要做的工作主要有:完善宪法基本权利制度,实现宪法基本权利的直接效力,对权利的限制实行法律保留,坚决杜绝行政机关未经授权任意通过制定规范或命令形式改变法律规定的权利体系,特别是要对制定侵害行政的规范实行人民代表大会保留,建立对行政法规范的司法审查制度,除个别例外(例如国防、外交),实行有行政即有司法救济的原则。

第二,培育社会权力以牵制国家权力。所谓社会权力是指社会主体所享有的权力,这是一种外在于国家权力的自治性质的影响力、支配力,它一方面作用于社会,另一方面监督与牵制国家权力。社会权力的重要功能是分国家机关之权,以保证国家权力的良性运作。掌握社会

---

〔36〕 例如德国、日本二战后在占领军的强迫下走上法治之途。

权力的主体主要是企业、媒体、学校、宗教团体及种种自治性质的非政府组织。在计划经济和高度集权的体制下,国家权力渗透到政治、经济、文化等各个方面且无所不能,失控的权力不可避免地酿成社会灾难。著名法学家郭道晖先生很早就提出以社会权力牵制国家权力的命题,并指出这是社会主义的属性所决定的。他说:"因为所谓社会主义,就是主张以'社会至上'为主义(亦即社会主体——人民至上),突出社会(人民)的主体地位和社会权力的作用应是社会主义题中的应有之义。"〔37〕法治的主要对象是国家权力,这就需要以公民权利与社会权力以牵制国家权力,只有这样才能将权力关进法律的笼子里,否则,法律的笼子对于国家机关就会形同虚设。

第三,建立权力制约平衡机制。除了社会具有约束公权力的力量以外,更重要的是对公权力本身给予改造。社会必须有足够强大的公权力,舍此不能维持秩序,但强大的公权力又可能反过来成为社会的主人,如何防止公权力反客为主?这一点当然不能依赖"好人",而必须依靠制度,有效的限权制度必须具有迫使"坏人也不得不为人民服务"的内部结构,这便是分权。关于这一点,罗马人有丰富的经验。罗马创建的制度一开始就是元老院、执政官、公民大会分权制衡的制度。为了保障法律的实现,罗马人创设了监察官。为了对抗执政官,罗马人创设了保民官。一旦军人执政官独揽大权以后,罗马的法治也就寿终正寝了。古希腊历史学家波利比对罗马进行了深入的研究,结论是罗马的稳定和强大得益于分权。古希腊社会也是分权的,柏拉图、亚里士多德师生的"混合政体"论实质是立法、行政、司法三权分立。启蒙运动中,洛克、孟德斯鸠重提分权,并把它作为建立法治的保障。他们从人性皆有恶的一面得出权力具有天然侵犯性的不刊之论,至今未有具说服力的反论。我国从五四宪法开始的各部宪法都贯彻了宪政基本原则——分权,但是宪法的这条原则长期悬置。早在改革开放初期邓小平同志就指出权力过分集中是党和国家领导制度的一大问题,存在"家长制"、"一言堂"现象。〔38〕 正是基于破除"家长制"的考虑,党的十二大、十三大确立了党政分开的政治体制改革方向。由于复杂的原因,改革开放三十多年来权力集中这一人治顽症并没有从根本上解决,在有些地方甚至愈加严重,建立分权制衡的权力结构体系仍然是我国法治建设最艰巨的任务。

第四,强化司法权力,保障审判权与检察权独立。"要使法治生效,应当有一个常常毫无例外地适用的规则,这一点比这个规则的内容为何更为重要。只要同样的规则能够普遍实施,至于这个规则的内容如何倒还是次要的。"〔39〕如何才能保障统一适用规则?毫无疑问应当寄托于独立的审判权与检察权。审判权与检察权一无意志,二不能主动行动,法治国家的基本标志之一是司法机关成为法律的阐述者、判断者,只有足够强大的独立的审判权与检察权才能保证立法权、行政权和一切社会主体走到法律之下。因此,必须将独立的审判权与检察权作为司法改革的核心目标。

第五,加强和改善党的领导制度。我国是共产党领导的国家,在现在的制度架构中,没有共产党的领导难以建设法治国家;同样,不改善党的领导制度也无法建设法治国家。首先,共

---

〔37〕 郭道晖:"社会权力:法治新模式与新动力",载《学习与探索》2009 年第 5 期。

〔38〕 邓小平说:"不少地方和单位,都有家长式人物,他们的权力不受限制,别人都要唯命是从,甚至形成对他们的人身依附关系。"《邓小平文选》(第二卷),人民出版社 1994 年第 2 版,第 321 页以下。

〔39〕 [英]哈耶克:《通往奴役之路》,王明毅等译,中国社会科学出版社 1997 年版,第 80 页。

产党是执政党,党的领导体制与国家权力体系息息相关,在对国家体制进行改革时,无疑会触及党的领导体制;其次,党确定的体制改革方案的正确与否决定了法治建设的成败,如党内民主不能落实,则难以确定合理的方案。因此,对现行党的领导制度进行改革,重点是:其一,落实党章"党必须在宪法和法律的范围内活动"的原则,遵守《宪法》第5条第4款和第5款的规定,不允许存在"法律外"和"法律上"的党组织和个人;其二,加强党内民主制度建设,使书记成为党委平等的一员,书记的权力限于会议程序方面;其三,理顺党政关系,制止党政合一的回潮之势;其四,至少在司法系统内改变党的地区分割领导的方式,实行司法体制内党的垂直领导、系统内的领导,防止形成地区性的集权人物。

五、法官的法治使命

在法治原则下,纠纷解决的最高、最后的权威是法律,这也意味着解决纠纷的最终途径是诉讼,所以"非法治无以维持社会秩序,非争讼无以完成法治"。[40] 此确论也。进一步,诉讼的裁断者是法官,可见"法治即法官之治"有相当的道理。"法官之治"不是赋予法官"君临天下"的权力,而是要求法官承担起维护法治的使命。因为一个走向法治的国家是从司法开始的,因此,法官能否担当此重任实在是法治成败的关键。这个使命要求法官:

第一,不畏权势,维护法官独立。司法独立在法治国家不成问题:这是理所当然的事。但是在法治原则没有落实的国家就特别艰难,因而也愈显重要。我国古代虽然没有法治,但是还是有法官以维护法律为己任的个例,唐代的雍州司户参军李元铉就是一个,他宁愿开罪皇帝的妹妹,开罪顶头上司,也要独立审判。[41] 对于走向法治的国家,法官维护司法独立具有重大意义:其不仅维护了宪法权威,维护了司法权,维护了宪法确立的权力结构,从而使法治真正得以起步。同时,维护司法独立也维护了自己的权利——依法独立审判不仅是法官的公权力,也是法官的权利,当然,维护司法独立也间接维护了当事人的权利。

第二,忠实于法律。法律得不到实施,法治就是空中楼阁,而法官担负着司法的重任,所以,忠实于法律是法治原则对法官的要求。忠实于法律即不能忠实于任何社会主体(个人及组织),在司法问题上,法官没有上司。因为社会主体的行为都不可能"自发"地与法律相一致,相反,他们都可能违反法律。如果法官忠实于一定的社会主体,就意味着法官失去了对这个社会主体的裁判权,这个社会主体就事实上站在法律之上。而且如果法官忠实于社会主体,就存在一个逻辑矛盾:在法律与社会主体的意志不一致的时候怎么办?其结果必然是法律靠边站。

第三,秉承司法良知。司法良知是法官这一职业群体的职业良知,它是法官职业群体的共识,这个共识有两个相互联系又有所区别的内容:一是在规范的层面上是对法律及法律职业的态度;二是在价值的层面上对正义观及其对正义的态度。前者的核心当是对法律的忠诚,对程序的尊重,对职业的忠诚。后者是一定的超越实在法的正义观念,及其对它的信仰与忠诚。司

---

〔40〕 吴经熊:《法律哲学研究》,清华大学出版社2005年版,第215页。

〔41〕 唐睿宗时,专横霸道的太平公主纵容家奴霸占了一座寺院的石磨,据说那个石磨磨出的粮食特别好吃。寺院为此告到官府。雍州司户参军李元纮(hóng)判太平公主败诉,物归原主。李元纮的上司雍州长史窦怀贞知道后立马召见李元纮,令其改判,孰料李元纮当场在判决书上加了两句话:"南山可移,判不可摇也。"《旧唐书·李元纮传》。

法良知是法官对社会的承诺,坚守司法良知是法官的“天条”。司法良知在两个层面上支撑法治:一是在法律规范与其他规范竞争的时候,选择法律规范,以保证法律得到普遍遵守;二是在法律疑难时遵守法律精神,防止法官专横。

讨论题

1. 什么是法治?它有哪些基本要求?
2. “法治”与“法制”有什么区别和联系?
3. 现代法治与法家的垂法而治有什么不同?
4. 我国法治建设的难点与阻力是什么?
5. 在我国实现社会主义法治需要进行哪些方面的变革?

延伸阅读

1. [美]布雷恩·Z. 塔玛纳哈:《论法治:历史、政治和理论》,李桂林译,武汉大学出版社 2010 年版。
2. [英]汤姆·宾汉姆:《法治》,毛国权译,中国政法大学出版社 2012 年版。
3. [美]杰里米·沃尔德伦:《法律:七堂法治通识课》,季筏哲译,北京大学出版社 2015 年版。
4. [意]皮特罗·科斯塔、达尼洛·佐洛:《法律的规则:历史、理论及其批评》,田飞龙等译,上海三联书店 2015 年版。
5. [美]富勒:《法律的道德性》,郑戈译,商务印书馆 2005 年版。

延伸思考

1. 法治需要什么样的权力结构?
2. 法治需要什么样的政党制度?
3. 转型社会的“变”与法治的“静”之间是否相容?转型中实现法治可能吗?

第十章　法律要素

宣称对全体公民拥有统治权并要求他们忠诚的政府,如果它对于他们的命运没有表现出平等的关切,它也不可能是个合法的政府。平等的关切是政治社会至上的美德……

——[美]德沃金《至上的美德——平等的理论与实践》

第一节　法律要素释义

一、法律要素的定义

法的本体论首先要回答组成法律的要素。法的要素指法的基本成分,即构成法律的基本元素。任何时空中以整体形态存在的法律都是由基本的要素构成的。如果我们把整体形态的法律看成一个系统,那么法律要素就是构成系统的元素。法的要素与法律渊源不同。法的渊源指法的外表形态,而法的要素是任何形态的法律(制定法、习惯法、判例法)都不可或缺的基本质料。

作为与法律整体相对应的法的要素,具有如下特征:第一,个别性和局部性。它表现为一个个元素或个体,是组成法律有机体的细胞。第二,多样性和差别性。组成法律的要素具有多样性,不同的要素具有差别性。这起码可以从两个层次上来理解,一是法律要素可以分成不同的种类,它不是同一的;二是相同种类的法律要素又可以有多种不同个性。第三,整体性和不可分割性。虽然每个法律要素都是独立的单位,但是法律要素作为法律的组成部分又具有整体性和不可分割性。某一法律要素的改变可能会引起其他要素或法律整体发生相应的变化,某一要素被违反可能会引起整体或其他要素的反应。每一个要素都与其他的要素相联结,具有不可分割性。例如,法律适用的"特权原则"向"平等原则"的转变将极大地影响一系列法律规则与概念的理解与解释。

处于任何发展阶段的法律均有相应的法律要素,法律要素质量的优劣通常是衡量法律合理化程度的重要标志。法律进化的过程本身是法律要素的质和量提高的过程。法律要素质量越高,法律的确定性程度越高,法律的可预测性程度也越高。在其他因素不变的前提下,这也表明法律具有更多的正义和理性。判断法律要素质量高低的标准通常有:(1)法律要素含义的明确性与确定性。如果某社会的法律要素含混不清,内容游移不定,那么该社会的法要素就处于较低发展阶段。(2)法律要素间联系的紧密性及协调性程度。如果某社会法律要素结构松散、相互冲突处较多,则该社会法律要素合理化程度较低。(3)法律要素的专门化、技术化程度。通常法律越发达,法律要素的技术化、专门化程度越高。

二、法律要素的分类

法律要素的分类问题涉及另一前提性问题:将复杂的法律现象归结为哪些简单要素,即法律要素的"模式"问题。这是西方法理学中的"传统问题"。早在古希腊,就曾发生过法律是"命令"还是"劝告"的争论。近代以来,西方流行的法律要素的模式理论主要有五种。第一,命令模式理论,即将法律归结为单一的命令。这一理论始于法国人博丹(Jean Bodin,1530—1596)与英国法学家霍布斯(Thomas Hobbes,1588—1679),到分析法学派创始人奥斯丁(John Austin,1790—1859)手中成为主宰西方法学一个多世纪的理论。20 世纪 40 年代以来这一理论经新分析法学的批判而衰落。第二,规则模式理论。这一理论由新分析法学派的哈特倡导。规则模式论将法律归结为单一的规则要素。法律规则可以分为主要规则和次要规则。主要规则是设定义务的规则,次要规则是授予权利的规则。次要规则又可分为承认规则、改变规则和审判规则。[1] 第三,规则、政策、原则模式理论。即将法律归结为规则、政策和原则三要素。这一模式是新自然法学派的德沃金在批判前述单一规则论的基础上提出的。所谓政策是指有关必须达到的目的或目标的一种政治决定,一般说来是关于社会的经济、政治或者社会特点的改善以及整个社会的某种集体目标的保护或促成问题。原则是有关个人(或由若干人组成的集团)的权利、正义或公平的要求或其他道德方面的要求。第四,道德原则和法律规则模式理论。这一理论认为法律规范分为两种,一是道德原则,二是法律规则,道德原则确定法律规则。[2] 第五,律令、技术、理想模式理论,这一理论将法律归结为律令、技术、理想三种要素。社会法学派巨擘庞德认为,法律的概念有三种含义:法律秩序、权威性资料、司法行政过程。权威性资料包括律令、技术和法律理想,律令又包括规则、原则、概念、标准。[3] 我国法学界通行的是"法律规范"说,将法律归结为法律规范单一要素,类似于西方的命令说和规则说。近年来学者们开始主张多要素说。综观各家关于法律要素的学说,法律规则、原则、概念三要素说有较强的说服力。不过,严格说来,这一理论也不是完美无缺的:法律规则和法律原则都是由法律概念组成的,法律规则和法律原则与法律概念不是同一层面上的,所以规则和原则说似乎更为准确。不过,法律概念具有相当的重要性,对认识法律有重要的工具价值,所以这里一并予以介绍。

---

〔1〕 哈特所讲的"承认规则"指确认主要规则效力的规则,"改变规则"是改变主要规则内容的规则。这两者实质上是确认立法权的规则。"审判规则"是确认规则是否被违反、应当承担什么后果的规则。

〔2〕 See Andrei Marmor: Law and interpretation, Clarendon Press, Butterworths, p. 326.

〔3〕 庞德的"律令"的外延大体上相当于我们所讲的"法律"的外延。"技术"指解释和适用法律规则、概念的方法和在权威性资料中寻找特殊案件的方法。"法律理想"指特定社会中关于秩序的理想图画,即社会秩序是什么,它的目的何在等,它是适用律令的背景。庞德的法律要素理论参见[美]罗斯科·庞德:《法理学》(第一卷),邓正来译,中国政法大学出版社 2004 年版,第 72 页以下。

第二节 法律规则

一、法律规则释义

规则是由权威部门颁行或社会习俗中包含的关于人们行为的准则、标准、规定等等,即日常用语中所称的“规矩”。无规矩不成方圆,无规则不成社会。社会规则有很多种类,例如中国古代的礼、社会交往中的礼仪、道德规则、宗教规则、政党、社会团体的纪律规则、商人的行会规则、乡规民约等等,当然还有法律。社会的各种规则形成一个有序的规则体系,是社会秩序的维系力量,也是个人权利的保障力量。

法律规则是规定法律上的权利、义务、责任的准则、标准,或是赋予某种事实状态以法律意义的指示、规定。法律规则是构成法律的首要成分。

在法律诸要素中,与法律原则相比,法律规则具有三大特点:(1)微观的指导性。即在规则所覆盖的相对有限的事实范围内,可以指导人们的行为。(2)可操作性较强。只要一个具体案件符合规则设定的事实状态,执法人员可直接适用该规则,一般公民也能较容易地依据规则选择自己的行为方式。(3)确定性程度较高。

法律规则和法律规范是否是同一概念,学界有争议。我国法学界通常将英语中的 rule 译作规则,而将 norm 译作规范。凯尔森(Hans Kelsen)认为立法者创制的是规范,法律科学表述的却是规则,前者是规定性的,后者是叙述性的。[4] 英国法学家沃克(David M. Walker)认为法律规则与法律规范都是规范人的行为的,但是规则较规范具体,规范比规则抽象。我国法学家倾向于把规则与规范看作同一概念。我们认为法律规则是法律规范的一部分(另一部分是法律原则)。

法律规则与自然规则(规律)不同。(1)法律规则规定人的行为,而自然规则关乎物质运动。当然,人的行为也有“自然的”一面,例如饥餐渴饮、男欢女爱,这方面的自然规律成为立法的基础之一。(2)从形成方式来看,法律规则是人有意识地制定或选择的结果,是意志的产物;自然规律是纯客观的,与人的主观意志无关。法律规则也有“自然”形成的一面,那是相对于“人造”规则而言的习惯规则。习惯规则也是人选择的结果,也有主观的一面。(3)法律规则是应然的规定,解决行为的“该当性”,自然规律是客观的必然,它涉及的是“因果律”。法律规则的该当性决定了法律规则是可能被违反的。正因为法律规则是可以被违反的,就产生违反规则的责任问题,也就产生司法公正与否的问题。自然规律描述的是必然的现象,人只能发现它、描述它,不可能违反它。多少年来哲学界和世俗常讲“违反规律”,这实在是没有分清社

[4] [奥]凯尔森:《法与国家的一般理论》,沈宗灵译,中国大百科全书出版社1996年版,第48页以下。

会规则与自然规律的不同。[5]

法律规则与针对个别人或事项的个别性命令不同,它具有两大特色:(1)法律规则是普遍的行为模式,具有可重复适用性。例如,“禁止刑讯逼供,违者处以自由刑”这一法律规则在承认其法律效力的时间空间范围内可以重复适用,个别性命令则不能重复适用,例如,“处某甲行政拘留三天”的行政决定就只能运用一次。(2)法律规则可以适用于一定的角色群,例如,“违反治安,处行政拘留三天”的规则对甲、乙、丙、丁均可适用。相对照之下,针对某甲的行政命令只能对某甲适用,不能对某乙或某丙适用。

法律规则通常有严密的逻辑结构。法学界对法律规则的逻辑结构有不同看法,主要有三要素说和两要素说。三要素说是占主导地位的学说。主要内容是:法律规则(规范)有假定、处理、制裁三部分构成。假定是法律规则中指出适用这一规则的前提、条件或情况的部分;处理是法律规则中具体要求人们做什么或禁止人们做什么的那一部分;制裁是法律规则中指出行为要承担的法律后果的一部分。例如在“以牟利为目的,倒卖国家禁止经营的文物,处以自由刑,并处罚金”这一规则中,“以牟利为目的”为假定,“倒卖国家禁止经营的文物”是处理,“处以自由刑、并处罚金”为制裁。三要素说虽然传之久远,但由于内在的缺陷而在近年逐渐被相当一部分人放弃。首先是三要素中的“处理”一词与中文约定俗成的含义不合,其次是“制裁”起码在字面上只适用于不利法律后果。有些学者将制裁的含义扩充到包括奖励在内,显得不伦不类,有违“制裁”的基本语义。实际上三要素说主要适用于分析义务性规则,用来分析授权性规则就显得牵强。

二要素说是近年新起的学说,与拉伦兹将法律规则分为“构成要件”和“法效果”两部分的思想很接近。二要素说将法律规则(规范)的结构分为行为模式、法律后果两部分。行为模式是指法律规则中规定人们可以行为、应该行为、不得行为的行为方式,它可以是科以义务的,也可以是授权的。法律后果是指规则中指示可能的法律结果或法律反应的部分。例如前例中,“以牟利为目的,倒卖国家禁止经营的文物”是行为模式,“处以自由刑、并处罚金”为法律后果。

法律规则有没有确定性这一问题在法学界有不同看法。规范法学派通常强调法律规则的确定性,而美国的现实主义法学和批判法学则否定、怀疑规则的确定性。其实,法律规则都具有确定性,如果没有确定性则它难以被重复适用,如果法律规则没有确定性,立法就是徒劳,司法便是任意。但是法律规则的确定性又是相对的,它的含义和适用范围有一个或明或暗的边缘地带。不同的法律规则的确定性程度也有一定差别。例如,“早6点至晚6点间本街道禁止通车”这一规则在时间上是确定的,适用地域是确定的,行为模式也是基本确定的,但是它又不完全确定。汽车毫无疑问在禁止通行之列,至于“车”是否包括摩托车、自行车、残疾人车(机动的、手动的),是否包括手推车、儿童推车就不那么确定了。尽管法律规则的确定性是相对的,立法者却不得以此为理由追求法律的不确定,追求“粗”,立法者应当追求法律规则有上乘的确定性,追求立法确定是立法者的义务。

---

[5] 他们所谓的违反自然规律(例如滥伐森林、乱垦荒地、破坏植被导致的荒漠化,盲目围湖造田导致的江湖泛滥等等),实在不是违反自然规律,而是破坏了生态自然平衡。

二、法律规则的分类

对法律规则进行分类具有重要的理论和实务意义。从理论上讲，有利于对法律规则进行研究、编排，使其形成一个有机的协调的体系，从法律实务上讲，对法律规则的分类有利于对法律规则的理解、确定效力等级、适用范围等等。

依据不同的标准和出于不同目的可对法律规则作出不同的分类。以法律规则适用的领域为标准，可将它分为刑法规则、民法规则、行政法规则、诉讼法规则等等；按法律规则规定的权利义务的性质不同，可将它分为实体性规则、程序性规则；按法律规则所属不同法源，可以将它分为制定法规则、习惯法规则、普通法规则、衡平法规则；按法律规则的效力不同，可以将它分为宪法性规则、普通法规则、规章性规则；按法律规则适用过程中裁量权的有无可以分为客观性规则和裁量性规则。客观性规则的条件明确、毫不含糊，裁量性规则不行使裁量便无法实施。[6] 对法理学研究和实务意义较大的分类有以下四种：

（一）授权性规则、义务性规则和职权性规则

从法律规则内容上看，可分为授权性规则、义务性规则和职权性规则。授权性规则是指示人们可以作为、不作为或要求别人作为、不作为的规则。授权性规则的作用在于赋予人们一定的权利去构筑或变更、终止他们的法律地位或法律关系，为人们的自主行为和人际良性互动提供行为模式，为社会的良性运作和发展提供动力与规则保障。授权性规则的特点是为权利主体提供一定的选择自由，对于权利主体来说不具有强制性，它既不强令权利人作为，也不强令权利人不作为；相反，它为行为人的作为、不作为提供了一个自由选择的空间。授权性规则通常采用“可以”、“有权利”、“有……自由”等用语。授权性规则在法律中所占的比重随着法律的进化而递增。在现代法律中，授权性规则占据首要地位。

义务性规则是直接要求人们作为或不作为的规则。与授权性规则不同，义务性规则表现为对义务主体的约束，为人际互助、维持社会安全提供保障。义务性规则具有三大特征：第一，强行性。义务性规则通常具有强行性，违反义务性规则的主体常常要付出代价，即法律要作出否定性反应。第二，必要性。为了维护社会成员的自由和利益，维系社会安全和法的权威，义务性规则是必需的，没有义务性规则，社会将不存在。第三，不利性。义务性规则虽然对他人和社会有利，对义务人却是不利的，是一种牺牲或“克己”。应当指出，有些论著将法律规则分为授权性规则、义务性规则和禁止性规则三大类，将禁止性规则与义务性规则并列的做法是不可取的。因为义务本身包括作为义务和不作为义务两种，禁止性规则规定的是不作为义务，它其实是义务性规则中的“不作为义务规则”。将禁止性规则与义务性规则并列犯了子项相容的逻辑错误。规定积极义务（作为义务）的积极义务规则常采用“应当”、“应该”、“必须”等术语；规定消极义务（不作为义务）的消极义务规则常使用“不得”、“禁止”、“严禁”等术语，或者在描述行为模式后规定不利的法律后果。

职权性规则是关于公权力机关的组织和活动的规则，例如机构组成规则、会议规则、决定

---

〔6〕［美］弗里德曼：《法律制度》，李琼英、林欣译，中国政法大学出版社1994年版，第341页。

规则、审判规则等等。此类规则是广义授权(授予权利、权力)性规则之一种。它同样规定主体的行为自由,并令相关社会主体承担义务,滥用规则也要承担责任。但是又有别于授予权利的规则。它确定的选择自由是不可放弃的,否则为失职,同时选择自由受到严格限制。还有一种规定权力主体授出利益的规则,例如关于社会救济的规则。就此类规则处分国家财产的属性来看,这是一种权利,但是它使相对人受益,更接近义务规则。所以国内有的学者称其为“权义复合规则”是有道理的。

(二)客观性规则和裁量性规则

从法律规则形式特征上看,可分为客观性规则和裁量性规则。客观性规则指规则的内容明确、肯定和具体,且可直接适用的规则。例如,“每一选民在一次选举中只有一个投票权”(《中华人民共和国全国人民代表大会和地方各级人民代表大会选举法》第5条)就是一个客观性规则。

裁量性规则指法律规则的部分内容或全部内容(事实状态、权利、义务、后果等)具有一定伸缩性,须经解释方可适用且可适当裁量的法律规则。例如,“民事活动应当尊重社会公德,不得损害社会公共利益”,这一规则里的“社会公德”、“社会公共利益”均有很大的伸缩性,须解释才能适用,因此它是裁量性规则。

(三)调整性规则和构成性规则

从法律规则的功能上看,可分为调整性规则和构成性规则。调整性规则是对已有行为方式进行调整的规则,它的功能在于控制行为。从逻辑上讲,该规则所调整的行为先于规则本身,规则的功能在于对行为的模式予以控制,或改变,或统一。

构成性规则是组织人们按规则规定的行为去活动的规则,从逻辑上讲,规则所指定的行为在逻辑上依赖规则本身。例如,设定某一机构的规则属构成性规则,这一机构的活动有赖于设立机构的组织性规则本身,没有相关组织的构成性规则,相关组织的活动是不可思议的。

(四)强行性规则和指导性规则

从法律规则的强制性程度上看,可分为强行性规则和指导性规则。强行性规则指行为主体必须作为或不作为的规则。绝大多数义务规则属于强行性规则,国际强行法规定的规则是强行性规则。

指导性规则指是否按规则指定的行为行事,规则只具有指导意义而不具强行性的规则。这是一种命令性较弱的义务性规则。国际法上的许多规则对国家来说属指导性规则。例如《世界人权宣言》的规则科以联合国成员国以保护人权的义务,但它的义务对成员国立法机关只具有指导性,不具有强行性。英国行政法中存在对行政机关指导性的法律,其中的法律规则对行政只具指导意义。

第三节　法 律 原 则

一、法律原则释义

各家对法律原则(principles of law)的定义各不相同。英国法学家沃克从法律原则的功能即解决疑难案件的角度将法律原则定义为:许多法律推理所依据的前提,不断地、正当地适用于比较特别和具体的规则解决不了或不能充分明确地解决的案件的一般原则。《布莱克法律词典》的解释是:法律的基础性真理或原理,为其他规则提供基础性或本原的综合性规则或原理,是法律行为、法律程序、法律决定的决定性规则。〔7〕 我们认为布莱克的定义基本可取。法律原则是法律的基础性真理、原理,或是为其他法律要素提供基础或本源的综合性原理或出发点。法律原则可以是非常抽象的,例如法律面前人人平等原则、无罪推定原则、自然公正原则,也可以是很具体的:任何人不能作自己案件的审判者。法律原则的作用是法律规则所不能替代的,它的功能主要表现在三个方面:(1)为法律规则和概念提供基础或出发点,对法律的制定具有指导意义,对理解法律规则也有指导意义。(2)法律原则可以作为疑难案件的断案依据。当某一案件的特殊事实导致适用原有规则不公正时,法律原则可作为断案依据。例如,在美国很有名的里格斯诉帕尔默案中,一个16岁的男孩为尽快取得遗产而毒死了他的祖父,他能否继承被害人的遗产?按一般法律规则他是合法继承人,应当继承遗产。但这与法律的目的和一般社会伦理不符,最终法院依据"一个人不能从他的不当行为中得利"这一法律原则剥夺了男孩的继承权。(3)直接作为审判的依据。许多法律原则可直接作为断案依据,这些原则的作用与规则无异。例如,美国法中的正当程序原则常常作为直接的审判依据。

二、法律原则与法律规则的区别

法律原则与法律规则同为法律的要素,两者有共性,在规则与原则间有一个边缘地带,甚至有些法律要素究竟属规则还是原则是难以定位的。但是法律原则与规则的区别还是明显的。德沃金认为,规则和原则的差别在于,"一个规则对于一个预定的事件作出一个固定的反应;而一个原则则指导我们在决定如何对一个特定的事件作出反应时,指导我们对特定因素的思考"。〔8〕 伯顿认为,原则"没有建立法律的类别,确定法律的后果。但它们为规则提供了正当理由,也为把案件归于规则所定的法律类别中的法律理由提供了正当理由。当法律促进规则应当服务的目的(即贯彻用于证明该规则的原则和政策)时,它可能对重要程度的判断进行制约"。〔9〕

---

〔7〕 Black's Law Dictionary, 1979, p. 1074.

〔8〕 [美]罗纳德·德沃金:《认真对待权利》,信春鹰、吴玉章译,中国大百科全书出版社1998年版,第18页。

〔9〕 [美]史蒂文·J. 伯顿:《法律和法律推理导论》,张志铭等译,中国政法大学出版社1998年版,第117页。

综合各家学说,我们将两者的区别归纳为:(1)在对事及对人的覆盖面上,法律原则较宽,法律规则较窄,即法律原则有更大的宏观指导性,某一法律原则常常成为一群规则的基础。正是在这个意义上,有的学者把原则称为超级规则。(2)在变化的速率方面,法律原则有较强的稳定性。法律原则通常是社会重大价值的积淀,不会轻易改变,相比之下,法律规则的改变要容易得多。(3)在是否适用的确定性方面,原则较为模糊,而规则较为明确;当原则与原则、规则与规则相互冲突时,选择的方法也不同。冲突的规则的适用常常是要么无效要么有效,冲突的原则的适用常常要对两者所代表的利益作出权衡,某些原则比其他原则具有更大的“分量”,结果是两个原则都应加以适当考虑。当然,上述法律规则与原则的区别是相对的。

三、法律原则的分类

按不同的标准可以对法律原则作出不同的分类,对法学研究和法律适用有较大价值的分类有以下四种:

(一)政策性法律原则和公理性法律原则

这是按法律原则产生的基础不同所作的划分。政策性原则是公权力机关关于必须达到的目的或目标,或实现某一时期、某一方面的任务而作出的方略,通常是关于社会的经济、政治、文化、国防的发展目标、战略措施或社会动员等问题的。西方学者常称这些政策性原则为非法律原则,因为它不能用来作为审判的依据。我国的学者则因其常常出现在法律条文中而将它视为法律原则之一种。例如,“国家推行计划生育,使人口的增长同经济和社会发展计划相适应”(《宪法》第25条)。政策性原则常常具有鲜明的时代特色和民族特色。

公理性原则是从社会关系性质中产生并得到广泛认同的被奉为法律公理的法律原则,这是严格意义上的法律原则。例如,选举法的普遍、直接、秘密、平等原则,现代刑法中的罪刑法定原则,刑事诉讼法中的无罪推定原则,民法中的诚实信用原则,行政法中的合法性原则,国际法中的国家平等原则、人权原则等等。由于公理性原则来自事物本身的性质,所以公理性原则较政策性原则有更大的普适性。

(二)基本法律原则和具体法律原则

这是按原则的覆盖面不同所作的划分。基本法律原则是指体现法的根本价值的法律原则,它是整个法律活动的指导思想和出发点,构成法律体系的神经中枢。例如,现代法律中的法律面前人人平等原则、基本人权不可侵犯原则等均为现代法律的基本原则。具体法律原则是基本法律原则的具体化,构成某一法律领域的法律规则的基础或出发点,最具体的法律原则与法律规则难以区分。例如我国《刑事诉讼法》第一章中确立的两审终审原则、公开审判原则等。

(三)实体性原则和程序性原则

这是按法律原则内容的不同所作的划分。实体性原则指规定实体法律问题的原则。实体性法律原则的功能是调整实体上的权利义务关系,例如罪刑法定原则、诚实信用原则、和平共处五项原则等。程序性法律原则是规定程序性法律问题的原则。程序性法律原则的功能是调整程序上的权利义务关系。例如回避原则、司法独立原则、谁主张谁举证原则、排除非法证据原则等等。

（四）肯定性原则和否定性原则

这是按原则在规则适用过程中所起的作用不同所作的划分。肯定性法律原则是指对选定法律规则的适用起肯定意义的法律原则，否定性法律原则是指对选定法律规则的适用起否定意义的法律原则。

应当指出，上述分类都是相对的，除了上述分类以外，还有其他的分类，例如，按照原则所在的法律部门不同也可对法律原则作出分类，美国法学家迈克尔·D. 贝勒斯就将法律原则分为程序法原则、财产法原则、契约法原则、侵权法原则、刑法原则共五类。

四、法律原则的适用

法律原则的适用问题在法学界分歧很大。有的学者否定法律原则可以适用，有的学者认为只有“否定性法律原则”可以适用，因为肯定性法律原则已经具体化为规则，应当适用规则，不得适用原则。强调法律原则是法律一部分，可以适用法律原则的学者中影响最大的当数纽约大学教授德沃金。

法律原则适用的路径通常有以下四种：（1）作为认定法律事实的依据，例如，违反正当程序原则、刑讯逼供取得的证据不得采用（毒树之果原则）。（2）作为评价法律规则正当性的标准，从而决定是否适用该法律规则，如果评价是负面的，则可以排斥该法律规则的适用。例如，美国宪法中的言论自由原则曾经被用来否定诸多限制言论自由的法律的效力。（3）作为法律解释和法律推理的依据，这是最为常见的路径。（4）作为弥补法律漏洞的依据。

法律原则的适用是为了加强法律适用的确定性，更好地实现个案正义，而不是相反。但是，由于法律原则的原则性与高度抽象性，无限制适用法律原则必将会适得其反。因此，适用法律原则必须慎重、有条件和加以限制。国外学者对此早有专门的研究，进入21世纪以来，国内也出现了一些上乘的研究成果。[10] 综合中外研究成果，结合当下中国司法实际，我们认为对法律原则的适用必须作以下五点限制：

第一，区别“法律原则”与“非法律原则”。[11] “法律原则是那些由法官作出判决时使用的原则”，而不是其他的原则。在中国，最重要的是要区分道德原则与法律原则，政治原则与法律原则，道德原则和政治原则不能适用。这是由法官的社会角色与职权范围所决定的。法官不是伦理学家和慈善家，法官不能适用伦理原则；法官也不是立法者和政治家，法官不能适用

---

〔10〕 例如，舒国滢教授指出适用法律原则的三个条件：穷尽规则、个案正义、更强理由（参见“法律原则适用的困境——方法论视角的四个追问”，载育龙网，http://lw.china-b.com/fxzx/20090228/452964_1.html），庞凌副教授指出的“禁止向一般条款逃逸”、“建立法律原则适用的类型谱，提高原则适用的确定性和统一性”等等。参见庞凌：“法律原则的识别和适用”，载《法学》2004年第10期。

〔11〕 [美]迈克尔·D. 贝勒斯：《法律的原则——一个规范的分析》，张文显等译，中国大百科全书出版社1996年版，第14页。

政治原则,否则就是越权。

第二,规则优先。这是法律规则的“合法性推定”的结果。法律原则是规则的基础,法律体系是在一定的法律原则指导下建立的规则与原则的体系,因此,在通常情况下,法律原则已经规则化,适用法律就是适用规则,只有在特殊情况下才有法律原则之适用。如果动辄适用原则,则法律规则将空置,法律就失去了安定性,法官就成了立法者甚至是独裁者。这也就是要求法官当“穷尽规则”,或者“禁止向一般条款逃逸”。

第三,尊重权利。法律适用的最高要求是公正,这个公正就是权利、义务和责任的合法、正当分配。在适用法律原则时,法官时刻要牢记自己是“司法者”,当“依法而行”,千万不可牺牲当事人的权利来满足所谓法律原则的适用,不可充当慈善家或者立法者的角色。法律原则是用来保障权利而非侵犯权利的。

第四,价值判断要有客观依据。法律原则的适用要经过价值判断为中介,它是由法官针对个案依价值判断进行法益衡量的过程。法官在进行价值判断时必须依据客观标准,尽量减少主观因素的影响。这个客观依据主要包括三个方面:一是法律精神,也就是在理解法律原则的时候,要遵循德沃金的“整体性解释原则”,从整体性解释中获取法律精神,并受它的拘束;二是法律职业共同体的法律共识,或者称为“法律意识形态”,祛除非法律意识形态的影响,不能将非法律意识形态作为价值评价的标准;三是社会实践,这是指社会上是否已经生成了新权利,而不是指空洞无物的所谓“社会发展的需要”之类,更不能是地方利益或官员的政绩。如果考虑社会发展的大局,就把自己当成了立法者,是越权行为;如果考虑地方利益或地方官员的政绩,那更是赤裸裸的枉法裁判。

第五,充分说理。因为法律原则的原则性,它与个案的联结相对稀薄,为防止司法擅断,适用法律原则时当承担充分说理的义务,如果涉及用法律原则否定制定法的效力,则此论证要求当更为严格。

第四节 法律概念

一、法律概念释义

从哲学上讲,概念是认识事物而形成的思维形式,是认识之网上的纽结。法律“如果要发挥其功能,尤其是获得法的安定性和解决方法的统一性。法必须具备明确的概念”。[12] 确定的法律概念会给人带来稳定感。法律概念是有法律意义的概念,即对各种有关法律的事物、状态、行为进行概括而形成的术语。大量法律概念来自日常生活,有的来自法律实践活动,有的源自法学家的创设。法律概念与日常生活用语中的概念并不完全相同,它通常具有明确的定

---

〔12〕 [德]伯尔尼·魏德士:《法理学》,丁小春、吴越译,法律出版社 2003 年版,第 283 页。

义和应用范围。一个概念的技术含量越高,它就越远离日常生活而成为高度专门化的法律概念。例如,"死亡"作为日常生活概念指生命活动终止,而作为法律概念的"死亡"各国法律均有明确规定的含义。传统法学以心跳、呼吸停止作为死亡的标准,1968 年第一例人工心脏移植成功后,美国哈佛大学成立了第一个确定脑死亡标准的委员会,瑞士还颁布了《脑死亡法》,确定"死亡"的法律含义。

与"法律概念"相类似的一个概念是"法律类型",例如情节严重、公序良俗等等。"法律类型"是考夫曼经常使用的一个概念,考夫曼认为"概念(此处一直理解为系指抽象的一普遍的概念,系'种类概念'、'分类概念')是封闭的,类型是开放的。概念的认识只有明确地'非此一即彼',概念是分离的,概念式的思维是'分离式思维'。相对于此,类型('次概念','功能性概念','意义概念')可以适应复杂多样现实的'或多或少',类型是有联系的、有意识的意义关联,普遍的事物在其自身中直观地、'整体地'被掌握"。[13] "类型无法被'定义',只能被'描述'。"[14]这为我们理解法律打开了一扇门,诸多被看作是定义的东西其实只是一个类型。考夫曼认为正是"法律类型"的开放性保持了法律的开放性,他举的例子是,当把"盐酸"视为"武器"的时候,这并非是从武器的概念中得出的,而是从"加重强盗罪"的类型中得出的。考夫曼认为法律类型是联结法律理念与生活事实的"中间点",对于将案件事实与法律相关联起到重要作用。[15]

二、法律概念的功能

法律概念对于法律的运作与法学研究具有重要意义。只有借助法律概念,立法者才能制定立法文件;只有借助法律概念,司法者才能对事物进行法律分析,作出司法判断;只有借助法律概念,民众才能认识法律,法律研究者才能研究、改进法律。具体来讲,法律概念具有三大功能:(1)表达功能。法律概念及概念间的连接使法律得以表达,无概念的法律是难以想象的;同时,概念也是表达司法判决的重要工具。(2)认识功能。概念使人们得以认识和理解法律,并进行法律交流。(3)改进法律、提高法律合理化程度的功能。丰富的、明确的法律概念可以提高法律的明确化程度和专业性程度,使法律成为专门的工具,使法律工作成为独立的职业。从表面上看,似乎法律概念不如法律规则和法律原则重要,其实不然。由于法律概念的不同,同一法律规则或法律原则可能表达不同的含义,表面上不同的法律规则或法律原则其含义反而可能是相同的。例如,"法律面前人人平等"原则的核心内容是"平等",赋予平等不同的含义常常就改变了这一原则本身。美国宪法第 14 条修正案的"平等保护"原则至今未变,但早期甚至允许奴隶制的存在,林肯解放黑奴后长期理解为"隔离而平等",直到 20 世纪 60 年代后才将种族、性别的歧视理解为"不平等"。另外,一个概念的外延改变也常常会改变法律规则

---

〔13〕［德］亚图·考夫曼:《类推与"事物本质"——兼论类型理论》,吴从周译,学林文化事业有限公司 1999 年版,第 111 页。

〔14〕［德］亚图·考夫曼:《类推与"事物本质"——兼论类型理论》,吴从周译,学林文化事业有限公司 1999 年版,第 117 页。

〔15〕对什么是"法律类型"国内法学界研究很少,"法律类型"是有别于"法律概念"的一个新概念,还是仅仅是一种"不成熟的法律概念",国内学界更是未见研究,因此放在"法律概念"里作此简单介绍。

或原则本身。例如对“公务员”概念的外延的改变将会影响到大量有关公务员的权利义务的法律规则与原则,当将“法官”列入“公务员”概念的时候,法官的地位就与《法官法》的规定大相径庭。

三、法律概念的分类

依不同标准可以对法律概念作不同分类。依概念涉及的内容来分,法律概念有:涉人概念、涉事概念、涉物概念。涉人概念是关于人(自然人和团体人)的概念,例如“公民”、“人”、“法人”、“法官”等等。涉事概念是关于法律事件和法律行为的概念,例如“故意”、“过失”、“责任”、“贪污”、“受贿”、“代理”等等。涉物概念是有关物品及其质量、数量和时间、空间等无人格的概念,例如“标的”、“金额”、“国家财产”、“有体物”、“无体物”、“证券”、“时效”等等。

按概念的确定性程度不同可以将法律概念分为确定性概念和不确定性概念。对概念作这样的划分并不是说有的概念绝对确定,有的概念绝对不确定,而是指有些法律概念的确定性程度高些或有法律明确规定,而有的法律概念确定性程度低些或者无明确的法律规定。确定性法律概念通常指有明确的法律确定含义的概念,这些概念的解释不允许自由裁量,只能依法而释;不确定概念指没有明确的法律确定其含义,在运用时需要法官或执法者运用自由裁量权解释的概念。一个新的法律概念有时为不确定法律概念,经立法规定或法律解释后可以转化成确定性法律概念。

按法律概念涵盖面大小可以将法律概念划分为一般法律概念和部门法律概念。一般法律概念指适用于整个法领域的法律概念,例如权利、义务、责任、规则、原则等等。一般法律概念是法律概念的最高等级,通常可称为法律范畴。部门法律概念是指仅适用于某一法律领域的法律概念,它的涵盖面较一般法律概念为窄。例如犯罪、刑罚、合同、债务、行政相对人、行政处罚、开庭、质证等等。

讨论题

1. 法律要素的含义是什么?法律要素的主要理论有哪些?
2. 什么是法律规则?它与自然规则有什么区别?它的逻辑结构由哪些部分组成?
3. 什么是法律原则?它与法律规则有什么区别?
4. 适用法律原则当注意些什么?
5. 在法律要素中,法律概念与其他要素有何联系?它的主要功能是什么?

延伸阅读

1. [英]哈特:《法律的概念》,许家馨、李冠宜译,法律出版社 2011 年版。
2. [美]罗纳德·德沃金:《认真对待权利》,信春鹰、吴玉章译,上海三联书店 2008 年版。

3. [英]杰里米·边沁:《论一般法律》,毛国权译,上海三联书店2013年版。
4. [丹麦]阿尔夫·罗斯:《指令与规范》,雷磊译,中国法制出版社2013年版。

延伸思考

1. 试比较哈特的“承认规则”与德沃金的“法律原则”。
2. 如何区分“法律原则”与“政策性原则”? 是否应当区分两者的司法效力?
3. 如何评价考夫曼的“法律类型”理论?

第十一章　法律价值

法律是肯定的、明确的、普遍的规范，在这些规范中自由获得了一种与个人无关的、理论的、不取决于个别人的任性的存在。法典就是人民自由的圣经。

——［德］马克思《第六届莱茵省议会的辩论》（第一篇论文）

要享受自由的话，就应该使每一个人能够想什么就说什么；要保全自由的话，也应该使每一个人能够想什么就说什么。

——［法］孟德斯鸠《论法的精神》

第一节　法律价值释义

一、价值

法律价值是一般价值的存在形态，所以讨论法律价值当先明了价值的一般含义。

价值这一哲学概念与经济学的"价值"概念关系密切。就像商品具有使用价值一样，价值的一般含义就是"有用"，是一种"善"或者是"好东西"。价值是客体满足主体的一定需要，如客体能满足主体的需要，则客体具有价值，反之则无价值。有些学者认为这是价值的全部含义。近年来哲学界逐渐发掘出价值概念更深层次的含义。因为对主体的需要也存在评价问题，对需要的评价就不是需要本身，而是其他标准，这是价值的第二层含义。第三层含义是对主体本身也可以进行评价，对人类本身需要评价，即人的价值。人这个物类的价值是与非人的物类相比较的，这就是常讲的人的终极关怀：人格尊严。[1] 由此可知，我们可以从三个层次去认识价值的含义：价值是表征主客体关系的概念，客体对主体需要的满足；价值又是个评价性概念，对主体的各种需要作出评价；价值又是伦理性概念，对主体本身的价值的评价即对人格尊严的推崇。

价值是主观的还是客观的？这是哲学界长期争论的话题，主要有三种观点：主观论、客观

〔1〕 张岱年："论价值的层次"，载《中国社会科学》1990年第3期。

论、统一论。主观论者认为价值是主体对客体的评价,因而是主观的。客观论者则认为主体的评价是以客体的客观属性为依据的,所以具有客观性。统一论者认为前两者都具有片面性,价值是主观性和客观性的统一。近年来统一论逐渐取得理论优势,笔者赞同它。

二、法律价值

法律的价值是西方学者长期关注的话题。中国法学自古以来对此无专门研究。任何时空中的法律体系都包含了一定的价值,法学家对法律价值的无视是不智的,连通常否定法律价值研究的规范法学派的继承者、制度法学派的拉兹都说,“对法律进行价值不涉之说明”(a value – free account of the law)是不可能的,也是不可欲的。[2] 进入20世纪90年代以来法的价值研究逐渐为中国法学界所重视。什么是法的价值?学界尚无定论。人们通常沿用哲学界对价值的研究方法,将法的价值分为法律促进什么价值、法律本身有何价值、对不同价值的评价三个层面。[3] 有的学者将法的价值从结构上分为法的目的价值、评价价值和形式价值,[4] 其中的形式价值似乎实为法的形式理性问题,例如法的公开性、稳定性等。有的学者将价值看作对立法、司法过程产生影响的非法律因素,例如人身安全、公共福利等等。[5]

什么是法律价值?法律价值是法律满足人类需要及对法律需要的评价,对法律需要的评价标准就与人的终极关怀有关,与法律的精神有关。法律是人造物,人在创造某物的过程中本身就融合了自己的评价标准,因此,法律的价值是法律内在的“善”及其评价标准问题。

与一般价值一样,法律价值也是主观性与客观性的统一。由于法律是人有意识活动的产物,对法律需要的寄托与评价同意识活动有关,所以法律价值有主观性的一面。但是由此而单纯强调法律价值的主观性却是欠妥的。法律价值同时具有客观的一面。法律价值的客观性不是纯自然物的客观性,而是指它与评价主体的相对独立性和它本身的确定性、稳定性。法律价值的客观性表现在:(1)法的价值源于人际关系,社会关系具有客观性,即法的价值的社会基础是客观的;(2)法的价值具有历史连续性,任一社会的法律价值中都包含了不以人的主观意志为转移的确定的历史成分,此即法的价值的历史基础的客观性;(3)法的价值以一定的社会共识为基础,不完全以评价人的主观意志为转移,是在一定程度上独立于评价人的,这是法的价值的非个人性。认识法律价值的主观客观统一性非常重要,一方面它使人对任何法律中的价值保持理性批判的态度,另一方面也告诉立法者一个道理——将自己独断的价值判断强加于法律是无济于事的。

三、法律价值与法律规范

法律价值是包含在法律规范中的善,法律规范则是法律价值的外在表现形式,它们是内容与形式的关系。在语义学上,法律价值与法律规范有相当的不同,哈贝马斯从行动指向、有效性主张、拘束力和内部融通的标准四个方面论述了规范与价值的关系:“规范和价值的区别首

---

〔2〕 邓正来、拉兹、朱振:“关于道德与政治哲学视野中的法律哲学的对话(上)”,载《哲学研究》2010年第2期。

〔3〕 沈宗灵主编:《法理学》,北京大学出版社1994年版,第46页。

〔4〕 张文显主编:《法理学》,法律出版社1997年版,第285页以下。

〔5〕 [英]沃克:《牛津法律大辞典》,邓正来等译,光明日报出版社1988年版,第920页。

先在于它们所指向的行动一个是义务性的,一个是目的性的;其次在于它们的有效性主张的编码一个是二元的,一个是逐级的;再次在于它们的约束力一个是绝对的,一个是相对的;最后在于它们各自内部的连贯性所必须满足的标准是各不相同的。"[6]规范包括三种含义:一是对人类行为的命令;二是这个是"无主"的,"一般"的,它不代表命令者的利益与意志;三是规范都隐含或反映了一定的价值。

如何通过确定法律价值与贯彻法律价值来实现社会的善?法治社会将它区分为两个不同的领域:立法和司法。[7] 立法者的任务是将社会价值转化为法律规范,他的主要任务是设定法律中的价值,这是一个"设定目的"的任务。当然,任何立法者设定价值不是任意的,在政治上,他有义务服从人民的价值判断;在伦理上,他有义务遵守人类一般伦理,这是立法者的道德底线。

法官的职责是司法,按理说他就是"照章办事",但是事实上法官几乎天天都在从事价值判断,他需要在"规范领域"和"价值领域"来回跳跃。因为规范都承载了一定的价值,将规范与个案相连接的时候离不开价值判断。法官的价值判断发生在认定事实与适用法律的过程中,在认定事实的过程中,将什么样的事实纳入考量本身需要价值判断。在适用法律时,无论是适用规则还是适用原则都需要价值判断。在适用规则时,法官需要解释规则,解释规则离不开价值判断;在适用原则的时候,则更离不开价值判断,因为原则的解释需要价值判断,当两种不同的原则在适用与否的问题上产生竞争的时候,就更需要价值判断。

但是,法官的价值判断与立法者的价值判断是不同的。立法者的价值判断是将价值转化为规则,而法官的价值判断是将规则与个案相连接转化为判决;立法者的价值判断是通过议会整体来行使的,而法官的价值判断是独立行使的,并且立即对公民权利义务产生影响,因此法官的价值判断需要特别慎重,且受严格的规范约束,否则将导致司法专横。法官的价值判断应当受以下几个方面的约束:(1)法官的价值判断是在法律范围内的判断,要接受法律规则、原则与法律目的的约束;(2)法官的价值判断是在个案正义的范围内进行价值判断,个案正义是它的最高目标,不得考量个案正义以外的因素;(3)当法官作出一项价值判断的时候,必须接受"同案同判"的检验,也就是说,法官应当认识到,他作出的价值判断,必须具有可重复适用性;(4)法官的价值判断要接受法教义学提供的法律方法的规制,不可恣意独断;(5)在涉及否定特定法律规则效力的时候,当涉及法律原则的适用的时候,必须将法的安定、公民权利作为重要的价值予以衡量,并承担充分说理的义务。

一个延伸出来的问题是,宪法基本权利是规范还是价值?这涉及宪法基本权利赋予法官的义务的属性:是规范性义务还是一个价值衡量?在这个问题上有两种思路。一是德沃金式的"义务论"处理,法官对于法律原则有遵守的义务;二是阿列克西式的"最大化价值"处理。这两种不同的定位导致基本权利对法官两种不同的拘束力理论,"作为规范,它们是根据所有人同等的利益来调节一个问题;作为价值,它们与其他价值一直形成一个组合并构成表达一特

---

〔6〕 [德]哈贝马斯:《在事实与规范之间》,童世骏译,三联书店2003年版,第316页。

〔7〕 行政是贯彻法律,它介于立法与司法之间,这里存而不论。

定法律共同体之认同和生活方式的符号秩序”。[8] 笔者倾向于德沃金的观点。因为宪法基本权利是一项权利，权利体现了价值，但是权利本身却是规范性的存在。因此，宪法基本权利的适用问题是一个规范性问题，而不是价值问题。例如宪法上的平等权，这就不是一个价值问题，而是一个原则问题，法官有“照章办理”的义务。从一般法理上讲，宪法基本权利是“非依法律不得限制”的事项，连立法者都不能随便处理，遑论法官。

宪法基本权利虽然是个规范性问题，但是由于它的高度抽象性，它属于原则一类，法官为落实宪法基本权利当然可以衡量，不过，这个衡量是适用法律原则过程中的衡量，它的前提是接受宪法基本权利的约束，与宽泛意义上的价值衡量存在本质上的区别，它要受到前述5个方面的约束。例如前述宪法上的平等权。如果将平等权作为原则来处理，法官就有受其约束的义务，他的衡量是“贯彻”过程中的衡量，是衡量“如何贯彻”平等权；如果是一个价值问题，“平等”对法官来说就不是必须贯彻的义务，而是“提出了一个建议”，他可以衡量“是否接受或在多大程度上接受”平等的约束。[9]

四、法律中的普适性价值问题

马克思主义历来是一个主张普适性价值的理论，“人的自由与解放”——这个普天之下具有最大共识性的价值、最重大的价值就是马克思与恩格斯终身为之奋斗的目标。但是不知什么原因，近年来在中国大陆上兴起了一股将普适性价值污名化的思潮。如果说“价值”本身就应当是一个普适性的概念的话——一个非普适性的价值概念无法进行价值对话，而价值只有在对话中才能存在，那么，“法律中存在普适性价值”或者起码是“现代法律中存在普适性价值”就是不言而喻的结论，因为法律是价值的主要载体。俗话说，“人同此心，心同此理”，这就是一个普适性价值的言说。法律不是纯粹“关起门来”自家的事，法律是人类跨文化、跨政治、跨经济进行理性交往的工具，不同文化、政治、经济圈里的人要交往，就必须承认在普适性价值之上建立起来的规则。诚如梅因所说，自然法（普适性价值）“最伟大的职能是产生了现代‘国际法’和现代‘战争法’”。[10] 其实，古代所有可以称为法律的东西的产生，都源于人类共同的价值追求，“现代国际法”和“现代战争法”只是将适用于“自家人的法律”扩充到“外人”而已。我国的领导人也多次强调过普适性价值的存在，2015年，习近平在联合国的一次讲演中就明确说过，“和平、发展、公平、正义、民主、自由，是全人类的共同价值，也是联合国的崇高目标……”[11] 人类关于普适性价值的实践已经取得了相当的成果，包括国际人权法和联合国这

---

〔8〕［德］哈贝马斯：《在事实与规范之间》，童世骏译，三联书店2003年版，第316页以下。

〔9〕不过德沃金与阿列克西的理论在实践中的效果可谓殊途同归，他们都通过约束法官的裁量行为来促进宪法基本权利的落实。德沃金通过将“法律原则”纳入“法律概念”的外延来实现这一目的，而阿列克西则通过法律方法论的拘束力来达到相同的目的。

〔10〕参见［英］梅因：《古代法》，商务印书馆1984年版，第55页。

〔11〕习近平：“携手构建合作共赢新伙伴 同心打造人类命运共同体——在第七十届联合国大会一般性辩论时的讲话”（2015年9月28日），载新华网，http://news.xinhuanet.com/world/2015-09/29/c_1116703645.htm。

样超越文化与政治边界的法律与组织的产生,包括宗教界对普世宗教原则的追求等等。[12]

在关于普适性价值问题的对话上应当注意几个方法问题:

第一,区别事实与价值问题。是否存在普适性价值问题本身是个价值问题,因此,从事实中不能得出是否存在普适性价值。许多否定普适性价值的文章以各地存在不同的价值为理据来证明没有普适性价值的理路就存在这方面的问题。因为价值是人的追求,而各地存在不同的价值表现是个事实问题,价值问题永远存在于人们关于价值的追求中。

第二,关于概念问题。许多著作所举的各地不同价值的事例都是具体制度上的,应当区别"普适性价值"与"贯彻这一价值的制度"这两个概念。例如,各地追求正义的制度性安排各异,但是这不能证明普适性价值不存在,它只能证明各地追求正义的制度安排有差异。

第三,文化的多元性不能证明不存在普适性价值。文化多元是不争的事实,但是它不能否定普适性价值的存在,因为多元文化后面可能存在相类似的价值。

第四,人存在利益冲突的事实不能否定普适性价值。一些文章常常以"不同阶级、人群的自由、平等、人权要求往往特殊"为理由否定普适性价值,认为"'自由、平等、人权是人类共同的普世价值'反映西方资产阶级的幻想和霸权主义"。[13] 以"资产阶级用各种手段剥夺人民权利"为理由否定普适性价值,这是将价值与主观的利益诉求混为一谈了。普适性价值的支点之一恰恰是利益冲突。一方面,利益冲突表明不同的主体存在共同的"善",共同的需要,而这就是共同价值。另一方面,你不能将他人统统消灭掉来实现自己的利益,只能在承认他者存在的同时解决利益冲突,这就需要也可能达成共同的正义规则。

至于法学界,人们通常也不会否认普适性价值,因为否认普适性价值的存在就颠覆了古往今来所有的法学,真正的法学都建立在一定的普适性价值主张之上。

五、法律价值的基础:人的尊严

法律价值是"法律内在善",法律价值的基础就是要回答判定"法律内在善"的基础是什么。法律既然是为作为主体的人而设立或认同的,这种内在善就是人皆认同的善——人的尊严。什么是人的尊严?或者从人的尊严可以直接推演出哪些原则?德沃金提出了人的尊严两原则:一是生命本身的价值原则,即每个人的生命都有特别的价值,这是一种客观的价值;二是个人责任原则,即每个人都有责任使自己的人生成功。[14] 笔者认为,人的尊严可以直接转换为所有文明社会的共同的至上伦理原则:己所不欲,勿施于人。

虽然人的尊严是所有法律价值的基础,但是明确申明这一价值基础的却迟至近代,开风气之先者是国际人权法。《联合国宪章》第一句即宣称"重申基本人权,人格尊严"是联合国家的

---

〔12〕 1993年8月28日至9月4日,在美国芝加哥召开了一次由来自几乎每一种宗教的6500人参加的世界宗教议会大会,提出了一份由孔汉思起草的《走向全球伦理宣言》。这份宣言认为:在各种宗教之间已经有一种共同之处,它可以成为一种全球伦理的基础,即一种关于有约束力的价值观、不可或缺的标准以及根本的道德态度的最低限度的基本共识。《全球伦理普世宣言》参见孔汉思(Hans Kung)、库舍尔(Karl-Josef Kuschel)编:《全球伦理——世界宗教议会宣言》,何光沪译,四川人民出版社1997年版,第135~154页。

〔13〕 徐崇温:"'自由、平等、人权是人类共同的普世价值'辨析",载《中国社会科学院报》2009年2月24日。

〔14〕 参见[美]罗纳德·德沃金:《没有上帝的宗教》,於兴中译,中国民主法制出版社2015年版,译者序第29页。

目标,《世界人权宣言》序言将人的尊严作为人权的基础,它庄严宣布:"人类家庭所有成员的固有尊严及其平等的和不移的权利的承认,乃是世界自由、正义与和平的基础。"1966 年通过的《公民权利和政治权利国际公约》的序言除了重申上述宣示外,更强调"确认这些权利是源于人身的固有尊严"。在国内立法中,德国人是得先机者。《德国基本法》第 1 条规定"人的尊严是不可侵犯的",这当然是"得益于"希特勒肆意践踏人权的罪行。《中华人民共和国宪法》第 38 条规定:"中华人民共和国公民的人格尊严不受侵犯。禁止用任何方法对公民进行侮辱、诽谤和诬告陷害。"这是对文革运动无视人的尊严的罪恶的深刻反省。

学者从不同的侧面为这一基础立论,最具开创性且最有说服力的当属康德"人是目的"的旷世高论。新康德主义法学家施塔姆勒提出的正当法的四大原则就是围绕人的尊严展开的。[15] 人的尊严作为法律价值的基础不仅仅是单纯理论上的假设,它还在确立法的价值与贯彻法的实践中具有指引意义。这意味着一切侵犯人的尊严的法律不得制定,一切有损人的尊严法律的"法性"当受到质疑,对严重侵犯人的尊严的法律法官有权拒绝它的拘束力,对以侵犯人权方式获得的"事实",法官得否定它的法律效果。

六、法律价值体系

法律价值体系即不同层次的法律价值所构成的整体。这首先涉及将哪些价值列入法律价值的问题,对此法学界的观点大同小异。张文显教授主编的教材将法的价值体系分为"目的价值体系"和"形式价值体系"两部分,[16] 相当于西方学者的"法律的外在道德"与"法律的内在道德",我们的研究只涉及张教授笔下的"目的价值体系",即法律所欲达到或保护的好东西。对于法律的"目的价值",公丕祥教授主编的教材将它归结为利益、秩序、正义、自由、效率五大价值,称为"法律的价值形态"。[17] 付子堂教授主编的教材则将它归纳为秩序、利益、平等、自由、人权、正义六大价值。[18] 卓泽渊教授将法的价值归纳为效益、文明、民主、法治、理性、权利、自由、平等、人权、正义、人的全面发展等等。[19]

上面各家学说均有其合理性,它们的优点是全面。但是由此也会产生一个问题:由于内容过多,因而不可避免存在重复,在体系上难以协调。人的尊严的核心内容是人的自主性、完整性、人的全面发展,围绕这三个核心内容,法律的核心价值当有三:秩序、正义、自由。

对于上面学者所提到的法律价值,我们作这样的处理:将平等作为正义的一部分。因为从亚里士多德开始,正义就是个平等问题,他的分配正义就是按贡献的平等,他的矫正正义就是责任的平等。人权则是个权利问题,是个规范性问题,我们不把它作为法律价值。对于利益与

---

[15] 这四项原则是:第一,个人意志的内容绝不应被迫服从他人的专断愿望;第二,每个法律要求都必须按照被强制的人可以继续是自己的邻居的方式加以维护,即任何法律的制定和施行都不能使被强制的人丧失自我尊重的人格;第三,负有法律义务的人绝不能被专横地排除出法制社会;第四,法所承认的每一种安排能力,只有在被排除的人可以继续是他自己的友邻的意义上,才是绝对的,也就是说,任何法律权力的行使都不得使受影响的人丧失自我尊重的人格。转引自张文显:《二十世纪西方法哲学思潮研究》,法律出版社 2006 年版,第 136 页。

[16] 张文显主编:《法理学》,高等教育出版社、北京大学出版社 2007 年第 3 版,第 298 页以下。

[17] 公丕祥主编:《法理学》,复旦大学出版社 2008 年第 2 版,第 64 页以下。

[18] 付子堂主编:《法理学进阶》,法律出版社 2005 年版,第 86 页以下。

[19] 卓泽渊:《法的价值论》,法律出版社 1999 年版,第 203 页以下。

效率,它们无疑也是重要的,不过,它似乎是一种“经济价值”,与人的尊严关系不大,而且它们更多是法律作用的体现,所以我们也不将其纳入法律价值系列。

秩序、正义、自由三者构成法律价值体系。第一,法的工具性价值——秩序。法的工具性价值的主体是人,不是“用法律”的人,所以同人的尊严一致的秩序必须是正义的,它受正义的评价;第二,对工具性价值评价的价值——正义,正义进入人际关系的领域,是人际关系的善;第三,个人自由,这是法的终极价值,这是人的尊严的体现,它不仅评价秩序,而且也评价正义。下面分别讨论法律的三大价值。

第二节 法律与秩序

一、秩序

秩序或次序,即常度,指在自然界与社会中存在的某种程度的一致性、连续性和确定性。与秩序相对的是无序,无序表明普遍存在的无连续性、无规律性现象,即缺乏可理解的模式。[20] 秩序在自然界和人类社会普遍存在。日月运行、四季更迭、元素的分解和化合是自然界的秩序;生物进化、生态平衡、新陈代谢是生命世界的秩序。生命本身也是一种特殊的秩序:蛋白质的特殊排列秩序,失序意味着生命的病态甚至死亡。

社会秩序指在社会中存在的某种程度的一致性、连续性和确定性,是人与人之间较为稳定的、模式化的联系。社会秩序与自然秩序不同。自然秩序是完全自然而然,由外在必然性形成的秩序;社会秩序则不然,它具有自然和人为的双重属性。自然法学派们将社会划分为“自然状态”和“政治状态”,从某种程度上说这是将同时存在于人类社会的两种秩序绝对化、阶段化。新自由主义者哈耶克将秩序分为自生自发的秩序与人为的秩序是有一定道理的。[21] 在任何社会中,特别是在现代发达社会中,秩序都具有双重性,既有自生自发的一面,也有人为创设的一面。

人类社会对秩序的需求可以从庞德所举的例子中充分看出:当首映一部大做广告和由大明星主演的影片时,想要进去的人比剧场所能容纳的要多。如果不排队,就不可能有很多人进得去,甚至一个都进不去,至少进去是个麻烦和费事的过程。“我们大家都需要地球,我们大家都有我们谋求满足的许多愿望和要求。我们有那么许多人,可是地球只有一个。”[22] 社会秩序是对自然必然性的限制,是对个体任意的限制。

从古希腊开始,人们就发现人是社会的动物,人不可能单独存在,人所组成的社会,秩序是

---

〔20〕 [美]E. 博登海默:《法理学——法哲学及其方法》,邓正来、姬敬武译,华夏出版社1987年版,第207页。

〔21〕 [英]弗里德利希·冯·哈耶克:《法律、立法与自由》(第一卷),邓正来等译,中国大百科全书出版社2000年版,第二章。

〔22〕 [美]罗斯科·庞德:《通过法律的控制 法律的任务》,沈宗灵、董世忠译,商务印书馆1984年版,第34页。

必不可少的,否则就不能组成社会。首先,秩序得以制止任意暴力对社会的破坏,使人们的生命和财产有保障,可以建立相互信赖的关系。其次,秩序为交易与合作提供可能,以对付自然力和"他者"的攻击,以利生存,以利财富的生产。所谓"寇难至,躄(bì,跛足)者告盲者,盲者负而走,两人皆活",是其适例。社会秩序的载体就是各种形式的社会规范:宗教、道德、习俗、法律。最后,秩序为人的社会行为的预期提供可能,正是这种可能性,为人的理性选择提供了基础。

需要说明的是,作为法律秩序的法律价值不是纯粹的强者对弱者的优势,不是兵临城下式的沉默,而是以人的基本自由为基础的,这种秩序只能是通过一般性规则确立的秩序。正像哈耶克所说,法律维护的秩序是抽象的秩序,它"并不是一种特定的事态,而是一种过程的常规性"。[23]

总之,人类文明在本质上是一种有序化运动,我们可以说,没有秩序就没有文明,更没有文明的发展。可以想象,许多未能建立"人的秩序"而停留在弱肉强食阶段的"准人群"从地球上消失了,我们的祖先不过是有幸找到"人的秩序"而达于文明的佼佼者和幸运儿。

二、法律与秩序

既然社会离不开秩序,法律是人用来防止无序的主要手段,那么,秩序就成为法律最基本的价值。亚里士多德曾指出:"夫法律者,秩序之谓也,良好的法律即良好的秩序之谓也。"[24]我国古代思想家将法律看作"治"的工具。"治"作动词解当然是治理之意,"治"作名词解就是秩序的意思。可见我国古代思想家也是将秩序当作法律的基本价值的。近现代的规范法学派们也强调法律即秩序。例如,纯粹法学代表凯尔森认为,法律是人类行为的一种秩序,就是说,法律是调整人们行为的,因而它建立了一种秩序,"法律是一种强制性秩序"。[25] 新自由主义者哈耶克说:"一般性法律的目的乃在于通过确保一种秩序(也即人们有望在其间发现合适的合伙者并进行对双方都有利的交易的那种秩序)的方式来改进并增进所有人的机遇。"[26]

秩序作为法律的价值有满足人类需要的方面,也有评价意义和人格意义。因为秩序不仅满足人类生存与发展的需要,当各种需要相互冲突时,秩序也是一种评价的标准,同时,秩序为理性人的选择提供便利,是对人格尊重的表现。

秩序是法律基本的价值,即它是法律满足的基本需求与评价标准。因为秩序是人类生存与发展的基本需求,也因为法律本身即是秩序,法律可以创造秩序、保障秩序,无序即无法律。

法律维护社会秩序的手段或途径主要有三条:一是将重要的社会秩序内化到法律中去,使之成为法律秩序,例如,将经济贸易中的关系内化到法律中使之成为民法秩序,将婚姻秩序内化到法律中成为婚姻法律秩序。这种内化的方式可以是立法、司法或法理研究。二是立法创

---

〔23〕［英］弗里德利希·冯·哈耶克:《法律、立法与自由》(第一卷),邓正来等译,中国大百科全书出版社2000年版,第179页。

〔24〕［古希腊］亚里士多德:《政治学》,吴寿彭译,商务印书馆1965年版,第328页。

〔25〕［奥］凯尔森:《法律和国家概论》,转引自沈宗灵:《现代西方法理学》,北京大学出版社1992年版,第165页。

〔26〕［英］弗里德利希·冯·哈耶克:《法律、立法与自由》(第二、三卷),邓正来等译,中国大百科全书出版社2000年版,第488页。

设某种重要秩序,以使社会更有序,例如,立法可以设立某种机构(例如法院),从而形成此机构与社会其他主体的秩序关系,法律可以创设破产秩序以解决破产导致的无序,法律可以创制游行秩序以防止游行的无序等等。三是建立确保上述法律秩序得以维系的物质强制力及其运行秩序。我们这样说是基于"立法"的视野,而事实上法律生成的主要方式是社会演变,社会对有利于秩序的行为方式作出保护性反应,这样的秩序也就有了法律性质。

法律维系的基本秩序有两大类:(1)关于财产和人身安全的秩序,这类秩序是人类社会最基本的秩序,旨在否定任意暴力扰乱秩序,为人类生存与合理交往提供最低的便利与保障。(2)与公权力的设立、运行有关的秩序。此类秩序包括国家机关和超国家政治权力的组织体系、职权、运转程式的秩序。这类秩序的目的在于维护第一类秩序。但是,此类秩序常常发生异化。因为任何社会组织的基本要素是人,人必有自己的利益,公权力拥有者极易背离社会目的而追求私利。这时公权力拥有者就成为第一类秩序最强大的破坏者。所以现代法律的重要任务就是控制公权力,将公权力秩序设计为相互牵制的体系。当公权力失序即追求自己的独特利益时,必然引起整个社会的秩序紊乱。这就是中国古代社会为什么治乱交替成为常态的重要原因,也是当代中国社会许多问题的根源之所在。

第三节　法律与正义

一、正义论与正义

正义的研究成果非常丰富,正义论大体上可以分为描述性正义论和规范性正义论。描述性正义论的旨趣在描述事实上的人类价值观,它研究的是怎样根据历史学、心理学和经济学来阐述人的道德观。规范性正义论的目的在寻求说明价值判断的可能性,它研究的是道德判断的可能及其判断或裁判的程序。后者有两大流派:程序正义论和实体正义论。程序正义论旨在找到能够产生正确结果的程序;实体正义论旨在寻找道德判断正确或错误的标准。程序正义论有两种基本模式,一是契约模式,二是法院模式。契约模式强调所有参加者对财产和权利的公正分配达成一致;法院模式强调由中立的第三方裁决纠纷。程序正义论的现代模式是正义论辩理论,它追求的是能够使论辩达成尽可能正确的合意的条件。实体正义论又可以分为自然法正义论和理性法正义论。自然法正义论试图从假设为存在的事实中得出价值判断。与自然法正义论相反,理性法正义论认为价值不能从事实中得出,道德判断只能从理性得出并使其合法化。理性法正义论可以是形而上的也可以是非形而上的。前者的代表无疑是康德,后者的代表是霍布斯和边沁等功利主义者,理性法的现代模式是罗尔斯的正义论。[27] 形形式式的正义论如图:

---

〔27〕 参见[德]魏德士:《法理学》,丁小春、吴越译,法律出版社2003年版,第171页以下。

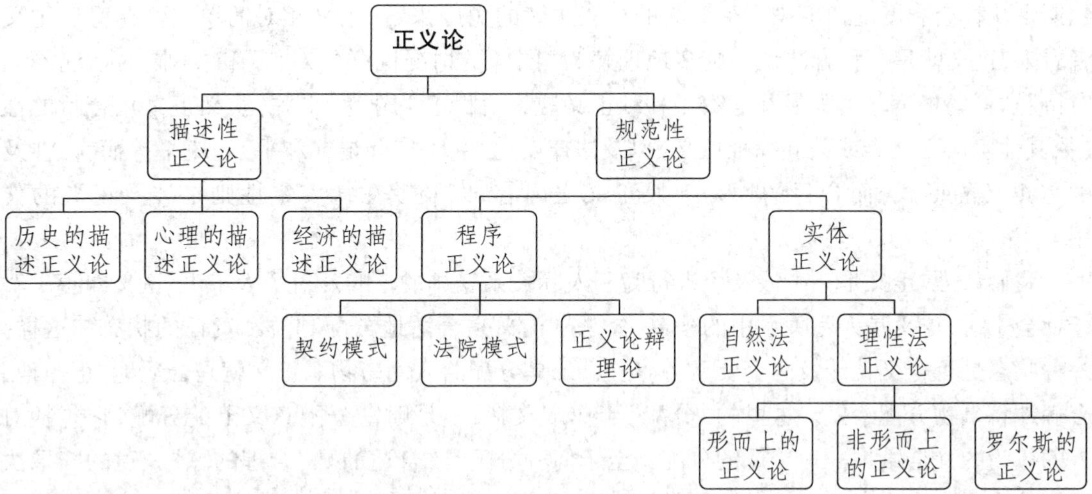

正义是什么？有许多词汇指涉正义。在中文里，正义即公正、公平、公道。古埃及象形文字中的正义一词是一根鸵鸟毛，因为几乎所有的鸵鸟毛均一般长。西文中的正义一词源自荷马史诗中的 dike 和 themis。dike 从词根 deiknumi 推导而来，意为“我表明”、“我指出”，由此转意为判官对争论作出的判断，或争论一方提出的主张。themis 一词由词根 tithemi 推导而来，意为“我提出”、“我制定”。作为名词，themis 意为“正义女神”。拉丁文中的 iustus 兼有正义、合法、合法性等含义。在英文里，用 justice 表达类似的语义。在德语里，正义“可以理解为‘正确’、‘真实’或‘有适当的标准或关系’、‘符合法、法律或者公正’。”〔28〕

就像天天在时间中生活却难以给时间下定义一样，我们天天同正义、不正义打交道，却难以给正义下一个大家都能接受的定义。作为评价人际关系的最高范畴的正义，我们不可能用“属概念 + 种差”的逻辑方法来下定义，因为无法将其归类，因而无法找到比它更高的属概念。有的学者说，我们不能指出什么是正义，而只能指出什么是“不正义”，这是很有些道理的。自古以来不同的学派从不同的侧面给正义下了不同的定义，正义真是有一张“普洛透斯的脸”。〔29〕从上述古埃及人的正义之词可以想象人类最早给正义确定的意义有“平等”、“等同”或将人同样看待、同样的事同样的结果等等。在荷马时代，希腊人相信宇宙有一个单一的结构，要成为正义的（dikaios），就必须按照这一结构去行为，因此正义指公平地分配财富、公平地给予处罚。柏拉图的“各尽其职就是正义”就是源于这一传统。古罗马法学家乌尔比安说：“正义就是给每个人以应有权利的稳定而永恒的意志。”〔30〕功利主义者从最大多数人的最大利益角度讲正义，目的论者将追求善作为正义。罗尔斯认为正义的主要问题是社会的基本结构，“是社会主要制度分配基本权利和义务，决定由社会合作产生的利益之分配方式”。〔31〕罗

---

〔28〕［德］伯恩·魏德士：《法理学》，丁小春、吴越译，法律出版社 2003 年版，第 159 页。

〔29〕普洛透斯（Proteus），希腊神话中一位能预知未来的人，他在尼罗河口附近的一个海岛上为海神波塞冬放牧海豹，他犹如中国的孙悟空般变幻无穷，但如抓住他不放，等到他恢复原形时，他将回答向他提出的问题。博登海默用“普洛透斯的脸”来比喻正义的多变性。参见［美］E. 博登海默：《法理学——法哲学及其方法》，邓正来、姬敬武译，华夏出版社 1987 年版，第 238 页。

〔30〕［意］桑德罗·斯奇巴尼选编：《正义和法》，黄风译，中国政法大学出版社 1992 年版，第 39 页。

〔31〕［美］约翰·罗尔斯：《正义论》，何怀宏等译，中国社会科学出版社 1988 年版，第 5 页。

尔斯是从社会制度的角度来看待正义的。从法律的角度来看,正义相对简单些。在实证主义者看来,正义就是一种合法性。更多地理解为“同样的情况同样的对待”和“不同的情况不同对待”这样的格言。考夫曼在考察了种种正义观念后将正义分为“平等(狭义正义)、合目的性(依其他术语为社会或共同福祉正义)以及法律安定性(法律和谐或和平)。就平等而言,涉及的是正义的形式,而合目的性是涉及正义之内容,以及就法律安定性则是涉及正义的作用”。[32]

我们认为,正义是一个涉及个人行为和人际关系安排的范畴。对个人来讲,正义即善。对于社会来讲,正义是人际关系中的公道、公平。正义是合适地分配利益和责任的状态。这样,一种状态是否正义就涉及两个要素:一是人,二是分配给人的事物。正义就是合适地、正当地、合理地将事物分配给人。这里的“分配”当作广义解,不是财富分配意义上的分配,它包括对人的行为的社会结果——奖惩的分配。至于何种分配是“合适的”、“合理的”、“公道的”,取决于用什么标准来观察与评价,用不同标准观察和评价的结果会产生差异,甚至产生冲突。根据比利时哲学家佩雷尔曼的研究,人们常用的标准是:(1)对每人同样对待;(2)对每人根据优点的对待;(3)对每人根据劳动的对待;(4)对每人根据需要的对待;(5)对每人根据身份的对待;(6)对每人根据法律权利的对待。这些标准在不同的时代都不同程度地被使用。当然,评价标准的多元决定了正义有不同的理解,但是这不是说没有相对同一的评价标准。例如,对非理杀人的评价其标准在古今中外基本是同一的、否定的评价。

各家各派对正义的分类很不一致,主要的分类有:(1)以正义的渊源或表现形式为标准,将正义分为自然的正义和协定的正义。自然的正义指不言自明的或来自习惯的正义,协定的正义指人所制定或以合意形式存在的正义。(2)以正义的功能为标准,可将正义分为分配的正义和矫正的正义。分配的正义指物质利益分配中的正义,矫正的正义指对危害他人或社会者施加的处罚矫正的正义。(3)以正义适用的领域为标准,可将正义分为经济正义、政治正义、法律正义。(4)以正义与社会基本制度的相关性为标准,可将正义分为实质正义与形式正义。(5)社会制度正义和个案正义。这个分类对于法律人来说是很重要的。社会制度的正义是立法者追求的,而追求个案正义是司法者的责任。司法正义的核心是形式正义,即严格依法而断。

正义对于社会的关系是双重的。作为观念,正义来自社会,是现实生活的反映;同时,正义又是评价社会的标准,它又高于社会。理解这一点很重要。因为这涉及对正义与经验的关系问题。正义是源自经验同时又是高于经验的。因此,任何将正义与经验相脱离的思想都是不对的;同样,任何将正义等同于经验的思想也是片面的。正义具有超越现实的神奇力量,这正是正义的魅力之所在。因此,任何特定人群(例如阶级、民族、政党)对正义的理解都不是正义本身,而只是一种理解。如果认为他们的理解就是正义,就犯了经验主义的错误。

二、正义相对主义的讨论

一个时代的正义观与该时代的制度息息相关,实存的正义观受制于特定的生活条件与文

---

〔32〕［德］亚图·考夫曼:《法律哲学》,刘幸义等译,五南图书出版公司2000年版,第154页。

化环境。由于历史的流变性,正义观随时代的变迁而变迁,确切地说,正义本身是变动着的历史的一部分,正义具有流变性。一般来说,农业社会崇尚按身份的正义观,中国古代以三纲五常为核心的正义观是其代表。现代社会崇尚人人平等的正义观。我国清末变法时,礼教派攻击变法派起草的法律是"坏名教之防,开男女平等之风",可见当时在礼教派眼中男女平等是非正义的。在当代,即使是极端的守旧派,也不会公开提倡男尊女卑了。不同个体、不同文化传统的群体间正义观的差异与对立也是普遍存在的。例如在启蒙运动时期,贵族、僧侣集团主张特权的天经地义,而第三等级则以平等为价值追求;在美国立国之初,奴隶制是否正当、人权是否正当就存在尖锐的对立,几乎影响到联邦的存亡;在当下的中国,干部与群众、党员与非党员、城里人与乡下人的不平等被认为是天经地义的,但是在发达国家,这被认为是对人权的严重侵犯。

正义观的流变性与差异性是不争的事实。那么,永恒流变的正义是否有不变的成分?差异、冲突的正义观中是否有同一的内容?对这一问题的回答历来存在对立。以正义的流变和对立为绝对,不承认正义不变的内容和相对同一的内容的观念可称为正义相对主义。正义相对主义有悠久的历史。早在古希腊哲学初创时期,赫拉克利特(B. C. 540—B. C. 480)就说过,正义即冲突,一切都随冲突而流逝。同苏格拉底正义论唱反调的色拉叙马霍斯就说:"正义不是别的,就是强者的利益","所谓正义就是当时政府的利益"。〔33〕我国古籍《淮南子》中也说:"君臣上下,夫妇父子,有以相使也,此之是,非彼之是也,此之非,非彼之非也。"《列子》也谓"理无常理,事无常非"。规范法学派的代表人物也大多持正义相对主义,认为正义不过是自我利益肯定。阿尔夫·罗斯认为,说某个制度正义或不正义,根本不具说明意义,"祈求正义无异于砰砰敲桌子!一种将个人要求变成绝对要求的感情表现"。〔34〕纯粹法学代表人物凯尔森认为,实际上用来作为正义标准的规范是因人而异的并且是相互冲突的,这种规范最终就是宣称一个社会制度是正义的或非正义的那个人的利益表示。那种主张自然法客观存在的理论在凯尔森看来"是一个典型的幻想,是为了使主观利益加以客观化"。〔35〕近半个世纪以来,由于阶级斗争为纲思维的主宰,法学界通行正义相对主义。被奉为不可怀疑的理论认为:"法是讲正义、公道的,但这种'正义'总是统治阶级认为是正义的'正义',这种'公道',只是统治阶级心目中的'公道'","法所体现的正义,总是阶级社会一定生产方式基础上的正义,是统治阶级认为是正义的'正义'"。〔36〕

但是,我们切不可忘记,正义的流变性与差异性即正义的相对性也是相对的。将正义的相对性绝对化,否定正义具有某些不变的、共同的内容,以阶级的正义否定人类共同正义的存在不但违背常识,而且这种将正义交给魔鬼的说教在实践中也会导致非道德主义泛滥。早在古罗马,神学家奥古斯丁就看到了正义是流变性与不变性的统一:"正义本质绝无变易,也不把全部条例施行于任何一个时代,而是因时制宜,为每一时代制定相应的法令。"〔37〕种种绝对正

〔33〕［古希腊］柏拉图:《理想国》,郭斌和、张竹明译,商务印书馆 1986 年版,第 18 页以下。

〔34〕转引自［美］E. 博登海默:《法理学——法哲学及其方法》,邓正来、姬敬武译,华夏出版社 1987 年版,第 246 页。

〔35〕［奥］凯尔森:《法与国家的一般理论》,沈宗灵译,中国大百科全书出版社 1996 年版,第 5 页。

〔36〕孙国华:《法理学教程》,中国人民大学出版社 1994 年版,第 60、107 页。

〔37〕［古罗马］奥古斯丁:《忏悔录》,周士良译,商务印书馆 1963 年版,第 45 页。

义相对主义其理论上的失误表现在三个方面:

第一,只看到正义的流动性、对立性(差异性)的一面,未看到正义的恒定性和同一性的一面。正义的流变性已如上述,但是正义是在社会中存在的,正义是社会的一部分,社会在流变中维持了社会的存在,正义作为社会的道德标准在随社会的改变而嬗变的同时,承继了人类社会的基本正义,且其共识性的成分日益丰富。例如,社会的存在需要维持社会成员的安全,所以禁止无故杀伤人,禁止抢劫、偷盗就成为正义的不变内容;社会合作需要人们以诚相待,诚实信用就具备了恒久的生命力;社会纠纷的解决需要起码的裁判中立,不能自断其案就以不同的方式存在于不同的社会中。人的利益和文化传统既有对立的一面,同时也有统一的一面,[38]将处于不同集团的人的利益绝对对立的看法是片面的。处在同一社会中的人们,尽管利益冲突不可避免,但是起码在现代社会,社会的和平与发展、资源的合理开发利用、环境保护、生态平衡对大家有利。另外,退一万步讲,即使不同群体的人们的利益绝对对立,也不能否定共同正义观的存在,因为正义和行为主体的利益追求不是一回事,正义和行为主体对自身行为正当性的肯定不是一回事。相互对立的利益主张、相互对立的正当性诉求,要符合一个客观标准,或要受一定标准的评价,这个标准就是正义。论争的双方甚至战争双方往往都坚持自身利益的正当性,都声称正义在自己一方,这并不能证明不存在正义,因为究竟谁的行为是正义的,要接受正义标准的评价,而这个标准常常具有共识性。例如,当年日本军国主义者声称他们发动战争是为了"将亚洲人民从白人种族主义的压迫下解放出来",是为了实现"东亚共荣",是正义的。我国人民和亚洲人民则声称抗战是正义之战。这里是否就不存在正义与否的问题了呢?还是存在的:侵略战争非正义、反侵略战争乃正义之战是文明人类的基本共识。即使在日本侵略者那里,他在表面上至少也承认侵略战争是非正义的,正基于此,军国主义者们才千方百计掩盖侵略的真实面目。罗尔斯对正义与主体利益追求间的关系说得很好,他说正义制度应该是在"无知面纱"下的选择,即只有在每个人都不知道制度会给自己带来什么的条件下,制度才是正义的,如果制度建设者以自己的利益为出发点,制度就是不正义的。那种以利益对立反对正义存在不变内容的理论犯了一个错误:将行为主体的利益追求、行为主体的自我利益辩护与对这种追求、辩护的评价和评价标准混为一谈。

第二,正义相对主义夸大了正义的主观属性,忽略了正义的客观性。正义作为观念具有主观性,但正义不是纯主观的利益追求和任意。任何正义都植根于不同个体共存的社会,基于相互尊重的人的理性,有一个客观的标准,尽管它有点游移和模糊。正像亚里士多德所言:"正义本身乃是'他人的利益',因为它所为的恰是有益于他人的事。"[39]

第三,正义相对论者以自然科学的方法原则要求正义研究是欠妥的。西方的学者常常以

---

〔38〕 这方面最典型的莫过于历史学鼻祖希罗多德讲的一个故事。大流士王问希腊人:什么代价可使你们吃父亲的遗体?希腊人的回答是:不可能,没有任何代价可以使我们作出如此可恶的勾当。他又问印第安人,有什么代价可以使你们将父亲的遗体火化?印第安人的回答与希腊人相同。在希腊人看来,火化父亲遗体是正义的,吃父亲遗体是非正义的,印第安人的正义观恰好相反。其实,在这种对立的表象后面隐藏着一个更高的同一的正义观:应当尊重父亲的遗体,所不同的只是尊重的方式而已。这一点常常被正义相对主义者所忽略。

〔39〕 [古希腊]亚里士多德:《尼各马可伦理学》,转引自[美]E. 博登海默:《法理学——法哲学及其方法》,邓正来、姬敬武译,华夏出版社 1987 年版,第 253 页。

正义的不可验证性为由否定正义的存在,这是犯了"泛科学定义"的毛病。正义原则固然不可能像物理学原理那样在实验室里得到验证,但不能因此而否定它的存在与价值。对正义的研究属价值研究,与自然科学的实证研究不同。正义的不可验证是指正义在实验科学领域里的不可验证,不是指不存在正义,或正义完全不可捉摸。

总之,正义是绝对与相对的统一。正像博登海默所言:正义具有相对性很高的成分,但并不意味着,某一正义标准只是专横的社会习俗的产物,而这些习俗是人们根据统治阶级试图证实现存社会制度的永恒合理性所作的宣传而接受的。[40]

正义相对主义在实践上是有害的。首先,正义相对主义使各种非道德主义得以正当化。"文化大革命"中在各种革命口号下的野蛮行为就是正义相对主义的绝好注脚。其次,正义相对主义对法律的进化构成威胁。法律的进化需要正确的价值指引,正义相对主义使法律的进化迷失方向。再次,正义相对主义对法学的发展极为不利。早在古罗马,法学被定义为"善良正义之学"。正是对正义的追求构成西方法学的脊梁,正是对正义的追求使西方法学得以自主成为专门的学科。失去正义追求的法学只能成为趋炎附势之术。中国古代法学之所以最终成为绝学,缺乏对正义的追求,自身成为"统治术"是其主要原因。最后,在举国追求法治的今天,正义相对主义有碍法治国家建设。法治是良法之治,正义相对主义使良法难产,法治需要确立法律至上地位,失去正义灵魂的法律不应也无法树立至高无上的形象,无法也不应取得至上的地位。社会法学家庞德的话足以引起人们警觉:"关于正义的各种绝对观念曾导致自由政府,而关于正义的各种怀疑论观念却和专制政治并行不悖。"[41]

最后要强调的是,并不是所有主张正义是多元现象的理论都是这里所批评的正义相对主义。事实上,承认正义的多元是思想的进步而不是退步。自然法学派强调正义的存在和正义的超法律性是法律进入现代的主要标志,但是由于该学派将正义绝对化,也带来副作用:正义常常为强者所用,统治者常常假借正义的名义践踏法律。当年纳粹的许多恶行正是借正义之名而行的。因此,就有必要强调正义具有多元的一面,强调正义与实在法的平衡,在以正义纠正实在法的时候应当同时注意尊重实在法,保证法的安定。在这方面,德国法学家拉德布鲁赫的思想是值得重视的。拉德布鲁赫法哲学中的正义是"弱相对主义"的,他的"相对主义"不是任何价值都可以正当化的极端的相对主义,而是有"度"的相对主义,是认识论意义上的相对主义,是"价值宽容"意义上的相对主义。作为德国第一个被纳粹政府解聘的教授,他于1934年在法国所做的题为"法哲学上的相对主义"的演讲中说,相对主义呼唤法治国,呼唤分权,呼唤人民主权,呼唤尊重人权——"相对主义是普遍的宽容——只是对不宽容者才不讲宽容"。[42] 因此,法理学应当在承认正义多元的同时,强调正义有其不变的内容,这就是正义最低限度的要求。

---

〔40〕［美］E. 博登海默:《法理学——法哲学及其方法》,邓正来、姬敬武译,华夏出版社1987年版,第286页。

〔41〕［美］罗斯科·庞德:《通过法律的社会控制 法律的任务》,沈宗灵、董世忠译,商务印书馆1989年版,第14页。

〔42〕［德］阿图尔·考夫曼:《古斯塔夫·拉德布鲁赫传——法律思想家、哲学家和社会民主主义者》,舒国滢译,法律出版社2004年版,第97页。

三、正义最低限度的要求

哪些正义原则是人类社会共同的或至少是现代社会应当遵守的? 在这一方面学者们的表述不一。哈特认为,隐含在正义观念中的一般原则是:“就相互关系而言,个人有资格享有平等或不平等的相关地位”,“因此,习惯上正义被认为是维护或重建平衡或均衡”,所以正义是“同样情况同样对待”和“不同情况不同对待”。[43] 看来哈特侧重描述的是作为平等的正义,是“法律中的正义”。美国当代哲学家罗尔斯提出了正义的两个原则:(1)每个人对其他人所拥有的最广泛的基本自由体系相容的类似自由体系都应有一种平等的权利;(2)社会的和经济的不平等应这样安排,使他们(A)被合理地期望适合于每一个人的利益;(B)依系于地位和职务向所有人开放。其中第一个原则(平等)优先于第二个原则(不平等),第二个原则中公平机会优先于差别原则,[44] 他论及的原则明显地只适用于现代。能否对这些作一个归纳,找出正义的最低标准呢? 虽然难以绝对正确,但对此作一个大致的勾勒是可行的。这个最低标准主要是:(1)正义要求利益与责任的分配不是任意的,不是依靠暴力,而是应当按人们可以理解的标准,使人们有所遵循地去争取自己的利益;(2)正义与平等存在起码的联系,要求按一定标准(例如身份、职位、性别、劳动等)的平等,或是量的均等;(3)裁判者最低限度的中立。正义作为评价社会优劣的道德标准,它的主要原则必须围绕社会的基本价值目标展开。现代社会的主要价值是自由、平等、权利,因此现代社会正义的原则应当以自由、平等、权利为灵魂,正义离不开对人的尊严的守卫。

如果我们关注的是司法中的正义,则事情就要简单得多。因为司法中的正义已经有一个标准即法律存在,法官的义务就是执行法律——“以法律为准绳”。只是在对事实的判断上,在对法律的理解上,及在缺乏法律依据的特殊情况下方发生判断的“相对性”问题。而这个相对性针对的是“正确判断的唯一性”而言的,于“在法律的范围内正义与否”这一点上司法的正义具有绝对性。当然,这不是指任一判决的绝对正义性,相反,任何判决都是可争议、可批评的。

四、正义与法律的关系

正义既然是用来调整人际关系的,它就与权利、义务、责任等概念不可分。这样,正义就与法律紧密相连。法律与正义的相关性在日常生活和语言中得到充分展现。例如,在拉丁文里正义与法同源,在美国,联邦法官、州最高法院法官、上诉法院的法官都叫“正义”,甚至所有的法官都可称之为“正义”。美国联邦政府有一个部就叫“正义部”(Justice Department)专事法律的实施。我国远古的法官叫“理官”,一些朝代的最高司法机关叫“大理院”,“理”则正义也。在古希腊,法与正义在外延上是难分的。

在研究法与正义的功能关系时,当首先搞清法与正义的逻辑关系。在不同语境中“法”的含义不同。在法的“应然与实然”两元论语境里:应然法实为法律正义、正义的法律,它是正义

---

〔43〕 [英]哈特:《法律的概念》,张文显等译,中国大百科全书出版社 1996 年版,第 157 页。

〔44〕 [美]约翰·罗尔斯:《正义论》,何怀宏等译,中国社会科学出版社 1988 年版,第 56 页以下。

的一部分,这里法与正义就是包容关系:

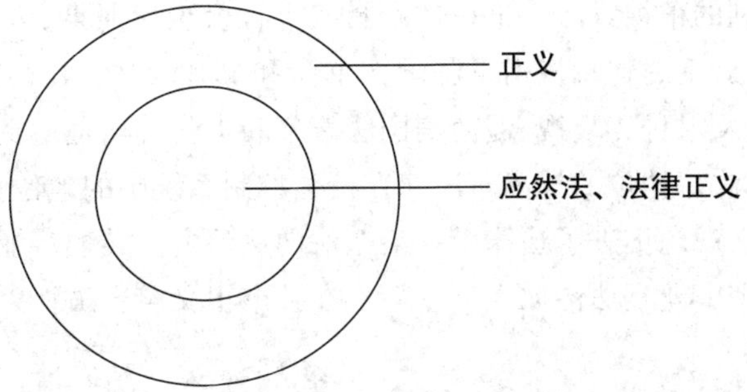

实在法指以制定法、判例法、习惯法等形式实际存在的法。实在法有正义的也有不正义的,[45]所以它与正义的关系就是交叉关系:

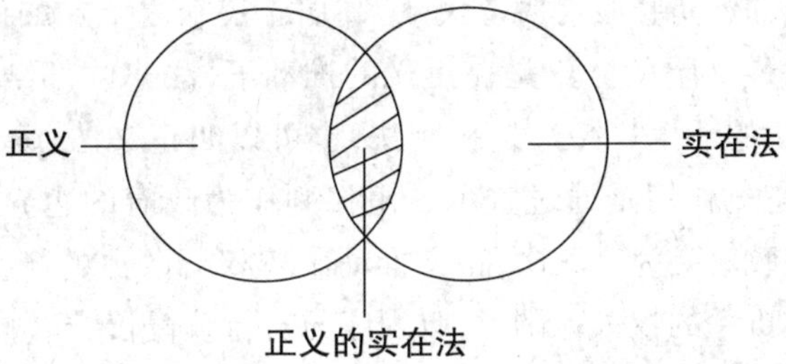

应然法与正义的功能关系较为复杂,我们只讨论实在法与正义的功能关系。

正义对法律具有评价作用。民谚所谓"老百姓心里有杆秤",这杆秤(正义)无时不在衡量法律的分量(良、恶)。在不同的制度和文化氛围里,这种评价的力度是不同的。在专制国家里,统治者不但是政治权威的拥有者,也是道德权威和真理权威的拥有者,所以实在法与正义之间的张力不足,在权力层面上正义几乎难以评价法律。在社会层面上,这种评价始终存在,但是软弱无力。在民主法治国家,无论是在权力层面还是在社会层面,正义都发挥着强有力的评价作用,不正义的法律被拒绝认可为法就是典型的表现。正义被吸纳为法源的一部分,正义可以填补法律空白,正义可以作为纠正法律失误的力量,正义可以作为法律解释的标准。在西方国家起码从古罗马开始,法观念就是"选择性"的,正义是法律的本质属性,国家制定的法律如是不正义的,则被拒绝作为法律适用。直到近代民族国家崛起以后,法律与国家权力间的关系日益密切,法与正义才发生"疏离",因而产生"恶法亦法"的观念。这一观念在20世纪下半叶的全球法治浪潮中已逐渐失去市场。事实上,任何长期存在的法律制度都有一个坚实的正义基础,并接受它们评价,因为人们无法单凭暴力长久维持非正义的法律制度。汉儒所谓"可以在马背上得天下,不可在马背上治天下"讲的就是这个道理。

正义对法律的进化有极大的推动作用:

第一,正义推动了法律精神的进化。法律的根本进步在于法律总体精神的进化。法律精神进化的主要动力在正义。这一方面最典型的例证是法律现代化。正是正义推动了法律内在

〔45〕 这里我们采用了规范法学派的广义的法概念。在自然法学派眼里,只有正义的法才是法。规范法学派的奥斯丁认为恶法亦法。在新分析法学派的哈特看来,法律的道德性与法律的效力性不是一回事,应取广义的法概念。广义法概念和狭义法概念各有利弊,在实在法观念占主导地位的法域里,广义法概念更有利于人们对实在法的评价。

价值的转换——由前现代的特权、压制、国家本位走向现代的平等、自由、个人本位(人权)。正义是自由、平等、权利的精神家园。早在古希腊奴隶社会全盛时期,人们就用正义反对奴隶制,启蒙思想家用正义谴责封建特权引发法国大革命和19世纪的世界性立宪运动;美国人用平等反对男女不平等,反对种族歧视,促使美国法律不断进化等均是适例。

第二,正义促进了法律地位的提高。法律在社会控制系统中的地位大致有两种形态:人治型和法治型。正是正义观念推进了法律由人治型法向法治型法转换。亚里士多德当年提倡法治反对人治的第一条理由就是法治比人治公平。在一个正义声音被扼杀或声音微弱的地方是难以建成法治社会的。

第三,正义推动了法律内部结构的完善。这里最突出的表现是控权立法的产生与完备。正义与自由、平等不可分,政治正义要求一个产生于民众、服从民意、保障人权的政府。如何才能防止政府滥权之害?如何防止政府脱离民众、高居于民众之上?如何防止腐败?历史告诉人们只有通过法律才是最保险的。正是在正义的推动下,法律内部结构发生了很大的变化。首先,正义观推动了宪法的产生。宪法是权利法,也可以叫正义法(真正的宪法,不是钦定宪法),宪法是权利宣言,它的作用是通过宣示一组权利作为政府的边界以限制政府,通过规定政府的结构与权力限制政府妄为。其次,正义推动了控权行政法的产生与完善。现代行政法的核心部分是规定行政机关的权力范围、行政程序与对行政侵权予以救济,这种以行政程序法和行政救济法为中心的行政法是正义的产物。再次,正义推动了程序法量与质的提高。正义的不变内容主要是程序性的,严格的程序可以祛除重要的不正义,所以程序法的完善、程序法成为法律体系的重要组成部分应当归功于正义。就诉讼程序而言,现代程序法包括了刑事诉讼程序、民事诉讼程序和行政诉讼程序,这种诉讼程序法的分化与专门化是现代法律的一道风景。现代的程序法已从传统的诉讼程序延伸至立法和行政领域,目的在于用严格的程序限制立法与行政行为的主观任意性以实现正义。最后,正义催生了专门针对国家机关的诉讼形式:宪法诉讼和行政诉讼,用正义之剑纠正不良立法和不良行政。

第四,正义提高了法律的实效。正义的重要内容之一是对社会的一致、公正的管理,对法律来说,就是法律应当得到良好的实施,官方行为应与法律保持一致。法律适用平等、"王子犯法与庶民同罪"的观念对法律实效的提高起到了重要作用。在一个缺乏正义追求的社会,首先受到打击的就是法律的实效。

上述正义对法律的推进作用主要是通过"纠错"来实现的,正义是法律的"校正器"。正义对法律的纠错主要有两种形式:一是制度外的形式,二是制度内的形式。前者即洛克所谓的"诉诸苍天",中国所谓的"替天行道"、"诛独夫"。正义(其最低的要求是生存)最终会使不正义的法律、对抗正义的僵化制度发生崩塌,重建正义的法律。这不是法学讨论的范围。法学只讨论第二种形式,即正义在制度内促使法律进化。这又包括两种:一是通过立法手段,二是通过司法手段。通过司法纠错机制实现正义的方式主要有:(1)衡平。衡平即公平,当人们认为某一法律不公正或严格遵守法律会导致不公正时,可以申请国家直接适用正义原则以对抗不良立法。罗马法中就有衡平机制,英国在14世纪甚至形成了有别于普通法的衡平法系统。与此类似的中国法律制度有始于汉代的"以经决狱"。(2)纠正法律失误。在特殊情况下,法官可以运用法律解释手段排除非正义立法的适用。(3)司法审查。司法审查制度使公民可通过诉讼途径纠正不良立法,被司法机关宣布违宪的立法通常将失去效力。

法律对正义的功能关系具有或然性。就个别法律或某一时期的法律来讲,它对正义是否具有推动作用是不确定的。正义的法律确认、推动正义的实现,不正义的法律则会对抗正义、阻碍正义的实现。但是法律作为整体却对正义有推动作用。因为法律所具有的形式化特点使人际关系稳定化、明确化、规范化,这本身就排斥了任意分配社会资源这一最大的不正义,即使是最专断的立法也在一定程度上制止任意暴力对人身和财产的侵犯,是对弱肉强食的邪恶的否定。法律具有的强制性要素能使正义观念较好转化为现实。法律通过实现达到惩恶扬善的结果,有利于正义观念的传播。

五、效率与正义

当人们把效率与正义(公平)相对照作为两种价值的时候,“效率优先”已成为强势理论。我们认为这值得商榷。效率与正义从根本上讲不是相对立的价值。归根到底,正义的制度、人际关系的公平最能发挥人的积极性与创造性因而是最有效率的,非正义的制度、人际关系的不公平归根到底是低效率的。当然,正义与效率有对立的一面,在这个领域内,正义应当优先于效率。

效率与正义作为对立的法律价值存在两个层面:(1)当正义与效率作为法律追求的目的价值时,即追求社会制度的正义与效率时,正义当优先于效率,因为正义是社会总的伦理目标,而效率只是经济运行的目标,经济目标应当服从伦理目标,只有符合伦理目标的经济运行方式才是最有效率的。退一步说,即使是有效率的制度,但是不公平,也是不值得追求的。诚如罗尔斯所言,某些法律制度“不管它们如何有效率和有条理,只要它们不正义,就必须加以改造或废除。每个人都拥有一种基于正义的不可侵犯性,这种不可侵犯性即使以社会整体利益也不能逾越”。[46] (2)当正义与效率作为法律的内在价值时,即一个法律本身的正义含量与效率含量相比较时,正义更应当优于效率。例如,当设计司法制度时,首先当考虑正义与否,其次才是实现正义的制度当是有效率的,如果把效率放在第一位,例如只追求快结案而牺牲正义,是绝不足取的。因为法律制度是正当的人际关系的制度,它首要关注的应当是关系的合理、正当。效率则主要是经济主体追求的目标,经济主体追求效率当在合理的关系之内。同时,效率主要是由市场解决的,在市场解决不了的地方,才交由法律解决。近年来,一句话几乎成了口头禅:迟到的正义(公平、公正)不是正义。这话没有错,体现了人们对司法迟缓的不满与厌恶。但是有些人借此来证明效率优先这就不对了。“迟到的正义”与“及时的正义”相较而言,当然它不足取,但是当“迟到的正义”与“高效的不正义”相比呢?哪一个好些?人们自然是选择前者,而不是后者。“迟到的正义”表面上看是一个效率问题,其实不然,它是一个正义问题。所有那些沉冤几十年才得以昭雪的令人心酸的个案,缺少的不是效率,缺少的恰恰是正义。没有哪一个冤案是因为过分追求正义不注重效率而发生的,恰恰是制度正义的缺失或不足造就了冤假错案。

令人欣慰的是,理论界追求公平的呼声日渐高涨,媒体发表了一系列关于法律与公正的文

〔46〕［美］约翰·罗尔斯:《正义论》,何怀宏等译,中国社会科学出版社1988年版,第1页。

章,其中最高人民法院院长的声音最为引人注目。前最高人民法院院长肖扬在一次会议上说:“公正与效率是辩证统一的,任何司法效率都要以司法公正为前提。”〔47〕这实际上承认公正或正义与效率相比当处于第一位,纠正了效率第一的认识误区。2003 年 11 月 3 日肖扬在中国人民大学举办的“大法官讲坛”上发表的讲演中又强调,不论世界各国和地区司法制度如何差异,但是都有一个共同的目标——司法制度必须保障在全社会实现公平和正义,这是司法的客观规律所决定的,也是各国司法的共同追求。他说,在中国最高人民法院的旁边有一条“正义路”。每当人们——无论是中国人还是外国人——走在这条路上的时候,都会很自然地把这条路与最高人民法院联系在一起。“司法”就是“正义”的相关语,甚至是同义语,司法必须在“正义之路程”上勇往直前,义无反顾。〔48〕不过令人担忧的是,种种宏观的社会发展考量加上紧箍咒式的政绩考核,正在一些地方蚕食司法中的正义。

第四节 法律与自由

说到自由,我相信没有人不喜欢,谁愿意做一头被圈养的猪而拒绝做一只自由翱翔的雄鹰?尽管前者“衣食无忧”而后者忙碌不休。任何反对自由的人其实都只是反对他人的自由,追求自己的自由,帝王强制他的臣民服从的目的就是达到他自己自由的最大化。自由甚至是动物的属性:相信没有任何一只鸟天生甘居笼中,有的麻雀失去自由后拒绝进食——那就叫“不自由毋宁死”!自由作为法律价值具有终极性,它是人的尊严的直接体现,不自由的人谈不上尊严;它是正义有效的前提:只有在自由的人之中才可能产生正义与否的问题,主奴关系中不存在正义甚至也不存在“不正义”因为他拒绝接受正义的评价;正义也是秩序有价值的前提:一个奴役人的“秩序”对被奴役者来说不是善,而是恶,严格说来它不是法律秩序,而是弱肉强食。

不过自由在中国却是个争议最大的词,自由似乎不是善而是恶。这就要从自由的词义说起。

一、自由

(一)自由的词源

古汉语里“自”、“由”二字互训,四书五经中还没有出现“自由”一词。说起“自由”何时成为一个词,人们往往认为隋文帝与其爱妃的凄惨故事是其始,其实不然。〔49〕“自由”在《后汉

---

〔47〕 肖扬:“依法惩治犯罪依法保障人权”,载《人民法院报》2003 年 10 月 11 日。

〔48〕 《人民法院报》2003 年 11 月 4 日,第 1 版。

〔49〕 “尉迟迥女孙有美色……得幸。后伺上听朝,阴杀之。上由是大怒,单骑从苑中而出,不由径路,入山谷间二十余里。高颎、杨素等追及上,扣马苦谏。上太息曰:‘吾贵为天子,而不得自由!’”新校本《隋书·后妃列传·文献独孤皇后》。

书》中已经多次出现。[50] 晋书中自由已经与法律的执行相关。[51] 不过,中国古代似乎没有将自由作为一个学术概念来使用。当然,“自由”在古汉语中的缺失,并不等于中国古人不追求自由,最渴求自由的莫过于老庄。《庄子·逍遥游》中所追求的是悠闲自得的个人自由,“逍遥”者,悠然自得、自由自在之意也!不过庄子的自由是一种人生哲学,并不具有规范意义。自由作为一种思潮,作为人追求的至上的价值是西学东渐的产物,将自由作为一个政治法律概念来使用则要到民国。裴多菲(Petofi Sandor,1823—1849)的《自由与爱情》是那个时代知识分子的座右铭:“生命诚可贵,爱情价更高;若为自由故,两者皆可抛!”这是对几千年奴役人的制度的彻底反叛。

在英文中,自由常用 freedom 和 liberty,一般认为,这两个词可以通用。对于英语来说,这两个词都是外来语。freedom 来自德语,liberty 则来自带有古法语的拉丁语,它通过诺曼人传到英国。freedom 是在哲学和更为一般的意义上来使用,liberty 则倾向于使用在政治和法律的语境中。[52]

(二)自由的含义

自由的含义可以分为哲学上的自由和法律(政治、社会)上的自由两种。在哲学上,自由是与必然相对的状态,它受制于人的实践能力,这留给哲学家们去争论,这里只讨论法律意义上的自由。

在西方,自由首先是一个法律概念。在古希腊罗马,有“自由民”与“奴隶”之分,所谓“自由民”是指享有公民权和财产权的人,他的最大特点是人格独立,人身自由不可侵犯。奴隶的特点是没有法律人格,他是主人的“物”。奴隶一旦被主人解放,他就“自由”了,成了“自由民”。自由还有一层对于大多数人更为重要的含义:免受专断政治权力的压迫。现代西方追求自由的过程就是一个从政治权力压迫下解放的过程,这个过程就是制宪与行宪,就是践行法治、实现宪政的过程。

研究自由的含义必须注意三个问题:第一,自由是指个人自由,不是指“集体自由”。所谓“集体自由”是东方反殖民主义过程中产生的思想,它对于反对民族压迫具有意义,但是它与法律没有太大的关系,而且容易导致集权主义。客观上,一切自由只能是个人自由,或者都可以还原为个人自由。第二,应当区分能力与自由两个概念。自由是建立在“有能力”这个基础上的,如果没有能力,就不存在自由与否的问题。例如,若问秦始皇“有没有飞行的自由”是没有意义的,被尊称为“宇宙之王”的剑桥大学霍金教授只有脸上的一小块肌肉“有能力”运动,但是他却是自由的。第三,自由是关于人际关系的概念,自由不是自己与自己的关系。诚如哈耶克所言:一个人有能力做某事,但是却不去做,这是理性对意志的自我控制问题,不是自由问题。例如,一个人可以去休息,但是他却选择去读书,这不是自由问题;一个嫌疑人被 24 小时“车辆大战”,很想休息而不能,他是不自由的。

---

〔50〕 例如:“建武元年,赤眉贼率樊崇、逢安等共立刘盆子为天子. 然崇等视之如小儿,百事自由……”新校本《后汉书·五行志·貌不恭》。

〔51〕 “咸康之世,庾冰好为纠察,近于繁细,后益矫违,复存宽纵,疏密自由,律令无用矣。”新校本《晋书·刑法》。

〔52〕 参见[英]昆廷·斯金纳:《自由主义之前的自由》,李宏图译,上海三联书店 2003 年版,第 133 页。

说到这里,不能回避一个问题:自由是什么?以赛亚·伯林给出的自由的基本含义是:“必须存在一个在其中我不受挫折的领域……”[53]这显然是指消极自由。斯金纳认为:“自由不能视为等同于自我掌控,而是自我实现。首要的是自我完善,正如 Berlin 表达的那样,处于自我的最佳状态。”[54]这两个自由主义大家的意见并不统一。伯林曾说自由有两百多种定义,看来要给自由下一个定义是困难的,甚至是不可能的,但是给自由一个大概的描述是可能的:自由是不处于他人专断意志之下的状态,这个“他人”一是指个人,二是指政治权力。对于现代人来讲,自由就是挣脱政治专断,共同走到自由的法律之下。

(三)自由的分类

对自由可以从不同的角度进行分类,这里只讨论两种常见的分类。

1. 思想自由与行为自由

思想自由指精神方面的自由,主要包括言论自由、信仰自由与宗教自由。思想自由包括两种权能:接受(持有)和表达,这两者是不可分离的。因为如果阻塞了获取信息的渠道,表达自由就失去了意义,而且对人的自由发展而言,“接受自由”的价值是远远超过“表达自由”的,因为信息是人自由发展的前提,一个“被”闭目塞听的人是谈不上自由的,遑论“自由发展”。思想自由主要是个“中世纪”问题,中世纪中期就产生了思想自由(那时称“良心自由”)的主张以对抗宗教迫害,到启蒙时期,思想自由成为人权的理论渊源。在现代社会,人们认识到法律对思想的干预不但是无效的,而且是不正当的。

行为自由是人的行为不受阻碍,它包括消极的不受打扰,例如人身自由,也包括积极从事某项行为,例如贸易自由,迁徙自由。良心自由对于人的重要性在一定程度上说高于行为自由,因为一个思想上不能自由的人,行为上一定是不自由的。

2. 积极自由与消极自由

以赛亚·伯林《两种自由概念》(1958 年)中首创将自由分成消极自由与积极自由的两分法。它的“消极自由”回答这样的问题:“主体(一个人或一群人)被允许或必须被允许不受别人干涉地做他有能力做的事、成为他愿意成为的人的那个领域是什么?”他的“积极自由”是回答“什么东西或什么人,是决定某人做这个、成为这样而不是做那个、成为那样的那种控制或根源?”[55]简言之,他说的积极自由是自主地追随某种生活方式的自由,消极自由是免于束缚的自由。他认为积极自由容易导致极权主义。这个论断不是毫无根据的。[56] 不过,积极自由

---

〔53〕 参见[英]昆廷·斯金纳:《自由主义之前的自由》,李宏图译,上海三联书店 2003 年版,第 234 页。

〔54〕 See Quentin Skinner, “The Isaiah Berlin Lecture: A Third Concept of Liberty”, The British Academy, 21 November, 2001.

〔55〕 [英]以赛亚·伯林:《自由论》(《自由四论》扩充版),胡传胜译,译林出版社 2003 年版,第 189 页。

〔56〕 积极自由会导致“强迫他人自由”的荒唐事。美国女权主义领导人格洛丽亚·斯坦姆在史密斯大学演讲时讲了如下的亲历:在一次地理考察中,在蜿蜒的康涅狄格河畔,她在护堤上发现了一只巨大的乌龟,它还在前行,随时有被汽车轧死的危险。于是她走上前,试图帮它回到河里。这期间,它不断愤怒地想咬她。当她正要把乌龟推回河里时,地理学教授走了过来对她说:“你知道,为了在路边的泥里产卵,那只乌龟可能花了一个月的时间才爬上公路,结果你要把它推回河里!”这位女权主义者感慨道:“不管你是激进的还是保守的,在做事关‘乌龟’的决断时,都不要忘记先听听乌龟自己的意见。”参见“应听乌龟的意见”,董国明编译,载《环球时报》2005 年 2 月 28 日。

和消极自由的分类不是完全没有意义的。从主体行为的性质来分，消极自由是指主体“不作为”的自由，是对世的，绝对的自由，义务人承担“不作为”义务，例如住宅自由。积极自由是指主体积极作为的自由，义务主体的义务就不仅是“不作为”，而且在必要的时候承担“作为”义务。例如，迁徙自由就不仅要求他人承担“不得阻碍”的义务，而且要求他人（政府）承担积极义务：迁户口。自由是消极自由与积极自由的结合，以消极自由为主。不过应当注意的是，积极自由不是指“强制他人自由”，“强迫自由”本身是一个自相矛盾的词，强迫就是不自由。

二、马克思主义与自由

说起自由，人们常常将它与马克思主义对立，这是不公平的。[57] 其实自由是马克思主义的灵魂。与自由主义不同的仅仅是，如何追求自由？马克思恩格斯主张通过对社会的总体改造来追求自由，而自由主义者则主张通过法律变革或者通过“零星社会工程”来追求自由。

（一）自由是马克思主义理论的核心

马克思恩格斯从来没有反对自由，相反，他们的理论是一个追求自由的理论。马克思恩格斯的自由思想涉及两个方面，一是哲学领域，二是社会领域。人们常常只注意他们的哲学自由观，而忽略了社会自由观，在20世纪80年代的反自由化运动里，一些人甚至用哲学上的自由观来取代马克思恩格斯的社会自由观。其实质是企图否定在社会领域里争取自由的种种努力——在反对自由化的同时连自由也反对了。其实，马克思恩格斯是重实践的思想家，他们的自由思想中最为重要的是社会自由观，哲学自由观是为社会自由观服务的。在马克思和恩格斯的思想中，人的自由解放是最高的目标，任何社会形态都只是人的自由与解放的形式与手段。这种“人的自由是目的、社会是其形式”的思想同样适用于共产主义社会。在《共产党宣言》中，他们向全世界宣告：“代替那存在各种阶级以及阶级对立的资产阶级旧社会的，将是一个以各个人自由发展为一切人自由发展的条件的联合体。”[58] 在《资本论》中，马克思表达了与《共产党宣言》中相同的思想，并从经济上论述了它的必然性。在恩格斯逝世前一年，他在与友人的通信中再次提及这一理想。[59] 这个共产主义当然是共产党人追求的目标，但是，相对于人的自由与解放这一最高目标来说，它又是手段。马克思明确地说：“共产主义是最近将来的必然的形式和有效的原则。但是，这样的共产主义并不是人类发展的目标……”[60] 由此足见人的自由与解放在马克思恩格斯心目中的崇高地位。可惜的是，长期以来，我们把本来是目的性的东西当作了手段，而把手段性的东西目的化。这就是我们长期以来将阶级斗争神圣化，将本来是应当为“人的自由与解放”这一目的服务的权力神圣化。它的进一步结果就是将

---

〔57〕“马克思主义”一词含义相当宽泛，内中包含了各种不同甚至严重对立的思想，其中不乏以自由为敌者，例如斯大林主义。为防止误解，这里只讨论马克思恩格斯的思想。

〔58〕［德］马克思、恩格斯：“共产党宣言”，载《马克思恩格斯全集》（第4卷），人民出版社1958年版，第491页。

〔59〕恩格斯说：“代替那存在着阶级和阶级对立的资产阶级旧社会的，将是这样一个联合体，在那里，每个人的自由发展是一切人的自由发展的条件。”［德］恩格斯：“致朱·卡内帕（1894年1月9日）”，载《马克思恩格斯全集》（第39卷），人民出版社1974年版，第189页。

〔60〕参见［德］马克思：“1844年经济学——哲学手稿”，载《马克思恩格斯全集》（第42卷），人民出版社1979年版，第131页。

人手段化,将人权污名化。[61]

(二)自由是人的本质

在马克思和恩格斯那里,自由是与人的本质相联系的,他们认为自由"是理性的普遍阳光所赐予的自然礼物",而不是"明星的特别吉祥的组合所带来的超自然的礼物",不"仅仅是某些人物和某些等级的个人特性"。[62] 一句话,自由是属于所有人的,自由是与生俱来的。在一篇为言论自由辩护的文章中,马克思最早将自由与人的本质相联系:"自由确实是人的本质,因此就连自由的反对者在反对自由的现实的同时也实现着自由……没有一个人反对自由,如果有的话,最多也只是反对别人的自由。可见,各种自由向来就是存在的,不过有时表现为特殊的特权,有时表现为普遍的权利而已。"[63]正因为自由是人的本质,所以他们认为自由是无需论证的:"人生来是自由的,他就是自由的!"[64]

他们将对自由的态度作为衡量人的标准:"对自由思想的任何敌视态度,对精神的绝对权力所持的任何反对态度,最终都必然陷入那种极端,不管这种态度表现为野蛮的不守法纪的长裤汉主义,还是表现为无聊可耻的奴颜婢膝;表现为虔诚派的留分头,还是表现为天主教神父的削发圆顶。"[65]马克思甚至认为,能不能自由地生活与做事,是人区别于动物的标志,或者说,不能自由地生活与做事,人就不是人,或违反了人的本质。他说:"自由不仅包括我靠什么生活,而且也包括我怎样生活,不仅包括我做自由的事,而且也包括我自由地做这些事。不然,建筑师同海狸的区别就只在于海狸是披着兽皮的建筑师,而建筑师则是不披兽皮的海狸。"[66]

因此,马克思的结论是,自由是个好东西,"对人说来,只有是自由的实现的东西,才是好的"。[67] 不自由就是威胁人的存在:"威胁每一生物的生命的危险就是该生物丧失自我。因此,不自由对人说来就是一种真正的致命的危险。"[68]

---

[61] 这一思潮在阶级斗争为纲时代对自由的伤害众所周知,即使在改革开放以后,它的负面效应还是不可小觑。"人成为目的"这一转变始于2003年召开的中共中央十六届三中全会,该次会议作出的中共中央《关于完善社会主义市场经济体制的决定》中提出了"以人为本"的科学发展观。这一转变标志着主流观念对马克思主义基本精神的新的理解。不过,当"维稳第一"思潮泛滥起来后,人又成为手段。刑事诉讼法规定的程序得不到严格遵守是其典型表现。

[62] [德]马克思:"关于新闻出版自由和公布省等级会议辩论情况的辩论",载《马克思恩格斯全集》(第1卷),人民出版社1956年版,第163页。

[63] [德]马克思:"关于新闻出版自由和公布省等级会议辩论情况的辩论",载《马克思恩格斯全集》(第1卷),人民出版社1956年版,第167页。

[64] [德]恩格斯:"致弗里德里希·格雷培(1893年6月15日)",载《马克思恩格斯全集》(第41卷),人民出版社1982年版,第504页。

[65] [德]恩格斯:"约艾尔·雅科比"(1848年),载《马克思恩格斯全集》(第41卷),人民出版社1982年版,第53页。

[66] 当然,我们不能把这些论断理解为不自由的人"不配"称为人,而是他们没有被当作人来看待,他们没有真正过上人的生活。这是一种对自由的祈求的倾诉,对压迫人的法律与制度的批评。参见[德]马克思:"关于新闻出版自由和公布省等级会议辩论情况的辩论",载《马克思恩格斯全集》(第1卷),人民出版社1956年版,第181页。

[67] [德]马克思:"关于新闻出版自由和公布省等级会议辩论情况的辩论",载《马克思恩格斯全集》(第1卷),人民出版社1956年版,第171页。

[68] [德]马克思:"关于新闻出版自由和公布省等级会议辩论情况的辩论",载《马克思恩格斯全集》(第1卷),人民出版社1956年版,第179页。

（三）争取人的自由与解放是马克思恩格斯终身为之奋斗的目标

这只要简要描述一下马克思恩格斯的伟大人生就清楚了。从还是一个黑格尔信徒的毛头小伙子开始，马克思就开始了争取自由的事业。在认识了恩格斯以后，他们共同选择了将“为人的自由与解放而奋斗”作为终生目标。他们不仅构筑了以自由为最高价值的思想体系，在实践中，他们同种种他们认为不利于人的自由与解放的思想进行了不懈的斗争，他们更同德国的专制主义毫不妥协。为此，马克思甚至不惜背井离乡，甘受贫困，始终没有低下他高贵的头。恩格斯则在他的晚年仍然念念不忘他的崇高理想：“代替那存在着阶级和阶级对立的资产阶级旧社会的，将是这样一个联合体，在那里，每个人的自由发展是一切人的自由发展的条件。”[69]这一切都值得当代中国的法律人效仿，特别是值得那些当权者效仿。

三、自由与法律

（一）自由是法律进化的恒久动力

这可以证诸法史。罗马法律是以自由见长的，西方法律进化的过程是自由人的权利不断增加、权利主体不断普及的过程。正因为内含卓越的自由精神，罗马法才得以超越时代，为世界不同地区的现代法在不同程度上仿效。法律现代化的过程其实是人的自由理想不断法律化的进程。英国 1215 年大宪章其实是一个“自由宪章”，法国 1789 年《人权宣言》以人的自由为其核心价值；美国 1791 年宪法是以言论自由、人身自由为向导的。鉴于希特勒肆意侵犯人的自由的罪行，美国总统富兰克林·罗斯福在 1941 年的演说中提出著名的“四大自由”，以作为同盟国对抗轴心国的核心价值：“我们期待（未来）的世界建立在四大主要自由的基础上：言论自由、宗教自由、免于匮乏的自由、免于恐惧的自由。”正是它刺激了《世界人权宣言》的诞生，1966 年通过的两个人权公约将《世界人权宣言》的内容具体化。作为具有极大道德感召力的上述世界人权法，对各国的国内法产生了极大的影响。现在，世界各国宪法除极少数例外，都将人的自由作为自身的旗帜。因此可以说，自由是法的进化的永恒推手。

（二）法律是自由实现的形式

孟德斯鸠说：“自由是做法律所许可的一切事情的权利；如果一个公民能够做法律所禁止的事情，他就不再有自由了，因为其他的人也同样会有这个权利。”[70]这句话不仅对于个人来讲是准确的，对于自由在历史中的实现来说也是恰当的。因为自由是个规范的概念，它同时意味着义务与责任，实现自由的形式只能是法律。当然，这并不排斥人们在立法上争取自由的意义，相反，争取自由主要是立法范围内的事。法律推进自由的路径主要有：

第一，法律确认人的主体性，为人的自由提供了前提。人的自由的首要前提是获得法律上的主体资格，一个不具备主体资格的人是谈不上自由的。因此，法律对自由的推动最重要的表

---

〔69〕［德］恩格斯：“致朱·卡内帕（1894 年 1 月 9 日）”，载《马克思恩格斯全集》（第 39 卷），人民出版社 1974 年版，第 189 页。

〔70〕［法］孟德斯鸠：《论法的精神》，张雁深译，商务印书馆 1995 年版，第 154 页。

现就是法律对人主体资格的确认。众所周知,所谓“自由人”就是具备法律人格的人。在早期社会,不是所有的人都具备法律人格,在世界的所有地方,法律人格的普及都是通过法律来实现的。在西方社会,在古希腊罗马时代及中世纪,都存在没有法律人格的人或法律人格不全的人。通过长达几百年的修法努力,西方率先在“自己人”中实现了人格平等,但是他们仍然对“外人”实行奴隶制。1807年3月25日,英国国会正式通过立法禁止英国船只载运黑人奴隶,1814年禁止奴隶买卖的《巴黎公约》诞生,从此贩卖奴隶在欧洲范围内成为一项国际性犯罪,人人可“得而诛之”。1861年3月3日俄国亚历山大二世批准废除农奴制度的“法令”和“宣言”,1862年9月22日美国总统林肯颁布《解放黑奴宣言》,1911年辛亥革命后,中国也禁止了奴隶制。〔71〕国际联盟1926年9月25日通过的《禁奴公约》第2条规定“防止和惩罚奴隶的贩卖”。《世界人权宣言》(1948年)第4条规定,任何人不得使为奴隶或奴役。这表明人类告别了将人两分的蒙昧时代,所有的人都具备同样的法律人格。真正的现代法律文明从此开启。

第二,法律将主体自由权利化。如果自由停留在主体的主观诉求阶段,人人都有“王者之气”,则不但自由无法实现,而且社会存在所必需的秩序也无法保障,人与人之间就真的如霍布斯所说“像狼一样”了。因此,实现自由的第一步是将自由规定为人的权利。权利是一个规范性概念,自由的权利化意味着自由取得了规范形式,具备了客观性。这同样意味着自由有了保障,如果作为自由的权利受到侵犯,权利人可以提起诉讼,请求司法救济。

第三,法律规定权力牵制的权力体系,制止公权力侵犯自由。作为权利的自由离不开公权力的保障,但是正如密尔所言,统治者的“权力被看作是必要的,但也是高度危险的……在一个群体中,为着保障较弱成员免遭无数鸷鹰的戕贼,就需要一个比余员都强的贼禽受任去压服它们,但这个鹰王之喜戕其群并不亚于那些较次的贪物,于是这个群体又不免经常处于须要防御鹰王爪牙的状态”。〔72〕在大型社会中,自由的主要敌人是权力主体。如何保障权力主体对公民自由权的侵犯?这其实是个宪政法治问题。解决这一难题的关键之处在于建立相互牵制的权力体系,不允许绝对的权力存在。而这一点,只有宪法法律才能做到。

第四,法律确定公民面对公权力时的程序。自由离不开公权力的保障,这同时意味着自由需要赋予公权力对侵犯自由的人行使惩罚性权力。这就提出了一个问题:自由的剥夺要经过正当程序。如果没有程序,这个惩罚性权力可能成为公民自由的大害。因此,法律确定公民面对公权力“合法侵害”时的程序就显得特别重要。这种程序的不可侵犯性表现在:其一,程序本身是一种权利,不遵守程序本身就是对公民诉讼权利的侵犯;其二,程序性权利保障公民在受到追究过程中免受非法侵害,例如刑讯逼供;其三,程序性权利可以最大限度地避免冤案;其四,程序本身是人的尊严的表现。一个简单的道理是,即使是罪大恶极的罪犯也是人,他将受到人的待遇——在程序中受到追究,他不能像狗那样说杀就杀。

第五,促进人的自由全面发展。人的自由全面发展是人的尊严的最高表现,人的自由全面

---

〔71〕1906年两江总督周馥上《禁革买卖人口折》,这封伟大的奏折拉开了中国废奴的序幕。经过四年的不懈努力,废奴派最终战胜了种种国情论,促成了《钦定大清刑律》(1910年12月25日)的颁布,该法宣布一切主奴关系均为非法。不过,该法的生效日期是1912年,那已经是民国时代了。《中华民国临时约法》(1912年)第5条规定:“中华民国人民一律平等,无种族阶级宗教之区别。”奴隶制终于在中国大部分地区结束。

〔72〕[英]约翰·密尔:《论自由》,许宝骙译,商务印书馆1986年版,第1页以下。

发展只有在法治(rule of law)社会中才有可能,因为,法律在总体上为人的自由全面发展提供了规范依据。不仅如此,一些具体的立法也在推动促进人的自由全面发展。这主要表现在:其一,法律将“接受教育”权利化,使所有有能力接受教育的公民都接受教育,促进人的自由全面发展;其二,法律保障思想自由,使人能自由地接受信息,自由地传播信息,从而促进人的自由全面发展;其三,法律建立公平的社会机制,例如公民人格平等,权利平等,公职向所有人开放等等,以培养健全的人格;其四,法律规定社会救济措施,使“需要帮助的人”摆脱对他人的依赖,过上有尊严的生活,以利于所有人都得到自由全面的发展。

讨论题

1. 什么是法律价值?法律的主要价值有哪些?
2. 法律维护社会秩序的途径有哪些?
3. 如何理解正义的相对性和绝对性?正义相对主义对法治国家的建构有何消极影响?
4. 正义对法律进化的推动作用表现在哪些方面?
5. 法律与自由的关系如何?

延伸阅读

1. [英]彼得·斯坦:《西方社会的法律价值》,王献平译,中国法制出版社2004年版。
2. [美]约翰·罗尔斯:《正义论》,何怀宏、何包钢、廖申白译,中国社会科学出版社2009年版。
3. [德]施塔姆勒:《正义法的理论》,夏彦才译,商务印书馆2012年版。
4. [美]罗纳德·德沃金:《至上的美德:平等的理论与实践》,冯克利译,江苏人民出版社2007年版。

延伸思考

1. 宪法基本权利是法律价值还是法律规范?司法中应当如何处理宪法基本权利?
2. 从法律与自由的关系分析“整治低俗网站”运动。
3. 法律同良好生活有什么关系?

第十二章　基本法律概念

没有什么东西比自由更可爱;但如果对所有的人来说自由是不同的话,那么它就不配称为自由。

——[古罗马]西塞罗《国家篇》

我们认为这些真理是不言而喻的:人人生而平等,他们都从他们的“造物主”那边被赋予了某些不可转让的权利。

——美国《独立宣言》

代表大会认为自己有责任为一切人要求人权和公民权。

——[德]马克思《国际工人协会章程》

“基本法律概念”这一用语是指“法律概念”中最为重要的与核心的概念,或称“法律范畴”。应当注意“基本法律概念”与“法律的概念”这一用语的区别,后者是指“法律这一现象”的概念,是给“法律”下定义,这将专章论述。法律的核心概念无疑是“权利”、“义务”,它是构成法律关系的核心概念。权力和人权作为法学的基本概念近年来正日益受到人们重视。如果说私法的核心是权利、义务的分配,那么公法中的核心问题就应当是权力和人权的平衡。所以这里将权力、人权作为与权利、义务并重的基本范畴一起研究。

第一节　权利、义务和权力

一、权利

(一)权利词义

广义上讲,权利有法律权利、宗教权利、道德权利、习惯权利之分,狭义的权利只指法律权利。我们这里主要讨论法律(实在法)权利,偶尔涉及道德上的权利。

权,权衡、选择之义;利,利益之谓。古汉语中之“权利”为一动宾结构,意为权衡利弊,“欲王权利、且恶王权害”(《墨子诂》)中的“权利”就是这个意思。中国古代法中没有与权利相类似的概念。究其原因,因为权利意味着人的自由及其自主性、地位的确定性和不可侵犯性,其他社会主体,特别是公权力对它有承认、保障的义务,这与中国古代绝对王权观念和极端专制的社会不相容。中国古代实行的是“普遍奴隶制”,[1] 只有君主一人是社会的主人,天下万物包括其他所有的人都是他的财产客体,其他的人就自然无权利可言。官吏,包括一人之下万人之上的宰相,也只是皇家奴才甚或是他的财产。至于高官厚禄作为利益,那只是皇帝的恩赐,可随时剥夺。官吏如此,遑论平头百姓![2] 至20世纪初,梁启超作《管子评传》时,仍在古义上使用“权利”一词。孙中山推翻帝制,开启民国以后,权利作为一种法律概念方在法学界被接受、传播。时至今日,普通公民对权利的概念还是陌生的。可知权利作为法观念乃十足的舶来品。

权利观念在西方发育较早。早在古罗马,权利观念即已生长,并发育出一套权利主体及其权利能力、行为能力的制度。西方人的法观念与正义不可分,法的目的在于保障“正当的”权利(ius),而一切受保障的、在外部世界实施行为的权能就叫 ius(权利)。西方法律现代化的重要成果之一是将权利作为法律的核心。在法学上承认“法学即权利之学”(莱布尼茨语),康德即以“权利”统帅其法哲学体系;在法律体系上实行“私法(私权利)优先”,政府权力的设立是为了保障“私权利”。在拉丁语和现今德语、法语、俄语中,“权利”与“法”同出一源,英语 Right 也有“正当”之义。

什么是权利?法学界主要流行这样几种定义:(1)自由说:权利是法律保障的自由。此说将权利与自由等同似为不妥,自由是权利之一种:自由权。权利不但包括个体行为的自由,而且包括个人对他人作为的要求。(2)意志说:权利是意志自由或个人意志支配的范围。康德、哈特等许多学者持此说。这是注重从心理学上界定权利,自有其合理之处,但是随着权利制度的发展,人们看到有些权利与意志自由并非不可脱离,例如,某些权利的取得及行使(例如监护权)并非基于自由意志。(3)利益说:权利为法律保护的利益。许多具有规范法学倾向的学者持此说。例如,耶林(Rudolph von Jhering,1818—1892)认为权利是法律上被保护的利益,沃克在《牛津法律大辞典》中的定义也属此类。反对者认为“利益”过于宽泛,有些权利并非利益,利益只是权利之一部分。(4)法律上之力说:权利为法律保障的行为的能力。例如:《布莱克法律辞典》认为权利的一般定义为“自由行为的能力”,一项权利是“由国家承认和支持的一人控制他人行为的能力”,19世纪的德国法学家梅克尔(Merkel)首创此说。(5)尺度说:权利是一个人得到法律保障的可能行为的尺度,它保证在既定生产和交换关系的基础上人的自主性、选择自由和对物质和精神财富的享有。[3] (6)法律原则说:权利即是来源于政治道德原则

---

[1] “普遍奴隶制”是马克思对东方特色的奴隶制的称谓。参见[德]马克思:“政治经济学批判”,载《马克思恩格斯全集》(第46卷),人民出版社1979年版,第495页。

[2] 这里的“没有权利”是相对于君权而言的。平等主体之间的某些正当利益还是能得到保障的,这正是法律的重要作用,这也是专制社会优于无政府社会的地方。但是这些利益保障的程序与权利还是有相当距离的。大凡一个完全的权利应具有双重功能:一是对抗平等的主体,二是对抗公权力。中国古代社会的利益与现代权利的不同之处在于它是不完全的、残缺的:它只能对抗平等主体而不能有力地对抗政府更不能对抗君权。这一点在现代社会还是能看到其影子:随意的强制拆迁且很难得到司法救济就是一例。

[3] [苏]雅维茨:《法的一般理论》,朱景文译,辽宁人民出版社1986年版,第159页。

的法律原则。[4] 德沃金认为政府有遵守政治道德的义务,权利是从政府的政治道德引申出来的,所以所有的权利都针对政府,这显然是片面的。

上述几种学说各有其合理性。自由说、意志说强调权利的主观属性,利益说强调权利之目的,法律上之力说强调权利的社会属性,尺度说强调权利的外部表现。博采众家之长,我们给权利以下界定:权利是为社会或法律所承认和支持的自主行为和控制他人行为的能力,表现为权利人可以为一定行为或要求他人作为、不作为,其目的是保障一定的物质利益和精神利益。

(二)权利结构

欲进一步理解权利,应当了解权利的结构。权利的结构指权利的内部构成要素。了解权利的结构有利于进一步认识权利,并会对权利制度的完善和权利的保障有所裨益。通常认为一项权利有三项权能或要素组成,缺乏其中某一项要素的权利便为不完备的权利。(1)行为的可能性,某权利即意味着容许权利人行为,这里的行为包括作为和不作为两方面的内容。(2)请求履行与权利相关的义务的能力。权利必与一定义务相联系,权利的实现有赖于义务之履行,当义务人不履行义务时权利即无法实现,所以权利的第二个要素就是有权要求义务人履行义务。例如一项权利人自我作为的权利要求一般人承担不妨碍权利人作为义务的,若妨碍,则权利人有权请求排除妨碍;当一项要求他人作为的权利因他人不履行"作为"义务时,权利人有权请求他人作为。这里的请求或要求可以向义务人提出,当义务人经请求仍不履行时,权利人可请求司法裁判。(3)权利受到侵犯时,请求追究法律责任的能力。这是权利与正当强制力的联结点,没有此,权利即为不完善的权利,正如英人法谚所谓:"无救济即无权利。"

应当注意,诉权是一种特殊的权利,它包括起诉、上诉、申诉三种形式。诉权是他项权利的保障性权利,它自身并不产生利益,其目的在于确定利益、保障利益。诉权请求的对象是公权力(现代则为国家司法机关),它要求不特定的社会主体(包括其他国家机关)承担消极的不作为义务,要求司法机关积极作为。诉权也会受到侵犯:司法机关拒绝受理,其他机关的暴力阻止等等。对于其他国家机关的阻止还可以寻求司法救济,如果是司法机关违法不予受理,则问题越出了法律之外,成为政治问题。公民只能诉诸政治权利:诉愿及其他的表达,这在大陆上就是"信访"。如果公民诉权受到规范性文件的侵犯,则不但表明法治出了问题,也表明人的尊严存在严重问题。

(三)权利来源

权利从何而来?或者说是什么力量使人的主观需求成为一项可以请求的权利?这个问题与"究竟是什么东西使法律成为法律"这一问题具有同质性。对这一问题的回答也是聚讼纷纭,主要有如下四种学说:(1)天赋权利说,此说是对抗"法定权利"说的,这是一个自由主义的假设;(2)法定权利说,权利来自法律规定,这主要是规范法学派的主张;(3)社会起源说,权利起源于社会关系,社会关系即权利义务关系;(4)主体间互赋说,权利不是源于外在的力量,而

---

[4] [美]德沃金:《认真对待权利》,信春鹰、吴玉章译,中国大百科全书出版社1998年版,序言第21页。

是源于法律关系主体的相互赋予。哈特认为,人人是法律的创制者,又是法律的"承受者",公民通过民主的立法相互间互赋权利。哈贝马斯则"批判了权利天赋论和权利国赋论以及其他各种权利观,从交往行为理论和商谈论的视角出发,认为权利源于主体间商谈,权利的正当性基于民主协商的立法过程与令人信服的论证理由"。[5] 这些理论都有其意义。天赋权利说的意义在于破除国家迷信,强调权利高于国家;法定权利说强调权利的形式意义;社会起源说强调权利与社会的关系,对于限制国家权力也有意义;主体间互赋说很好地描述了现代民主国家的权利起源,它在理论上具有对抗法定说的长处,又避免了天赋权利的不足,不过,这个描述只适用于自由民主的社会。事实上,权利的来源具有多样性,上述四种学说在许多方面不是对抗的,而是互融的。许多权利是在社会中"自然形成"的,一些权利是立法者确立的,这个确立的过程在民主国家是互赋的,在其他国家则是"恩赐",任何权利的"单一来源"理论都与事实不符。

(四)权利分类

权利是一种复杂的社会现象,对它可以从不同的角度进行分类。前述广义权利的各种形式其实也是对权利的一种分类。广义的权利包括非法律权利在内,所以权利分类首先有自然权利和法律权利之分。[6] 自然权利是自发存在于社会中的,未以法律形式表现出来的权利。例如,我国古代广泛存在着的家庭内的"权利",这是一种不完善的权利。法律权利指法律规定的权利。一般来说,权利的发展过程是自然权利法定化的过程,当然,也有部分自然权利因其落后于时代而渐遭淘汰。17、18 世纪自然法学派主张的自然权利主要是人身自由、财产自由、言论自由和结社自由,这些在西方社会早已成为法律权利。现代西方社会存在的自然权利主要用来对抗政府,它"指个人活动的一定范围,在这个范围内,无论是政府和法律都不得干涉"。[7]

学界对法律权利有不同的分类。英国人将权利分为否定的权利(不容侵犯的权利)和肯定的权利(令人作为权)、对人的权利和对物的权利、人权和物权等等。美国人则通常将权利分为完善的权利和不完善的权利、主权利和从权利、绝对权利和有限权利、法律权利和衡平权利等等。我国法学界侧重于从权利主体和权利内容的角度对权利分类。例如将权利分为公民权利和社会组织的权利、基本权利和非基本权利之类。这些分类固然有其道理,但是,因其是从一般社会意义出发的皮相的分类,不能加深对权利的认识,故不为我们所采。下面主要依据权利的法律意义为标准对权利进行分类。吸收各国法学界的分类方法,我们对权利作如下分类:

1. 民事权利、政治权利和社会权利

这是基于权利存在的社会空间为标准的分类,民事权利是私权利,政治权利、社会权利为公权利。民事权利是指与财产和人身有关的权利,包括财产权和人身权两大类。财产权含物

---

〔5〕 高鸿钧:"权利源于主体间商谈——哈贝马斯的权利理论解析",载《清华法学》2008 年第 2 期。

〔6〕 自然权利和法定权利的分类是相对的。它的相对性是指在早期社会习惯法是法的唯一形式,此时一项权利是自然的同时又是习惯的;在制定法发展起来以后,还有习惯法的存在,以习惯法形式存在的权利是自然的又是法定的,此其一。其二,自然权利与法定权利的区分立基于对自然法的"应然法"属性的认同。如果不认同这一点,认为自然法也是实在的法律(自然法学派的学者大多如此),则自然法中的权利(自然权利)同时也是法定权利。

〔7〕 [美]彼得·斯坦等:《西方社会的法律价值》,王献平译,中国人民公安大学出版社 1990 年版,第 184 页。

权、债权和知识产权,物权包括所有权和他物权,债权主要是合同之债权和侵权之债权。人身权包括人格权和身份权。民事权利是最基本的权利,保障民事权利是公权力的根本职责,任何公权力都不得任意处分公民财产,甚至立法也不得侵犯公民财产权。早在14世纪,欧洲就有了收税官不得在没有授权的情况下夺取公民财产的规定,税种和税率必须经国会通过。我国古代一般规定税负不得超过收入之10%(当然这只是道德上的要求)。保障财产权是市场经济和法治的最低要求。早期公权力尊重财产权只是一项道德义务,在现代法治社会,尊重财产权(包括外国人的财产权)是政府的宪法义务。

政治权利指社会成员参与政治的权利。主要包括:选举权,被选举权,诉权,平等权,监督权,批评权,言论、出版、集会自由权,游行示威权,罢工权,宗教信仰自由权,通信自由权,知情权,表达权,信访权等。全体公民享有平等的政治权利是近代市场经济和法治社会的产物。

社会权利指作为社会成员从社会获得帮助的权利,主要包括:受教育权,文学创作、文化活动自由权,男女平等权,老人、妇女、儿童、残疾人受特别保护权,婚姻自由权,贫困者接受社会救济权等等。社会权利大部分是20世纪,特别是进入20世纪60年代以后才发展起来的权利,现已为联合国一系列文件所确认,各国法律上都有类似规定。我国已经签署且已批准的《经济、社会和文化权利国际公约》对此有明确的规定。

2. 对世权和对人权

对世权亦称对物权、绝对权(jus in rem)。对世权的权利主体是一般权利人,没有特定义务人,目的是对抗一般人,内容是排除他人侵害,要求一般人不作为。例如物权、国家安全权、民族自决权以及各种自由权等等。

对人权也称特殊权利,对人权的权利主体是相对权利人,有特定义务人,目的是对抗特定人,内容主要是要求义务人积极作为。例如因合同产生的权利。

3. 主权利和从权利

主权利是独立存在的权利,例如所有权、人身权、言论自由权。从权利是附属于他种权利而存在的权利,没有主权利,就没有从权利,从权利不能独立存在。例如,土地使用权附属于土地所有权,是因所有权而产生的从权利。

4. 原权利和救济权利

原权利亦称第一权,是不待他人侵犯而存在的权利,救济权则是因原权利受到侵犯而产生的权利。例如,物权是原权利,对物的损害赔偿权就是物权的救济权。

对权利还可以作其他的分类。例如,从权利与时间的不同联系将权利分为永久性权利、阶段性权利和即时性权利。永久性权利是永远存在的权利,不因时间的变化而变化,例如生存权、免于酷刑的权利、免于奴役的权利、言论自由权利等等。阶段性权利是指只在特定时间中存在的权利。例如,救济权,只有当原权利受到侵害时才产生救济权,当救济完成以后或救济权利行使的时效过去以后,特定的救济权就消失。即时性权利是指只在特定的短时间内存在的权利,例如正当防卫权利、紧急避险权利、自救权利等等。这些权利只在权利受到人为侵害或自然威胁的紧急危难时刻存在,一旦危难过去,权利即消失。

5. 世界公民的权利问题

康德在他的《法的形而上学原理》一书最后提出了人人都享有"世界公民的权利"这一命

题。他说,“一个普遍的、和平的联合体”的理念是一种“法律原则”,这个原则源自人人都生活在地球上,因此人人处于“土地的共同体”中,作为这个共同体的一员,人人都享有“世界公民的权利”。[8] 哈贝马斯在纪念康德的《永久和平论》发表二百周年的文章中对此有高度评价:“康德为法律理论引进了第三个维度:除了国家法和国际法之外,还应当有世界公民法(权利)这是一次意义深远的革命。”[9] 这给我们一个启示,可以从权利所依据的法律为标准来对权利进行分类:国家公民权利、国际法权利、世界公民权利,国家法规定的权利是国家公民权利,国际法规定的权利是国际法权利,世界法规定的权利是世界公民权利。

(五)权利的分量

权利是否存在冲突?如果存在冲突,不同权利之间是否存在位阶问题?法学界的观点存在分歧。[10] 由于权利具有“相互性”,从一般意义上讲,不同主体的权利间会产生冲突,这似乎是没有争议的。问题是,这种“冲突”是“不同主体权利诉求间的冲突”还是“规范上权利的冲突”?显然,许多人所讲的“权利冲突”其实只是“不同主体权利诉求间的冲突”,而“不同主体权利诉求间的冲突”只具有“冲突”的表象,不是真正意义上的冲突,通过适用法律这个表象即告消失。真正的“权利冲突”只存在于“规范意义上的冲突”,即不同规范作用的结果存在权利冲突。例如,在规则不明的条件下,言论自由权与隐私权的冲突,资本家经营自由权与工人劳动权的冲突等等。在讨论权利冲突问题时还应当区分冲突发生的领域:立法领域与司法领域。立法领域的权利冲突问题其实是“将什么样的权利要求”上升为法律权利的问题,在“法律权利”的意义上,并不存在权利冲突——因为立法辩论中的只是“权利要求”而不是“法律权利”。

在厘清了上述两个问题以后,就可以得出一个结论:“权利冲突”只可能发生在司法过程中,是司法过程中的“规范性冲突”。进一步的结论就是:在一个健康的法律体系中,通常不存在权利冲突,如果权利间发生冲突,那就说明法律对于权利的安排出了问题。现代社会通常将权利体系的安排交给了立法者,而人们推定这一体系是理性与健康的,所以不会出现权利冲突。但是在特殊情况下,权利会发生冲突,那就是法律出现不一致或法律空白。在这种情况下,法官就要进行规范选择,或者在不同的权利之间作出权衡。[11]

如何在不同的权利间作出衡量?不同的权利间是否存在位阶?例如甲的自由权是不是一定高于乙的财产权?这是一个可以讨论的问题。事实上,我们无法确定一个权利的位阶。原因在于,在一个复杂的权利体系中安排一个权利位阶,两者间必然会发生冲突,即“权利规则的权威”与“权利位阶的权威”之间的冲突。它的结果不是法律位阶归于无效,就是权利位阶破坏法律规则,造成法律的紊乱。既然没有可适用的规则依据,也没有权利位阶,那么,用什么

---

[8] [德]康德:《法的形而上学原理——权利的科学》,沈叔平译,商务印书馆1991年版,第189页。

[9] [德]哈贝马斯:《论康德的永久和平观念》,转引自《包容他者》,曹卫东译,上海人民出版社2002年版,第191页。

[10] 截至2010年5月,论述这一问题的论文近500篇。代表性论文有:刘作翔:“权利冲突的几个理论问题”,载《中国法学》2002年第2期;林来梵:“论权利冲突中的权利位阶——规范法学视角下的透析”,载《浙江大学学报》2003年第6期。

[11] 一些学者之所以夸大了权利冲突的范围及其重要性,一个重要的原因是,他们引用的文献大多是英美法文献,而在那些文献中“权利冲突”问题的背景是“规范不明”,或者说他们实际上讨论的是“权利”的有无,而不是权利冲突。那种语境下的法官角色其实是“立法者”。在制定法法系中,这样的问题只在法律有问题的时候才可能发生。

东西约束法官的衡量,防止司法专横?衡量权利的依据就是权利的"分量"。权利的分量是指权利对于个体和社会(特别是个体)的重要性。例如,宪法的基本权利通常要重于非基本的权利,生命权、自由权当重于财产权。权利的分量与权利位阶不同,分量重的权利在个案中并没有必然的优先性,应当将冲突的权利放到案件中作整体"称量"。冲突中的权利何者"胜出"是对案件作整体考量的结果。权利分量的意义仅在于,在整体考量中分量大的权利所占的权重大一些而已。

二、权力

(一)权力定义

英国哲人罗素(Bertrand Russell,1870—1972)说过,权力是社会学的基本概念,其重要性如能量概念之于物理学。其实权力何尝不是政治学与法学的基本概念。西方法学的根基在私法,所以罗马开创的法学传统的核心内容是权利义务的合理分配,权利义务一直是西方法学的基本范畴。西方法学对权力的关注始于权力分立。20世纪行政法发展起来以后,权力方在法学中受到重视。我国古代法学中缺乏权力这个基本法律概念,作为法律基本概念的权力源自对英语 power 的中译。

什么是权力?权力定义很多,大致可分为两类,法学的和非法学的。社会学和政治学的权力定义可分为三类:(1)能力说。结构功能主义认为"权力是系统中的一个单位在其他单位的对立面上实现其目的的能力",是"用于实现集体目标利益的社会系统的一般化能力",是"为了实现系统目标的利益,使资源流通的一般能力"。[12] 罗杰·科特威尔谓:"权力可被看成一种不顾阻力而实现人们意志的可能性,或者说是一种对别人行为产生预期影响的能力。"[13] 此种理论始于英国哲学家霍布斯。(2)强制意志说。权力是"一个人或一些人在某一社会行动中甚至不顾其他参与这种行动的人的抵抗的情况下实现自己意志的可能性"。[14] (3)关系说。权力是一个人或许多人的行为使另一个或其他许多人的行为发生改变的一种关系。此类定义适用于广泛的社会权力。

《布莱克法律辞典》提出三种权力的法学定义。(1)权力(power)是做某事的权利、职权、能力或权能(faculty),权力是授权人自己合法作某行为的职权(authority)。(2)权力是在法律关系中一方以一定作为或不作为改变这种关系的能力。(3)狭义的权力指为了自己利益或他人利益处理动产或不动产,或赋予某人处理他人利益的自由或职权。[15] 另外,英美法还有仅适用于民法的权力,它指做具有法律效力或作用的事情的权利。[16] 上述社会学上的概念倾向从社会影响、人际互动关系方面来定义权力,而法学上的定义将权力限定在合法的范围以内。吸收各家长处,我们将权力定义为:权力是合法确认和改变人际关系或处理他人财产或人身的

---

〔12〕 [美]帕森斯:《现代社会的结构与过程》,梁向阳译,光明日报出版社1988年版,第148、34页。

〔13〕 [英]罗杰·科特威尔:《法律社会学导论》,潘大松等译,华夏出版社1989年版,第131页。

〔14〕 汉斯·格恩等编:《马克斯·韦伯文选》,第180页。

〔15〕 Black's Law Dictionary, 1979, p. 1053.

〔16〕 [英]沃克:《牛津法律大辞典》,邓正来等译,光明日报出版社1988年版,第706页。

能力。这一概念将权力限于合法的范围以内,赤裸的暴力被排除在外,以区别事实上的权力。[17] 这个权力只指公法上的能力,我们把英美法私法上的权力归入权利。

(二)权力的特点

权力作为一种社会力量,法律上合法设定关系和改变关系的力量具有以下特点:

第一,权力以合法性为前提。权力所具有的社会力量不是源于赤裸的暴力,它与强盗的手枪不同,权力的力量来自它的"合法性",权力行使的程序和实体内容要符合法律。这里的"法"是广义的法,对一般的权力要求有制定法依据、习惯法依据或者更高合法权力的合法授权,对于最高的权力(例如立宪权皇权)则要求法理上或道德上的正当性,即遵守社会公认的价值观。在古代社会,要求直接来自社会认可(例如酋长或古希腊人民会议的权力),或来自虚幻的"神授",或来自民众的习惯服从。权力的合法性使民众在承受权力"合理"侵害的同时获得安全感,维持稳定的可以预期的人际关系,防止权力者的任意对社会的破坏。

第二,公益性。权力的设定与行使以社会公益为目标,不得以权力设定者和行使者的私利为目标。柏拉图和亚里士多德就已经将"政治统治"与"奴隶主和家长对奴隶和家庭成员的统治"分开,其区分的标准就是统治权力的目标是"自利的"还是"利他(被治者)的"。[18] 只要是有法律的人类社会,公权力大多具有某种公益性(或至少是声称的公益性),赤裸地宣称统治权力就是为了巩固统治是极其罕见的。在这种情况下,统治者都是实足的自大狂,他们武断地认为他自己的利益就是公益,或者他们的利益必然代表了公益,这是对被统治者的利益主体资格的否定。权力的公益性特点要求权力主体与权力行为产生的利益相分离。只有当权力行为主体与权力行为结果产生的利益实现分离,且这种利益具有公益性时,人类社会才是一个有法律、有权力的社会。当然,在人治社会里,权力主体利用权力谋私,就如马克思所言成为"站在社会之上的机关"的情况是难以避免的,这正是人治最终被法治取代的重要原因。中世纪的包税官从税收中得利,官员从行政行为或司法行为中获得,这在现代社会是无法想象的。[19] 在法治社会,这就概括为一句法律格言:公共利益是最高的法律。[20]

第三,权力具有合法侵害能力和处分公共产品的能力。社会原初的关系是以权利义务体系表现出来的。为了维护这种关系社会必须有公权力。[21] 公权力是由人以组织的形式存在的,这个组织为了生存及完成社会目标,必须有对权利合法侵害的能力(例如收税、征兵),对公共产品的处分能力(例如发救济金、提供公共服务)。面对此类公权力行为,公民不得以原有权利为抗辩。在现代社会,公民在服从的同时有诉诸法律的权利。正因为公权力有此能力,

---

〔17〕 例如无政府状态下的权力、法制紊乱时期各种事实上的权力等等。

〔18〕 [古希腊]柏拉图:《理想国》,郭斌和、张竹明译,商务印书馆1986年版,第25页以下;[古希腊]亚里士多德:《政治学》,吴寿彭译,商务印书馆1965年版,第19页以下。

〔19〕 在我国当代,官员从权力行为中直接获利是不合法的,但是,官员从权力行为中间接获利几乎成为常态。各个国家机关以"创收"的名义从权力行为中获利,其中一部分不是入国库,而是进了机关的"小金库",变成所谓的"奖金",再流入官员个人的腰包。各个机关为了增加"创收",常常规定个人创收的指标,结果是迫使官员的权力行为利益化。典型的做法之一是规定罚款指标,"以罚代管"甚至"以罚代刑"。

〔20〕 这句法律格言是针对公权力而言的,它并不要求公民放弃自己的正当利益去实现公共利益。

〔21〕 在这个意义上,公权力是一种公共产品,古希腊中的Republic(共和制)的原初含义即为公共财产是很值得注意的。

也就存在滥用的危险并对公民权利构成严重威胁。反腐败的根本之举就在于使公权力组织行为所生之利益与公权力及其组成人员的利益严格区分。公权力的承包、公权力中包含公权力成员及其集团的私利的制度本身是腐败之源。

第四,权力不可放弃。权力行为的目的不在于权力主体的利益,而在于公共利益,弃权必使公共利益受损,有违设立权力的初衷,所以权力不可放弃。在法律属性上,权力不是自由选择权能,而是"应为",在这个意义上,权力与义务相近。[22] 例如,无合法理由不立案构成违法。

(三)权力的分类

依不同的标准可对权力作出不同分类。依权力的不同性质可将权力分为社会权力、国家权力与超国家的权力。[23] 社会权力是社会保留的权力。在政治国家里,社会权力是社会自治的表现,例如政党的权力、家长的权力、商会的权力、企业的权力等等。在政治国家里,社会权力的行使不得违反法律,在法律范围内服从国家的权力,同时国家权力也应当尊重社会保留的权力。国家权力与社会权力间的约束平衡有利于防止国家权力的滥用。国家权力是政治国家享有的权力,国家权力通常可分为立法权、行政权、司法权。国家权力依其层次分布也可分为中央的权力与地方的权力。国家权力是现代权力的主要形式、典型形式。超国家的权力是由国际社会或国家集团行使的权力,例如联合国的权力、欧盟的权力、世界贸易组织的权力等等。在当代,国际社会的权力仍是不发达的权力。说其不发达指它的合法性程度较低,行使的确定性程度较低,且权力含量不足:只在极有限的方面行使权力。依权力的来源可以将权力分为革命的权力、传统的权力。革命的权力是靠革命夺取的权力;传统的权力是靠服从的传统取得并维系的权力。依权力的内容可以将权力分为对人的权力、对物的权力、精神的权力。对人的权力是处分人的人身与自由的权力,例如国家对人身的刑罚权;对物的权力是支配物质财富的权力,例如没收财产的权力、征税权、物质救济权;精神的权力是传播精神产品的权力,例如教育权、新闻控制权等等。依权力是否给行权对象带来利益为标准,可将权力分为侵害性权力、服务性权力和中立性权力。给行权对象带来不利后果的权力为侵害性权力,例如征税权、征用权;给行权对象带来利益的权力为服务性权力,例如给付性行政权,立法权为社会提供规范,也可看做服务性的;某些权力系作出裁断或确认权力、义务状态的权力,它不改变行权对象的利益关系,因而是中立性权力,例如司法权,确认性、裁决性行政权等等。

三、义务

义务的概念也有多种学说。大体上有什么样的权利学说就有与之相应的义务学说。如果说权利和权力概念强调的是自主行为的能力的话,那么,义务概念强调的则是受拘束。康德认为:"义务是对任何这样一类行为的称呼:这类行为能够使任何人都受到一种责任的约束。"[24] 奥斯丁将义务等同于被迫行为:"义务是在强力下的被迫行为",雅维茨则强调国家性,认为义

---

〔22〕 但权力可以"委托"其他主体行使,例如行政委托、授权立法。权力的委托行使当严格遵守法律规定。

〔23〕 郭道晖教授对社会权力有精深的研究,参见郭道晖:《社会权力与公民社会》,译林出版社 2009 年版。

〔24〕 [德]康德:《法的形而上学原理》,沈叔平译,商务印书馆 1991 年版,第 25 页。

务“是国家所要求必须履行的行为的尺度”。[25] 奥斯丁的义务定义受到哈特的严厉抨击：不能把义务和被迫行为的地位等同：被强盗的枪口顶住胸膛而被迫交出钱不是义务，义务是与法律相通的。哈特强调义务的合法性是有道理的，而康德强调义务的合理性则更体现了价值法学的特色。

义务一词来源于拉丁语的“债务”或法语的“责任”一词，指法律关系主体承担的不利益，表现为必须依法作出某行为或抑制某行为。

对义务可以作不同的分类。义务的分类大致与权利相似，这里介绍两种最常见的分类。

第一，积极义务和消极义务。积极义务指必须为一定行为的义务，也称作为义务，例如，服兵役、纳税。积极义务产生于法律规定和当事人间的约定，例如上述服兵役、纳税义务、按契约买方支付价款的义务。积极义务之不履行常常导致赔偿或强制履行，严重者可受刑罚处罚。消极义务是抑制一定行为的义务，也称不作为义务。消极义务主要出自法定，例如不能损害他人财产和人身的义务，不干涉别国内政的义务。消极义务也可由双方约定，例如不泄漏商业秘密的义务。消极义务之不履行常导致侵权责任或违约责任，严重者可受到刑罚处罚。

第二，一般义务和特殊义务。一般义务即绝对义务，主体是一般义务人，无特定相对权利，目的是不妨碍一般权利主体，内容为不作为。一般义务为消极义务之一种，是对一般人承担的不作为义务。一般义务不履行导致侵权责任，严重者可受刑罚处罚。特殊义务即相对义务，义务主体是特定义务人，有相对应的特定权利，有特定的权利人。特殊义务的主要形式是作为，例如大部分契约规定的义务都是作为义务，但并不排斥不作为形式。例如，合同中不得泄漏技术秘密之条款，劳务合同中雇佣方不得无故解雇劳动者的条款等等。特殊义务一般产生于契约。

第二节　权利、权力和义务三者间的关系

一、权力与权利

前面论及，权力可以分为国家权力与社会权力。社会权力与权利的关系相对简单，社会权力的行使不得侵犯公民的权利。社会权力源自公民间的权利交换与让渡。例如，社会团体对其成员管理的社会权力不能违反法律，它产生于社团成员组成社团的合意。我们下文主要讨论国家权力与权利的关系。

权力与权利有何区别？权力与权利均为支配他人的法律上的能力，具有一致性。在早期阶段，权利与权力是难分的。罗马法赋予债权人处置债务人的人身的能力就难区分是权利还是权力。随着强制执行力的国家化，人们逐渐把国家所取得的支配、强制能力称为权力，而把

---

〔25〕［苏］雅维茨：《法的一般理论》，朱景文译，辽宁人民出版社1986年版，第150页。

公民正当行为的能力称为权利。即使在当代,不同法律传统的国家的做法也不完全一致。英美法系不太注重两者的划分,这是根深蒂固的私法传统使然。在英国人看来,个人与政府应当受制于同样的法律,个人与政府的关系在法律上是平等的,政府权力只是私法上类似权利之一种。二战以后此观念有所松动。大陆法系则素来重视两者的区别,目的在于加强对政府权力的控制。直到今天,西方人特别是英美人士对权利与权力的划分也并不是很严格的。英国法学家沃克仍把部分权力看作权利之一种。权利与权力的分野在学理上当归功于洛克。在早期社会契约论中,公民的权利让与行为组成国家。洛克则从权利中分解出“执行权”来,他认为公民自由、平等、追求幸福的权利是不可转让的,转让的只是“执行权”,洛克的执行权即是权力,这是自由市场经济的政治伦理基础。1949 年以后,迟至 20 世纪 80 年代初期,我国理论上对权力与权利的分野仍然是不清楚的,20 世纪 80 年代中期以后两者的分野才清晰起来。不过,与西方不同的是,我们强调的是权力对于权利的优先性。直到今天,权利在权力面前仍然处于弱势,这是法治不彰的表现。

权力与权利的主要不同点有:(1)性质不同。权力是公共机关管理社会的强力,具有公共性;权利则是社会主体的利益,不具公共性。这产生了权力与权利行使原则方面的众多差异。权利的目的在于确认和保障权利主体的利益,权利是一种选择自由,可以交换。权力的目的则不在权力主体的利益,原则上不是选择自由,而是应为,只在极有限的范围内,为公共利益所需才允许裁量,权力更不能进入交换领域,除非是为了更大的公益,并有法律认可。(2)对立面及其与对立面的关系不同。权利的对立面是义务,权利、义务关系是对等的。权力的对立面可以是义务、责任、权利,关系较为复杂。在权力、义务关系中,两者的关系类似于权利、义务关系,但是权力的“能力”强度大于权利。在权力、责任关系中,两者的关系不对等,权力表现为对责任主体的利益剥夺直至剥夺生命。权力的对立面也可能是权利。例如,在服务性行政法律关系中,权力表现为依法给付一定的利益或提供一定服务,或确认某种事实或关系,在此关系中公民获得的利益就是一种权利,权力的地位相当于义务。(3)影响力不同。就侵害性权力而言,权力主体一般可直接行使物质强力实现意志;权利主体则只有在义务主体不履行义务时请求公权力救济,由公权力机关行使强力以帮助实现权利。即权利原则上不可自我(强力)救济。早期法律自我救济的范围较广,现代法律只允许在无法求助公权力救济时才允许私力救济,例如正当防卫、自助行为等。(4)行使的自由度不同。权利可以放弃,权力不可放弃,放弃权力即为废弃职守,要承担法律责任或政治责任。因为权利是法律规定的人的自由空间,如何行为由行为人自主决定;而权力是法律规定的权力主体的行为,权力主体没有行权与不行权的选择自由。正是从这点上讲,有些学者认为行权主体没有意志,行权体现的是法律的意志。

权利与权力何者为本源?从根本上说,权利和权力都是社会的产物,与社会不可分离。权利和权力谁是本源有两种根本对立的理论假设,姑且称为权利本源说和权力本源说。

权利本源说以社会契约论为代表。依此学说,权利是“天赋的”,“天赋”相对的是“人为”。天赋权利即权利是自然的、天然存在的或神给的,并非来自人间的力量。依社会契约论,在自然状态下人们享有自然权利,当人们通过契约转让自己的权利组成社会时,就产生了国家,权力来自人民权利的让与。当然,正如西方学者所指出的那样,这只是逻辑推论,而非史实。权力本源说认为权利来自权力。英国流行的“法定权利说”倾向于权利生于权力。边沁曾说:

“权利是法律的产儿,实在法产生实在权利,但假想的法律、自然的法律产生假想的权利……自然权利简直是一派胡言。”[26] 考虑到边沁的法概念是权力、命令说,所以他背后隐藏的是权力产生权利。

1949年以来由于法律国家主义观念长期流行,权力生法(权利)绝对不能怀疑。20世纪90年代初期,郭道晖教授率先关注这一课题。[27] 在20世纪将尽之时,还有个别人对郭论进行政治批判。权利和权力的关系问题实质是人及其人组成的社会与公权主体的关系问题。因为权利主体归根到底是人,而权力享有者是公权者。无论从发生学还是社会运作过程来看,权利都是本源的东西,权力则是派生的。

从发生学意义上说,权力是权利客观化这一社会需求的产物,主观权利的存在早于权力。在早期缺乏公权力的时代,权利只是主体的自我主张,只能凭借主体自我力量予以维护,所以只具主观性,是不完善的权利。随着经验和理性的积累,人们逐渐相互承认对方的主观权利,并形成习惯。这就是习惯的权利。习惯权利取得了主观客观双重属性,是完整意义上的权利。在大型社会里,习惯权利的确定性需要主体以外的力量的维系,社会就产生出保障权利的公权力。由此可知,权力的产生是权利保障需要的产物,它使主观的、不完善的权利和确定性差的权利变为客观的、确定性程度较高的权利。在权力产生之先,权利早已存在。

在社会实际运作过程中,权力也是产生于权利的。在民主制度下,这就是人民主权的理论与实践。人民凭何形成主权?那就是组成人民的个体的权利,这些权利的组合形成人民主权,人民主权产生政府的治权即人民权利产生政府权力。在实践上,这就表现为选举制度、选举行为和立宪行为。在非民主的政体下,通行君主主权,或“权力至上”等其他的理论与实践。但是君主主权等各种实际权力从何而来?或至少是何以成为真正的公权力而不是强盗的刀枪?那就是人民的服从、认可。但是非民主的政体必须宣称权力者是人民的主人才能使自己合法化,所以声称他的权力来自超人类的神,或同样是超人类的客观外在的人所不能控制的规律,而这些东西的控制者与认识者是统治者。

现代的权力本源论起码有两个逻辑问题:第一,混淆了权利的法律化与权利的产生两个问题。就立法确定权利而言,立法只是将存在于社会或主观意识中的权利法律化,法律并不产生权利(起码权利主要不是权力创造出来的),只是明确权利。退一步讲,即使立法权产生权利,我们进一步要问,立法权来自何方?立法权不能自己赋予,它只能来自人民的赋予,人民凭什么赋予公权力以立法权?还是权利。第二,将权力的转移误认为权力的产生。权力本源论者常举的论据是革命产生权力而后权力产生权利。其实革命只导致权力的转移,而不能产生权力,革命是为了“夺取权力”,可见在此之前,权力早已存在。退一步讲,即使是革命产生权力,那么革命何以正当?革命本身为一种特殊的权利。“革命产生权力”本身即为“权利产生权力”。且在现代,暴力革命取得的政权必须经立宪、选举等权利行使程序使之合法化、正当化,否则革命将会走到反面。我国立国之初召开全国人民政治协商会议制定《共同纲领》(临时宪

---

〔26〕 转引自[英]莫里斯·克兰斯顿:“什么是人权”,蒋兆康译,载《法学译丛》1992年第3期。

〔27〕 郭教授区分“人民的权力”和“某届政府或某个政府官员的权力”两个命题,指出“权利与权力是相互依存的,人权与人民权力是法定权利的前提,公民权利是国家权力的基础,政府权力是由公民的权利和人民的权力所派生的。”郭道晖:“权利与权力的对立统一”,载《法学研究》1990年第4期。

法),接下来在全国各地召开人民代表会议,直到1954年召开全国人民代表大会制定正式宪法这一过程,就是人民行使权利使权力(整体)合法化的过程,是一个"实在的权力"转向"合法的权力"——真正的权力的过程。

权力产生权利是权力至上的推论结果,它与现代法律制度与法律原则格格不入:(1)权力本源说无法确立权利保留原则。权利保留原则的核心是人民享有法律没有规定则不能侵犯的权利。某些最重要的基本权利,立法者不能限制,只能保障的义务,它构成限制权力(包括立法权)的一条界线。权力本源说中"权利产生于权力"的基本假定使权利保留失去根基,为权力任意处分权利埋下了伏笔。(2)不利于确立"权力为民"的精神。现代国家权力是为人民服务的,而不是人民为国家权力服务,其潜在的前提也是人民享有权利,权力的目的是保障权利。(3)不能建立控权和人民监督权力的制度。正因为权利产生权力,所以人民用权利限制权力,人民通过行使权利建立控权的法律制度就是顺理成章的,如果权力为本源,权利是权力所生、所赐,则人民控权、人民监督权力就失去正当性。(4)权力本源说与现代法治原则相矛盾。法治的根本要义是法律的普遍性和良法。权力为本源则权力必在法律之上,权力本源则立法必体现权力的扩张与侵犯性意志,良法必难确立。

那么,现代社会权利与权力应该是什么关系?权力是一种社会公共力量,它由人来行使,这就产生一种可能:以保障权利为宗旨的权力极可能蜕化成为权力者谋利的工具,权力的滥用与犯罪同样是人类社会无法根除的必然之害。理性人所能做到的就是在理论上认识权力的双重性,并设置控权的制度以尽可能防止权力蜕化。在现代社会中,权力设置的目标应当是:既使权力有足够的能力保障权利,防止权利滥用,同时又要防止权力侵犯权利,防止权力背离公共目的。为达这一目标,在理论和实践上必须坚持:

第一,坚持权力源自权利的现代假设。所有的国家权力均来自权利这一假设是法治社会的基本假设之一。

第二,权力以保障权利为目的。现代社会设置权力只能以保障权利为目的,这里要注意两点:一要防止立法者高居于社会之上,追求自己的私利。各种非民主的立法、地方保护、行业保护的立法,甚至保障少数人特权的立法均是立法谋私、违背现代立法目的的缺乏合法性的实在法。二要防止国家权力过于强大,超出保护权利的需要,使人民失去对权力的控制,人民主权被架空。例如,国家不得具有设立宗教、强行推进某种道德或观念等对人民实行精神控制的权力,因为那越出了保护权利的初衷,并极易被滥用。

第三,权力以权利为界限。既然权力的目的在保护权利,那么权利就应当是权力作用的边界,权力不能侵犯权利。这就要求宪法宣示公民的基本权利,这些权利是最高的法律并以此限制立法权。只有立法权基于社会公益才能对这些权利加以必要的限制,并接受宪法审查。

二、权利与义务

权利和义务具有对抗性和相互依存性。权利和义务的对立或对抗性指权利主体及相应义务主体间的对立,权利实现意味着义务主体履行义务,权利人的利益即意味着相对义务人的不利益。在日常生活中处处可以看到,不用多说。权利、义务的相互依存性表现在四个方面:(1)权利义务是同时在社会中产生的。这里要纠正一个看法,这个看法认为权利、义务是权力设定的。这一看法并不全面。权利、义务有设定的,更多的是社会运动过程中形成的。从发生学的角度来看,权利、义务从一开始就不是设定的,而是自发形成的。自发形成的权利和义务是同时来到社会的,追问何者“先在”是没有意义的。“义务先在说”只看到义务而没有看到隐藏在义务后面的权利。[28]（2）无论是在社会整体的权利、义务体系中还是在具体法律关系中,失去一方,他方便不存在。社会有一权利,必有一相对应的义务,否则权利便同虚设;社会有一义务,必有相应之权利,否则义务便不是社会义务。在特殊情况下,同一主体的权利同时意味着义务。例如亲权,它同时意味着扶养义务。（3）权利、义务的统一还表现在权利、义务的实现是相互依存的。权利的实现有赖于义务的履行,义务之不履行则权利便会落空。（4）权利、义务两者还存在相互转化关系。即由于某种条件,一项权利可能会对主体产生义务,一项义务也可能会产生一项权利。例如,权利如果滥用,则可能会对权利主体产生义务,义务主体相反取得一项权利;义务之不履行使权利主体产生新的权利——请求救济的权利。[29]

三、与权力相关的法律关系

在早期社会,权力以社会监护人的身份自居,权力主体与作用对象的关系为政治的或道义上的关系,对权力主体的行为权力对象必须服从,但是权力主体有爱护它的“子民”的道义责任。例如家长对子女有绝对权力,从施加各种严厉惩罚直至出卖,专制帝王对臣民的关系则是主奴关系。现代化的成果之一就是权力的法律化,权力主体与他项主体间的关系纳入法律关系。这样,就产生了众多的与权力有关的法律关系。这些关系可以分为:

（一）权力权力关系

这类关系有不同质权力间的关系和同质权力间的关系两类。不同质权力间的关系主要是立法权与行政权、立法权与司法权、行政权与司法权的关系。这些关系至今仍未完全法律化。特别是立法与行政间的关系。不同质权力间关系的安排是宪法的主要任务,不同质权力关系的法律化是法治社会的主要标志之一。同质权力的关系指同质权力不同主体间的关系,例如不同立法机关间的关系:联邦制下联邦立法机关与州立法机关间的关系、我国全国人大与地方人大、全国人大与特别行政区立法机关的关系等。

（二）权力权利关系

这是授益性权力行使过程中发生的关系。权力、权利关系表现为公权力主体行使权力与

---

〔28〕关于义务在先的观念可以参见孙国华:“当前法学理论研究中的几个问题”,载吉林大学理论法学研究中心编:《法律思想的律动——当代法学名家演讲录》,法律出版社2003年版,第1页以下。

〔29〕法学界占主导地位的观点将权利、义务关系分为在“剥削阶级法中的关系”和在“社会主义法中的关系”。认为在剥削阶级法中,权利、义务是对立的,理由是统治阶级享受权利,被统治阶级承担大部分义务。在社会主义法里,权利、义务是统一的,理由是,社会主义法的权利、义务主体是统一的。此种说法混淆了“权利义务关系”和“权利义务分配”这两个完全不同的问题。不同的社会形态权利与义务的分配可能有不同,而权利义务关系则不分“姓资”“姓社”。从权利、义务主体的“统一”来说,任何社会都是“统一”的,正如马克思所言:“没有无义务的权利,也没有无权利的义务。”（[德]马克思:“协会临时章程”,载《马克思恩格斯全集》(第16卷),人民出版社1964年版,第16页。）在奴隶社会,奴隶不是权利主体,也不是义务主体,所以不存在奴隶主享有权利,奴隶承担义务的问题。

行权对象的权利之间的关系,例如给付权力与取得给付物的权利的关系。这时的权力表现为处分公共财产或确认某种地位使对方受益的作为,权力作用对象享有取得物质财产或地位的益处。

(三)权力义务关系

这是侵害性权力行使时发生的关系。在此种法律关系中,权力主体可以通过作为使相应社会主体承担义务,相应的社会主体承担作为或不作为义务。例如行政机关依法管理交通与行人之间的关系,税务机关与纳税人之间的关系等等。

(四)权力责任关系

这是行使处罚权的公权力与受罚对象间的法律关系,当社会主体依法应承担法律责任时,权力主体可依法令其作为或不作为。这方面最有代表性的关系是国家与受刑人之间的关系,行政机关与行政处罚对象之间的关系。

第三节　人　　权

一、人权的定义

人权是一种特殊的权利,现代社会它主导、规范着诸多权利义务与权力的产生与行使,所以,这里将它作为基本法律概念之一种加以阐述。

人权的概念聚讼纷纭,以致国际条约至今未能就此达成共识。有人认为人权即公民权,有人认为人权是道德上应然的权利,有人认为人权是实在法权利,还有人认为是由经济决定的权利等等。我们认为,以上各种说法都是从人权的来源或人权的表现形态来论述人权,未及人权的要害。人权是什么?说来也简单:人权是人的权利(human rights)。说“人权是人的权利”并不是简单的循环论证,而是说,人权是“凡人皆有”的权利,是与人的个性特征无关的权利;它是以人的“存在”为根基的权利,它源自人本身,不需要作进一步的论证。通常一个权利是需要论证的:某甲对某乙享有债权,这是需要论证的,而人权是不需要论证的,你只要是人就行了。比如说,因为你是人,你就享有生存权;因为你是人,你就有言论自由权。应当指出,这里的“人”(human being)是作为自然的、生物意义上的人,与人的社会特性无关。将人和权利这两个词结合起来形成一个新的词,就将人与权利不可分割地联系在一起,赋予人以权利的特性,凡人都有某些不可剥夺的权利,这是一个伟大的发明。

随着道德进步,人类认识到人不应仅把他人当作实现自己目的的工具,更不能把他人作为纯自然的掠夺的、征服的客体,人应当相互尊重,尊重对方是人;人也应当相互尽义务,以保障他人作为人的存在。这就是人权观念。人权的内容是不断发展的。早期人权仅指与人身自由、生命有关的权利,后来逐渐扩展到财产权和言论自由、宗教信仰自由等精神方面的权利。

到20世纪60年代,又扩展到经济、社会、文化方面的权利。现在,人权的内容一般认为有三大类:(1)作为私人的权利:人身权、财产权、自主权,例如生命权、生存权、人身安全权、人格尊严权等等;(2)作为政治人的权利:表达权、选举权、政治参与权等等;(3)作为社会人的权利:经济权利、文化权利、社会权利等等。

主要人权如图:

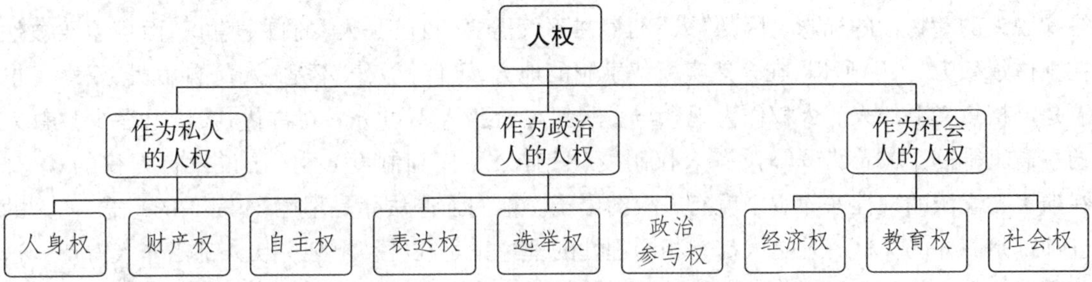

人权以何种形态存在?法学界主要流行道德权利说、法律权利说、道德权利法律权利结合说。我们认为以后者为妥。道德人权是道德上认为正当行为的权利,它存在于道德观念和国际宣言性条约中,主要课立法者以义务,同时也对行政司法过程产生影响;法定人权包括国内法上的人权和国际强行法规定的权利。例如不被奴役的权利、免受酷刑的权利等等。

人权的双重形态决定了人权区别于其他权利的特点:(1)人权的义务主体主要是国家为代表的各种权力,特别是国家,人权的发展过程是社会迫使国家不断承担人权义务的过程,我国宪法"国家尊重和保障人权"(第33条第3款)的诞生就是极好的证明。这告诉我们人权具有"法上之法"的崇高地位。(2)人权具有超越国家属性,因为人权具有道德属性,且人权的义务主体主要是国家,当国家侵犯人权,同时国家又不愿意纠正错误的时候,必须给受害人以超越国家的救济途径,否则,人权将虚置。(3)与法律(指国家实在法)若即若离的关系。其他的权利主张都以法律为准,唯独在许多情况下侵犯人权的正是法律,所以这决定了人权与法律的复杂关系:法律是保障人权的工具,法律又可能是侵犯人权的工具。例如,美国在1798年就制定过侵犯公民言论自由权的《危害安全法》(Sedition Act)。

全面论述人权的内容超出了本书的范围,这里只能提出一个走向法治的国家通常会碰到的三个人权问题,以供讨论。一是人身自由权问题。人身自由权是最重要的人权之一,强迫失踪将使公民处于恐惧之中,一个公民被怀疑犯罪的时候,原则上是剥夺自由还是原则上取保候审、以剥夺自由为例外?这涉及无罪推定原则的贯彻问题。二是言论自由权问题。言论自由权是公民的首要权利,因为言论自由权涉及人的尊严,它是公民社会形成,因而也是民主政府产生的前提性权利,这个权利随着网络的发展而扩展到虚拟空间,如何平衡好网络安全与言论自由的关系?三是生命权问题。生命权是个古老的权利,随着科学技术与伦理的发展,这个古老的问题变得更为复杂,衍生出一系列问题:生育权是人权吗?代孕是人权吗?人类胚胎是物吗?生命从何时开始?人有堕胎的权利吗?无正当理由杀死一个达到一定孕期(比如6个月)的胎儿,是否构成杀人罪?他人的生命能否成为紧急避险的对象?[30]人有没有处分自己生命的权利(安乐死、自杀)?死刑是否侵犯生命权?

二、人权的历史

(一)人权在西方

人权产生经过了艰难的历程,人权有悠久的历史。可以说,人权观念与实践的产生是人最终摆脱人的动物性的标志。因为"人"的存在不仅需要"自己是人"的自主意识,而且需要被他在主体承认为"人",所以,在公然实行奴隶制的地方,不仅仅奴隶不是"人",自由民、奴隶主也不是严格意义上的人。人权作为观念与实践都与希腊人不可分。在古代,人权只在少数哲人的书斋里徘徊。古希腊罗马没有人权制度(只有公民权利制度)不等于说没有人权的观念。在斯多噶学派的理性法律观中就有人权的影子。他们强调法律是理性,不是人的意志,而人的理性都是一样的。这一凡是人都有相同理性的理论正是在精神上把一切人都当作人看待。这一理论加上在伯利克里时代就存在的法律面前人人平等的观念,人权就近在咫尺了。而且,古希腊的三大悲剧作家之一的索福克勒斯就使用过人权这一词。西塞罗等思想家以人的自然平等反对奴隶制的思想实为早期人权思想。中世纪的托马斯·阿奎那的思想中也有人权思想,启蒙思想家无疑是人权思想的最重要的阐发者与传播者。

人权作为一种社会存在和法律存在大致可以分为两个阶段:道德人权阶段、道德人权与法律人权并存阶段。人权作为一种普遍的道德权利在西方文明世界被广泛接受是中世纪末叶的事。这应当归功于早期人文主义及古典自然法学派,正是这股人的理性觉醒思潮推动了人权观念的复活与普及。

世界范围内人权法律化运动始于18世纪末。早期的法律人权只是少数人的特权。古罗马的人权其实只是罗马公民的特权,[31]中世纪的人权法律文件也是以特权形式出现的。最早的有1188年利比利亚半岛莱昂王国的议员得到国王阿方索九世批准的一组权利。毫无疑问,最著名的人权文件当属至今仍是英国宪法组成部分的1215年《大宪章》(Great Charter)。该宪章第39条规定:"对于任何自由民,除非经过与其地位相同的人们或(和)国家法律的合法判决,不得予以逮捕、监禁、流放或处死。"这条即后来的正当程序原则,它成为基本人权及其他人权的甲胄。英国1628年的《权利请愿书》、1689年的《权利法案》是争取普遍人权的先驱。可见英国人是最早享受人权之惠的民族,这可以解释一个弹丸岛国何以成为日不落帝国,它的文化何以成为当代世界的主流这一世界奇迹。可惜这些文件在近一个世纪里被世界漠视。

---

[30] 此即所谓的"卡尔奈亚迪斯的木板"难题。公元前2世纪希腊的一次海难中,落水者甲刚刚抓住了一块木板,乙向他游来,甲为了自己活命,推开了乙,乙淹死了。事后甲被审,但是没有被定罪。参见[德]康德:《法的形而上学原理——权利的科学》,沈叔平译,商务印书馆1991年版,第47页。现实生活中在英国发生过女王诉杜德里与斯蒂芬案(Regina v. Dudley and Stephens1884)。在大海中失事轮船上的两名水手,于极度饥饿中杀死了一位船上的服务生充饥,事发被控杀人。辩护律师以紧急避险辩之。法院判决谋杀罪成立,判处死刑,被告很快又被赦免了。[英]布赖恩·辛普森:《法学的邀请》,范双飞译,北京大学出版社2008年版,第141页以下。

[31] 罗马法的"人权制度"可以从它对"自由人"的定义中充分看到:"自由人得名于自由一词。自由是每个人,除了受到物质力量或法律阻碍外,可以任意作为的自然能力。"[古罗马]查士丁尼:《法学总论》,张企泰译,商务印书馆1989年版,第12页。从这个意义上说,现代人权制度只是罗马"公民权利"的普及化。

1776 年美国《独立宣言》、1789 年法国《人权宣言》、1791 年美国《宪法十条修正案》是现代人权法律化最重要的文件。19 世纪,掀起了世界性的、声势浩大的立宪运动。至 19 世纪末,基本人权在发达国家的法律中得到体现。

早期人权纯属国内法问题,这与绝对主权观念相对应。人权受到国际法的关注始于 19 世纪,但只限于很少的事项和西方少数发达国家间。由于一国人权对他国的影响及独裁政府蔑视人权对人类善良感情的伤害,人权逐渐走向国际。第一个保障人权的国际公约是 1814 年《巴黎和约》。1827 年,英、法、俄干涉奥斯曼帝国迫害希腊人,导致希腊的独立,这大概是人类第一次成功的人权跨国实践,不管背后的真正意图是什么。1926 年国际联盟大会签订《禁止贩奴公约》。19 世纪国际保障的人权限于禁止贩奴和保护战争受害者。20 世纪,特别是二战后,鉴于德、意、日法西斯二战中野蛮侵犯人权的暴行,人权国际化进入高潮,迅速达成了一系列保护人权的国际宣言、条约。主要有:1948 年《国际人权宣言》、1966 年联合国《经济、社会、文化权利国际公约》、《公民权利和政治权利国际公约》、《关于司法机关独立的基本原则》等等。同时成立了重要的国际人权组织:联合国人权委员会(2006 年 3 月升格为人权理事会)、大赦国际、国际人权律师委员会等等。

(二)人权在中国

如果说权利这一概念在中国古代法律中是缺失的话,那么,人权这一概念在中国古代就更是闻所未闻,中国一直到清末都是有奴隶制的。[32] 中国法律中注入人权这一全新的价值是从 1902 年清廷的变法上谕开始的。作为中国人权的历史起点的上谕颁布的背景与目的本身就预示着中国的人权发展是一个痛苦的过程:它是一个被赶出首都的本土政权在外敌的压迫下所缔结的"城下之盟"的一部分,而外敌提出的要求之一恰恰又是中国的法律当保障人权。这就使得从事变法的精英们处于极其困难的境地,几乎是绝地:他们随时可能背负卖国的骂名。不过,这一艰难的历程还是在博学与豁达的法学大家沈家本和学贯中西的伍廷芳等人的主持下开始了。[33] 在这一也许是世界史上最伟大的法文化转型史的开端,我们的前辈在人权方面作出的贡献可以归结为以下几方面:禁革人口买卖,消灭奴隶制;废除刑讯逼供制度,删除非人的酷刑;制定民法典,加强财产权的保护;制定民刑诉讼法,从诉讼程序上加强人权的保护;建立单列的司法机关,使司法独立于其他的权力,成为中立的解决纠纷与保护人权的机构;建立西式的律师制度。虽然这些努力中的大多数由于清廷的垮台而没有完成,但是前辈们的努力并没有白费,他们的事业由民国继承。如果说清末变法纯粹是在西方人的压力下不得已而为之的话,那么,民国时期的人权法制建设则带有几分主动的色彩,因为新的统治者需要"开放"

---

〔32〕 清代的法律明确规定人口买卖分"白契"和"红契"两种。白契是民间自由的买卖,红契是经官方认可的买卖。在康熙和雍正年间还公布过规定买卖程序的法律。1906 年,两广总督周馥上《禁革买卖人口折》,开始了废除奴隶制的努力,这一梦想到民国才实现。即中国的法律文化没有能结束奴隶制,这值得法律人深思。中国消灭奴隶制的过程请参见周永坤:"中国奴隶制的终结及其意义",载《北方法学》2010 年第 1 期。

〔33〕 沈家本对我国接受西方人权法律与观念作出了杰出的贡献。他提倡中西法律会通,主张立法应当"参考古今,博稽中外","择善而从","我法之不善者当去之,当去而不去,是之谓悖,彼法之善者当取之,当取而不取,是之谓愚。"参见沈家本:《历代刑法考》,中华书局 1985 年版,第 2236、2213 页。

的形象以区别于旧的统治者,他的合法性已经不是建立在“祖宗”的权威上,而是建立在真正的现代观念之上——民主、自由、平等,换句话说即是人权的保障。不保障人权,他们就与被他们推翻的统治者一样没有正当性,就连他们从事的革命也将失去正当性。不过,民国时期的成功主要是形式上的,它的法律实效很差,特别是宪法。更重要的是统治者自身常常违背法律,特别是违反宪法。就法律本身来说,则是很了不起的。

1949年,主张人类解放的中国共产党执掌政权,使人们对人权充满了期待,但是,由于复杂的原因,这一天姗姗来迟。在新的社会与观念里,人成为追求“社会整体善”的工具,不仅人权在观念上被妖魔化,实践中侵犯人权的运动一个接一个,文化大革命是其顶峰。[34] 所幸的是“文革”终于在1976年粉碎“四人帮”以后结束。但是,即使“文革”结束以后的一个时期内,还是出现过判处思想犯死刑的个案。[35] 1978年的十一届三中全会标志着“文化大革命”的真正结束。以此为契机,全国上下对“文革”进行了历史性的反省。人权解禁萌芽于1989年,真正取得正当性是在20世纪90年代初。[36] 解禁初期的人权研究有两个明显的特点,一是强调人权的阶级性,二是研究的出发点是为了反击国外对我国的人权状况的攻击,有明显的防卫心态。[37]

不过值得注意的是,改革开放到20世纪90年代初的十多年里,虽然我们在理论上反对人权,但在实践上却有很大进步,为“文革”中的数百万受害者平反和为50多万“右派”洗冤就是惠及上千万人的“人权大功德”。但是这是从执行的意义上的行为,在制定规范上的人权努力则主要在20世纪90年代后期。十多年来我国在人权方面取得的进展主要有:收容审查制度的废除;收容遣送制度的废除与流浪乞讨人员救助制度的建立;劳动教养制度的废除;清理超期羁押;刑事诉讼中非法证据的排除;户籍制度的改革逐渐拆除城乡之间的藩篱;城乡公民同等的教育权的关注;《反家庭暴力法》(2015年)的通过;为蒙冤者洗冤;等等。但是毋庸讳言,

---

〔34〕 据中共中央党史研究室等合编的《建国以来历次政治运动事实》载:1984年5月,中央经过两年零七个月的全面调查、核实,重新统计的“文革”有关数字是:420万余人被关押审查;172.8万余人非正常死亡;13.5万余人被以现行反革命罪判处死刑;武斗中死亡23.7万余人,703万余人伤残;7万多个家庭整个被毁。杨继绳:“道路·理论·制度——我对文化大革命的思考”,载 http://blog.sina.com.cn/s/blog_6c5034b50101csyn.html。

〔35〕 例如,在粉碎“四人帮”以后的1977年4月初,上海师大(现华东师大)物理系的毕业生王申酉因为在写给他的女友的一封书信中对中国的前途表示担忧,并分析了产生这些问题的原因而被上海市法院判处死刑。他学习外语被说成是为叛逃外国作准备。1981年4月3日,上海市委为王申酉平反。参见施平:“王申酉昭雪记”,载《南方周末》2004年1月29日。

〔36〕 1989年11月10日,中宣部理论局召开一个关于人权问题的小型专家座谈会。会上,郭道晖等专家开始从正面肯定人权的价值,提出:“既要理直气壮地高举马克思主义人权旗帜,又要实事求是地正视我国人权保障制度上还有缺陷,有待改善。”不过,这只是一个内部会议。1991年3月2日,中宣部再次召开了关于人权的小型座谈会,会上正式提出要开展人权研究的问题。参见郭道晖等主编:《中国当代法学争鸣实录》,湖南人民出版社1998年版,第376页以下。

〔37〕 这一方面笔者深有体会。1992年在北京召开西方法律思想史年会,原定最后一天下午的议程是交流各自学校的西方法律思想史教学情况。会前一位人权专家要求先发言讲人权问题。主持人同意他讲,但要求时间不要超过30分钟,结果他足足讲了两个多小时,内容就是如何在人权问题上与美帝国主义展开外交斗争。会议原定的议程无疾而终。这些人权专家强调的阶级人权与特殊性的人权,实质是反人权的。另一个实例是:1994年第1期的《法学家》杂志发表了吕世伦教授的“人权研究的新进展”一文,被人“告密”,编者以“不合时宜”为由撤下吕文。该期的《法学家》在将吕教授的文章撤下后才允许发行。参见吕世伦:“所谓‘不合时宜’的人权论”,载郭道晖等主编:《中国当代法学争鸣实录》,湖南人民出版社1998年版,第382页以下。

人权仍然是需要大大改进的事业，尤其是普遍存在的强制拆迁、暴力截访、城管行为暴力化、律师权利受侵犯等现象应当坚决依法制止。

三、人权的普遍性与特殊性

前已论及，长期以来中国的主流人权理论强调人权的特殊性、阶级性而否认人权的普遍性。论者强调的人权的特殊性主要表现在两个方面：人权的阶级性和人权的国家性或地方性。所谓人权的阶级性是指人权分为无产阶级的人权和资产阶级的人权，资本主义国家的人权是资产阶级的人权，而社会主义国家的人权是无产阶级的人权。人权的国家性与地方性是指中国的人权与西方的人权不同，其实也是强调人权的阶级性。

"人权特殊性理论"是与人权理论本身相悖的。具体说来，"人权的阶级性"这一判断是对法律的阶级性这一结论的逻辑推演。不但这一推演的逻辑前提是错误的，而且"人权的阶级性"这一提法本身就是违反人权的。自由与平等是最基本的人权，法律上（不是社会事实上）将人划分为不同的阶级，而后不同的阶级享有不同权利的做法是严重违反人格平等的人权原则的，这不是特权就是歧视。正如哈耶克所言："如果只是该群体中的人赞同这种界分，那么显而易见，它就是特权；而如果只是该群体外的人赞同这种界分，那么它就是歧视。"[38] 人们常以"西方社会人权的实际受惠者是资产阶级"为由来证明人权的阶级性，是站不住脚的。首先，这不符合事实。西欧福利国家的人权受惠者、最近美国的医疗改革的有受惠者主要是穷人，而不是资本家。其次，即使有这样的事实，它本身也是违反人权的，而不是人权。西方人权存在的主要问题是太过注重形式平等的人权而忽略实质平等的人权，马克思恩格斯追求的是形式与实质相统一的人权，这是马克思、恩格斯比西方人权理论的高明之处。人权的基础是形式平等。如果企图通过反对形式平等的人权而达于人权，那无疑是缘木求鱼——由反对资本主义而堕入封建主义。事实上，这就是我们数十年以来一直反对西方人权理论与实践所走的路。

由此可见，以人的自由、解放为宗旨的社会主义不能主张"阶级人权"以对抗普遍人权。马克思主义对普遍人权的认同与重视可以从马克思主义创始人的一句名言中得到证实：无产阶级只有解放全人类才能最后解放无产阶级自己。任何追求阶级特权的思想与做法都与马克思主义不符，至于用马克思主义来为所谓"阶级人权"——实为自己的特权——辩护的思想与做法，则是对马克思主义的亵渎。

当然人权的普遍性并不排斥人权的实现过程在各个国家的特殊性。各个国家实现人权的途径不应当也不可能是相同的，因为各个国家的初始点和条件不同。但是其前提是"实现人权"，而不是反对人权，不能以"人权的特殊性"为侵犯人权的行为作辩护。人权的普遍性原则是不能违反的，只有在这一前提下，才谈得上"实现人权的特殊性"。人权的普遍性在联合国

---

〔38〕［英］弗里德利希·冯·哈耶克：《法律、立法与自由》（第一卷），邓正来等译，中国大百科全书出版社2000年版，第192页。

人权文件中得到明确规定,[39]我国也明确对外宣布承认人权的普遍性。[40]

人权的普遍性可以从两个方面来考察。一是人权的理论基础。人权的理论基础是人,是人的属性,或是人的存在本身,或人作为人应当享有的尊严。不具普遍性的人权(照顾弱者的权利是例外)、部分人享有的权利不是人权而是特权,本身违反人权。二是在经验层面上,人权历来是普遍性的。在经验层面上人权的普遍性可以从以下几个方面来理解:其一,在人权实践中,人权诉求都是基于人的一般性,而不是人的特殊性,它历来与人的种族、国别、阶级没有关系。其二,最低的或基本的人权内容已经为国际公约所确定,也为进步人类所共识,例如不受奴役的权利、不受刑讯逼供的权利、不受残酷的不人道的待遇和惩罚的权利等等。其三,非国民权利的存在。非国民权利的存在表明人权是超越国界的,国家有尊重和保护"一般人"的权利的义务,这一义务的基础是普遍性的人权,这方面最典型的是难民的人权。其四,具有全球性效力的人权保障机制的存在。虽然人权问题主要是通过国家来解决的,人权也主要是由国家来保障的,但是,具有全球性的人权保障机制已经存在(尽管它的效力还不够好),例如联合国的人权理事会以及国际刑事法庭。北欧一些国家对经济社会文化权利的保障不仅及于所有国民,而且大部分内容惠及所有居民,包括中国的留学生。[41]

四、人权与主权

主权一词在古希腊就存在。古希腊的主权一词是指主人对奴隶的"全总性的权力",主权指向的对象是奴隶。这一词义向政治领域的扩展指"最高治权"或邦政的最高裁决机构。在中世纪,主权来自所有权。作为财产权的所有权是一种对世权,是绝对的权利,主权所指向的对象是"物"而不是同样作为权利主体的人,是一个表征"主客体关系"的词。Sovereignty 的含义是王权,来自拉丁语 Superamms,其意为"主上"、"圣上"。到此,我们可以得出主权一词在词源上的基本含义:主权是主人或国王对他的奴隶或臣民的绝对权利,是作为主体的人对作为客体的人的主宰权。主权的绝对性、至高性是对内的,主权没有对外的意义。现代意义上的主权的词义是博丹奠定的。博丹认为,主权是绝对的、持久的、不受任何限制和法律约束的权力。所谓绝对,是指不得给主权附加任何条件;所谓持久指没有期限,依其自身而存在下去;所谓不受任何法律约束是指享有不经任何人同意而颁布法律的权力。博丹的主权思想常被用来证明主权的无限性与绝对性。但是,主权观念在向东方传播的过程中遗漏了重要的内容:(1)主权

[39] 联合国大会2003年通过《人权与文化多样性》决议。决议指出:"所有人权是普遍的、不可分割的、相互依存和相互关联的,国际社会必须以公正平等的方式,一视同仁地全面处理各项人权,并重申虽然必须考虑到国家和地区的特殊情况及不同的历史、文化和宗教背景的重要性,但各国不论实行何种政治、经济和文化制度,都有责任促进和保护所有人权和基本自由。"

[40] 新任中国常驻联合国日内瓦办事处和瑞士其他国际组织代表何亚非2010年3月17日接受新华社记者专访时说,中国尊重人权的普遍性,认为所有人权都是普遍的、不可分割的、相互依存和相互联系的。刘国远、杨伶:"何亚非:中国尊重人权普遍性已批准20多项国际公约",载凤凰网,http://news.ifeng.com/mainland/201003/0317_17_1579289.shtml。

[41] 在对普遍性人权的承认这一方面,主流法学理论界是走在政治实务界后面的。早在20世纪90年代中期,当时政协的领导人访问北欧的时候就强调人权的普遍性。1998年10月5日,中国常驻联合国代表秦华孙代表中国政府在联合国总部签署了《公民权利政治权利国际公约》,他在签署仪式上说,实现人权是全人类的共同理想,也是中国政府长期为之努力的目标。中国认为,人权的普遍性原则应当得到尊重。

不必然属于国王,也可以属于议会或由议会与国王共享,主权的"最高"指整体的最高,而不是哪一个机关的最高;(2)博丹区分主权与治权;(3)将法治原则纳入国家之中,他认为国家就是对众多的家庭和家庭人员实行法律的治理,正是法律将国家与盗窃集团和强盗集团相区别,国家的目的在于保障权利和自由;(4)他所说的"不受法律约束"是指不受(他人的)人定法约束,因为如果受制于人定法,主权就不是最高了,他明确说主权要受自然法和神法的约束。[42] 博丹的主权理论经过霍布斯等人的传播与阐发成为现代国家理论的基石。19世纪中叶的奥斯丁等的规范法学派进一步将这一主权理论与法律的生成相联系,使主权理论成为法学的重要组成部分。

关于主权的大小及有无主要流行三种观念:(1)绝对主权说。主权是对内的绝对统治权和对外独立权,更有将主权等同于绝对王权者。例如,梁启超说:"主权者何,最高而无上,唯一而不可分,有强制执行力,得反乎人民意志而使之服从者也。"[43](2)相对主权说。主权不是绝对的,主权要受到限制。作为国际社会一员应当受制于国际法,同时也要受道德原则的约束。(3)无主权说。例如狄骥说"我们要断然排斥国家的人格和主权的陈腐观念",马里旦也否认主权观念,认为主权概念会损害国家,有主权就不会有国际法,对内导致极权主义,凯尔森也是个无主权论者。

我们认为无主权观念不符合国际社会实践,因为现代世界的主要存在单位是国家。绝对主权观念与绝对主权实践相符,但那是20世纪以前的事,是国际无政府状态的产物。现代国家主权是人民主权和国际人格的统一,无论对内和对外都是有限的、相对的。

主权的观念与实践都经过了由绝对到相对的演变。从主权的对内属性来说,经历了由君主主权向人民主权的过渡。君主主权对他的臣民当然有绝对的权力,而人民主权本身由人民的权利转让形成,它当然不是绝对的:它不能随意处置它的"股东"——作为个体存在的人民。人民主权的主要作用在于组织和规范治权,治权必须遵守政治道德和作为人民意志和一般理性的法律。

从主权的对外属性来说,经历了由"国家至上"到"国际人格"的转变。早期国家都是"唯我独尊"的,只要有足够的实力,发动对外战争以实现国家目的也无甚不妥。对外的绝对主权其实是"无主权",因为此时主权只是主体的自我存在与扩张欲望的表现,它并未受到他国的认可,没有规则保障,因而不是客观实在。作为国际人格的主权的权能不是权力而是权利,是国家这个特殊法人的权利。因为按公认的国家平等原则,国家间是不存在权力服从关系的。作为国际人格的主权也是权利和义务的统一,主权国家在享受权利的同时必须承担国际义务。国家对外主权的相对性与有限性表现在:(1)主权是平等主体间的相互关系,主权存在的前提是对他国相同主权的尊重,这种尊重规则化为对自身约束的义务。(2)作为强制性的、普遍性的联合国的存在,联合国规定了广泛的国家义务。[44](3)国际法体系的存在,它规定了国家广

---

[42] [苏]莫基切夫:《政治学说史》(上),中国社会科学院法学研究所编译室译,中国社会科学出版社1979年版,第152页以下。

[43] 《诸子集成·管子评传》,第10页。

[44] [英]R.詹宁斯、A.瓦茨修订:《奥本海国际法》(第一卷第一分册),王铁崖等译,中国大百科全书出版社1995年版,第49页。

泛的义务,包括国内立法义务。(4)国际法院的存在,尽管它的管辖范围有限,但还是存在的。(5)即使不承认上述四点,还有一点是无可否认的:某些普遍性的国际道德的存在,例如信守诺言、相互尊重,这些道德义务不因主权者的主观意志而改变,具有客观性和规范性。

还要注意的是,上面的"主权"是指"国家主权",现代主权已经分解为不同层级:国家内的自治性主权(例如联邦制国家邦的主权)、国家主权、超国家主权(例如欧盟的主权)和全球性主权(例如联合国)。国家主权只是这个主权层级中的一个层级。

主权与人权是什么关系?[45]在古代社会,人权几乎与主权无关,尽管臣民的地位要比亡国奴的地位好得多,但是君主主权未必保障人权,君主主权也未必来自人权,人民只是主权者的财产。在这个意义上,做一个本国的"主权者"的臣民与做一个外族的统治者的奴隶并没有多大的区别。在现代法治国家,人权与主权存在密切关系。(1)主权来自人权。正是享有人权的主体(国民)的组合才形成主权,主权属于人权的享有者:全体国民即人民,任何个人或组织都无权行使主权。在"全体人权享有者的联合构成主权"这个意义上,主权与人权是同质的。(2)主权以保障人权为目的。主权是一个抽象的非实体性存在物,人民作为整体(主权者)通过立宪、选举等程序设立治权以保障人权,所以人权是目的,主权是手段。(3)人权是评价主权伦理价值和合法性的标准。人权作为权利及其规则、原则,可用来评价主权行为伦理价值的标准,如果主权未尽保护人权之职或竟侵犯人权,人权就作为裁判其行为伦理合理性和合法性的标准。

有一点需要注意,上面的论述是立足于国内的观察,是简单化了的,全球化的现实生活要复杂得多。例如,联合国的决议可以产生一个国家,东帝汶的独立就是一个例子。有的国家并不以保障人权为目的,例如希特勒时期的德国。

五、人权的国际保障及其限制

如果一国有关人权的行为引起国际社会关注,则产生主权与国际人权的关系问题。在主权与国际人权关系问题上有三种主要观念。第一,否定说。此说否定国际人权问题,认为人权纯属国内问题,一国干预他国人权即干涉他国内政。第二,有限国际人权说。人权主要是国内事务,是国家主权范围内的事,但在一定条件下人权具有国际性,国际社会可以干预。此说源自相对主权说。第三,绝对国际人权说。人权是国际问题,此说源自无主权说或人权高于主权说。第一、第三两说均属极端。否定说是19世纪的理论和实践,早已为20世纪进步人类所不采,且国际社会已多次采取行动制止或惩罚国家侵犯人权的行为。当年联合国家对德、意、日法西斯的惩罚,不仅因为他们的侵略行为,也因为他们严重侵犯犹太人与中国人的人权。二战后联合国就曾对南非前政权的种族歧视行为进行过制裁,并最终导致它放弃种族隔离政策。绝对国际人权说在主权存在的今天不切实际,且会给国家主权带来危害,可能为强权国家欺凌弱小国家张目。

笔者主张"有限国际人权说",这基于五个理由:(1)主权的存在。尽管主权受限,但是国家自主决定国内事务的权力是国际人格的重要组成部分,如不分轻重,人权问题都可由国际社

---

〔45〕"主权与人权关系"这一问题中的"主权"仅指国家主权。

会干预,势必对主权构成侵犯。(2)国际人权有其道义基础。人权已为进步人类普遍认同,国家保护国内人权不仅是权力范围内的事,也是一项道义责任,如果国家严重违反道义责任,出于人类的同情和互助良知,防止侵犯人权的行为泛滥,人类有从道义上干预的权利,例如揭露、谴责其罪行。(3)国际社会已经形成了基本的人权法律文件——国际人权法。例如《联合国宪章》、《政治权利和公民权利国际公约》、《经济、社会、文化权利国际公约》等等,这些公约苛以国家保障人权的法律义务,同时也赋予国际社会关注一国人权的法律权利,这些成为人权国际干预的法律基础。且联合国通过的《国际刑事法院公约》业已生效,严重侵犯人权的行为将受到它的审判与制裁。国际社会干预国内人权问题就有了裁判主体。(4)关怀他国的人权是一项国际义务。2005 年,在时任秘书长安南的主持下,出席世界峰会的各国领导人对保护责任作出承诺,即当一个国家不能或不愿承担保护责任时,国际社会有责任采取集体行动提供保护。(5)人权实践上的理由。2006 年 3 月,联合国大会第 60/251 号决议成立了人权理事会,普遍定期审查制度(universal period review)也应运而生,这一机制是联合国对全体成员国实行的人权状况定期审查。所有联合国的会员国每 4 年必须接受一次审查,2009 年,中国、俄罗斯、古巴等国已经接受审查。正如国际法权威著作所言:"在人权和基本自由具有法律义务的性质而成为宪章一个经常特色时,它们已经不再是在本质上属于各国内部管辖事项。"[46] 据此,不干涉内政原则在人权领域应被重新解释,这样国家就不能援引此原则作为国际社会对国内人权事件的国际关注的理由。另外,前南国际法庭、永久性的国际刑事法院等全球性保障人权的法院也已经在运行。

人权的国际保障问题可以分为三类:(1)一国侵犯他国公民的人权,国际社会予以干预。早在 19 世纪,这已成为国际人权问题,例如第一个人权国际保障公约——《巴黎和约》就是针对此类问题的,20 世纪 90 年代国际社会对伊拉克侵略科威特的惩罚也属此类问题。(2)国际社会对一国国内人权问题的干预,例如国际社会因南非种族歧视而对南非的制裁。(3)一国公民就国内人权立法、司法问题状告本国政府。此类问题原来属严格的国内问题,20 世纪下半叶以来已部分国际化,例如德国曾因刑事诉讼程序过于复杂、迟缓被它的人民告到欧洲人权法院。该法院依据《欧洲人权公约》第 6 条第 1 项之规定(法院应于相当期限内审理案件,有效保障人权)于 1979 年判决德国败诉,德国因此而被迫修改法律。[47] 奥地利也有完全与德国相同的经历。2011 年欧洲人权法院的判决更迫使德国许多法律作出修改。[48]

国际社会可为人权提供国际保障,并不等于可以随意干预一国人权问题,因为那可能对一国公民的重要集体人权——主权的侵犯。国际法必须在维护主权与保障人权两种法益间寻求

---

〔46〕 [英]R. 詹宁斯、A. 瓦茨修订:《奥本海国际法》(第一卷第一分册),王铁崖等译,中国大百科全书出版社 1995 年版,第 383 页。

〔47〕 翁岳生:《法治国家之行政法与司法》,月旦出版社 1994 年版,第 347 页以下。

〔48〕 德国人认为诉讼程序过于迟缓违反德国《基本法》上公正裁判之规定,亦对人权造成侵害。但是由于德国未对诉讼迟延建立专门的权利救济制度,德国公民因此把德国告到欧洲人权法院。在欧洲人权法院有关判决影响下,德国于 2011 年 12 月出台《过度拖延的裁判程序及刑事搜查程序的权利保护法》,通过该法修改《法院组织法》等多部法律,建立诉讼迟延国家赔偿制度,这一制度适用于民事诉讼、家事诉讼、行政诉讼及刑事诉讼等程序,不但诉讼程序得以适用,保全程序、家事非讼程序上的临时救济程序、法律援助申请程序等也同样适用。参见陶建国:"德国诉讼迟延国家赔偿制度",载《人民法院报》2015 年 10 月 23 日。

平衡。因此人权国际保障必须遵守一定的标准,这种标准可以分为实体和程序两个方面。

就实体标准而言,何种行为构成强行干预的条件,国际强行法没有明确规定,学者们对何者可予以强行干预也没有取得一致意见,是个悬而未决的问题。在国际交往实践中,一般对以下六种严重侵犯人权的行为予以强力制裁(主要是经济制裁):(1)种族歧视、种族隔离、种族灭绝;(2)奴隶买卖,国内实行奴隶制;(3)国家参与或支持恐怖主义、劫持人质;(4)酷刑和其他残忍不人道或有辱人格的待遇或处罚;(5)非法剥夺人的生命或人身自由;(6)发动侵略战争。

就程序标准而言,至少有两个问题需要解决:一是由谁来确认侵犯人权的事实是否存在;二是由谁确定应当采取何种措施予以干预。对这两个问题国际社会仍缺乏共同的权威性规则,但是有一点是可以肯定的,涉及对一国采取强力制裁,特别是武力制裁的时候,必须经过联合国授权,否则少数大国任意以人权为借口干涉别国内政,不仅将对弱小国家的主权构成威胁,而且将严重破坏国际法律秩序。不过,在国际法律秩序尚不完备,特别是它的效力差强人意今天,如果确实在一国发生了严重的人权问题(例如种族清洗),并且情况紧急,如不及时制止,可能将会造成无可挽回的大量人的生命处于危难之中的时候,且由于种种原因国际社会无法采取法律行动的时候,部分国家是否可以采取行动加以制止恶行并对受难者予以救济是个可以讨论的问题。笔者认为,对这类问题最根本的是能否确认这类事实的存在。如果有足够的证据证明事实的存在,人权干预行为就具有正当性。这一正当性源自三大法理:一是“正当防卫”的法理,二是主权在民的法理,三是人类的同情与怜悯之心。[49]

对国际人权干预的手段首先是国际舆论,其次是国际法院,例如欧洲人权法院的审判,最后是国际强力干涉。此类干涉,一般为在国际关系中采取不合作态度或经济制裁、其他外交手段直至战争。对国际人权干预的手段应当严格限制,也应遵守“比例原则”,应当用最小代价达到保护人权之目的,在可以采取协调手段时不用强制手段。后果越是严重的手段,应当受到越严格的实体和程序限制。有必要指出,战争为凶器,它本身不可避免会对人权构成新的侵犯。所以战争作为干预人权的手段必须慎之又慎。动用战争作为手段起码必须满足三项基本条件:(1)人权问题极端严重,它涉及大量无辜公民的生命权;(2)必要性与不可替代性,除战争以外别无他法;(3)联合国授权。

讨论题

1. 如何理解法律权利的含义、要素和特点?
2. 权利的结构如何?

---

〔49〕 一个有代表性的事例是发生在20世纪末的前南斯拉夫事件。当时国际社会的部分国家认为在南斯拉夫国内发生了严重的种族清洗行为,但是无法通过联合国的正当程序出面制止。于是以美国为首的国家以武力进行干预,制止了发生在当地的严重侵犯人权的行为。现在,这一事件的主要犯罪嫌疑人正受到国际法庭的审判。对这一事件的合法性至今没有一致的看法。笔者认为这一行为具有正当性。毕竟在今天一个国家不能像对待牲口那样对待自己的国民。政府对自己的国民采取种族灭绝行为本身就表明它“主权代表的资格”已经不存在。

3. 如何理解权力的含义和特点?

4. 权利和权力有什么主要区别? 在权力和权利的相互关系中,应以何者为本源?

5. 人权的含义是什么? 它包括哪些基本内容?

延伸阅读

1. [美]霍菲尔德:《基本法律概念》,张书友编译,中国法制出版社2009年版。

2. [德]耶林:《为权利而斗争》,郑永流译,法律出版社2012年版。

3. [美]托马斯·伯根索尔等译:《国际人权法精要》,黎作恒译,法律出版社2010年版。

4. [德]莱因荷德·齐佩利乌斯:《法学导论》(原书第四版),金振豹译,中国政法大学出版社2007年版。

延伸思考

1. 权利存在冲突吗? 权利是否有位阶之分?

2. 如何理解人权的普遍性和文化多样性之间的关系?

3. 生育自由是不是宪法权利? 您怎样评价中国的独生子女政策与放开二孩政策?

4. 谈谈您对死刑的看法。

第十三章 法律责任

个人的自由必须用个人的责任予以平衡。

——[英]丹宁勋爵《法律的正当程序》

成为法学家的标志的乃是权利的天秤而且紧跟着也还有正义的宝剑。

——[德]康德《永久和平论》

第一节 法律责任的概念

一、法律责任的定义

中文“责任”一词有两个基本义项,一是指分内应做的事,即职责(例如医生责任、家长责任)和义务(例如举证责任、应尽的责任);二是指没有做好应做的事而应承担的不利后果,例如渎职者的责任。

常译成中文“责任”一词的英文单词有 duty、obligation、liability 和 responsibility,其中 duty 的基本含义为“义务”,obligation 的基本含义为来源于民法法系的“债”。英语中在提及刑事责任、民事责任等法律责任时,大多用 liability 或 responsibility,尤其是后者。哈特认为,责任一词源于 response,与希腊文“α · ποχρτυεαοατ”和拉丁文 respodere 之意相同,原意并非“回答问题”,而是“对指控或控告予以答辩或反驳”之意。而这种指控或控告一经确认,便包含惩罚、谴责或其他义务。所以“责任”一词的含义为“未能驳倒一项指控的人应对其行为承担受惩罚或谴责的义务”。哈特这一结论与中文“责任”的第二种含义相通,为“法律责任”中“责任”的含义。

责任是个人与他人及社会联系的方式,是维持个体权利与社会存在的手段,可以说,如果无责任,那么不存在严格意义上的权利和社会。维持权利和社会存在的责任包括道义责任、习惯责任、政治责任、纪律责任、宗教责任、法律责任等等。

什么是法律责任? 简言之,法律责任是法律规定的责任,是以强制为后盾的特殊社会责任。要给法律责任下一确切定义颇费神思。我国法学界历来不太重视法律责任的研究,法律责任的定义基本沿用了苏联学者的定义。《法学词典》的定义具有代表性：法律责任是由于违法行为而应当承担的法律后果，国家公职人员、公民或法人拒不执行法律义务或作出法律禁止的行为，并且具备违法构成要件，便应承担这种违法行为所引起的法律后果。而违法又必须具备四大构成要件。这一定义不能涵盖所有的法律责任，其主要缺陷在于：第一，违法的构成要件过于严格，因而把许多违法应负法律责任的行为排除在外。第二，将法律责任和违法的关系简单化。第三，将责任人等同于行为人。责任自负是一般原则，但是有例外，在监护人责任和替代责任中，责任主体便与行为人相分离。第四，将国家排斥于责任主体之外。在现代，国家一方面要承担国际法律责任，另一方面也要承担国内法律责任，后者是现代法治国的基本原则，也是现代国家赔偿立法的理论前提。凯尔森的法律责任概念充满着规范法学的特色。他认为法律责任就是如果做出相反行为时要受到制裁。在制裁针对不良行为人时，法律责任主体与义务主体是一致的。〔1〕 凯尔森的概念较我国法学界通行的法律责任概念要合理得多，它表明了产生法律责任原因的多元性及责任主体与义务主体同一的有条件性。

吸收哈特和凯尔森定义的长处对国内学者的定义扬弃之后，笔者给法律责任以如下界定：法律责任是由于违反了法定义务或契约义务或不当行使法定权利、权力，法律迫使行为人或其关系人所处的受制裁、强制和给他人以补救（赔偿、补偿）的必为状态。

为了弄清法律责任的含义，应进一步讨论法律责任与违法的关系。一般来讲，法律责任产生于违法（这里违法当包括一切违反法律规定的行为），但是有许多法律规定的特殊合法行为也应承担法律责任，例如：1964 年《苏俄民法典》第 444 条规定：在法律有规定的情况下，由合法行为造成的损害应予赔偿；英国《1973 年土地补偿法》规定对合法侵害行为予以补偿；〔2〕 我国《民法通则》第 128、129 条就规定了正当防卫、紧急避险这种合法行为“承担适当的民事责任”。现代大多数国家行政立法或判例都规定行政机关对某些合法行政行为承担对受害人的补偿责任。从补偿责任产生于对公民合法权利的侵害这一意义上说，它也是法律责任之一种。

义务与责任有许多相似之处，它们同为主体所处的不利状态，在早期，法律责任与义务甚至相混淆。但是仔细分析起来，法律责任与义务有许多不同之处，是两个各自独立的法律概念。我国台湾学者已将义务与责任相区别，指出义务为不利益及意思上所受之拘束，义务之不履行即发生责任，义务为当为，责任为必为。〔3〕 责任与义务的主要区别有：第一，义务为义务人的作为、不作为，而责任则除了责任人的作为、不作为外，责任主体有时成了被处置的对象，例如剥夺生命、撤销职务等。第二，义务可因权利人弃权而不必履行，而责任一般必须实现。第三，在法律关系体系中，义务一般与权利相对，是社会义务的法律表现，处于基础层面；责任一般对应的是公权力，是建立在基础性关系被打乱的基础上的，是对基础性关系的保护和对被破坏的基础性关系的修复。因此，有的学者称责任为第二性义务是很有道理的。〔4〕

法律责任与道德责任等其他社会责任相比具有明显的特点，这是由法律责任的法定性所

---

〔1〕 [奥]凯尔森：《法与国家的一般理论》，沈宗灵译，中国大百科全书出版社 1996 年版，第 73 页。

〔2〕 王名扬：《英国行政法》，中国政法大学出版社 1987 年版，第 230 页以下。

〔3〕 刘清波：《民法概论》，开明出版社 1979 年修订版，第 25 页。

〔4〕 义务与责任的区别可以参见[奥]凯尔森：《法与国家的一般理论》，沈宗灵译，中国大百科全书出版社 1996 年版，第 78 页。

派生出来的,主要有:第一,追究法律责任的依据只能是法律,当然这里的法律当作广义解释,不仅仅指制定法。第二,除某些民事责任的认定(如违约责任、轻微的侵权责任等)可由当事人双方协商以外,其他法律责任的认定只能由公权力机关进行。例如国家机关、超国家组织的机关、中世纪的教会、商会等等。第三,法律责任的实现以强制力为后盾,某些法律责任的实现(如大部分刑罚的执行)必须直接行使强制力。这一点有一例外,当国家自身承担国内法上的责任时,强制力常不出现。例如,当法院判定行政机关负行政赔偿责任时,往往靠行政机关自觉履行法律责任。[5]

二、法律责任的内容

法律责任的内容即法律责任的内部要素,既然法律责任是责任主体的必为状态,那么,法律责任的内容就是回答责任主体可能处于的什么样的必为状态。法律责任有极其丰富的内容。目前流行的观点认为违法者应承担法律责任,由于承担法律责任而接受制裁,这就把法律责任作为介于违法与制裁中间毫无实际内容的东西,把制裁这种法律责任的内容当作法律责任的逻辑结果。其原因可能是中国的传统法律思想中只有违法和制裁而无法律责任的概念,当引进法律责任这一概念时,误以为它是制裁的前提。制裁是责任的内容之一而非责任的结果这一判断,可以从我国许多现行立法中得到证明。例如,许多立法中设有"法律责任"专章,而其中就包含了制裁。法律责任的内容有:

(一)制裁

制裁就是惩罚,是国家使用强力手段对责任人的人身、精神所施加的痛苦、限制或剥夺其利益,其强度包括从最微不足道的罚款直至剥夺生命。国内法制裁的对象可以是国家和国家机关以外的其他社会主体。国家机关在行使国家权力时即使有过错,也不能成为国内法上制裁的对象,但国家是国际法上的制裁对象。制裁的作用主要是预防和矫正。许多法律关系受到破坏已无法挽回,无法使失衡的关系再次恢复平衡,立法者只能通过制裁表明秩序的不可侵犯性,以儆效尤;或借此满足受害人的报复心理,缓解社会矛盾;或借以使为恶者失去继续作恶的能力,直至从肉体上消灭他;或使责任人从痛苦中接受教训,以再社会化,从而维持社会的稳定。制裁是最严厉的责任,它所表达的道德非难程度最高。制裁曾经是古代法律责任的主要内容,有时甚至是唯一的内容,它仍然是当今刑事责任的唯一内容和行政法律责任的重要内容。

制裁的手段主要有:(1)对人身的制裁。对人身的制裁包括剥夺生命(例如斩、绞、轘、烹、磔、火刑、枪决、电击、药物注射等各种置人于死地的手段)、摧残肢体(例如墨、劓、剕、宫、刖、断腕、断脚筋、砍四肢、挖眼等等)、施加各种肉体痛苦(例如鞭、扑、笞、杖等)、强制服苦役(例如充军、完、谪戍等)、不同期限和不同程度地剥夺自由(例如有期徒刑、无期徒刑、拘役、管制、劳动教养、保安处分、驱逐出境、迁徙、编管、流放等等)。对团体人的改组、责令关闭、停业、撤销组织类似对自然人的上述制裁。(2)褫夺身份。包括降级、降职、夺爵、罢官、革职、开除公

[5] 不过近年来情况有点复杂了,检察院和行政机关不执行法律判决的事时有发生。这表明司法权威正在受到挑战。

职、吊销城市户口、剥夺公权、籍没为奴、判令长期或短期为债权人奴隶等。(3)限制行为能力。这包括禁止从事某项活动、取消作证资格、吊销营业执照、吊销许可证等。(4)剥夺财产。包括罚金、罚款、降薪、没收财产、没收非法所得、没收违法行为使用的工具、销毁违禁品、国际法上的经济制裁等。(5)荣誉罚。包括取消荣誉称号、谴责、通报批评、训诫、责令道歉、具结悔过、警告、记过、记大过、强迫在社区从事公益劳动、枷号、明刑等。[6] 制裁的手段随着法律的进化而渐趋人道化。其主要表现如:肉刑和非人道酷刑的废除,死刑的废除、自由刑地位的提高,财产刑使用范围的扩大以及世界范围的轻刑趋势等。

(二)补救

补救是责令责任人通过不作为停止继续危害他人和危害社会,通过作为弥补造成的损失。补救的主要作用是制止对法律关系的侵害及使失衡的法律关系恢复平衡。这是民事责任的主要内容。补救的道德非难程度低于制裁,某些补救责任甚至不存在道德非难(例如对合法行为造成的损失予以补偿)。补救的手段包括财产上的赔偿、补偿、精神慰藉以及对不法行为的否定。财产上的赔偿和补偿是补救的主要手段,主要包括:返还财产、恢复原状、修理重作、更换、支付违约金、支付赔偿金、赔偿损失、对合法行为造成的损失予以补偿(例如强制购买、[7] 对分洪区人民的财产损失予以补偿等)。精神慰藉主要是消除不良影响、恢复名誉、平反(这是导致冤狱的国家机关的责任)等。对不法行为的否定主要指责令停止侵害、纠正不当(例如宣告不当行为无效、撤销、变更不当决定、裁定,责令停止执行错误决定等)、排除妨碍、消除危险、返还权益等。

(三)强制

作为责任内容之一的强制与法律责任的强制性,与实现法律责任过程中的强制措施不同,作为责任内容的强制指当义务人不履行义务时,有权机关使用强力迫使责任人履行义务。强制的作用在于开通受阻的法律关系,使其恢复运转。强制主要包含在行政责任之中。强制责任包括间接强制和直接强制(含警察法上之即时强制)。间接强制主要是行政法上的代执行、执行罚。直接强制包括对人身的强制、对财产的强制,对人身的强制有强制传唤、拘传、强制治疗、强制履行、强制戒毒、强制检疫、管束等等,对财产的强制包括强制划拨、强制扣缴、强制收兑、强制检定、强制拍卖或变卖、对不动产的强制管理等。

制裁、补救、强制都是发达的法律责任总体不可或缺的要素,三者紧密联系。三者构成阻却义务之不履行的防御体系。对不履行义务给社会和他人造成严重危害者可予以制裁,对某些不履行义务正在给他人或社会造成危害者可以予以强制,对给他人和社会造成损害者可以令其补救。三者共同实现法律责任的目的。法律责任的目的一般可分为维持正义和社会秩序(最终社会目的),实现责任人的再社会化(直接社会目的)以及开通受阻的法律关系,恢复失

---

〔6〕《周礼·秋官司徒》,郑玄云:"书其罪恶于大方版,着其背。"犹"文革"之挂牌示众也。

〔7〕这是英国《1971 年城乡计划法》规定的对于合法行政行为造成的损害的补偿责任,由国家买下公民因执行计划而不能利用的地产。参见王名扬:《英国行政法》,中国政法大学出版社 1987 年版,第 231 页。

衡的法律关系(具体目的)。制裁的主要作用是实现社会目的;补救和强制的主要功用在于具体目的,三者的合力构成推进法律正常运转的动力。

三、法律责任的分类

依据不同的标准可以对法律责任作不同的分类。按照确定责任的依据是否为国内法,可以分为国内法律责任和国际法律责任;按承担责任的主体不同可以分为自然人责任、法人责任、国家责任;按受非难的程度不同可以分为惩罚性责任和补偿性责任;按归责条件不同可以分为严格责任、非严格责任和公平责任;按引起责任的法律事实与责任人的关系不同,可分为直接责任、连带责任、替代责任。

按照法律责任所依据的法律部门不同而对法律责任所作的划分是最常见的划分,这种划分是以法律的高度发达和法律部门的分化为条件的。在古代中国法律、《汉谟拉比法典》、首创公私法之分的罗马《十二表法》中,都未分化出民事责任。例如,《十二表法》第三表规定,对到期不能偿还债务的债务人,可以由债权人带回私宅、戴上足枷手铐,直至处死并分尸。在英国,最早将法律责任分为刑事责任和民事责任的是18世纪的法学家布莱克斯通(Blackstone)。[8] 依法律部门的划分又有许多不同的划分结论,英国传统上将法律责任分为刑事责任和民事责任两大类,在英国人的传统中宪法责任是政治责任,行政法律责任、经济法律责任等其他责任都可归入刑事责任和民事责任两大类。我国国内的学者也有不同的分法,依据大部分学者的观点,这种划分的结果是:

(一)刑事法律责任

刑事法律责任简称刑事责任,是指因刑事违法行为而导致的受刑罚惩罚的法律责任。是责任主体向社会所负的受惩罚的责任。何种行为属刑事违法由法律规定。其构成因时、因地、因不同种类的行为而不同。刑事责任的唯一内容是制裁,是所有法律责任中受道德否定最严厉的一种。

(二)民事法律责任

民事法律责任是社会主体侵犯他人权益或特殊法律事实的产生所导致的给予赔偿或补偿的法律责任。民事责任是现代社会常见的法律责任,主要是财产责任。民事责任产生的原因是多样的,主要产生于违法行为。产生民事责任的违法行为除了民事违法行为外还包括部分刑事违法行为和行政违法行为,在某些国家甚至包括违宪行为。一个刑事违法行为如果同时导致被害人的财产损失,该违法行为人可能会在受刑罚的同时因附带民事诉讼的判决而承担民事责任,行政违法行为也存在类似情况。在有些国家,立法机关或行政机关通过的规范性文件违宪,因而侵犯公民合法权益,公民可要求赔偿,即要求相应国家机关承担民事责任。某些合法行为如侵犯了他人权益,法律要求承担民事责任的,应当承担民事责任。按民事责任产生的不同原因可将民事责任分为侵权责任、违约责任和因合法行为而承担的补偿责任。民事责

---

[8] [英]G. D. 詹姆斯:《法律原理》,关贵森等译,中国金融出版社1990年版,第29页。

任的主体可以是自然人、法人、国家。我国法律中许多法律都规定了民事责任，主要是《民法通则》和《侵权责任法》(2009年)。

(三)行政法律责任

行政法律责任简称行政责任，是指因行政违法行为而承担的法律责任。行政法律责任可以分为违法行政责任和行政违法责任。违法行政责任指行政机关及其公职人员在行政行为中滥用职权、违法失职行为而导致的行政责任。行政违法责任是行政管理相对人违反行政管理法规而承担的法律责任。规定行政责任的立法非常分散，主要是行政法规及种种行政规章。

第二节　法律责任的构成

既然法律责任会给责任人带来不利后果，其社会功能又在于保障一定的社会安定和发展，实现起码的社会公正，那么，确定科以法律责任的具体条件就显得十分必要，因为条件规定得是否恰当直接关系到责任主体的利益与社会功能的实现。

一、与法律责任有关的要素

与法律责任有关的要素即科以法律责任时所依据的主要参数，它决定了法律责任的有无、种类及其大小。这些因素主要是行为、过错、因果联系和损害结果，分述于下：

(一)行为

行为始终是法律责任研究的中心。行为是由人的意志控制的任何事件。任何自然发生的事件都不是行为(例如雷击、地震)，无意识的动作(例如梦游、打喷嚏)虽然是人身体的动作，也不是法律上讲的行为，因为这不是人的意志所控制的。[9]

行为与思想有联系，思想指思考活动、打算、图谋。如果思想活动公开表露出来，有时也构成法律上所讲的"行为"，例如用语言"诽谤"、"泄密"。在古代，纯粹的未表露出来的思想和行为都可能导致法律责任，例如我国古代的"腹非"。现代法律除少数例外(例如法西斯立法、少数落后的宗教法)，纯粹的思想不会导致法律责任，只有表露出来并对他人构成危害的"思

---

〔9〕 行为是否为意志所控制常常是判断是否当承担责任的首要因素。如果是在意志控制之下的，就可能有责任的发生。澳大利亚就曾发生过"打喷嚏被判袭警"的案件。2001年5月，怀特洛在比滕市驾车时被警察截停，怀下车后向两名警察中的一人沃尔什连打三个喷嚏，此事由沃尔什的同事作证。怀因此被控袭警。怀的辩护律师辩称，此纯属没有任何意图的非自愿行为。但地方法官裁定，有证据显示怀是有意在打喷嚏时把嘴巴对准沃尔什，因此怀袭警罪名成立，罚款195英镑(摘自香港《明报》2002年5月17日)。这提出了个很有意思的问题。在有意识的行为和无意识身体动作之间是否存在中间状态？看来是有的，打喷嚏就是一例。喷嚏之发出是无法控制的，但是喷嚏的方向是可以部分得到控制的。打喷嚏作为整体的、连贯的动作因而是可以部分得到控制的。

想”,即“行为化”的思想和行为才可能导致法律责任。现代法律特别是刑法是以行为作为确定责任的必要条件的。现代法律惩罚思想犯不像古代法律那样赤裸裸,而是通过扩大行为的外延来实现的。在“行为”与“思想”之间确实存在“灰色地带”,自由主义的刑法倾向于将更多的行为归之于思想自由、表达自由,例如,美国法律将烧毁领导人的画像甚至国旗的行为归之于“表达自由”——言论自由的范畴;而专制主义的刑法则相反,它们将人们的思想归之于行为,追究思想背后的动机。惩罚思想的法律是对人的尊严的冒犯,诚如马克思所教导的:“追究倾向的法律,即没有规定客观标准的法律,是恐怖主义的法律;在罗伯斯比尔执政时期,国家在危急情况下所制定的就是这样的法律,在罗马皇帝们在位时期,国家在腐败不堪的情况下所制定的也是这样的法律。凡是不以当事人的行为本身而以他的思想作为主要标准的法律,无非是对非法行为的实际认可。”〔10〕

行为分为积极的作为和消极的不作为,作为即实际做某事,而不作为指不做某事。做了法律所禁止的事会导致法律责任,例如盗窃;不做法律规定应做的事(例如服兵役)或不做合同中承诺的事,也会导致法律责任。

(二)心理状态

行为人的心理状态对于是否有责紧密相关。主观过错在法律发展的不同阶段对于责任的意义不同。在法律发展的早期阶段,复仇是归责的主要理由,相应的归责原则是客观归责,即只要有危害他人或社会的行为,不管行为人是否有过错,就得承担法律责任。此时,过错最多是衡量责任大小的一个要素,而对责任构成意义不大。随着法律实践的发展,归责的主要理由从复仇过渡到功利和道德,即归责主要是为了预防违法和惩罚非道德行为,从而过错就成为归责的主要要素,因为对无过错的行为无法预防,也无所谓道德与否。例如,公元前 451 年颁布施行的《十二表法》已把过错作为承担某些法律责任的要素,而且已区分故意和过失。〔11〕《亚奎里法》还对“过错”作出了法律解释。古印度法里,“故意”是承担某些刑事责任的必要要素,过错是民事责任的归责条件。中国至迟在汉代中叶已将“过错”作为某些犯罪的要件。现代法律将心理状态作为归责的主要要素之一,不同的心理状态往往决定了某行为是否有责任及负何种法律责任。现代刑事责任一般采用过错责任原则,民事责任以过错责任为原则,以无过错责任为补充。

过错又可分为故意和过失两种,两种过错对责任的影响不同。故意指行为人预见到自己行为的后果,希望或放任这种结果的发生的心理状态,故意的错误行为应当负责。过失指行为人疏忽大意、过于自信、应注意、能注意而不注意的心理状态。近现代法有明文规定的过失行为才负刑事责任,过失行为一般要承担民事责任。

与过错有关的是行为人的动机。动机与过错不同。过错关系到行为人实际做何事(或不做何事),动机关系到他为什么做某事。例如,行为人杀乙,过错涉及他杀乙是故意的还是过失,而动机则涉及他为何杀乙,可能是为了金钱,也可能是为了复仇等等。动机一般对责任的

---

〔10〕[德]马克思:“评普鲁士最近的书报检查令”,载《马克思恩格斯全集》(第1卷),人民出版社 1956 年版,第 120 页。
〔11〕《十二表法》第八表第十款。

有无不产生影响。例如，无论是为了养家糊口而盗窃还是为过奢侈生活由盗窃，都应负法律责任。但是，动机对责任的轻重至关重要。例如，对前述两种类型的窃贼的量刑会有很大差异。[12]

（三）因果联系

因果联系是世界相互作用、联系的方式之一，法律上的因果联系是特殊的因果联系，它不仅要求两种或多种事物、现象存在一般的时空联系，而且要求一方导致或必然引起另一方的产生。事实上，一个结果可能是由多种原因造成的，法律只考虑其中的异常因素，而非正常因素。例如，一处发生火灾，毫无疑问，氧气的存在是火灾的原因之一，但这与法律无关，法律所关心的起火原因是异常事件，例如是雷击、漏电等自然因素引发还是系某甲纵火所致，以便确定法律责任的有无及归属。

法律上的因果联系一般是事实上的联系，而非想象中的联系，但是在科技不发达的古代，人们也会因想象中的联系而承担法律责任。例如，古代法律均追究巫蛊罪责，[13]巫蛊行为与损害并不存在事实上的联系，而法律却令其承担法律责任。

法律上的因果联系包括直接因果联系和间接因果联系两大类。直接因果联系指一方直接导致（造成）了另一方的产生。例如，甲枪击乙，造成乙的死亡。间接因果联系指一方是另一方的必要原因，必然引起另一方的产生，如没有一方，另一方便不可能产生。西方法律上以“必要条件”（sine quanon）和“倘没有便不能”（but for）规则加以限制，而其直接原因则为替代的、后加入的原因或不可抗力。作为损害直接原因的行为原则上要承担责任，而作为间接原因的行为只有在法律有规定的情况下才承担法律责任。

（四）损害

损害指造成的损失和伤害，包括实际损害、丧失所得利益及预期可得利益，损害的形式主要有人身的损害、财产的损害、精神损害和其他方面的损害。一个人未履行法定义务、违约、侵权行为给他人造成的损害要承担民事责任，严重者可能会同时承担刑事责任。合法行为对他人造成的损害，在法律有规定的情况下要承担民事责任，例如，行政机关的合法行政行为如果损害了公民的合法权益，在法律有规定的情况下，要承担补偿责任，这是现代法治国家的通例。

二、归责基础

归责基础即确定法律责任的理由。法律上的不同责任原则背后都有一定的归责基础。例如，民法上的过错责任原则就是以行为、过失、造成损害为归责基础的。确定法律责任的理由大部分都与主体的行为有关，但是在某些历史时期，在某些法律责任领域中，也存在某些主体行为以外的理由。因此，我们将归责基础分为两大类。

---

〔12〕 动机与行为的故意常常难分，如果两者相混淆，就可能惩罚无辜。例如，某甲办企业的目的是通过办企业从事非法活动积累资金。法律不能因为办企业的目的是非法的而处罚某甲。只有当一个行为是非法时，才有心理状态问题。

〔13〕 例如，北美殖民地一直到17世纪还处罚女巫，我国西南一些地方至今仍然流行惩罚“放蛊”的习惯。

(一)与责任主体行为有关的归责基础

如果我们把过错分解为故意和过失两因素,把因果联系分成直接因果联系和间接因果联系两种情况,那么,在确定是否科以某种行为以法律责任时所考虑的就有六个要素。某种行为具备哪几个要素方承担法律责任或承担何种法律责任,取决于社会基本价值及立法者的规定。科以法律责任的基础取决于上述六要素的不同组合,这些不同的归责基础是:

1. 行为、过错、因果联系、损害四者必备的归责基础

这类归责基础有:(1)行为、故意、直接因果联系、损害并存,即某人的故意行为直接给他人造成损害,不论何时代,此种行为一般都要承担法律责任;(2)行为、过失、直接因果联系、损害并存的归责基础,即某人的过失行为直接给他人造成损害;(3)行为、故意、间接因果联系、损害并存的归责基础,即某人的故意行为间接给他人造成损害,例如,A 欲伤害 B,B 在奔逃中被 C 所驾之车撞死,A 对 B 的死亡要承担责任;(4)行为、过失、间接因素关系、损害并存的归责基础,即某人的过失行为间接给他人以损害,例如,A 疏忽将汽油洒在某仓库内,后因意外火星点燃,点火直接原因为不可抗力,A 对火灾负有责任。适用此类归责基础的行为很少。

2. 不考虑心理状态即严格责任的基础

这类归责基础有:(1)行为、直接因果联系、损害并存,即某人的行为直接导致他人的损害,不管是否有过错即负法律责任;(2)行为、间接因果联系、损害并存,即某人的行为间接引起他人的损害,不管有无过错,均负法律责任。例如,买主未按约定及时交货,负无过错责任,而且要承担如果及时交货便不会灭失,而因未交货间接引起的货物灭失责任。

3. 行为、过错并存,无需造成损害的归责基础

此即主观归责基础。主观归责基础有:(1)行为、故意必备,即某人的故意行为,不管是否造成损害即负法律责任。例如,故意占有危险武器的行为应负法律责任。(2)行为和过失必备,即某人的过失行为,未对他人造成损害也负法律责任。例如,司机过失违章应负法律责任。

4. 形式归责基础

即只要实施某行为,不管行为人的心理状态,也不论是否造成损害,均负法律责任。这是早期不发达法律的主要归责基础,现代只对极少数行为适用。

(二)与责任主体的行为无关的归责基础

此类归责基础无需责任主体的任何行为,而是以思想、身份、特殊的关系等为理由归责。这类归责基础有:

1. 思想责任

即只要存在特定的思想,就要承担法律责任,这是压制型法中存在的归责基础。例如,我国古代的“腹诽”、“非所宜言”、“文字狱”、西方中世纪的信仰犯罪、处罚讲了“不利于国家或元首的话”、对所谓右派思想的惩罚、“文革”中对有“资产阶级思想”的人的惩罚等等。此类归责基础在现代法律中被认为是非理性的,失去了合法性、正当性。

2. 因主体的社会角色而产生的责任

即责任主体不存在任何可责言行,仅仅由于他的特殊社会角色,他必须承担法律责任。这

又可分为四种情况:(1)因为与行为人存在某种关系而承担连带责任或替代责任。连带责任是社会为了增强法制控制力度或增加法律实现的保险系数而对与行为人有关系的人所加之责。连带责任在古代法律中普遍存在,例如我国古代法律中的家族株连、师友株连、邻里株连等等。现代某些民事法律中仍然保留此类归责基础。例如合伙人对因合伙产生的债务承担连带责任,我国《侵权责任法》规定了共同加害、教唆侵权等行为的连带责任。替代责任是当行为人由于无责任能力或财力不足等原因无力承担法律责任时,科以行为人的特定相关人之责。例如,国家对公务员执行公务所引起之损害承担替代责任。可能产生连带责任、替代责任的关系主要有:亲属关系、监护被监护关系、上下级关系、相邻关系、人身依附关系、契约关系等。例如我国《侵权责任法》第36条规定网络服务提供者与网络用户间的连带责任。(2)与损害行为存在利益关系。这类情况很少见。例如1964年《苏俄民法典》第449条第3款之规定就属此类。[14] (3)与致损物体存在利益关系而承担责任。例如,在英国法中,当损害是由脱离本人控制的危险物引起的(即使危险物之脱离不能归因于他或她的雇员的任何作为或不作为)都应负责,我国《侵权责任法》第51条规定:"以买卖等方式转让拼装或者已达到报废标准的机动车,发生交通事故造成损害的,由转让人和受让人承担连带责任。"(4)因引发致险行为而承担责任。例如,我国《民法通则》第129条规定:"因紧急避险造成损害的,由引起险情发生的人承担民事责任。"

三、免责条件

这里说的免责条件指不承担法律责任的条件或理由,即当出现某种应当归责的状态时作为例外不承担法律责任或减轻法律责任的理由,这是一种立法上的规定。免责条件在诉讼中具有重要意义。科以法律责任的目的是保护某种利益,法律保护的利益有时会发生冲突,例如,某公民的人身权与社会安全的冲突,要同时保护这些相互冲突的利益有时成为不可能。这要求立法者必须对冲突的利益作出选择、评价与决定舍弃某一利益而保护更优先的利益。当上述一般归责基础所保护的利益在特定条件下与更高的利益相冲突时,立法者为了保护更高的利益就确定免责条件。在现代立法体系中,免责条件主要有:

(一)正当防卫

正当防卫是为了使公共利益、本人利益或者他人的人身和其他权利免受正在进行的不法侵害而加以反击的合法行为。正当防卫行为一般不承担法律责任。正当防卫如果超过必要限度,应当负法律责任,这时"防卫"这一目的成为减轻责任的条件。正当防卫的目的是保护合法利益免受或少受非法行为的侵害,同时也是为了鼓励公民与不法行为作斗争。正当防卫是法律对公民自救行为的认同。

(二)紧急避险

紧急避险是为了使公共利益、本人或者他人的人身安全或其他权利免遭正在发生的危险,

---

〔14〕 该法规定,在紧急避险情况下造成的损害,法院可根据情况责成为其利益造成损害的第三人予以赔偿。

不得已采取的损害他人的行为。紧急避险行为一般(并不必然)不负法律责任,超过必要限度造成不应有损害的应负法律责任。此时"紧急避险"成为减轻法律责任的条件。通常认为紧急避险行为中存在两种利益大小的权衡问题。即紧急避险行为企图保护的利益与伤害的利益相交,必须是前者大,后者小。但是客观上有时是难以衡量的。还有一个问题是,如果两种利益相等的情况下是否可以紧急避险?特别是当两个人的生命同时发生危难的情况下,是否可以紧急避险?这在法理上存在不同的看法。[15]

(三)无责任能力

责任能力指承担法律责任所必备的身体和精神条件,即能够辨认自己的行为并能控制自己的行为因而能够并应当承担法律责任。当一个人达到一定年龄、其精神和身体也达到一定状态被认为可以辨认和控制自己的行为时,该人便被认为有责任能力;相反,一个未达一定年龄或理智不健全或处于药物作用下无法辨认、控制自己行为的人,便被认为无责任能力。有无责任能力由法律加以规定,无责任能力是不负法律责任的理由,责任能力较低是减轻法律责任的理由。

(四)不可抗力

不可抗力指不可抵抗的强制或强力。不可抗力可以是自然因素,例如地震、灾害性天气;也可能是社会因素,例如战争、严重疠疫等等。不可抗力在民事责任中具有特别重要的意义,常常成为不承担民事责任的理由。

(五)被害人过错

我国《侵权责任法》第27条规定:"损害是因受害人故意造成的,行为人不承担责任。"在刑事责任中,被害人过错是从轻或减轻刑罚的理由。

四、法律责任的合理性

法律责任虽然有很强的强制性,但是它的有效性是以社会的认可为前提的,因此,法律责任的合理性是任何社会都必须认真考虑的。前述关于法律责任的讨论其实就是围绕这一中心展开的。法律发展的过程同样也是法律责任不断合理化的过程。法律责任的合理性主要包括目的合理性、内容合理性、负担合理性和程序合理性。

(一)目的合理性

法律责任的目的合理性包括法律责任规则所维护的利益主体的非人格性以及维护的价值的合理性。法律责任规则所维护的主体的非人格性指法律责任规则所维护的利益是非特定的

---

〔15〕 例如,两人同时因船难落水,此时有一块只能承载一人的漂浮物漂过,某甲抢过它,并将某乙推开,结果某甲生还而某乙溺亡。法律是否承认某甲的行为是紧急避险?类似的事件还有,在沙漠中,只有够一人活命的水,当事人能否独占水源?更极端的情况是,绝境中的"人相食"是否当承担法律责任?

社会利益、合理利益，而不是具体的个人利益和集团利益。即使实际维护的是某特定个人或集团（例如朱元璋的人身安全或明皇朝利益）的利益，也通过各种手段披上社会利益的外衣。论证的办法通常是神化特殊的个体或群体，使他或他们成为社群的保护神或利益代表者。在现代社会中，人民是社会的主人的观念被普遍接受，所以实际上维护特定个体或集团利益的法律责任规则失去了合理性、正当性。法律责任所维护的社群随着法域的扩大而扩大。由最初的家庭到部落，由部落而国家，由国家而全人类。当然，家庭利益和国家利益到现在仍为法律责任维护的主要利益。

法律责任的价值合理性指法律责任所维护的价值具有正当性。法律责任维护的价值处于不断合理化的过程中。早期法律责任维护的家长特权、等级制度等价值，在现代这些已不具正当性。现代法律维护的基本价值可以分为三大类：一是人与自然的和谐，包括自然环境、生态平衡、自然资源等；二是合理的人际关系，即平等，诚信等；三是人权，主要是人格尊严，人的基本自由等等。

（二）内容合理性

这主要涉及刑事责任。在古代，刑事责任有严重的报复性，当刑事责任作为巩固统治的手段而被滥用的时候，刑事责任的内容就走向非人道化，成为展示痛苦的手段。在弘扬人权的现代社会，非人道的、展示痛苦的责任被认为非法。法律现代化过程的一个重要成果就是废除不人道的酷刑，例如身体刑、枭首、凌迟等等。死刑是不是属于这一类责任是一个讨论中的问题。[16] 虽然有关人权公约关于废止死刑的条款没有强制性约束力，但是，减少死刑却是当今世界的共识。就像清末废除酷刑一样，我国法律现在面临着减少死刑，以至于逐步废止死刑的任务。当务之急是要减少死刑判决，并尽快废止一切非谋杀罪的死刑。当然，这需要重构刑罚体系和刑罚执行体系，主要是要延长有期徒刑刑期，废止死缓，并使无期徒刑"实刑化"。[17]

（三）负担合理性

责任负担合理性即法律责任的公平分担，法律责任内容是合适的和必要的。法律责任的公平分担涉及法律责任规则面前是否平等、确定法律责任的标准是否合理以及归责原则是否合理三个方面。责任规则的平等要求同样情况同样对待，不同情况不同对待。当然，这里要排除保护弱者的归责原则，例如保护未成年人的归责原则、保护智力或身体有缺陷的人的归责原则等等。确定法律责任的标准的合理要求以行为（包括签订合同的行为）确定责任，而不是以身份（包括种族、肤色、出身、宗教信仰、意识形态、阶级、政党等等）确定责任。当然，对有特定

---

〔16〕 截至2009年4月30日，世界上超过三分之二的国家已经在法律上或事实上废止了死刑，其中废止所有犯罪死刑的国家92个，废止普通犯罪死刑的国家10个，事实上废止死刑的国家36个（以过去10年未执行一例死刑为标准）。这表明在法律上及事实上废止死刑的国家已多达138个，而在法律上保留死刑并在实践中适用死刑的国家仅为59个。赵秉志、袁彬："俄罗斯废止死刑及其启示"，载《法制日报》2009年12月2日。

〔17〕 我国的刑罚体系在死刑与无期徒刑之间是"断裂"的：死缓与无期徒刑都是"虚刑"——二者实际上不被执行（死缓不被执行死刑），最后都变成了有期徒刑，而且实际执行的刑期过短。再加上我国的有期徒刑的最高刑期只有20年，这就使我国的刑罚体系过分倚重于死刑，离开了死刑，我国的刑罚的威慑力确实不够。因此废除死刑的准备工作之一是重构刑罚体系。这似乎没有引起刑法学界的重视。

义务的人的加重责任不在此列。归责原则的合理性要求把责任人看作理性人,以过错作为承担责任的基本原则,以严格责任为例外,同时,要求责任与行为成比例,不得规定非理性的、不必要的惩罚。

(四)程序合理性

法律责任的程序合理性不仅具有内在的正义价值,而且它无论对于法律责任的合理分配,对于当事人的尊严,对于当事人他项权利的保护,还是对于限制国家权力、预防腐败等诸多方面都具有重要的工具价值。确认法律责任的程序合理性程度的提高是不断进化的,早期程序简单而武断,主要由权威人士裁断,或神判、决斗、刑讯等。这些在现代人看来无疑是非理性的,但是在古人看来是合理的,其实这其中包含了某些形式合理的成分。[18] 在现代,程序合理性的要求已经法律化为正当程序原则。

第三节　法律责任的实现

法律责任的实现即责任人所处必为状态的消除。法律责任的实现包括实际兑现和自行解除两种。法律责任的实际兑现即法律责任主体由受责必为状态向现实的转化过程,即责任主体通过实践责任的实际内容——接受惩罚、强制或给予补救,从而结束必为状态。广义的法律责任的实现还包括法律责任的自行解除或免除,即责任人并未实践法律责任的内容,但由于某种原因,受责状态实际已不存在。

一、法律责任的实际兑现

法律责任的实际兑现是责任人实际将法律责任的内容变为现实,所以它最贴近责任本身的社会功能,因而是法律责任实现的主要形式。

法律责任的实际兑现又可分为主动兑现与被动兑现两大类,法律责任的主动兑现指强制力并未直接介入而责任主体主动履行了法律责任,从而使法律责任归于消灭。例如违约者主动按合同规定给对方以赔偿;双方通过协商而确定责任;侵权方主动承担侵权责任;在第三者参与下,经调解达成赔偿协议,责任人主动实现责任。

法律责任的被动兑现就是法律责任的强制实现,即由有权机关(在欠发达的社会里是社会本身)通过判决或裁定、决定等形式强制责任主体接受惩罚或给予赔偿,它表现为有权机关与责任主体之间的特殊法律关系,其内容为有权机关有权处罚责任人的人身、财产或责令责任

〔18〕 19世纪,一位英国探险家目睹了非洲部落民的“鳄鱼审判”。如某人被指控有罪则被绑在鳄鱼出没的湖边木桩上,晚上他如被鳄鱼吃了则有罪;民事诉讼如难决断则双方均绑在相距5米的木桩上,被吃一方败诉。这其中包含了裁判中立和程序平等这样的合理成分。参见宋冰编:《程序:正义与现代化》,中国政法大学出版社1998年版,第359页以下。

人为一定行为，而责任人则在公权力强制下必须为一定行为。如果责任主体逃避法律责任，则将招致新的法律责任。例如如果被判有期徒刑的罪犯在服刑期间逃脱，他将承担逃脱罪责。

法律责任的主动兑现与被动兑现的区别在于责任主体在实现责任过程中的地位不同。在法律责任的主动兑现过程中，强制力只作为外在威慑力而存在，事实上并未介入，由责任人自愿、自觉履行法律责任，因而责任主体处于主动地位。相反，法律责任的被动兑现表现为有权机关追究法律责任，责任主体在强制下履行法律责任，因而处于被动地位。

二、法律责任的免除

法律责任的免除指责任人并未实际承受责任，法律责任关系自行消除。应当区分“免责条件”与法律责任的免除这两个不同的概念。“免责条件”是立法上规定的不承担责任的例外情况，而法律责任的免除则是指导致法律责任的事实已经发生，但由于各种原因责任主体无须实际承担责任，这是法律责任实现的特殊形式。这种实现方式必须限定在一定的范围内，即必须具备一定的条件，否则，法律责任将失去严肃性。免除法律责任条件主要有：

第一，时效届满。当导致法律责任的法律事实产生以后，责任人就处于必为状态，由于种种原因，法律都规定了追究法律责任的一定期限，如果超过此期限，责任人未主动兑现责任，有关人或国家也未予追究，则法律责任自行解除。

第二，责任主体死亡。社会主体在承担其应承担的法律责任前死亡，一般情况下，法律责任关系因失去承担责任的一方而自然消灭，在特殊情况下，责任可能会承转给其他社会主体。例如，在行政法律责任关系中，如果承担违法行政责任的行政机关被撤销，则由继续行使其职权的行政机关承担行政责任。在中国古代通行的“父债子还”原则也体现了法律责任主体消失以后责任的转移。

第三，权利人不告或撤诉。在法律规定“不告不理”的场合，法律责任的追究基于原告起诉而产生，原告在法律规定的期间内不告或撤诉，责任自然解除。

第四，因责任人的自首、立功或主动补救行为而免除。例如犯罪嫌疑人的自首、立功行为而免除刑责。

第五，经司法机关或其他有权机关通过判决或裁定免除法律责任。应当注意，在同时存在两种法律责任的情况下，免除一种法律责任后，另一种法律责任仍然存在，消灭的只是免除的那一种法律责任。例如，经检察院决定免予起诉或法院判决免于刑事处罚的，责任主体的刑事责任消灭，但可能仍须承担民事责任或行政责任。

讨论题

1. 什么是法律责任？它与违法、法律义务等概念有什么联系和区别？
2. 法律责任的归责原则和条件是什么？
3. 法律责任合理性的基本要求有哪些？
4. “免责条件”和“法律责任的免除”有何不同？

延伸阅读

1. [澳]皮特·凯恩:《法律与道德中的责任》,罗李华译,商务印书馆2008年版。
2. [英]H. L. A. 哈特、托尼·奥诺尔:《法律中的因果关系》,张绍谦等译,中国政法大学出版社2008年版。
3. [加拿大]温里布:《私法的理念》,徐爱国译,北京大学出版社2007年版。

延伸思考

1. 用法律责任的理论评析我国《侵权责任法》第87条之规定。
2. 您对"以言治罪"的正当性有何评价?

第十四章　法律的概念

法律是善良与公正的艺术(Lex est ars boni et aequi)。

——[古罗马]塞尔苏斯

真正的法律是与本性相合的正确的理性。

——[古罗马]西塞罗

经过上述一系列讨论之后,我们进入对“法律的概念”的研究。请注意这里“法律的概念”与“法律要素”一章中讨论的“法律概念”的区别。“法律概念”一语指法律中所包含的概念,它是组成法律的细胞;而“法律的概念”是指“法律”一语所指称的概念本身,它讨论“法律是什么”,要给“法律”下个定义。法律概念是认识法律的重要一环,也是法学理论中分歧最大的部分。美国法哲学家戈尔丁曾有言:法理学中最重要的问题也许是对法律概念的分析、抽象出概念。让我们从“法律”的语义说起。

第一节　法、法律的语言分析

一、汉语中的“法”及相关用语

古汉语中法与律分开使用,法律连用是近代以来的事。[1] 据《尔雅广雅方言释名》,古文法作“佱”,从古文正字,法所以正人,意为规范、规则。墨家著作中的法有规矩、绳墨而引申为社会关系中的“义”,即社会价值或合理的人际关系准则。《尹文子》一书之“法”多义:“一曰不变之法,君臣上下是也,二曰齐俗之法,能鄙同异是也,三曰治众之法,庆赏刑罚是也,四曰平准之法,律度权量是也。”东汉许慎作《说文解字》,未收“佱”而收“灋”。“灋”刑也,平之如水,

---

〔1〕 据考证,日本学者用中文“法律”翻译相应的西方词汇,国人随之将法、律连用,与法含义大致相同。现代法律文件与著作中有的学者将法与法律通用,有的学者似乎以法律指代制定法,以法指代制定法及其他法源,本书将两者通用,但有例外,即“法律”为我国现行法律中全国人大及其常委会制定的规范性文件的特称。

从水,所以触不直者去之,从去。[2] "廌"(zhi)古代神兽,似牛(或似羊、似鹿)一角,古者决讼,令触不直者,即獬豸,性直恶曲。传说古代第一位大法官皋陶决狱用之,古者法官之帽即称"獬豸冠",明其公正。当代学者蔡枢衡先生对此说持异议,他认为法即刑,"从水"不是平之如水,而是放在水上顺水漂去,此为古之流刑。据胡大展考证,繁体"法"的原始面目是古代进行神判的一种速写图案,它的最初含义是"判决"。[3] 胡适从《尚书·吕刑》中的一段话,推测"法"是从苗民引入中国本部的,并指出墨子的法的含义有三:一是模范;二是事物的共相;三是国家齐一百姓的法度。[4] 到墨子弟子的时代,法才具有规范、标准和刑律的含义。据《尔雅》,法本有"常"的意义,"法必有常"。法又有逼——强制的意思,"人莫不欲从其志,逼正使有所限也"。由此可见,中国古代法字的含义经过了一个转变过程:最初的义项是作为器物的"模子"或"范式"或"判决";其后扩充到社会意义的规范、风俗;随着制定法的兴起,到东汉时,法的"刑"义即强制意义凸显出来,前几种含义逐渐淡化。另外,中国古代"法"字还可作动词用,意为"效法"、"用法处置"。在佛教用语中还有"事物"、"佛的力量"等含义。

律字的含义较接近于"规范"。薛允升说:"律之为言整齐划一之谓,也轻重得平之谓也,其名始于汉而其书已散佚。"[5]"律,均布也"。[6] 据段注,律者,所以范天下之不一而归于一,故曰均布也。均布是古代调整音律的工具,以正六音,木制、长七尺。丘濬《大学衍义补》第120卷云:"臣按律之名……凡度之长短、衡之轻重、量之多寡,莫不于此取止,律以着法,所以裁判群情,断定诸罪。"管子说"律也,定分止争也"。《唐律疏议》解释道:律者,"训铨、训法也"。(铨是一种衡器——引者注),与法相通用、连用的字为"刑"、"辟"(音 bì)。先秦时,刑、法、辟都使用,但更常用的是"刑"。例如夏朝之法称为"禹刑",商代之法称"汤刑",周代吕侯创制之法称"吕刑"等等。后来"法"字使用频率日高,逐渐取代"刑"的地位,作为法律的统称,例如法经六篇。商鞅变法后,律字使用频率逐渐提高,逐渐取代法而成为法典的统一名称,例如秦律、汉律、魏律、晋律、唐律,直至终封建之世的清律,唯宋称"刑统",元称"通制"。

除上述几字与法字有关外,古代之"礼",许多为真正的法律。礼最早为宗教祭祀规范。由于礼具有神圣性,人们将重要的习惯归入"礼",以崇习惯的地位。制定法诞生以后,许多制定法的规范也被摄入礼。例如君臣上下关系的规范均为礼。作为礼的法,重在"规范"本身,而不是像作为"刑"的法那样重于"罚"。用我们今天的话来说就是:礼是"行为规范",法是"法律责任"。综上所述,中国古代法本有规范含义,但是在发展过程中暴力、惩罚的含义日益突出。起码在秦汉大一统的社会形成以后,法的词义首要的是"暴力"、"惩罚",其次方为规范,而此规范主要指执行惩罚的规范。法律应有的灵魂——正义被淹没在暴力的喧嚣声中了,而这一过程基本上与专制制度的强化过程相吻合。

---

〔2〕《说文解字》。

〔3〕胡大展:"灋意考辨",载《比较法研究》2003 年第 6 期。

〔4〕《尚书·吕刑》云:"苗民弗用灵,制以刑,唯作五虐之刑,曰法。"胡适据以推论与刑含义相通的法来自苗民。参见胡适:《中国哲学史大纲》,东方出版社 1996 年版,第 324 页以下。胡适语中"模范"的含义是"模子范式"。

〔5〕薛允升:《唐明律合编,序》,载《海王村古籍丛刊》,中国书店 1990 年版。

〔6〕《说文解字》。

二、西语中的“法”及相关用语

西方语言中的法的词义与汉语中法的词义大异其趣。古罗马时期用ius，意为得到国家权威或强力支配的正确的东西，法同时指权利，法即正义。中世纪用Lex一词，意为“规则”，公正的选择，更多地指制定法以区别于客观的、自然的ius。至11世纪，国家权威被理性战胜，ius又被大量使用，作为一般法的代名词，以区别于法律规则Lex。ius是法和权利的总和。英语中，法与规则用同一词：law。a law指单体法，the law指整体法。另有指法律规范的norm和法律规则的rule。德语之Recht一词兼有法和权利双重含义。从上述介绍可知，西方法词义的核心是正义，其次是权利，最后是规则。法律的行使需要暴力，但暴力本身不是法，暴力必须受制于法。

古印度法一词源自宗教。印度梵文中的法为Dharma（达摩），巴利文和俗语中用dhamma，意思是“支持”、“事物的秩序”、“神旨”、“法律”、“规则”、“风俗”等，其核心含义为秩序。[7] 这个词最初只具宗教伦理意义，继而转化为兼具政治法律意义，与中国的“礼”极为相似。所不同的是，中国之礼只强调卑者的义务，而印度之法则兼具权利与义务双重含义。可见印度之法介于西方的ius和中国的礼之间。阿拉伯语中的法为“沙里亚”，原意为“通向水源之路”，泛指“行为”、“道路”。具有宗教、道德、法律三方面的意义。[8] 从水对于一个沙漠民族的重要性来看，“沙里亚”的原初含义有“正确、正当的行为”之类的含义。

三、不同文化中“法”语义的共通性及差异性

如果将上述我国法的词义和其他国家的法的词义相比较，我们可以看到，无论何地，法这一词均有如下共同含义：(1)法与事物的常态有关，表示稳定的关系或做法、常规、常情、常理；(2)法表示一定的规范或权利义务；(3)法表示与规范相关的一定的后果。中国法的词义与其他国家相比，又有两个特点：一是中国的法的含义重制定法，制定法以上的道义有另外的词表示，而其他国家法均有我国的法和正确、正义的双重含义；二是中国的法特别是秦汉以后重制裁，其他国家的法则重规范本身，即中国的法词义有很强的主观性，其他国家的法这一词有客观性、中立性的含义。

语言反映了人类的法观念，但法观念却比语言有更大的流变性，人们可以赋予相同的符号（词）以不同的含义。在西方，蛮荒时期的人类无时不怀有对神的恐惧，各种自然灾难被看作神发怒、惩罚罪人的表现。这种超自然的力量被想象为对人类行为具有导向、禁止作用的强制力量。禁恶加上神的力量就是最早的法观念。罗马的制定法最发达，所以罗马人法观念的重心在制定法，例如十二表法、元老院、平民大会的决定或帝王的命令。到中世纪，由于罗马法被作为一般法律原理讲授，法律是统治一切事物的理性的观念得到强化。近代自然科学的兴起，自然规律被发现，人们用自然规律类比法律，把法律看作人定的规则的观念得到强化，[9] 正是

---

〔7〕《摩奴法论》，蒋忠新译，中国社会科学出版社1996年版，季羡林序。

〔8〕吴云贵：《伊斯兰教法》，中国社会科学出版社1994年版，第2页。

〔9〕［美］罗斯科·庞德：《通过法律的社会控制 法律的任务》，沈宗灵、董世忠译，商务印书馆1984年版，第93、95页。

在这种历史背景下,法律是立法者意志的观念得到推广。

在中国,其起点与西方大致相似,但是在长期的封建社会中,"天罚"的原始法观念不但没有弱化,反而与封建帝王的权力相沟通而得到强化:帝王是上天在人间的代表,帝王为"天之子",是个半人半神的偶像,他的话就是上天垂示。由于中国封建法几乎全由帝王制造,所以"王法"的观念,法是统治工具的观念几乎是唯一的,经久不衰。这造成了中西法观念的根本性的差异:中国法观念中,法律(制定法)是与立法者的人格统一的,法律的神圣来自立法者的神圣;在西方法律中,法律是与立法者的人格相分离的,法律的神圣性来自高于立法者的存在(神或经济或正义或社会关系),因此立法者的法律从属于更高的存在。只有确立立法者的人格与法律相分离的观念才能建成法治社会。因为法治要求所有的人都置于法律之下,如果有任何个人或人的组合体(社会共同体本身除外)的人格与法律相统一,那么法律就始终处于这些"生产"法律的人之下,社会就只能是徒有法治之表的人治社会。

第二节 法概念及其研究

一、中国特色的法概念研究——法本质研究

1949 年以后源自苏联的法理学是"本质主义"的,在法概念上通行法本质论,这是一个在学术史上"过气"的理论。法学可以说开始于本质主义,哲理法学派是其顶峰。受哲学中现象学和科学化思潮的影响,本质主义在 19 世纪开始衰落,兴起了新的学派。规范法学派专注规范分析,历史法学派转向历史分析,社会法学派侧重社会法的实证分析。20 世纪出现了否定法律本质研究的思潮,最激烈的是"约定论"。例如 G. 威廉斯认为有关法的本质的这些争论仅仅是对一个词组的用法的定义和说法的约定而已。这些说法至多只能说它们便利或不便利,而不能说它们正确或不正确。[10] 反"约定论"者认为,即使本质论是错的,约定论也不见得对,他们转向研究在一个社会中存在法律的要素,指出这些要素是多元的,且在不同的社会中法要素并不完全相同,以多元主义淡化法律本质研究。

20 世纪上半叶,这种在西方主流社会早已成为过去的本质论在苏联却大行其道。1938 年,"第一次全苏法律和国家科学会议"以大会"决定"的形式下了一个法律定义:"法是以立法形式确定的表现统治阶级意志的行为规则和为国家政权认可的风俗习惯和公共生活规则的总和,国家为了保护、巩固和发展对于统治阶级有利的和惬意的社会关系和秩序,以强制力量保

〔10〕 转引自[美]戈尔丁:《法律哲学》,齐海滨译,三联书店 1987 年版,第 14 页。

证它的施行。”[11] 这就是左右了苏东国家几十年,至今仍然由中国权威认同的维辛斯基的法定义。这一定义为大清洗推波助澜,是大清洗的法理基础。苏共二十大反斯大林以后,维辛斯基的定义在它的发源地遭到了质疑。但是它在1949年传入中国后却迅速蔓延开来。在中国,这个理论被称为“统治阶级意志论”,它有两个要点:法律是统治阶级意志的体现,法律所体现的意志的内容是由物质生活条件所决定的。

阶级意志论其实不是维辛斯基的独创,早在古希腊,智者学派就指出法是统治者一己私利的反映。卢梭的“富人欺骗穷人说”也是阶级论的不同表述,[12]空想社会主义者大多是潜在的统治阶级意志论者。莫尔说:“我见到的无非是富人狼狈为奸,盗用国家名义为自己谋利,等到富人假借公众名义……把他们规定为必须遵守的东西,这样的花招便成了法律了。”[13] 19世纪30年代的空想社会主义者法国的布朗基、德国的魏特林都指出法律代表资产阶级的意志和利益。[14] 英国宪章运动中也有人批判资产阶级的改革法案、济贫法案不过是资产阶级用来保护其利益,反对工人阶级的手段。

改革开放以后,人们对统治阶级意志论进行反思,开展了大讨论。有的学者提出法律本质是多元的:阶级性、社会性、共同性、规范性等等;有的学者将法律延伸到原始社会,以淡化法的阶级本质,法律本质主义开始淡化。20世纪90年代以降,一些人又将阶级意志论作为政治批判的工具祭起,但是学界反应冷淡,更有些学者对“法的本质”这一命题提出质疑,认为法的本质研究“已没有学术前途”,[15]更多的学者则选择了远离,对统治阶级意志论不屑一顾。但是,由于复杂的原因,统治阶级意志论仍然是时下权威教材与考试的内容。[16]

二、法概念研究的进路

德国法哲学家阿图尔·考夫曼(Arthur Kaufmann,1921—2001)先将法概念分为名目论和实在论两大类,而后列举了七种法概念。依据名目论的法概念,“法律”并非现实之物,没有

---

[11] [苏]安·扬·维辛斯基:《国家和法的理论问题》,法律出版社1955年版,第100页。维辛斯基(1883—1954),1913年毕业于基辅大学法律系,曾任苏联科学院法学研究所所长、苏联科学院主席团委员、苏联检察长、外交部长等职。他的思想是我们所接受的所谓“马克思主义法学”的主要来源。他所奠定的一些法观念至今仍被接受为正统。在20世纪80年代中叶,中国法学界曾经发动过一次对维辛斯基法理论的批判,但是由于复杂的原因无疾而终。凭心而论,中国的“阶级斗争为纲法观念”其实是维辛斯基理论的“劣化”。

[12] 卢梭提出,人类原本生活在自由平等的社会中,后来生产力发展了,出现了贫富区分,富人的财富常常受到侵犯。因此,他们就欺骗穷人说:我们签订一个契约,大家互不侵犯,于是就有了最早的法律。而事实上穷人一无所有,所以法律体现的是富人的意志。

[13] [英]莫尔:《乌托邦》,戴镏龄译,商务印书馆1959年版,第116页以下。

[14] 无政府主义者布朗基就说:“法律是由十万个选举人制订,由十万个陪审员运用,由十万个城市国民自卫军执行的……(他们)在早上制订法律,中午作为陪审员运用这条法律,晚上穿上国民自卫军的制服在街上执行法律。三千万无产者在这些演习中作了一些什么呢?他们只是出钱而已……无产阶级被排除在议院之外。由政权的垄断者选举出来的议院照旧无动于衷地制订税法、刑法、行政法,所有这些法律同样都是为了达到掠夺的目的。”参见[法]布朗基:《布朗基文选》,皇甫庆莲译,商务印书馆1989年版,第13页以下。

[15] 这些学者指出本质主义源于西方的灵肉二元、灵魂统率肉体的基础主义传统。法律仅仅由于使用的方便而具有“家庭相似”,法律可能指法典、家庭法、习惯法等不同的对象,“它们仅仅有共同的名称而已,并没有一个共同的、不变的本质。法律的‘本质’实际上是由使用者加入‘法律’这一对象的。”法律文化研究中心:“法律的本质:一个虚构的神话”,载《法学》1998年第1期。

[16] 这个逻辑混乱、缺乏学术含量的说教令人生厌,对学术史有兴趣的朋友可以参见本书第三版,第257页以下。

"法律"存在,法律只是一个名词,一个集合名称。他举的例子是《德国民法施行法》第2条的规定:"民法典以及本法意义下之制定法。系指每一法律规范。"这里的"法律"是指形式的制定法、习惯法、法规命令、团体协约法、地区性的习惯法,以及国际法一般规则,现实中并不存在一般意义上的"法律"。所谓实在论的法概念是"对于法律内容的现实性有所陈述的法律概念"。考夫曼认为这一探索是徒劳无功的。因为逻辑严谨、完整构成的法概念是不可能存在的。人们只能大略精确地说明,什么是我们所理解的法概念,而这"全然取决于人们观察法律的观点"。实在论的法概念可能陈述了法律的某些正确的方面,但是"没有任何一个能够涵盖法律的整体"。[17] 在他看来,任何实在论的法概念都是片面的。看来考夫曼的法概念是属于"名目论"的。[18]

考夫曼将法概念归纳为七种:(1)基于观念论哲学的法概念,黑格尔将法律理解为自由:"存有根本就是自由意志的存有,这就是法律。因此,法律根本就是以自由作为中心思想。"康德认为,"法律,乃是使个人意欲與他人意欲,依据自由的普遍法则,得以互相共同一致的条件整体"。(2)现实主义的法概念,美国的霍姆斯法官说,法律是"预测法院事实上将如何决定"。(3)马克斯·韦伯社会学意义的法律概念,法律建立了当法律构成要件实现时,法律效果将会发生的预见可能性。(4)分析法学派哈特认为法律是规则,单单经由各项规则共同运作所产生的运作机制才是法律的适当描述。(5)斯坦姆勒从洪堡新康德主义出发所建立的先验的法律概念:作为一切法律思维与判断的最后前提的法律概念,乃是不可侵犯又不免专断的意欲。(6)受西南德意志新康德学派影响的拉德布鲁赫的法概念,他认为法律乃是具有为法律价值与法律理念效劳这个意义的现实。因此,一个规范,以无法忍受的程度违反法律理念,亦即正义之时,乃"制定法上的不法",再者,一个规范,根本不以正义为目的时,并非法律。(7)考夫曼本人的法概念是:"法律是应然与实然的互相对应",强调法律的类推特性。法律并非任何实质的东西,而是关系的某些事物。用波顿海默的话来说就是,"法律是实然与应然间的一座桥梁"。[19]

不同的法概念与研究进路密不可分,上述考夫曼的法概念就具有明显的解释学印记。可以用不同的标准对法概念的研究进路进行分类。[20] 一是从法律所指涉的"世界"来分,因为法律以价值、规范、事实的形态存在,相关的研究进路就有价值进路、规范进路与事实进路,其相对应的法概念就是自然法的法概念、规范法的法概念、社会法的法概念。二是从法概念研究的向度来分也有三种进路:单向度进路,法律是权威的命令;双向度主体的角度:自由,法律是自由意志;双向度关系的角度,主体间性的法概念,例如,法律是一个 Eunormic,法律是符合规则治理的事业,法律是社会工程。三是从认识法律的方法来分,可以分为实证主义的进路与诠释

---

〔17〕 参见[德]考夫曼:《法律哲学》,刘幸义等译,五南图书出版公司2000年版,第136页。

〔18〕 这个"名目论"和"实在论"的两分法,与中世纪哲学上的"唯名论"与"唯实论"之争存在明显的相似性。在唯名论看来,概念只是名称,而唯实论则认为概念是实在的。考夫曼的"名目论"法概念与他所处的哲学氛围息息相关。考夫曼与存在主义哲学大师卡尔·雅斯贝尔斯(Karl Theodor Jaspers,1883—1969)、与新康德主义法哲学家拉德布鲁赫(Gustav Radbruch,1878—1949)过从甚密,哲学解释学创始人伽达默尔(Hans - Georg Gadamer,1900—2002)则是他的哲学老师。

〔19〕 参见[德]考夫曼:《法律哲学》,刘幸义等译,五南图书出版公司2000年版,第136页以下。

〔20〕 需要提醒的是,由于分类的标准不同,一个法概念可能出现在不同的分类标准中,这也可以看出任何一个法概念都可以是"片面的真理"。

学的进路。实证主义进路又可以分为历史、规范、社会三种，解释学进路又可以分为近实证的诠释学进路和近自然法的诠释学进路。前者如考夫曼，后者如德沃金。

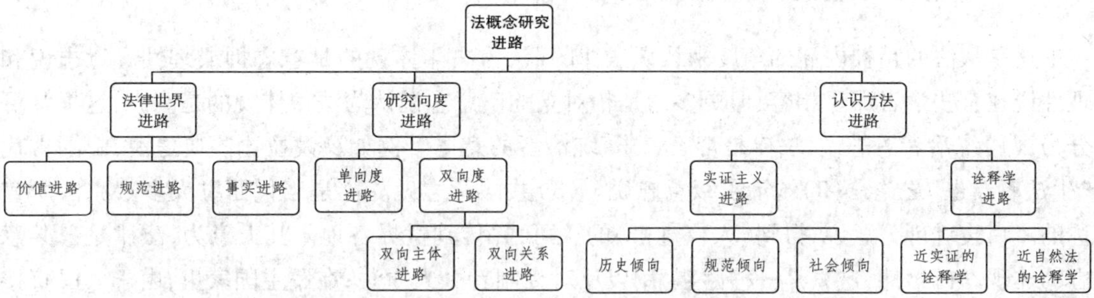

三、法概念论分类

法律现象的复杂性加上研究进路的多元性，不同的法概念就不但是可以想见的，而且是必然的了。对林林总总的法概念可以作不同的分类。笔者尝试从以下三方面加以分类。当然，由于同一思想可以从不同的视角去观察，也由于某一流派的思想包含了不同的成分，所以这些分类只能是相对的。不能将某人的思想绝对地归于哪一类。

（一）神定说和人定说

这是从法律的来源和强制力的取得的角度来认识法律的。神定说认为，法律是神创造的，是神的理性或意志。古代人的法观念几乎无不属于此类。《汉谟拉比法典》篇首洋洋千言反复强调法典是国王受地神、天神、众神之王、水神、巴比伦守护神之命而发布的。《摩奴法论》声称摩奴法是自在神（梵天）之子摩奴制定的。《圣经》称摩西五经是摩西从上帝那里得来传与人类的。[21] 中国有“万物本乎天”之说，《尚书》等古籍无不强调法是天子根据天的意志创造的。时至今日，在宗教色彩浓厚的法系（例如伊斯兰法系）仍然声称法律是神创造的，不可更改。

人定说认为法律是人创制的，体现了人的意志、理性或经验之类。人定说中又有不同的观点。影响最大的首推“国家命令说”或“国家规范说”，认为法律是国家的命令或国家创制的规范。有史以来这一观念在我国一直居主导地位。商鞅说：“法者，国之权衡也。”[22] 韩非认为：“法者，编著之图籍，设之于官府而布之于百姓者也。”[23] 在西方此说也有很大影响。霍布斯认为国法是国家对臣民的命令，奥斯丁认为法是在上位的人对处下位的人所下的命令，如果不服从，就要给予制裁。其他规范法学派的人物大多持此说。人定说的第二种看法是：法律是人类经验的系统化，持此说者主要是历史法学派。此说强调的是人类经验的积累是法律的实质来源，法的强制力来自社会压力，而不是国家暴力。最后一支认为法律是理性的创造。可以归入此说的有古希腊、古罗马的许多法学家，最典型的是自然法学派的学者，例如西塞罗、格劳秀斯、洛克、康德等人。此说对推动法律进化有重要影响，举世闻名的《拿破仑法典》就是在此说

---

〔21〕“摩西五经”指《圣经》中的前五篇：创世记、出埃及记、利未记、民数记和申命记。它是基督徒特别是犹太教徒信奉的最重要的典籍，实际上是犹太社会的法律。

〔22〕《商君书·修权》。

〔23〕《韩非子·难三》。

影响下制定出来的。

(二)意志说、理性说和客观关系说

这是从法的精神内涵的角度来认识法律的,认为法律体现的是意志抑或理性。意志说和理性说在有些学者那里相容,但更多的是相对立的。意志说认为法律体现的是意志,这里又可分为:(1)统治者意志说,法律是帝王意志、统治者的意志。例如汉谟拉比法典之说,中国古代“生法者君也”之论。(2)统治阶级意志说。(3)共同意志说。这是当代西方大多数宪法所宣称的。卢梭首创公意说,得到《人权宣言》的认可,并传到世界各地。其大意为,法律是公共意志的体现。在早期,这只是一种愿望,用以反对专制者个人立法;在民主国家里,由于人民直接或经由其代表参与立法,此说成为事实。另外,除了上述三种从人的意志立论之外,还有从神的意志立论的,古代思想家大都认为法律体现了神的意志。

理性说认为法律体现了理性。具体的看法又存在差异:(1)人理性说,此说认为法体现了人的理性,最典型的即是古典自然法学派。我国古代强调法合“人心”,实质即为法合人的理性。例如“法非从天下,非从地出,发于人间,合乎人心而已”。[24] 刘安说:“法生于义,义生于众适,众适合乎人心,有诸己不非诸人,无诸己,不求诸人。”[25]儒家“己所不欲勿施于人”的名言也是说的这个道理。(2)神理性说,此说认为法体现的是神的理性,强调法的内容的神圣性,不可改变性。

客观关系说认为法的精神内涵是某种客观外在的关系,法只是对这种关系的表述,其中以马克思、恩格斯的经济关系说影响最大。客观关系说的创始人当属孟德斯鸠,《论法的精神》开宗明义即指出“法是由事物的性质产生的必然关系”。[26] 狄骥认为人定法来源于客观法,而客观法来源于社会连带关系产生的各种规范:道德规范、经济规范、法律规范,[27]其实质也是指出法律根据于社会中产生的客观关系。

(三)工具论、社会工程论和预测论

这是从法的社会功能的角度认识法所得出的结论。工具论认为法律是达到某种目的的工具,它可以是一部分人手中的工具,也可以是全社会的工具。不同的工具论者看到法律为不同的工具:(1)伦理工具论:法是驱人向善的工具。管仲曾说过:“申之以宪令,劝之以庆赏,振之以刑罚,故百姓皆说(悦)为善。”[28]晋人葛洪也谓“刑罚以惩恶而为善者劝……故无刑则礼不独施”。[29] (2)认识工具论:法是统一思想的工具。中国古代政治家素重思想的统一,所谓“太上禁其心”,用法律推行一种思想,禁止各种不同思想,惩罚各种思想犯罪是其主要表现。

---

〔24〕《慎子·佚文》。

〔25〕《淮南子》。

〔26〕[法]孟德斯鸠:《论法的精神》(上),张雁深译,商务印书馆1995年版,第1页。

〔27〕狄骥“法律规范”中的“法律”与后文的法律是两个不同的概念,前者是指社会中形成的“客观法”,后者是人所制定的“实在法”。客观法其实是社会中存在的客观的关系,这是立法者不能违反的,是实在法的依据。参见[法]莱昂·狄骥:《宪法学教程》,王文利等译,辽海出版社、春风文艺出版社1999年版,前言。

〔28〕《管子·修权》。

〔29〕《抱朴子外篇·用刑》。

(3)政治工具论:法是统治工具、统治者手中的工具。中国古代为此种思想的大本营。例如,“法制礼仪者,治人之具也”,〔30〕“德法者,御民之具,以德法为衔勒,以刑罚为策(鞭子)”,〔31〕“夫法令者,人君之衔辔策也,而民者,君之舆马也”。〔32〕连素有放眼看世界第一人的魏源也说:“弓矢,中之具也……法令,治之具也。”〔33〕(4)技术工具论:法是规范行为的工具或法的目的是规范人的行为。例如,我国古代之“定分止争”说,墨子认为法就像百工之规、矩、绳、墨、尺寸。西方的行为法学、规范法学皆主此论。

社会工程论者认为法律是一项社会工程。典型代表是庞德,他说法律是一项日益灵验的社会工程,其目的在于以最小限度的牺牲尽可能满足全体人类的需要,法律是使人类行为服从规则治理的事业。

预测论者认为法律是对行为后果的预测,美国现实主义法学派认为官员解决纠纷的行为是法律,法律是对可能判决的预测。这种看法常被戏称为“坏人眼中的法律”。

四、法律是什么?

说了这么多法律概念,读者肯定要问,你的法律定义是什么?法律是人在不同的情境中选择的结果,它具有无穷的多样性,且人们对法律的期待又是如此不同,所以,任何定义都会引来争议,就如同“人类一思考,上帝就发笑”一样。但是不能因为“上帝发笑”人类就不思考,笔者还是试图给法一个定义。定义法律首先要明白试图定义的对象:是要给“所有法律”下定义呢,还是只给“好法律”下定义?前者是“实在的法定义”,后者是“应然的法定义”,这两者各有利弊。相对而言,“实在的法定义”具有更大的实用性,它有利于我们保持对实在法的批判理性。其次也要明白下定义的目的:仅仅为了认识法律呢,还是通过下定义促进更多的司法公正?例如提升裁判规则的确定性。考虑到上述因素,笔者尝试给法律一个参考性的定义:“法律是一种包含了最低正当性要求的、权威的行为规范,在大尺度的历史视野中,法律是人的自由的工具。”这是一个以实证主义为基础,吸收价值理性的定义。严格说来,这不是一个定义,它只是描述了一种“类型”,法律是社会规范中的一个类型,或者说,法律是一种特殊的社会规范。

第三节　法律的基本特征

一、研究法律基本特征的方法问题

既然法律是一种特殊类型的社会规范,进一步认识法律就要将法律从其他规范类型中分

〔30〕《淮南子》。
〔31〕《孔子家语》。
〔32〕王符:《潜夫论》。
〔33〕《魏源集·默觚下·治篇四》。

离出来,而这就必须研究法律的基本特征。研究法律基本特征应当注意下述方法问题。

一方面应当尽可能将各种法源纳入观察对象,防止以偏概全。例如,法律有社会法、国家法、超国家法,不能将目光限于国家法;法律有强行法和任意法,不能只观察强行法;法律有制定法有判例法,不能只观察制定法等等。另一方面应当注意法律特征的相对性。法律是一种社会规范,它与其他社会规范存在交叉,在法律与道德规范、政策规范、习俗规范之间必然存在灰色地带。法律与其他现象存在相似性,这种相似性就使任何法律的特征都只具相对性。这就决定了区分"法律现象"与"非法律现象"不能从单一特征出发,而应当从法律的"特征群"出发。

由于不同学派的着眼点不同,自然法学派着眼于正当,实证主义着眼于规范的来源与效力,社会法学派着眼于规范的实效,因此他们对于法律基本特征的描述也有差异。我国法学界通常将法律的基本特征表述为:法律是调节人的行为或社会关系的规范;法律是出自国家(国家制定、认可)的社会规范;法律是规定权利义务的社会规范;法律是由国家强制力保证实施的行为规范。这种归纳的一大缺点是观察对象只局限于国家法。这里对主流观念作必要的修正。

二、法律的基本特征

第一,法律是社会规范。所谓社会规范是调整人际关系的标准、准则、范式。社会规范的种类很多,例如道德规范、宗教规范、政治规范、经济规范、礼仪规范、社团内部的规章和纪律、乡规民约等等。法律是社会规范之一种,法律作为社会规范以法律规则和原则的形式表现出来。

法律是社会规范首先将法律与其他类似现象相区别。其一,法律与社会组织不同。国家、政党、公司等社会组织是以人组成的有形的实体,它们自己可从事社会活动,而法律则是无形的规则、原则,它只有借助人的行为才能对社会产生影响。其二,法律与思想观念等一般意识形态不同。思想观念对人的影响完全取决于主体的体验与认同,而法律则直接影响人们的外部行为。其三,法律与规律不同。法律作为规范是人所设定的,规律则是客观必然的,人可以发现规律却不可设定规律;法律作为规范产生的结果不是必然的,即规范可以受到违反,违反规范的后果是或然的,而规律则是不可违反的。其四,法律作为社会规范不同于技术规范。技术规范是调整人与自然关系的规则,例如安全规则、操作规程等等。当然两者的区别并非绝对。因为违反操作规程不但对自己造成损害,还可因此而损害他人,即使只损害自己也存在责任的认定与归属问题。所以重要的技术规范常被立法吸收,有些则作为法律标准而对司法过程产生影响。

第二,法律具有普遍性和形式性。法律的普遍性指法律不是针对某一特定对象的,而是针对不特定对象的、可以统一反复(在生效期间)适用的规范。这是法律与命令的不同之处。命令可以是针对单一对象的或单一事项的,但是法律不行。例如,不能制定免除某甲债务的立法,不能制定某人或某特定集团当总统的法律。法律的普遍性决定了法律必须是形式化的,尽管不同时空中的法律形式化程度不同,法律都有相当的形式化则是共通的。法律的形式化要求法律将不同的主体简约成为相同的法律关系主体,将外部世界归类,并在此基础上对权利义务关系作出形式上的规定。

第三,法律是以正义为价值导向的社会关系调整器。法律作为规范的功用在于调整社会关系。法律调整的社会关系具有无限多样性。从社会关系主体来分,可以分为个体间的关系、个体与团体的关系、团体与团体的关系。团体又可包括阶级、政党、家庭、社团、国家、国家机关、国家组织(例如联合国)、非国家组织(例如世界银行)等等。按社会关系涉及的领域来分,可以有物质关系和精神关系。法律对这些关系有些进行直接调整,有些只能间接产生作用。法律作为社会关系调整器是以正义为价值导向的,尽管事实上并不总是如此。任何时代的法律都力求或起码声称其是为了正义、为了社会公共利益而存在,或其调整本身是正义的,不是弱肉强食。当然,这只是指总体而言,不是指某一具体的法律,因为法律之中不可避免存在变态,且古代的特权法律许多是赤裸裸的为部分人谋利益的。不过在现代,追求特权的法律失去了合法性。还应当注意,正义对法律的价值导向作用是不断增强的,古代的法律常常有明显的暴力倾向,现代的法律则不然。违宪的法律(人定法)、违反上位阶法律的法律不是法律,侵犯基本人权的法律不是法律。纽伦堡审判和东京审判就是否定非法之法的典型。

第四,法律是权威的社会规范。法律的权威性是指在众多的社会规范中,法律具有优先适用性。法律的权威随着人类文明的发展而提升。在法治社会中,法律的权威表现为法律的具有至上性或排他性。这个至上性包括几个方面。一是法律相对于人来讲,具有至上性。这里的“人”包括一切自然人与拟制人,包括一切社会团体、政党。所有人都有服从法律的义务。二是相对于其他规范,任何其他规范与法律相冲突无效。

第五,法律在总体上以强制力为后盾。法律权威性是一种“威望”与认同,法律的贯彻通常不需要暴力。但是,必要的强制是必不可少的,没有强制力为后盾,“法律机会主义者”将泛滥,最终将吞噬法律的权威。对于这一点,法学界存在相当的共识。

我国古代学者和西方的规范法学派都强调法律的这一特点。汉刘向云:“民之好善乐正,不待禁诛而自中法度者,万无一也,下必行之令,从之者利,逆之者凶,日阴未移,而海内莫不被绳矣!”[34]规范法学派将制裁作为法律的构成要素之一;当代美国法人类学家霍贝尔说,在任何社会里,法律存在的真正的基本的必备条件是,社会授权的当权者合法地使用物质强制。“法律有牙齿,必要时会咬人,虽则并不时时使用。”[35]

法律的这一特征将其与道德、意识形态、劝告相区别。这是法律的普遍性所必须的。法律是普遍性的规范,这意味着冲突的双方要遵守同一规范:它要解决相互冲突、重叠的利益,必然会限制或剥夺一方的利益以达公正,因此可能会遭到该方的抵制或反对。同时,法律要对侵犯他人权利的一方作出否定性反应,所以必须以强制力为后盾。正像一位美国法学家所言:“任何地方的法律都开始于某人正干某事,而他人却不喜欢。”

在理解法律强制性是法律的特征之一的同时,我们应当防止把法律与强权、与赤裸暴力相等同的错误倾向。正确把握法律的强制性应当注意:一是应当把法律的强制性与正当性联系

---

〔34〕《淮南子·主术训》。

〔35〕[美]霍贝尔:《原始人的法》,严存生等译,贵州人民出版社 1992 年版,第 237 页。

起来考察,不可脱离正当性去强调强制性。[36] 二是强制只是指法律整体而言,并不是所有的法律都具有强制性。例如任意法就不具强制性,授以权利的法就不具强制性。三是法律以强制力为后盾,并不是说法律的实现主要靠强制,更不是只能靠强制。实现法律的要素是多元的,例如道德、利益关系、社会压力、信仰等,强制力只是不可或缺的条件之一。另外,规范国家行为的法律的实现主要依靠国家自律、国家间的利益牵制、国际社会的压力等等。如果一个国家的法律失去社会和人们的心理认同,仅仅依靠强制力,则意味着法律的死亡和公权力的合法性危机。事实上,对大多数人或事而言,强制力并不实际出现,而主要作为一种心理的威慑力而存在,只有对实际违反规范的人,强制力才可能真正出现。四是法律的强制并不完全是国家强制,否则将会导致对非国家法律的法律性的否认,例如,原始法的强制是部落社会的强制,宗教法的强制主要是教会的强制,国际法的强制是国际社会的强制等等。

三、法的权威来源

神学法学派将权威归结为神,自然法学派将权威归结为理性,社会法学派将权威归结为社会事实,哈贝马斯将权威归结为"交往理性",规范法学将权威归结为习性。规范法学派内部又存在分歧:奥斯丁将权威归结为主权者(背后是习惯的服从),哈特将权威归结为"承认规则",拉兹将法律权威归结为"社会权威",而这个社会权威是要符合他的正当性标准。

事实上,法律的权威来源是多元的,它来自社会权威、政治权威、理性权威。一个社会的法律权威是这三重权威不同"权重"的结合。大致早期不发达社会里"社会权威"是法律权威的主要来源,在专制社会里"政治权威"是法律权威的来源,在现代法治社会里,"理性权威"是法律权威的主要来源。

就现代法律来说,法律权威的政治方面主要来自国家,或者说法律主要是"出自国家的"。国家造法的方式主要是制定、认可、签约、国家惯常行为等。制定指国家立法机关或立法机关授权的机关创制法律的行为。认可指国家立法机关或立法机关授权的机关赋予社会上已经存在的某种行为规范以法律效力。[37] 国家与其他国家或国际组织签订条约的行为也是一种造法行为。在当代,国家签订的国际条约成为国内法的组成部分,且有高于国内立法的效力。有的学者将双边、多边协议称为协定法,这是很有道理的。国家惯常行为也可形成法律。当国家某一惯常行为受到社会承认,惯常行为所形成的模式就成为法律,国家在其后类似的行为中有遵守的义务。这实际上是对国家的一种约束,因为国家的惯常行为已经给公民一种合理的预期——碰到相同的情况国家还会作出同样的反映;同时,从"相同情况相同对待"的一般法理来说,国家应当遵守自己的先例。例如,英国宪法渊源之一的宪法性惯例,就是由国家惯常行为所形成的。国家的许多行为事实上没有制定法规定,赋予国家惯常行为的法律属性是法治国家的表现,它科国家以更严格的守法义务。国家不遵守自己的先例是人治国家的特色。当然,这当以国家行为的合宪性审查为前提,因为没有这一制度,国家惯常行为法律化的制度可

---

〔36〕 周永坤:"论法律的强制性与正当性",载《法学》1998 年第 7 期。

〔37〕 严格说来,制定和认可是难以区分的。因为认可本身是通过法律来认可的,法律认可某种习惯的行为本身是制定法律的行为。例如,法律将某民事习惯吸收进去,这种认可其实就是立法。只是在"资料"的来源上说,这个法条原来是习惯。这一点似乎没有引起学界的注意。

能将国家的非法行为合法化。

司法判决是否国家造法行为,在法学界存在不同看法。部分学者从三权分立立论,认为司法机关无造法权,司法机关只是"发现法律",而不是"创造"法律,在司法机关适用法律之前,法律早已在社会中形成;另一些学者认为司法机关的某些行为是造法行为,当司法机关碰到无先例可遵循的案件时,或当司法机关发现先例已过时,适用先例会导致严重的不公正时,可以不遵循先例,这时,司法机关用新的标准对个案作出判决,而此判决对以后的判决有拘束力,司法机关当然是在创造法律。我们认为,要回答这一问题首先要区分不同的法律传统。在制定法传统的地方,法官没有造法的权力;在判例法传统的地方,法官事实上在造法,且具有正当性。在实行判例法的地区和国家,有三种司法行为实际上是造法行为:通过司法审查废止某项立法,当无先例可循时创造先例,当先例严重过时或不公正时修改先例。另外,还应当分清司法机关"是否应该造法"和"实际上是否造法"两个问题。在制定法传统的地方,法官没有造法的正当权力,但是,实际上却不然。在宪法分权原则和法律保留原则未确定或未严格确立的地方,在制定法传统的地方司法机关造法也不在少数。例如我国的规范性的"司法解释",无论从实质和形式上(文件的形式)均为立法。判例法不仅在国家层面存在,在超国家(国际社会)层面上也存在,同时判例法中直接来自社会的陪审员起重要作用,发展判例法的价值直接来自社会,所以,判例造法同时显现了法律的三重权威来源。应当注意,在全球化时代,法律的政治权威不仅来自国家,而且来自超国家的政治实体,例如欧盟;不仅来自地区性超国家政治组织,而且来自全球性的政治权威:联合国,联合国在世界法的创制中扮演着越来越重要的角色。

习惯法是社会自发形成的,它的权威显然来自社会权威,它包括传统意义的"社会",也包括全球化时代的"全球社会"。在法律国家主义观念影响下,人们将法律权威完全归之于国家,这是片面的。当我们放眼于法史和国际法领域时,法律的社会权威就是不争的事实。在原始时代,享有社会权威的个人的判决是法律的主要成因,酋长、民众大会和部落议事机关是主要的造法者。在国家产生以后,社会直接造法也没有完全消失。社会造法的形式主要有:(1)公民大会、人民大会直接制定法律,或全民公决法律案,或社会组织制定法律。前者在古希腊城邦国家和古罗马共和时代是常见的事,后者在当代欧洲一些国家中并不罕见。例如,瑞士宪法的任何修改必须全民表决、现行《马耳他宪法》(1964 年)也是全民表决产生的。社会组织造法的先例是西方中世纪的宗教法、中世纪的商事习惯法、中国宗法社会的家族法。(2)国际社会造法。例如联合国、欧盟、世界贸易组织等国际社会组织都实际上创制了许多法律。(3)社会运作过程中产生的部分习惯法。当立法机关对某习惯未予认可,而司法机关在司法中加以适用。此习惯便是直接来自社会的法律,这方面最有说服力的例子是商法和商业习惯。早期的商法是商业习惯行为所形成的,由商会或其他商人组织执行,国家政权并不介入,直至现代,商业惯例作为法仍与国家无多大关系。

法律的理性权威来自社会公认的价值观和权威的理论。许多国家都承认当法律无规定时,公认的价值观成为第二位的法源,有些国家公认的价值观甚至可以纠正国家的不良立法。权威性理论是出自法学家的法律,或称教授法。众所周知,早在古罗马,法学家的解答就是重要的法源,当当事人(包括法官和政府官员)碰到具体法律问题无所适从时,就去请教法学家,法学家的解答就是法律。16 世纪至 19 世纪的德国,当法官碰到疑难案件时,就去大学法学院求教法学教授,负责解答的法学院的全体法学教授讨论的结果就是法律。

严格说来,法律权威的三个来源不能等同于谁造法,不同类型的法律都程度不同地包含了三种权威成分。社会权威通常包含了理性权威在内,非理性的习惯尽早会遭淘汰。政治权威更离不开社会权威和理性权威,纯粹赤裸裸的政治权力支持下的法律不是没有,但它很难长久。它的最终必然结果要么是法律的修改,要么是政治权威的易主。理性的权威也包含了社会权威和政治权威,没有社会权威和政治权威的支持,理性成不了法律。

讨论题

1. 中国“法”的词义与其他法文化中类似的用语相比有何不同?
2. 如何理解法的概念?
3. 法律的基本特征有哪些?
4. 法律的权威源自哪里?

延伸阅读

1. [日]长谷部恭男:《法律是什么? 法哲学的思辨旅程》,郭怡青译,中国政法大学出版社 2015 年版。
2. [英]H. L. A. 哈特:《法律的概念》,许家馨、李冠宜译,法律出版社 2011 年版。
3. [美]富勒:《法律的道德性》,郑戈译,商务印书馆 2005 年版。
4. [美]罗纳德·德沃金:《法律帝国》,李冠宜译,台湾时英出版社 2002 年版。
5. [德]罗伯·阿列克西:《法概念与法效力》,王鹏翔译,商务印书馆 2015 年版。

延伸思考

1. 评价工具论法概念。
2. 国际法的权威来自哪里?

下编 | 动态的法

第十五章　法律的生成

人类必须有法律并且遵守法律,否则他们的生活将像最野蛮的兽类一样。

——[古希腊]柏拉图《法律篇》

当立法机关力图侵犯人民的财产,使他们自己或社会的任何部分成为人民的生命、权利或财富的主人或任意处分者时,他们背弃了他们所受的委托。

——[英]洛克《政府论》

第一节　法律生成概说

一、法律生成释义

生成指事物产生、发展、形成的过程。法律生成指法律在社会母体中产生、发展、形成的过程。这里的法律生成与法律起源是两个概念。法律生成是指特定时空中的法律规则、原则、法规、判例、习惯、权威性理论——单体的法产生、发展、形成的过程,而法的起源是指法律这种特殊的社会存在作为整体从无到有的社会运动过程。如果说法律起源研究的是法律的"种群发育"过程的话,那么,法律生成研究的则是个体发育过程。从问题的性质看,法律起源是法律的发生学问题,而法律生成则是一个法律运作论问题。法律生成与前文法律存在也不是一个概念。法的生成是个体法生命的取得,法的存在是指法律整体生命的表现。

与"法律生成"相对的概念是"法律实现",但是法律生成与法律实现的区分却是相对的。许多法律的生成(例如判例法的生成)本身就在法律实现过程中,即某一判例的形成既是法律生成也是法律实现,它在适用已有法律规则或原则的同时产生了一个新的规则或原则。在制定法系,法律生成表现为立法,法律实现表现为执法、司法和法的遵守,两者区别较为明晰。但是即便如此,在执法、司法、法的遵守过程中也可能会产生对制定法漏洞的补充、对原法内容的扩大或缩小,这又是法生成的过程。而且,下位法律的生成本身可能是上位法律的实现。例如,立法机关按宪法规定制定保障权利的立法,是法律生成,同时也是实现——宪法律实现。行政机关的授权立法是立法,同时又是授权法律实现。诚如凯尔森所言:"法律的创造始终是法律的适用。这两个概念,绝不像传统理论所假定的那样,是绝对的对立物……一个法律规范的创造通常就是调整该规范的创造的那个高级规范的适用。”[1] 我国传统法理学将立法和法的实施、适用截然分开的观念不符合法律实践的实际,应予纠正。

与此相关的一个问题是,法的生成与哪些社会主体有关?大体上有三种观点。一是法的生成是立法者的事;二是法的生成是立法者、行政官员和法官的事;三是法的生成是社会本身的产物。以奥斯丁为首的规范法学派认为立法只是主权者的事,我国传统法理学不讨论法的生成问题,但在法的定义中将法定义为“国家制定或认可”,明显将法的生成单单看成是立法者的行为。[2] 社会学法学及现实主义法学将法的生成看成是立法、行政和法官行为的结果。以萨维尼为首的历史法学派则把法律看做与语言一样是民族精神的产物。笔者认为,在不同的法律发展阶段和不同的文化传统里,参与法律生成的主体不同。在早期相对小型、简单的社会里,社会成员都参与了法律的生成活动,他们的社会行为是习惯生成的主要力量。在制定法成为主要法源且缺乏民主的地方,法的生成主要是立法者的事,执法人员、司法人员是法生成的辅助力量,[3] 至于人民大众则被贬为“百姓”、“群众”这样没有意义的符号,从法生成的舞台上退隐。在制定法占优势同时实行民主制的地方,民众再次通过选举立法者、全民公决、立宪等活动参与法的生成过程,但是也始终只处于辅助地位,法律生成成为立法家和政治家的事。在判例法为主要法源的地方,法官始终是法律生成的主角。不同法文化传统里的法学家在法律生成过程中的角色定位是不同的。通常东方社会的法学家对法律生成的影响很小,而西方国家法学家对法律的生成起到至关重要的作用。在政治家的法或宗教家的法传统里,法学家对法律生成的影响小,在技术型的法里,法学家是法律生成的主角。

二、法律生成的动因

法律生成的动因可以从四个方面去观察,从社会运动的角度去观察,法律是社会运动的产物,社会需要是法律生成的动因;从政治的角度来看,法律是强者的利益需要的产物,或法律生成于统治者的权力驱动;从精神的角度来看,法律生成于理性的活动;从经验的视角来看,法律是历史的积淀。[4] 这是法律生成上的社会观点、政治观点、哲学观点和历史观点。不同学派的法学家们的看法其实是法生成的不同动因,这些动因又是相互联系的。

从社会运动的角度来看,法律的生成确实是社会需求的产物,也是社会运动的结果。人是

---

[1] [奥]凯尔森:《法与国家的一般理论》,沈宗灵译,中国大百科全书出版社1996年版,第150页。

[2] 我国主流法理学与奥斯丁都主张法律是立法者的产物,表面上看两者是同样的,其实不然。奥斯丁的立法者是所有在“上位”的人,有较大的包容性;而我国的主流法理学将法律完全归于国家制定,则是典型的法律国家主义思想。

[3] 如何看待制定法传统的社会里法官在法生成中的作用是法理学应当认真对待的问题。在我国传统的法理学领域里,历来忽略法官在法生成中的作用,这是片面的,它来自机械的权力分立理论。当代大陆法系的国家已经放弃了这一理论。当代德国的理论界通常认为司法判决的功能有三:一是解释和适用待决案件的现行法;二是对法律漏洞进行识别、论证与填补;三是对现行法律的“拒绝服从”。第三个领域当然是法官造法无疑,在第二个领域里,也有法官的“法律续造”和“法律重构”问题,这都是在“立法”。参见[德]伯恩·魏德士:《法理学》,丁小春等译,法律出版社2003年版,第360页。

[4] 历史法学派将法律生成归之于“民族精神”,在民族国家独大的时代,这或许是正确的。在全球化时代,许多法律的生成越出了民族国家一隅,这个“历史”当是真正的世界史,其精神当是“人的精神”。

社会的动物，社会中的人们为解决各种问题而创造法律，例如，我国为规范证券交易而制定证券法，美国人在 18 世纪为组建美国而制定宪法。同时人们在相互关系中会自发形成较为固定的交往模式，这就是习惯法。在判例法地区，法官为解决具体案件必须作出判决，说明判决理由，这就形成了判例法。不同结构的社会以及不同发展阶段的社会的法律需求不同，因而法律对社会生活的覆盖面也有异。通常情况下，市场经济较自然经济和计划经济有较强的法律需求且法律需求的面也广得多，专制社会的法律需求通常不足，且主要法律需求是刑法及其他以巩固统治为目的的法，民主社会的法律需求通常很强烈，因为民主离不开法治，离不开法律。且民主社会里民法需求强烈，权利立法需求强烈。

从政治的角度来看，法律生成的动因来自统治者的法律需求或社会力量间的斗争。这种法律冲动后面的深层原因可能有两种或两者兼而有之：一是社会的法律需求通过统治者反映出来；二是统治者的特殊利益需求转化为立法需求。不过，任何真正的统治者都不可能完全忽视社会利益而追求特殊利益。所以法生成的政治动因通常包含社会整体利益和统治者的特殊利益的刺激在内。不过，除了个别愚蠢的统治者以外，任何政体下的统治者都声称立法是为了整体利益，以使法律得到社会认同。立法是否真正体现、在多大程度上体现社会整体利益不能求之于统治者的标榜，不能求之于统治者的道德，当看法律对人权的确认程度，当看法律中的形式理性，当看法律生成主体的民主性，当看法律生成程序的开放性和民众参与程度等等。

从精神的角度来看，法律生成的动因为理性的力量。哲理法学派强调法律来自"建构理性"，历史法学派强调此为"经验理性"，其实作为法生成的精神力量通常是两者兼而有之的。从著名法典的生成来看，《法国民法典》的产生主要是建构理性的推动，而《德国民法典》则有更多的经验理性。而且"建构"是一种理性活动，建构的"材料"来自何处？无疑仍然来自社会。习惯法、判例法的生成无疑以经验理性为主，当然也不完全排除建构理性的作用。一个习惯规范和判例的生成除了经验以外，倡导习惯的人们以及法官们离不开对习惯法制度、判例法制度的整体思考，以便新的习惯和判例与之协调。

法律生成的历史观点其实是与上述三种观念相重合的。前面三个视点描述了法律生成的空间维度，而历史的观点却给我们提供了一个时间的维度。这四个因素的不同组合构成了人类法律生成的丰富多彩的画卷。

三、法律生成的形式

按生成过程中理性自觉作用的大小可以将法的生成分为自发生成与自觉生成。自发生成指法律在社会中盲目地生成，例如习惯法的生成；自觉生成指人们有意识地创造法律，包括立法和判例的创设。从法生成动因来自社会内部还是外部，可以将法的生成分为内部生成和外部生成，内部生成是指法律生成的力量来自社会内部的生成形式，外部生成指生成力量来自社会外部的生成方式，极端的外部生成是外来殖民者强迫殖民地接受殖民者的法律。在 20 世纪 60 年代以后，殖民武力为国际社会所不容，所以绝对的外部生成已较为罕见。处于法律全球化浪潮中的今天，绝对的内部生成也少见了。更多的是在内外合力的影响下生成新的法律。例如在外来法文化的影响和内在法律需求的双重影响下的法律移植、新法创制，在国际条约、国际惯例、超国家法律的要求面前主动改变自己的法律等等。应当指出，在法律生成问题上，所谓"内因决定、外因条件"的理论是不适用的,一切视具体情况而定。因为法律生成过程是人的选择过程,在不同的文化相碰撞的时候,一个强有力的文化或一个先进文化所具有的力量足以消解作为内因的本地文化的抗拒,成为法律进化的决定因素。例如,我国清末变法及其所引发的法律变革,就不是所谓"内因决定"的,而是"外因决定"的,没有西方文化的介入,绝不会有20世纪中国法律的根本转型。中国本地文化在这个运动中担当的恰恰是被动的、被改造的角色。那种将中国本地文化作为那场变革决定因素的思想,不过是自卑与自大的混合物。

从法生成过程中人们的活动形式来分,可将法的生成形式分为互动式(协议式)、判断式和宣示式。习惯法和公认价值观的生成是在人们互动过程中积淀而成的。例如早期社会习惯法的形成过程就是无数社会主体间互动的结果,现代国际贸易习惯法是无数商人们相互签订契约而逐步形成的。这个协议过程包括合同、公约、谈判等等。判例法的生成是判断式的,由中立的裁判者裁决双方的关系而形成一定的规则和原则。制定法则是单方宣示的。权威性理论则是学术活动的产物,是法学家理论创造的产物,这是一种"学术宣示",最终能否取得"法性"需要司法者的裁判。从法律生成的各种形式来看,宣示式的法律生成方式与权力和个人因素的相关度较大,因而任意性程度较高,据此原因,现代国家对立法有严格的实体和程序限制。

法律拟制(legal fiction)是法律生成的特殊形式。[5] 其优点在于能够避免立法行为所带来的政治风险,不动声色地使规则和制度发生改变。如在罗马较早的时代罗马(市民)法只能适用于罗马人,但后来外族人谎称自己是罗马人,负责审查的官员则对此熟视无睹,这使得罗马法由属人法逐渐转变为属地法。在中世纪英格兰,有的官员拿出不知何时制定的法律主张其有效性,声称该法是某个已故去的国王制定的,如果法官采纳,实际上也是一种拟制。

第二节 法的制定

一、法的制定的概念

现代社会,法律制定是现代法律生成的主要方式。我国法学界对法的制定的定义无多大分歧,大致表述为:法的制定是一定国家机关依照法定权限和法定程序制定、修改、废止法律和其他规范性文件的一种专门活动。这一定义有三点值得讨论。

一是法的制定(立法)的主体问题。传统定义将立法主体表述为"一定国家机关",这个表述的目的是把立法机关以外的机关的活动,主要是行政机关的活动纳入法的制定的主体范围。

---

〔5〕 指法庭对事实作出的假设以作为裁决某一法律问题的基础,即假设某一事实是真实的,即使它可能并不真实。法律拟制主要是在司法推理过程中作出,以改变某一法律规则的适用。参见薛波主编:《元照英美法词典》,法律出版社2003年版,第817页。

这是欠妥的。从逻辑上讲，非立法机关本身无立法权限，何以能“依职权”制定法律？从实践上来看，只有立法机关的行为才是立法。非立法机关有时也有制定法律性文件的活动，但它必须经立法机关的“立法”将权力转让才是合法的，这就是授权立法（容下文论述），这个定义明显混淆了立法与制定规章和授权立法这两个不同性质的行为。另外，将立法机关仅限于“国家”机关也是欠妥的，因为立法者除了国家以外还有自治社会与超国家组织两个层面。

二是“依法定程序”，这也是可讨论的。强调立法的程序性用意是好的，但是却有以偏概全之嫌，因为专制体制下专制者下命、出令即是法，有法定程序是例外，无法定程序是常规。

三是将“其他规范性文件”与法律并列为法的制定的结果。其用意在将行政法规、规章、规范性行政措施等一并列入法。此种做法将法律与非法律性文件混为一体，以致将县、乡级政权机关制定的规范性文件纳入法的体系，模糊了立法行为与行政行为的界限，混淆了有立法权的机关和无立法权的机关（例如县级人大）活动结果的界限，于法治国家建设极为不利。

基于以上分析，我们将法的制定界定为：法的制定是立法主体创制、修改、废止法律的活动，简称立法。〔6〕 广义的立法包括立宪，狭义的立法只指立法机关的立法。立法的特点是制定规范，不是执行规范。〔7〕

立法在现代通常是国家的行为，但是并非只有国家才有立法。立法分为三个层面，一是社会立法，二是国家立法，三是超国家（国际）立法。在人类社会组织还没有达到国家这个层次的时候，有意识的立法是很少见的，但我们从希腊神话中，从《圣经》中还是能窥见少许部落社会立法的情形。当国家形成以后，社会立法退于次要地位，不过并没有完全绝迹，例如中世纪的教会法就是教会这个社会组织制定的，我国古代社会大家族制定“家法”也可归入社会立法这一类。

国家立法从国家产生的那一天起就存在。现存最早的国家立法文件是两河流域的乌尔第三王朝的《乌尔纳姆法典》（公元前 21 世纪），其次是古巴比伦王国的《汉谟拉比法典》（公元前 18 世纪）。古希腊最早的国家立法当属公元前 621 年的德拉古立法，古罗马最早的成文法《十二表法》在所有的早期立法中最负盛名。国家立法从产生以后逐渐发展，曾一度几乎垄断了所有的立法。到 20 世纪，国家立法达于极致。在国家立法达到顶峰时，产生了比国家更高层次的立法，即超国家立法。

超越国家的立法是以国家为组成分子的立法，在这里，国家就处于类似于国家立法中的个人的地位，它有权参与立法，但是却不是它（国家）在立法。最典型的是欧盟部长会议的立法。有些行业性的国际组织（例如世界贸易组织）以及联合国实际上也担负着超国家立法的角色，当然不是它们的全部制定规范的活动都可称为超国家立法，因为有些规范只具有建议性质。

---

〔6〕 “立法”这一词有双重含义，一与法的制定相同，指行为；另一指行为的结果，与制定法同义。这里在第一义项上使用“立法”一词。

〔7〕 “法律制定”这一概念的定义取决于定义者对“法律”外延的确定，而法律外延的确定在不同的政治制度中是不同的。在现代社会，立法机关与行政机关分职，在这个意义上，只有立法机关创制的规范性文件才是“法律”。但是由于我国行政机关制定的许多规范也被作为“法律渊源”，这就产生了一个表述的逻辑问题：“行政行为”产生的结果却是“法律”。如果“法律制定”的“法律”指广义“法律”（法律渊源），则传统的立法概念基本上（不考虑其他因素）是可行的，但那与现代法治原则相悖。本书“法律制定”概念所指的“法律”仅指宪法规定的狭义的法律——全国人民代表大会及其常委会制定的规范性文件，这是与国际惯例相统一的，也有助于建立法治社会。

在21世纪,超国家的立法将会有长足进展。本书主要讨论现代国家立法。

现代法治国家的立法具有如下特点:

第一,现代立法具有规范性和预设性。这是立法与行政行为和司法行为的区别。所谓预设性指法律是事先设定的,与司法、行政事后的决定或审判行为不同。这决定了法律在原则上无溯及力,特别是科以负担的法律不能有溯及力,赋予法律溯及力必须有正当的理由。

第二,现代立法是依职权的活动。古代立法的正当性寄托于暴力或传统的服从,或假托神的力量,立法者被假设为无所不能的。现代立法的正当性寄托于宪法确定的权限,立法机关只能在立法权限内立法。在实行立法分权的国家,不同立法机关之间的立法必须遵守宪法确立的权限。在超国家立法层面上这个问题的制度化程度较低。在欧盟,《里斯本条约》事实上起着"超国家宪法"的作用;在全球,则由《联合国宪章》等国际法对国家立法权予以限制。

第三,现代立法有严格的程序要求。立法涉及大面积社会利益的调整,必须是慎之又慎的事,同时社会必须对立法予以严格的监控,所以现代立法有严格的程序要求,这个程序的核心是公开的立法辩论。

关于我国现行体制下立法这一概念的外延我国法学界有三种不同表述:狭义专指国家立法机关全国人大及其常委会创制、修改、废止法律的活动;中义是指国家权力机关(包括全国人大及其常委会和享有地方立法权的地方人大及其常委会)以及中央行政机关创制、修改、废止法律和规范性文件的活动;广义是指国家权力机关和行政机关(从中央到县)创制、修改、废止法律和其他规范性文件的活动。与上述三种都不同的是《立法法》第2条所规定的"立法"的范围是"法律、行政法规、地方性法规、自治条例和单行条例"。

从我国现制和法治国家的要求来看,中义和广义的立法外延均不合适,"法律"这一概念外延过宽问题,也与《宪法》第85条的规定不一致。特别是广义立法包括了许多无地方立法权的机关的行为在内更为不妥。狭义的概念是与《宪法》第58条所述"立法权"之立法含义一致的,也与《宪法》所使用的"法律"这一概念一致,唯一的不足是我国现制中确实存在"地方立法",而这一概念未能涵盖地方立法。《立法法》的适用范围包括了"行政法规"不知出于何种考虑。

从有利于法治国家建设和描述的客观性需要出发,我们认为我国现制上立法概念的外延是指享有立法权的人民代表大会及其常委会制定法律和地方性法规的活动。具体包括:(1)全国人大及其常委会制定全国性法律的活动;(2)享有地方立法权的地方人大(省级人大及其常委会、较大市的人大及其常委会、县级以上民族自治地方的人民代表大会)制定地方性法规、民族自治法规的活动;(3)特别行政区立法会制定特别行政区立法的活动。

二、立法主体和立法体制

立法主体即制定法律的社会主体,通常认为主权的享有者有权制定法律。古代国家的立法主体通常是专制者个人、人民全体。在现代,则有专门的立法机关专司立法。

在古希腊,立法主体是多元的:公民大会、贵族会议;在古罗马,公民大会、库里亚大会、元老院、平民大会都可以制定内容不同的法律。中世纪,教会、国王是主要立法主体,自由市的市民大会也可制定法律。近代以来,西方国家普遍实行三权分立,议会成为唯一的立法主体。

我国古代的立法权由皇帝行使,辛亥革命废除帝制建立民国,孙中山行五权分立体制,立法院行使立法权。

1949年的《共同纲领》规定实行人民代表大会制度,在人代会召开前由全国政协制定《中央人民政府组织法》(第12条)。《中央人民政府组织法》规定中央人民政府制定并解释法律(第7条)。1954年第一届全国人民代表大会召开,通过第一部苏式宪法。该《宪法》规定"全国人民代表大会是行使国家立法权的唯一机关"。一年过后召开的一届人大二次会议通过《关于授权常务委员会制定单行法规的决议》。依该决议,所谓单行法规指"部分性质的法律"。[8] 1975年《宪法》又将制定法律的权力归全国人大,人大常委会只能制定法令(第17、18条),1978年《宪法》的规定同1975年《宪法》(第25条第3项)。1979年《地方各级人民代表大会和地方各级人民政府组织法》打破中央一级立法的体制,规定省、自治区、直辖市人民代表大会及其常委会可以制定地方性法规(第6、27条)。1982年《宪法》规定全国人大和全国人大常委会分享立法权(第62、67条)。[9]

立法主体享有的立法权限即立法体制。世界上的立法体制大体上可分为两类:联邦制国家的二元立法体制和单一制国家的一元立法体制。联邦制国家通常在中央和地方间划分立法权,联邦享有联邦立法权,州(加盟共和国)有州的立法权。这是源于社会自治与民主理念,在这一理念下,主权本来是州的,联邦的主权源于州主权的部分让渡,因此在州与联邦之间进行立法权的划分。单一制国家的立法权通常由中央集中行使。如需地方制定适用于该地方的特别事务的法律,则由立法机关授权地方制定,此为授权立法之一种。学界对我国立法体制的描述有三种:(1)一级立法制体制;(2)二级立法体制;(3)多元多级立法体制(含行政机关)。我们认为将行政机关列入立法体制是明显不合宪法规定的。我国是实行特别行政区的单一制国家,此种体制没有先例。这一体制下的我国立法体系既非一元,又非完全的多元,姑且称为"以大陆为主体的多元立法体制",它以全国人大及其常委会统率全国立法工作,香港特别行政区享有自治的立法权,同时省、直辖市、自治区、大市享有地方立法权,县级以上民族自治地方人大有权制定自治条例和单行条例。

三、授权立法

授权立法(delegated legislation)或称委任立法,是不享有立法权的机关依据立法机关的法律授权制定法律的活动,授权立法的实质是立法权的合法转移。授权立法这一词有时也指授权立法的结果:按授权立法程序制定的法律文件。授权立法有两个相关的行为组成:一是立法机关制定授权法,将某项立法权转授其他机关行使;二是受权机关按授权法的规定制定法律。按授权法立法的机关主要是行政机关,但是也包括法院、地方自治团体(不具备立法权的省、市议会)、美国的独立管理机构(例如州际商业委员会等)。由于授权立法的机关通常是行政机关,有些学者将授权立法等同于行政立法。其实,在我国体制下,授权立法与行政立法不是

---

〔8〕 严格说来,该决议的合宪性是成问题的,我国通过普通法律修改宪法的违宪立法大概开始于此。

〔9〕 其实在此前,全国人大常委会早就在制定法律了,例如1982年《民事诉讼法(试行)》、1982年《海洋环境保护法》等等。

一个概念。行政立法包括授权立法与行政机关依宪法规定自主制定行政法规、规章的行为。严格来说,行政立法与授权立法是两个交叉概念。[10]

授权立法与立法也不同。法理学上讲的立法不仅指形式意义也指实质意义。即不但指实质上是制定规则(不同于行政行为作出决定、司法行为作出判决)的行为,而且要求形式上是立法机关的行为。授权立法在实质上是立法的,即制定规范,而形式上是非立法的(行政行为、司法行为或其他非立法行为)。立法与授权立法的不同在于:(1)合法性依据或权力来源不同,立法的合法性依据或权源在宪法,授权立法的合法性依据或来源在授权法;(2)行为主体不同,立法的主体是立法机关,授权立法的主体是立法机关授权的其他机关;(3)程序不同,立法遵守立法程序,授权立法遵守行政程序或其他非立法程序;(4)结果不同,立法的结果是法律,授权立法的结果是行政规范性文件或其他规范性文件,例如司法机关制定的内部程序性规定。

划分立法、授权立法、制定法规规章行为在法治国家是十分重要的,因为这是划分法律位阶的依据。立法、授权立法、法规规章实质上处于不同的法律位阶。可惜的是,我国无论在实践上还是理论上都没有将授权立法和自主制定的法规规章的位阶加以区分。

授权立法在古罗马时期已见端倪。罗马的执政官经授权可对自治市颁布法律。现代的授权立法起源于英国。早在1531年,《污水排除法》授权污水排除专员在确定排污通道计划和对土地所有者征税方面制定法律。1688年光荣革命以后,议会垄断立法权,所有的法律要么由议会制定,要么由议会授权的下级权威制定。授权立法在英国成为定制。世界各国在确定现代民主制度的过程中,都确定了大同小异的授权立法制度。

我国的授权立法萌芽于清末。1908年颁布之《宪法大纲》部分学习日本明治体制,确立议会法律高于行政命令的地位,1911年公布的《十九信条》第11条正式确定授权立法制度。真正的授权立法制度始于1912年通过的《中华民国临时约法》,该约法规定立法权由参议院行之(第16条),而后在确定法律保留范围的前提下授予临时大总统为执行法律或基于法律之委托发布命令权(第31条)。1927年国民党发动反动政变,实行一党独裁,授权立法制度遂亡。

新的授权立法开始于1979年。1979年7月1日通过的7部重要立法中3部有授权性规定:《选举法》第44条、《法院组织法》第42条、《检察院组织法》第42条。同年全国人大常委会制定3部法律,其中两部有授权:《森林法(试行)》第42条、《环境保护法(试行)》第33条。据统计,从1979年到1998年20年间,全国人大制定的法律中有19部法律有授权立法规定,含20个授权条款,授出24项立法权。

我国现代授权立法除了上述在一般立法中将执行法律的办法、细则的权力授出以外,还有一种专门的授权法,或"一揽子"授权法。从1981年开始,全国人大和全国人大常委会共作出8项专门授权决定或决议,其中全国人大和全国人大常委会各4项。这些专门的授权决定或决议分两个方面,一是授权国务院就某一方面制定规范性文件;二是授权经济特区立法权。授

〔10〕"行政立法"之"立法"一词其实只是借用而已,严格说来行政机关没有立法权,"行政立法"一说本身就违反现代宪政原则。但是考虑到我国法学界已经习惯于使用这一概念,这里姑且用之。

予国务院立法权的3项:1983年全国人大常委会授权国务院对《职工退休退职办法》进行部分修改和补充的决定;1984年全国人大常委会授权国务院改革工商税制发布有关税收条例草案试行的决定;1985年全国人大授权国务院在经济体制改革和对外开放方面可以制定暂行规定或条例的决定。授权经济特区立法权的共5项:1981年全国人大常委会授权广东省、福建省人大及其常委会制定所属经济特区的法规;1988年全国人大常委会《关于建立海南省经济特区》的决议授权海南省;1992年全国人大常委会授权深圳市;1994年全国人大授权厦门市;1996年全国人大授权汕头市和珠海市制定所属经济特区的法规。

现代授权立法必须遵守一定的原则,以维护宪政。这些原则是:(1)法律保留原则。法律保留原则要求重要事项的规定只能以法律形式出现或只能由立法机关以立法规定。"重要事项只能以法律规定"旨在限制行政机关的权力,维护立法权,"只能由立法机关以法律规定"又称"议会保留"。即这些立法权不能转授,这是对立法机关"授权法"的限制,防止立法机关放弃职守。我国从1954年《宪法》开始就确立了法律保留原则(第22条),可惜的是从来没有遵守,许多本属立法范围的事由政党和行政机关擅自行使。现行《宪法》对保留原则的规定较五四宪法严格,保留的范围包括:兵役(第55条第2款),税收(第56条),土地使用(第10条第3款),重要的国家机关的组织、选举、活动规则,民刑等基本生活规范等。(2)明确性原则。这是对授权法的限制,授权法不能含糊不清,不能一揽子授权,不能将某一方面的法律制定权一下授出。明确性原则要求授权法应明确规定授权立法的目的与范围。各国对何为"明确"的标准把握不一,通常借助于判例或权威性理论加以确定。(3)合法性原则。授权立法是依据授权法的行为,因此必须符合授权法,同时不得违反有关的法律。(4)合理性原则。授权立法行为离不开裁量,裁量行为必须受合理性原则拘束。

我国《立法法》第9条、第10条规定了授权立法的四条重要原则:第9条规定了法律保留原则,第10条规定了"合目的性"原则、合范围原则和授权立法权不得转授原则。

四、现代立法原则

立法原则是立法者应当遵循的准则或指导方针。立法原则集中反映了社会的基本价值追求。立法原则与法律原则有相同的地方,又有所区别,从对社会主体的规范性要求来说,两者是相同的。但是两者有明显的区别:从规范的对象来看,法律原则的约束对象是一般社会主体,而立法原则的约束对象则是立法者;从法律效力来看,法律原则是法律的一部分,可以直接适用,而立法原则则不是法律,不能直接适用。当然,两者的区别是相对的,抽象程度越高的法律原则越接近于立法原则,法律的基本原则也是立法者必须遵循的,从而也是立法原则的一部分。

立法的根本准则或指导方针与立法同样古老。例如在帝王专制制度下,王权至上是根本立法原则;在宗教立法中,神权至上是神圣的立法原则。但是严格意义上,说规范立法者的立法原则却是近代民主制度的产物。这种立法原则是社会对立法者的约束,而不是立法者主观意志的定在,即现代立法原则是与立法主体相分离的、外在于立法者的客观要求,是社会根本价值的体现,而不是立法者的自我利益追求。

立法原则可以到宪法和法学权威著作中去寻找。早在1776年,法国人马布利就出版了

《论立法或法的原则》一书。功利主义者边沁也著有《立法原则概论》。20世纪初,英美学界更产生了《现代立法的基本原则》、《立法原则》等有关立法原则的专著。[11] 有些国家在宪法中明示立法原则,有些国家则不然,只是作为精神、习惯贯彻于立法之中。宪法明示法律原则的方法也有差异,有的在序言中明示,有的以条文形式明示。例如,《日本国宪法》在序言部分明示:"兹宣布主权属于国民……国政仰赖国民的严肃信托,其权威来自国民,其权力由国民代表行使,其福利由国民享受,这是人类的普遍原理,本宪法即以此原理为依据。凡与此相反的一切宪法、法令及诏敕,我们均予排除。"《美国宪法》则在第1条第9项明确规定:"剥夺公权的法案或溯及既往的法律一律不得通过。"《印度宪法》以一篇规定国家的立法原则,第37条规定:"本篇所述原则,系治理国家之根本,国家在制定法律时有贯彻此等原则之义务。"该篇其余14条内容十分丰富,所列立法原则甚多,要者如:增进公民福利、平等、乡村自治、工人参加工业管理、免费义务教育、保护生态环境、司法与行政分立、促进国际和平与安全等等。《意大利宪法》规定的基本原则有12条之多,其要者如:法律面前人人平等、人民主权、保护少数民族、地方自治与分权、宗教自由、遵守国际法规范、同意限制国家主权等等。

我国《宪法》并未规定立法原则,学者对立法原则的表述不甚统一。影响较大的表述有三种:一是沈宗灵教授的立法七原则说,[12] 二是孙国华教授的立法五原则说,[13] 三是张文显教授的"基本原则"和"其他原则"两分说。[14] 三教授对立法原则的表述都有一定理论意义,在实践上也对立法有一定指导意义。但是从法学上来看,这些原则均与立法方法有关,对立法者缺少规范意义,而确立立法原则的本意就在于规范立法行为。就主要内容来看,这些原则对立法内容和形式方面的引导与限制均显得不够,与国际惯例相差较远。我们认为立法原则应当与立法方法有所区别,立法方法是引导立法者如何立法,例如学习历史和外国经验,原则性和灵活性兼顾等等,而立法原则的功能则在于引导和限制立法者应该立什么法,不应该立什么法,使立法者有所遵循。所以,确立立法原则应当贯彻法治精神,即普遍守法和良法精神,应当贯彻人权精神。

吸收我国法学界的研究成果,依我国《宪法》的有关规定,借鉴西方法学理论和法律实践的合理成分,同时考虑到经济、法律全球化的趋势以及和平与发展这一人类共同面临的任务,我们将立法原则分为立法的价值原则和立法的形式原则。

---

〔11〕 周旺生:《立法论》,北京大学出版社1996年版,第725页以下。

〔12〕 该七项原则分别为:(1)立法必须以宪法为依据;(2)立法必须从实际出发;(3)总结实践经验与科学预见相结合;(4)吸收、借鉴历史的和外国的经验;(5)最大多数人的最大利益为标准,立足全局、统筹兼顾;(6)原则性和灵活性相结合;(7)保护法律的稳定性和连续性与及时立、改、废相结合。参见沈宗灵主编:《法理学》,高等教育出版社1994年版,第278页以下。

〔13〕 该五项原则分别为:(1)实事求是,一切从实际出发;(2)原则性与灵活性相结合;(3)维护法律的严肃性、稳定性和连续性;(4)要有创建性、纲领性;(5)坚持群众路线,实行领导与群众相结合。参见孙国华主编:《法理学教程》,中国人民大学出版社1994年版,第336页以下。

〔14〕 张文显教授将立法原则分为基本原则和其他的原则。基本原则为:(1)科学性原则;(2)适时性原则;(3)民主化原则;(4)合宪性原则。其他的原则大体上包括了前两种表述的、未列入前述四项基本原则的主要内容。参见张文显主编:《法理学》,法律出版社1997年版,第344页以下。

(一)立法的价值原则

立法的价值原则是立法者在立法过程中应当贯彻的价值,它的功能在于维护法律正义或法的价值合理性,现代立法应当遵守五大价值原则。

1. 平等原则

平等原则是所有现代立法原则中的基础性原则。只有将所有的人同等看待,才产生民主观念;只有将所有的人平等看待,才可能产生抽象的普遍的权利保护规范;只有将每个人看做平等的个体,才产生利益分配时的最大多数人的最大利益原则;同时,只有基于对所有人的平等保护,才可能产生一系列立法形式原则。

平等作为立法价值原则的理由是:(1)平等体现了人类的终极关怀,平等体现了最低的正义要求。在所有的政治假设中,平等是最重要的假设之一,因为只有平等的人之间才能建立公平合理的人际关系。(2)平等是基本的人权,如果人格不平等,法律规定歧视与特权,就严重侵犯了人权。(3)平等是人的解放的要求。人的解放从法律上讲即为人人平等地受制于相同的平等的法律,平等的法律正是把人从歧视、特权与等级的重压下解放出来的唯一有效的办法,靠特权等级的恩惠是无法实现人的解放的。(4)平等是市场经济发展的基本条件。古典经济学家早已证明,市场经济得以存在与发展的前提条件之一就是承认人的自由平等的地位,马克思在《资本论》中对此也有极为深刻的论述。

平等原则首先要求所有公民具有平等的立法参与权,这需要在立法上两大保障:在重大问题上的全民公决制度,没有这一制度,作为立法机关代表的公民与其他公民的立法参与权就不是平等的;所有人都有平等的选举立法机关成员的选举权与被选举权。作为被选举权不仅要有被动的"被挑选"的权利,更重要的是向社会"推介自己"积极参与竞争及当选的权利,[15]作为选举权,则必须是一人一票,且每票必须等值。在这方面,我国2010年修改《选举法》时有了重大历史性的进步。[16]

平等原则要求立法者规定公民有平等的权利和平等的人格尊严,不得因种族、宗教信仰、财产状况、社会地位、政治信仰、年龄、性别、身体状况、阶级等授予一部分人特权,歧视另一部分人。平等原则要求同类的社会团体享有同样的权利,例如,公司不分姓资姓社、姓公姓私一律平等;就社会团体而言,要求同类性质的社会团体一律平等;对国际法而言,平等原则要求国家无论大小、强弱一律平等。

平等作为立法原则为现代法理学所公认,为绝大多数国家宪法和法律实践所认可,也为国际法的实践所证明。早在启蒙时代,平等便是法学家们的追求,平等是反对专制特权的主要武

---

〔15〕 参见蒋劲松:"被选举权、竞选正当性与竞选权",载《法学》2010年第2期。

〔16〕 我国1953年选举法规定的农村人口与城市人口选举各级人大代表的人口基数比例是8∶1,1995年修改选举法时此基数改为4∶1,2010年,在立国61年后,我国终于实现了居民的平等选举权。2010年3月14日,第十一届全国人民代表大会第三次会议通过全国人民代表大会《关于修改〈中华人民共和国全国人民代表大会和地方各级人民代表大会选举法〉的决定》,修改后的选举法第16条规定:"全国人民代表大会代表名额,由全国人民代表大会常务委员会根据各省、自治区、直辖市的人口数,按照每一代表所代表的城乡人口数相同的原则,以及保证各地区、各民族、各方面都有适当数量代表的要求进行分配。"

器。现代有社会责任感的法学家绝不会去论证不平等的合理性。我国1954年《宪法》就规定“中华人民共和国公民在法律上一律平等”(第85条)。全世界156部宪法中有117部(占82.4%)规定法律面前人人平等或权利平等。[17] 该统计资料截止于20世纪70年代中期,近30年后的今天,这个比例将会更高。《世界人权宣言》第1条即宣示平等,《经济、社会、文化权利国际公约》开篇即言平等,《公民权利、政治权利国际公约》更是通篇反对歧视、特权。我国首创的和平共处五项原则的基础精神也是国家无论大小一律平等。国际社会也曾一致采取行动对种族歧视的前南非政权予以制裁。

2. 民主原则

民主原则是仅次于平等的第二个重要立法原则。除极少数君主国以外,立法者均标榜民主。我国《宪法》第2条第1款规定:“中华人民共和国的一切权力属于人民。”现代宪法大多以“主权在民”、“人民主权”、“民主”等类似语句表达民主原则。民主立法原则的意义在于:(1)民主是立法的正当基础。现代社会是民主的社会,即社会是由组成社会的分子——个人在法律下的联合而成的,所以个体便是社会的主人,民主就成为现代社会的基础性价值准则,违反民主的立法就从根本上失去了正当性与合法性。(2)民主与其他立法原则存在不可分割的联系,没有民主就谈不上平等。同样,没有民主就没有充分的权利。(3)民主原则是实现法治的保障。民主与法治实际上是难以分离的两种社会现象,从政治上观之为民主,从法律上观之则为法治,只有民主的立法才能保证法律得到普遍遵守,只有民主的立法才是良法。

民主立法原则应当贯彻在立法的各个环节上。首先,在立法权的归属上,立法权只能由人民直接行使或经由人民选举并向人民负责的人民代表行使,立法机关的组织必须采取会议制,不能是独裁的或少数人说了算的。其次,立法的内容必须充分体现民主原则,这要求立法必须充分记载公民享有的民主权利,并规定民主权利的实现途径与方法,规定民主权利的保障措施。最后,立法程序必须贯彻民主原则,这要求立法必须充分贯彻程序公开、公正、辩论原则,法律必须公布。公民有提出立法建议与批评立法之权,重要的立法必须交由全民讨论,特别重大的立法必要时得交由全民公决。

3. 权利原则

权利即是法律,正是为了保障权利,人们才设定义务、控制权力。权利是现代立法的灵魂,民主作为制度与程序是以权利为基点的,没有权利,民主就是乌有之物;平等本身是一项重要的权利。所以权利原则便是仅次于民主原则的重要立法原则。权利原则要求以权利及其保障作为立法的重要目的,立法应当尽可能多地记载公民的各项权利,并规定权利实现的途径,权利受侵犯时的救济途径。

4. 最大多数人的最大利益原则

法律以权利为灵魂,各种权利主体的权利要求之间必然存在重叠甚至冲突、对立。因此现代法律的重要任务就在于合理调整各种利益。例如,个人、社会、国家利益的关系,长远利益和眼前利益的关系,各种利益集团之间的关系,不同部门和地区利益间的关系,不同代际利益间的关系等等。法律应当确立合理的、和谐的人际关系,为人际合作与和平相处提供便利,从而

〔17〕 [荷]亨利·范·马尔赛文等:《成文宪法的比较研究》,陈云生译,华夏出版社1987年版,第146页。

为人类造福。如何协调各种不一致利益是立法永恒的难题。法律解决各种不一致的利益的原则即为最大多数人的最大利益原则。最大多数人的最大利益原则最初是由英国法学家边沁在19世纪上半叶提出来的，现在这一原则事实上成为各国立法普遍遵守的原则，尽管对这一原则的具体理解上以及遵守程度上有所不同。最大利益原则要求杜绝行业保护、部门保护、地方保护主义的立法，坚决杜绝为少数人谋私的立法。应当注意的是，“最大多数人的最大利益原则”涵盖的是所有的人，它内在地包含了少数人的利益，否则构成多数暴政。

5. 全人类总体利益原则

对于世界来说，“最大多数人”的利益就是人类总体利益。[18] 在认识这一原则时，首先要弄清是否存在全人类总体利益，如果有的话，有哪些全人类的总体利益？人是类的存在物，或人是社会的动物，不同人类群体有相对于其他人类群体的特殊利益，国家利益（相对于其他国家而言，不是相对于组成国家的人民来说）是最大的群体利益。当地球成为小小的地球村的时候，人作为类的利益就构成人类总体利益。列举这些利益可能会有助于人们特别是习惯于以阶级斗争为纲思维的人们认识人类总体利益的存在。这些利益主要有：全球的和平与安全、生态环境的保护、全球经济文化的发展、全人类对自然资源的合理开发与利用、全球性犯罪的预防与控制、人类的基本权利等等。[19] 全人类总体利益原则要求：（1）国内法在追求国内最大多数人的最大多数利益的同时，尽量促进人类总体利益的实现，例如保护国内生态环境以对全球生态环保作出贡献。（2）积极签订国际条约和公约，推进全球经济、政治、法律合作，一方面借以增强全球性反对危害全人类利益的行为的斗争，例如，在反恐怖、反毒品斗争中的法律合作，在全球反对经济违法行为的合作，以及反对跨国文化污染和其他跨国犯罪方面的合作；另一方面借以推动建立合理的国际关系和跨国的经济、文化关系，增加全人类总体利益的总量。

（二）立法的形式原则

立法的形式原则。立法形式原则指立法者在形式上应遵守的原则，它是关于立法程序和法律效力等方面的原则。如果说立法价值原则早在启蒙时期就成为人们关注的焦点的话，那么立法的形式原则则在二战以后才引起人们的重视。新自然法学派的富勒、新分析法学的哈特和凯尔森对此均有建树。立法形式原则可以归结为五条。

1. 位阶原则

立法位阶原则指立法必须遵守法律效力等级的规定，不能违反上位阶的立法，一切法律均不能违反宪法。位阶原则的意义在于将立法主体的立法权限定在上位阶法律范围内，以维持法律体系的和谐。位阶原则的要求有三：（1）一切立法不能违反宪法。在现代民主国家，宪法代表民意，立法主体的立法权来自宪法，宪法确立了立法的基本规范，所以违宪的法律无效。

---

〔18〕 早在1922年，一位中国学者在为《法学季刊》（东吴大学主办）的发刊词中就声明：吾人之研究法学“有为全人类谋适用之眼光焉。英法学家边沁首倡实利主义，阐明其说者谓立法之目的在谋大多数人之最大幸福。斯言一若无可訾议者。虽然，夷考今之法律，岂其然乎。彼所谓大多数人之最大幸福，往往为少数人之特殊利益。是其言虽美而实不然。则立法之主义必有应根本变革者矣。故吾人今时研究法学宜取已往之定义重加论定，斯所谓幸福者，当普及于全人类”。参见徐谦：“发刊词”，载《法学季刊》1922年第1卷第1期。

〔19〕 详见本书第二十章“世界法”部分。

(2)低位阶的法律不能违反高位阶的法律,例如州法律不能违反联邦法律,地方立法不能违反中央立法。(3)国家立法不能违反超国家的法,国家立法不能违反自己承担的国际法义务。前者例如,欧盟各成员国的立法不能违反欧盟的立法,这是维系超国家法律体系的需要。后者是国家承担的国际法义务,遵守它一是为维护国家的形象与国际信誉,同时也是前述法律价值原则——全人类总体利益原则的要求。

2. 明确性原则

明确性原则指立法应当尽量使用明确的,而不是模棱两可、模糊的语言,明白表示法的含义。这是法律的规范性、确定性对立法的要求,它旨在维护人们对法律结果的“预期”。如果法律不明确,法律的指导作用、预测作用、评价作用就会减弱,法律纠纷就会增加,这不仅会给法律适用带来困难,而且也会给司法不公留下可乘之机。一个时期以来,我国立法走过了一段“宜粗不宜细”的弯路,法律过于原则、含糊,给法律适用带来“可操作性”差的问题,因此不得不用大量的规范性法律解释来加以明确化,填补漏洞。这个教训应当记取。明确性原则要求立法概念应当清楚明确,规则表达清晰,尽量减少歧义,规范间的逻辑联系应当清楚等等。

3. 一致性原则

一致性原则亦称不矛盾性原则,指法律不得有相互矛盾的规定。一致性原则是理性的要求,两条相互矛盾的规定将使公民无所适从,动辄得咎。现代法律极为复杂,完全避免矛盾是难以做到的,所以不矛盾原则除了要求立法者尽量谨慎立法以避免产生矛盾以外,还要求有公认的解决法律矛盾的方法,例如后法优于前法,高位法优于低位法,并赋予法官通过法律解释解决法律矛盾的权力。法官在相互矛盾的规范中选择规范时应当尽量保护无过错当事人的利益。

4. 公开性原则

公开性原则指立法活动必须公开进行,不得由少数人私下拍板。公开性原则要求立法程序必须公开,从确定立法项目到立法最终结果都必须在阳光下进行,其中最重要的是两个环节:一是公开进行立法辩论,不允许未经立法辩论径行立法;二是法律必须公布,不能秘而不宣。公开性原则的意义在于:(1)公开性原则是立法民主与平等的程序保障,只有阳光下的立法行为才能防止立法专制或特权的立法。(2)公开立法方能使民众的监督与批评成为可能,这不但可以最大限度地防止不良立法的产生,也便于纠正不良立法,有利于法体系的进化与完善。(3)便于民众了解法律、遵守法律。民众通过对立法过程和公布的法律的了解,便于知晓和理解法律,容易产生对法律的认同感。

5. 无溯及力原则

无溯及力原则是规范立法时间效力的原则。法律不得对它生效之前的人或事有效力。这是在启蒙运动中首先在刑法领域中产生的一项原则。这一原则对于侵害性的、科以义务的立法(例如刑法、处罚法、税法)尤为重要。无溯及力原则的意义在于:(1)维护法的稳定性与确定性。有溯及力的法律将对原有法律构成威胁,是对原有法律效力的侵犯,对法律整体权威的威胁。所以权威学者们常常把无溯及力作为从法的安定性派生出来的第一原则。(2)有利于法律关系的确定性。因为有追溯力的法律将改变原有的法律关系,使法律关系变动不拘。

(3)保护正当合理的预期。如果法律有溯及力,人们依据法律所作出的合理预期将破灭,而合理预期连接的是安全这一更为重大的利益。当然,无溯及力原则允许有例外。但是例外必须有充分的理由,例如为了更好地保障公民权利。

第三节　法律整理

由于现代社会生活的高度复杂化,社会法律需求强烈,所以农业社会追求的简单、少量的法律理想遂告破灭,法律规则的数量大增。为了保证法律内部的和谐,同时便于民众学习、了解和运用法律,立法者在制定新法律的同时必须提高法律的形式化程度。这就一方面要求制定立法法,以规定立法主体的立法权限,同时规定不同层次、不同类别的法律的名称。例如,通常法律的名称分为法律、条例、通则,行政法规规章的名称分为规程、规则、细则、办法、纲要、标准、准则等。另一方面要及时进行法律整理。法律整理是对法律的技术性处理,使之更加系统化,更加完备。法律整理包括法典编纂、法律汇编、判例汇编、习惯汇编。

一、法典编纂

法典编纂通常是指将现有法律规则和原则集中起来,消除冲突、重叠部分,进行修改、补充,按一定逻辑顺序编订成法典的活动。我国古代通常在立国之初编纂一代永久性法典,例如唐律、大明律等等。在现代大陆法系国家通常按部门编纂成部门法典,著名的有《拿破仑法典》、德国1900年《民法典》。我国从清末民初开始按部门编纂法典。法典编纂是重要的立法活动。

另有一种介于立法和学术活动之间的法典编纂活动——美国的法典编纂。美国是判例法国家,但同时有大量的制定法。这些制定法均以单行法规的形式存在,显得零乱。为提高其系统化程度,美国在众议院设“法律修订咨议局”,授权该局对现存法律进行“建设性编纂”。把零散的制定法编成系统的《美国法典》,这项活动虽不是立法机关的立法活动,但却可以对法律进行注解和修订,不过应与国会原来颁布有关法律时的政策、意图和目的相符。这项工作始于1926年,从1934年开始每6年修订一次。

编纂高质量的法典需要诸多条件。最重要的条件是要有高水准的法学大家,这些法学大家要有对人类幸福高度负责的公正的精神,要有高深的法学专门学问和精湛的立法技术。造就这样的法学大家需要深厚的法文化积累和发达的法学研究、法学教育。当然,在信息化的时代,在全球法律趋同日益明显的时代,任何一个国家都可以充分利用他国的人力资源帮助本国的法典编纂工作,当年清末修律时就曾邀请日本、德国法学家参与法律起草工作。

二、法律汇编

法律汇编又称法规汇编,指将现行规范性法律文件按一定标准、逻辑顺序予以排列,汇编成册的活动。法律汇编的主体可以是官方机构,也可以是民间组织。法律汇编与法典编纂的最大不同在于:法典编纂的主体只能是立法机关,而法律汇编的主体则不是立法机关,即使是官方的汇编,也不是立法机关的;法典编纂是立法活动,而法律汇编是非立法的应用性的学术活动,因而不能改变现行法律的内容。

法律汇编可按不同的标准进行。最常见的汇编是以时间为标准的编年体汇编、按法律内容为标准的汇编和按法渊源(效力等级)为标准的汇编。编年体汇编通常将法律每年汇成一册或数册,例如《中华人民共和国法律汇编》。按法律内容为标准的分类汇编种类繁多。可以依法律部门为标准,例如民事法律汇编、刑事法律汇编、行政法律汇编等等,也可依更细的实用性分类为标准,例如教育法规汇编、公安法规汇编、工商行政管理法规汇编等等。按法律渊源的分类指按法律的效力等级的不同所作的分类,例如法律(狭义)汇编、行政法规汇编、地方性法规汇编等等。

三、判例汇编

判例汇编是将司法判决汇编成册的活动。判例汇编在不同法文化传统里的法律意义不同。在非判例法传统里,判例汇编只具有学术意义,但是重要的判例汇编因其权威性事实上对其后的判决有重要影响,但毕竟不是法律,例如我国古代的《刑案汇览》之类。我国当代的判例汇编不少,通常无法律意义,例如各种《刑事案例汇编》、《民事案例汇编》以及林林总总的教学案例汇编。在大陆法系国家,判例汇编分为官方的和非官方的两类,官方的判例汇编具有指导意义,非官方的判例汇编只具学术意义。大陆法系的国家大多对重要的判例,尤其是最高法院的判例予以汇编。例如法国的《达罗兹汇编集》、《最高行政法院对争议的判决汇编》,意大利法院系统和法学院系统为司法和学术目的分别对判决作汇编。

在判例法传统地区,判例汇编具有重要法律意义。英格兰早在16世纪就搞判例汇编,编者多为学者个人。英国古代影响最大的判例汇编是《爱德华·科克判例汇编》。汇编虽然不是立法活动,但由于汇编者的学术权威,收入汇编的判例事实上大大提高了它的“法律性”,所以事实上有重要的法律意义,而且年代久远的判例通过汇编其生命力得以保留。1865年英国成立半官方的法律汇编委员会,该委员会对判决进行筛选,未进入《判例汇编》(Law Report)的判决事实上不再具有先例性质,所以此种判例汇编事实上是重要的立法活动。

四、习惯汇编

习惯汇编指对习惯加以整理编排成册的活动。早期的立法实际上均为习惯的汇集,不过那是正规的立法活动。严格意义的习惯汇编是学者的活动,主要具有学术意义,但由于汇编过程不可避免地对习惯进行筛选和整理,且权威学者的汇编随时光流逝而逐渐取得事实上的法典地位,所以习惯汇编对法律生成有重要意义。欧洲中世纪的重要法典事实上均为学者的习惯汇编,例如13世纪法国的《波瓦西习惯集》。现代国际组织整理的国际惯例也属于习惯(惯例)汇编,例如《1950年约克—安特卫普规则》、《1953年国际贸易术语解释通则》等。

讨论题

1. 什么是法律生成？法律生成的动因和主要形式有哪些？
2. 试述立法的概念和特点，现代立法应遵循的基本原则有哪些？
3. 什么是立法体制？简述我国现行的立法体制。
4. 什么是授权立法？它与立法有什么区别？如何规范授权立法行为？
5. 比较法律汇编与法典编纂的区别。

延伸阅读

1. [英]边沁：《道德与立法原理导论》，时殷弘译，商务印书馆2000年版。
2. [德]弗里德里希·卡尔·冯·萨维尼：《论立法与法学的当代使命》，许章润译，中国法制出版社2001年版。
3. [美]安·赛德曼等：《立法学：理论与实践》，刘国福等译，中国经济出版社2008年版。

延伸思考

1. 公民个人有无提出宪法草案的权利？
2. 哈耶克的“自生自发秩序”理论有何立法学价值？

第十六章 法律的实现

书报检查官除了上司就没有别的法律。法官除了法律就没有别的上司。

——[德]马克思《第六届莱茵省议会的辩论》(第一篇论文)

视一国之文明与否,须视其司法能独立与否,并其执法廉明与否。固知司法者,全国治体命脉所系……

——伍廷芳《中华民国图治刍议》

第一节 法律实现的概念

一、法律实现与法的实施

法律生成以后要成为现实的、活的法律,就必须演变为社会现实。我国法学界指称这种法律运动过程常用两个相近的概念:法律实现(或法的实现)和法的实施。

法的实施指法律在社会生活中的具体运用、贯彻落实,也称法的施行。法的实施强调的是公权力的主动行为,这一概念容易将法的运动过程理解为公权力意志贯彻的过程,它至少给人以国家机关立法而后实施法律,公民消极被管理的印象,而事实上,公权力的行为也应当是法的运动的一部分。法律实现指法律的规则、原则变成社会现实,权利得以实现,义务得以履行,责任得以兑现。法律实现强调的是规范的运动过程,它较好地体现了法治国家的法律运作过程,所以我们倾向于使用法律实现这一概念。法律实现包括法的执行、司法、守法。法律实现是一个由上向下的运作过程,上位规范在下位规范中得到体现亦属法律实现,直到法律成为社会主体的个别行为。从这个意义上说,立法是宪法的实现,授权立法、制定规章、规范性法律解释等等是宪法和法律的实现。

二、法律实现的意义

在不同的法律传统下,人们赋予法律实现以不同的目的。法律实现有政治目的,例如巩固统治、保障民权、维护民主制度、实现法治等;法律实现有宗教目的,例如中世纪法律实现就有传播福音的目的;法律实现有道德目的,例如为了维护伦理秩序,达于至善等等;法律实现也有技术目的,例如为解决纷争提供技术性手段等等。法律实现的四大目的在不同社会中的地位不同。尽管各个社会赋予法律实现的目的有别,但是法律实现还是具有某些共同的意义。

第一,法律实现是法律生命的体现。不能实现的法律只是象征意义上的法律,不是真正的法律。因此,从某种意义上说,法律实现比立法还要重要,因为消极于立法,社会会产生习惯法这种替代品,立法而不能实现则会引起法律体系的混乱与法律权威的下降,甚至实效差的法律还会成为权力者弄权的工具,成为良善公民的陷阱。

第二,法律实现是权利保障之必需。在一定意义上说,法律就是权利,法律实现的过程是纸上的权利义务变成事实上的权利义务的过程,法若不实现则法定权利始终只是画中之饼而已。甚至法而不实现比不立法对权利的损害还要严重,因为纸上的法很可能成为老实人的陷阱,成为投机家和实权人物谋利的工具,它们会将法律权利转化为特权:当纸上的权利对大多人成为泡影的时候,它却可以在有权者手中成为“合法的”权利。

第三,法律实现是社会稳定发展的前提。法律是和稳定、连续不可分的,稳定的、连续的法律实现为人们预测自己行为的后果、建立稳定的人际关系提供了可能。人们可以依据法律规则去投资、结婚、组织企业、相互提供服务和做买卖。如果法律不实现,人们就无法预测行为的结果,社会也就失去了稳定性和连续性。

三、法的实效

与法律实现容易混淆的一个概念是法(律)的实效。法的实效是人的行为与行为规范的符合,即人们实际上按规范要求行为,规范实际上被遵守。[1] 由此看来,法的实效与法律实现是两个相互联系又有所区别的概念。法律实现强调纸上的法变成现实的法,法的实效是人的行为与法的一致性,法的实效是法律实现的表现与结果。

第二节 守 法

一、守法的概念

守法或遵守法律,指社会主体的行为符合法律规定,就是为法律之所令为,不为法律之所禁为。一般说来,评价社会主体是否遵守法律的依据是主体的行为,不包括思想。但是在极端专制制度下有些例外,守法这一概念的核心是谁守法、守哪些法,即守法的主体与规范的范围。

社会进化的过程是日益众多的社会主体的行为纳入法律调整,赋予守法义务的过程。1999 年 3 月我国通过《宪法修正案》,以宪法形式确认了依法治国、建设社会主义法治国家的

---

〔1〕 [奥]凯尔森:《法与国家的一般理论》,沈宗灵译,中国大百科全书出版社 1996 年版,第 42 页。

原则。在法治国,任何主体——个人和社会组织——都有守法义务,这是法治的最低要求。这里的"个人"包括一切自然人,没有任何人可以居于法律之上或处于法律之外;不仅包括普通公民,也包括党和国家的干部;不仅包括一般干部,也包括领导干部,特别是党和国家重要领导干部。因为社会主义法治国家是人民的国家,公职人员特别是重要领导人是人民的公仆而非主人。这方面,党和国家的重要领导人长期不守法最终引发史无前例的"文化大革命"的教训是刻骨铭心的,应当永远记取。人民的公仆即法律的公仆,公职人员不守法,即站在了法律之上,也即站在人民之上,极易蜕变成人民的主人。这里的"组织"涵盖了一切非国家的人的组合(例如工会、学会、共青团、宗教团体、企业组织、事业组织、依法成立的各种社团、政党)和国家组织。就非国家组织而言,特别是共产党要遵守法律,因为共产党的性质、执政党地位、领导党地位都要求它成为守法的模范,而且这也是共产党党章的要求,是宪法的要求。就国家组织而言,不仅指一切国家机关要遵守法律,也包括国家整体要遵守法律。就国家机关而言,不仅指有执法、司法义务的国家机关要守法,立法机关也要守法:遵守宪法和他自己制定的法律。军队作为执行国家任务的特殊暴力机关更要遵守法律。国家机关的守法义务是双重的:它不仅自己有守法义务,而且有义务保障法律得到遵守。

守法之"法"应作广义理解。它不但包括法律的正式渊源,也包括法律的非正式渊源:权威性法理,一般价值;还包括有权的法律解释;不但包括规范性法律文件,也包括依法作出的决议、命令、判决、裁定等等。守法之"法"是否包括法人内部的规章、纪律、乡规民约等,法学界有不同看法,而我们认为不应包括。这些规则不是法律而是公民间的约定或社会组织的规定,这些规则是否符合法律要接受司法裁判。社会组织制定此类规则时首先有守法义务,如果这些规则符合法律规定、没有侵犯公民的法律自由和权利,公民自应遵守,但是不应叫"守法"。国家机关对内部规章是否有遵守义务?自然应当遵守,因为内部规章都会直接、间接地关涉公民的权利。应当指出,在现代,守法之法不仅指国内法,也包括国际法和超国家的法。特别是国家作为国际法人应当遵守国际法,在存在超国家法的地方,遵守超国家法还应当优先于遵守国家法。

在现代法治国,守法的重点是遵守宪法。我国《宪法》庄严指出:"全国各族人民、一切国家机关和武装力量、各政党和各社会团体、各企业事业组织都必须以宪法为根本的活动准则……"(序言),"一切违反宪法和法律的行为,必须予以追究"(第5条)。违背了宪法这一"根本的活动准则",就谈不上守法。因为宪法是全国各族人民理性和意志的集中体现;它规定了国家的根本制度和人民的基本权利、义务,是国家机关的合法性渊源,是人民权利的保障书;宪法具有最高法律效力,它决定了其他立法的根本原则,违反了宪法也就从根本上违反了其他法律。那种忽视宪法的遵守,视违宪为儿戏的观念以及通过"突破"宪法进行"改革"的做法是十分错误和有害的。当然,人们可以提出修宪建议,可以启动修宪程序,但是宪法不能违反。半个多世纪以来,我国的宪法被遵守的情况是相当差的。且不说1954年《宪法》几乎从来没有实效,至少从1956年开始,它事实上处于"不宣而废"的状态。就拿四部宪法中权威最大的现行宪法来说,它也是屡屡被违反而得不到纠正。其原因盖在于我国没有司宪的制度。没有司宪的制度使宪法游离于司法过程以外。一个无法进入司法的"法"是不是真正的"法",是不是具有"法性"是值得怀疑的。

二、守法的动力

守法行为是公民的自觉行为，守法的动力是公民遵守法律的心理驱力，这要求公民理性地抑制非法欲望，这种抑制力量主要来源于：

第一，宗教信仰。在通常情况下，宗教劝人为善，劝人遵守社会规范。在早期社会，法律与宗教不分，法律的效力实际上依赖宗教的权威。在现代社会，宗教仍然是守法的重要力量，特别是在宗教权威强大的地方。现代西方法治社会的形成在很大程度上得益于基督教传统。但是，这只是事物的一面，如果宗教教义与法律相悖，或者社会中存在互不相让的宗教派别，就会发生宗教与法律争权威、不同宗教争权威的现象，此时宗教就会对守法产生负面影响。

第二，道德修养。在法律基本正常的情况下，法律的价值与道德价值基本一致，这意味着道德素养高的公民已将法律的价值内化到自身意识中去，对法律产生了心理认同，这就使道德素养高的公民的行为自然而然符合法律的规定，所以道德素养高的公民一般不会违反法律，特别是不会违反作为社会存在基础的法律：禁止奸、盗、杀之类。

第三，好感。即从心理上认为法律公正，或法律保障了自己的利益，或反映了自己的意愿等。这种心理状态将法律看作自己应遵守的规范，因而对法律有好感的公民一般具有守法的自觉性。

第四，环境感染、模仿。周围优良的社会环境会对公民产生潜移默化的作用，周围人群的守法行为将会被人模仿。

第五，为了取得社会尊重和他人信任。社会尊重和他人的信任不仅是名誉问题，而且涉及公民是否被周围人群所认同。失去社会尊重和信任常常意味着失去社会地位和交往的机会，不但精神受损，而且会危及物质利益，所以对一般公民来说，这实在是守法的最重要的心理动力之一。

第六，功利的考虑。功利的考虑是守法的重要心理动力之一。这主要表现为两方面：一是为了从守法行为中获利。例如为了使自己的行为得到社会和法律承认，从而取得预期利益，如依法签约、依法公证、立遗嘱、依法登记结婚等。二是为了避免违法行为的不利法律后果，惧怕法律的惩罚，惧怕受害人的报复等等。

第三节　执　　法

一、执法的概念及其特点

执法是法的执行的简称。广义的执法相对立法而言，指握有公权力的机关或人员将法律付诸实施的活动，包括行政执法和审判（司法）。洛克分权理论中“法的执行”一语就是此义。狭义的执法仅指国家行政机关及其公职人员依照法定职权和程序贯彻执行法律的活动，或称行政执法。执法既包括行政机关作出决定、下达命令、进行裁决的行为,也包括依照立法机关的法律授权制定授权立法的活动。应当指出,这一概念未能涵盖国际社会和超国家组织执行法律的行为,例如联合国维和部队按安理会决议承担维和使命的活动。因为现代社会的执法主要是国家的行为,我们仍沿用上述被普遍接受的概念。

执法是法律实现的重要途径。执行法律不仅是国家的权力,也是国家的义务,国家必须执行法律以维护社会秩序并伸张正义。现代法治国家的执法具有以下特点:

第一,执法的主体只能是国家行政机关及其工作人员。在特殊情况下,由行政机关授权的机关及其人员也享有执法权,这是现代国家垄断国内强制力的结果。这表明国家行政机关以外的国家机关(立法机关和司法机关)不是执法主体。立法机关可以对执法行为予以监督,但不能取而代之。司法机关可以对行政行为进行司法审查,但也不能越俎代庖。政党、企业、学校等社会组织都不能成为执法主体。以党代政是我国长期以来的错误做法,法治社会必须党政分开。

第二,严格的程序要求。行政执法与公民的权利息息相关,特别是其中的侵害性行为如不予以严格的程序控制,势必严重侵犯公民的权利,所以必须严格依程序办事。这些程序的核心是公开和听证。执法行为必须向相对人及社会公开(法律规定不公开的除外),听证的要旨在于行政决定必须听取相对人的意见。这是程序公正的最低要求。

第三,接受司法审查。现代法治社会里法律的代言人是法官,行为是否合法必须接受司法裁判,执法主体也不能例外。在发达国家,行政行为接受司法审查成为一项原则,只有国防、外交等极少数行为可以例外。

二、执法基本原则

各国实践以及理论界对行政执法基本原则的提法不完全一致,最重要的、公认的原则有两个:合法性原则和合理性原则。

合法性原则指执法行为必须符合实体法和程序法。具体包括:权自法出、权依法行、越权无效、侵权负责。权自法出要求"执法行为"是执"法",而不是执行行政机关的主观意志,执法行为的发动必须有法律依据。权依法行要求执法行为要遵守实体法和程序法,不能任意执法,越权无效指超越权限的执法行为不生效,法院得撤销之。侵权有责指执法过程违法侵犯相对人权益的要承担法律责任。

合理性原则是合法性原则精神的延伸,指行政机关如无直接法律依据,为了公共利益必须行为时得按法律精神办事,但必须客观、适度、公正。合理性原则来自英美法的自然公正原则。合理性原则通常包括以下内容:(1)符合法律精神,执法者在对不确定法律概念进行解释时必须符合法律精神。(2)目的符合公共利益,当没有直接法律依据必须行使自由裁量权时应当以公共利益为目的。(3)无偏私,首先是执法者在行为中不得有自己的利益,例如从罚款中分成,其次是不能有偏见,例如歧视等。(4)不得作出不合理行为,这又包括:第一,不得做不合具体法律目的的行为,比如不得将修厕所的裁量权用于修下水道。第二,相关原则,即不得考虑不相关的因素,不得遗漏应当考虑的因素。第三,一致性原则,即要遵循先例。第四,比例原则,执法行为可能带来的后果与行为人行为的后果要成比例,即"罚过"要相当,不能高射炮打蚊子,也不能象征性处罚等等。

第四节　司　　法

一、司法辞源

在古代,“司”的首要意义为“掌管”,它与相关事务名称构成专用词,成为官职名及官府名。例如,《周礼》中的“司空”为中央政府中掌管工程的长官;“司徒”为中央政府中掌管土地和徒役的长官,“司马”为中央政府中掌管军务的长官;“司寇”为中央政府中掌管刑狱、纠察的长官等等。中国古代每一领域的官员同时执掌这一领域的法律,没有分化出一个跨部门的、专门以“司法律”为事务的官职。有趣的是,《四书五经》中均未见“司法”一词。在二十五史中,《汉书》中方出现“司法”,[2]此时“司法”一词还只是“学理”用词。作为官职一词的“司法”最早见于《陈书》,[3]隋代设“司法”一职,这一传统为唐宋继承,至元而亡。古代“司法”是设于州县的低级治安官吏,通常为从九品,它由“司法书佐”、“法曹参军”等属员辅佐。说是“司法”其实只是“司刑”而已,说白了就是破案、做主审官员刑讯逼供的打手,它没有审判权。这一意义上的“司法”在元以后各朝的正史中消失。

在清末变法中“司法”一词复活,不过取得了全新的语义:与立法、行政相对而言的审判。中文这一语义的司法从英文 judicial 译来,是宪政体制下的司法。[4] 民国时期这一意义上的司法得以继承与巩固。

1949 年以后,司法一词逐渐被赋予了行政色彩,它的含义逐渐含混甚至负面化。改革开放以后,司法一词再度成为常用词。司法一词在当下日常生活和法律文书中是个多义词,无准确的含义,对“司法机关”的理解是其代表:一说司法机关包括公安、检察院、法院、司法行政机关;二说去掉司法行政机关;三说再去掉公安机关;四说只指法院。从立法、行政、司法权力分立的宪政意义上来看,司法就是指审判,姑且称为“本义”的司法,这里讨论本义的司法。

二、司法的一般特点

司法是一种权力——审判权,作为权力的司法是与立法、行政相对而言的。立法的属性是制定规范,行政的属性是执行规范,司法的属性就是依据规范对法律纠纷作出裁决。基于裁决的属性,司法就具有以下特点:

第一,纠纷的存在是司法的前提,即只有当存在社会纠纷需要排解时,司法才成为必要。这里的“造”包括个人、公司、国家、国家联盟甚至联合国。“两造”间的纠纷类型是多样的。最

---

〔2〕 应劭曰:“平正司法者莫过于天,养物均调者莫过于地也。”参见《汉书·杨雄传》。

〔3〕 “思廉……入隋,补汉王府行参军,掌记室,寻除河间郡司法。”参见《陈书·姚察传》。姚察是一位文坛巨子,其子姚思廉成为中国正史中记载的第一位“司法”。他在陈时曾任“法曹参军”(类似于今之法警?),入隋后的官职为“河间郡司法”。

〔4〕 “丁巳,改按察使为提法使……及分设审判厅,备司法独立……”参见《清史稿·德宗本纪》。

常见的是争权利归属和争“罪”之有无,现代国家,两个机关间争权力,甚至争宪法含义,都可以经由司法解决。

第二,被动性。这是指司法权发动的被动性,司法不能主动对社会进行干预、服务,也不能主动对纠纷作出裁决,有待一方起诉后司法程序方能启动。司法决不可“能动”,能动司法有违司法的属性。

第三,中立性。即司法的本质是在两造中作出裁决,它必须对两造保持中立,不得与任何一方存在利益关系,不得偏袒或歧视任何一方。中立性是司法公正性的必要条件,这一点在汉字的结构中即可体会到。中文里与司法义近的词为“讼”,即打官司。讼,“争也,从言公”(《说文解字》)。传说古时双方争执不下,就各向第三者陈述理由,由第三者决断,谓之“讼”。可见“讼”即有中立、裁断的含义。

第四,独立性。这是司法中立性的要求,不独立无法保障中立。为当事一方控制的司法无法得到社会的认同,有违司法的本性,这是天下之通理。当然,这是指理想的、一般的司法而言,实践中的司法并不必然具备上述属性与特点。但是,一个严重违反上述司法属性与特点的权力行为能不能叫“司法”是值得怀疑的。

三、现代司法的特点

上述是司法的一般特点,现代法治社会中的司法与古代司法相比又有其特点:

第一,职业性。法治社会法律具有至上权威,而法律问题最终的裁决者是法官;同时,司法是一项复杂的技术,即所谓“人为理性”,是需要专门学习方可获得的知识。为保障司法的公正与统一,现代司法是高度职业化的,只有职业化的司法才能担当法治的重任。当然,职业化并有排除大众的参与,陪审员制度就是一个大众参与、避免法官专横的一个制度设计。

第二,规范性。司法的规范性指司法必须依据事先的规范作出裁决,不得违反规范,除非依据规范将会严重违反法律的目的——正义——的时候,法官才能否定拟适用的法律的效力追求个案正义。但是即使在此时,法官仍然当遵守法律的精神。这是现代司法区别于古代司法特别是中国古代司法的关键之处。中国古代法官“以彻底的家长制的方式来判案,也就是说,只要是在神圣传统所允许的活动范围内,他绝对不会根据形式的律令和‘一视同仁’来进行审判”。[5] 这种“政治司法”在现代社会不具有合法性。

第三,程序性。一般来说司法都具有程序性,但是现代司法的程序性要求更高,现代司法的程序性不仅要求遵守法律规则规定的程序,也要求遵守正当程序原则。

第四,终局性。司法的裁决必须是终局的。这个终局性不是指某一法官的裁决,而是指司法裁决总体而言,对某一法官的裁决不满可以通过上诉、申诉程序来解决。司法的终局性是现代法治社会的制度安排。之所以作此安排,一是贯彻法律至上的法治原则,二是为了切断纠纷。如果允许当事人在法院以外获得否定司法裁决的救济,则法院不存,法律不存。

---

〔5〕［德］韦伯:《儒教与道教》,洪天富译,江苏人民出版社1993年版,第174页。

四、现代法治社会里司法的功能

司法的一般功能即是法律的基本价值的实现，即通过裁判化解社会矛盾维护社会秩序，同时实现最低限度的社会公正，保障人的尊严。在现代法治社会里，司法是社会纠纷的最终裁判者，司法具有立法和行政不可替代的功能，主要是：

第一，维护秩序与最低限度的社会公正、保障权利、捍卫人的尊严。通过对社会纠纷的裁判化解社会矛盾，维护社会秩序，同时惩恶扬善，实现社会公正，保障公民权利，使每个人过有尊严的生活。

第二，维护法律权威。通过裁判维护法律特别是宪法的尊严。法律的权威是法治的基本要件。法律权威的维系不是靠强力威胁，而是民众的认同，取得民众认同的渠道是中立的技术性的公正的司法。单靠立法者宣示法律不足以维系法律权威自明，行政者因其具有“行动性、主动性”，且极易将自己的意志冠以法律名义，也难以取得民众认同。

第三，控权。法治社会要解决的核心是对权力的控制，使权力走到法律之下。控制权力最重要的途径是司法。无权不足以控权，而控制权力的更大的权力同样危险，所以只能通过中立的司法来控制权力。这是因为：司法权是消极的权力，它的危害小于积极的权力，同时司法权不是以更大的权力，而是以判断权来控权，滥用的可能性相对小些。同时，对司法权的滥用，可由特殊的方式通过司法加以纠正，例如弹劾（作为司法程序）。当然，司法权也可能被滥用，这由权力分立、公开且严密的司法程序、公众参与来解决。在具有热情与自爱倾向的人组成的人类社会，这是没有办法的事。事情常常是没有绝对的好，只有相对的好，司法控权就是此类相对的好。

五、司法原则

司法原则是法律原则的一部分。司法原则有两大功能，一是对司法法的制定有规范意义，司法法在确定基本司法制度时应当确认和遵守司法原则。二是对司法行为有规范力，违反司法原则的司法行为无效，构成撤销判决和裁定的理由。

我国法学界早期对司法原则的研究是在“工作方法”的意义上描述它，因此将群众路线等内容纳入。近年来出现了在规范意义上研究司法原则的倾向。从实证的意义上来看，不同时代、不同文化传统下的司法原则有别。本章是在应然的意义上阐述现代法治社会的司法原则。这些原则可以归纳为三。

（一）合法性原则

合法性原则是司法的首要原则。法治社会里任何社会主体的行为都必须符合法律，司法是最终判决主体行为合法性的权力行为，所以必须依法而行，这在制定法传统的国家和判例法传统的国家都没有例外。制定法传统强调法官不能造法，判例法传统则强调遵循先例。我国法律文件里和法学中的提法是“以事实为依据、以法律为准绳”和“有错必纠”。我国法理界通常还讲法律适用（司法）的要求：正确、合法、及时，其实这些都包含在合法性原则之内。

合法性原则要求做到：符合程序法、符合实体法、遵守位阶原则和合理性原则。程序合法是合法性原则的首要要件,不遵守程序法就谈不上程序公正,实体公正也会大打折扣,甚至良法也会成为作恶的工具。程序合法包括按法定步骤、手续办事,在法定期限内结案等等。符合实体法指事实的认定,法律的适用都要按法律办事,不得依主观好恶行事,不能根据当事人的态度、形势变化、结果的社会反应、民意等随意确定法律责任。遵守法律位阶原则指法官适用法律时应当优先适用高位阶法律,不得适用违反高位阶法律的法律,违反宪法的法律不得适用,违反议会立法的行政规章(法规)不得适用。这里的合理性原则包含在合法性之中。当法官行使自由裁量权时,例如对事实认定的裁量,对不确定的法律概念(例如公序良俗)进行解释时应当合理,在以价值弥补法律空白时也应当合理,不能凭主观好恶行事,不能按长官意志行事,不能按形势需要行事。

(二)司法独立原则

司法独立是一个原则,同时司法独立也是一个制度工具。作为制度工具,它与一个良好政府所追求的许多目标是一致的:有利于社会长治久安,有利于官场清廉,有利于提升政府的威望、经济的可持续增长等等,离开了独立的司法,这一切都不可能实现。

司法独立是法治社会基本司法原则之一。这是因为:(1)司法属性的需要。司法的属性是裁判,只有中立、不受任何一方左右的司法才是裁判,否则司法就不是裁判,它将堕落为有权者谋取私利的工具。(2)维护法律权威的需要。法治社会里法律的代表是司法,只有独立的司法才能使法律取得起码的客观、中立形象,才能取得双方的认同,确立法律的权威。(3)控制权力的需要。只有独立的司法才能以超脱的中立态度对权力行为作出评价,如司法不独立,司法必然成为行政权力及其他社会权力的工具。

司法独立其实是一个"现代性问题"。在早期社会,权力不分,一个权力行为是司法、行政抑或立法是不清楚的,因为这些权力掌握在一个机关手中。在人类历史上,凡是能称为"司法"的行为都具有一定的独立性,中国古代也然。中国古代司法权是由当地最高长官掌握的,他不受其他人的干预,在这个意义上,中国古代的司法也是有一定的独立性的,如果你把皇帝看作最高法官,则中国古代司法是完全独立的——皇帝行使的是最高司法权。

西方早期社会的传统就是司法独立的,只是在封建专制社会中,才产生行政控制司法的问题,因而产生"司法独立"的问题。在民主的古希腊、古罗马,权力主要集中于人民大会,司法权大部分由人民直接行使,部分由执政官、护民官、元老院行使,没有专职的、单列的司法机关——法院。在西欧中世纪中前期,司法权大部分也是由民众直接行使的。即使是"领主法院",审判员也是由自由民组成的,领主只是充当法庭的主席。司法权与行政权不分是中世纪中后期王权崛起的产物,时间很短。中世纪后期,大陆上首先在法国分化出专职的法院。早期的法院没有独立地位,只是推行王权或教权的工具。一次法王路易因为法官的判决对他不利,就下令流放法官,并亲手撕毁了案卷。对此,法国人进行了反抗。"法国律师们的司法独立性和无畏精神,在世界各国是无可比拟的——除了其英国同行外。在法国历史上,为了抗拒君主和政治家们的专制命令,律师曾四次全体辞职,因而在法庭上竟找不到律师。大律师塞温(Servin),代表巴黎高等法院抵制一个不公正的判决,虽然在黎塞留和路易十三的压制下以失败告终,但他却成为法国律师引以为自豪的独立传统的最佳诠释者。"[6]法国大革命以后,司法独立逐渐在大陆上普及。

司法独立在英国确立得较早。英国法官布拉克顿(Bracton,?—1268)说过:"国王在万人之上,却在上帝和法律之下。"在14世纪,英国法院规定国王不能用给法院院长个人写信的办法干预审判。在爱德华三世(1327—1377年在位)和亨利七世(1485—1509年在位)时期,曾通过拒绝执行违背"国家权力与教权分离"原则的法案。但是司法独立始终未能实现,直到詹姆士一世(1603—1625年在位)时,这个国王还企图自己审案,而大主教还为他享有审判权进行了论证。当时法官们进行了抵制,柯克大法官告诉他无权这样做,由于他没有经验,也没有能力这样做,因为法律是人为理性,不学习是不会当法官的。那个詹姆士一世说,岂有此理,难道连我也受法律统治吗?莫非要造反啦!据说后来他确实审过案子,由于怕麻烦,审不清而罢休。英国法院取得独立地位是1640年革命的产物。1641年国会通过法律撤销皇权控制下的惩罚政治犯的星宫法院,禁止皇家对司法业务的干涉,法院除受议会控制外已不受控制。后来詹姆士二世被逐的原因之一就是他干预司法。而事实上议会并不干涉法院判决,它只是通过贵族院中的司法贵族影响判决而已,这是人类法制史上划时代的进步。

与此同时,经过洛克、孟德斯鸠等自然法学派大家的倡导,司法独立为社会普遍接受。美国宪法实行三权分立,法院不受立法和行政干预,但在实践上,政党政治中各政党都想利用法院达到自己的目的,他们利用权力安排本党党员进入法院,引发了1803年的"午夜派职案"(即马伯利诉麦迪逊案)。该案直接导致司法审查制度的正式确立,美国司法独立得以生根。这一制度在法律现代化运动中逐步向全球普及。1970年代编的《世界各国宪法汇编》收宪法157部,明定司法独立的有105国,占73.9%;未规定的38国,占24%;不独立的仅2国,占1.4%。[7]《世界人权宣言》第10条也规定了司法独立。到今天,全球明确规定司法不独立的国家如果不是绝对没有,至少也是极其罕见了,连金氏朝鲜的《宪法》都规定"法院独立审判,只服从法律"就是铁证。当然,法律的规定是一回事,事实上是否做到及在何种程度上做到是另一回事。

各国司法独立的内容存在很大差异,不过,作为共同的司法原则,它还是存在基本的要求,否则就不是司法独立。司法独立包括两个层面,一是观念层面,二是制度层面。就观念层面而言,司法机关应当形成自己的职业化的观念,即形成司法职业所共有的某些理念,这些理念保证法官在类似的案件中有可能作出类似的客观的而非纯个人的判断。制度层面的内容要求司法人员能够按职业化的观念和规则办事。两者缺一不可,相互促进。就制度层面而言,司法独立要求做到:(1)司法权由司法机关(法院)独立行使。这是指司法权的行使不受行政机关和立法机关干预,公民个人或非国家机关的社会团体更不能干预。当然,立法机关可以对司法机关予以监督,但主要是通过立法手段及对法官的弹劾(罢免)权进行监督,不得干预个案的审判。(2)司法系统内部相互独立,即一个司法机关的司法活动不受另一司法机关的干预。法

---

〔6〕[美]约翰·H.威格摩尔:《世界法系概览》(下册),何勤华、李秀清、郭光东等译,上海人民出版社2004年版,第856页以下。

〔7〕[荷]亨利·范·马尔赛文等:《成文宪法的比较研究》,陈云生译,华夏出版社1987年版,第75页。

院上下级关系只是审级关系,上级法院除依上诉、申诉、调卷令等有关程序对下级法院的审判予以监督外,不得干预下级法院的审判。(3)法官独立审判,只服从法律。严格说来司法独立就是法官独立,法官没有上司,法院是法官办案的地方。用一句通俗的话来讲,法院里法官最大,用德沃金的话来说就是:法官是法律帝国的王侯,除了法律以外法官不服从任何别的权威。(4)法官保障制度。这是从社会地位、经济收入方面保障法官无所顾忌地捍卫法律。法官的地位及待遇来自法律,不是他的上级。这就包括由法律规定法官的职权,不可削减的、较高的待遇及其职位保障。法官的职位保障通常采用两种办法:一是终身制(英美法的主要做法);二是文官制度的保障。无论采用何种体制,法官都对审判行为具有豁免权。

法官独立还有一个不可忽略的但是难以达到的目标就是法官的非政治化、非政党化。法官非政治化是法官进行司法审查特别是针对高官的司法审查的重要制度基础。因为如果不独立于一定的政治集团,法官在碰到与政治相关的案件的时候,就会产生“自己人审判自己人”的问题或者反过来产生“自己人审判外人”的情况。第一种情况使司法失去社会信任,使社会产生“审判是演戏”的感觉。第二种情况使法官失去当事人的信任,因为当事人确信法官有政治偏见(法官与他不属一个政党)。这两种情况都有违法官中立的原则,它会将中立的审判变成“政治的审判”。这一点在西方经历了相当长的时间才得以纠正。美国经典的宪法案件——前述“午夜派职案”的起因就是因为当时的美国司法不独立于政治,两大政党都企图任命自己的党员做法官以控制司法。当时的联邦党人对付民主党人的办法之一是判处民主党人以“叛国罪”,因为他们同情法国革命,而当时法国是美国的敌人。正是因为司法可以为政党的政治目的所用,才有联邦党人的总统亚当斯在下台前一天的夜里还在忙于任命自己的党员做法官,因而引发这场有关宪法危机的讼案。

我国的司法官员包括检察官和法官两个系列。司法独立主要指法官独立审判,某些原则检察官也适用。我国历史上历来权力不分,清末变法才仿西制建立独立的审判衙门,这就产生了新的问题:司法独立问题。《中华民国临时约法》第 51 条开创性地规定了司法独立,这为其后民国的各部宪法性文件所仿效。1949 年以后,1954 年《宪法》第 78 条规定:“人民法院独立进行审判,只服从法律。”但它旋即被批为资产阶级原则,1975 年《宪法》干脆删除司法独立的规定,1978 年《宪法》因循 1975 年《宪法》的规定,但同时加上审判案件“要发动群众讨论和提出处理意见”的规定,使司法独立悬置。1979 年的《法院组织法》第 4 条恢复了 1954 年《宪法》的规定。1982 年《宪法》第 126 条作出类似 1954 年《宪法》的规定。对照世界人权法及相关国际惯例,[8]我国离司法独立还有一段距离,在法治国家建设中逐步建立独立的司法制度,是我

---

〔8〕 这些文件主要有:1982 年 10 月印度新德里国际律师协会第十九次年会通过的《司法独立最低标准》、1983 年 6 月 10 日在加拿大魁北克蒙特利尔举行的司法独立第一次世界会议通过的《司法独立世界宣言》、1985 年 8 月至 9 月在意大利米兰举行的第七届联合国预防犯罪和犯罪待遇大会通过的《关于司法机关独立的基本原则》、1989 年 5 月 24 日联合国经济及社会理事会通过的《关于司法独立的基本原则:实施程序》、1995 年 8 月 19 日在中国北京举行的第六届亚太地区首席大法官会议通过的《司法机关独立原则的声明》等。

国新世纪面临的时代任务。[9]

(三)司法平等原则

司法平等是现代法律基本原则——法律面前人人平等原则在司法过程中的体现。我国1954年《宪法》第85条规定:"中华人民共和国公民在法律上一律平等。"但是后来这条宪法原则被批判为资产阶级法律原则,在其后的二十多年里,不但没有立法上的平等,连司法平等也没有了,现行《宪法》第33条第2款规定了平等原则。1979年《人民法院组织法》第5条及其后的诉讼法都规定了平等原则。

司法平等原则包括两方面的含义:(1)法官保障双方平等的诉讼权利,即诉讼权利的平等。不能因人而异区别对待,甚至抱有偏见,压制一方,偏袒一方。(2)法官在确认事实和适用法律时不得因人而异,必须统一、平等地确认事实和适用法律,对任何人的权利平等地保护,对任何人的违法、违约行为平等地追究法律责任。这里的"人"指任何社会主体,包括自然人、法人、非法人团体,也包括特殊的法人国家,不得因公私所有制的不同压制一方、偏袒一方,当私人与国家发生诉讼时(例如国家赔偿诉讼)不得以个人利益服从国家利益为由牺牲个人利益。

(四)正义优先原则

这里的正义优先指在司法过程中,追求正义当优先于追求效率,不能追求快结案而忽视正义,比如通过强制调解、不遵守正当程序等等而草率结案。长期以来,由于案件数量的压力,效率优先事实上在许多地方流行。在这方面,美国的经验值得我们借鉴。在《美国联邦最高法院2014年年终报告》中,首席大法官罗伯茨耐人寻味的讲起"龟兔赛跑"的故事。他说,乌龟赢得了最终的胜利,联邦最高法院的先贤们将这个故事描绘在最高法院办公大楼后面的影壁上,同时请著名的建筑师吉尔伯特把这则寓言设计在联邦最高法院办公大楼的基座上。"执著的乌龟象征着司法事业正积极稳妥地向着正义的方向不断前行……我们相信联邦最高法院通过稳健的步伐终将像执著的乌龟一样赢得最后的胜利!"[10]显然,大法官要求的不是法官们去做兔子冲在前面,而是要像乌龟那样,踏踏实实地去追求正义。

---

〔9〕 我国实现司法独立的首要之举在于修改《宪法》第126条。1954年《宪法》规定"人民法院独立进行审判,只服从法律"(第78条)。这是一个概括式排斥对司法干涉的规定,是符合司法独立原则的。现行《宪法》第126条的规定则是1954年《宪法》的倒退:"人民法院依照法律规定独立行使审判权,不受行政机关、社会团体和个人的干涉。"这是一个列举式的排斥干涉的规定。依据反对解释原则,列举的就是对没有列举的排斥,就是说,凡是《宪法》第126条未列举的社会主体都可以干涉司法。这是有违司法独立精神的。关于司法独立的主体是"法院"还是"法官"也是个重要的问题。1954年《宪法》第78条是对《苏联宪法》(1936年)的变通,该《宪法》规定:"审判员独立,只服从法律"(第112条),两者仅一字之差。当年的社会主义宪法中规定"法院独立"的只有中国、阿尔巴尼亚、越南和朝鲜四家,其他的都是"法官独立"。越南在1980年修改宪法时已经回到苏联1936年《宪法》的规定。现在,原属社会主义阵营的国家里只有中国和朝鲜两家规定"法院独立",而且,朝鲜宪法规定的与我国1954年《宪法》相同。这样,如我国现行《宪法》第126条之规定者全世界只有一家。现在,法院内部行政权力的腐败已经成为公正司法的大碍,不能说与《宪法》第126条的规定无关。

〔10〕 [美]美国联邦最高法院首席大法官罗伯茨:"美国联邦最高法院2014年年终报告",黄斌、杨奕编译,载《人民法院报》2015年1月8日。

讨论题

1. 如何理解法律实现与法律实施的概念,它们有什么联系与区别?
2. 守法的主体和“法”的范围应如何理解?
3. 执法与司法的含义是什么? 两者有什么区别?
4. 司法独立的基本要求是什么? 司法独立有何意义?
5. 司法在法治国家建构中有哪些功能? 司法过程中应如何正确对待民意?

延伸阅读

1. [日]田中英夫、竹内昭夫:《私人在法实现中的作用》,李薇译,法律出版社 2006 年版。
2. [美]汤姆·R. 泰勒:《人们为什么遵守法律》,黄永译,中国法制出版社 2015 年版。
3. [美]本杰明·卡多佐:《司法过程的性质》,苏力译,商务印书馆 1997 年版。
4. [美]基斯·威廷顿:《司法至上的政治基础:美国历史上的总统、最高法院及宪政领导权》,牛悦译,北京大学出版社 2010 年版。
5. [以]巴拉克:《民主国家的法官》,毕洪海译,法律出版社 2011 年版。

延伸思考

1. “腐败的司法”当不当独立?
2. 苏格拉底为守法而死,值得吗?
3. 您如何评价“法官错案责任终身追究制”?

第十七章　法 律 方 法

为了正义，哪怕天崩地裂 Fiat Justitia ruat caelum。

——古罗马法谚

审判员首先应注意的是只能根据法律、宪令和惯例进行审判，绝不能违反。

——[古罗马]查士丁尼《法学总论》

法律如果要受人尊重，就必须提出理由；而法律论证要被人接受，就必须符合逻辑思考的规范。

——[美]鲁格罗·亚狄瑟《法律的逻辑》

第一节　法律方法概述

一、法律方法释义

自20世纪70年代以来，西方法学界开始普遍关注诸如法律解释、法律推理、法律论证等法律方法问题。80年代以来，当今国际法理学界很有影响的 *Law and Philosophy Library* 丛书迄今已经推出百余本，其中将近一半涉及法律解释、法律推理或法律论证等法律方法。不仅如此，当代西方的哲学、逻辑学、语言学、修辞学、社会学和解释学等学科都对法律方法研究产生了浓厚的兴趣，大学里也开设有法律方法课程。[1] 由此可见法律方法研究在当今国外法学界的重要地位。

自20世纪90年代以来，随着立法日渐增多及司法中的问题日渐突出，加上流风所至，中国法学也从立法中心主义转向司法中心主义。法律方法研究首先在法律解释学领域兴起，大

[1] 各地在用语上不很一致。英美法系通常采用"法律方法"(legal method 或 method of the law)，也有使用"司法方法"(judicial method)、"法律方法论"(legal methodology)。美国曾推出一些以"法律方法"(legal method)为名的案例教科书(casebook)。"法学方法论"之名称在大陆法系尤其是德国、台湾地区更为常见。"法律(学)方法论"、法(律)解释学则是日本学者的相应用语。

量欧美国家的法律方法论作品被翻译、介绍进来,推出不少以“法律方法论”或“法学方法论”为名的著作,后来还出现了一批批这方面的丛书,全国“法律方法论坛”已经连续举办了十届。可见,法律方法论在当下的中国真成了“显学”。

国内学界经常使用的相近语词有“法律方法”、“法律方法论”、“法学方法”、“法学方法论”等等,其实这些语词还是有区别的,本书使用“法律方法”一语。“法律方法”一以区别“法学研究方法”,二以区别“方法论”学说,它专门指“法律适用方法”,是法律共同体的职业性思维、技术与规范,它以提高法律适用的客观性、合法性、合理性以及对法官造法的规范性限制等为主旨。法律方法与法律(法学)研究方法或方法论不同,它具有以下特点:(1)实践性,它只研究司法实践中的方法问题。(2)专业性,它是法官裁判时的方法,是法官职业技能的核心内容。(3)规范性,权威的法律方法对法官具有规范意义,是法官裁决时必须遵循的,在一定程度上说,法律方法本身是一种“普适性”的法源。

法律方法的内容很多,主要有:(1)认定法律事实的方法,这是法律方法的起点;(2)发现法律的方法,它解决到哪里去找可适用的法律;(3)识别法律的方法,在众多的法律渊源中甄别出适用的法律;(4)理解与解释法律,即法律解释的方法;(5)法律论证的方法,在事实与法律的结合处找到合适的法律结论并说明理由;(6)疑难案件的解决方法。

二、法律方法的规范意义

法律方法既然是法律职业所共享的适用法律的方法,法律方法就自然对法律人具有规范意义。在西方法律传统中,法律与法学(包括法律方法)从来不是完全两分的,西方人将法律渊源分为主要渊源和次要渊源,次要渊源中的“权威理论”就包含法律方法。20世纪初的法国法学家若斯兰就指出,法律可分为成文法典及其实施或运用的方法,或所谓“法律警察”(police juridique),这种现象在凡已达到相当文明程度的国家里都是有的。[2] 这一判断可以得到西方现代法学理论的佐证。现代西方法学三大流派的法概念中都包含了法律方法。例如,社会法学派的庞德认为,法律这一概念有三种含义,律令、技术和理想,他所讲的法律技术指解释和适用法律规则、法律概念的方法和在权威性资料中寻找审理特殊案件的根据的方法。很显然,他的法律技术就是今天我们所说的法律方法。规范法学派哈特的法概念中,法律由主要规则和次要规则组成,次要规则中包含承认规则、改变规则和审判规则,其中的审判规则就有法律方法的内容。自然法学派德沃金的整体性阐述理论正是一种正确理解与解释法律的方法。

法律方法的法律属性是法律作为实践理性的特质所决定的。作为实践理性的法律,离不开实践的方法,法律实践的方法与法本身是不可分离的。这一点即使在中国古代法律中也是很清楚的。中国古代正律中有许多内容具有规范法律实施行为的方法意义。例如,《唐律疏议》的“疏议”部分是对“律”的解释,法律解释不可避免地含有技术性、方法性成分。久之,“律”和“疏议”成为统一的法律文本,可见“疏议”已然成为法律。我国法律中原本没有关于解决法条冲突的条文,经过学者的努力,原本作为寻找法律的方法成为法律的一部分:法律位阶

〔2〕 参见[法]路易·若斯兰:《权利相对论》,王伯琦译,中国法制出版社2006年版,第2页。

原则、特别法优先原则、新法优先原则等等。[3]

在成熟的法律体系中，法律方法的法律化是通过法律理论研究将方法规范化而实现的。近代主要的资源有：德国法学家菲力普·黑克(Philipp Heck,1858—1943)的利益平衡方法，美国法学家德沃金的整体性诠释理论，英国法学家拉兹通过法律体系来吸纳法律方法成为法律，德国法学家考夫曼通过类推将法律方法纳入到法概念中等等。

承认并尊重法律方法为法律的一部分有重要的法治意义。它可以提高法律的合理性、公正性和安定性，它可以促进普适性公正和个案公正的统一。不仅如此，由于法律方法本身所具有的规范性，法律方法有助于提高法律的权威和公民对法律的认同。从理论上说，赋予法律方法以法律的属性，是形式理性法律的重要特色，而按照马克斯·韦伯的理论，唯有形式理性的法律才是法治之法。由此观之，法律人应当遵守方法，依据法律方法来思考，来办案，遵守法律方法与遵守法律对于司法者是同样重要的。

三、形式主义法律方法

但是，并不是所有的法律方法都对法治有意义，如果一种"法律方法"内在地将法律当作实现其他目标的工具，追求外在于法律的"统治意志"、"民意"、"功利"、"好结果"等等，则这种法律方法就会对法规范起到消解作用，成为法治的对立物。当年所谓"法律技术"在德国法律纳粹化过程中所扮演的角色当永远记取。[4] 所以，"法律是一项规则治理的事业"这一富勒的至理名言当是所有法律方法的指南，法律"合真意"的、统一的、平等的适用，是法律方法的最高目标。符合这一目标的法律方法必须是形式优先的或形式主义的。

这里的形式主义不是指徒有形式而缺乏实质内容的形式主义，它是法律方法中的形式主义。作为法律方法的形式主义可以分为两种：一是"拘泥于事实的外在特征或履行某种具有固定意涵的象征行为"的形式主义，这在西方已经被抛弃；二是罗马法确立的、建立在法律规则逻辑推理之上的形式理性。我们所说的形式主义法律方法，是后者而不是前者，它不是机械的、罔顾法律精神的形式主义，而是一种以法律规范、正当程序为导向的司法方法与原则，其核心内容是强调法律规范的权威，强调法官遵守法律、遵守法律精神的义务。具体来说包括六个层面的内容：

第一，奉法律为排他性的最高权威。即法律论证中排斥任何个人与机构的权威，只认规则的权威；在规则体系中，只认法律的权威，其他的规则体系与法律冲突无效；在法律体系中，强调宪法的至上性，与宪法冲突的法律无效。

第二，司法目标的规则导向。形式主义司法排除规则以外的任何工具主义、功利主义、现实主义考量，排斥道德与政策性考量，原则上排斥结果的考量，更排斥任何出于法官自身利益的机会主义考量。

---

〔3〕 参见《立法法》(2015)第92、94条。

〔4〕 纳粹德国法律秩序的嬗变绝大多数不是通过颁布法律达到的，法学和法院正是常常完全违背法律，并根据种族政策目标的思想以违背现行法的方式维护纳粹统治者的意志。从法学技术上看，就是一个寻找法院所接受的、民族社会主义倡导的、新法律渊源的转义解释过程。也即寻找"领袖意志"、纳粹的政党纲领、由种族决定的新的"来自血统与国籍的自然法"过程。参见[德]魏德士：《法理学》，丁晓春、吴越译，法律出版社2013年版，第214页。

第三,法律解释的规则化。法律解释应当遵守文字解释规则、黄金规则和纠错规则,而其中文字解释又具有优先性。

第四,遵守正当程序。其一程序必须是正当的,其二正当程序不能仅仅作为达于结果的工具来使用,而是结果正当的前提,是达于司法结果必须遵守的规则。

第五,遵守逻辑规则。法律判决的形成与论证,必须在逻辑形式中展开,逻辑规则对于法律人来说就是法律。

第六,价值评价(衡量)应当遵守法律精神并规则化。司法离不开价值衡量,当法律规定缺失或法律规定不一致或法律规定违反法律精神时,尤其需要价值评价。诚如拉伦兹所言:"法学及司法裁判的特色正在于:它们'几乎完全是在处理评价的事'。"〔5〕但是,与司法实质主义的价值评价不同,司法形式主义下的价值评价要求价值衡量建立的基础不是伦理原则,不是功利主义,不是社会效果,而是现行法秩序,同时评价必须遵守一定的规则。法官应当避免把自己当作立法者,防止将自己的价值偏好作为评价标准。

第二节　法 律 解 释

一、法律解释释义

(一)法律解释与法律解释学

在西方,对法律解释的研究早在两千多年前的古罗马就形成了专门的学问——法律解释学,并成为其法学的重要内容。在当代西方,法解释学成为法律职业化和法学独立的重要知识基础。20世纪,由于哲学解释学的兴起,法律解释学又成为一般解释学的分支。对照之下,我国古代从未形成对法律解释进行专门研究的系统学问。

我国古代制定法的起始时间与古罗马不相上下,至少就刑法而言,形式化程度绝不亚于同时代的西方。为什么西方有发达的法律解释学而我国却没有?其主要原因在于立法与立法者的分离程度、法律解释者与立法者的分离程度不够。西方国家立法与立法者较早实现了分离,立法成为客观的存在;与此同时,法律解释者与立法者本身的分离,法律解释者取得独立地位。这就产生了独立的解释主体与对象,为法律解释学的产生提供了条件。早在古罗马,作为法律解释者的祭司、法学家、法官就与立法者独立,自然法和制定法的含义由他们宣告,并适用于个案。他们的解释权威主要不是来自强制,而在民众认同,这就自然形成了具有客观性的一套法律解释技术和原则,这就是独立的法律解释学。至于我国,由于王权与法律始终未能分离,法律有极大的主观性。同时,中国的法官只是"守法"之奴才,无权解释法律。而王权解释法律,或解释后经王权认可成为制定法一部分的解释,它的权威的取得皆在于王权,而不在于专门技

〔5〕　参见[德]卡尔·拉伦兹:《法学方法论》,陈爱娥译,五南图书出版公司1996年版,第105页以下。

术,这就自然压抑了法解释学的形成。

进入民国以后,在西学东渐的大势中,法律解释学引起学界关注。从1910年左右开始就有专门讨论法律解释的文章,在20世纪30年代和40年代出版的大量的《法学通论》中,多有论及法律解释者。1949年以后,在阶级斗争法理学的年代,人们对这个技术性问题不屑一顾。80年代出版的《法学基础理论》中,法律解释也仅限于转述苏联教科书中的法律解释的一般理论和描述中国的法律解释体系,直到进入90年代以后,法律解释才真正引起学界重视。

法律解释是随着制定法的兴起而兴起的。因为依制定法断案的过程离不开将法律规则与个案事实相连接,这种连接的过程本身就离不开解释。在秘密法阶段和习惯法阶段,法律出于当政者之口,它未与当政者的主观意志相分离取得客观的地位,因而不能成为解释的对象。成文法产生以后,法律在形式上客观化,就需要对客观的成文法进行解释。我国制定法产生之初,孔子就提倡"正名",后来的荀子则说"名实乱……则虽守法之吏……亦皆乱也",〔6〕申不害主张"循名责实",这些都与法律解释有关。秦于商鞅变法以后曾设置专门的法律解释官吏,统一解释法律,其解释的内容包括对法律语言、文字、概念的界定与说明,在规定不全或缺失时的处置办法等。其后各代也有"中国特色"的法律解释:汉代有法律章句之学,魏有"集解",晋代杜预和张斐的注解律令,唐代的"疏议",宋代的"书判",明代的律"笺释",清代的法律辑注等等。可惜的是强大的王权不允许司法者解释法律,堵死了法律解释行为进入司法的通道,压抑了法律解释的制度化、学理化,当然也就未能形成法律解释学。

在西方,古罗马已形成了专门的法律解释制度。早期古罗马僧侣大脑是法律仓库,公元前5世纪《十二表法》产生以后,僧侣成了法律解释主体,公元前3世纪罗马法学家阶层形成以后,法律解释权就归之于法学家。在复兴罗马法运动中,意大利波仑亚大学的学者们形成了注释法学派,他们以注释罗马法为能事,形成了系统的法律解释方法与理论,这一学派的影响及于全欧洲。在现代化过程中,西方两大法系都形成了法律解释制度与相应的理论。

法律解释学与法律解释制度的简要历史已如上述,接下来的问题是:什么是法律解释?

解释(interpretation 或 construction)意为说明某语词或现象的含义、原因。法律解释一词通常有三个义项:一是指对法律条文的理解,例如对"工作人员"、"过失"的理解。二是对法条意义的确定或裁定,这是指当法律含义不清时,对含义的确定。例如,最高人民法院法复〔1995〕3号称"全国人民代表大会常务委员会《关于惩治生产销售伪劣商品犯罪的决定》规定的'违法所得数额',是指生产、销售伪劣产品获利的数额",就是对"违法所得数额"含义的确定。三是指称应用法学和法律实务家的活动,这是源自大陆法系的传统,例如将民法学称为民法解释学,刑法学称为刑法解释学等。

国内法律解释的定义有近十种,这些定义中占主导地位的可分为两类,第一是技术性的定义。此种解释从语义上把法律解释定义为:"对法律规范的含义以及所使用的概念、术语、定义等所作的说明。"〔7〕第二种是政治性的定义,它强调从法律以外去寻找法律的含义:"所谓法律解释,就是根据统治阶级政策、立法意图和法律意识对法律规定的具体内容和含义作必要的

〔6〕《荀子·正名篇》。

〔7〕《中国大百科全书·法学》,1984年版,"法的解释"条。

说明。"[8]这些权威的法律解释概念有三大特点:(1)只注重对法条理解的成分,忽略填补法律空白、寻找法律规范等方面的功能;(2)忽略法律解释与个案适用的联系,倾向于把法律解释看成是介于立法和法律适用间的中间环节;(3)政治性强,非常强调法律解释对统治阶级意志、对执政党政策、对形势的从属关系。

与中国的法律解释定义不同的是,西方的法律解释历来侧重经审法官的行为,中国人定义的法律解释在外国人那里不被视为法律解释,而是立法或学理研究。霍布斯明确指出那叫"诠释",因为对诠释还要作诠释,没有尽头。[9] 意大利当代法学家彼得罗·彭梵得认为"立法解释"是由立法者自己发布的、不是真正的解释。[10] 早在1640年,英国的法官查尔斯·达利森就说:"有权制定法律是一回事,解释法律是另一回事。"[11]

近年来随着法律解释真正成为科学研究对象以后,出现了一种与西方法解释学接轨的法律解释定义。民法学教授梁慧星在讨论民法解释时提出了将解释与解决具体案件相结合的法律解释定义。解决具体案件"获得作为判决大前提的法律规范的作业,亦即广义的法律解释","确定法律规范意义内容的作业,则属于狭义的法律解释"。[12] 随着20世纪90年代以来西方法学著作的译介,西方各种法律解释定义也介绍进来。日本学者川岛武宜认为法律解释一指明确某一词语至解释为止时所指的内容,二指特定某一概念在解释以后所应拥有的含义的行为。[13] 凯尔森认为法律解释乃是在法律秩序的阶层构造中,从上位规范移向下位规范的精神活动。[14] 这种法律解释定义源于西方的法律实践,从古罗马开始,法律解释就是针对个案的。

吸收两种不同的法律解释理论与实践,我们将法律解释分为广义的和狭义的两种。我们将西方针对个案的解释称为狭义的法律解释,将中国式的法律解释归入广义的法律解释。广义的法律解释指对法律内容的说明。狭义的法律解释仅指与个案相关的对法律内容的说明与选择、确定适用规范的推理过程。法律解释不仅包括对法律文字的理解,也包括对立法者意图的探究,还包括对社会利益的平衡、对社会公理的认同。[15]

(二)法律解释的对象:主观解释观和客观解释观

如果单纯从字面上来讲,法律解释的对象是某种先在的意志或规则,这不会有分歧;如果进一步追问:这种"先在的意志或规则"存在于立法者的大脑中还是法条中?分歧就产生了,因为立法者意欲表达的内容和文字实际所表达的内容不可避免的存在差异。依照对这个问题

[8] 北京大学法律系法学基础理论教研室编:《法学基础理论》,北京大学出版社1984年版,第428页。

[9] [英]霍布斯:《利维坦》,黎思复、黎廷弼译,商务印书馆1996年版,第217页。

[10] [意]彼得罗·彭梵得:《罗马法教科书》,黄风译,中国政法大学出版社1992年版,第19页。

[11] [英]M. J. C. 维尔:《宪政与分权》,苏力译,生活·读书·新知三联书店1997年版,第30页。

[12] 梁慧星:《民法解释学》,中国政法大学出版社1995年版,第192页以下。

[13] [日]川岛武宜:《现代化与法》,申政武等译,中国政法大学出版社1994年版,第287页。

[14] 杨日然:《法理学论文集》,月旦出版股份有限公司1997年版,第508页。

[15] 之所以对法律解释的定义作这样的安排,实出无奈。西方的法律解释是经审法官的行为,而在中国法官这类行为没有正当性;中国的法律解释在西方人看来又不是法律解释。也就是说,以西方的概念,中国没有法律解释;以中国的概念,则西方没有法律解释。为了求得一个可以用来描述东西方不同行为的"法律解释"概念,只能用此"偷懒"的办法。

的不同回答,法学界的法律解释观可以分为主观的法律解释观和客观的法律解释观。美国人倾向于前者,英国人则倾向于后者。

主观解释观认为文本只是表达立法者意思的工具,法律是主权者意思的体现,法解释的任务当然在于发现立法者的意思而不是文本的意思。该派主张在无法弄清立法者意思时可以查阅立法草案、议会辩论记录等立法文件。客观解释观认为,法律一公布就从立法者手中脱离成为客观的存在,具有一定含义。法律是给人民看的,应当以老百姓的标准来解释法律,这就是约定俗成的说法,如果离开文本去探寻立法者的意思,立法就成为民众无法知晓的神秘的、靠不住的东西。该派同时认为立法者的意思根本就不存在,因为立法机关是拟制的人,它不是一个自然人,立法机关的“意思”即使有,本身也是不统一的——绝大部分情况下法案的通过都有反对票。笔者倾向于客观说,同时可以吸收主观说的部分内容,即法律解释只能以文本为依据,在文本含混的时候可以参照立法者意思(例如法律辩论记录、修改或立法说明等)以确定文本的含义,不能离开文本去寻找立法者的意思。客观的法律解释观在一个意识形态对法律有绝对优势的地方特别重要,因为在那样的地方,如果遵循主观解释学,则法律的确定性与可预测性必大受损害,法律就有成为“任人打扮的小女孩”的危险。

(三)法律解释的客观性问题

法律解释是否存在价值判断?因为司法本身必须与价值打交道,法律解释在总体上离不开价值判断就是肯定的?这就涉及一个根本性的问题:法律解释有无客观性?〔16〕法律解释既然是主体的行为,包括主体的价值判断,它具有主观性当是无疑义的。但是如果法律解释无客观性,那么不仅法解释学失去了基础,而且法律也就失去作为法律的基本特点——稳定性与连续性,法律本身的可预测性也就将发生动摇,法律制度的目的也将无法达到。

什么是法律解释的客观性?客观性的一般含义为不依赖于人类存在的东西,以此种严格科学意义上的客观性来衡量,则法律解释无客观性。那么,什么是作为规范学的法律解释的客观性?波斯纳的定义是可取的:法律解释的客观性指法律解释的非个人化和确定性,〔17〕即法律解释并非是因人而异的无确定性。这种客观性至少表现在:第一,作为解释对象的法律文本是客观的;第二,法律解释要遵守逻辑和语法,逻辑和语法是客观的;第三,法律体系、法律位阶制度本身是一个客观的“框框”,法律解释必须遵守;第四,法律解释所依赖的价值体系虽具有主观的一面,但是某一具体时空中的价值体系也具有相对客观性,基本的价值也具有客观性,并非完全不可捉摸。例如在当代,基本人权是解释法律时不可违反的。当然,法律解释的客观性是就整体而言,不排斥具体的某一法律解释可能是完全主观任意的,因为说到底法律解释既然是人的判断行为,它就不可能完全摆脱主观性,尤其是不能完全排除个别法官无视上述约束的无理性行为的发生。不过,在一个健康的法律制度下,个别法官的主观随意(甚至可能借法律解释谋私)会由制度本身予以纠正。

---

〔16〕　这一问题是西方法理学的经典问题之一。1973年日本法学家宫泽就讨论过这一问题。参见[日]高见胜利:“宪法学说的50年”,载张庆福主编:《宪政论丛》(第一卷),法律出版社1998年版,第324页以下。

〔17〕　[美]波斯纳:《法理学问题》,苏力译,中国政法大学出版社1994年版,第9页。

正因为法律解释有主观性的一面,人类就有义务尽力提高它的客观性,将主观性降低到最低限度,而这也构成法理学的研究课题。增强与提高法律解释的客观性起码要做四方面的工作。第一,必须加强正规的法学教育,养成法官专业的思维方法,使法官成为具有共同价值观的群体。法官群体的价值认同感越高,在解释过程中的价值判断就越少个人任意的成分,因而具有较高的客观性。相反,未受正规法学教育的法官或法学教育的专业化、技术化程度差的地方的法官,法律解释的客观性程度就低些。第二,保障法官独立,使法官有权按照职业技术与伦理作出解释,避免法官成为推行法律外意志的工具,将法外意志引入法律解释。第三,提高法官道德素养,自觉抑制感情好恶、私利所趋等个人因素对解释的影响,以保证法律解释中的价值判断出于具有一定客观性的社会公认的价值观,保证法律解释的客观性。第四,加强法学方法的研究,通过法学方法的研究确立法律解释规则和方法,确立法官纠正法律失误的标准与边界,最大限度地限制主观任意对法律解释的影响。

二、法律解释方法

法律解释方法有多种,有的著作开列的方法超过十种。对这些方法可依不同的标准进行分类。学界分类的标准很不统一。我国台湾民法学家郑玉波将法律解释方法分为文理解释和论理解释的方法被较多学者认可,我们从此分法。文理解释指依据法律的文意或字意对法律所作的解释,这类解释大体包括文字解释、逻辑解释。论理解释指参考立法目的、利益平衡、历史沿革、外国法律和其他与法律相关的因素阐明法律真意的解释方法。论理解释方法可以分为:扩充解释、限缩解释、当然解释、体系解释、目的解释、历史解释、比较解释、社会学解释等。各种法律解释方法间有无位阶关系,学界认识不一,实践上比较一致的是文理解释通常优于论理解释。下面分别介绍各种解释方法。

第一,文字解释方法。文字解释又称文意解释、语义解释方法等,指按法律用语之通常含义解释法律的方法。此种方法当为法解释之首选方法,离开文字解释则必致损害法的安定。除非有非常充分的理由认为立法确实词不达意,方可作违背文字本来含义的解释。

第二,逻辑解释方法。逻辑解释指运用形式逻辑规则和方法对法律进行分析,从而对法律作出准确理解的方法,包括依据各概念间的逻辑关系推论出被解释概念的内涵或外延,从判断间的逻辑关系推出新的判断以确定法律的含义等。[18]

第三,扩充解释方法。扩充解释或称扩张解释,这是由于法律用词失于狭窄,不足以表达法律真意时,乃扩张其意义使合于法律真意的解释方法。例如,按域内效力原则,一国法律在主权管辖的全部领土内生效,这里的领土可解释为包括驻外使馆和领域外的本国船舶和飞行器,即为扩充解释。

---

〔18〕 例如,平亚丽是我国残奥会首枚金牌获得者,她有一只导盲犬名字叫 Lucky。奥运会前,她到公安机关给 Lucky 上户口时遭到拒绝。原因是公安机关认为导盲犬属市区禁养的大型犬只(成年体高超过 35 厘米即为大型犬)。公安机关这一行政决定是错误的,因为将导盲犬列入"猛犬"这一概念是个逻辑错误。公安文件禁止的"猛犬"是"宠物犬"之一种,导盲犬不是"宠物犬",当然不属于"猛犬"这一概念的外延。导盲犬是工作犬,它是盲人的"眼睛",没有它,盲人就无法自主地进入公共场所,因此,禁止导盲犬进入公共场所就是禁止盲人进入公共场所,这构成对盲人的歧视。澳大利亚有相关判决与法律。

第四,限缩解释方法。限缩解释是与扩充解释相对称的解释方法,这是指由于法律用语失于宽泛,不符合立法原意时,对文字的含义加以限制,以符合法律真意的解释方法。例如,《民法通则》第58条第5项规定"违反法律"的民事行为无效,由于法律分强行法和任意法,当事人之约定可排除任意法之适用,所以这里的"法律"当限缩解释为"强行法"。

第五,当然解释方法。指法律虽无明定,但其事实比法律规定之事实更有适用该规范之理由,从而适用法律规定的解释方法。这里的"当然"指"理所当然",不言而喻的意思。例如规定教室内禁止大声喧哗,则打架斗殴更在禁止之列,法律禁止销售过期食品,则霉变食品自在禁止之列等等。

第六,整体解释方法。整体解释是指全面考虑法律精神对法条所作的解释,或者指依据法律精神作出解释的方法。

第七,目的解释方法。目的解释方法指以法条的目的为根据阐明法律疑义的解释方法。目的解释方法为德国法学家耶林(1816—1892)首创。例如,美国马萨诸塞州宪法规定州众议员的选举"应当由文字选票来进行",后立法机构决定用投票机取代文字选票,并向法院咨询此法是否合宪。法院解释为合宪。因为当初立宪者规定"文字选票"的目的在于防止邪恶,当初排斥的是口头选举或举手选举。[19] 目的解释方法之关键在于对立法目的之认定是否正确,如对立法目的认识有误将产生错误的解释结果。

第八,历史解释方法。历史解释方法又称沿革解释或称法意解释,指以立法史料为依据阐明法律真意的解释方法。英国原本禁止使用立法史料,例如立法草案、立法辩论等资料作为解释依据,20世纪80年代开始允许使用。历史解释方法在于从立法者的意图和立法时法律的含义等来推论法条的真意。例如前述目的解释之例同时也为历史解释之例。如果过分拘泥于历史解释也有问题。例如美国《宪法第一修正案》中的"新闻出版界"仅指印刷媒体,今天用历史解释来解释"新闻出版界"显然不妥了。

第九,比较解释方法。比较解释方法指利用外国立法例及判例作为依据推论法律真意的解释方法。比较解释方法是近代以来法律成为世界性文化的产物。英联邦内的国家素有相互利用判例的习惯,即使非英联邦成员的其他英美法系国家,相互引用判例也不鲜见,从1833年始,英美法系也有引用大陆法为解释法律的先例。进入20世纪以后,随着法律世界化进程的深入,此类现象日渐增多。我国现代立法大多实为移植的西方法律,因此我国历史上解释法律引用德国、日本立法及理论的为数不少。

第十,社会学解释方法。社会学解释方法指运用社会学上的目的衡量、效果分析等方法进行法律解释的方法。例如,1948年美国法院就俄勒冈州限制妇女劳动时间是否合宪作出解释时,就主要用限制妇女劳动时间在社会学上的合理、必要之处证明该立法合宪。我国解释法律时常常结合"形势"予以考虑,似乎也可归入此类解释。不过大多数情况下我国司法实践中运用"形势"要素不是为了解释法律,而是为了超越法律,应该说这是违反法的安定要求和法治原则的。

第十一,合宪性解释。这是在审查法律合宪性时所使用的一种解释方法,它是指:当一项

---

〔19〕 [美]波斯纳:《法理学问题》,苏力译,中国政法大学出版社1994年版,第339页。

法律可有多种解释,且至少有一个解释合宪、一个解释违宪时,应当采用符合宪法的解释。合宪性解释源自司法谦抑原则,目的在于规制法官慎重地对待宣告法律违宪。合宪性解释用以缓解司法审查制度与民主理念的张力,避免法官因宣告法律违宪所面临的社会压力,它在维护宪法权威的同时维护了立法者的面子与法体系的合逻辑性。最先采用合宪性解释制度的是瑞士联邦最高法院,二战后它逐渐扩展到更多地区,1970 年德国《联邦宪法法院法》第 79 条第 1 款正式采纳该制。

第十二,反对解释。反对解释指以法律规定推论其反对之结果的法律解释方法。例如《刑事诉讼法》第 61 条规定:"公安机关对于现行犯,或者重大嫌疑分子,如果有下列情形之一的,可以先行拘留。"依反对解释,"对重大嫌疑分子,如果不具备下列情形之一的,不得先行拘留。"

对法律解释方法最后一点要提及的是,各种法律解释方法所得出的结果可能是一致的,也可能是不一致的,例如扩充解释和限缩解释、文字解释和比较解释,使用这些方法解释的结果可能是大相径庭的。这些不一致,有的是刻意的安排,以增加法律的适应性,例如扩充解释与限缩解释之结果的不一致,更多的则是有害的,因为它增加了法律解释的主观性,因此就有必要以法律解释规则限制法官的解释裁量权。

三、法律解释规则

法律解释应遵守一定的规则是各种法律制度的共同要求。虽然有些法律制度并未形成明文的规则条款,但以习惯形式存在的规则也是有的。例如在宋代著名的"阿云之狱"中,王安石与司马光对自首的条件解释不一,引起政治纠纷,但是对法律解释"当原立法之意",即从文字上去解释立法含义却是存在共识的,可见按字面解释是我国古代法律解释的重要规则。英国是现代法律解释规则的主要发源地。判例法是法官法,所以英国法是以法官为核心的,法官历来有很大的自由解释制定法的权力。在 14 世纪左右,法官可以以各种理由扩大法律适用范围,不遵守词义,法官可对法律作实质性修改。这种传统对兴起的制定法的伤害是不言而喻的。因此,其后逐渐形成了公平解释规则,到 18 世纪开始起作用,但到 19 世纪各项解释规则才被严格遵守,法官的职责被定于确定议会在法规中表达的内容是什么。这些规则主要有三条:词义规则、黄金规则、纠错规则。所谓词义规则(literal rule)指:如果制定法的含义是明确的、无歧义的,就必须按立法词句的自然的和日常的含义来解释之。这些词句本是立法意图的最好表述者。这一规则确立的思想是将法律解释的对象定于法律文本,同时强调按文本的含义来解释法律,其目的在保障法律解释的确定性与客观性。除此之外,它也反映了英美法系的"平民"色彩,或非精英特色。所谓黄金规则(golden rule)指必须把制定法看做整体,作系统的解释,并按它的日常含义解释之,除非这样做所产生的矛盾、荒谬或不便极大,以致法院相信立法者不会在日常的意义上使用这些词,并使法院确信,它采用的另外的含义虽然有点不确切,但是这却是立法者的真实用意。这条规则的用意在于有限制地允许法官寻找立法者的原意,允许法官有条件地背离法律文本的含义。所谓纠错规则(mischief rule)是"纠正法律错误时应当遵守的规则",它要求通过法律解释纠正法律错误时必须注意四件事:制定法之前普通法是如何规定的,普通法存在的错误和不足是什么,国会已采取了什么补救措施以及这些补救措施的真正理由。为了确定议会制定这一法律究竟要纠正什么混乱,法官应被允许引用法律序言、标题、立法调查和起草报告,参照公共利益、立法者的意图等等。[20] 这一规则是限制并引导法官纠正法律失误的行为,法官通过解释行为否定制定法的权威必须在普通法与制定法的历史上找到理由。

德国法学家拉伦兹则提出五条法律解释标准:(1)字义;(2)法条的意义脉络;(3)历史上的立法者之规定的意向、目标及规范想法;(4)客观的目的论的标准;(5)合宪性解释的要求。他并对这五条标准的优先性问题作了安排。[21]

法律解释规则的作用除了前述增强法律解释的客观性以维护法的安定以外,还有三大作用。这三大作用是:第一,认同作用,即法律解释规则在形式上将法律解释的结果与法官个人行为相分离,有利于法律解释取得诉讼各方的认同,减少法律适用过程的阻力;第二,对抗作用,即法律解释规则作为高度技术性、职业性的规则可以作为法官对抗司法外力量干扰司法的屏障,维护司法的独立与尊严;第三,司法自律作用,即法律解释规则是司法行业的"自律规范",它通过自律增强法律职业的社会权威。所以法律解释规则既以司法独立为存在条件,它本身也是司法独立的支撑和表现之一。

法律解释规则可以分为一般规则和个别规则两个层面,法律解释的一般规则指法律解释学讨论的法律解释一般应遵守的规则。法律解释的个别规则指个别法律文件中包含的解释该法律的特殊规则。前者如前述英国制定法解释的三条规则,《美国法典》第一编总则第一章《解释规则》中的六条规则,后者如《公民及政治权利国际公约》第 47 条之规定:"本盟约之解释不得损害所有民族充分与自由享受及利用其天然财富与资源之天赋权利。"

由于各国法律解释的实践有异,各家对法律解释规则的内容甚至有无存在分歧,例如,同是英国法学家,前述哈里斯将英国的法律解释规则表述为词义规则、黄金规则、纠错规则,而沃克则表述为:按普通、日常的含义理解法律;按语法规则理解法律;整体地、相互联系地解释法律;解释过程中可以考虑序言、长标题、各节、目及程序表,但不得考虑旁注、标点、法令之下的短标题或图解或顺序,也可考虑先前的法律陈述等。[22] 我国民国时的法学家朱采真将法解释规则表述为:用语注意法律全体;用语用普通用语;用语含义限于立法时含义;在没有特别理由时从广义解释;法律上的词语有保留意见时从广义解释;例外用狭义解释;惩罚或义务用狭义解释。[23] 林纪东先生则表述为:先文理解释后论理解释,论理解释结果优于文理解释,通则外的变则、特权的规则以及加惩罚、负义务和社会责任的规定从严解释等条。[24]

综合各家学说,结合各国实践,我们提出法律解释的两类规则:合法性规则和合理性规则。

合法性规则,即法律解释不得超越法律,以发现法律本意为首要任务并受其限制。这是法治原则的要求。合法性规则包括:(1)语词规则,即必须按日常的含义解释法律语词,如果说语词是专门法律概念,则按技术含义解释,并应遵守语法规则和逻辑规则,除非法律中规定了

---

〔20〕 J. W. Harris, Legal Philosophies, Oxford, 1980, p. 142.

〔21〕 [德]卡尔·拉伦兹:《法学方法论》,陈爱娥译,五南图书出版公司 1996 年版,第 225 页以下。

〔22〕 [英]沃克:《牛津法律大辞典》,邓正来等译,光明日报出版社 1988 年版,第 791 页。

〔23〕 转引自王勇飞编:《法学基础理论参考资料》(第四册),北京大学出版社 1981 年版,第 234 页以下。

〔24〕 林纪东:《法学通论》,远东图书公司出版,第 95 页以下。

特定的逻辑(例如推定)。(2)整体规则,即应当把法律当作整体看待,从相互关联中协调地解释法律,不得断章取义。包括不得对低位阶的法律作违反高位阶法律的解释,对普通法的解释不得违反宪法等等。例如,我国1996年加入的《反对劫持人质公约》第14条规定:“本公约任何规定均不得解释为违背《联合国宪章》。”再如,对刑法的解释不得违反罪刑法定这一刑法基本原则。(3)例外规则、特权规则。剥夺权利规则和附加义务规则应当从严解释,特别是刑法和税法应当从严解释,防止通过法律解释扩张特权、剥夺权利和令人民负担义务。

合理性规则,即法律解释必须合理,不得作非理性的解释。如果说合法性规则的主要功能在于正确阐明法律含义、选择应当适用的法律的话,合理性规则的主要功能则在于规范对不确定法律概念的解释、约束填补法律空白和纠正法律失误行为。合理性规则的精神基础在于承认立法者和法官都是理性的人,法律是一种合理的制度。在此基础上,法官可以发展法律,也只有在此范围内,法官才能发展法律,这是在解释法律中司法裁量权适用的规则。这些规则包括:仁爱、慈悲、克己、谨慎、社会公理、公序良俗等等,力求作出最符合理性要求的解释。[25]

四、现行法律解释体制

(一)现行法律解释体制的法律基础

中国现代法律解释制度形成于民国年间。辛亥革命推翻帝制实行共和,整个法律制度迅速西化,但是法学教育却相对滞后,加上许多革命党人进入司法系统,他们大多对法律不甚了了,甚至根本无知。更有一些县因财政困难养不起法官,由县长代行法官职务。这些不懂法律的法官们碰到法律问题当然不会像西方人那样去求教法学家,他们仍如老祖宗那样去向有权的人请示解释。再一个原因是立法的相对滞后,迅速的法律转型必然带来大量的法律空白,在存在法律空白的地方,法官们也只有请示。北京大理院为应下级法院请示遂发表意见,无意中形成了非承审官员解释的法律解释制度。南京政府成立,建立最高法院和司法部,将此制延续。1936年“五五宪草”规定司法院有统一解释法律、法令之权,同时法官依法独立审判。这表明民国时期实行的是承审法官解释和司法院统一解释并存的制度。

1949年2月,中共中央宣布废除民国六法全书,1949年的《中央人民政府组织法》规定中央人民政府委员会制定并解释法律(第7条第1项)。1954年《宪法》学习苏联1936年《宪法》,将法律解释权赋予全国人大常委会(第31条第3项)。比《宪法》晚一天通过的《人民法院组织法》中各级法院均无解释权的规定,同一天通过的《人民检察院组织法》,以及1983年的修订本均无解释权的规定。1955年全国人大常委会第17次会议通过《全国人民代表大会关于法律解释问题的决议》,决议第1条规定:“凡关于法律、法令条文本身需要进一步明确界限或作补充规定的,由全国人民代表大会常务委员会分别进行解释或用法令加以规定。”第2

---

〔25〕 刑法的解释尤其应当慎重,不当的解释可能毁了人的一辈子,例如,将“仿真枪”解释为“枪支”。2014年7月1日前后,刚满18岁的刘为明通过qq从台湾选购了24支枪形物,此枪形物系台湾合法玩具枪,后所购物品被石狮海关查获,随后刘被依据《刑法》第151条控罪,福建泉州中院以走私武器罪判处刘无期徒刑,刘上诉后,福建省高院裁定驳回上诉、维持原判。律师则以无罪辩护,因所购物并非刑法意义上的武器,且刘无购买武器的故意。此前广州一个卖仿真枪的小贩王国其先被判刑10年,后检方作出不起诉决定。参见“19岁少年网购24支仿真枪 被从轻判处无期徒刑”,载中华网,http://news.china.com/zh_cn/social/1007/20150922/20442165_all.html。

条规定:“凡关于审判过程中如何具体应用法律、法令问题,由最高人民法院审判委员会进行解释。”这一决议决定了现行法律解释制度的基本框架,而后一直延续下来。

现行法律解释制度的法律基础包括宪法、法律、行政法规、地方性法规和规章五个层次。具体有:(1)1982 年《宪法》第 67 条第 1 项、第 4 项。(2)法律。包括专门的解释法律的决定和普通立法中的解释性条款。专门解释法律指 1981 年全国人民代表大会常务委员会《关于加强法律解释工作的决议》。现行法律解释制度的主要法律是《立法法》(2000 年制定,2015 年修订),该法第二章“法律”中有专门一节规定法律解释(第 45—50 条)。(3)大量行政法规中的解释性条款。(4)地方性法规中有大量的解释性条款。(5)规章。除这些正式法源以外,还有些非正式法源对解释的权限和程序性问题作出了规定。较重要的有:1993 年国务院办公厅《关于行政法规解释权限和程序问题的通知》、1997 年最高人民法院《关于司法解释工作的若干规定》、1997 年《最高人民检察院司法解释工作暂行规定》等。

(二)现行法律解释体制描述

依上述法律,我国法律解释体制是在全国人大常委会统一领导下的二元体制。大陆的主体制和香港特别行政区、澳门特别行政区的从属性体制有很大差异。

我国大陆法体系中的法律解释主体有六类:全国人民代表大会常务委员会、最高人民法院、最高人民检察院、国务院及各部委、具有地方立法权的地方人大常委会(含省级人大常委会、设区的市人大常委会、自治州的人大常委会、经济特区的人大常委会)、省级地方人民政府主管部门。以上六种主体分别对不同层次的法律、对法律的不同方面进行解释,形成了我国独特的法律解释体制。

全国人大常委会的法律解释权。全国人大常委会有权解释宪法和法律。从《宪法》第 64 条第 7 项、第 8 项的规定来看,人大常委会对各种法律均有解释权,因为“撤销”是以解释为前提的,既然有权撤销行政法规、地方性法规,当然有权对它作出解释。从内容上看,不仅对法律文本本身需要进一步明确界限或作出补充,而且有权对审判解释和检察解释的原则性分歧作出解释或决定。另外,全国人大常委会对《香港基本法》享有最高解释权。在实践上,全国人大常委会极少行使法律解释权。1996 年对《中华人民共和国国籍法》在香港特别行政区实施的几个问题作出解释,这大概是填补全国人大常委会立法解释空白之举。1998 年 12 月,全国人大常委会对国籍法在澳门特别行政区实施的几个问题作出解释。1999 年 6 月 26 日,全国人大常委会又对《香港基本法》第 22 条第 4 款和第 24 条第 2 款、第 3 款作出解释,以纠正香港特别行政区终审法院对上述法条不合原意的解释。

最高人民法院的法律解释权。最高人民法院与最高人民检察院的解释全称为司法解释。改革开放以前并没有关于司法解释的法律规定,但事实上存在。1981 年,全国人大常委会公布《关于法律解释工作的决议》,明确规定:“凡属于法院工作中具体应用法律、法令的问题,由最高人民法院进行解释。”这是立法机关首次关于司法解释的规定。1997 年 6 月 23 日,最高人民法院发布《关于司法解释工作的若干规定》(法发[1997]15 号),对司法解释的程序等问题进行了规定,但是它并没有得到认真执行。2007 年 3 月,最高人民法院发布《关于司法解释工作的规定》(法发[2007]12 号),对司法解释的依据、程序、文件名称等作了规定,前述法发

[1997]15 号文件被废止。依据现行法律,最高人民法院有权对审判工作中具体运用法律的问题作出解释,这里的法律当指除宪法以外的各种法律。[26] 但是当地方规章与部门规章不一致、各部委规章间不一致时,则由最高人民法院送请国务院解释或者裁决。[27]

最高人民检察院的解释权。最高人民检察院有权对检察工作中具体运用法律的问题作出解释。从实际情况来看,检察解释的对象主要是刑法和刑事诉讼法。

国务院及主管部门的解释权。除审判和检察工作中的其他法律如何具体运用的问题由国务院及主管部门进行解释。国务院除对法律、行政法规进行解释外,还可对部委规章的不一致,部委规章与地方性规章间的不一致应最高人民法院送请作出解释或决定。另外,依《宪法》第 89 条第 14 项之规定,国务院应有权解释地方规章。因为"撤销"是以解释为前提的。

具有地方立法权的地方人大常委会的法律解释权。这里的解释主体包括省级人大常委会和设区的市的人大常委会、经济特区市的人大常委会、自治州的人大常委会,解释的内容是地方性法规本身需要进一步明确限定或作补充规定。

省级地方人民政府主管部门的解释权。省、自治区、直辖市人民政府主管部门有权对地方性法规如何具体应用的问题作出解释。另外,在实践中,省级政府主管部门还对地方规章作出解释。例如,《海南省建筑工程质量监督管理暂行办法》第 27 条规定:"本办法解释权属于海南省建设厅。"

特别行政区的法律解释体制。依《香港基本法》第 158 条之规定和香港固有法律传统,香港特别行政区的法律解释权分属全国人大常委会和香港特别行政区法院。全国人大常委会行使对《香港基本法》的解释权。香港法院的解释权包括两部分:经全国人大常委会授权在审理案件时对基本法关于香港自治范围内的条款自行解释,对基本法其他条款可有条件地进行解释。[28] 基本法以外的其他法律由香港特别行政区法院解释。[29]

(三)现行法律解释体制的特点

第一,浓厚的立法色彩。我国的法律解释呈现出浓厚的立法色彩,从总体上来说,更像立法,而不像法律解释。其一,从解释权的归属来看,在法律解释权的分配上呈现"谁有权立法、谁有权解释"的倾向,立法权和法律解释权分离不够。人大及其常委会制定的法律的解释权在人大常委会,即使在司法过程中发生的法律解释问题也没有放手让司法机关解释,尚保留在审判解释和检察解释间作解释和决定的权力。其二,审判解释的主体不是法官而是最高人民法院。最高人民法院不是对自身审判中如何适用法律的问题进行解释,而是对其他法院在审判中碰到的问题进行解释,大部分解释根本就不是从审判实践事后出发,而完全是立法式的事

---

〔26〕 全国人大常委会《关于加强法律解释工作的决议》使用的词是"法律、法令",1982 年《宪法》制定前,"法令"一词专指全国人大常委会制定的规范性文件,1982 年《宪法》始称为"法律"。如果严格按语义解释,最高人民法院仅有权解释法律(狭义),无权对行政法规和地方性法规在审判工作中如何运用的问题作出解释,这是不合立法目的的。所以应对"法律"作扩充解释。

〔27〕 参见《行政诉讼法》(2014)第 63 条。

〔28〕 详细条件参见《基本法》第 158 条第 3 款。

〔29〕 澳门的法律解释体制与香港相类似,从略。

前设规。其内容大部分是一般性规则,而不是针对个案的规范或说明。其三,从解释内容来看,许多解释超出被解释的法律以外,创设规范的特色十分明显。法律解释可作为个案判决的普遍性规范加以引用。从条文数量上也可看出:1989 年通过的《行政诉讼法》仅 75 条,而最高人民法院 1991 年 5 月 29 日发布的《关于贯彻执行〈中华人民共和国行政诉讼法〉若干问题的意见(试行)》则达 115 条。甚至有些解释文件涉及立法机关根本未涉及的问题,更完全是立法。例如 1992 年 5 月 16 日最高人民法院发布的《关于审理涉外海上人身伤亡案件损害赔偿的具体规定(试行)》。其四,从文件形式来看,大部分法律解释文件形式上是立法文件,逐条列出,甚至多达数百条,而不是判决书。

第二,政治性强、随意性大。在实践上强调法律解释依政策、依统治阶级意志、为政治服务,这种实践得到阶级斗争理论和各种非法治理论的支撑。长期以来(至少在"文革"以前)内部的政策性规定、内部通知等形式出现的法律解释事实上左右审判活动,〔30〕许多司法解释事实上没有解释法律,它成为推行政治目的的工具。同时法律解释理论强调的是探究立法者的意志、立法意图,而不是法律的文义,即属于主观解释思潮,而不是客观解释思潮。主观解释思潮在 19 世纪以前主宰西方法解释,它是立法权崇拜在法解释思潮里的反映。进入 20 世纪以来,注重把立法文本视为客观实在,法律解释注重探究立法文意的思潮——客观解释思想成为主流思潮。

第三,法律解释行为的规范性程度低。法律解释应当遵守一定的规则,尽管这些规则有一定的柔性,但是我国的法律解释行为缺乏可遵守的规则。这表现在:一是没有解释法律的制定法规则。有些国家例如美国就有专门的《法解释法》(1837 年),并于 1889 年和 1987 年两次修改,美国法典《第一编 · 总则》开头即设一章"解释规则"。许多国家的重要法典也附解释条款。我国不但没有专门的解释法,法典中的解释条款也极罕见,即使偶有解释条款,也只是指明解释权的归属。二是未形成解释法律的习惯性规则。三是法律解释学落后,未形成具有一定权威的法律解释理论以规范法律解释行为。

(四)现行法律解释体制几个问题的讨论

1. 立法解释的存废问题

立法解释完全是中国传统法律文化的产物。中国古代的有权解释文件都是立法者公布的,臣子只是"守护"法律的奴才,审判官只能"重复法律",无权解释法律。这种制度背后的理由是:法律解释的目标在解释立法者的意思,立法者的意思是什么,当然只有立法者自己最清楚。虽然传统法律已被否定,但是这种法解释观念却深藏于文化之中,成为当代中国立法解释制度的观念基础。

立法解释在西方国家早期也存在。在古罗马,随着王权的增强,法律解释出现立法化趋

---

〔30〕 即使在改革开放以后,这一情况还是存在的。高级人民法院与中级人民法院依法没有法律解释权,但是它们通过内部"通知"等形式实际上行使法律解释权。而且,由于中国法官的地方化,法官出于自私的原因,常常更愿意适用低层次的"法律解释"。这成为我国法律统一与走向法治的一个障碍。

势,到查士丁尼立法时,完全将法律解释立法化,其结果是几乎中断了罗马法的发展。〔31〕 在法国大革命中,罗伯斯庇尔就曾呼吁:“法律由法官创造这种说法……必须从我们的语言中清除出去。在一个有宪法和立法机关的国家,法院判决的来源只能由法律构成。”1790 年 8 月 16 日至 24 日的法令更禁止法官解释法律。〔32〕 不过现代国家禁止法官解释法律的恐怕难觅了,真正搞立法解释的也不会很多了。所以笔者同意取消立法解释的主张,改用立法形式、修改法律的形式补充法律之不足或对法律进一步明确。理由是:

(1)从实践上来看,立法解释用处不大。全国人大常委会正式解释法律的文件只有 1996 年《关于〈中华人民共和国国籍法〉在香港特别行政区实施的几个问题的解释》及在澳门行政区实施的解释等少量几件。〔33〕

(2)立法解释的存在使立法行为与解释行为难以区分,这有三个不利结果。首先,法律解释行为难以成为独立的研究对象,对法律解释的制度化、规范化不利;其次,也不利对立法行为的规范,立法机关如对本属立法的行为以“解释”的面貌出现,就可能规避立法程序。这样就有损立法的严肃性和法律权威。最后,这使立法处于不确定状态,立法机关不必通过立法程序而可随时以解释行为修改法律。尽管现实中并未产生各种情况,但是作为制度确实存在此种漏洞。

(3)实际行使立法解释权的主体与法不合。法律规定立法解释权属人大常委会,但是实际从事解释工作的是人大常委会法制工作委员会,且以内部文件发行。〔34〕 此种做法虽然不是“立法解释制度”的原意,却是直接源于立法解释制度。这种制度存在人大常委会内部的工作机构通过不规范立法解释修改法律甚至宪法的危险。

(4)在现代民主制度下,前述立法解释的观念基础不成立。谁立法谁解释的合理前提是存在一个有意志的个体的立法主体,所以立法的含义是什么只有他自己最清楚。但是现代立法主体采任期制、会议制。制定法律若干年后解释法律的主体已不是原来的主体。例如 1896 年德国议会通过的《民法典》如果要 1999 年德国议会来解释,解释者绝对不会是原来的那些议员先生们了。即使是原来的那些先生们,如对法律解释文件投票,也绝对不会与立法通过时举手的是同样一帮人了。

另外,看看域外的经验也是有益的。关于法律解释权的归属问题在欧洲大陆历史上经历了从法官到立法者,又从立法者向法官转移的过程。在英美,从来不否认法官的法律解释权。大陆原来也存在判例法,法官历来有法律解释权。只是在现代民主思潮的分权思想涌起以后,

---

〔31〕 立法解释中断了法律的发展这一现象在东西方都是存在的,只是中国没有把它当成一个问题,而是当作追求的目标。因为中国处于第一位的价值是王权的巩固,而不是法律的进化,相反,由于“向古看”的思维习惯,进化被视为畏途。解释之所以会中断法律的发展(当然它不排斥通过立法发展法律,而是指通过司法发展法律),是因为它阻止了通过司法实践发现法律不足并随时加以改进的道路,也即在法律与社会之间筑起一道墙,使合理的生活不能及时进入法律。

〔32〕 沈宗灵:《现代西方法理学》,北京大学出版社 1992 年版,第 467 页。

〔33〕 近年来,全国人大常委会的法律解释开始多起来,它已多次对刑法进行过解释,例如,2002 年 4 月 28 日对《刑法》第 294 条第 1 款的解释,对《刑法》第 384 条第 1 款的解释等等。这使人们产生另一种担忧:全国人大常委会修订法律的职能可能将受到压抑。不断通过“解释法律”来修改法律的行为将有损法律的稳定。

〔34〕 焦克:“关于立法解释的几个问题”,载《法学天地》1995 年第 5 期。

议会才独占了法律创制的权力,法官解释法律的权力受到质疑。同时注释法学、概念法学、形式主义法学都不同程度地接受了法条主义。法条主义对法官造法持严格批评态度。[35] 立法解释的形成也与一个偶然的因素有关:在法国大革命中,法官们是站在保守的立场上的(至少社会认为如是),这使得新的统治者对司法产生了不信任感。在利益法学、自由法学、社会法学兴起以后,法官解释法律的权力再次得到肯定。从时间上来看,西方世界否定法官有法律解释权的只是很短时间内存在于部分地区。但是不幸的是,正是这些思想占主导地位的时代,西方的法思想进入我国,且与中国的传统思想一拍即合,导致今天的局面。

2. 审判解释问题

我国现行的审判解释大多是"规范性"的,不是针对个案的。这样的审判解释占了我国法律解释的绝大多数,对立法的完善和增加法律的可操作性方面作出了重要贡献。我国审判解释高度发达的主要原因是:(1)立法疏漏和过于原则。建国初三十年,民、刑等基本法律均告残缺,改革开放以后社会基本生活的许多方面均无法可依,而法院审判工作却必须进行,只能借助于审判解释。再则新制定的许多立法属"急就章",立法技术与理论落后,甚至追求立法"原则性",因而粗疏简陋,可操作性差,只能借助审判解释使之细化,填补漏洞。(2)立法机关的立法能力不足。我国人代会每年只召开一次,会期只有二至三周,且人代会人数多达三千人,难以开展立法辩论;人大常委会虽然每年召开四次,但会期也不长,这造成人代会立法能力的严重不足,不能制定出高水准的详尽的法律来。结果只能借重司法审判的"代偿"功能,以弥补立法能力之不足。(3)法官专业化程度低。技术素质低下的法官无能力对法律作出解释,所以在审案时常常向上级法院请示,上级法院对下级法院法官的请示常以各种形式作答,而最高人民法院作出的答复就被接受为司法解释而且有拘束力。

我国审判解释的成绩是主要的。它满足了在立法规范不足的情况下司法的规范需求,但也存在不少问题。最大的问题莫过于量的膨胀和内容形式的立法化。在量方面,许多解释超过了法典本身。例如,1985 年《继承法》只有 37 条,而最高人民法院《关于贯彻执行〈中华人民共和国继承法〉若干问题的意见》一次性解释即达 64 条。1991 年《民事诉讼法》有 270 条,1992 年最高人民法院《关于适用〈中华人民共和国民事诉讼法〉若干问题的意见》则多达 320 条。在内容上,有相当一部分司法解释文件并不是针对某个法律条文,而是就执行某个法律所作的一揽子规定,许多内容并非解释,而是创制规则。有些司法解释甚至规范了法律未涉及的领域。在形式上,许多解释也明显采用单行法规的形式。

3. 检察解释的存废问题

检察解释的法律依据似乎不无问题。1979 年全国人大五届二次会议制定的《人民检察院组织法》第 5 条关于检察院职权的 5 项规定中并无法律解释权一项。1981 年全国人大常委会《关于加强法律解释工作的决议》第 2 条规定最高人民检察院有法律解释权。从法理上来讲,这可看作依《宪法》第 67 条第 3 款之职权对人大制定的基本法律的补充。不过,1983 年全国人大常委会对该法进行修改时并未增加相应的内容,2000 年《立法法》也没有规定检察解释,直至 2014 年修改《立法法》时才加以规定(104 条)。以法理言之,检察院作为国家法律监督机

---

〔35〕［葡］叶士朋:《欧洲法学史导论》,吕平义等译,中国政法大学出版社 1998 年版,第 182 页以下。

关应享有法律解释权,不过此项解释的效力似应限制在对个案上,不能作出具有普遍效力的规范性解释。

4. 行政解释问题

行政机关有广泛的制定规范性文件的权力,包括自主制定行政法规、部门规章和地方规章这种作为审判依据的法律的权力,同时又可以行使规范性法律解释权,这是行政权强大和司法权低下的主要表现。我国行政解释存在的首要问题是解释主体过于分散,上到国务院、下至省级政府各主管部门,法院判决要遵守地方政府主管部门的法律解释。其次是行政解释的权威高于审判解释。依《行政诉讼法》(2014)第63条第2款之规定:人民法院认为地方人民政府制定、发布的规章与国务院部、委制定、发布的规章不一致的,以及国务院部、委制定、发布的规章之间不一致的,由最高人民法院送请国务院作出解释或者裁决。这表明行政解释的权威高于审判解释。

5. 关于多部门联合解释问题

在法律解释实践中,常常出现多机关联合解释现象,有时多达六个机关共同发布法律解释文件。1996年最高人民检察院《关于解释工作暂行规定》并有申请最高人民法院等部门联合发布司法解释的规定(第16条)。这是值得商榷的。一方面,联合解释于法无据。国家机关行使权力的范围及其方式应当有法律依据是法治国家的基本要求。另一方面,联合解释实际上是各机关都部分地行使了其他机关的法定权力。

第三节 法律推理

一、法律推理释义

科学学科的任务是发现,它的方法必须遵守"发现的逻辑"。与此不同,法学的任务是追求公平正义,而公平正义是需要论证的,因此,法学研究特别是判决的过程应当是论证的过程,法律命题都应当经过论证才能得到认同。与此相应,法律方法的核心就是论证的方法或法律推理的方法。[36]

推理即推论或说理。作为思维的一种方式,是从已知判断作出新的判断的过程。推理能力是人所独有的,人的推理能力是法律存在的前提,因为即使最简单的法律规范与法律结论都离不开推理。

法律推理(legal reasoning)是一个与实践理性有关的问题,通常指推导出法律命题的思维过程。从论辩的角度来看,"法律推理就是在法律争辩中应用法律理由的过程。"[37]伯顿的这

---

〔36〕 国内有的学者区分"法律论证"与"法律推理"这两个概念,认为法律论证研究是法律推理研究的深化。此观点有一定道理,但是这两个概念交叉太多,为了叙述的方便,本书将法律论证与法律推理视为同一概念。

〔37〕 [美]史蒂文·J. 伯顿:《法律和法律推理导论》,张志铭等译,中国政法大学出版社1998年版,第1页。

一定义可能是偏窄的。因为他把法律推理局限于“法律”领域,而法律推理的一个重要方面无疑包括有关事实的部分。法律推理可能是从权威出发,或从事实出发。具体来说包括从上位规则推出下位规则的过程,或从事实推出法律后果(判决、裁定)的过程,或从A事实推出B事实的过程等等。法律推理活动渗透于人们的法律活动之中,不仅法官的断案过程是一个推理过程,行政官作出决定的过程、侦查员查清案件的过程、诉讼当事人证明自己主张的过程、反驳的过程、公民履行合同的过程等等都离不开法律推理。例如,侦查员从犯罪现场的痕迹推断出作案者的性别、年龄、身高,辩护人从嫌疑人不在现场得出无罪的结论等等。

法律推理在法律运作过程中的作用表现在三个方面:(1)从已知事实推论出未知事实。法律的适用首先要确定事实,但是有些事实不能直接证明,只能通过另一事实的存在与否通过逻辑推理得知。例如,刑事责任和许多民事责任的存在以行为人是否有过错为前提,过错这种心理状态是否存在只能通过行为人的行为这个事实中推出。(2)从上位规则推导出下位规则。从根本法到普通法、从议会立法到行政法规、从某一法律规定制定出实施细则的过程等等,实际上都是从上位规则得出下位规则的推理过程。(3)从法律规定和个案事实得出判决。在大陆法系这通常被认为是一个三段论式的推理过程:大前提是法律规定,小前提是个案事实,得出的结论为判决。法律推理上述三项工具作用都围绕着一个核心目的即合法性论证。这种证明作用不仅仅为法官、行政官所用,也常常为行为人和代理人用以证明行为的合法性作为抗辩所用。

按照阿列克西的理论,法律论证可以分为内部证成和外部证成。(法律)内部证成是从证立的前提中推导出来的证成方式,(法律)外部证成是这个前提的正确性问题。[38] 美国当代学者阿蒂亚和萨默斯将法律推理分成形式推理和实质推理是有代表性的。形式推理与实质推理的两分法从推理的依据不同来区别的,依形式依据作出的推理是形式推理,依实质性依据作出的推理是实质推理。

从狭义法律方法(法律适用方法)的角度来看,法律结论都必须有法律(形式)依据,且法律是法律命题的权威推理前提。因此,形式推理是法律论证的基本推理形式;形式推理与实质推理相比具有优先性,实质推理只有在缺乏形式推理的逻辑前提或者在穷尽了形式推理的方法仍然不能形成公平的法律结论的时候,才可以使用。“形式依据是一种权威的法律依据……这种依据通常排斥、无视或至少是弱化出现在判决或行动过程中的、与之相对抗的实质性依据。一条据以判决的形式性依据是:在给定的情形中,存在一条有效的规则……与实质性依据不同,形式依据必须预设存在一项有效的法律或其他有效的法律事实,例如一份合同或一份判决……权威性是形式性依据的基本特征……一般来说,形式性依据同样具有某种程度的强制性,即在法律适用的过程中优先于其他任何相反的实质性证据。”[39]

由于实质推理只解决寻找规则,即寻找形式推理的大前提,因此,紧跟实质推理后面的是形式推理以得出裁判结论。因此,实质推理只是作出法律决定的中间论证过程。需要说明的

---

〔38〕 参见[德]罗伯特·阿列克西:《法律论证理论》,舒国滢译,中国法制出版社2002年版,第274页以下。

〔39〕 [美]P. S. 阿蒂亚、R. S. 萨默斯:《英美法中的形式与实质——法律推理、法律理论和法律制度的比较研究》,金敏、陈林林、王笑红译,中国政法大学出版社2005年版,第1页以下。

是,法律论证的前提是对事实的认定,对事实认定本身需要推理。例如,从犯罪现场的痕迹、犯罪工具、受害人的存在等事实推理出犯罪的存在;通过书证或物证证明遗嘱的存在等等。这本身构成法律推理的重要内容,它是法律论证展开的前提之一,这里存而不论。这里讨论与法律本身的存在、内容、是否适用、如何适用问题的论证。

二、形式推理

一般来说,形式推理即依形式逻辑规则的推理,这是基于有效规则的推理,典型的、形式化高的形式推理的依据是:规则、法律判决和陪审团的裁决、程序法、身份状况、关于时间或地点或数量的强制性规范从众多变数中确认权利或义务的规则。[40] 形式推理是法律推理的主要形式,有的学者甚至认为它是唯一的法律推理形式。[41] 通常认为形式推理有演绎推理、归纳推理和类比推理三种。

演绎推理是从一般到个别的推理。三段论是典型的演绎推理。三段论有大小两个前提和结论三部分组成。例如,凡人皆有死(大前提),A 是人(小前提),所以 A 必死。大陆法系传统从制定法的一般规则到个案结论的过程常被看做典型的三段论式推理过程:大前提是法律规则,小前提是个案事实,结论为判决(有罪无罪、有责无责等)。当然,具体案件解决的过程要复杂得多,可能包括多个推理过程,特别是证明个案事实与法律规定的联系时,可能会碰到多个相互对抗的前提,取何种前提对是否适用选择的规则意义重大。确定何种前提为正当这个事实查证的过程不仅包括举证,同时也包括推理过程。

与演绎推理相反,归纳推理是从个别到一般的推理,或从两个以上的同类特殊命题中推出一般性命题的逻辑推理。例如,甲案中从事易燃作业的 A 对他人造成损害,虽无过错,但却承担民事责任,乙案中从事易爆作业的 B 对他人造成了损害,虽无过错也同样承担了民事责任,由此可以得出一般性规则:从事易燃易爆等危险作业的人对他人造成损害的,应负无过错责任。归纳推理主要用于从生活中及从司法实践中推演出法律规则,或从社会生活中归纳出抗辩理由。前者对判例法的发展和判例法司法实践有重要意义。在制定法国家,由于一般规则是由立法者创制的,在法律发达社会里,创制法律的过程中的归纳推理被掩盖了,表现为权力作用或从一般价值出发的推演过程。同时在大陆法系,由于对生活中的法律的否认,从生活中归纳出规则以作抗辩理由的逻辑推理方法的作用也就大大降低。

类比推理是从 A、B 两个对象有某些相同属性,且 A 对象还具有其他属性,从而推出 B 对象也具有另一其他属性的推理。类比推理的方式是:已知 A 对象具有 a、b、c、d 四种属性,B 对象具有 a、b、c 三种属性,从而推知 B 对象也有 d 属性。类比推理的结论是或然的,不是必然的。类比推理是法律中属形式推理还是实质推理在法学界有不同看法,有的学者认为类比不是“论证”,而是“发现”。[42] 常见的类比推理是法律的类推适用。法律类推适用中类比推理

〔40〕［美］P. S. 阿蒂亚、R. S. 萨默斯:《英美法中的形式与实质——法律推理、法律理论和法律制度的比较研究》,金敏、陈林林、王笑红译,中国政法大学出版社 2005 年版,第 9 页以下。

〔41〕有的美国学者研究的法律推理仅指形式推理,且形式推理仅指类比推理和演绎推理两种。参见［美］史蒂文·J. 伯顿:《法律和法律推理导论》,张志铭、解兴权译,中国政法大学出版社 1998 年版。

〔42〕［美］波斯纳:《法理学》,苏力译,中国政法大学出版社 1994 年版,第 117 页以下。

的结构是：M 法律要件有 P 法律结果（大前提），S 法律要件与 M 法律要件类似（小前提），所以 S 法律要件也有 P 法律结果。类推适用与一般法律适用不同的是，法的一般适用的案件在法律规定的“类”以内，可直接归类适用。例如，直系亲属间的婚姻无效（大前提），A 案为直系血亲间的婚姻，（小前提），所以无效（结论）。而类推适用则依据“类的相似性”。例如，大前提与前同，但 B 案的双方为收养关系，则将收养关系类比“直系血亲关系”而类推适用大前提，得出婚姻无效之结论。在英美法系，适用判例的过程是一个从特殊到特殊的过程，遵循的理由是类似的案件作类似的处理。推理过程为：A 案作 P 结论（大前提），B 案与 A 案相似（小前提），所以 B 案有 P 结论。

形式推理的规则是客观的，但是推论结果却并非必然正确。类比推理本身就是或然的。即使是演绎推理和归纳推理本身的正确与否也取决于前提是否正确及推理过程是否遵守逻辑规则。英国法学家沃克将形式推理的错误分为三类，实质错误、文辞性错误和规则错误，其中实质错误可分为七种。[43] 形式推理常犯的错误有：(1) 论据虚假。虚假的前提常常（不必然）会得出错误的结论。通常表现为引用法律条文错误或据以将规则与结果相联系的事实的虚假。例如对于非军人适用军法条款，或适用了已被废止的法律等等。(2) 违反同一律，即大前提、小前提中的“中词”不能保持同一，例如大前提中的“车辆”指汽车，而小前提中的“车辆”是自行车，则结论可能会错误。(3) 循环论证，即论据的正确依赖于结论正确所造成的错误。形式逻辑论证是以论据论证结果，如果论据又依赖结论的正确，则实际上未进行有效的论证。循环论证通常藏在较长的论证过程中。(4) 证不出的错误，即论据不能证明结论。例如，甲是四类分子，所以杀人者肯定是甲，或甲是共产党员，他肯定没有盗窃等等，均为推不出，前提和结论间没有必然联系。(5) 偶然的错误，即将一个一般性规则应用于特殊的例外。例如对一般犯罪规则适用于未达刑事责任年龄的未成年人。形式推理对于法律实践是重要的，注意防止推理中的错误是正确适用法律的前提。

三、实质推理

何谓实质依据？实质性依据是指“道德的、经济的、政治的、习俗的或者其他社会因素”。[44] 实质推理的目的是寻找规则，是一种特殊的寻找规则的方法：到“法律外”去寻找规则。实质推理的形式是归纳和类比，不是演绎。实质推理用以解决不能用形式推理解决的法律问题。例如，某街道“自行车禁止入内”，现有一人骑马入内，是否适用该规则？我们无法从形式逻辑推演出法律后果，而应当从立法目的去考量。立法者禁止自行车进入的目的是保持步行街的安静与行人安全这一公益，为了保证这一立法目的之实现，马匹亦当禁止入内。法律解释中的目的解释、利益衡量方法、价值补充等，均有实质推理包含其中。

实质推理主要用于：(1) 填补法律漏洞，即以实质推理弥补法律中未有规定者；(2) 纠正法律错误，由于立法者的疏忽适用法律将产生不公的法律后果或产生与立法者目的相反的结果

---

〔43〕［英］沃克：《牛津法律大辞典》，邓正来等译，光明日报出版社 1988 年版，第 751 页。

〔44〕［美］P. S. 阿蒂亚、R. S. 萨默斯：《英美法中的形式与实质——法律推理、法律理论和法律制度的比较研究》，金敏、陈林林、王笑红译，中国政法大学出版社 2005 年版，第 1 页以下。

时,可用实质推理予以纠正;(3)解决法律的不一致,有些法律不一致可用位阶原则等规则予以选择,当无选择规则作依据时,就得通过实质推理解决;(4)在存在多种规范可供选择时选择最为恰当的规范。

实质推理其实并不是在法律的范围内处理法律问题,而是在法律的边缘地带推理,是西方人所谓的法官造法,因而实质推理的使用本身是需要有条件的:它只有在形式推理不能实现个案公正的时候才能运用。这主要有两种情况:某些案件中形式推理前提的缺乏——法律空缺,或者实在法规则违背法律的目的——正义。法律与正义相悖的原因可以是:一是立法本身存在问题;二是时过境迁,社会发生了重要变化,依据原来的法律判决会产生重大不公正;三是在法律规定的类型中出现了新的种类,若依据法律会产生重大的社会不公。在不同的法文化中,实质推理的条件控制度有所不同,制定法法系对实质推理的控制通常要严于承认法官造法的判例法系。

实质推理的推理前提主要有:(1)从事实中归纳出前提。这又可以分为两种:一是从“规范性事实”中归纳出规则。例如,从相似的社会习惯规则中推理出习惯规则(不是习惯法规则,习惯法规则是社会承认的,在判决前已经存在的);从判例与经审案件的相似性中找到可适用的规则。二是从“经验性事实”中推导出规则。这个“经验性事实”是相对于“规范性事实”而言的,指此类事实不是规范,而是纯粹的社会事实。从事实不能得出规范,因此,这个推理与前面从“规范性事实”得出规则的方法是不同的,它是一个归纳推理与价值判断的综合作用过程。例如,从不断重复的社会行为中归纳出习惯性社会规则。(2)从一般价值推导出规则:这是一种介于形式推理与实质推理之间的推理,就其形式来说是演绎的,就其内容来说又是超越实在法的。例如,基于公序良俗找出规则的推理;基于平等、公平正义等一般原则作出的推理等等。

实质推理追求的是个案正义,这一价值必须为其他相关价值所平衡:第一,法的安定,因为法律是一项“规则治理的事业”,法律没有安定则作为工具的法律无法达到自己的目的——规则治理,它甚至无法保障自己的存在——法律本身是一种常态。因此,必须是个案可能出现“重大不公”的时候才允许运用实质推理。第二,先在的权利。法律是权利的载体,当事人的权利是法律的生命;同时,在法治社会,权利必须得到保障,因此,法律论证的基本方法是基于权利的推理,如果不考虑权利,则违背了法律的实质。第三,法官对法律的忠诚义务。

四、法律推定

法律推定(legal presumption)是一种法律规定的推理,意在表示某一事实或若干事实与另一事实或若干事实间的关系,是从已知事实推断出另一事实是否存在的推理方式。作为前提的事实是基础事实,作为结论的事实是推定事实。例如推定代理,我国旧民法规定,妻子日常处理家务时购置器具、家产或日常生活必需品时,推定其为夫之代理人。只要有前事实存在:为日常处理家务时购买器具等,就可推断此项行为是妻以夫的代理人的身份为之。这里的“事实”是广义的,包括事件、行为、规范的存在与否及事物的某种状态。法律推定很多,例如推定代理、推定金额、推定过错、推定全损、推定谋杀、推定暴力等等。

法律推定包括绝对推定和相对推定两种。绝对推定或称不可反驳的推定,是指基础事实与推定事实间的联系是不可反驳的推定。只要基础事实存在,不论推定事实"事实上"是否存在,法律都认定推定事实存在。例如,如果未满 14 岁之儿童被法律推定为不能犯任何罪,即使该儿童"事实上"实施了盗窃、强奸行为亦然。此种推定与"视为"含义相同。例如,《民法通则》第 68 条第 1 款规定:"本人知道他人以本人名义实施民事行为而不作否认表示的,视为同意。"即使你能证明自己"不同意",也不能推翻"同意"这一结果,只能依法办。"绝对推定"、"视为"实际上是一种法律规则。绝对推定是一种确定法律后果的法律技术。

相对推定亦称可以反驳的推定,是指基础事实与推定事实间的联系可由证据推翻的推定。例如,我国旧民法第 944 条第 2 款规定:"经证明前后两时为占有者,推定前后两时间为继续占有。"现有某甲已能证明于 1960 年和 1980 年占有某房产,则推定在 1960 年至 1980 年间持续占有该房屋;如有证据证明在 1978 年该房被某乙占有,则该推定不成立。相对推定是一种法律上分配举证责任的技术,可以简化诉讼过程。

广义的法律推定还包括"事实推定",指法官得依已证明之事实,推定应证明之事实之真伪,这是一种依经验、公理、逻辑法则之推论,实属前述一般的"法律推理"的范围。例如,法官得依脚印、指纹推定嫌疑人到过犯罪现场。

法律推定是一项重要的法律技术,与一般的法律推理不同。形式推理的依据是法律,实质推理依据的是主观的价值判断、目的认定或者事实等等,而法律推定则是法律设定,是人的制度性安排。作为一项制度安排,它具有主观性,但是对于法官和当事人来说,它又是客观的规则。这项制度设计的作用有六个:(1)确定举证责任。以基础事实为依据,将举证责任归于否定基础事实的一方。(2)公正。在待查事实不清的时候,可依已知事实为基础,假定推定事实的存在,这是以概率为基础的,即当基础事实存在时,推定事实存在的概率高于不存在。因此法律推定它的存在,将推翻它存在的举证责任归于另一方,如另一方不能举证,则依推定的结果确定待查事实,这就可以达到较大的公正概率。(3)经济。有些待查事实可能永远无法查清,或举证一方无法举证,而知情的一方不愿举证,如判决是以该事实的存在与否为基础的话,此时如无推定制度将会导致诉讼久拖不决,耗时费力,借助推定制度可以决断。(4)保障法益稳定。有些事实不清导致利益归属不清,在查清之前利益将处于不稳定状态,为使利益处于稳定状态,可假定它的存在,以达利益稳定之目的。例如,失踪推定制度。当某人停止出现于其住所或居所经过一定期限(例如两年)毫无音信,得推定其失踪。(5)保护当事人的利益。这是指一种特殊的推定,即无罪推定(Presumption of Innocence)。这个推定产生两个后果:一是证明被控者有罪的举证责任在控方;二是被控者无须为自己作无罪辩护,如果控方不能举证,则必须放人。这是对封建有罪推定的否定,是现代刑事诉讼法的一项基本制度。(6)维护法律的位阶与法的和谐。例如,在对普通法作解释的时候,有些国家有推定合宪的制度,尽量不作违宪裁决。在国际法与国内法关系方面,为维护国际法的权威,有"推定国际法与国内法不相抵触"的制度,推定国家不会有意制定与国际法相抵触的法律,推定制定法无意规定立法的国家领土以外的事项。〔45〕

〔45〕［英］R. 詹宁斯、A. 瓦茨修订:《奥本海国际法》(第一卷第一分册),王铁崖等译,中国大百科全书出版社 1995 年版,第 46 页。

第四节 疑难案件的处理

司法是一种将个案事实与法律联结起来得出结论的过程,通常认为一个可接受的判决有两个基本前提:一是事实清楚,二是法律明确。但是,看似简单的这两条并不是容易满足的。就事实而言,因为事实是一个认知问题,认知都会受到条件的限制,条件不具备时事实就不清;时过境迁,证据灭失;当事人为了争取对自己有利的判决常常会掩盖事实甚至不惜作虚假陈述知;知情人因种种原因不愿作证甚至作伪证等等,这些都会导致事实不清。就法律而言,前面已经说过,它有空缺、模糊、不当(对于个案)之处,也就是有不明之处。可见"以事实为依据,以法律为准绳"是一个不容易达到的规范性要求,事实上存在"事实不明或法律不明"的案件——疑难案件。但是,法官的任务不允许他以"事实不清或法律不明"为由拒绝裁判,这就将法官推上两难的境地。不承认上述疑难案件的存在是"鸵鸟政策",而任由法官裁量又会产生法官专横。因此,法律与法学不能忽略这一疑难问题。

一、真伪不明的法律应对

大名鼎鼎的以色列国王所罗门刚刚坐稳王位就做了一个梦,梦中他向上帝请求断案的智慧,上帝听后非常高兴,说:"你既然求这事……我就应允你所求的……你所没有求的,我也赐给你。"没过多久,所罗门碰到了一件疑案。两个住在同一间房子里的女子都生了个孩子,前后只差三天,其中一个孩子不幸夭折,两人为争子闹上了法庭。原告说,被告自己的孩子在睡觉时被压死了,她晚上将我的孩子偷去,要求返还自己的孩子。被告则辩称孩子是自己的,被压死的是原告的孩子。所罗门听后大喝一声:"拿刀来!将(活)孩子劈成两半,一人一半!"被告听后一阵心痛,就说:"求我主将活孩子给那妇人吧!万不可杀他!"原告说"这孩子也不归我,也不归你,把他劈了吧!"所罗门遂判原告败诉。〔46〕这是一个典型的事实不清的案件,所罗门王用上帝的智慧解决了这一问题。不过,这也不是万能的,如果原告不是那样傻,说一声"谢主隆恩",抱了孩子就走,事情还是麻烦。我国古代的五声听法也是解决事实不清的,不过,那是凭主审官员的经验,是有很大风险的。

不同价值取向的法律对真伪不明案件的处理方法不同。前现代的法律主要有两种方法:刑讯逼供和神判。在中国古代,刑讯逼供是"法定程序"。〔47〕但是"严刑之下何求不有",实际上事实还是不清,只是口供造就了"事实清楚"的假象。西方中世纪早期也有刑讯逼供,看过电影《吉卜赛人》的读者想必知道它的利害。宗教改革中的加尔文对不同"宗见"者采取的也

---

〔46〕《圣经·列王纪》第3章。

〔47〕据《明史·刑法志》,锦衣卫镇抚司的刑具有十八套,如挺棍、夹棍、脑箍、烙铁、一封书、鼠弹筝、拦马棍、燕儿飞、灌鼻、钉指等等,对那些所谓的江洋大盗,十八般"兵器"可以样样上场。

是此法。刑讯逼供的实质是借罪犯自己的口来制造冤假错案，通过刑讯逼供，官员将冤假错案的责任推给了犯罪嫌疑人，这是一种严重侵犯人权的制度。西方中世纪的神判是刑讯逼供的替代品，在这个意义上，有其价值。但是它也没有解决"真伪不明"的问题，它是将冤假错案的责任推给了上帝。[48] 另外，中世纪的陪审员制度的部分目的其实也是为了解决事实不清问题，这一制度要求全体陪审员一致同意才能定罪，其实是为了在事实不清的时候保护被告。

现代法律承认人的理性不足，承认有时人不能辨明事实，承认有些判决依据的不是"事实清楚"，而仅仅是现有的证据，在现有的证据上作出判决，它可能会出错。这个制度设计主要有四种：(1)程序停摆，即中止诉讼程序。这其实只是一种拖延措施，并不能查清事实。(2)证据标准规则。在不同的诉讼案件中适用不同的证据标准规则。在刑事案件中，适用"排除合理怀疑"规则，它要求控方证据必须达到"无合理怀疑"的程度方能作有罪判决，否则放人。对于民事案件则适用优势证据规则，以占优势的证据定案。[49] (3)证明责任的分配：谁主张谁举证及有一定条件下的举证责任倒置，由不能举证的一方承担败诉后果。这是民事诉讼和行政诉讼中的方法。(4)法官裁量或法官心证，即由法官对证据作出裁量，判断事实。[50] 法官心证依据的应该是经验与司法良知，不应当是专断。中国明代的清官海瑞对待民事疑案的办法是"四六分理"，不管事实如何，他都按原告"六分"理、被告"四分"理的原则来分配权利义务。这是专断，自然是不足取的。

二、法律漏洞之弥补

弥补法律漏洞是解决法律不明的一种方法。讨论弥补法律漏洞的前提性问题是：是否存在法律漏洞？各家说法不一。19世纪德国的概念法学认为法律是个逻辑上自足的体系，不存在漏洞，哈特的"规则体系"承认法律有漏洞，德沃金则不承认法律有漏洞，他用"原则"来解决规范缺失的问题。

"法律是否有漏洞"这一问题的答案与论者对"法律"这一概念的外延的界定有关。如果将法律渊源界定为包括次要法源在内的各种法律，甚至像现实主义法学那样包括行政官员、法官的行为、凯尔森那样包括作出裁决的"个别规范"；那么，法律确实是没有漏洞可言的。但是，"法律漏洞"里的"法律"是指制定法。如果问题换成"制定法有没有漏洞"，则人们的分歧就不会这么大了。当然也不可像英美法学家那样把"漏洞"看得那么大。

我们认为法律（制定法）漏洞是不可避免的。因为人类的建构理性能力是有限的，也因为法律是事先的规则，它对后来发生的事件的预见性是有限的，同时法律作为规则要在无限多样

---

[48] 在司法实践中还有一种不顾事实的"海瑞蛮判"。海瑞说："我办案不一定要皂白分明！"审判疑难案件以"四六分理"的原则处理。所谓"四六分理"就是有理没理，四六分摊，各打五十大板。参见范忠信："传统中国社会治理模式对我们的启示"，载洪范博客，http://hongfan.fyfz.cn/blog/hongfan/index.aspx? blogid=332073，2008年4月10日访问。

[49] 这方面典型的案件是美国的"辛普森案"，在刑事案件中判辛普森无罪，在民事案件中判辛普森有责。正是这一证据规则防止了许多冤假错案。当然，这样也会放走坏人，在人权保障与打击犯罪不能两全时选择人权。

[50] 应当指出的是，司法实践有一种通过调解来解决事实不明的倾向，这是法官将责任推给当事人的规避风险的做法，这是不足取的。因为许多事实是可以通过法庭的审理与双方的举证、质证来查明的，调解扩大的"基于真伪不明"判决的范围，对司法的权威不利，从长远来看，也不利于社会和谐。

的事件上起规范作用,必然会产生漏洞。那么,为什么法律漏洞在我国始终没有引起重视呢?因为国人向来有极浓的权力崇拜习惯,法律就在权力者的大脑里,大量的法律漏洞被权力充填,而我们把这种权力当作了法律的一部分。

在法治社会里,法律的漏洞必须在法律制度内部得到弥补,不能由权力任意充填。同时,法律漏洞的填补必须遵守一定的规则,不能是法官的任意。英美法系历来承认法官造法,法官有权填补法律漏洞不成为问题。受概念法学影响的《德国民法典》没有填补法律漏洞的规定,《瑞士民法典》第1条第1款确立的著名原则已为大陆法系国家普遍接受:"如果在本法中无可适用的条款,法官应适用习惯法;在无习惯法时,适用法官作为立法者时所会制定的规则。"德国联邦最高法院在"瘟鸡案"中通过对《德国民法典》第823条第1款作出解释的方法,提出在产品责任中的举证责任倒置,使产品责任由过错责任接近于严格责任,使责任方承担法无规定的产品责任。[51]

对于如何填补法律空白,西方法学界有精深的研究。德国当代法学家拉伦兹将法律漏洞归为两大类:"开放的漏洞"和"隐蔽的漏洞",与此相应的两种填补方法就是类推适用与目的性限缩。[52] 另一德国法学家魏德士将德国法学界常用的填补法律漏洞的方法或工具归为五种:类推、反向推理、目的性限缩、事物的本质、自由的法官造法等。[53]

因为我们这里填补的"法律"是制定法,因此,填补法律空白的方法通常是引用习惯法或引用第二位的法源——公认的价值、权威性理论——以及依判例填补。依习惯补充的条件在本书法律渊源章中已论及。依判例补充(不是判例法)实质也是引用其中的理论。所以填补漏洞的主要方法是法解释学上的方法。

引用一般价值观通常表现为对不确定的法律概念的解释。例如诚实信用、公共秩序、善良风俗、权利禁止之滥用、情势变更、理性、理性人之应尽注意等等。法官对这些不确定概念进行价值补充以寻找或创造个别规范时,不得凭个人任意、情感好恶,必须根据非个人的公众的价值,并负有充分说理的义务。

权威性理论除可直接引用为法律以补充法律之漏洞外,形成了一些具有一定规范性的补充方法,这些方法主要是:

第一,类推适用。类推适用也称比照适用,就法律未规定之事项,比附援引最相类似之规定,以为适用。类推的理论基础是相同的案件应当相同之处理的法理。类推的前提是没有明示的规则可以适用。类推虽不创造规则,却是把规则适用到立法者未规定适用的事项,属于弥补法律漏洞。我国类推制度有悠久的历史。荀子《王制》中就有"其有法者以法行,无法者以类举"的说法。秦汉决疑狱时就有"比附援引"制度,唐时遂成定制,以后历代相沿不断。大清律有"律无正条,则比引科断"的规定,我国1979年《刑法》第79条还保留了类推制度,现行刑法取消了类推制度。现代刑法一般没有类推制度,因为它违反罪刑法定这一法治原则,但是民商法可以类推适用。

---

〔51〕[德]罗伯特·霍恩等:《德国民商法导论》,楚建译,中国大百科全书出版社1996年版,第168页。

〔52〕[德]卡尔·拉伦兹:《法学方法论》,陈爱娥译,五南图书出版公司1999年版,第290页以下。

〔53〕[德]伯恩·魏德士:《法理学》,丁小春等译,法律出版社2003年版,第381页。

第二，目的性限缩。目的性限缩指由于立法者疏忽未将应排除之事项排除在外，为贯彻法律真意，将该事项排除在外以补充漏洞的方法。目的性限缩的法理基础是“不同类事项作不同处理”。我国台湾学者杨仁寿认为“中华民国民法”第106条规定的禁止自己代理及双方代理的规定，法律未将“为自己代理或双方代理‘有利益冲突’”此类行为排除，为立法者疏漏，不合立法目的，司法者应作目的性限缩，将此类行为排除。[54]

第三，目的性扩张。目的性扩张指由于立法者疏忽未将应涵盖之事项涵盖在内，为贯彻立法目的，将应涵盖之事项予以涵盖的补充法律漏洞的方法。我国台湾学者杨仁寿认为，目的性扩张与扩张解释不同，目的性扩张是将法未涵盖之事项涵盖之，而扩张解释指立法用语含义过狭，不足表示立法真意，为表达立法真意，司法者对文义予以扩张。[55]

三、利益衡量

判决本质上是决定利益与不利益的分配，不过，就常态来说，判决的利益分配是依据法律的分配。但是，有时法律较原则，它将不同的利益交给法官裁量，法官就面对“利益衡量”的责任。利益衡量必须遵守下列原则：

第一，衡量法治原则。这是法治一般原则在利益衡量方面的适用，这一原则具体化为两个要求：一是补充性，二是遵守法律精神。补充性原则是指利益衡量只有在穷尽了法律的地方可适用，在有法律的地方，法官必须遵守法律。遵守法律精神是指利益衡量不是完全“自由裁量”，而是在法律精神下的衡量。

第二，排除不相干利益原则。利益衡量的利益只能是涉讼者的利益，是对涉讼的利益的衡量。这就要求排除与案件不相关的利益。英美法传统中，考量不相干利益构成裁决的“非理性”。起码下面这些利益应当排除：其一，法官自身的利益；其二，地方利益；其三，党派利益。社会整体利益能否考量？在原则上，社会整体利益也不能进入衡量，否则法官就成了立法者，而且这构成重复衡量：我们应当假设立法者在制定规则的时候已经将社会整体利益衡量在内了。而且，不能要求系争的两造为社会整体利益牺牲自己的利益，在这里，社会整体利益就体现在保障两造的合法利益之中。但是，在法律缺少规则的情况下，如果按照哈特的说法是自由裁量，那么，整体利益是考量的一个因素，不过，此时司法者实际上充当了立法者的角色；如果用德沃金的整体性阐释的理论，那么，此时的法官是按照原则断案。在原则考量的时候，是否应当考量整体利益：德沃金认为是不可以的。我认为，在此时，因为司法者的实际角色需要，可以考量整体利益，但是，其目的是正确确定系争双方的权利，不得以整体利益为由牺牲已有权利。

第三，充分论证原则。充分论证原则即法学在利益衡量的时候当负“充分说理义务”，所谓“充分”是指比一般依规则断案更为严格的说理义务。这是因为利益衡量在一定程度上法官充当了立法者的角色，或者是在适用法律原则，因此它必须承担充分说理义务，必须对衡量结论予以充分论证。当然，充分论证也有利于说服当事人，有利于切断纠纷。

---

〔54〕 杨仁寿：《法学方法论》，中国政法大学出版社1999年版，第153页以下。

〔55〕 杨仁寿：《法学方法论》，中国政法大学出版社1999年版，第154页以下。

最后需要说明的是,在弥补漏洞或否定制定法、或从事利益衡量的时候,法官事实上担当了立法者的角色,这要求法官理智地认识到他不仅在解决个案,而且在制定规则。这一身份与工作性质的“改变”要求他在作出裁量时承担特别的谨慎义务,他不仅应当注意本案处理的妥当性,而且要考虑裁判理由与法体系的一致性。

讨论题

1. 什么是法律解释?它有哪些特点?具有哪些主要功能?
2. 法律解释的目标是什么?法官能否在法律解释过程中创造法律?
3. 如何理解法律解释具有主观和客观双重属性?怎样提高法律解释的客观性程度?
4. 试比较形式推理与实质推理。

延伸阅读

1. [德]英格博格·普佩:《法学思维小学堂:法律人的6堂思维训练课》,蔡圣伟译,北京大学出版社2011年版。
2. [美]P. S. 阿蒂亚、R. S. 萨默斯:《英美法中的形式与实质:法律推理、法律理论和法律制度的比较研究》,金敏等译,中国政法大学出版社2005年版。
3. [德]卡尔·拉伦茨:《法学方法论》,陈爱娥译,商务印书馆2003年版。
4. [波兰]耶日·施特尔马赫、巴尔托什·布罗泽克:《法律推理方法》,陈伟功译,中国政法大学出版社2015年版。
5. [德]罗伯特·阿列克西:《法律论证理论》,舒国滢译,中国法制出版社2002年版。
6. [德]乌尔弗里德·诺伊曼:《法律论证学》,张青波译,法律出版社2014年版。

延伸思考

1. 社会效果能否作为实质推理的前提?
2. “案结事了”与公平正义相矛盾时当如何处理?

第十八章　法 律 程 序

"王国的法律(the'law of the land')"就意味着普通法,而普通法则要求"正当程序"。

——[英]柯克,转引自《正当法律程序简史》

自由的历史,在很大程度上就是程序保障的历史。

——[美]菲力克斯·弗兰克福特大法官

第一节　法律程序概说

一、法律程序释义

法律程序在法律及其运作过程中历来是至关重要的。法律是在程序中展开的,早期的法律实际上是在程序中生成的:正是程序使习惯性行为或社会权威的个案判决取得法律的属性。但进入制定法时代以来,由于人们对实体的特别关注以及程序长久处于习惯状态,所以程序反而长期被忽视。这一点在国家工具主义法律观流行的地方尤为严重。因为程序主要是约束权力的,而在国家工具主义法律观流行的地方,法律是管"老百姓"的,权力主体不喜欢程序,而什么是法律是权力主体说了算的,所以程序就难以进入制定法,在人们的观念里程序也就失去了"法性"。早期人类是从诉讼法来认识程序的,最先创造程序法(adjective law)一词的是19世纪的英国法学家边沁,边沁用此词来表达与实体法不同的法律原则和规则体系。对法律程序的重视是20世纪下半叶法律实务界和理论界的共识。

国内法学界的法律程序定义失于偏窄。《中国大百科全书·法学》,将程序法定义为"规定实现实体法有关诉讼手续的法律",此说将行政程序法、立法程序法等大量的程序法排斥在外。法律程序的定义主要有两种。一是侧重从法律行为的方式方面所下的定义:"法律程序是指人们进行法律行为时必须遵循或履行的法定时间与空间上的步骤和形式,是实现实体权利和义务的合法方式和必要条件。"[1]二是从行为本身所下的定义:"所谓程序,就是为了法律

---

[1] 张文显主编:《法理学》,高等教育出版社、法律出版社1997年版,第386页。

性决定的选择而预备的相互行为系统。"[2]前一定义的缺陷在于程序本身也包括了权利与义务,程序权利的实现也离不开法律程序。例如,诉讼法所规定的诸多诉讼权利的实现也需要合法方式和必要条件。[3] 卢曼从社会学的角度将法律程序表述为"作出法律性决定的行为系统"是可取的。笔者认为,从法律运作的角度来看,法律程序是法律生命在时空中展开的过程,法律程序是从事法律行为、作出法律决定时必须遵循或履行的步骤和手续。程序使法律获得生命,无程序即无法律。

应当指出,法律程序和程序法是两个含义相近又有区别的概念。程序法是相对于实体法而言的一种法律,是从学理上对法律分类的结果,而法律程序则是与法律有关的各种手续、行为。法律程序可以是法定的,也可以是自治的。例如,第一部宪法制定的程序就不是法定的,大量的"非要式"行为就是自治的。我国在长达三十年的时间内没有诉讼程序法典及单行法规,诉讼程序主要以习惯形式存在。事实上,最常见的法律程序是合同制定与履行的程序,这些程序大量是公民自愿选择的。这样,法律程序就包括:(1)公法程序:选举程序、立宪程序、立法程序(狭义)、行政程序、司法程序;(2)私法程序:签订合同、履行合同的程序、订立遗嘱的程序、财产继承程序、婚姻缔结与解除程序等。不过,最重要的程序还是美国法学家 D. 贝勒斯所说的三种:一是集体决定程序;二是解决两造或多造之间的冲突的程序;三是对个人施加负担或赋予利益的决定程序。[4] 在民主社会中,这三种程序中最具代表性的就是立法者程序、司法程序、行政程序。

二、法律程序的一般功能

在法律发展史上,法律程序走过了兴、衰、再兴的 U 形道路。在法律史的早期,由于实体规则的稀少以及确定性程度、被认可的程度差,人们更注重从外在形式上去认可法律,许多纠纷的裁决是在没有实体规范的条件下,依靠程序规则的确定性维持法律决定的权威和社会和平的。西方学者称"程序是法律的母胎"实非虚言。但是随着制定法的兴起,程序反而一度被忽略了。随着现代民主法治的兴起,法律从权力阶层向社会复归,法律中的强制要素日益衰落,法律日益渴望从民众认可中获得正当性,程序法也就发展起来。19 世纪初拿破仑制定法律的时候就包括了民事诉讼法和刑事诉讼法,现今在大陆法系国家又有了行政诉讼法。同时程序的法律化进一步从诉讼领域走向选举领域、立法领域、行政领域。英美法系的正当程序原则从程序领域扩展到实体领域,发展出复杂的正当程序规则和原则。进入 20 世纪下半叶以来,人们对程序的重要性愈加重视,对程序价值的研究方兴未艾。

现在西方大体上有两种主要的程序价值观:一是程序工具主义,即程序的价值只能通过结果来评价;二是程序中心主义,即强调程序有其自身的价值,与结果无关。对程序工具价值的研究中又可分为二:其一是程序的道德工具价值,即认为程序是达到实体公正的工具:查明事实真相、正确判断是非、惩恶扬善。其二是程序的经济工具价值,即视程序为实现经济效益最

[2] [德]N. 卢曼:《法社会学》。转引自季卫东:"法律程序的意义",载《中国社会科学》1993 年第 1 期。

[3] 如英美刑事诉讼中被告沉默权就要求司法人员告知沉默权并抑制刑讯逼供行为。

[4] [美]迈克尔·D. 贝勒斯:《程序正义——向个人的分配》,邓海平译,高等教育出版社 2005 年版,第 2 页以下。

大化的工具,法律程序被看作是一种实现目的过程中产生的费用,"因而程序的目的是实现费用最小化"。[5] 审视程序本身的价值和利益是程序研究深入的成果。该学说认为只有当法律程序有助于减少错误时,才能把它看作是道德的或经济的工具,事实并不总是如此。程序具有与结果(经济、道德目标的实现)无关的价值,例如公正、尊严、参与等等,这就是所谓"程序的内在价值"或程序的独立(于结果的)价值。例如,美国的法学家马修认为程序具有独立的"尊严价值",即维护人的尊严。[6]

笔者认为,程序的"内在价值"或独立价值这一概念很有必要,它对确定正确的程序原则至关重要。美国当代法学家罗尔斯将程序正义分为纯粹的程序正义、完善的程序正义和不完善的程序正义三类。所谓纯粹的程序正义是与结果无关的程序正义;完善的程序正义是指只要遵守了正义的程序,结果自然正义的程序正义;不完善的程序正义是指正义的程序不能保证必然产生结果正义的程序。[7] 从"纯粹的程序正义"一词中,我们可以看到存在一种不信赖于结果的、独立的程序价值。程序的独立价值可以从程序权利可以独立存在、从有些程序权利与公民的权利无关这一点得到证明。对某些程序来说,程序就是程序,它不存在功利的目标。例如,《德国基本法》规定的公民提起抽象审查的权利,就是一项纯粹的程序权利,它与公民个人实体权利无关。再如,作为基本人权的沉默权对于实体正义无太大关系,甚至在它对"发现事实"有不利影响的意义上说,它对实体正义的实现是不利的。但是它体现了公民的人格尊严,它的存在就是价值。

近年来,我国法学界已从法治、控权、权利保障、效率等方面论述法律程序的功能,有其合理性。综合各家学说,我们认为法律程序有以下一般功能:

第一,维护法的安定和权威,或简称为法安定功能。法的运作离不开程序,良好的、稳定的法律程序对于法的稳定极端重要。如果没有良好、稳定的程序可以遵循,那么法律的稳定性、确定性必然大打折扣。立法程序的简陋是法无常经的原因,而行政程序、司法程序的简陋,法律在执行过程中必然变形。

第二,提高法律决定的公正性和合理性程度。良好的程序是作出决定的过程向社会公开、决定的多方或双方充分互动、相互诘难、合理裁决的过程,这就使事实得以充分展示,利弊得失得到较全面分析,各种利益得到充分考虑与平衡,这就必然使法律决定趋于公正和合理。

第三,认同功能。由于人们之间的利益冲突不可避免,加上社会价值的多元,使得人们对法律决定,尤其是个别的法律决定(例如判决)的评价不一,因为人们都倾向于放大自身的利益,即使是圣人也在所难免,这就大大降低了人们对法律决定的认同感。对于利益争议的双方来说,被双方一致认同的裁决是少见的。在这种情况下,正是法律所特有的程序将法律决定与裁决者的人格相分离,使法律决定取得客观的、非个人的品质,这正是法律决定比一般政治决定或纯权力决定获得更大认可的原因。反过来,凡是在裁决认可程度差的地方,常常伴随着严

---

〔5〕[美]迈克尔·D. 贝勒斯:《程序正义——向个人的分配》,邓海平译,高等教育出版社2005年版,第23页。

〔6〕[美]马修:"程序正义的理论基础",载《中国法学》2000年第3期。

〔7〕纯粹的程序正义的例子是赌博程序;完善的程序正义的例子是"切蛋糕",智慧的母亲给兄弟俩规定的公平分蛋糕的程序是:下手切蛋糕者后取;不完善的程序正义的例子是诉讼程序。参见[美]约翰·罗尔斯:《正义论》,何怀宏等译,中国社会科学出版社1988年版,第80页以下。

重的程序缺陷。

第四,选择功能和宣示功能。程序是特定的人的互动行为,不同的行为方式对作出法律决定有重要的选择功能。例如,通过立法辩论和表决,可以选择一定的立法方案,司法和行政程序对于选择一定的司法判决、裁定和行政决定有重要意义,至于选举程序、考试程序则更有纯粹的选择性作用。程序作为人的互动过程可以将行为人的内心需求向对方、同时向社会展示,使人的主观意愿客观化,所以具有重要的宣示功能。更有某些程序纯粹为了向社会宣示某种法律决定。例如,立法程序中的公布法律,审判程序中的公开宣判,以及将法律文书公告送达等等。

第五,维护人格尊严。刑事诉讼程序的结果可能是给犯罪嫌疑人带来惩罚,有些犯罪事实可能是明明白白的,如果从经济与功利的角度来看,根本不需要那样按程序费时劳神,把他关起来就是了。但是不行。因为按一定的程序将他判刑是对他的人格的尊重。人不能像狗那样说抓就抓、说关就关、说杀就杀了。人就是人,与此相关的就是:程序就是程序。程序必须得到尊重,尽管有时从个案的角度来看这显得迂腐,但是从长远和社会整体来看,这是必要的成本。

三、现代程序的特殊功能

现代社会是以民主和人权为基本价值取向的社会。在政治上,现代社会是民主、法治的;在经济上,它以市场经济为主导形式,承认利益主体的平等自由的竞争;在精神上,保护各种文化的共存。高度文明的社会对程序寄予厚望,在价值和利益难以取得一致的地方,人们至少可以在形式化的程序上达成共识。这正是现代程序法发达的社会动力。现代法律程序除了程序具有的一般功能以外,还具有以下特殊功能:

第一,控制权力。诚如美国当代法学家所言:“程序性的正当程序,绝不仅仅是对技术上的一丝不苟的要求,它还具有动摇权势的潜在能力。”[8]现代社会必须对权力加以严密控制以防止权力滥用,控权的重要手段之一就是使权力行使的公开化,高度的民众参与、高度的程式化,这就离不开法律程序。选举程序使权力的来源民主化、合法化,立法程序使立法处于民众的监督之下,行政与司法程序可以保障民众的参与,在参与过程中实现对权力的监控。

第二,维护法治。正像西方学者所指出的那样,法治的核心问题是程序问题,程序不仅可以对法治的基本价值:自由、平等、人权等予以维护,而且公开、参与的程序本身是法治的重要组成部分。可以说,没有程序,就不会有法治。

第二节 正当程序

一、正当程序原则

虽然通常说有程序比没有程序好,因为程序意味着对权力的规范。但是程序毕竟还是有

---

〔8〕[美]约翰·V.奥尔特:《正当法律程序简史》,杨明成、陈霜玲译,商务印书馆2006年版,第64页。

正当不正当之分,如果不以程序原则来规制程序,则程序也容易为权力所用。例如,近年来从西方引进的本意在控制行政权力的“价格听证”程序,在许多地方已经完全为权力和财富所操纵,成为权力滥用和财富扩张的工具,价格“听证”变成了不折不扣的“听长”。正当程序原则就是限制权力、保障权利、规制程序立法的原则。

正当程序原则发端于英国,通常认为它经过了程序性正当程序与实体性正当程序原则两个时期。不过,依据美国法学家奥尔特的研究,它事实上要复杂得多,可以将正当程序原则分为四种不同的范式。

(一)不能自断其案——程序性正当法律程序范式

正当程序原则起源于人的常识:“一个人不能成为自己案件的法官”,这是一个纯粹的程序问题,是真正的“正当程序”问题。不能成为自己案件的法官是普通法古老的箴言,早在1610年的英国博纳姆案中,柯克法官就引用它作出判决。博纳姆(Dr. Thomas Bonham)被控在伦敦地区非法行医,皇家医学会在自己的法庭里审判了他,判处罚款和监禁。根据特许状,皇家医学会可以取得罚款的一半。柯克法官在判决中引用拉丁格言说:“某些人不应该在自己的案件中作为法官,因为作为涉及自己的案件的法官对另一些人来说不公平。”“因为它是法律上的一个箴言,一个人不应该成为自己案件的法官。”〔9〕美国长期允许付给执法官和治安法官的薪水源自他们所征收的罚款,直到1928年,联邦最高法院才宣布这个延续了不知多长时间的习惯违宪,它违反不得为自己法官的正当程序。

应当指出的是,程序意义上的正当程序比它的字面含义要广,这从大宪章开始就是明确的。“大宪章限制了君主处理其与臣民之间关系的方式。虽然程序也许看上去更像一种明显的形式而不是实体,但是在公共事务中它可能含有既是手段又是目的的意思。英国国王不能让一个人成为自己案件的法官,这意味着除了别的以外,他尤其不能仅仅通过挑选判决这个案件的法官来影响审理结果,或者在涉及国王自己和他的臣民的案件中,完全由国王自己决定。”〔10〕

(二)财产权上“剥夺甲方财产而授予乙方”——财产权上的不得剥夺范式

在19世纪末,它发展到不能“剥夺甲方财产而授予乙方”,从纯粹的程序而走向实体。不能“剥夺甲方财产而授予乙方”成为实体性正当程序的最佳例证。这一原则来自1829年的威尔金森诉利南案(Wilkinson v. Leland)。该案针对的是罗德岛州的一项立法,该立法确认威尔金森对位于本州的一块土地的所有权。该有争议的土地属于新罕布什尔(New Hampshire)的一位已经过世的公民,他的遗嘱执行人已经按照新罕布什尔州法院的一个含糊的授权书将其出售。法官斯托利认为这涉及剥夺财产权的问题,他说:“我们知道,没有任何案件是未经甲的同意而通过一项立法行为就将甲的财产转移经乙的,虽然联邦的任何一个州,立法机关都可

---

〔9〕［美］约翰·V. 奥尔特:《正当法律程序简史》,杨明成、陈霜玲译,商务印书馆2006年版,第15页。

〔10〕［美］约翰·V. 奥尔特:《正当法律程序简史》,杨明成、陈霜玲译,商务印书馆2006年版,第71页。

以按照宪法的规定行使立法权。"[11]

(三)经济上的"剥夺甲方财产而授予乙方"——经济上不得剥夺范式

在20世纪,随着国家干预经济的行为的发展,不得剥夺范式逐渐向经济领域渗透,它主要通过合同自由来达到这一目的,认为合同是"流动中的财产",从而将国家干预经济的行为与国家剥夺财产相类比。这导致法院否定了许多干预经济的立法的效力。在1911年的艾夫斯诉南方巴法罗铁路公司案(Ives v. South Baffalo Railway Co.)中,宣布纽约州的《劳工赔偿法》(Workmen's Compensation Act)无效,法院认为此种"雇主对雇员在受雇期间发生的任何事故都要承担责任,而不论雇主是否有过错,也不论雇员是否有过错"的立法"就是剥夺甲方的财产而授予乙方,但是根据我们的宪法是不能这样做的。"[12]此案与威尔金森案的不同之处在于,威尔金森案规范的是两个不同的个人,与国家管理经济无关,而本案规范的是两个阶级的利益,是国家管理经济的行为。此后法院以类似的理由否决了最低工作时间法、最低工资法等,最有代表性的当然是否决罗斯福新政的诸多干预经济的立法。在1934年到1936年,有多达一打的经济计划被法院否决。很明显,经济上的实体性正当法律程序针对的主要是立法者,当然,行政权也在它的规制之下,它受到了社会底层的抗拒,也受到来自立法机关与行政机关的对抗,司法机关几成"孤家寡人"。1937年,罗斯福总统在著名的"炉边谈话"中对法院进行了猛烈的攻击,他呼吁"将宪法从法院解救出来,将法院从法院自身解救出来",几天以后,总统的支持者在国会提出了法院改革法院——"法院一揽子改组计划"。虽然这一计划因为太使法院"政治化"而没有实施,但是它加速了这一原则的衰落。[13]

(四)权利上的"剥夺甲方财产而授予乙方"——权利不得剥夺范式

在美国诉卡罗林产品公司案后近30年里,实体性正当法律程序原则几乎处于休眠状态,到20世纪60年代的权利时代,正当程序原则复苏。美国学者称1965年的格里斯沃尔德诉康涅狄格州案(Griswold v. Connecticut)开启了实体性正当程序的新时代。在该案中,联邦最高法院宣布一部禁止人工生育控制的州法无效。1973年的堕胎案——罗诉维德案(Voe v. Wade)判决使这一原则更为清楚,一部过分严格限制堕胎的法律原来被认为侵犯了妇女的隐私权,而现在干脆认为其侵犯了妇女自由的一个方面。为了符合宪法的要求,法律就得采用最少强制性的方式来促进一种合法的政府利益,这样方式必须"公平、合理和适当",法院判决这个法律违反了《宪法第十四修正案》的正当程序条款。与前一范式不同,经济上的实体正当程序原则重在对契约自由的保障,将契约自由视为财产;权利上的正当程序则将"个人意志"放

---

〔11〕[美]约翰·V.奥尔特:《正当法律程序简史》,杨明成、陈霜玲译,商务印书馆2006年版,第34页以下。

〔12〕[美]约翰·V.奥尔特:《正当法律程序简史》,杨明成、陈霜玲译,商务印书馆2006年版,第39页以下。

〔13〕这一原则衰落的代表性案件是1938年的美国诉卡罗林产品公司案(United States v. Carolene Products Co.)。该案中涉及的是一项禁止州际运输"混合牛奶"的国会立法的效力问题,在此前,此类立法要受到法院的严格审查,因为它涉及国家干预经济的行为。但是在本案中,法院采用了新的标准,在"合理性"问题上遵从立法机关的意志——法院"推定有关支持立法判断的客观事实的存在",这就将举证责任转移到反对者一方了。事实上,"经济上的实体性正当程序也就宣告死亡了。"参见[美]约翰·V.奥尔特:《正当法律程序简史》,杨明成、陈霜玲译,商务印书馆2006年版,第53页。

到首位,将对个人意图或者期望的干预看作是对个人权利的侵犯。人们将注意力放到了约束立法权的实体性正当程序方面,许多原则的适用,不管是新的还是旧的,都受到了质疑,而且正当程序原则已经大大脱离了它原来的含义。[14]

上述四种范式中的第一种是纯粹程序上的正当程序,后三种是实体上的正当程序,而其中的第二、三种范式具有过渡性。所以,在当代西方,正当程序原则其实包括程序与实体两方面的内容:在程序上,不能自断其案;在实体上,权利不可剥夺。这当成为三大法律程序的基础。[15]

二、正当立法程序原则

任何立法都必须经过一定的程序,古代立法程序与现代立法程序的主要区别有二:一是侧重点不同。古代立法程序重在法律"宣告"的形式,使法律取得权威,现代立法程序重在法律的"通过"。二是简繁程度不同。古代立法程序通常简单,或由君主独断,或由公民大会经简单程序通过。现代立法程序通常较复杂,要经过高度程式化的立法辩论及表决、签署、公布等手续。中国古代立法程序是君主制下立法程序的典型,通常由皇帝委任专门班子起草,皇帝审查认可后颁行天下。也有皇帝干脆自己起草,颁行天下。例如朱元璋的大诰即为朱元璋的命令。古希腊罗马创始民主立法程序。古希腊立法程序一般为:执政官(或公民)提出立法案,公民大会通过;或五百人会议提出并预审草案,公民大会通过,贵族会议对立法有监督权。古罗马王政和共和时期立法程序大体上与古希腊雷同,但与古希腊相比执政官的立法权大些,执政官可以颁布作为法律渊源的告示。

近代民主立法程序通常分为:提出议案、议会审议(立法辩论)、通过、交国家元首签署后以命令颁行之。议会审议法律通常采用三读制。三读制起源于英国,16世纪已形成制度,现已传播到世界数十个国家与地区。各国三读程序大同小异,大体是:初读,提出立法议案,宣读议题,如获通过,则将议案付印,决定二读日期,会后起草法律草案;二读,提案人对草案作整体介绍,议会对草案作整体讨论,不讨论具体条文,如获通过则确定三读日期;三读,二读后议会专门委员会详细审议,通常在委员会提出报告的当天进行三读,逐条辩论,最后表决。

立法程序要遵守一定的规则与原则,或者,社会控制立法权的重要手段之一就是通过立法程序原则。对此作出重要贡献的是英国和美国。1689年英国议会出现了一本手册叫做《议会规则》(Lex Parliamentaria),就是讲开会规则。美国人有一本厚厚的开会规则——《罗伯特议事规则》(Roberts Rules of Order),季卫东教授在为《罗伯特议事规则》所作的序中对《罗伯特议事规则》的基本原则作出如下概括:(1)一人一票原则;(2)一时一件原则;(3)一事一议原则;(4)多数票决定原则;(5)法定人数生效原则。[16] 这当是一般会议的通用原则,也是立法会议应当遵守的最低程序要求。现代立法程序必须遵守下列原则:

第一,公开原则。立法程序公开原则是立法民主的要求。现代社会主权在民,立法权的终

---

〔14〕 [美]约翰·V.奥尔特:《正当法律程序简史》,杨明成、陈霜玲译,商务印书馆2006年版,第57页以下。

〔15〕 美国法学家D.贝勒斯证成的程序正义四大原则值得我们重视:无偏私、得到听证机会、说明决定的依据和形式正义。

〔16〕 [美]亨利·罗伯特:《罗伯特议事规则》,袁天鹏、孙涤译,格致出版社、上海人民出版社2008年版,季卫东序。

极拥有者是人民,立法机关的立法权源于人民的授权,作为主权者的人民必须对立法行为知晓并进行监控,所以立法必须是公开的。这包括立法的任何信息必须向民众公开,民众有权随意旁听任何有关立法的会议,媒体必须对立法过程详细报道等等。

第二,辩论原则。这是程序上对价值多元和利益主体多元的认可。为防止部分人独揽立法权,并使各种价值和利益主张得到充分的表达从而达于立法上的利益平衡,也为了增强立法的科学性与合理性,立法必须进行充分的辩论。立法辩论是以立法会议形式进行的辩论,不包括民众讨论、舆论宣传、议会小组讨论等形式。立法会议应当给各种不同意见以充分的、平等的发表机会。〔17〕

第三,多数裁决原则。多数裁决原则是民主的主要形式,立法程序的多数裁决原则要求立法决定最后由多数人作出,不能由个人独裁。这是立法程序区别于其他程序的一个重要特色。宪法的通过通常采取特别多数裁决(例如三分之二多数、四分之三多数),普通法的通过采用过半数通过。

第四,公布原则。公布原则即任何法律必须公布,不允许存在秘密法。这条原则的结果还在于任何未经公布的文件不得被作为行使权力的依据,特别是不得作为判决的依据。

三、正当行政程序原则

行政程序是行政机关执行法律和命令对社会进行管理或为社会服务时应遵循的手续或步骤。由于行政行为的复杂多样性,相应的行政程序也有差别。美国行政法把行政程序分为规章制定程序和裁决程序两类的做法得到较多国家和地区的仿效。看来将行政程序分为规章制定程序和裁决程序是可行的,前者接近于立法程序,后者接近于司法程序。

行政程序只要行政行为存在一天就存在,但是早期的行政程序有极大的主观任意性。行政程序的规范化、法律化是高度工业化社会的产物。古代社会行政行为简单,主要是维护社会治安与税收,同时当时的行政只是将公民作为管理的对象,统治者不需要行政程序规范,所以其时的行政程序大多处于习惯状态,规范性差。在工业社会早期,虽然民主得以建立,控权思想得以传播,但是那时国家对社会的干预很少,人们对行政权的控制主要着眼于宪法层面上的分权和对行政权力的实体限制,行政程序的规范化、法律化被忽略。进入20世纪以后,由于两次世界大战以及经济危机所引发的社会危机导致了行政权不可避免的膨胀,人们才注意到从程序上限制行政权的必要,开风气之先的是奥地利。1925年奥地利率先通过行政程序法,包括一般行政程序法、行政处罚法、行政执行法、行政程序法施行法四项法律。1946年,美国通过联邦行政程序法,至20世纪60年代,许多国家都制定了行政程序法。50年代社会主义改

〔17〕 西方的议会开会是“吵架”不断的,立法辩论更是热闹得很。美国的立法会议有所谓的“马拉松辩论”的传统。任何一个议员的发言不得被打断,除非他自己中断发言。这样就有人利用这一习惯宣传自己的观念,甚至搞“疲劳战术”,讲他几个甚至十几个小时,借此将不同意见的人“赶走”。在民主处于“初级阶段”的地方,甚至有议员间相互动粗现象。与此相关的是,他的法案通过的得票率是不会很高的。因此,我们就常常将议员们打架的镜头大肆渲染。当然,我国的做法也有好处。比如,我国的法案通过通常是全票的,1982年《宪法》通过时有三票弃权,当时就认为脸上不好看,应该是全票才对。因此媒体在是否如实报道这三票时还不敢把握,一直请示到邓小平,由他老人家点了头才将有弃权票的事公开。1975年《宪法》的通过是在秘密状态下召开的人大上通过的。当时人大已经开完了,外国人还不知道,将这作为一大功劳:保密工作做得好!

造以后,我国长期实行计划经济,同时由于民主被忽视,所以行政程序规范性程度极低。进入90年代以后,由于市场经济的发育和利益多元格局的逐步形成,行政程序的法律化终于提上议事日程并付诸行动。我国的行政程序立法采取分别立法的方略,未制定统一的行政程序法典。我国现行行政程序法主要有:《行政处罚法》(1996年)、《税收征收管理法》(1992年通过,1995年修改)、《行政复议法》(1999年)以及其他行政法律中零星的程序规则。在一些级别较低的规范性文件中也有一些行政程序的规定,例如国务院办公厅发布的《国务院行政法规制定程序》、中央军委制定的《中国人民解放军立法程序暂行条例》、省级人大及其常委会制定的行政程序法规等等。

行政程序法是现代社会的产物,行政程序法具有重要的功能,主要表现在四方面:

首先,促成行政行为的民主化和公开化。由于行政程序法贯彻了民主、公开、参与的精神,行政程序法本身所具有的规范性特点使行政机关与行政相对人之间的纯粹权力服从关系变成法律关系。人民的意思可以通过行政程序法在行政权上得到反映,这一切使行政行为趋向民主与公开。

其次,控制行政权。如果说程序法的主旨在控权的话,那么行政程序法的主要功能无疑在于控制行政权。其一,行政程序法的规范性减少了行政权行使过程中的主观性和任意性;其二,行政程序法中民主、公开、参与的程序使行政行为处于社会和相对人的监督之下;其三,行政程序法使行政行为由行政机关单方命令行为变成行政机关与行政相对人的互动行为,因而通过行政相对人的行为控制行政权的行使;其四,行政程序法规定的司法救济使行政行为成为非终局性的,将行政行为纳入司法控制之中。

再次,保护权利。如果控制权力仅为手段的话,那么保护权利即为行政程序法的根本目的。行政程序法在保护权利方面的作用主要表现为:其一,控制行政权力,防止权力滥用和腐败,从总体上保护公民权利不受公权力侵犯;其二,行政程序法通过事先预设程序权利,在增加权利总量的同时使其他权利的保障更加明确有力;其三,行政程序法通过事后救济程序使受到侵害的权利人及时得到救济。

最后,提高行政权行使的效率,保护公共利益。行政程序法在赋予相对人程序权利的同时也课以相应义务,便于行政机关便捷处理行政事务,明确的程序也可减少久拖不决事件的发生。同时明确的程序要求也可防止行政机关为怕麻烦或讨好相对人而故意不作为或违法作为侵害公共利益。

为达上述行政程序之功能,现代行政程序必须贯彻下列原则:

第一,程序民主原则。程序民主原则是宪法原则在行政程序法中的体现。程序民主原则要求行政程序贯彻控权精神,要求行政程序将行政机关和行政相对人平等对待。不得将相对人作为管理客体,要求在行政立法程序中贯彻少数服从多数原则。

第二,公开原则和参与原则。公开原则要求行政行为应公开进行(法律另有规定的除外),不得暗箱操作。具体表现:其一,公告制度,即法规、意见、命令、官方记录等均应公告;其二,通知制度,即行政法规之制定及行政裁决之作出,利益关系人均应通知;其三,听证制度;其四,阅读和抄录公文案卷之权;其五,行政裁决应附理由。

第三,回避原则。对于行政裁决,与行政裁决有利害关系的人,可能作出不公裁决的人应当回避,这是自然公正原则的要求。但是如果作出裁决的人是唯一有权作出裁决者,可以例外。

第四,司法审查原则。司法审查原则即行政决定的非终局性原则,行政规章(授权立法)、行政裁决都必须接受司法裁判,这是法治原则在行政程序中的体现。

第五,效率原则。行政行为必须讲究效率,行政效率在行政程序当中也有体现。例如,应当规定行政行为的期限,并在特定情况下规定简易程序等等。

四、正当诉讼程序原则

(一)诉讼程序及其功能

诉讼(cause 或 action)是指有权的机关(现代社会只能是国家的或超国家的司法机关)在案件当事人和其他参与人的配合下为解决争议而进行的活动。狭义的诉讼始于起诉,终于判决,广义的诉讼还包括判决的执行,诉讼的核心是审判。早期的诉讼形式单一而不分,等到诉讼频率增加,且逐渐分化出不同的程序时,人们才依据系争的目的、争讼的结果、遵循的程序等对诉讼作出分类。古希腊人的诉讼有八种之多。[18] 我国古代"争罪曰狱,争财曰讼",即将诉讼分为确定罪责的刑事诉讼和解决纠纷的民事诉讼,不过在程序上却没有专门化,一律是大老爷坐堂问案。在现代,英美法系国家的诉讼只有两类:民事诉讼(含行政诉讼、宪法诉讼)和刑事诉讼。大陆法系国家则分为民事诉讼、行政诉讼、宪法诉讼和刑事诉讼。我国现行体制下诉讼分为民事诉讼、行政诉讼和刑事诉讼。

诉讼的功能是和平公正地解决纠纷,这是政治上有组织社会的主要标志。由于资源的短缺、人的欲望的无限,各种纠纷不可避免。以维护社会和平为目的、以最小代价解决纷争就成为任何社会面临的问题。诉讼正是社会走向文明的产物,是社会自卫反应的结果。随着社会的进步,诉讼承担了更多的社会功能。在法治社会,诉讼有极其重要的意义,可以毫不夸张地说,没有诉讼,就没有法治。具体说来,诉讼的法治功能有:(1)较少浪费地解决社会纠纷,维持社会和平。在当代全球化时代,诉讼此种功能从国内层面发展到国际层面。国际诉讼行为在维护世界和平方面正在发挥日益重要的作用。(2)控制权力,防止权力的滥用与腐败。现代法制的最大特色之一是几乎所有的权力行为都被纳入司法裁判范围,特别是行政诉讼将行政机关及其工作人员的行为纳入司法审查,许多国家还确立了弹劾政府要员的特别司法制度,将大人物的行为纳入诉讼,使政府成为"负责任的政府"。在法治国家,政党是社会团体之一种,其行为当然也是可诉的。(3)促进法律完善,维护法的位阶,特别是维护宪法的最高地位。在判例法国家,诉讼过程本身可能同时是一个造法的过程,促使法律完善。在现代社会,许多国家都将法律、行政法规等纳入审查对象,对不合宪之法,不合法之规范予以撤销,使法律趋于完善,同时维护了法律位阶的严肃性和宪法的至上权威。

---

〔18〕 依亚里士多德对希腊法庭的分类,古希腊的诉讼可分为:(1)审查执政人员的措施和账目的诉讼;(2)听断违反城邦公共利益的诉讼;(3)违宪诉讼;(4)一般私人间的民事、刑事诉讼;(5)私人契约诉讼;(6)命案诉讼;(7)外侨诉讼;(8)小额契约纠纷诉讼。参见[古希腊]亚里士多德:《政治学》,吴寿彭译,商务印书馆 1965 年版,第 228 页以下。

诉讼程序是诉讼必需的手续或步骤,不同体制下对诉讼程序的态度有所不同,通常是"对公民的荣誉、财富、生命与自由越重视,诉讼程序也就越多"。[19] 因为诉讼程序涉及原告(控方)和被告(辩方)以及其他诉讼参与人和法官多方关系,所以诉讼程序是所有法律程序中最复杂的,因而也是所有法律程序中规范化程度最高、法律化程度最高也是最早产生的。我国李悝《法经六篇》中的"捕法"就是最早的刑事程序,唐律中的"捕亡"也含有程序性规定。现代国家的诉讼程序法通常分为民事诉讼法、行政诉讼法和刑事诉讼法。诉讼程序的一般功能有:(1)为和平解决纷争提供模式。立案程序、调查程序、证明程序、判决程序、上诉程序等一套严密、中立的程序,为查明事实和适用法律提供了模式,有利于系争各方选择和平的方式解决纷争,并接受裁判结果。(2)保障实体权利的实现。诉讼程序的目的是证明系争实体权利的有无,并决定是否、采取何种形式予以救济。诉讼程序直接关系事实的确认及权利的确认,所以对保障权利至关重要。(3)防止司法权滥用。任何程序都有预防权力滥用的功能,诉讼程序亦然。例如,诉讼程序中的证据规则使法官确认事实的权力受到约束,回避、上诉、控辩都为司法权的行使设置了边界。(4)诉讼程序使诉讼结果与法官的人格分离取得客观的外观,缓解了当事人同法官的对立情绪,有利于保护法官。(5)终止纠纷的功能。诉讼程序的理想功能当然是追求公正地解决纠纷,但是,由于纠纷是发生于人和人之间的,许多事情说不清道不明,为了防止社会资源浪费,也为了防止酿成更大的纠纷,必须借助于一定的程序将它终结。民事诉讼中的"谁主张,谁举证"原则就有明显的终止纠纷的功能:尽管你真的有理,但是或者证据灭失,或者你自己说不清楚,经过诉讼程序败诉,只好自认倒霉。这一点,在早期人类社会中这可能更为重要,因为那时没有专门的法院,发现与证明事实的能力均不足,相对更多地依赖程序来终止纠纷。[20] (6)人格尊严价值。诉讼程序将纠纷交与一个讲理的法庭去解决,解决时你有充分的讲话的权利,你的话将得到充分的尊重,你的诉讼主体地位得到尊重。你将可以用文明的方式为你自己的权利奋斗,你不是一个任人宰割的客体,这本身是对人格的尊重,体现了人格尊严价值。

(二)正当诉讼程序原则

现代诉讼程序设计的目的在于既要充分发挥法官排解社会纠纷的作用,又要防止法官离开法律追求个人或集团的私利,即迫使法官忠实于法律。程序设计不能把基础建筑在法官的高尚道德上,而要把法官看成与常人一样的追求私利的个人。这样,诉讼程序的目标就在于防止法官在审理一个特定的案件时追求特殊利益(金钱或其他可期待的用于交换的利益)。为达此目标,现代诉讼程序确立了一些基本的原则。

当代美国法学家贝勒斯叙述了七大程序原则:(1)和平原则:程序应是和平的;(2)自愿原则:人们应能自愿地将他们的争执交由法院解决;(3)参与原则:当事人应能富有影响地参与法院解决争端的活动;(4)公平原则:公平、平等地对待当事人;(5)可理解原则:程序应当为当

---

〔19〕 [法]孟德斯鸠:《论法的精神》(上),张雁深译,商务印书馆 1995 年版,第 76 页。

〔20〕 例如,非洲某些部落中就有"鳄鱼审判"的习惯法。当争讼的两造都无法说服裁判者的时候,人们便将纠纷交与鳄鱼去审理:两造当事人将被绑于鳄鱼出没之处,第二天谁被鳄鱼吃了谁就败诉。

事人所理解;(6)及时原则;(7)止争原则:法院应作出解决争端的最终决定。[21] 综合各国立法实践和学理研究,我们将诉讼程序原则归纳如下:

第一,裁判主体独立与回避原则。这是关于裁判主体资格的原则,以公正的主体保障裁判的公正,这是程序性正当程序原则的要求。裁判主体独立的目的在于从程序上将法官与外部世界"隔离"开来,消除外界力量对裁判的干扰,使他能够依法裁判。回避原则则旨在将与案件有利益关系的人排除在裁判主体以外,防止自断其案。例如,与本案有利害关系的法官和其他与审判有关的人员(书记员、翻译、鉴定人、勘验人等)应当失去资格,或由他从事的行为在法律上无效(例如勘验结论)。

第二,程序平等原则。程序平等原则指原告(控方)和被告(辩方)应当享有平等的诉讼权利,不得厚此薄彼。例如,举证权,申请法院通知证人出庭作证的权利,申请回避的权利,通过辩护人或代理人查阅案卷的权利等等。程序权利平等原则在民事诉讼程序和行政诉讼程序中特别重要。在以国家为公诉人的刑事诉讼中,在确定罪与非罪的控辩过程中,被控对象的权利应当得到充分的保障,这方面最主要的次级原则为无罪推定原则和不能自证其罪原则。这里权利平等表现为国家追诉犯罪的权力与公民权利的平衡。

第三,公开原则。公开原则指诉讼过程必须向社会开放,允许公民旁听,法律特别规定的例外,但判决必须一律公布。公开的对象包括媒体在内的所有人。违背公开原则的做法通常有:只向特定人开放,例如仅仅向经法院或其他权威部门审查过的、"可靠的人"开放;给予部分人旁听的特权,例如议员或人民代表优先旁听;明知旁听者众多,故意将法庭安排在狭小的空间,使公民事实上无法旁听。应当指出,保障诉讼公开是法院的义务,法院应当仅可能满足公民的旁听要求,当受到条件限制存在困难时,应当采取排队或抽签的方式公平分发旁听证,以示公平与公开。如果公开原则都做不到,司法公信就不可能确立。

讨论题

1. 程序是否存在内在价值?
2. 试述法律程序的含义及其主要功能。
3. 现代立法程序的原则和主要内容是什么?
4. 行政程序与行政诉讼程序有什么区别?
5. 试述现代诉讼程序的功能和原则。

延伸阅读

1. [美]约翰·V. 奥尔特:《正当法律程序简史》,杨明成、陈霜玲译,商务印书馆2006年版。

---

[21] [美]迈克尔·D. 贝勒斯:《法律的原则——一个规范的分析》,张文显等译,中国大百科全书出版社1996年版,第34页以下。

2. [美]米尔伊安·R. 达玛什卡:《司法和国家权力的多种面孔——比较视野中的法律程序》,郑戈译,中国政法大学出版社2004年版。
3. [美]迈克尔·D. 贝勒斯:《程序正义——向个人的分配》,邓海平译,高等教育出版社2005年版。
4. [日]谷口安平:《程序的正义与诉讼》(增补本),王亚新、刘荣军译,中国政法大学出版社2002年版。
5. [美]杰瑞·L. 马肖:《行政国的正当程序》,沈岿译,高等教育出版社2005年版。

延伸思考

1. 分析正当程序原则对法治的意义。
2. 您如何看待"脱下法袍走向田间地头"的司法潮流?
3. 评析中国公开审判的历史与现状。

第十九章　法律职业

法律是一门需要长时间地学习和历练的技艺。

——[英]爱德华·柯克

法律职业的社会地位是一个民族文明的标志。

——[美]费尔德

己所不欲,勿施于人。

——孔子

1608年11月10日,英国国王詹姆斯一世与全体大法官开会,他企图让法官们认可大主教给他提出的一个建议:准许他"以国王身份"断案。对此,柯克大法官斩钉截铁地回答:"由英格兰全体法官、财税法庭法官见证,并经他们一致同意,国王本人不能裁决任何案件,不管是刑事的,比如叛国罪、重罪等等,还是各方当事人之间有关其遗产、动产或货物等等的案件;相反,这些应当在某些法院中,根据英格兰的法律和习惯来决定和裁决。"詹姆斯反驳道:法律是以理性为基础的,而除了法官之外,国王和其他人一样也具有理性。对此,柯克回答说:"确实,上帝赋予了陛下以卓越的技巧和高超的天赋;但陛下对于英格兰国土上的法律并没有研究,而涉及陛下之臣民的生命或遗产、货物、财富的案件,不应当由自然的理性,而应当依据技艺性理性和法律的判断来决定,而法律是一门需要长时间地学习和历练的技艺,只有在此之后,一个人才能对它有所把握:法律就是用于审理臣民的案件的金铸的标杆(量杆)和标准;它保障陛下处于安全与和平之中:正是靠它,国王获得了完善的保护,故此,我要说,陛下应当受制于法律;而认可陛下的要求,则是叛国;对于我所说的话,布拉克顿曾这样说过:quod Rex non debet esse sub homine,sed,sub Deo et lege(国王应当不受制于任何人,但应受制于上帝和法律)。"[1]

四百多年前的柯克大法官回击觊觎司法权的国王的理由就是法律是一项"需要长时间地学习和历练的技艺",他甚至说同意国王断案就是"叛国"。可见早在17世纪初,"法律是一项职业"的认识已经在英国站稳了脚跟,且将干预职业法官的司法视为叛国,这当是英国人成为自由先行者的根本原因。

---

〔1〕 参见[美]小詹姆斯·R.斯托纳:《普通法与自由主义理论——柯克、霍布斯及美国宪政主义之诸源头》,姚中秋译,北京大学出版社2005年版,第48页。

第一节　法律职业概述

一、法律职业的形成与发展

(一)法律职业之滥觞

职业指个人服务社会并作为主要生活来源的工作。法律职业是指以提供法律服务为业并作为主要生活来源的工作。法律职业的讨论首先涉及一个前提性问题,法律职业形成于何时?

成熟的法律职业无疑是近代社会的产物,但是在古罗马就有了法律职业的雏形。罗穆卢斯创建罗马城时就确立了一项制度:每个平民都要找一个贵族保护人,这个贵族保护人的职责之一就是为平民提供法律服务,他们被视为智慧之人,社会的栋梁,这当是人类律师制度的开端。共和时代的罗马就有专门的诉讼代理制度,罗马法学家是典型的律师,他们的合法职业就是替人打官司。古罗马的法律职业中还有一种从业者:罗马法学家,他们的职业之一是充当法律顾问。

但是,古罗马的法律职业与成熟的法律职业相比还是有区别的:分工不充分,且法律职业人中以法律为"唯一"职业的人不多,其中许多人是身兼数职,更有一些人,法律职业只是一种"兼职"。例如,作为辩护人的贵族别有他业,一些法学家的主业是官僚,五大法学家之首的帕比尼安就当过禁卫军司令。

(二)法律职业之形成

成熟的法律职业是近代工商社会的产物,它起源于西方中世纪的个人自由理念,是罗马传统的延续。早在11世纪,波伦亚大学就从事培养法律人才的工作,当时的法律人才很受社会尊重。大约在13世纪,一个日耳曼王国的皇帝还下旨授予所有的法学博士贵族头衔。在中世纪,教会倡导"良心原则"。这一原则认为,法律不仅可以在学究式的推理中发现,而且可以在立法者或法官心中求得。为实现良心原则当时创建了各种制度,其中就有律师制度。[2] 成熟的法律职业大体上与宪政社会产生于同一个时期。经过数百年的缓慢演变,逐渐形成了英国和大陆两种相似但又有所区别的法律职业。

英国的法律职业是以律师为核心的,在英国,律师与法官是"一家"的。英国的治安法院法官是非专职的,但是要求治安法官身边有精通法律业务的法律专家向其提供咨询意见,这样的人是临时充任"司法书记官"的律师。不仅如此,如经治安法官同意,律师还可以参加判决前的评议。在皇家刑事法院,律师可以充当"记录法官",他可以负责审理某些案子。在郡法院,律师充当"登记官",他不仅负责监督郡法院的行政人员,也履行某些司法职能,例如,在缺

---

〔2〕 参见[美]伯尔曼:《法律与宗教》,梁治平译,中国政法大学出版社2003年版,第53页以下。

席判决或被告供认的情况下作出判决,对价值在200英镑以下的诉讼请求作出裁决,在当事人同意的情况下,也可以对数额较大的诉讼请求作出裁决。在高等法院,律师可以被选拔为"司法主事官"和"登记官",他们有众多的司法职权,特别是他们在审前保持与当事人的接触,使许多案件在口头审理之前就通过和解、承认或撤回了结了。具有10年以上开业经验的出庭律师有希望经大法官提名,由国王任命,成为高等法院的法官。[3]

法国的法律职业是以法官为核心的。法国的法官完全独立,未经本人同意,不得调离甚至提升。早期法国的律师由诉讼代理人和辩护律师组成。辩护律师出庭代表他的当事人进行口头辩论,而诉讼代理人则负责案件的其他事务,例如文书制作,处理审判初期阶段必要的工作,起草诉状和答辩词,提起上诉、调查执行程序等等。诉讼代理人其实并非独立的职业,如同公证人,他是一名"行政官员"。1971年的一项立法建立了与欧洲其他国家相同的完全职业化的律师制度。[4]

德国中世纪没有法律职业阶层。15世纪末,在意大利接受罗马法教育的法律家在司法中开始取得地位。在16、17世纪,这些法律家作为大学的法律教师,法院和市府的文书,法律鉴定人,地方领主的和城市管理的法律顾问,作为各邦与城市的法律整理辑录的作者而活动。

西方法律职业的从业人员是通过法律教育制度培养出来的。

英国的法律从业人员培养模式有浓厚的"带徒弟"特色,尤其是早期。英国法律教育以培养律师为目标,法官则从有多年从业经验的律师中选拔。在13世纪,英国就形成了一个"法律学徒"群体。他们集中在伦敦西区,他们自由组合,聘请开业律师授课,讲授法律。这就形成了一些简易的法律学校,到14世纪形成了著名的四大律师学院:林肯学院、格雷学院、内殿学院和中殿学院。律师学院由资深律师组成的委员会管理。讲师是律师或法官,围绕法官工作授课,或组织模拟法庭。[5]

英国的律师分为事务律师与出庭律师,这两个律师群体各有自己的行会组织,各自负责本行律师的培养。在20世纪80年代以前,律师学员甚至不需要大学毕业资格。1986年以后,四大律师公会都规定学习律师需要有大学毕业资格,但是仍不限于法科学生。取得律师资格需要在律师协会办的法学院——"律师学院"——中学习9个月,通过结业考试,然后在律师事务所当两年学徒或者"受雇秘书",再当三年的助理事务律师,而后可以自己开业。成为出庭律师的过程与上述大致相同。持有大学法律学位,在伦敦四大律师公会中的一个注册为律师公会学员,然后在律师公会法学院(Inns of Court School of Law)学习一年,通过结业考试,然后在出庭律师事务所做一年的"实习助手",在实习期间的后半年,他可以独立工作。[6] 学员通过考试后,在一个正式的仪式上,宣布被接受为出庭律师。

法国法律从业人员的培养更重学院式教育。在法国,不同行业的法律家有不同的培训制度。律师、公证人、法官、检察官必须在大学读完四年相当的法律课程,通过考试取得法学士学位。想成为司法官(法官、检察官)的人则要通过更难的考试进入国立司法学院,经宣誓成为

〔3〕[德]K.茨威格特、H.克茨:《比较法总论》,潘汉典等译,贵州人民出版社1992年版,第373页以下。
〔4〕[德]K.茨威格特、H.克茨:《比较法总论》,潘汉典等译,贵州人民出版社1992年版,第234页。
〔5〕参见张海斌:"中世纪英国的律师学院",载《人民法院报》2003年9月8日。
〔6〕[德]K.茨威格特、H.克茨:《比较法总论》,潘汉典等译,贵州人民出版社1992年版,第391页。

“司法门徒”，经两年学习（公费），通过考试就成为法官或检察官，依据毕业考试中的成绩选择就业地区。法国律师的培养由律师公会或律师协会执掌，它们完全独立，拥有自己的惩戒权。一个想成为律师的人，必须从大学法学院毕业，取得“法律行家”头衔，再通过“律师业技能合格证考试”，成为见习律师。此后，他要经过三到五年在一位律师办公室工作，期间他可以为人提供法律援助，也可以单独出庭，同时要接受“律师业培训中心”组织的培训。最后，他的名字在律师协会名册中登录后，成为律师，律师具有崇高的声誉。

（三）中国的法律职业

中国的法律职业是从西方学来的。用韦伯的话来说，中国古代是“家产制社会”，它的一大特点就是官府垄断法律知识与法律实践。在官方，司法是行政官员的一项职权，司法不需要专业知识，即使是专职司法机构（例如大理院）的职位也然，它只是官僚体系中的一个职位而已。在民间，为人提供法律服务是非法的，且在民众眼中这些人也是不道德的，被称为“讼师”。讼师的典型形象是臭名远扬的邓析。[7] 与此相应的是，中国古代的法律教育非常落后，始终没有形成专门的、一定规模的法律教育。不过中国的科举考试中偶尔设“明法科”，但是名额极少，时开时断，担任司法官员并不需要由“明法科”进士，大量的司法官员是“明经科”出身的。值得一提的是宋代，宋代除在科举中设“明法科”以外，复有“刑法”科考录用法官。[8] 不过断断续续，录用的人很少。

清末宪政运动中，清政府学习西方建立专门的“审判衙门”，并大力开办“法政学堂”，培养司法人员。1910 年颁布的《大清刑事民事诉讼法草案》建立了日本式律师制度。不过法律职业刚刚起步，清帝国就灰飞烟灭了。至民国，中国形成了与西方同样的、自由的法律职业。

1949 年以后律师制度几经起伏。由于与新制度不合，律师制度作为旧制度的一部分在 1950 年就被取消。[9] 1954 年搞律师试点，1957 年律师几乎都成了右派。以后又是几十年没有律师。改革开放以后有了律师。开始时律师是“国家法律工作者”，后来改为“社会法律工作者”。直到今天，律师还是由司法行政部门管理，而不是律师自治，介入所谓敏感的案子还要听从行政部门的“指令”或要汇报，律师对预审的介入还是被拒绝，刑法中还有对付律师的专条，每到严打的时候，常常有律师被牵涉。[10] 需要说明的是，中国的法官长期并不是专门的职业，只是公务员的一种，担任法官不需要专业知识。

我国现在的法律职业入门原则上需要经过专门的考试。1986 年开始举行全国律师资格

---

〔7〕 邓析“以非为是，以是为非，是非无度，而可与不可日变。所欲胜因胜所欲罪因罪，郑国大乱。”子产患之，于是杀邓析而戮之。民心乃服，是非乃定，法律乃行。参见《吕氏春秋·精谕》。关于邓析最恶劣的文字是：“郑之富人有溺水者，人得其死（同尸）者。富人请赎之，其人求金甚多。以告邓析。邓析曰，安之，必莫之卖矣。得尸者患之，以告邓析，又答之曰，安之，必无所更买矣。”参见《吕氏春秋·离谓》。

〔8〕 淳熙七年（1180 年）宋孝宗曾下诏规定刑法科的考试内容：“第一、第二、第三场试断案，每场各三道，第四场大经义一道，小经义二道，第五场刑统律义五道。”参见《宋史·选举志》。

〔9〕 1949 年 8 月 11 日，上海市人民法院挂牌，法院一挂牌就公告社会：“禁止私人干涉诉讼，不得为人代写状子收取钱财。”当时就有三个替人代写诉状者被抓，法院组织游街示众，要求当众坦白。这一下律师就绝迹了。参见《报刊文摘》2004 年 2 月 23 日。

〔10〕 法官在法庭上污辱律师、惩罚律师甚至将律师逐出法庭的事时有发生，律师因辩护中的行为而被处刑的事亦非偶见，2010 年还发生了令法律界特别是律师界震惊的重庆李庄案。

考试,每两年举行一次;从1993年起改为每年一次。1996年通过《律师法》,规定国家实行律师资格全国统一考试制度。2001年通过关于修改《法官法》的决定和关于修改《检察官法》的决定,规定初任法官、检察官必须从通过国家统一司法考试的人员中择优选取。[11] 2001年7月15日,最高人民法院、最高人民检察院、司法部联合发布公告,决定当年的初任法官考试、初任检察官考试和律师资格考试不再单独组织,纳入2002年的首次国家司法考试。法律职业越来越受到重视,最高人民法院的第一个和第二个《人民法院改革纲要》都提出了"推进法官职业化建设进程"的目标,2015年中共中央办公厅、国务院办公厅发文扩大了法律职业考试的范围。[12]

二、法律职业形成的条件

法律职业为什么在西方发展起来?为什么中国几千年没有法律职业,而在宪政运动中形成了法律职业?为什么直到今天,中国的法律职业仍然不甚发达?这都告诉我们一个道理:法律职业的生存需要一定的社会条件。总的说来,法律职业的形成需要旺盛的法律服务需求,什么样的社会才能产生旺盛的法律服务需求?可以将它归纳为三点:

第一,发达的工商社会。自给自足的小农经济条件下人与人之间的关系简单,交易很少,相应的法律服务需求也少。在1949年以后形成的"单位社会"里,人是单位的人,人际关系非常简单且都由领导安排好了,法律需求比自给自足的小农社会还要小。在这两种社会中,法律职业没有基本的社会需求支撑。只有在商业社会里,才有旺盛的法律需求,也才可能形成法律职业。古罗马之所以形成了古代社会唯一的法律职业(虽然不成熟),重要原因之一就在于它发达的商业。

第二,个人完全独立人格的取得。与外界发生法律关系、成为法律关系主体的必要条件是人格独立。一个完全没有人格的人(奴隶)不可能与外界发生有法律意义的关系,因而不可能产生"法律意义的纠纷",当然不存在法律服务需求;同理,一个人格不完全独立的人,它的法律服务需求也相应减少。只有具备完全独立人格的人才可能有旺盛的法律需求。古罗马之所以形成了法律职业,重要的原因是罗马人(自由民)是完全独立的,自由的。中国之所以没有形成法律职业,重要的原因之一就是中国是一个以"人身依附"为特征的社会。中国是一个"家产制"社会,所有的人(皇帝除外)都不具备独立的人格,这是中国没能形成法律职业的首要原因。

第三,法治。这个道理很简单。其一,在人治社会里,人际关系的处理服从人的任意,服从政治上的考量,法律所起的作用很小,因此也就很少法律服务需求。法治社会则正相反,一切纠纷的处理服从规则,法律知识的重要性也就彰显出来。这就为法律职业的形成提供了契机。其二,法律职业的形成有赖于行业自治组织的形成,这需要宪法、法律上承认并保障公民的结

---

〔11〕 但是担任法院院长、副院长和检察院检察长、副检察长却不受此限制。参见《法官法》第12条第2款、《检察官法》第13条。

〔12〕《关于完善国家统一法律职业资格制度的意见》(2015年12月20日,中共中央办公厅、国务院办公厅印发)规定:"担任法官、检察官、律师、公证员、法律顾问、仲裁员(法律类)及政府部门中从事行政处罚决定审核、行政复议、行政裁决的人员,应当取得国家统一法律职业资格。"

社权,此种权利只有在法治社会中才能存在。其三,法律职业的形成有赖于法律人能够独立行使职权(职务),对于在朝的法律人来说,就是司法独立,不独立的法官、检察官只是官僚系统中的一员,不是独立的法律人;对于在野的律师来说,就是律师自由执业。当律师是"国家法律工作者"的时候,或者当国家是律师的唯一雇主的时候,律师事实上是一个"准官僚",或者是官僚的工具,不是真正的法律人。这些条件只有法治社会才能提供。

三、法律人的共同利益

法律职业的从业人员构成一个特殊的群体,这个群体简称法律人。不同的国家法律人的组成有些差别。大陆法系的法律人由所谓司法官(包括法官与检察官)和律师组成。[13] 英美法系没有"司法官"这样的称谓,法律人由律师与法官组成。大学法律教授是个特殊的群体,通常他们受雇于公立或私立的学校,从事法学研究。在严格意义上,他不从事法律职业,他从事的职业是"教育",所以他不是法律职业的从业人员。但在较为宽泛的意义上,也可以称他们为法律人,他们是以传授法律知识为业的人。

法律人的共同利益基础是什么?与所有其他职业群体的利益基础不同,法律人的共同利益基础是法律及其权威。法律没有权威,则法律人没有饭吃。法律职业是以提供法律服务为谋生手段的职业,法律没有权威,则法律知识无用,法律知识无用则法律人失去了安身立命之本。对于"司法官"来说,法律没有权威,他得听从上级命令,成为官僚体制的一员,失去了法律人的本质。对于律师来说,法律权威的旁落则直接影响到法律服务市场,人们不会花钱去请律师,他们会转而向权力献媚甚至行贿,这是"人是经济的动物"所决定的。

四、法律职业的特点

不管在朝在野,法律人都是以提供法律服务为业的,这决定了法律职业有以下三大特点:

第一,专业性。专业是"专门的学问",法律职业的专业性是指法律职业凭"专门的学问"从事的职业。一般来说,从事某项职业都当具备一定的"专业知识",但是,不同职业所需要的"专业知识"含量是不同的。据此可以将职业分为"专业性职业"和"非专业性职业"。例如,清扫街道、翻地除草(手工)等职业就不需要太多的知识,这是凭借体力的职业;人治社会的官僚办事只要有权力就行了,也不需要有太多的专门知识,这是凭借权力的职业;它们都是"非专业性职业"。与此不同,法律职业是一项专业性很强的职业。这是因为法律职业所依据的规范——现代法律通常是一个复杂的系统,它由一定的概念按照严密的逻辑体系构成,理解与适用法律、为当事人争取权利由一整套先在的程序,这些都需要专门的学习与训练才能获得。

理想的法律人都当有良好的专业素养,不过事实上,在不同的社会里从业者的专业素养存在很大差异。在法治原则得到严格遵守的国度里,法律人的素养通常都很高,尤其是法官,他们或者经过特别严格的学习和考试程序脱颖而出,或者从最优秀的律师中遴选出来。在专政的国度,法律职业从业者的法律素养要差得多。通常在法治程度提高的同时,法律从业者的专业素养也在提高。有必要说明的是,法官(检察官)在大型社会里都有,但在人治社会里,它是

---

〔13〕 偶尔也有人将公证员作为法律职业从业人员,但是大多数人将公证员排除在外。

依仗权力而生存的,是官僚体系中的一员。在社会法治化过程中,法官的职业会发生质的变化:从“非专业化”的“职业官僚”到法律职业共同体一员。因此,中国人称裁决者为“法官”,西方人称他们是“决断者”或者干脆就是“正义”,都是正确的。这也可以理解,为什么在马克思和黑格尔那里,司法权不是政治的,而是社会的,而在中国为什么会一再强调司法的政治性。

第二,独立性。这是法律职业的内在属性所决定的。法律职业的内在属性是“判断”,无论是法官的有“执行力”的职业行为还是律师只具有“辩解力”的职业行为,都是判断。法官不独立,司法就不是“判断”,而是一种“执行”或者是“复述”。因此,失去了独立性就失去了法律职业的本真。法律职业的独立性表现在两个方面:一是职业行为的独立。无论是法官、检察官还是律师,他们都是以独立的主体从事职业,不受其他社会主体的干预。作为“在朝”的法官、检察官,独立从业是他们区别于立法者与行政官僚的主要职业特征。作为“在野”的律师,更是独立办案,不受其他主体的干预。当然,律师同行之间的沟通与协商是另一回事。二是法律职业有独立的自治团体,法官有法官自治团体,检察官有检察官自治团体,律师更有律师自治团体,这些团体通常有权处理自治范围内的事务,包括处罚不守职业伦理、侵犯行业利益的同行。

第三,公益性。职业是为社会或个人提供服务,并从中换取利益,在这个意义上说,所有的职业都具有某种公益性。法律职业的公益性是指法律职业本身是一种公益性的职业,它通过提供有益于公众的服务来获取收益。这表现在:其一,法律职业维护的是法律的权威和人的尊严,而法律的权威和人的尊严是最大的社会公益;其二,法律职业是以公平正义为取向的职业,它通过个案的处理实现正义,正义是最大的社会公益。

五、法律职业的社会功能

(一)法律职业的一般职能

法律职业具有重要的社会功能。一般来说,法律职业具备如下重要功能:(1)维护法律尊严,提升社会正义;(2)权威地解决社会纠纷,修复社会关系,增进社会和谐;(3)在从业行为中传播法律知识,提升社会文明;(4)在伦理上作为社会良心功能,在法治程度高的地方,法官通常被认同为正义的化身,具有极大的象征性意义;(5)向社会输送法律人才的作用。这不仅是指通过法律教育为社会培养法律人才,更重要的是指通过职业流动,经过法律职业训练的律师进入其他部门,促进其他部门行为的法律化。这在西方国家最为典型。在英国,国会和法律始终联系在一起,早在14世纪和15世纪,英国的律师就在议会中发挥重要作用,1593年有43%的下院议员受过法律教育,议长和其他头面人物通常都是律师。至于美国,不论何时,美国的律师都在立法机关中占多数或绝大多数。让我们看下面的数字:《独立宣言》的56位签名者中律师有25人;费城制宪会议的55名成员中律师占了31名;美国的42任总统中,有25位当过律师,其中包括赫赫有名的亚当斯、杰弗逊、林肯、富兰克林·罗斯福及眼下大家熟知的比尔·克林顿和奥巴马。

(二)律师的特殊职能

作为成熟法律职业标志的律师的作用值得单独说一下。与“在朝”的法官与检察官不同的是，律师是完全凭法律知识、凭提供法律服务谋生的，没有这一阶层，就不会有真正的法律职业：无律师的法官和检察官阶层免不了官僚化，不能完成它的专业化。正由于法律职业与民主法治的关联，世界法学家德里大会（1959）将“自由的律师职业”作为法治社会的基本原则之一。

律师制度作为现代民主法治社会的重要制度构造，它的作用起码有：（1）维护法律的尊严。律师通过帮助、参与诉讼过程和其他非诉讼事务，在相关的活动中参与对法律的理解与执行，有利于维护法律的尊严。（2）有利于防止权力的滥用。这方面最有说服力的例证是律师对侦查过程的介入可以有效地遏制刑讯逼供。（3）律师介入可以有效地保障公民权利。法治社会里公民权利是通过法律来保障的，法律表现为一套专门化的知识体系，非专业人士对法律的少知乃至无知是不可避免的。公民法律知识的匮乏必然影响权利的维护。这一知识匮乏的劣势由律师来弥补，从而使公民更有力地维护自身的权利。（4）律师的参与有利于维护程序的严肃与公正。这方面最有说服力的例证是律师参加诉讼过程。律师参加诉讼的结果形成原被告双方和法官的三角关系，在这三角关系中三方共同就法律问题进行辩论，无疑有利于程序的贯彻与程序正义的实现。

第二节 法律职业思维

一、法律职业思维释义

思维是借助语言的理性认识过程，包括逻辑思维与形象思维两种基本形式。法律职业思维（法律思维或法律人思维）是法律人对法律问题的思维，属于逻辑思维之一种。狭义的法律思维仅指与个案有关的思维，广义的法律思维包括“法学思维”在内。因为广义的法学是一个很宽泛的概念，它包括了狭义法学（规范学）同科学和人文学的交叉学科，所以广义的法律思维其实就是“学术思维”。这里说的法律思维是指狭义的法律思维，与个案相关的思维，解决个案的思维。具体来说，法律思维是以知识特别是以法律知识为基础，以法律概念和法律语言为工具，应用法律技术寻求正当法律结论的思维活动。简言之，法律思维就是依据法律的思维，是实现法律的思维。

应当指出的是，“法律思维”只是一种思维的“理想类型”，并不是说“法律人的思维”都是法律思维，也不是说“非法律人思维”都不是“法律思维”。事实上，法律人中非法律思维现象大量存在，特别是法官中的政治思维；而非法律人中也存在大量的法律思维，例如普通公民对发生在身边的案件的规则评价，只是不够专业而已。因此，法律人有义务提高法律思维的水准与主动性，同时，在国民中推广法律思维也是法治国家建设的重要一环。[14]

---

〔14〕 是不是存在法律思维，学界的观点并不一致。有的学者认为，在所谓“法律人”共同体中也不存在统一的法律人思维方式，所谓“法律人思维方式”是中国法律人有意营造出来的结果，因为他们可以借此获得话语权威以及其他一些特权。笔者认为这太极端。

法律思维包括哪些类型,不同的学者有不同的分类。陈金钊教授认为法律思维包括涵摄思维、类型思维和反省式思维三种。涵摄思维是建立在三段论之上的思维,是将法律的一般性规定运用于所欲调整的对象的思维,它是法律思维的主要模式;类型思维是弥补涵摄思维不足的思维,它是用"类型理论对案件进行处理"的思维模式,它是一种实质思维;反省式思维是"应用形式逻辑的规定对法律判断进行反思"的思维。[15] 陈教授的分类是基于思维处理法律问题的态度作出的分类。涵摄思维是依据法律的思维,相当于前述形式推理;类型思维是指对法律作出填补、纠正法律不足以实现个案正义的思维,相当于前述实质推理;姚建宗教授则按照法律思维过程中的问题为标准,将法律思维的方式分为五种。[16]

上述分析均有其道理,对法律思维可从多个视角切入进行分类,下面两种分类可能是基本的。一是以法律思维的推理形式为标准,可以将法律思维分为形式性思维和实质性思维,形式性思维是基于法律规则的思维;实质性思维是在法律原则的规制下寻找裁判规则的思维。二是以法律思维的思维对象为标准,可以将法律思维分为关于事实的思维与关于法律的思维。关于事实的思维是对与个案相关的事实的思维,它接近于科学思维。不过,与一般科学思维不同的是,作为法律思维之一种的关于事实的思维是在法律范围内对事实的思维;关于法律的思维是与个案相关的规范的思想,是典型的法律思维。需要说明的是,关于事实的思维和关于规范的思维的区分只是理论上的,它们存在于同一个思维过程中。

二、法律思维的特点

法律思维是法律人的职业思维,与非法律思维相比有它的特殊性。学界对法律思维特点的描述不一。张文显教授主编的教材指出法律思维有五大特点:通过程序的思维、稳妥性与保守性、重逻辑、不同于科学中的真、判断的非此即彼。[17] 姚建宗教授则将它归纳为六点。[18] 这些论述都有其道理。

法律思维的特点是法律思维区别于其他思维的不同点,这首先有个参照系问题:法律思维的特点是相对于什么而言的?它相对的是同样属于逻辑思维的其他思维,主要是科学思维、道德思维、政治思维和大众思维。这些非法律思维各有其特点:科学思维求真,道德思维求善,政治思维求宏观目标,[19] 大众思维求情绪的满足。与上述四大思维类型相比,法律思维有以下特点:

第一,法律思维是"求正"的思维。这是法律思维相对于科学思维的不同点。科学思维是"求真"的思维,它的目的是发现,它要遵守"发现的逻辑"。以此不同,法律思维是"求正"的思

---

〔15〕 陈金钊主编:《司法方法与和谐社会的建构》,北京大学出版社 2009 年版,第 111 页以下。

〔16〕 姚建宗:《法理学——一般法律科学》,中国政法大学出版社 2006 年版,第 419 页以下。

〔17〕 张文显主编:《法理学》,高等教育出版社、北京大学出版社 2007 年第 3 版,第 263 页以下。

〔18〕 以法律权利和法律义务为基本的思维要素和分析单元并以之为逻辑线索、普遍性考虑优于特殊性考虑、合法性优于客观性、程序合法性优于实体合法性、形式合理性优于实质合理性、法律理由优于法律结论。参见姚建宗:《法理学——一般法律科学》,中国政法大学出版社 2006 年版,第 422 页以下。

〔19〕 应当区分"政治思维"与"政治谋略"两个不同的概念。这里的"政治思维"指的是民主政治下政治家基于社会利益最大化、关于社会大局和长远利益的思维,或者说是立法家的思维,不是某一利益集团利益最大化思维,更不是尔虞我诈的"三国式思维"。

维——追求正义的思维,它是与实践理性相关的思维。当然,这并不表明法律思维与“真”没有关系,恰恰相反,法律思维是以“真”为基础的,一个建立在虚假前提上的思维不可能产生正义的结论。真在两个方面与法律思维有关:一是在法律构成的意义上,二是在法律结果的意义上,确立法律构成和法律结果的前提是对法律规定的真假作出判断,然后展开进一步的推理思维。

第二,法律思维是寻求个案正义的思维。这是法律思维与政治思维和道德思维的区别。政治思维是追求社会利益最大化的思维,是关于宏观社会发展的思维;与此不同,法律思维是关注个案正义的思维。这就是说,个案正义是法律思维的目的,个案判决不能成为达于宏观社会目标的手段。个案判决有一个从手段到目的的历史转折过程。在家产制社会里,个案是达于政治目的的手段,个案判决必须服从于外在于个案的政治目的。例如,刑罚是为了展示痛苦,为了最大限度地阻吓犯罪,甚至为了打击不同的政治观点。在法治社会形成过程中,个案判决回归它的本真:个案正义。

法律思维与道德思维都是追求善的思维,但是,道德思维是追求至善的思维,与此不同,法律思维只追求个案的“善”——公平正义。这产生了法律思维与道德思维的其他差别。第一,与政治思维一样,道德思维表现出“总体性”的特征,它以社会总体的善为目标,在道德思维中,个案正义服从社会的善;但是,在法律思维中,个案正义就是目标。这不是说法律思维不关心社会的善,而是法律思维的“自律性”所决定的,它预设社会的善已经由立法家解决了,个案善的追求就是实现社会善的一部分,离开了个案的善,就不会有总体社会的善。第二,道德思维是以至善为取向的思维,它属于“利他性思维”,法律思维关注个案正义,是权利义务的正义分配,属于“利己性思维”。这似乎是个悖论:利己思维怎能带来善?这是一个误解。最大的社会善是保护个人利益,而保护个人利益的前提是厘清权利的界限并给予保障,这正是法律思维所要达于的目的。法律思维只有通过“利己思维”才能为社会善的实现作出贡献。当然,这种“利己”之“利”是法律规定的,不是损人利己。

法律思维这方面的特点所以确立的伦理基础是康德早就指出的文明社会的伟大伦理基石:“人是目的。”在社会关系中,人是以“权利”的形式出现的,“人是目的”的另一种表达方式就是“权利是目的”,权利不是达于宏观目标的工具,这是法律思维与其他思维最为本质的区别。现代社会是高度分工的社会,在实现社会总体利益上也是如此。社会将实现总体利益的不同工作分配给政治家、道德家和法律家,他们在各自的职业范围内实现社会总体利益。法律人在内中承担的角色就是实现个案正义。事情真是有点吊诡:法律思维越是不关注整体利益(只关注个案正义),越是能更好实现整体利益。如果法律思维考量整体利益,就破坏了社会系统的分工,从而也就破坏了社会整体利益。

第三,法律思维是依据法律的思维。其他的思维也都考虑个案正义,与它们不同的是,法律思维通过“依据法律的思维”来实现个案正义,即法律思维的逻辑前提是法律,法律在法律思维中居于“排他性权威”的地位,这是基本法治原则——法律至上原则——内化到法律思维中的结果。这一点使得法律思维与“科学思维”与“法学思维”区别开来。为了个案正义,法律思维与科学思维一样都关注事实。但是,科学思维是“唯事实”是从的,它从事实中发现知识。法律思维求真的目的是个案正义,在这里,“真”成为基础性材料,不是最终目的,“正义”才是目的。因此,法律思维"求真"是在法律内"求真",这意味着法律思维中的"求真"是"关于证据和通过证据的思维"。在法律构成的意义上,只有与法律构成有意义的"真"才被接纳为"真",否则,不被接纳。例如,如果"事实"是通过非法手段获取的,法律思维不承认它为"真"。在法律结果的意义上,只有在法律规定的范围内"真"才与法律结果发生关联。例如,一个超过诉讼时效的借条客观上是"真"的,但是如果超过诉讼时效,它不被接纳为"真"。"依据法律的思维"也是法律思维区别于法学思维的特点之一。法学思维是"针对法律"的思维,它的目的在于通过批判性审视促进法律的完善。与此不同,在法律思维中,法律是思维的依据而不是"反思"的对象。正是在这个意义上说,法律思维具有"保守性"。

法律思维的这一特点要求法律人在思维过程中排除与法律相冲突的一切规范的作用,例如政策、纪律、习惯;同时,不得以法律以外的因素作为作出个案判决的依据,例如,个人的升迁、情感、地方利益、民意、财富最大化、社会发展等等。

如何处理依据法律与裁量的关系?法律思维中包含了裁量,裁量的前提是规则不明或规则不合个案正义要求。即使在此条件下,裁量也必须依据法律——法律的精神,或法律原则。

第四,法律思维是法律程序中的思维。这是司法本身的程序性所决定的。遵守程序是法官的义务,只有经过正当程序,裁判才可能被认同,才取得合法性。这要求在获得作为裁判的事实和作为裁判依据的法律规则两方面都必须经过一定的程序过滤。案件事实的认定依据的是证据,而证据必须是经过质证程序检验的。民事"优势证据"的确定必须经过相互的对抗式辩论程序,刑事证据更必须经得起程序中展现的"合理怀疑"的攻击。即使是适用的法律也必须是经得起程序检验的。例如,如果两造提出不同的法律依据,则何者被接纳为裁判依据就由攻防双方在辩论程序中决定。

第五,法律思维是关于证据和基于证据的思维。一位美国教授说:"我们不可以凭借强烈的个人意愿、感情、传说、迷信或未经质疑的独断教条来获致结论。反之,我们必须为我们的结论陈述理由。一项结论不会是不证自明的,而必须依靠'证人'、'证据'、'证书'或'证件'之类的其他事物来支持。"[20]用一句通俗的话来说就是,法律思维是"用证据说话",法律思维不承认没有证据的"想象",不接受凭"直观"的灵感,不接纳"大众意见"。没有证据,法律思维只能推定主张的事实不存在。所谓"关于证据"是指形成证据的思维过程,所谓"基于证据"是指在证据形成后根据证据与法律推理出法律结果。法律思维之所以"用证据说话",这是由法律思维的可能后果所决定的:它将处分人的利益甚至生命,不得不慎重。这就产生一系列的结果:尽管你借钱给他了,但是你不能举证,法官不能承认;尽管"明摆着"是他干的,但是没有证据,或者证据不能达到"排除合理怀疑"的程度,不能定罪。这当然是不公正的,不过,这是为了更大的公正所付出的必要代价:避免伤害无辜。放走有责任的人与伤害无辜两者都是恶,法律上作此规定遵循的乃是"两害相较取其轻"的衡量原则。人不是上帝,任何人制定的制度都不能尽善尽美,这就是人间的特色,人间不是天堂,理性人必须承认并正视它。

第六,法律思维是严格遵守形式逻辑的思维。这是法律思维与大众思维的区别。依据社

---

〔20〕 [美]鲁格罗·亚狄瑟:《法律的逻辑——法官写给法律人的逻辑指引》,唐欣伟译,法律出版社 2007 年版,第 29 页。

会心理学的研究,大众思维通常是重情感的思维,是高度情绪化的思维,是缺乏理智的思维。法国大众心理学家古斯塔夫·勒庞在1895年出版的大众心理学经典中对此有精当的论述。[21] 群体的这种特性决定了群体的观念的特点。它是相互矛盾的,通常是简单的、无意识的、情感性的;群体通常是缺乏推理能力的,虽然群体意识中也有理性,但是"群体没有逻辑推理能力,不能辨别真伪或对任何事物形成正确的判断。群体所接受的判断,仅仅是强加给他们的判断,而绝不是经过讨论后得到采纳的判断"。[22] 法律思维的高度逻辑性正是法律思维优于大众思维的关键之所在,法律思维在判决中替代大众思维是法治社会的基本特点,也是实现法律职业社会功能的必要条件。

第三节 法律职业伦理

一、一般法律职业伦理

伦理(ethics)与道德(morality)二词的意义相近,其基本含义都是指与人的正当行为相关的某种规则,不过两者还是有区别的。在黑格尔的哲学里,抽象法、道德、伦理都属于客观精神,伦理包含了抽象法与道德两个环节。可见,道德规范更多是外向的:认同并遵守外在的规范;伦理更多是内向的:按照自己的规则生活,不服从外在的强力。对于个人来说,伦理就是根据自由的规则活下去。

社会有了分工以后,就从一般伦理中分化出职业伦理来,职业伦理是职业共同体自我认同的从业伦理,它的功能在于维护职业共同体的利益。法律职业伦理是法律人履行职业时的伦理,与纯粹的个人伦理不同。比如,"清廉"、"勤勉"就不属于法律伦理,而属于个人伦理,除非它与从业有关。接下来的问题是,有没有一般的法律职业伦理?让我们看看"美国法学院的入学誓言":

> 从我迈入法学院的这一刻起,就成为这个正义使团的终身卫士。每个生命都有不可剥夺的价值与尊严,每个人都是平等和自由的,每个人都具有决定自己的事情的权力和能力;法律为维护每个人的正当权利而战,寻求公正的司法和社会正义;任何权力都不能超越于法律之上,任何权力都不能未经合法程序施于个人的生命和财产;有权利就有救济。我将用我的一生见证和传扬法律的精神,永不止息。

我觉得,这一誓言内中所包含的精神就是法律人的一般伦理。伦理与科学一样,始于对普遍性的认同,不承认普遍性就没有伦理。尽管不同时空中的伦理有差别性,但是差别性的伦理

---

〔21〕[法]古斯塔夫·勒庞:《乌合之众》,冯克利译,广西师范大学出版社2007年版,第52页以下。

〔22〕勒庞从群体的特点谈到群体观念的特点,他指出群体有五大特点:冲动、多变与急躁,易受暗示、易轻信,情绪夸张而单纯,偏执而保守,不道德性。参见[法]古斯塔夫·勒庞:《乌合之众》,冯克利译,广西师范大学出版社2007年版,第75页以下。

中必然存在相同的内容。民国时期的著名教育家孙晓楼认为法律人才至少要有三个条件:法律学问、社会常识、法律道德。“缺少了法律道德,那就不免流为腐化恶化的官僚政客,亦不能算作法律人才。”他认为法律道德的核心是“守正不阿”和“牺牲小己”。[23] 法律人的共同伦理无疑是:忠实于法律,信仰人的尊严与自由。之所以这是法律人一般伦理,是因为舍此则法律职业不存,舍此则法律人不是堕落为官僚,就是变异为讼棍。

法律人有两个不同的群体:司法官和律师,由于职业有别,其伦理也有区别。

二、司法官职业伦理

这里的司法官包括法官与检察官两个从业群体,因为他们的职业相近,所以放在一起研究。古今中外都对司法官提出了较高的伦理要求,例如中国宋代,法官的一般社交应酬都是受到限制的,而其他官僚不限制。亚里士多德将司法道德归纳为“公正、节制、谨慎、坚韧”八个大字,我国古代要求司法者“清正廉明”、“执法如山”。德国法律家的理想品德是:“思维透彻、精确严谨、学识渊博、对学术论争的宽容大度,构筑法律概念以及把握法律生活多样性的能力等等。”法国法律家的理想人格是:“表达上的明晰而简洁、能言善辩、风度优雅、言词有力以及规范严谨。”[24] 日本有学者提出“法官伦理的基准原则”五条,其内容围绕优质高效的服务展开。[25]

确立作为法律职业伦理的司法官的伦理当基于两点考虑:第一,当假定司法官是良好的公民,所以司法官职业伦理当高于公民伦理;第二,司法官是法律职业中的一员,司法官伦理当体现伦理的职业特色,即它当有别于公务员伦理和政治家伦理。基于此,综合各家观点,结合《法官法》第3、4条和《法官职业道德基本准则》(2001)的规定,我们将司法官伦理准则归纳如下:

第一,忠实于法律。忠实于法律包括两方面的要求:一是在私德上做守法的模范,严格遵守法律。在这方面,日本山口法官宁愿饿死也不参与违法粮食买卖的行为当为楷模。[26] 二是要求在职务行为上严格遵守法律。在这方面,我国古代的许多“循吏”是榜样:汉之张释之、隋之赵绰、唐之狄公、宋之包公、明之海瑞等等。在一个走向法治的国家,忠实于法律对法官是严重的考验,他不仅要有克己的美德,还要有面对强权的勇气。在这方面,法学巨擘帕比尼安(Papinianus,约140—212)当为法官的楷模。古罗马皇帝巴西亚努斯无故杀其弟格塔,并命帕比尼安为他起草一份“判决书”。面对强权,帕比尼安答道:“既杀无辜之人,犹嫌不足,更欲诬

---

[23] 孙晓楼:《法律教育》,中国政法大学出版社1997年版,第9页以下。

[24] [德]K.茨威格特、H.克茨:《比较法总论》,潘汉典等译,贵州人民出版社1992年版,第240页以下。

[25] 参见[日]森际康友主编:《司法伦理》,于晓琪、沈军译,商务印书馆2010年版,第286页以下。

[26] 战后日本发生了严重粮荒,政府发布了粮食管理法,禁止粮食黑市交易。东京地方法院山口法官的工资是3000日元,并不缺钱买粮,但是面对死神的山口严守法律,他说:“自己对倒卖黑市粮食以违反粮食管理法做出了有罪判决,当然不能吃黑市粮了。”预见到死亡的山口在日记中写道:粮食管理法是恶法,但既然是法律,国民就得遵守,自己怎么痛苦也不会买黑市粮,并对违反此法的人予以严惩。山口对苏格拉底为守法而死很是敬佩,他认为,这种恶法也要遵守的精神对于法治国家的国民来说特别重要。他说自己虽然成不了苏格拉底,但是准备欣然饿死,为斗黑市而死。1947年,法官山口饿死。参见[日]山本祐司:《最高裁物语——日本司法50年》,孙占坤、祁玫译,北京大学出版社2005年版,第59页。

以罪恶。实为二次谋杀。较之为杀亲罪辩护，此犹为难。陛下若欲以大恶渎臣之笔，不如赐臣以死。”遂从容就死。当然，这样的事是难得一见的，在法治国家更是不可能发生的。但是此种精神堪称“与日月同辉”。在日常职业活动中，要求司法官勇敢面对权势，理性对待情感，坚持法律至上。司法官忠实的法律当然不仅指法律规则，也指法律原则；不仅指直接应用的法律，特别指宪法；不仅指实体法，也包括忠实于法定程序，忠实于法定的证据规则、忠实于法律标准，还包括在日常职业活动中遵守司法礼仪、维护法庭威严等等。对于司法官来说，法律不仅是行为准则，法律当是他的神。

第二，依法独立行使职权。这是第一条的延伸。忠实于法律必然要求“独立行使职权”，如果不独立，就没有能力“忠实于法律”。在这方面宋代大儒周敦颐(1017—1073)值得学习。他为南安司理参军时，有囚不当死，但是他的顶头上司欲深治之。作为主审官的周力争不胜愤然辞职：“如此尚可士乎！杀人以媚人，吾不为也！”真是掷地有声。在法治社会，司法官独立行使职权不仅是伦理义务，也是法定义务——司法独立是法治的基本原则。在一个走向法治的国家，能否坚持独立行使职权是对法官的严峻考验，这需要法官的智慧与勇气，甚至在必要时为此付出代价。当然，最重要的是需要制度支撑。日本在这方面的经验值得效仿。[27]

第三，客观中立的立场。这要求司法官特别是法官中立地对待民事诉讼中的双方当事人，不畏权势，不分贫富、公私(企业)、城乡、智愚，不抱偏见，不讲情面，不受吃请，不得与一方当事人庭外接触，做到天下人一视同仁。在行政案件上，要做到官民同权。在刑事案件上，要在控方和辩方之间保持中立，排除个人情感(憎恶犯罪)因素，排除民意对判决的影响，杜绝政治裁判。

第四，维持良好的职业形象。在法治国家，法律不仅是应当遵守的规范，而且是信仰的对象，民众的法律信仰是通过司法官确立的。在法治优良的国家，人民相信“法官是除了上帝以外最接近正义的人”，法官这一整体形象是无数法官共同塑造的。良好的司法官形象一方面要求司法官尊重律师与当事人，做文明的传播者。[28] 另一方面要求法官控制自己的社交行为，不得“傍权、傍富”，不得为他人谋取商业利益，不得出入高档消费场所，更不能出入有伤风化之地。

最后需要说明的是，司法官当以仁慈之心对待当事人，对于检察官来说，他在刑事检控中的立场应当是法律，而不应当是“维稳”或者是“仇恨”等越出法律的价值或偏见。特别重要的是，检察官承担着为蒙冤者洗冤的天职，而这在中国当下的体制下不但很难，而且要承担风险，

---

〔27〕 1969年8月中旬，日本札幌地方法院法官福岛收到他的院长平贺一封“供你参考”的信，福岛把信的复印件寄给了他的同道，并由此传到媒体，掀起了一场轩然大波。9月15日，札幌地方法院28名法官召开临时法官会议，给予平贺“严重警告处分”，这是日本历史上第一个地方法院最高负责人被部下拉下马受到的最高处分。9月20日，最高法院全体法官召开会议，认为平贺的行为违反了法院法第80条之规定(司法行政的监督)，给予警告处分，并撤销地方法院院长职务。最高法院院长石田针对此事发表的讲话中说：“审判的独立性和公正性是法官应用生命来捍卫的原则，所有法官都要以义正词严的态度、凭着自己的良心独立审判。”参见[日]山本祐司：《最高裁物语——日本司法50年》，孙占坤、祁玫译，北京大学出版社2005年版，第243页以下。

〔28〕 在我国台湾地区，就实行过让法学院的学生旁听庭审，并由他们对法官的用语作出伦理评价的做法，不礼貌的法庭行为将受到惩戒。

在这方面,新疆石河子市人民检察院监所检察科原检察员张彪为我们树立了榜样。[29]

三、律师职业伦理

法治国家都很重视律师伦理制度的建设,《美国律师协会职业行为示范规则》(2004)被认为是具有示范意义的文本。美国律师的主要伦理原则有:不支持和协助犯罪、利益回避、诚信、尊重法官等等。日本则将律师伦理当作司法伦理的核心,日本学界将律师伦理分为民事案件中的伦理、刑事案件中的伦理和社会伦理三大块,非常细致。[30] 我国对律师伦理的研究还处于起步阶段,学界通常将律师伦理分为对当事人的伦理、对法官的伦理、对同行的伦理和其他伦理四块。[31]

目前律师的社会评价偏低,其原因非常复杂,除了律师执业环境堪忧以外,律师自律的不足当也是其一。因此,加强律师伦理制度建设不仅是律师行业的利益所在,也是律师自我防卫的重要内容,因律师制度对于法治不可或缺的重要性,律师伦理制度建设也是法治建设的重要一环。我国律师伦理的主要准则当包括:

第一,独立自由地执业。自由执业的律师是法治社会的基本条件,这意味着自由独立的执业不仅是律师利益的需要,也是社会赋予律师行业的义务,更是当事人对律师产生信任的条件,因为“木偶”式的律师不可能维护当事人的利益。所以独立自由地执业当是律师的首要伦理。独立自由的执业固然需要外部条件的支持,也需要律师的努力。这需要律师努力提升自己的业务水准,熟悉法律,努力在法学上提高自己,敢于排除外界的干扰。

第二,诚实信用。律师职业是商业性的职业,他与当事人之间的关系依赖双方的合意(公益性的法律援助除外),所以,诚实信用当是律师重要的伦理,律师当视当事人为衣食父母。由于当事人与律师之间知识与信息的不对称,特别是刑事被告的人身通常受到限制,当事人在涉讼案件上对律师存在依赖关系,这对律师提出了高于一般合同义务的诚实信用标准。诚实信用原则对律师提出两条义务:

其一,保密义务,律师对执业过程中接触到的当事人的信息具有保密义务,这是不言而喻的。问题是如果碰到当事人其他犯罪行为怎么办?律师当告发还是保密?诚实信用原则不允许律师背叛当事人。因为律师不背叛当事人才能得到信任,才能更好地履行现职,才能实现正义。同时,不能背叛当事人也是为了保护律师制度存在的根基,同样也在维护法律。这种为维护法律作出的必要的制度安排,是“两害相较取小害”的立法策略的要求。这源于人的理性不足,人无法找到两全其美的办法。另外,从一般伦理原则来说,利用当事人对自己的信任作出不利于当事人的行为是不道德的。

其二,为当事人争取最大利益。因为当事人法律知识的欠缺,他不知道自己最大利益之所在,他对律师有依赖关系,律师由此就产生一项合同义务:为当事人提出最有利于保障他的利

---

〔29〕 张彪从2007年起关注浙江“张高平、张辉叔侄强奸冤案”,历尽辛劳,受尽白眼。2011年退休后,他仍鼓励准备打退堂鼓的家属与案件代理律师坚持,并协助他们洗冤,2013年,张氏叔侄沉冤终得昭雪。载 http://news.xinhuanet.com/legal/2015-10/25/c_128355379.htm。

〔30〕 参见[日]森际康友主编:《司法伦理》,于晓琪、沈军译,商务印书馆2010年版。

〔31〕 参见张文显主编:《法理学》,高等教育出版社、北京大学出版社2007年第3版,第266页以下。

益的方案,全力从事代理与辩护活动。

第三,尊重司法官。律师与司法官都是法律人之一员,为了法律职业群体的利益,他们当相互尊重。作为律师,当尊重司法官,这是尊重法律的表现。这种尊重当然不排除提出自己的辩护意见,而是礼貌地对待司法官。这包括礼貌用语,法庭上与检察官辩论时尊重辩论原则,尊重对方的人格,遵守法庭纪律,尊重法官对程序的掌控等等。

第四,维护律师形象。律师有义务维护律师的形象,这是律师业的整体利益需要。主要包括:律师之间相互尊重,不得通过不正当手段损害竞争对手的利益。不得利用给法官好处的方式招揽案源,对于法官的违法行为要及时举报。律师的名片中不得有违反伦理的内容,律师不得违反律师法进行案件交易,不得从介绍案源中获取利益,律师不得从挑唆行为中获利。另外,律师当从事适当的公益活动,包括从事公益性的法律援助活动。律师当不断学习,提高自己的业务水平。

讨论题

1. 什么是法律职业?
2. 法律职业是如何形成的?
3. 法律职业有何特殊的社会功能?
4. 什么是法律思维? 它有何特点?
5. 司法官职业伦理的主要内容是什么?

延伸阅读

1. [日]森际康友编:《司法伦理》,于晓琪、沈军译,商务印书馆2010年版。
2. [美]安索尼·T. 克罗曼:《迷失的律师:法律职业理想的衰弱》,田凤常译,法律出版社2010年版。
3. [美]戴维·鲁本:《律师与正义——一个伦理学研究》,戴锐译,中国政法大学出版社2010年版。
4. [美]玛丽·安·格伦顿:《法律人统治下的国度——法律职业危机如何改变美国社会》,沈国琴、胡鸿雁译,中国政法大学出版社2010年版。

延伸思考

1. 律师职业在维护法治方面有何作用?
2. 如何提升中国法官的社会形象?
2. 作为律师,如果您的当事人向您透露了一桩他的秘密罪行,您是否会检举他? 为什么?

第二十章　法的安定性

桃应问曰:"舜为天子,皋陶为士,瞽瞍(舜父)杀人,则如之何?"孟子曰:"执之而已矣。"

——《孟子》

第一节　法的安定性

一、法的安定及其意义

法的安定指法的安全与稳定,即法律内容和法秩序的稳定以及行为与法律后果结合的确定性。法的安定与单纯的法的稳定不同,我国法学界使用的"法的稳定"这一概念仅指立法的连续性与变化的速率不可太大,而法的安定不仅包括立法行为,也包括行政行为和司法行为对法律的尊重及行为的确定性。法的安定也与法的确定性有别,法的确定性指法律规定与行政行为、司法行为的一致性及同类事件在不同时期及不同法官手里所产生的法律后果的一致性而言。因此,法的安定包括了法的稳定与确定,但有更丰富的内涵。

什么样的法律是安定的法律?或者说法的安定的含义是什么?这主要包括三个方面。

第一,健康的法律。健康的法律要求法律的适度稳定性、发展的连续性和法律内部秩序的自洽性。法的稳定不是不变,任何法律体系都是一个生命过程,新陈代谢是不可避免的。法律的及时废、改、立不仅不是坏事,相反是法律健康的要求。但是过快的变化速率、发展过程的中断将有损法律的健康。因此大面积废止法律、大量的应急立法、立法缺乏一以贯之的精神(例如自由、平等、正义)都将危及法的安定。健康法律的内部当是自洽的,即法律规则、原则间联系的合逻辑性、较少的冲突、解决冲突有章可循,而不是凭权力任意决断,这突出表现为合理的法律位阶制度。任何成熟的法律制度都不是以平面形式存在,而是一个立体,即表现为具有不同效力的层级系统,如果法律位阶被打乱,则必将影响法的安定。例如,宪法居于现代法律体系的最高层,如果普通法可以违背宪法,则将严重影响法的安定。

第二,法的适用的合法性、确定性。法律不仅以规范形式存在,法律同时表现为一种社会现实。因此法的安定不仅要求法体系本身是健康的,而且要求它成为社会现实,即法适用过程高度的合法性与确定性。这要求法官和行政官员严格依法办事。如果法官、行政官员以各种理由(例如形势需要、政策指导、上级指示、集团利益)无视法律,则法律不仅将成为摆设,还会成为作恶的手段。这里就有一个合法性和个案妥当性的关系问题,以及合法性与统治者即时确立的社会目标的关系问题(例如维稳)。个案妥当性应当以合法为前提,妥当与否的权威标准是法律。法官在解释法律、作出裁判时当然可以也应当考虑个案公正与社会利益,但这应当以合法为前提,应当假定法律本身是公正的,并考虑到了各种利益,只有在法律没有规定的地方才允许引入价值判断,且这种判断必须是社会的、客观的,而非司法者个人的,也非长官意志。至于统治者即时确定的社会目标当然本身必须符合法律,否则,法官没有遵守的义务。

第三,民众的广泛认同与强大的调控能力。民众的广泛认同是法的安定的社会基础,如果法律远离民众甚或与民众处于对立状态仅凭强制力推行,则不管强制力多么强大,法律也是不安定的。法律的强大调控能力则是法律生命力的体现,缺乏调控能力的法律是病态的法律甚至是废法。法律强大的调控能力要求社会上没有超越法律的特殊主体,司法成为解决社会纠纷的最终权威。特别要求公权力处于法律之下,不同公权力之间的关系由法律来调控而不是强权。

法律的安定有重要的社会价值。在实践中,大陆法系特别重视法的安定。从18世纪开始,欧洲大陆开始出现制定法热潮,19世纪大陆法系国家开始迈向法治。法治的目标与制定法大量涌现产生的最大问题就是法律不安定。19世纪德国的概念法学、历史法学、法国的科学法学均以强调法的安定见长。在理论上,我国古代许多法学家都非常强调法的安定(他们大多用法的稳定,反对轻易变法,而未用法的安定这一概念)。例如,《管子》就将法的安定视为国家命脉所系:“号令已出又易之,礼义已行又止之,度量已制又迁之,刑法已错又移之。如是,则庆赏虽重,民不劝(尽力之意——引者注)也,杀戮虽繁,民不畏也。故曰:上无固植,下有疑心,国无常经,民力不竭,数也。”[1]德国著名法学家拉德布鲁赫曾指出,正义、合目的性、法的安定性是法理念的三大要素。在现代社会,许多国家的立法与法学家甚至把法的安定推崇为法的至上价值,首先有法的安定而后才谈得上正义、合目的性。法律安定的重要价值在于:首先,法的安定是法治的必要前提。法治是法的规制,以失去安定性的法律进行规制无疑是方凿圆枘,西方国家正反两方面的经验都证明了这一点。其次,法的安定是有效维持法益的需要。法益是与法律本身不可分离的,法的安定受到伤害,法益必受伤害。最后,法的安定是人权保障的需要。人权本身是基本的重要法益。人权有法律人权和道德人权两种存在形态,法不安定,法律人权自然处于危险之中,同时会殃及道德人权。

正由于对法的安定的重视,在法治国家形成了一系列维护法律安定的原则,主要有法的位阶原则和法律至上原则、法律不溯及既往原则。各部门法也形成了维护法的安定的原则,例如刑法之罪刑法定主义、禁止扩张解释、禁止刑法的类推适用。民法中则有诚实信用原则之适用,行政法中则有“信赖保护原则”,这一原则指人民对政府行为的外观产生信赖,有值得保护的信赖基础,若因此而使人民受到损害,可以得到补偿。[2]

---

〔1〕《管子·法法》。

〔2〕城仲模:《行政法之一般法律原则》,三民书局1994年版,第276页。

二、保障法律安定的诸要素

法的安定与诸多因素相关,主要涉及以下五个方面。

(一)法的安定的社会条件

法是在社会中生存与运作的,所以法的安定依赖良好的社会条件,这些条件主要包括:合理的社会结构、较丰富的物质资源、适当的社会权力。合理的社会结构指社会各阶层间较为协调的关系、多元的社会利益分布,较好的社会流动性。如果社会各阶层间严重对立、社会利益过分集中于某一集团之手且流动性不足,则社会较脆弱。这种社会难以产生优良的,取得广泛认同的法律,同时使法律面对强大的社会压力。法国革命以后宪法像走马灯似的更迭,就与社会严重二元对立有关。这样的社会同时必须具有较丰富的物质资源,过于贫困的社会人际关系必然紧张,紧张的人际关系必然导致法律难行。发展经济学的研究表明,人均国民生产总值超过800美元的现代社会通常比较稳定。保证法律安定的社会必须拥有适当的社会权力,权力在国家与社会间的分配应当合理。如果社会保留的权力过大则国家难以保障法律的统一与实施,如权力过多集中于国家而社会权力过弱乃至空白,则国家的任意性将严重威胁法的安定。在当今世界上,适度的国际社会的权力(包括国际舆论)对法律的稳定也是有利的。拥有一定权力的国际社会是国际法产生与实现的社会基础,舍此就没有国际法。一个安定的国际法对国内法的安定也是有利的。这里讲的国际社会的力量不是指某些大国的力量,而是各国及各种非政府组织、世界公民组成的国际社会。如果国际社会力量过于弱小,则少数强国将成为破坏国际法的主要力量,同时这些强国将可能通过暴力、经济力量等因素威胁他国国内法的安定。

(二)合理的权力结构

法律是一种公共产品,它的存在与运作最终离不开权力的参与。所以权力的结构是否合理就与法的安定不可分。在专制的权力面前,法律的安定随专制权力享有者的个人偏好而改变,而不合理的权力结构则要么走向个人专制,要么走向无政府主义。两者都将危及法的安定。合理的权力结构涉及以下几方面:

第一,主权与治权的分离。主权与治权的合一状态必然使"治权行为即主权行为"的假定通行,使人民主权从实际的政治、法律行为中退隐成为纯粹的理论假设,使治权失去评价标准和制约力量,从而难以保证权力行为守法。同时,主权与治权的不分将使规范的合法性基础与治者的人格难以分离,这必然导致立法权和行政权的任意行使而危及法的安定。

第二,强有力的中央权力和合理的地方自治。在大型社会中权力必呈层级配置状态,如果中央的权力缺乏足够的权威,将难以遏制地方权力溢出法律之外,并导致法律位阶的紊乱。但是绝对的中央集权显然也与法的安定不利,适当的地方自治也是必要的。不过,在单一制国家立法权必须集中于中央或由宪法划定中央和地方立法权的范围。在无宪法对立法权作出划分的前提下将立法权交与地方显然会带来法律体系的紊乱,从而危及法律的安定。

第三,中央权力的分工和制约。不受制约的权力主体遵守法律只能依仗他的"自律",而法律对付违法者需要他律,这就决定了不受约束的权力遵守法律是任意的,即实际上法律对不受制约的权力没有规范力量。如果说地方的权力还有中央权力迫使其依法而行的话，那么，只有相互牵制才能保证中央权力守法。中央集中的权力即意味着中央权力不受法律约束，因而构成对法的安定的致命威胁。中国改革开放前近三十年家长式一言堂的中央权力使法律成为权力附庸的教训实在是刻骨铭心的。照搬别国的分权模式是浅薄的，然而不分权是万万不行的。分权是人类的基本经验，是民主宪政的基本原则。这种分权当然不是绝对的，在实行不同权力由不同机关行使的同时，要坚持各机关间的相互制约。权力制约已经提到议事日程上，这是一件值得庆幸的事。[3]

第四，合理的立法机构及其立法程序。法的正常变动与稳定依赖立法权的合理行使，而立法权的合理行使依仗立法机关的合理结构及其合理、科学的立法程序。合理的立法机构应当是民主的委员制、实行多数裁决原则，立法机关的工作应当是严格程序化的，并向民众公开，立法过程必须实行充分的立法辩论。立法机关的行政化、立法行为的非程序化和秘密化必然对法的安定构成威胁。另外，在涉及重大利益的立法程序中引入全民公决也是必要的。

第五，强大的、受约束的行政权。这里的行政权是广义的，它包括一切实际上行使行政管理权的人和组织。强大的行政权是法律稳定的条件，但是强大的行政权又是法律安定的最大威胁。因此，法的安定需要足够强大的、同时受到有效约束的行政权。

第六，独立统一的、有足够司法权能的、高度职业化的、权威的司法权。法律的生命在于司法，法的安定最终取决于司法能否把法律变为社会现实，纠正违法行为。良好的司法离不开合理的司法权。合理的司法权首先应当是独立的，因为有权支配司法权的人的意志难免凌驾于法律之上。其次，司法权必须是统一的，司法权的不统一将导致法律在适用过程中的不一致。再次，司法权必须拥有足够的权能。完整的司法权应当能包括认定事实、解释法律、作出裁决的权能，其中任一环节缺损的司法权都是不完整的，不完整的司法权难以完成维护法律安定的社会职能。从权力含量上来看，司法权的评价对象必须涵盖所有社会主体，特别应当包括立法机关、行政机关和一切事实上行使权力的各种个人和组织，司法评价的范围不但应当包括执行规范的行为，而且应当包括制定规范的行为。最后，司法权必须高度职业化且具有权威。只有高度职业化的司法权才能在法律实施过程中保持法律的统一与确定。司法的权威主要是判决的终局性与强大的执行力。[4]

（三）优良的法律

法的安定的第三个重要条件是法律本身的优良素质，质量低劣的法律是无法保证自身的安定的。这主要表现为：(1)合理的价值取向。这主要是指尊重人权。只有合理的价值取向才能使法律取得广泛的民众认同。(2)合理的法律形式。这包括首先要有良好的宪法作为母

---

〔3〕《在中国共产党十六大的报告》之五的第8项中提到了权力制约，原文是："（八）加强对权力的制约和监督。建立结构合理、配置科学、程序严密、制约有效的权力运行机制。"

〔4〕美国司法权威的确立也经历了长期的努力。19世纪30年代，因为总统拒不执行最高法院判决，切诺基印第安人被佐治亚州驱离故土；1957年，艾森豪威尔威尔总统派遣101空降师的伞兵，赶赴阿肯色州小石城强制执行最高法院关于废除校园种族隔离的判决；2000年的总统大选中，尽管存在很大争议，美国人民最终选择尊重最高法院在"布什诉戈尔案"中的判决。

法,母法的存在使立法者有章可循,有利于法的稳定与连续。其次是合理的法结构。合理的法结构指法律应当层次分明,层次不宜过多,就国内法来说,通常可分为宪法、议会立法、授权立法三个层次,如允许地方立法,则应当明确中央立法与地方立法的范围,且地方立法处于统一立法之下。最后是有一个优良的国际法及超国家法的存在。这当然是针对国内法的安定而言,优良的国际法和超国家法成为有条件的高于国内法的力量有利于法的连续性与稳定性。

(四)独立的法学

立法、执法、司法活动都是人有意识的活动,有一个独立于行为人的客观的较为连贯、一致的思想的存在无疑有利于立法、执法、司法活动的一致性和连续性,而这种思想的产生需要有一个独立的法学的存在。独立的法学不但作为与法律运作有关的行为的指导,它还通过舆论对官方的法律行为产生制约作用。如果法学成为当权者的工具,则官方法律行为将失去舆论和理性的监督。而且这样的理论会加盟权力,构成对法律安定的威胁。这方面苏联殷鉴不远。20 世纪 30 年代的苏联维辛斯基的法理论以斯大林主义为根本皈依,最终法学成为推行斯大林个人独裁的工具。1936 年宪法刚刚通过,当年的苏联刑法业已废除死刑,斯大林却可以用法律的名义成千上万地屠杀共产党人,法律名存实亡,而这一切均有“法学”加盟其中。西方法律安定性程度高的重要原因之一是“欧洲法的历史有一半可说就是法学的历史”。〔5〕

(五)公民的法律信仰

法律意识是法律生存的思想条件。良好的法律意识有利于法的安定,不良法律意识有碍法的安定。有利于法律安定的法意识的核心是对法律的信仰。如果人们把法律当作不得已的恶,把法律当作刀把子,或信奉法律虚无主义,那么就谈不上有法的安定可言。如果公民不但不信仰法律,而且崇尚高度情绪化的民粹主义,则法律必处于风雨飘摇之中。

第二节 法的违犯

一、违法的概念

顾名思义,违法即违反法律规定,一般说来,违法的依据是行为,即为法律之所禁为,不为法律之所令为,当然也有的法律惩罚思想犯。违法有广义和狭义之分,广义的违法包括违反刑事法律的犯罪在内的一切违法;狭义的违法仅指除了犯罪以外的一般违法,法理学上讨论的违法概念是广义的。

违法是对法的安定的伤害。违法是有法律的社会普遍存在的现象,企图建立一个没有违

---

〔5〕[日]滋贺秀三等:《明清时期的民事审判与民间契约》,王亚新等编译,法律出版社 1998 年版,第 2 页。

法现象的社会无疑是空想。但是在一个健康的社会里，违法又当是极少见的现象，如果普遍违法，那么法就处于不安定之中，社会也就陷入了严重的病态。因此，同违法行为作斗争，确保法的安定就成为任何社会面临的重要任务。

违法的主体随着立法的发展而发展。在法律不发达的古代，自然人是唯一的违法主体，在近现代，大部分国家的立法倾向于将国家、国家机关都列为违法主体。国家机关的违法行为成为法学，特别是行政法学、宪法学关注的重点，在英美法系，甚至将行政法视为行政救济法，即对那些被国家机关的违法行为侵害的对象予以救济的法律。在特殊情况下，国家可能成为罪犯的工具，例如二战中的德国国家就堕落为纳粹犯罪的工具。在国际法上，国家成为主要的违法责任主体。

什么是违法由法律确定。思想言论是否成为"罪体"，将什么样的思想言论作为违法以及确定为何种违法，由立法者的主观意志和社会传统而定。将言论作为违法的标准是古代法律的一大特色，我国汉律有诽谤妖言、非所宜言等罪名，更不用说连语言都没有，纯粹的思想活动都处罚的"腹诽"罪名了。即使在古希腊，也曾有处罚言论的法律，梭伦就曾经为规避此法不得不装疯卖傻。[6] 法西斯德国直到20世纪仍在追究思想犯，步其后尘者至今仍不乏其人。

二、违法的种类

将违法划分为不同的种类是法律和法学发达的产物，在法律初创和法学幼稚的古代，违法往往等同于犯罪。例如我国古代诸法合体，只要违法其结果都是受刑罚，法学中未抽象出"民事违法"、"行政违法"这样的概念来。依据不同的标准可对违法作不同的划分。依据违法行为的方式不同，可将其分为作为违法和不作为违法；依违法的心理状态不同，可将其分为故意违法和过失违法；依违法的主体不同，可将其分为自然人违法、法人违法和国家违法；依据违反的法律的性质不同可以分为违反强行法和违反任意法。依据违法所触犯的法律部门不同所作的划分是最常见的划分。由于各国的法律传统不一，此种划分的结果也不甚一致。英美法系国家一般只将违法分为刑事违法和民事违法两大类。现代大多数国家将宪法以外的部门法分成刑法、民法、行政法三大骨干部门，所以，一般将违法分成下述四大类：

（一）刑事违法

刑事违法，即犯罪，指违反刑事法律应受刑法处罚的行为，这是最严重的违法。不同历史时期，不同国家和地区的法律对犯罪有不同的规定。在奴隶制封建制国家，往往将人民最微不足道的行为列为犯罪而处以重刑，甚至处罚思想犯。现代国家一般严格坚持犯罪的标准——犯罪构成理论，以防止罪刑擅断伤害无辜。

（二）民事违法

民事违法是指违反民事法规的行为。这里的"民法"当作广义理解，包括继承法、婚姻法、

---

〔6〕 希波战争中，希腊在萨拉米战败，丢失萨拉米岛。一些人主张收复萨拉米，但是当政者被强大的波斯军所吓倒，立法禁言收复萨拉米，违者处以极刑。为规避这一法律，梭伦遂装扮成疯子在广场发表收复萨拉米的演讲。梭伦的讲演促成了公元前480年的萨拉米海战，最终希腊击败波斯收复萨拉米。

合同法等单行法规在内。民事违法是最常见的一般违法,民事违法的主体可以是任何社会主体。民事违法的典型形态是侵权行为和不履行债务的行为。侵权行为指不法侵害他人人身权利、财产权利及其他权利的行为,侵权是产生债的原因之一。侵权的主体可以是自然人、法人、国家。侵权行为和犯罪产生于共同的根源,严重的侵权行为在对个人造成侵害的同时也侵害了社会利益,可能被规定为犯罪。这是为什么某些犯罪人在受刑罚处罚的同时还需承担民事责任的原因。债的不履行指债务人没有实施债的内容所规定的行为。

(三)行政违法

行政违法是指违反行政法的行为。行政违法又可分为两类:第一类是公民和法人违反行政管理法规的行为,例如违反治安行政管理法规的行为,违反土地管理法规的行为,违反交通管理法规的行为,违反工商行政管理法规的行为等。第二类是违法行政行为,指国家行政机关及其公职人员执行职务中的违法行为。

(四)违宪

违宪指违反宪法的行为。狭义的违宪指国家机关制定的法律和其他规范性文件违反宪法。国际上流行的"违宪审查"就是在这一含义上使用"违宪"这一概念的。广义的违宪还包括国家机关的重要人物(例如国家元首、政府首脑、议长等)的国事活动和其他活动违反宪法。例如 1991 年 9 月日本最高法院判决日本高级官员参拜靖国神社违反宪法。由此可见,违宪的标准只能是宪法,不包括依据宪法而制定的其他文件,因为那样就把"违宪"等同于"违法"了。违宪的主体只能是国家机关和国家的领导人。一般公民和法人不能成为违宪主体。

违反强行法和违反任意法不同。违反强行法通常会产生否定性法律后果:处罚、强令作为或行为无效。违反作为性强行法可能会受到处罚或强令作为,例如违反税法将在受处罚的同时被强制缴纳。违反禁止性的强行法将受处罚。例如违法侵犯他人人身或财产将受刑罚处罚或民事的、行政的处罚。但违反任意法,如果当事人无异议,则不产生处罚,行为也将有效。例如,违反合同法中的任意性规定者,当事人一方如无异议,合同仍属有效。

三、违法的原因

产生违法的原因是法学界历来注意的课题,各家对此虽有诸多建树,但分歧甚大。大致可以分为三大类:第一类似可称为"决定论者",这部分学者强调外部环境(包括自然环境、社会条件和人体的自然因素,例如健康状况等)决定违法的产生;第二类似可称为"非决定论者",这部分学者认为违法不是外部条件所决定的,而是主体选择的结果;第三类是以帕森斯的个人和多种因素决定社会发展和运转理论为基础的"多因子"理论,该派更注重对社会关系的分析。"决定论"和"非决定论"都有失偏颇,"多因子"理论有较多的合理成分。

违法行为是主体有意识选择的结果,这种选择受行为人生活的环境以及主体本身素质的影响,据此,我们把众多的违法原因归纳为两大类:外部原因和内部原因。

(一)违法的外部原因

违法的外部原因指行为主体生活其中的导致违法的环境因素。外部原因又可分为法律原因和社会原因两种。违法行为是主体行为与外部标准(法律)的冲突,当然与法律规定是否公平、合理有密切联系。例如,权利义务的分配是否公平、法律是否前后一致、法律制裁是否适中有力等。违法的社会原因是十分重要的原因,如果法律维护的社会制度严重不公,得不到大多数人的认可,则必然产生大量的违法。正像列宁所指出的:“产生违反公共生活规则的极端行动的根本社会原因是群众受剥削和群众贫困。这个主要原因一消除,极端行动就必然开始‘消亡’。”[7]违法的主要社会原因有:生产方式落后、产品和资源分配不公、贫困、执法机关缺乏必要的权力和物质资源、权力失去控制、道德失范、执法人员素质差等等。

(二)违法的内部原因

违法的内部原因指行为主体自身方面的原因。生活在类似社会环境下的人们一般只有少数人违反法律,说明了内在原因对主体选择违法行为的影响。影响主体选择一定行为和抑制一定行为的要素包括主体产生一定需要冲动的物质要素——生理要素以及决定自控能力大小的心理要素。这样,我们可以将违法的内在要素归结为:(1)生理上的某些缺陷,如脑组织损伤,染色体畸变,内分泌功能失调,智力低下等;(2)心理病态、自控能力差,易冲动等;(3)个体价值观与法律中所包括价值观的冲突;(4)对法律的无知等。

第三节　司 法 审 查

一、司法审查的概念与意义

司法审查(judicial review)是司法机关(这里仅指法院)对立法机关和行政机关的行为是否符合宪法和法律所作的审查。依据世界立法惯例,司法审查包括合宪性审查(judicial review of constitutionality)和合法性审查(judicial review of administrative action)两种。前者是对立法机关和行政机关行为是否符合宪法的审查,后者是指对行政机关行为是否符合法律的审查。司法审查的对象是立法机关和行政机关。这里的“机关”应作广义解,它也包括立法机关和行政机关的首脑人物的行为,也包括政党行为。司法审查的依据是宪法和法律。司法审查的内容是立法行为和行政行为。这里的行为包括立法、授权立法,制定行政规章,作出规范性的行政措施等制定规范性文件的行为,也包括非规范性的行为,例如通过针对某一专门事项的法案,作出行政决定、裁定、许可等等。主要的审查范围包括:(1)立法和行政行为违反宪法;(2)下位阶的法律违反上位阶的法律;(3)授权立法违反宪法和法律;(4)非制定规范的行为违反应遵守的规范,包括立法机关的非立法行为违反宪法法律、行政机关作出决定、裁定的行为违反宪法、法律、行政法规、规章,政党和国家重要人物的行为违反宪法、法律等。

---

〔7〕［俄］列宁:“国家与革命”,载《列宁全集》(第31卷),人民出版社1985年版,第87页。

从形式上来看,现今的违宪审查制度包括两种:一是普通法院的司法审查,这是英美法系国家及其他许多国家包括我国的司法审查形式;二是专门法院的司法审查,即以宪法法院审查违宪案件,以行政法院审查行政案件,这是欧洲大陆上许多国家的做法。

司法审查是一种特殊的维护法律安定的国家行为,[8]具有三大特点:(1)法律性和终局性。司法审查是国家机关行使的对社会主体的合法性监督,因此具有法律性和终局性。法律性是指司法审查具有法律效力,任何公民和机关都不得违反。终局性是指司法审查的决定具有最高权威,任何国家机关和个人不得再对它作出裁决。(2)司法性。司法审查是由司法机关行使的、通过司法行为实现的,因此具有司法的一切特色:纠纷的存在、被动性(有告诉才能启动)、中立性,但是有例外,法国的宪法委员会可以主动对法律的合宪性问题进行审查。(3)特殊的审查对象。广义的由司法实行的法律监督指一切司法行为。一般司法行为裁判的对象是一般公民和社会组织,而司法审查的裁判对象则为立法机关、行政机关等国家机关和国家的实权人物和政党。与此相应,在诉讼形式上在也存在差异:由法院行使的一般的法律监督的诉讼形式为民事刑事诉讼,而司法审查的诉讼形式为行政诉讼和宪法诉讼(英美法系例外)。

要把握司法审查的概念还必须弄清它与法律监督和违宪审查的区别。广义的法律监督是一切社会主体对其他社会主体行为的合法性进行的监督,司法审查只是法律监督的一小部分,违宪审查亦然。违宪审查是一定社会主体对其他社会主体行为的合宪性进行的审查。违宪审查包括立法机关的审查、专门宪法委员会的审查、司法审查(含专门法院和宪法法院的审查)三种形式,立法机关的审查形式又包括最高立法机关自身的审查(我国与苏联东欧国家)、最高权力机关之下属专门机关(例如前罗马尼亚在大国民会议下设的"宪法和法律委员会")的审查和最高权力机关之一部分的审查。[9] 司法对违宪的审查属于违宪审查的一种形式,但是司法审查又具有违宪审查中不具备的违法审查。所以司法审查与违宪审查是交叉关系,两者又都被法律监督所包容,如图所示。

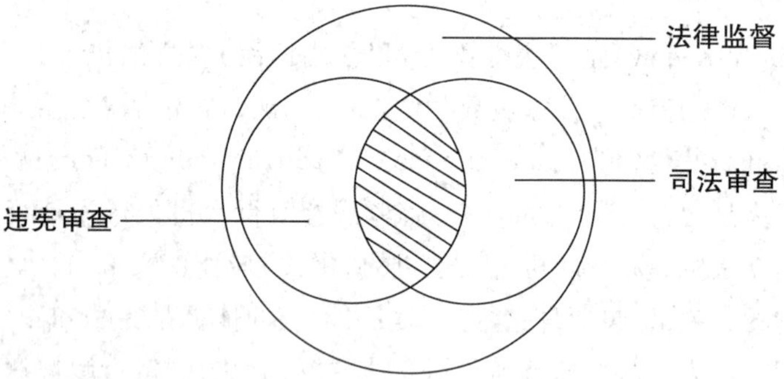

二、司法审查的起源及其意义

中国古代皇帝享有天下,立法是皇帝的"家事",没有宪法,专门的宪法法院无从谈起,当然更谈不上对法律的审查。对行政行为的审查也只是追究官员的犯罪行为,不过朱元璋亲自

[8] 严格说来将司法审查归结为国家行为并不准确,因为司法审查也在超国家层面上存在。欧洲法院可以对成员国的法律是否符合欧盟的法律进行审查,这种审查在理论上甚至包括对成员国的宪法进行审查。

[9] 例如,19世纪的法国一度实行四院制:元老院、保民院、立法院、参政院。元老院为违宪审查机关。

对官员违法苛敛的行为的审查有点类似今天的对行政的审查。当然那是个别例外。[10] 司法审查制度起源于西方。早在古希腊的八种法庭中,有两种法庭即为行使司法审查权的法庭。[11]

现代的司法审查制度源自英美法系,对法律合宪性的司法审查则起源于美国。英美法系历来有将政府官员的行为与民众行为同等看待、同受普通法院和普通法管辖的传统。所以对行政的司法审查制度实寓于英美法系传统的普通司法制度之中。对立法的合宪性司法审查是现代司法审查的核心,这一制度的根也在英国,而被世界许多国家模仿的制度却出自美国。

1610年,爱德华·柯克法官创立一项先例:一项立法如与高等级法律相抵触,法院有权将它宣告无效。这个先例实际上包括了司法审查(特别是合宪性司法审查)的基本理念。英国在殖民过程中,发展了一种对殖民立法加以控制的制度,它是现代司法审查的制度原型。英属殖民地的立法由"贸易局"审查后向上议院审查小组(英国上议院有司法性质)报告审查结果(成立或撤销),再由上议院审查小组呈报枢密院,再用"枢密院令"的形式予以确认或撤销,有时则由御前会议之"立法审查"予以撤销。美国立国之初,对法律进行违宪审查得到共识,但对由谁来行使违宪审查权存在分歧。在实践上,有些州设立专门的"法制审查委员会"(例如佛蒙特州)或"法律审查委员会"(例如纽约州),由这些机关行使审查权。有些州则由法院行使此权,1776年至1787年间曾有7项立法(有人说只有2项)被法院宣告无效。在理论上,立宪时即产生分歧。以杰弗逊为首的民主党人主前者,以汉密尔顿为首的联邦党人主后者。后来关于设立法律审查委员会一事于1787年6月4日表决时因有四个州反对而被否决(一州缺席,二州内部分歧未投票)。可见两派势均力敌。1789年司法条例第25条规定:"关于联邦法律、条约及各州法律之是否违反联邦宪法,联邦最高法院有审查及裁定之权"。1789年第一司法条例设立联邦最高法院。1792年联邦最高法院在昌宾和迪卡逊诉卡塞案中首次行使对法律的违宪审查权,[12]不过学界普遍认为1801年的马伯里诉麦迪逊案(又称午夜派职案)确立了美国司法审查制度。[13] 美国司法审查包括三个层次:中央司法审查——由联邦最高法院审查国会制定的联邦法律、条约及总统颁布之行政命令有无抵触联邦宪法;联邦司法审查——由联邦法院与州法院审查州宪法或州法律有无抵触联邦宪法、法律或条约;州司法审查——州法院审查州法律是否抵触州宪法。美国司法审查制度建立至20世纪80年代,共有88件联邦法律和900多件州法律被推翻。

由于英美法系尊重普通法和法律面前平等的传统,英美法系的国家大多采美国式的司法审查制度。连最具自信心、主张议会至上的英国人在长期排除对议会立法的司法审查之后,也在20世纪80年代逐步接受此制。德国从1914年起采司法审查制,纳粹上台后废止,1947年

---

〔10〕 参见周永坤:"朱元璋护农立法散论",载《政治与法律》1999年第1期。

〔11〕 他们是审查执政人员的措施和账目的法庭、专司违宪案件的法庭。此即当今之行政法院与宪法法院。

〔12〕 一债务人担心到期无力偿还债务,遂向罗德岛州议会请愿延期偿还。州议会即通过一项特别法同意债务人延期偿还债务。债权人诉此项特别法违宪,联邦最高法院以破坏契约义务为由宣告该特别法无效。此案未引起人们重视。

〔13〕 该案因涉及两党之间争夺司法权的斗争,影响巨大,成为美国联邦宪政史上的著名案例。参见朱瑞祥:《美国联邦最高法院判例史程》,黎明文化事业公司1984年版,第29页以下。

基本法恢复。日本、意大利等原法西斯国家也在第二次世界大战后接受了司法审查制。1989年苏东变革以后,原苏东国家及从苏联独立出来的国家都建立了司法审查制度。欧洲大陆的制度与英美有些差别,他们大多设专门法院(宪法法院、行政法院)主管司法审查,北欧的国家则在普通法院内设行政法庭主司法审查。法国的宪法委员会之职权与其他国家的宪法法院近似。至20世纪末,世界上大部分国家都有类似的司法审查制度。

司法审查制度之普及是20世纪人类司法制度的一大成绩。从康德以来,立法权高于司法权的理念几乎主宰了整个东西方世界。这一从表面上看与上述意识形态不容的制度为何迅速走向全球？这绝不是偶然的,此制由其他制度不可替代的功能。(1)保障法律体系的健康。法律体系是一个"活体",它的"生病"是不可避免的,单单靠立法机关无法保障它的健康,只有司法审查制度才能使法律获得"免疫力"。(2)保证法律有效控制权力。只有司法审查制度才能使立法权、行政权从法律之上走到法律之下,接受法律的约束。否则,立法权、行政权遵守法律完全依靠权力行使者的自律,这种自律是不牢靠的。(3)保障公民权利。只有当司法审查制度确立以后,公民与立法机关、行政机关的关系才能由单纯服从的一般社会关系变成法律上的权利义务关系,从而公民在与立法机关、行政机关关系中的权利才能得到保障,特别是当立法和行政行为不是针对特定公民个人的时候尤其如此。

三、我国的司法审查制度及其前瞻

我国的司法审查制度发端于辛亥革命以后。1912年公布之《中华民国临时约法》实行分权的共和制,规定法院独立审判,法院得依法审理行政诉讼。该约法第10条规定人民对官吏违法损害权利之行为,有陈诉于平政院之权,为司法审查奠定了宪法基础。1914年公布行政诉讼条例,同年公布平政院编制令,并规定设置肃政史一职。肃政史可对公民因各种原因未提起行政诉讼之事项提起行政诉讼。1932年公布行政诉讼法与行政法院组织法。但是这些制度的实效并不理想。1949年以后,尽废民国"六法",长期没有司法审查制度,直到改革开放以后的1982年公布的《民事诉讼法》第3条才规定:"法律规定由人民法院审理的行政案件,适用本法规定。"又过了7年,《行政诉讼法》终于问世,行政诉讼制度得以恢复,前后共用了整整40年!

我国司法审查制度从无到有,是一个巨大的历史进步。与世界惯例相较,我国的司法审查具有三大特色:(1)在制度上接近北欧模式。我国的司法审查不是由专门法院执掌(大陆模式),也不是由审理普通民事案件的普通法院执掌(英美模式),而是由普通法院内设立的行政法庭主其事,有专门的行政诉讼程序,此制类似北欧国家的体制。(2)司法审查范围小。首先是根本没有作为司法审查主干的违宪审查。其次是拒绝对抽象行政行为的审查,行政诉讼法明确排除对"抽象行政行为"的审查。[14] 对于"不适当"的规范性文件,采取的是全国人大、人大常委会国务院和其他有权的地方人大和地方行政机关"撤销"的制度,[15] 排斥司法介入。再次是对具体行政行为的审查又只限于审查"侵犯其合法权益"的,没有为保障一般社会利益的

〔14〕 参见:《行政诉讼法》(2014)第12条、第13条第2项。
〔15〕 参见:《立法法》(2015)第96、97条。

"客观诉讼",再就"侵犯其权益"的具体行政行为而言,又限于该法第 12 条列举,且于列举范围再以第 13 条予以排斥的事项,该条将"行政机关对行政机关工作人员的奖惩、任免等决定"排除在诉讼以外,又将"法律规定由行政机关最终裁决的具体行政行为"排除。[16] 如果再加上各种内部规定不予受理的案件,真正能进入行政诉讼的为数不多。(3)司法审查的权能不足。这表现在司法独立的保障不够,主审司法机关没有法律解释权,最高人民法院的司法解释权在某些方面还要受行政机关约束,[17] 司法审查的大量依据是行政法规和行政规章,且行政法规规章的解释权在行政机关。

上述三大特色决定了我国的司法审查制度的社会功能欠佳。我国 21 世纪司法审查制度的发展脉络如何?那就是扩大审查范围,增强司法权能。最根本的是要增设法律的违宪审查制度和对"行政规范性文件的审查制度",不妨简称为司法规范审查制度。

增设司法规范审查制度的观念障碍是规范审查制度与人民代表大会制度不一致。这是一种根深蒂固的误解。此偏见不除,中国的违宪审查制度决无建立的可能。只要本着解放思想、实事求是的精神,只要从实际出发,而不是从先验的原则出发,那么,人民代表大会制度下建立规范审查制度就不仅是可能的,而且是必要的。其理由除了前述司法审查制度的一般功能以外,还包括:(1)维护人民主权的需要。人民代表大会是人民选举的立法机关,必须向人民负责,人民主权的法律体现就是宪法,所以人民代表大会的立法活动必须符合宪法。在法治国家,任何社会主体(包括人民代表大会)都必须遵守法律,都必须受法律评价。这个评价的主体只能是法院。(2)法官是人民代表大会选举的,因此,法官同样具有民主正当性,法官是人民选举出来维护法律,特别是宪法尊严的,由他来行使规范审查权理所当然。(3)法院对人大、行政机关制定的规范性文件进行审查,并不是对人大与政府权力的不尊重,从长远来看,恰恰是对人大和政府权威的维护。因为通过司法审查,对合宪、合法的审查对象予以维持,对于那些认为对象违宪违法的人们是一种说理,对社会是一次宣传与解释,因而审查对象的权威更大。对于少数确实违反宪法和法律的对象及时予以废止,这就从总体上提高了规范的质量与权威。同时也免得产生不利社会后果而招来积怨,这也是对人大、政府权威有利的。(4)由制定法律的机关或非法院的其他机关(例如上级行政机关)审查规范性文件不如法院审查科学合理与经济。这里又可分为三条:首先,如果是自己审查自己制定的规范,则有"自断其案"之弊,失去最低限度的程序公正,且无法将制定规范的行为与审查行为分开;即使不是同一机关,而是同一系统内的上级机关来行使,也有"难以自知"的弊端;其次,法官是专业的法律工作人员,具有专业优势,而法律是一项专门技术,外行实难对它作出科学合理的评判;最后,法院的审查是事后的审查、涉讼的审查,其审查对象相当窄,而非法院的审查对象为所有法律、规范,这不但不可能做到,而且费用也高得多。(5)从实践的观点来看,世界上大部分国家在建设法治国家的同时建立了规范审查制,并没有丧失人民主权,相反,人民主权的体现比以前要好得多。相反的实践也很能说明问题。凡是采取由代表会议自断其案的国家,没有一个国家能有效地阻止规范性文件的违宪、违法问题,我国法律、行政法规、规章特别是县以下的人大政府制

---

〔16〕 有行政即有诉讼是现代行政法之原则,行政行为在原则上不应是最终的。

〔17〕《行政诉讼法》(2014)第 63 条第 2 款。

定的违法摊派的规范性文件难以计量,得到及时纠正的不多,大多是历时几年,造成严重后果以后才由上级予以废止。正反两方面的实践经验都昭示在21世纪我国必须建立司法规范审查制度。

讨论题

1. 法律安定的含义是什么?维护法律安定必须具备哪些基本条件?
2. 违法与违宪有哪些区别?
3. 什么是司法审查制度?它对法治国家建设有何重要意义?
4. 如何看待司法审查(特别是司法违宪审查)的民主正当性问题?

延伸阅读

1. [德]古斯塔夫·拉德布鲁赫:《法哲学》,王朴译,法律出版社2013年版。
2. [美]约翰·哈特·伊利:《民主与不信任:司法审查的一个理论》,张卓明译,法律出版社2011年版。
3. [美]爱德华·S. 考文:《司法审查的起源》,徐爽编,北京大学出版社2015年版。

延伸思考

1. 我国的人民代表大会制度与司法审查制度是否冲突?
2. 分析我国现行规范性文件"撤销"制度与司法审查制度的利弊。

第二十一章　法律的起源

国王在臣民之上，但在上帝和法律之下。

——[英]爱德华·柯克

第一节　法律起源的论争

一、相互竞争的各种理论

人类与其他物类不同的一个特点大概是人总是要无休止地追问这样一些可能永远没有答案的“无聊”问题：我从哪里来？到哪里去？在对这些问题的追问与回答中人类寻找自己生存的意义。对法律也是如此。人们总是在问：法律从何而来？法律会到哪里去？这就是法律的起源与消亡问题。不要小看这些看似无聊的问题，正是在这些问题中，寄托着人类的法律期望，寄托着人类的法律理想，同时也折射出人类对现实法律的看法。这就是法发展论研究的问题。

法发展论碰到的第一个问题是法律有没有历史起点？如果有，这个起点在哪里？法律发生的原因及过程如何？这就是法的起源问题。对这一问题的回答可谓聚讼纷纭。

有学者认为法律从来就有，法律先于人类社会存在。当然，这个“法律”不是作为人类活动产物的法，而是指“神法”或客观规律。例如，孟德斯鸠认为最广义的法适用于一切存在物，是由事物产生出来的必然关系。“上帝有他的法；物质世界有它的法；高于人类的‘智灵们’有他们的法；兽类有它们的法；人类有他们的法。”〔1〕这里的“法”当然只具有“隐喻”性。基督教教义认为上帝创造了人，上帝的法先于人类存在。这当然为无神论者所不取。也有学者认为法律与人类社会共始终：“无社会便无法律产生，无法律之社会亦不成其为社会。”〔2〕狄骥认为社会与社会规范是不可分离的事实，他认为，社会必然存在社会连带关系，社会连带关系产生三种社会规范：经济规范、道德规范和法律规范，他说，“客观法是整个人类社会所固有的；只要人类社会存在，客观法就存在；而且同时这种客观法和社会内部所发生的分化完全没有关

〔1〕［法］孟德斯鸠：《论法的精神》（上），张雁深译，商务印书馆1995年版，第1页。

〔2〕潘维和主编：《法学论集》，文化大学出版部1981年版，第6页。

系。……社会的概念就含有法律的概念;我们不可能想象有一种没有法的人类团体……”[3]

部分学者认为法律在人类社会中有一个发生的过程,即有个起源问题。在认为法律有起源问题的学者中,关于法律发生的时限大体上有三种观点:一是原始社会有法,二是原始社会末期即有原始法律的存在,三是否认原始法的存在,认为法律与国家同时产生,例如日本学者穗积陈重、苏联和中国1949年以后的大部分学者。

法的起源问题的研究大体可分为两个阶段:一是早期的哲理研究,例如我国儒法等家均对法律起源有过类似的假说;古希腊的智者学派就对法的起源作过哲学上的推论。这种哲理研究的传统在17、18、19世纪达于高潮。古典自然法学派、哲理法学派、历史法学派都有各自的关于法律起源的假设。二是进入20世纪以来的具有浓厚社会实证主义倾向的法人类学的研究,他们侧重对原始人群的法律的实证描述,以期从尚存于世上的原始社会法的研究推论法律起源的一般理论。法人类学的研究重实证的科学倾向有其长处,但是现存的原始人类或多或少受到文明社会的影响,以此推论早期人类的法律就有其可疑之处。笔者认为哲理研究与法人类学的研究应当互补。

二、苏联和中国计划经济时代的法律起源论

苏联信奉法律起源于阶级的理论,1949年以后这一理论传入中国,并在阶级斗争为纲的年代得以强化。这一理论的主要内容是:

第一,原始社会没有法。在原始社会,由于生产力极端低下,人们以血缘关系为纽带结成氏族公社。氏族公社实行财产公有制,人们共同劳动、共同消费,不存在阶级分化,所以也不需要阶级统治工具的法律,一切都由原始习惯调整好了。

第二,法律产生的原因。生产力发展是法律产生的根本原因,私有制和阶级分化、国家的产生是法律产生的直接原因。在原始社会末期,劳动生产力得以大大提高,从而产生了私有制,产生了剥削和阶级分化。阶级矛盾使原始习惯不能满足新的社会需要,因此,为了巩固奴隶主阶级的统治,就产生了阶级统治工具的法律。

第三,法律产生的过程。通常将法律产生的过程表述为四个阶段:一是社会生活中的个别行为形成共同的习惯规则;二是随着私有制和阶级的产生,原始习惯中渗入了阶级性;三是阶级对立激化,习惯的阶级性不断增加,产生了新的社会机关——国家,由国家认可的习惯是最早的法律;四是随着统治阶级的长成,弥补习惯法的不足而产生国家立法,以维持其统治。

三、改革开放以来法起源问题的讨论

进入改革开放时代以后,法学界在对法的阶级性问题进行反思的同时对法起源于阶级斗争的传统观念提出质疑,争论的焦点是原始社会有没有法律。主张原始社会有法的学者的主要论据有三:(1)恩格斯讲过原始社会有法;(2)法人类学的研究证明原始社会有法;(3)我国已消灭了阶级,但是我们现在还需要法律,证明无阶级的原始社会并不必然无法。主张原始社会无法的学者则举出原始社会无法的领袖语录,有的则从政治上对“原始法论”者予以批判。

---

[3] [法]莱昂·狄骥:《宪法论》(第一卷),钱克新译,商务印书馆1959年版,第85页。

“原始社会没有法律”的观点是站不住脚的，主要理由是：

第一，对经典著作的态度是不诚实的：只用对自己有利的观点，舍弃对自己不利的观点。马克思恩格斯关于原始社会理论的主要文献依据是摩尔根的《古代社会》，而该书明确指出：“审问罪犯的法庭和规定刑罚的法律……在政治社会建立以前便已出现。”[4] 恩格斯在《家庭、私有制和国家的起源》一书中，在论及原始社会时多次使用“凡是部落以外的，便是不受法律保护的”、“这一例外及其成为法令”、“向法庭控告”、“拥有审判和行政的权力”、“造成了一种新的习惯法”、“尤其是新法律”、“神圣的氏族法规”、“德意志人的判决”等说法。[5] 据统计，恩格斯在该书中提到原始社会法律的地方不下10处。

第二，对史料的应用有误。有些教材在讲述原始社会时，指的是“采集和狩猎”时代。“采集和狩猎”时代没有法律并不等于所有原始社会均没有法律。[6]

第三，论证方法上的错误。法律起源于阶级这一判断只是“阶级性法概念”和“原始社会没有阶级”这两个论断推演的结果，并没有实证资料的支撑。相反，法人类学研究的成果早已证明许多原始社会存在法律。

原始社会有没有法的争论的实质是不同法观念的争论。传统法观念从“法是国家意志”和“法是阶级斗争工具”的观念出发来解释法的起源。把法的起源与阶级和国家联系起来是为了强化阶级斗争观念，为了证明法与国家和阶级的联系，这是一种反法治的政治意识形态。

事实上，“人类社会的起源”这一命题本身是值得反思的。亚里士多德早就指出人是“政治动物”，一个外在于城邦（社会）的人“如果不是一只野兽，那就是一位神祇”，因为“人类所不同于其他动物的特性就在他对善恶和是否合乎正义以及其他类似观念的辨认”。[7] 社会起源理论都基于同样的基本假设：人类存在一个“前社会”的阶段，由于某种原因，人类摆脱了它而进入社会状态。如果我们将研究视野扩充到人类祖先——灵长类社会，这一假设就崩溃了。[8] 既然灵长类动物有严密的社会组织，则从他们进化而来的人，怎么可能曾经生活在“无社会状态”？结论只能是，“社会”本身是人类从自己的祖先继承来的一笔财富，正是“社会”促进了“人成为人”，“人”又促进了“社会”从“动物社会”进入“人类社会”，这是同一个历史进程的不同方面而已。美国伦理学家麦特·里德雷（Matt Ridley）的研究是很有启发的。他的研究

---

[4] ［美］路易斯·亨利·摩尔根：《古代社会》，杨东莼译，商务印书馆1995年版，第75页。

[5] ［美］路易斯·亨利·摩尔根：《古代社会》，杨东莼译，商务印书馆1995年版，第95页、第98、99、101、109、125、135、141页。

[6] 应当指出的是，恩格斯的《家庭、私有制和国家的起源》这一著作本身在国家产生问题上、在古代的婚姻家庭制度方面的结论上存在失误，它受到两个条件的限制：一是考古发掘的限制。在恩格斯的时代，对古希腊的考古发掘成果有限，恩格斯研究的主要文献依据是荷马史诗。在20世纪这一领域取得了长足进展。考古发掘证明，早在公元前18世纪前后，在克里特岛、迈锡尼、特洛伊就有了相当发达的王国，并不是《家庭、私有制和国家的起源》一书中所说的公元前6世纪左右才有国家。第二是摩尔根学说本身的问题。摩尔根学说是以亲属间的称谓来反推古代的家庭制度的。它的基本假设是：亲属的称谓是相对稳定的，社会变了，而称谓依旧，所以称谓可以成为研究古代社会婚姻家庭制度的依据。这一方法已经被现代人类学证明是错误的。

[7] ［古希腊］亚里士多德：《政治学》，吴寿彭译，商务印书馆1965年版，第7页以下。

[8] 国外对动物社会的研究已经形成了专门的学科：动物社会学（Animal Sociology），是生态学的一个分支学科。有兴趣的读者可以参见［美］弗朗斯·德瓦尔：《黑猩猩的政治——猿类社会中的权力与性》，赵芊里译，上海译文出版社2009年版。

证明,一方面,人类祖先是一种社会动物,所有灵长类动物都是如此;另一方面,每一群体都有森严的等级制度,但是人类的祖先并不是如猴子那样死板僵化,而是带有更多的人人平等的成分。“一群黑猩猩的头领并不一定是最强者,反而通常是一位能充分利用自身优势,熟练驾驭并协调社会组织行为的智者。”[9] 黑猩猩社会如此,人类社会呢?社会规范是社会存在的必要条件,既然社会是人生存的条件,社会规范就与人不可分离。我国著名法学家张伟仁先生指出:“一个社会要正常运作,必须有一些使其成员分工合作的准则”,所以“说比较原始的社会里没有规范或规范的意义和适用完全依统治者意志而定这种看法是错误的”。[10] 可见法律是与人同时存在的。

第二节 原始社会和原始法

一、原始社会与原始行为规范

在广袤无垠的宇宙中有一个小小的星系——银河系,人类的家园只是银河系中一个微不足道的行星。地球母亲的寿命已有45亿年。大约距今30亿年前地球上出现了最早的生命。走过了漫长的进化之路之后,300—400万年前地球上开始出现猿人。在大约35000年前,最早的人类——善长思维的动物出现在地球母亲的怀抱之中。

迄今为止的人类社会可以分为原始社会和文明社会两大阶段。原始社会是人类社会的低级阶段。在动物社会进化为人类社会的时候,人类已经形成了区别于动物的习惯:禁忌。这些禁忌主要是:近亲奸、杀人和叛逆。[11] 近亲奸用以维护族外婚,这是氏族社会的基本规则,跨出这一步经历了漫长的时代。而杀人禁忌,目的是为了维护成员的安全,禁止叛逆是为了维持团体的生存。其他的习惯还有血族复仇、相互救助、祭祀仪式等等。这就是人类早期的法律。

二、法律产生的标志

关于法律产生标志的主要观点有:(1)自然法学派主张社会契约、人民主权的形成是法律形成的标志。例如,霍布斯认为在社会契约形成以前,人与人之间像狼一样,社会契约订立以后,人民把主权交给君主,形成政治社会,当然也就有了法律。[12] (2)戈尔丁认为法律存在的

---

[9] 参见[美]麦特·里德雷(Matt Ridley):《美德的起源——人类本能与协作的进化》,刘珩译,中央编译出版社2004年版,第166页。

[10] 梁聪:《清代清水江下游村寨社会的契约规范与秩序——以文斗苗寨契约文书为中心的研究》,人民出版社2008年版,张伟仁序。

[11] [德]卡尔·布鲁·赖德尔:《死刑的文化史》,郭二民编译,三联书店1992年版,第7页。

[12] 自然法学派的“自然状态”即为没有政治权威的状态。自然状态下有自然法,那是与社会状态下的自然法不同的。有的认为是“弱肉强食”,有的认为虽有自由平等,但缺乏保障,靠自身救济。

标志为:有没有一个解决争端的机关?有没有通行的裁决程序?有没有实施裁决的机关?[13] (3)综合法学的霍贝尔从“机能主义实在论”出发提出三条:一是解决纠纷的“法庭”的存在,这个“法庭”可以是正式的,也可以是酋长个人、中立的“中间人”,或当公众舆论承认被害人对加害人予以惩罚时;二是判决的强制执行;三是“规律性”,[14]即决定、判决的前后一致性,不是纯主观的、任意的。(4)历史法学派的穗积陈重则将法律起源等同于国家起源,以国家作为法律起源的标志。他认为社会规范之体制化是社会规范“法化”之端,人类生活进入国家体制时,社会规范也就逐渐取得“法性”。[15] (5)规范法学派的哈特从规则成分的角度来判断法律是否存在,他认为低级的社会只有主要规则:设定义务的规则。法律是主要规则和次要规则的结合。当次要规则产生以后,法律也就产生了。[16] (6)我国传统法观念将原始习惯阶级性的获得和国家的产生作为法律产生的标志。

上述六种观点其实可以分为两类:一是强调权力,二是强调社会权威。强调公权力的一派又可以分为两派:有些人认为是国家,有些人则认为是各种与社会无法分离的机制:酋长、民众大会、老年人或社会认可的其他“兼职”的人员或组织。笔者认为将国家作为法律起源的标志是欠妥的。因为国家是高度发达的政治制度,它的产生要远远晚于法律。国家的组织、结构、权力本身与法律的发达有关。将国家作为法律起源标志的误解源于对法律的误解:法律就是国家法。且不说国家产生以前法律不知存在了多少年,即使在国家产生以后它也未能垄断生法之源,且超越国家的法律早已存在。即使现代法均有国家制定、认可、强制执行,以国家作为法起源标志的理论也是“以今证古”。传统的法起源理论产生于一个错误的法哲理,即“自己人”中间不需要法律,人际压迫产生了法律。事实恰恰相反,正是具有主体地位的“自己人”之间才需要法律,在“自己人”与完全客体化的“外人”之间法律是没有用武之地的。法是人类相互承认主体地位、和平解决社会纷争的产物,用法达到压迫的目的只是法的败坏。

笔者认为法产生的标志是产生了一个“社会权威”,这个权威的正当性依据一定的规则,而这个权威保障规则的施行。具体来说就是:(1)存在一种对纠纷作出裁决的机制,它可以是正式的法庭,也可以是长者或其他中间人,以取代弱肉强食;(2)存在执行裁决的机制,它可以是社会全体,也可以是受社会权威指令的一些人,以取代自力救济;(3)审判和执行并非纯主观的、任意的,具有相当程度的连续性与稳定性,也就是存在规则。

三、原始法律和政治社会的法律

这里的原始法律指原始社会的法律,即政治国家产生以前的法律。政治社会的法律指政治国家产生以后新的历史阶段的法律。由于传统理论不承认原始法律的存在,所以,原始法律与法律的关系在传统理论里就是原始习惯与法律的区别。按通常表述,这种区别是:(1)赖以建立的关系不同,法反映的关系有阶级倾向性,而原始习惯反映的则没有阶级倾向性;(2)反

---

〔13〕 [美]戈尔丁:《法律哲学》,齐海滨译,三联书店1987年版,第16页。

〔14〕 [美]霍贝尔:《原始人的法》,严存生等译,贵州人民出版社1992年版,第21页以下。

〔15〕 [日]穗积陈重:《法律进化论》,黄尊三等译,中国政法大学出版社1998年版,第9、282页。

〔16〕 [英]哈特:《法律的概念》,张文显等译,中国大百科全书出版社1996年版,第83页。

映的意志不同,法反映政治上占统治地位的阶级的意志,原始习惯则反映原始人全体成员的利益和意志;(3)形成的方式不同,法是国家制定认可的,原始习惯是经自发形成的;(4)保证实施的力量不同,法以国家机器作后盾,原始习惯靠传统、舆论、集体的凝聚力、氏族首长的威望、内心信念和习惯保证实施。[17]

这种理论是值得商榷的。首先,关于阶级意志问题。法律的统治阶级意志论本身是片面的。这种理论的基础是"原始习惯建立在原始公有制之上,法律建立在私有制之上"。这个基础并不真实。法人类学研究表明,原始社会早就有私有财产,包括土地也存在私有制。而在国家产生以后,土地在一些地方仍是公有,例我国先秦实行"普天之下莫非王土",诸侯、大夫实际上只有土地使用权。唐代还实行均田制,国家有权实行"均田"这表明土地归国家所有。早期斯巴达国家和罗马国家都有平分土地的法律,[18]表明其时土地也归国家所有。更不用说在当代的我国、以色列、西欧等国家公有与私有并存,新加坡的土地几乎完全国有。其次,关于形成方式问题。现代法律也不完全是国家制定、认可,习惯法仍然存在;而就原始法言,人民开会制定法律或酋长命令规定法律的事也不罕见。最后,关于保障方式问题。法律的实施并不完全以国家强制力为后盾,有社会的强制,更多的是民众的认同与习惯行为方式。原始习惯的实施并不是一幅伊甸园风光,法人类学证明它也需要强制。最重要的是,这里的"法"概念太窄,未能包括非国家的法律:社会法、国际法、超国家法。

所以,笔者认为原始法律与政治社会的法律的区别是形式上的、量上的,两者并无质的差异,他们是法律发展的两个阶段。两者的主要区别在于同法律运作有关的公权力的发达程度,在于"法域"的大小。原始法律主要不是立法者的宣示,而是以社会习惯和酋长的命令或判决的形式存在;执行原始法律的机关多为业余的,或由民众直接执行,而不是专门的、职业化的官员,判决和判决的执行者有时是同样一些人。应当指出,这些区别也是相对的,在古希腊和罗马国家产生以后,民众直接立法和判决、执行判决的情况还是长期存在,整个中国古代也是三权不分的,父母官是行政官员也是司法官员。即便在20世纪,非国家的社会组织行使司法权的情况也不罕见。

讨论题

1. 你认为原始社会是否存在法律?为什么?
2. 法律产生的标志是什么?
3. 原始法有何特点?

延伸阅读

1. [美]埃德蒙斯·霍贝尔:《原始人的法:法律的动态比较研究》,严存生译,法律出版社2012年版。

---

〔17〕 孙国华主编:《法理学教程》,中国人民大学1994年版,第44页以下。
〔18〕 [法]孟德斯鸠:《论法的精神》(上),张雁深译,商务印书馆1995年版,第43页。

2. [英]马林诺夫斯基:《原始社会的犯罪与习俗》,原江译,法律出版社2007年版。
3. [美]劳伦斯·M.弗里德曼:《法律制度》,李琼英、林欣译,中国政法大学出版社2004年版。
4. [日]穗积陈重:《复仇与法律》,曾玉婷、魏磊杰译,中国法制出版社2013年版。
5. [美]约翰·麦·赞恩:《法律的故事》,刘昕、胡凝译,姜渭渔审校,江苏人民出版社2010年版。

延伸思考

1. 对"原始社会没有法"的观念进行知识谱系及社会学分析。
2. 将"原始法"与"国际法"放在一起作一点联想。

第二十二章　法律的发展

我法之不善者当去之，当去而不去，是之为悖！彼法之善者当取之，当取而不取，是之为愚。

——沈家本《寄簃文存》

外国法律制度的接受问题并不是一个“国格”问题，而是一个单纯的适合需要的问题……只有傻子才会因为金鸡纳树皮不是在他自己的菜园里生长出来的为其理由而拒绝接受。

——[德]耶林

第一节　法律发展概说

法律发展研究是从整体的、动态的视角观察法律。法律发展研究对于正确认识法律、确立文明的法律价值观、促进法的理性化人文化十分重要，近年来法律发展问题成为世界法学界的热门话题。法的发展研究主要涉及以下六方面的问题，分别加以论述。

一、法律的变与不变

从大尺度的历史视野来看，法律一直处于永恒的运动之中，所谓“常故不可循，器械不可因也，则先王之法度，有移者矣！”[1]邓析、商鞅、王安石、张居正、沈家本皆变法之实践者。尤其是进入近代以来，法律在形式、内容和价值方面都发生了巨大的变化。

然法也有不变者。其极端者主张“祖宗之法不可变”、“按既定方针办”。极端的观念固然不可取，但是其中也含有某些合理之处，因为法律中确实包含了某些不能变、不可变、自古至今确实几乎没有变的成分。汉代陆贾在《新语》中就说过：“文王生于东夷，大禹出于西羌，世殊而地绝，法合而度同。”[2]例如，禁止凶杀、禁止暴力、禁止偷盗、平等交换等规范从有人类以来

〔1〕《淮南子·氾论》。
〔2〕《新语·术事》。

就已存在,确实是永恒的法律。当然,事物的运动不等于事物的进化,倒退是经常发生的;同样,法律的变化也不等于法律的发展。例如希特勒的法律之于魏玛时代的法律、美国20世纪五六十年代反共产党人的法律之于自由资本主义的政党自由的法律、红色高棉的法律之于柬埔寨王国的法律等等均为倒退。不过,如果以“大历史”的眼光来观察,法律还是一个不断进化、发展的历史过程,这是人类希望之所在。

二、法律发展的动力

法律本身是客观的无生命的存在物,人们倾向于为它的运动寻找一个外在的动力,以对运动作出解释。这种解释主要包括:(1)神学的解释。该解释为法律发展找到各种各样的神,法律的发展是神的推动。(2)伦理的解释。该解释为法律的发展找到伦理动力——正义或善,哲理法学派倾向此种解释。(3)政治的解释。政治解释倾向于将法律发展归结为政治力量推进的结果。通常这种政治权力为立法权、主权者或阶级斗争之类。规范法学和我国阶级斗争为纲时代的法学热衷于此类解释。(4)经济的解释。在人们倾向于寻找法律发展终极原因的时代,人们最终找到经济这一终极原因。具有实证分析倾向的法学、经济唯实主义的法学、19世纪末将马克思主义教条化的法学家都倾向此种解释。(5)人种学的解释。此种解释认为法律与民族精神、民族气质共存,民族发展,该民族的法律也发展,反之则衰落。(6)文化的解释。近年来人们倾向于把法律看作文化现象,文化可因社会某要素的改变而改变,例如因宗教的改变而改变。文化是可以相互影响的,一法域的法律会受另一法域法的影响,甚至发生根本的改变。例如,没有中国唐律的影响,日本封建的法律绝不会是我们所看到的那样。(7)综合的解释。此种解释是恩格斯晚年在反对教条主义过程中提出的。在反对浅薄的教条主义者将经济作为唯一因素的时候,恩格斯反复强调各种社会因素间的“交互作用”。“交互作用”的思想实际上包含了将社会作为一个系统,将法律作为这个系统中的一个要素的观念。

我们认为,上述各种解释本身是人们在一定历史条件下的认识成果,人们对法律发展的解释本身是一个运动的过程,那种只有自己把握了真理之门的想法是中世纪的观念。相比之下,综合的解释更接近于事实真相。应当指出,虽然神学观念、伦理观念、民族精神、政治权力、阶级斗争等因素都与法律的变动有关,但是相比之下,经济运行的方式本身对法律的作用要大得多,不过这里的经济主要指经济发展水平、经济辐射的空间和经济交往方式,而不仅是甚至主要不是作为阶级关系的经济关系。

三、法律发展的式样

法律发展的式样指法律发展的形式。法律发展的形式具有无限多样性,人类实际选择的法律发展道路只是可供选择的无限多样的式样的极小一部分。按不同的标准可以对法律发展的式样进行划分。

以主观能动性在变法中的作用为标准,可将法律发展的式样分为自发型发展和自觉型发展。法律发展是一个客观的过程还是一个“合目的”的过程,这是法理学界长期讨论的一个问题。萨维尼将法律的发展看作是盲目的自发的过程,而耶林则认为法律的发展是一个合目过程。耶林的观点为后世大多数学者所认同。早在1921年美国的大法官卡多佐就有过独到的说明。[3] 其实,法律发展的客观性与主观性问题是法律发展的两个方面或两种力量。法律发展既是客观的过程,又是主观选择的过程。不同仅仅在于实际上两者所起的作用大小不同而已。可以以两者所起的作用的大小将法律发展分成两个类型:自发型发展和自觉型发展。

自发型发展指法律作为盲目的力量在社会中自然生长,这是早期法律发展的主要形态。当某一违反习惯的行为被社会容忍并被仿效而成为新的习惯时,法律便发生了变化。除了早期社会习惯法的变化采此途径外,英国的宪法惯例、国际贸易惯例的变化也属此。

自觉型发展指人们有意识地推动法律的发展,法律的发展表现为人们自觉变法。法律的自觉发展的途径有:(1)法律拟制。法律拟制即法律发展的障眼法,法的内容已变化,而刻意保留其形式,其实质是法律的概念或原则已发生变化,但表面的法律推理方式或用语保持不变。(2)衡平。衡平即公平,用"公平"这一概念来修正原来不公平的立法。(3)立法。即通过立法措施修改或废止原来立法,或创制新的规范。(4)法律解释。法律解释的一般作用为阐明法律原意,但有时法律解释违背了法律原意,作出扩张或缩小解释,或运用目的性解释,或引入价值判断。此类解释实质上极大地推进了法律的发展。还有一种我国特有的"规范性"的司法解释,其作用与立法相近,对法的发展有更大的推进作用。(5)法官与行政官的活动。当法院作出一个不同于先例的判决并在其后的判决中被作为先例遵循时,法律就改变了,当行政官在执行权力行为中有新的举措,并为后来者遵守的时候,法律也变了。(6)法学家的活动。法学家通过学术活动对现行法律进行规范分析和价值分析,进行法理创新。权威性理论成为弥补成文法不足的新法。

以法律发展的动力来源为标准,可将法律的发展分为内发型发展和外发型发展。

内发型发展指法律在自身基础上的自然生长或自觉改变,其动力来自社会内部,是一种自组织过程。内发型发展的动力为:(1)法律与社会现实之间的矛盾,这主要是社会的进步要求法律发生相应的变化。当然也有社会患病时要求法律变化以适应病态社会的情况。(2)法律意识与法律的张力推动法律进化,这表现为应然法观念对法律的推动。(3)社会公权力的非法更迭,新上台的统治者出于各种理由或原因改变原有立法。

外发型发展指法律在外来力量的推动下被动地发展,这常常使法律脱离原有发展轨道而转向另一类型的法律,这是一种"他组织"过程。外发型发展的动力有:(1)殖民武力,当某殖民者对某地进行殖民统治时,常常将殖民者的法律强加给殖民地。(2)武力威胁或外来经济强力迫使立法者改变本身的立法以避免武力侵犯或经济强力的制约,日本的明治维新是其典型。(3)外来法文化的影响,我国1949年以后的立法就是苏联法文化的产物。

上述两种发展类型的划分具有相对性,就一般的法律发展来说,其动力可能同时来自两个方面,有内发型因素,也有外发型因素。对于封闭的国家来说,其法律的发展只能是内发型的。由于早期人口稀少和人类生产力的低下导致的人类文化相对封闭,早期法律的发展几乎都处于内发型发展状态中,随着人口增长和科学技术的发展,地球显得狭小了,人类文化的辐射力有了惊人的增长,在现代社会,法律的完全内发型发展已不可能,即使自称为世界中心的西方国家,其文官制度也取自中国古代之科举制度。一个封闭的法文化圈内其法律的发展具有极

---

〔3〕[美]本杰明·卡多佐:《司法过程的性质》,苏力译,商务印书馆1998年版,第63页。

大的局限性；相反，一个处于外来文化影响中的法律的发展具有“杂交”优势，其理性化、科学化的程度要高得多。

中国古代社会法律的发展几乎是纯粹的内发型发展，是华夏法文化的自我生长。除了华夏文化圈外的几次北方游牧民族入主中原带来部分新因素以外，华夏法文化所向披靡，这些入主中原的民族其法文化明显低于华夏法文化，无一例外最终都被华夏法文化所同化、所淹没。最典型的就是满清政权入关后的立法，除了加入民族压迫的成分以外，几乎全搬明代立法。中国古代法的内发型变化的特点之一是法律意识与法律间的张力常付阙如。中国古代社会“以法为教”，禁止臣民议论法律，提出与法相左的观念更属十恶大罪，所以，“应然法”观念极其微弱。中国古代法内发型发展的特点之二是法律与社会间的张力不足，社会在法律面前常常是顺从而不是推动，通常只有当社会病态严重时，人们才重弹变法、重刑等老调。最后，由于法律进化机制的缺陷，中国古代法日益发展成一个极端僵化的机体，由一朝天子一朝臣而一朝天子一代法。这就是为什么中国法最终不能自我更新走上现代化之途，而要靠洋人的枪炮方才奏效的内在原因。

四、法律形式的进化

（一）宪法的产生与至上地位的获得

虽然古希腊罗马有宪法，但是宪法的普及却是法律发展的产物。宪法的形式至上性一方面使所有权力走到法律以下，另一方面使公民权利得到有效保障。所以宪法至上性的取得是法律形式上的一大进步。当然这个“宪法”是“实质意义”的——限制权力与保障权利的宪法，不是徒有宪法之名的权力宣示，更不是将本来非法的东西“宪法化”；这里的“至上性”是司法意义的，不是“中看不中用”的“母法”。

（二）从习惯法到制定法、判例法

早期法律无一不以习惯为唯一法源，人们按照世代相传的习惯办事。各民族中的巫师、史官或神职人员的大脑就是法律库。随着文字的发明和发达，制定法来到了人间，并最终取得了主导地位，将习惯法挤到微不足道的角落。两河流域早在公元前 20 世纪左右就有了制定法。古希腊的斯巴达在公元前 8 世纪，雅典在公元前 7 世纪有了制定法。古罗马在公元前 450 年制定了举世无双的《十二表法》。我国早在春秋战国时期制定法的地位已相当高，并形成了一整套制定、颁布法律的程序。英美法系却走了一条由习惯法而判例法的道路。在诺曼底公爵征服英格兰之前，习惯法是英国法的法源，此后，诺曼底公爵发展了以判例法形式出现的普通法，取代了习惯法，其后的衡平法也是判例法。进入 20 世纪以来，制定法的地位逐步提高。

（三）从混沌到分离

早期社会的各种规范常常混沌不分，道德原则常常具有强制性，而宗教教条、戒律常常就是法律，礼俗亦然。所以法律以各种面目出现，规范化程度低，系统化程度低。随着文明的发展，各种规范都得到了独立发展，而后相互分离。法律形成了独特的规范体系和技术。

(四)从诸法合体到部门分化

古代法都是诸法合体的,中国古代凡法皆刑,刑即法,甚至刑罚即法,民事规范常常以习惯的形式存在,任其自然。[4] 古希腊未分化出法律部门,古罗马首创公私法的划分,但也不是近代意义上的部门法。在法律现代化的过程中,人们有意识地大量创设法律规范,将内容类似的规范集中在一起,久而久之,法律内部便产生了分化。拿破仑立法时分立法典,开创划分法律部门之先河。现代世界各国,特别是受大陆法传统影响的国家,法律都分成几大部门,最典型的就是分为宪法、民法、民诉、刑法、刑诉、商法共六法。

五、法律发展与社会发展的关系

我国占主导地位的观念认为法律发展是社会发展的产物,法律只是在社会的推动下被动地发展。其实这只是关系的一个方面;另一方面,法律的发展可以推动社会的发展,落后的立法会严重阻碍社会的发展。社会发展与法律发展两者是互动关系。

首先应当肯定,社会发展是法律发展的基础,在通常情况下,没有社会的发展就谈不上法律的发展。推动法律发展的社会因素有:(1)经济因素,这主要是生产力发展和经济结构自身的变化,例如从畜牧社会转向农业社会,从农业社会转向工业社会,商业的发达以及科学技术的发展等;(2)政治因素,例如国家结构、政体的变化、政党斗争等;(3)文化因素,包括思维方式、法律观念、法学研究和教育的方式、宗教内容的变化及本身地位的升降等。

其次也不可忽略的是,法律的发展是推动社会发展的强大力量。通过变法可以变更国家制度、政党制度等政治结构,变法以变更经济发展模式,变法以改变落后的文化等等。此类变化在现代社会中并非完全由社会需求所引发,甚至这些变化会受到社会的抵制。当一个社会在外来法文化的影响下通过变法而改变社会本身,法律就再也不是社会发展的附属物了,它对这个社会来说完全是推动其进化的主导力量。总之,法律不仅有被社会建构的一面,法律也有建构社会的一面,当一个社会面临重大变革的时候,法律的建构作用就会充分体现出来。

六、法律有未来吗?

美国耶鲁大学社会学教授曾预言未来社会是一个游牧人的社会,既是紧密的又是有距离的,既是同质的又是多样的,既是有组织的又是自律的,“如果这种趋势继续,法律将缩减甚至消失”。[5] 苏联在20世纪20年代至30年代一度流行法律已经消亡的观念,我国在上世纪的“大跃进”中也刮过一阵法律消亡风,许多法官担心自己会因此而失业。在这些理论中,法律是没有未来的,未来社会没有法律的位置。

传统法理学将法律消亡的条件归纳为三。经济上,物质产品满足全体成员的一切需要;政治上没有阶级敌人需要镇压;思想上共产主义道德素养大大提高,不需要强制。这些不过是建立在阶级斗争之上的乌托邦。

---

〔4〕 请注意这里的“法”是指国家法。中国古代许多“礼”、习俗其实都具有法律性,只是在用语上不叫“法”。

〔5〕 沈宗灵:《现代西方法理学》,北京大学出版社1992年版,第388页。

首先,“物质产品满足人类一切需要”是无法达到的,即使达到这一点,人的欲望是无穷尽的,正如庞德所言,人人都要一个地球,可是地球只有一个！即使生产满足了人们的需要,也还存在难题:由谁来“按需分配”？按什么程序“分配”？如果我们承认社会分工和交换的存在,岂可没有规则？还有两性关系问题,没有法律岂不回到群婚状态？人类的需求不仅有物质的,还有精神的,精神的需求是永无止境的。如果有一天生产满足了人类的全部需求,这对人类来说不是福音而是悲哀,这意味着人类走到了尽头。

其次,没有阶级了也就不要法律的说法也难成立。这个理论是以“法律是阶级社会的产物、统治阶级意志体现和阶级斗争工具”理论为依据的,这一理论本身是阶级斗争为纲思维定势的产物,不符合法律史实。法律的意义不是阶级统治,而是为人际交往提供预期。即使阶级消亡了,人们还得结婚,还要婚姻法;人们还要交换,还要贸易法;人们还要走路,还要交通法;人们还是要生产生活,还要环境法等等。

最后,道德发展了可以不要法律的想法只是幻想。随着生产力的提高,人们的觉悟会提高,这是可信的,但是是否所有的人都能达到无私的道德规范的要求？这无疑是乌托邦。而且,并非所有的问题都与道德有关,因而别指望道德解决一切问题。比如,两个很讲道德的人还是发生了撞车,如何确定责任？两个道德高尚的人都想当总统以便更好为人民服务,但总统职位只有一个,怎么办？圣人为社会服务、行善的行为仍然有个“先来后到”问题。总之,世上只要存在两个独立的人,就可能会产生冲突,就需要法律。所以天国里的上帝只有一个,其他人统统与他保持同一,所以不需要法律。

综上所述,法律消亡理论是纯粹的乌托邦,它建立在对法律的严重误解之上。法律是人类文明的产物与保障,它必将随着人类文明的发展而走向更高的阶段。未来全球一村的几十亿人的大社会,相应的法律需求不但不会消失,相反,法律“市场”只会更大。因此,法律不会死亡,它有无限美好的未来,它将迈入新的时代——世界法时代。

第二节　法律发展中的文化交融

一、法律文化

(一)法律文化释义

法律是一种文化现象,法律文化是法律的存在形态之一,把法律作为文化研究具有重要的意义。汉语中“文”是“错画”之意(《说文解字》),与“武”相对。“文化”是个多义词,“文治教化”当是其主要含义。作为人类学和社会学基本概念的文化定义不下150种之多。西方学者侧重将文化定义为一种“生活方式”;我国学者占主导地位的观念是将文化视为人类活动的结果、产物。我国学界的“文化”概念大致可分为三类:广义的文化观将文化定义为人类创造的物质财富和精神财富的总和;中义的文化观将文化定义为精神财富;狭义的文化观将文化定义为意识形态。狭义的文化观显然与“文化大革命”有缘,现已无多大市场。作为精神文化重要载体的语言,文字绝非意识形态,它只是交往的工具。山水画、无标题音乐有多少“意识形态”也有待证实。中义的文化观有一定道理,但将物质财富排斥在外有明显的不足:陶器铜鼎、秦砖汉瓦、万里长城,我们大概难以否认它是“文化”。所以我们取广义文化观。广义的文化相对于“自然”、“野蛮”而言,“文化”即“人化”,是人活动的模式与相应的物质成果、制度和观念。

人类学和社会学的“文化”分歧也波及其他学科。就法学而言,自从20世纪60年代美国学者劳伦斯·M. 弗里德曼(Lawrence M. Friedman)首次使用法律文化这一概念以来,虽然法律文化的研究取得许多进展,但对它的确切定义仍未达成共识。我国法学界对法律文化的定义可分为狭义和广义两种。狭义的法文化观将法律文化理解为法律意识和法律典籍,与中义的文化观相通;广义的法文化观从各种角度理解法律文化:精神形态、物质形态、静态、动态、观念、制度等等。[6] 我们取法学界较通行的广义法律文化定义:法律文化是人类法律实践中创造的文化,包括法律规范、原则、法律意识、法律组织和设施、法律运作过程和方式、法学教学和法学研究等等。

(二)法律文化的结构

法律文化的结构指法律文化的内部构造,学界对此看法也不尽一致。美国学者温伯格认为法律文化包括三个层次:法现象的知识、价值观念、态度和信仰,即对法律、法律机构、对法律判决的制作者的态度。[7] 一些苏联学者认为法文化包括四个层次:法律意识、法制状况、立法状况、法院和检察院等机构运作状况。有些学者将法律职业者的活动方式、社会地位、法律的方法与手段作为法律文化的重要因素。我国法学界有较大影响的观点认为法律文化有表层结构和深层结构组成,表层结构指法律规范、制度、组织机构及其设施;深层结构指法律心理、法律意识、法律思想体系。此说将法律文化分成表层和深层结构有可取的一面,但在深层结构里将法律意识与法律意识的组成部分,即法律心理和法律思想体系并列,似乎在逻辑上有些问题。我们认为法律文化的结构是多元结构,主要包括三个层次:(1)客观法,即有形的法律规则、法律原则及法律技术层次。这是法律文化中最表象的、为人所感知的层次。这个层次即通常所讲的“法律”。这是法律文化的核心。客观法层次包括法律的总体精神或价值以及这种精神内涵得以表达的方式——法律形式。(2)法律意识或观念形态的法文化。观念形态的法文化是客观法文化的萌芽及其观念化。它承担着双重任务:一是将社会总体文化精神转换成法律文化的一个部分:法律意识,并促进法律的合理化;同时法律意识又表现客观形态的法文化,使客观文化发挥社会功能,即它承担着法文化体系中输入和输出双重功能。(3)运转中的法,或法律的手、脚、牙齿及其活动方式,包括法律的组织、设施、运转方式。这个层次包括法律在社会中生存的方式及法律对社会进行调整的方式,主要是:立法机关的组织形式及其活动方式,法律教学和研究机构、法律职业者在社会中的地位,活动方式;执法和司法组织的组织形态

[6] 中国儒学与法律文化研究会编:《儒学与法律文化》,复旦大学出版社1992年版,第39、41页。
[7] 转引自刘作翔:《法律文化论》,陕西人民出版社1992年版,第9页。

及其职权，在社会中的地位及其活动方式，这就是法的生成方式和控制方式。

（三）法律文化分类

对法律文化的分类是可行的又是相对的。世界不同民族和地区衍生了形形色色的法律文化，这是比较的基础；同时，凡是法律，都会面临相对同一的任务：人的社会地位的规定，纠纷的解决，为互助和交换提供基本的模式。共同的任务必然形成类似的精神或形态，因而具有可比性。但是法律文化的分类是相对的，由于人类具有类似的理性（尽管并不完全相同），所以对类似问题的解决不可能完全不同。正像《比较法律文化》一书的作者埃尔曼所指出的，可能会导致产生一种"难以分类的混合制度"。学者们划分法律文化的标准有总体精神、法律规范的产生及实现方式、宗教对法渗透的程度等等。

在对法文化进行分类前先要认识比较法的一个基本概念：法系。法系在英语中为 legal genealogy 或 genealogy of law 或 legal family 。genealogy 一词源于拉丁文 geneos，意为"谱系"，指具有源流关系的若干事物组成的体系。由此看来，法系是指具有相同法文化传统的数个国家法律所组成的法律"家族"或法律"族类"，例如，古代中国法文化及受其影响的国家的法文化（例如日本、朝鲜、韩国、越南等）形成的"法族"我们就称为中华法系。应当指出，"法系"必须二个以上的国家的法律才能构成，单独一个国家的法律不构成法系，就像张三一个人不可能成为一个家族一样。这就是"法系"与"法律体系"的不同之点，法系是几个国家法律的群体，而法律体系则是一个国家内的法律总体，两者不可混淆。

世界上究竟有哪些法系？学者们意见不一。有的学者将法律文化分为罗马—日耳曼法系、普通法系、社会主义法系、非西方法系四大类。有的学者将历史上及现今仍存在的法律分为大陆法系、英美法系、社会主义法系、印度法系、中华法系、伊斯兰法系等 16 个法系。[8] 我们认为上述划分均有道理。但是其中的大部分是古代的、已经死亡的法系，而社会主义法系由于苏联东欧国家在 20 世纪 90 年代剧变如今是否存在也是有疑问的。在当今世界上影响最大的无疑还有大陆法系、英美法系和伊斯兰法系这三大法系。下面我们分别介绍这三大法系，最后将中西法律文化作一简单的比较。

二、现代世界三大法系

现代三大法系中影响最大的是西方两大法系。两大法系指大陆法系和英美法系，这是现今世界上两个最大的法律"家族"，几乎全球所有国家的法或多或少都受其影响或为其中之一员。这两大法系源于不同的法律传统：罗马法和日耳曼法。但是罗马法的精神影响及于两大法系，因为罗马法的精神远高于日耳曼习惯法，且其为商品经济的一般法。人们常常看到两大法系的区别，这是理所当然的，但是人们也不应忘却它们的共同性。由于法国和英国的社会传统相似，特别是两者都经历过更惊人相似的工业革命，都建立了市场经济制度，所以实质上两者的总体精神是完全一致的，以致有些学者认为英美法系是罗马法和日耳曼法的杂交后代。两大法系区别主要是形式上的、技术上的。第三大法系是伊斯兰法系。伊斯兰法系的国家的

---

〔8〕［美］约翰·H. 威格摩尔：《世界法系概览》，何勤华等译，上海人民出版社 2004 年版。

法律在不同程度上受到两大法系的影响,但是它仍然保持了自身的特色,仍不失为一个独立的法系。

(一)大陆法系

大陆法系也称民法法系、罗马法系、法典法系,是继承罗马法传统,以《拿破仑法典》为楷模而形成的、以法典为主的近现代市场经济法系。大陆法系源于罗马法,在西方法律现代化的过程中,法国人将简单商品经济最完备的法律表现——罗马法加以改造,赋予启蒙运动中阐发的基本精神,运用理性的力量,仿效《法学阶梯》的体例,创造了明确、严密、完备的民法典。《拿破仑法典》的基本精神及其立法技术传到了世界许多地方。将近一百年以后,德国人按照罗马法《学说汇纂》的体系创制了更加完备的民法——《德国民法典》,德国民法典为其后的立法者所推崇、学习。至此大陆法系形成了两大支系:法国支系和德国支系。属于法国支系的有法国、比利时、荷兰、波兰部分地区、卢森堡、葡萄牙、西班牙,随法国的殖民及文化的扩张,法国支系影响到欧洲大陆以外的近东、北非、印度支那和大洋洲的许多地区。属于德国支系的有德国、奥地利、捷克斯洛伐克、希腊、匈牙利、意大利、瑞士和南斯拉夫,俄国以及原属东欧的其他国家也属大陆法系。德国支系对拉丁美洲也有相当影响,位于亚洲的日本的早期立法也受大陆法系影响,我国在清末变法时也放弃中华法系的传统而改向大陆法系传统。就法律形式而言,我国当代的法律也属大陆法系。

(二)英美法系

英美法系也称普通法系、判例法系,是继承日耳曼法传统而发展起来的、以判例为主的近现代市场经济法系,英美法系的发源地在英国。[9] 早年英格兰法的主要渊源是地方习惯,很不统一,1066 年诺曼底公爵入侵英格兰以后,在强化中央集权的过程中逐渐形成了统一的法律——普通法。所以在一定程度上可以说,英国法其实是从大陆上带来的,或“大陆入侵”的结果。从 14 世纪前后开始,英国又形成了衡平法与普通法并行。普通法和衡平法都是判例法。从 19 世纪开始,制定法有增加的势头,但是迄今为止判例法仍然是英美法系的主要法源,制定法所占的比重在不同的国家不一样。英国法通过殖民扩张传到世界各地。早年的北美 13 州殖民地独立以后,曾一度脱离英国法,后又出现了回归,形成了美国法,至此英美法系也形成了两大支系:英国支系和美国支系。属英美法系的国家除英美以外,还有原属英美殖民地的国家和地区。例如印度、巴基斯坦、缅甸、马来西亚、新加坡、澳大利亚、新西兰、加拿大等。二战后的日本法受美国法影响较大。

两大法系的基本精神是同一的,两者都贯彻了市场经济的民主法治精神与人权精神,它们的主要区别是方法上的。两大法系在法律方法上的分道扬镳是在 19 世纪。19 世纪以前在大陆法系中判例的影响很大,只是后来由于法典化运动而发生了变化。英国的“遵循先例原则”则在 1850 年左右确立。今天,两大法系的区别正在缩小。大陆法系在理论上已经确立了判例

---

〔9〕 应当注意,通常所说的“英国法”其实是“英格兰”的法。苏格兰在历史上长期与英国对立,实行的是大陆法。不过,近代以来它也接受了一些普通法的成分。

的法源地位,而遵循先例原则在英国已经受到压抑。英国在1990年代进行民事诉讼程序的改革,1999年新《民事诉讼规则》正式生效,替代了判例法。2009年10月1日,联合王国最高法院(Supreme Court of the United Kingdom)正式成立,取代上议院成为英国的最高终审司法机构,进行司法审查,这而通常被认为是大陆法系的特色。特别重要的是,随着欧洲一体化进程的发展,两大法系共同的欧洲法的地位不断提升,进一步缩小了两大法系的差异。诚如德国的齐墨尔曼教授所言:"民族国家法律文化在欧洲只不过是近150年的事情,而近年来随着欧洲的法律统一运动,可以说正在出现一种欧洲方法论和欧洲法律文化。"[10]

当然,当代两大法系还是有一些明显的区别,具体说来主要在于:(1)法律渊源方面的差别。大陆法系的主要法源为制定法,除少数例外(例如德国在行政法中承认判例是法源),判例不是法源。英美法系的主要法源是判例,当然,英美法系也有制定法,特别是19世纪以来增加很快。(2)适用法律的技术上的差异。大陆法系国家适用法律首先是适用制定法,而普通法系国家适用法律主要是寻找判例。(3)法律编纂方法上的差异。大陆法系国家制定法通常采法典形式,英美法系的制定法通常采单行法规形式。(4)司法组织和诉讼程序方面的差异。大陆法系一般有一个权力较大的检察组织,一般属司法系统,刑事案件除自诉以外由检察官公诉;英美法系检察组织规模小,权力小,一般从属行政系统,大量案件由警察或私人起诉。在审判组织方面,大陆法系通常由陪审员和法官共同组成法庭。而英美法系则由法官组成法庭,由陪审员组成陪审团。在审判程序方面,大陆法系职权主义倾向较明显,英美法系则采对抗制。在其他方面,例如,法学教育、法律工作者的活动方式及其范围等,也存在一些差异。

(三)伊斯兰法系

伊斯兰法系是以伊斯兰教经典为基本法源的法系。伊斯兰法系的主要法源为:(1)《古兰经》(一译《可兰经》)。《古兰经》是伊斯兰教的经典,也是伊斯兰法的最高渊源。《古兰经》并不是法典,绝大部分是宗教教义,法律内容不足十分之一。(2)圣训。即《先知的圣训》,指穆罕默德的言论、行为和习惯,后来也包括宗教权威学者对古兰经的解释。到公元9—10世纪被汇编成册。(3)公议。公议指穆罕默德的直传弟子或权威法学家对疑难法律问题的解答。(4)司法实践中运用类比的结论。伊斯兰法由阿拉伯半岛传到西亚、北非、南亚的许多地区,它的发展从未中断,进入20世纪60年代以来反而出现复兴之势。现在它们是近10亿人遵守的法律。

伊斯兰法形成于公元7世纪。伊斯兰法产生以前,阿拉伯半岛上生活着游牧部落,这些部落的习惯法叫"逊奈"。各部落均有自己的神和公共会议,部落间通商则有商业习惯法。公元570年伊斯兰教创始人穆罕默德(570—632)诞生,他从610年开始创建伊斯兰教。经过23年的艰辛努力,伊斯兰教在阿拉伯半岛取得支配地位,《古兰经》取代部落"逊奈"成为法律。随着伊斯兰教的扩张,伊斯兰法成为跨越国界的法律。在法律现代化过程中,西方两大法系不断影响伊斯兰法系。第一次世界大战中奥斯曼帝国瓦解,实行伊斯兰法的许多国家开始大规模引进西方法,特别在民商法领域,走得最远的是土耳其。但是直到今天,伊斯兰法仍在许多国

[10] 魏双娟:"中德学者进行关于法学方法论的对话",载《比较法研究》2003年第6期。

家通行,形成与西方两大法系并存的第三大法系。

伊斯兰法系有不同于两大法系的许多特色,择其要者有:(1)宗教色彩浓厚,是典型的宗教化法律。伊斯兰法的最高渊源是宗教经典《古兰经》;它宣称法律是真主的意志,是真主指明的通向真理,通向幸福之路;伊斯兰法系国家大多实行政教合一,政府宣称自己是伊斯兰法的仆人,法官皆为伊斯兰神职人员。需要说明的是,政教合一的政权有两种,一是宗教占主导的政权,二是世俗权力占主导的政权。通常前者更追求精神,后者更追求实利,所以后者更容易腐败。(2)形式化程度低。伊斯兰法的最高法源本身不是法典,而是阐述宗教教义的散文。圣训主要为穆罕默德的言行,形式化程度均很低。(3)义务本位。伊斯兰法与道德难分,以规定教徒的义务为主要内容。权利规定很少。(4)法学家在伊斯兰法发展中的作用很大。在伊斯兰法发展过程中,法学家的解释作用很大,政府一般不干预,大法学家常常被任命为法官、政府的法律顾问,参加重要的政府机构:伊斯兰委员会。

三、中西法律文化的差异

狭义的中国法律文化特指从夏代至清末的中华农业法文化。中国法律文化是世界上最发达的农业法律文化之一,她曾有过灿烂辉煌的历史,她的精神辐射到周边的广大地区:朝鲜、韩国、日本、越南等等,形成了声威显赫的中华法系。

西方法文化指在古希腊罗马文化基础上发展起来的欧洲北美及受其影响的地区的法文化,我们按照法律文化三大要素来分析两者的差异,将这种差异归纳为三个方面:

(一)法观念方面的差异

西方法观念的核心是正义,把法作为正义的化身,法用来限制任意暴力,用来维持公平交换,法应当符合外在的客观标准:自然法或客观法、事物的关系或规律等等。法的作用是实现法治,法律应当高于权力,大家受制于法律,诉诸法律即诉诸正义,请求正义的保护,受制于法律是荣誉。法律的偶像为正义女神、天平。中国法观念的核心与西方的恰恰相反:暴力为核心,法与暴力贯通,法是推进暴力的工具。始终未能确立限制立法权的外在标准,法是帝王拿在手里治理臣下和百姓的工具,所以超越法律是光荣的,而受制于法律则是耻辱。诉诸法律是“见利而忘义”,是可耻的。法律的偶像为青面獠牙的“獬豸”甚而刀锯、斧钺之类。当然,这是指主流观念而言,不排除许多进步法思想中对正义的追求。

(二)客观法方面的差异

在内容上,西方法从古希腊开始就较讲理性、尊重人(当然只是指具有法律人格的人),所以有民主立法,即使在帝政时,国王立法权也受限制,即使在中世纪,也有尊重贵族人权的法律。中国法则将“专制”、“特权”视为天经地义之事,帝王的立法权没有任何实质性限制,为了巩固统治可以不择手段,随着王朝更迭和统治经验的增长,其专制程度日益提高,法网日趋缜密,对人的禁锢更加严密、有力、高效。

在法律结构方面,西方法以个人为单位,私法发达。中国法文化则始终是公法文化占主导,刑法主宰一切,一切为了统治秩序的实现,公民只是“被治”的对象。立法以国家为本位,实质是王权本位。

(三)运作中法律的差异

在立法方面,西方法或多或少承认民众立法,代议立法,而中国皇帝是唯一立法机关,西方长期承认“法学家法”或“教授法”,这在中国从来没有过,即使在现代立法过程中,中国法学家也很少有发言权。在法律实施机构方面,古希腊罗马实行分权,中世纪后期已分化出专司司法之职的法院,现代西方无一不实行分权,司法独立。西方法官地位崇高,而中国行政官历来兼任司法官,即使中央的专职司法部门(大理院,刑部之类),其地位也只是行政机关的一个部门而已,更不用说王权集立法、行政、司法于一身。

主要有这几方面的差异,当然还有一些,例如宗教色彩的不同:西方法文化有浓厚的宗教色彩,中国法历来是世俗法高于一切;在法学研究方面,中国只有宣传、解释法的法学,几乎没有理性批判的法学等等。

四、法律发展过程中的文化交融

(一)法律的地方性与跨文化性

法律文化与一切事物一样,都具有时空特性和多样性,问题是,不同时空中的文化,特别是不同区域的法文化是否可以交融?回答是肯定的。但是当代中国却有一股强劲的“地方特色理论”,它以法律文化的地方特色为由否定学习西方法律文化的可能性与必要性。这一理论的哲学基础是西方的“地方知识”理论。

“地方知识”是纪尔兹(一译吉尔兹,Clifford Geertz,1926—2006)创立的“诠释性人类学”的基本概念。随着纪尔兹《地方知识》(或译《地方性知识》)两个不同版本中译本的问世与传播,如今这个概念在法律界的影响可以说是如日中天。以“地方知识”作为排斥域外法律文化的理由,这似乎有违纪尔兹的本意,也与法律这种特殊的文化本性不符。纪尔兹的地方知识本是一个正确认识自己的概念工具,它的目的在于破除法律文化的“自我中心”主义,将自己与他人的法律等量齐观,从而达于准确“认识自己的法律”与“认识他人的法律”的目的。因此,纪尔兹的阐释性人类学观念不支持任何一种地方知识具有文化排他性的意义,它们都是平等的。这恰恰为不同文化间的交流与相互学习提供了可能性。如果我们从哲学一般原理来观察地方知识的话,我们将看到:地方知识本身是一个流动的过程,不是一成不变的,而这个变化过程中常常有外来因素被吸纳。在封闭的社会中,法律演变过程是自我演化的过程;在开放的社会中,法律的演进就是不同法律文化相互影响、相互渗透的过程。完全不受外来因素影响的法律演进个案是很少的,因为完全孤立的社会是不存在的。只要存在不同的社会,不同法律之间的影响就是不可避免的。完全不受域外法律影响的“纯粹的地方法律”,如果说在古代社会还不乏其例的话,那么在现代全球交往的时代已经不可能存在。就中国法律的演化而言,它也受到不同域外文化的影响。我们今天所讲的本土资源,就法律制度的“范式”而言其实是西方的,而不是中国的。这只要回忆一下清末变法的历史就可以了,或者回忆一下 1949 年以后我们如何唯苏联马首是瞻的立法史就清楚了。如果有谁还有疑问,可以将 1954 宪法与 1936 年的斯大林宪法对照一读,结果将一目了然,前者只是后者的中国版。

地方知识中的“地方”这一概念本身具有空间相对性。一个国家是一个地方,一个村、一个省、一个县甚至一个乡何尝不是一个“地方”?每一个地方都是更大的全体的一部分,每一个“全体”都是更大尺度下的“地方”,“地方”与“全体”是相互关联的。如果我们以地方性或者地方特色来否定学习外来法律文化的可能性或者“该当性”,就内在地隐含了一个命题:否认国家统一法制的可能性与该当性——因为不同的省、地区都是不同的“地方”。如果以全球性的眼光来看中国特色与地方知识问题,一切将豁然开朗:在全球性的时代,地球也是一个“地方”,“国家们”都是地球村的成员,不同的国家都是同居一村的“邻居”,全球的人拥有共同的“地方知识”。这一个“地方性”建立在人的共性与人际交往的全球性上。

作为文化的地方知识都具有开放性,这植根于人的理性,植根于文化的选择性属性,植根于人的学习能力。因此,文化本身并不具有排他性,文化的排他性是主体惧怕外部世界或者某种利益驱使赋予它的。这是就一般文化而言的。法律作为文化还有其特殊性:法律文化具有跨文化特性。法律的跨地方性使法律文化的相互接纳成为必然,除非你杜绝一切对外交往,实行彻底的闭关锁国。法律的跨文化性源于法律的属性——理性交往的工具与产物。法律一方面从交往实践中产生——这就是自然形成的习惯法;另一方面法律产生于人的理性选择——这就是制定法。无论何种形式的法律,它们都依赖于或者服务于理性交往。这决定了只要存在不同的文化,法律就是跨文化交往的工具。作为跨文化交往的工具,法律就具有了跨文化的特性,因为不具有跨文化特性的法律不能达于跨文化交往的有效性。因此,可以说法律是“跨文化的文化”。正是这一点决定了任何发达的法律体系的“地方性”都是有限的,它们都是“地方性”与“跨地方性”的统一体。同时,法律的发展过程就不能不是一个不断摆脱地方性、走向普适性或者统一性的过程。

在这一问题上,社会法学理学家庞德与人类学家纪尔兹的想法可谓不谋而合。庞德指出,20世纪法学的一个重要特征乃是否弃“19世纪英美法律人所信奉的那种极端的地方主义。”因为“商业交易活动始终是在跨越政治边界的情形中展开的”,“伴随着经济秩序的统合和扩展,在普遍性与地方性之间达致并维续一种恰当的平衡,成了法律科学的一个首要问题。”〔11〕可以肯定地说,法律文化之间的交融不仅是可能的,也是必要的,它是人类法律文化发展史上的基本事实。法律的跨文化性的一个最有说服力的事实或许是战争法的形成,你死我活的战争双方最终能够达成相互给予对方人员人道主义待遇的法律,还有什么不可跨越的地方性?

(二)法律移植问题

法律移植是一种特殊的法律文化交流方式,它是一国将他国某部立法或其中的一部分吸收到本国法律体系中,成为本国立法之一部分的行为。法律移植是法律发展过程中常见的现象。尤其在“世界历史”开始以后,各国法律的相互移植在所难免。如果古籍可信,那么华夏

---

〔11〕[美]罗斯科·庞德:《法理学》(第一卷),邓正来译,中国政法大学出版社2004年版,第469页以下。

的刑制来自苗民,[12]可视为最早的法律移植。日本制定以唐律为蓝本的《大宝律令》也是法律移植。当然,大规模的法律移植始于近代。法律现代化过程中法律移植现象可以说比比皆是。例如,非洲许多原殖民地国家大量移植宗主国的法,印度20世纪40年代至50年代的立法部分移植英国法,日本明治维新移植法国法、德国法,甚至德国商法典在本土乃未生效即被抢先于1899年原封照搬到日本生效,1945年以后,日本又被迫接受了美式宪法。1807年《法国商法典》先后被移植到荷兰、比利时、希腊、土耳其、西班牙、葡萄牙、非洲之埃及和拉美许多国家。我国法律现代化的历史实为法律移植的历史,这个过程中共出现过三次移植外国法律的高潮。第一次是清末和民国初年大规模移植西方法律,第二次是1949年以后移植苏联法律,第三次是开始于20世纪80年代的再次移植西方法律。

但是在理论上,法律是否可以移植的争论始终存在。主特殊主义的学者常以法律的个性否定移植的可能性。例如美国法学家罗伯特·塞德曼(Robert B. Seidman)提出"法律不可移植规律"。他认为规则引起的活动在任何场合都是特别的,从一种文化移植到另一种文化的规则,不能起到原地一样的作用。[13] 但是大多数学者持普遍主义态度,认为法律可以移植。例如,弗里德曼认为,法律不是如服饰那样的文化,部落社会和意大利法律间会有巨大不同,但是日本、德国和芬兰法律之间的不同要小得多。[14] 比较法学权威、德国法学家茨威格特以丰富的比较法资料说明法律可以移植。他认为"人们不能只是因为这种解决办法是一种'外国的'办法就拒绝在本国法律上采取此一解决办法",他引用著名法学家耶林的话揶揄那些反对法律移植的人们:"只有傻瓜才会因为金鸡纳霜(奎宁)不是在自己的菜园里长出来的而拒绝服用它。"[15]美国现代宪法学家麦基文关于宪政史的话是很有说服力的:"除现代的英格兰,我们又在哪里能发现本土的宪政成长?"[16]宪法作为制度,除了英国以外绝大部分国家皆为移植而来。

我国关于法律移植的争论发生过两次:一次在20世纪初,一次在20世纪末。20世纪初的礼教派们以"名教"为由反对法律移植,以沈家本为首的法理派认为我国政教与欧美、日本不尽相同,用西法阻力在所难免,但是"我法之不善者当去之,当去而不去,是之为悖。彼法之善者当取之,当取而不取是之为愚……古今中外之见,又何必存哉!"[17]"中外"已不是沈氏取法之标准,而是"善"与否,其胸怀可谓博大!也正有此胸怀,才有清末对西法的大规模移植。20世纪80年代末,随着改革开放的深入,当时的党政领导人提倡法律移植,其后有些学者加以反对。1993年,当时的全国人大常委会委员长乔石又说:"有些适合我们的法律条文,可以直接移植。"[18]但是学界还是有人反对移植。反对法律移植的学者的论据集中在两点:一是法律的阶级属性不同,提倡法律移植就是资产阶级自由化;二是国情不同,移植法律不能生根。

---

〔12〕 据《尚书·吕刑》,"苗民弗用灵,制以刑,惟作五虐之刑曰法"。后来苗民虽被消灭,但五虐之刑却"移植"到华夏主流文化,即所谓墨、劓、刵、宫、大辟是也。

〔13〕 [美]弗里德曼:《法律制度:从社会科学视角观察》,李琼英、林欣译,中国政法大学出版社1994年版,第228页。

〔14〕 [美]弗里德曼:《法律制度:从社会科学视角观察》,李琼英、林欣译,中国政法大学出版社1994年版,第229页。

〔15〕 [德]K.茨威格特、H.克茨:《比较法总论》,潘汉典等译,贵州人民出版社1992年版,第28页以下。

〔16〕 [美]C.H.麦基文:《宪政古今》,翟小波译,贵州人民出版社2004年版,第45页。

〔17〕 沈家本:《历代刑法考》,中华书局1985年版,第2236页以下。

〔18〕 乔石:"在八届人大常委会第二次会议上的讲话",1993年7月2日。

第一个论据非属理性分析,我们不予理睬,第二个论据虽不能同意却值得我们认真对待。

法律是否可以移植?法律当然可以移植。早在古希腊,柏拉图就不反对引进外国的法律,他认为,正是本国坏的法律激起对外国好的法律的反抗。[19] 在当今全球化的时代,移植法律不仅是可能的,有时甚至是必要的,不可避免的,例如加入世贸组织,接受世贸组织的规则,实际就是大范围的法律移植。这是任何一个不想被排斥于全球社会以外的国家的唯一选择。法律的可移植性植根于存在普遍性的法律,植根于法律的跨文化特性。

从学理上反对法律移植的学者担心的是外来法律的"水土不服"问题,这告诉我们移植法律是件困难的事,这是对的。这一问题在柏拉图那里就认识到了。在孟德斯鸠时代,人们就开始移植罗马法,他告诫人们移植法律时应考虑是否与本国原有法律体系相匹配。但是他们都不反对法律移植。原因在于,法律与社会都是可以改造的。

后起现代化的国家移植发达国家的法律有三大意义。第一,可以加速法律现代化的进程,因为事事经过自己的实践总结出现代法律规则是个漫长的过程,移植则便捷得多。第二,可以与世界法律接轨,加速社会现代化的进程。第三,移植是一个经济的方法,将人家的经验适当整理为我所用,可节约大量的人力物力。

法律可以移植,有的法律应当移植,但是这并不等于说可以不加选择地盲目移植。法律移植时应注意三个问题。首先要选择良法,西方法律也有好坏,西方法律本身也有很大变化,当择善而从。其次,注意法律体系的系统性,注意移植法律与其他法律衔接。再次,改造社会,创造新法生效的社会条件。前述以国情差异反对移植的学者忽略了问题的另一面,即社会是人组成的,人可以改造社会。人可以移植法律,也可以改造社会使其与新的法律相适应。

第三节　法律发展的三个时代

法律发展的时代是法律发展的大的历史阶段,讨论它得先从分析现存的理论开始。

一、法的历史类型理论评析

法的历史类型理论几乎是当下中国关于法律发展的唯一理论,要研究法律发展的阶段必须先对它作出评价。法的历史类型这一概念来自苏联。所谓"法的历史类型"是指将人类历史上存在的法及现实中的法,根据其经济基础和阶级本质所作的基本分类。这个理论包括两个要点:一是按四种社会形态将法的发展分为四个阶段——四种历史类型,二是法的历史类型更迭的原因,分别介绍如下。

---

〔19〕［古希腊］柏拉图:《法律篇》,张智仁等译,上海人民出版社,第106、113页。

(一)四种不同历史类型的法

1. 奴隶制法

奴隶制法即奴隶社会的法,奴隶制法的本质是奴隶主阶级意志的体现,是奴隶主阶级专政的工具。奴隶制法的主要特点有四:(1)严格保护奴隶制生产关系,特别是维护奴隶主对于生产资料和奴隶的占有;(2)刑罚的残酷性和野蛮性;(3)公开规定自由民内部的不平等地位;(4)长期保留原始公社行为规范的残余。

2. 封建制法

封建制法是封建社会的法。封建制法的本质是封建地主阶级意志的体现,是地主阶级专政的工具。封建制法有三大特征:(1)严格保护封建土地所有制和农民对地主的人身依附关系;(2)积极维护封建等级特权制度;(3)刑罚的残酷性。

3. 资本主义法

资本主义法是资本主义社会的法。按"姓社姓资"的两分法,当代世界上除了中国、朝鲜、越南、古巴等少数几个国家的法是社会主义的以外,其余的都是资本主义法。资本主义法的本质是资产阶级意志的体现,是资产阶级专政的工具。其特点有:(1)维护私有财产。(2)维护契约自由。(3)确认法律面前人人平等原则。这种平等只是形式平等,而非实质平等,且有欺骗性。(4)维护民主制度。这个民主只是资产阶级的民主,具有欺骗性。

4. 社会主义法

社会主义法是社会主义社会的法,社会主义法的本质是工人阶级意志的体现,是无产阶级专政或人民民主专政的工具,因而是最先进的法。社会主义法是最高历史类型的法,社会主义法最终会走向消亡。

(二)法的历史类型变更的原因

法的历史类型的变更即一种类型的法取代另一种类型的法。变更的根本原因在于社会基本矛盾运动即生产力与生产关系、经济基础和上层建筑的矛盾运动。这种变更要通过社会革命才能实现。[20]

上述法的历史类型理论是将社会发展形态理论和阶级斗争理论搬到法学领域而形成的,有其合理的一面,因为法律发展与社会发展存在不可分割的联系。但是这个理论的缺陷也是明显的。

第一,它不是以法律本身可识别的标志为标准,而是以社会发展阶段为标准对法律的历史所作出的划分,因为法律的发展并不是与社会发展绝对同步的,所以这种划分没有揭示法律发展的个性,因而缺少法学意义。

第二,这个理论将法律局限于国家法时代,没有把原始法包含在内,也没有将当代已经开始的、将来有无限发展前程的世界法包含在内,就显得视野狭窄。

第三,这种划分贯彻了阶级斗争为纲的精神,过分地将法律的发展同阶级、同暴力联系起

---

〔20〕 上述法的历史类型的主要理论可参见孙国华主编:《法理学教程》,中国人民大学出版社1994年版,第118页以下。

来是片面的,它的片面来自片面的阶级本质论。例如,该理论强调奴隶制法体现奴隶主阶级的意志,封建制法体现地主阶级意志,这些都不能解释许多地方解放奴隶的法律正是由奴隶主政权创制的,许多资本主义法律是由封建主阶级颁布的这些现象。将法发展的动力完全归因于阶级斗争甚至革命更是臆断。在逻辑上,这一理论无法解释法律发展的连续性问题。

第四,从理论的实际社会效果来看,由于过分强调姓资姓社,过分强调斗争而忽略合作妥协,也不利于我国进一步改革开放,不利于吸收外来法文化,不利于市场经济法律体系和法治国家建设。

其实,除了上述表面的问题以外,法的历史类型理论还存在一些致命的弱点。举要者有:其一,它的基础理论——社会发展的四阶段理论——是经不起检验的。事实上许多人类社会都没有走过这些路,例如,我国古代社会就没有存在过以奴隶劳动为基本生存基础的奴隶制。同时,在传统理论框架里属于封建社会的汉以后各朝一直到清代,都是实实在在存在奴隶的。其二,社会主义法是最高类型的法,但是在社会主义法的主要地带,社会主义法又被资本主义法取代了(至少现在是这样)。更有些"社会主义法",起码在世袭制、军事统治、防民之口耳这三条上,说它比美国的法先进总使人感到有点玄乎,我们只听说社会主义法学习、借鉴资本主义法,还没有听说过哪里的资本主义法学习、借鉴社会主义法的。其三,它不能解释现实。就中国的法而言,香港、澳门法的"头"(中国宪法)是社会主义的,但是它的"身体"却是资本主义的,这是不是不合常理?这一切都表明,法的历史类型理论其实不是法律理论,而是独断的意识形态,是错误且有害的,应当彻底抛弃。[21]

介绍和评价了建立在阶级斗争为纲基础上的"法的历史类型"理论以后,让我们面向世界,看看我们的前辈和外国同行是如何看待法律发展阶段这一问题的。

二、各家法的发展阶段理论简介

事物表现为一个过程,这个过程中不同的段落即阶段。法律发展的阶段指法律发展的不同段落。法律尤其是古代法律具有无限多样性,在无限多样性的法律发展过程中找出相同的标准以区分其阶段是困难的,因而阶段划分的意义也是有限的。同样,不同的划分可能都具有相对合理性。

法学家们依不同的标准对法律发展的阶段作出划分,或以私权力的"公权化"为标准,或以法律内容为标准,或以法律渊源为标准,或以法律保障的利益为标准等等。例如,有的学者按法律的形式和内容为标准将法律划分为秘密法、权利法、权力法、协同法阶段。[22] 德国大法学家萨维尼将法律发展分为习惯法阶段、学术法阶段、法典法阶段。庞德认为法律经历了原始法、严格法、衡平法、成文法、社会化法五大阶段。20 世纪初的美国法制史学家维诺格拉多夫(Paul Vinogradoff)将法的发展分为六个阶段:图腾社会萌芽法、原始法、城邦法、中世纪法、个

---

〔21〕 这些问题都不是高深的理论,只要用心看一下周围的事实就可以解决的。近年也有一些论著对此作过论述。但是,在主流教科书上,特别是在司法考试的著作上却还是一如既往地讲述它,并要人们去背它,这对我国法律现代化的负面影响不可忽视。尤其不妥的是,对不同的观点不向学生讲明,这是不诚实的。你可以不同意,可以批判,但是不能故意忽略。

〔22〕 林纪东:《法学通论》,台湾远东图书公司 1953 年版,第 111 页。

人主义法、社会化法。美国当代综合法学的代表霍贝尔将法律分为原始法、古代法和现代法三个阶段。无文字的人类文化中的法为原始法,刚刚跨入文明(有文字)社会的法为古代法,经过文明发展的社会结构中的法为现代法。[23]

三、法律发展的三个时代

以上各家学说自有其可取之处,但是存在一个共同缺陷。它们都未给法律未来的发展留出空间。综合各家的学说,考虑到我们所处的时代的法律只是法律发展中的一个阶段,法律的未来正未有穷期,我们将法律的发展分为三个时代:原始法时代、国家法时代、世界法时代,国家法时代又可以分为古代和现代两个阶段。法律发展三个时代的分析框架有利于我们把原始法或世界法纳入研究视野,从而便于在法的历史长河中发现法的真谛,同时有利于我们把握现代法的历史定位,从中发现它的应然精神,有利于法治国家建设。

原始法是原始社会的法律,这一法律其实是与人类一起来到世界上的,不过,由于缺乏文字载体,他们已经湮没在茫茫的历史迷雾之中。不过,起码在公元前9500年至公元前7500年的农业革命完成时期,它已经相当发达。当时由于农业革命,人口大增,社会规模扩大,法律也复杂起来。原始法的特点有:(1)法域狭小。原始法主要适用于"自己人"以内,在不同的人类社会间并无确定的效力。(2)社会法的色彩很浓,有关公权的法律不发达。原始社会公权力不发达,公权力没有从社会中独立出来居于社会之上,而是融合在社会之中,本身是社会的一部分,所以原始法律是直接源自社会、服务于社会的。与此相关,由于公权力的不发达,关于公权力的法律也欠发达。(3)原始法的主要生成形式是社会惯常行为,随着原始社会规模的扩大和结构的复杂化,制定的规则逐渐增加。(4)原始法运作过程简单。由于没有专门的、分设的立法、行政、司法机构,原始法的运作过程简单,一个行为可能同时具有立法、行政和司法的特征。上述原始法的特点是与国家法相对而言的,只有程度的不同,没有质的差别。

在文明古国,国家法诞生于公元前20世纪左右,而在非洲大部分地区,则迟至公元20世纪才由原始法过渡到国家法。国家法的主要特点是:(1)法域扩大。国家法的法域远比原始法为大,通常一个国家即为一个法域。(2)权力法的色彩很浓。在国家法的时代,国家机关成为高于社会之上的统治机关,国家机关常常利用自己的权力维护自身的特殊利益,使法律的强制和权力色彩加深。(3)立法成为法律生成的主要方式。随着国家权力的膨胀,国家以制定和认可的方式把持了生法之门,使国家立法成为法律生成的主要方式,习惯法退居次要地位。(4)国家法运行的程序化程度较高。在国家法阶段,立法与执法司法行为基本分离,制定规范在前,执法和司法在后。当然这不能绝对,东方皇帝的许多判决并无法律依据。近现代,立法、行政、司法三权分立以保证法律的统治成为常态。

依国家法的发达程度,国家法又可分为古代法和现代法两大阶段。古代法向现代法的演变过程就是法律现代化问题,因此,下面从法律现代化说起。

---

〔23〕［美］霍贝尔:《原始人的法》,严存生等译,贵州人民出版社1992年版,第4页以下。

第四节　法律现代化

一、现代化与法律现代化

什么是现代化？学界对此有不少定义，尽管其侧重点不同，其基本立足点还是相近的：现代化是一个"在科学和技术革命影响下，社会已经和正在发生着的变化过程"。[24] 现代化不等于工业化，更不等于富有，它是社会经济、政治、文化的整体位移。法律现代化发端于西方，经历了漫长的时期。美国法学家伯尔曼认为法律现代化发端于 11 世纪中叶的教皇革命。他认为正是那次革命使思想摆脱了世俗政权的控制，数以千计的自主和自治的城市得以建立，精神第一次体现在法律体系和法学中，即法律得以合理化，并且发展了法律体系运作的设施和官僚机构：专门的司法机构，一个财政署和一个文秘署，这是第一个西方法律体系(指教会法)，它为后世各国所仿效。同时这次革命的目标是依法而治(rule by law)和法的统治(rule of law)。[25]

伯尔曼的这些见解是很深刻的，尤其是他将思想对权力的胜利视为现代社会起点的思想值得弘扬。但事实上在此后的 6 个多世纪里，西方社会仍在教会和世俗专制政府的统治下，法律并没有发生根本变革。因此，将教皇革命作为现代化的准备阶段可能更为合理。这样，全球法律现代化可以分为法意识准备、西方实在法律现代化阶段以及第三世界的法律现代化运动三个阶段。法意识准备阶段较早，它表现为教皇革命、罗马法的复兴、人文主义运动等一系列的社会变革，完成于 17、18 世纪的启蒙运动。19 世纪开始实在法的现代化，实在法现代化又促进了法精神的进一步现代化，这是西方法律现代化的关键阶段。这个阶段始于拿破仑立法。拿破仑立法开创的现代法律精神和形式，凭借拿破仑的武功，凭借其拥有的先进的朝气蓬勃的理性和科学精神向全世界广为传播。人们纷纷仿效拿破仑立法，在西方世界掀起了法律现代化的热潮，这一过程大约在 20 世纪中叶基本完成。第二次世界大战以后，第三世界国家纷纷独立，独立的第三世界国家也开始了法律现代化的历程(有些国家则早在 19 世纪末即已开始)，步入世界范围内法律现代化的第三个阶段。这是一个与西方法律现代化不同类型的外发型现代化，被动的现代化。这个现代化就大部分第三世界国家来说尚未完成。

二、前现代法——古代法及其特点

古代法是国家法的欠发达阶段，它虽然比原始法有很大进步，但是与现代法相比较又是落后的，它具有以下特点或弱点。

第一，形式化程度低。古代法通常是诸法合体，未形成主要的部门法典或法规，习惯法是

[24] [美]吉尔伯特·罗兹曼主编：《中国的现代化》，陶骅等译，上海人民出版社 1989 年版，第 3 页以下。
[25] [美]伯尔曼：《法律与革命》，贺卫方等译，中国大百科全书出版社 1993 年版，第 627 页以下。

重要法源,制定法中帝王的诏、敕、令占重要地位;秘密法始终是其表现形式之一;制定和修改法律的程序化程度低,因此有较大的任意性和感情色彩;程序法不发达,导致法律的普遍性、规范性程度低。但是古希腊罗马的法律是一个特例。古希腊的城邦法是人民制定的、公开的法律,罗马的制定法相当完备,不过与现代法相比,还是有一定距离的。

第二,社会控制能力特别是对权力的控制能力低。古代法或受制于宗教,或受制于政治权力,特别是后者。在法律与权力的关系上,古代法的主要特色是依附于政治权力,缺乏限制权力的力量。这一特色从法律的内容上也可得到证明:缺乏控制权力的宪法、行政法(古希腊、古罗马例外),相反,官法和刑法地位非常突出。

第三,特权性。其主要表现是:部分居民不具备法律人格,臣民法律人格的不平等;男女不平等;家长与家子的不平等;民族不平等(中国的色目人、汉人之别、夷夏之别等),士农工商不同职业的不平等;官民不平等;宗教不平等。在极端的社会中,将民众划分为不同的等级,享受不同的权利、义务。在法的特权性、不平等性方面,我国古代的法律是最精细的。例如,法律规定上层人物享有众多经济、政治和法律特权。例如,达一定等级之官吏可以占田、免税,具有某种身份的人可以当官(九品中正之类),在法律责任方面有官当、八议、请、减的制度,卑贱不得告尊长的制度,与平民涉讼可以不出庭,犯普通刑事罪不受刑讯拘系等等不一而足。元代更公开将人分为一官二吏三僧四道五医六工七匠八娼九儒十丐十个等级,知识分子名列老九。

第四,义务本位。法律以繁多的禁忌和作为义务为核心内容,"权利"这一概念在古代法里地位远不如义务重要,在中国法里更是陌生。居民只是国家的奴隶(其实是少数统治者的奴隶)。在中国古代社会,人民与土地、社稷三者同为帝王的财产,是"国"或"家"的财产。帝王在道德上要"爱民",然而此爱不是"人类之爱",而是"爱财之爱"。古希腊罗马(共和时代)的法律也是强调义务的,不过在那里义务本位的目的是政治共同体(城邦、共和国)的存续,与中国的帝王专制法还是有区别的,西方中世纪的法律强调个人对教会的义务。

第五,漠视人权。对人权漠视的主要表现为:其一,对公民的财产保护不力,官员,特别是最高统治者可以任意处置公民的财产。其二,人身权之保障乏力,官吏可以任何借口随意逮捕、关押公民,通行刑讯逼供、刑罚擅断、刑法溯及既往、有罪推定等原则,在东方专制社会,秘密法、帝王命令都是法律渊源。其三,刑罚的残酷、不人道。其表现为:罪名繁多、滥用类推。光棍罪(流氓罪)和大逆罪常常是类推的依据。刑种繁多,死刑为主要刑种。执行死刑的手段残忍。中国的死刑至有凌迟、枭首、戮尸、车裂、炮烙、火刑、沉渊、活埋、菹醢,具五刑之类,无所不用其极。清律绞、斩律达723条之多。广泛株连,罪及无辜。有所谓灭三族、灭九族。明方孝孺案灭十族,连学生都受株连。明胡蓝大狱,两案死者竟达三万余人,至"通天之下之民,中人之家,大抵皆破"。在酷刑方面,西方并不比中国好多少,甚至中世纪的基督教的教会法庭也不会好多少。[26]

第六,禁锢思想、严惩思想犯。处罚思想犯在古代世界不同程度地存在着,即使在民主的

---

〔26〕 对西方酷刑感兴趣的读者可参见[法]福柯:《规训与惩罚——监狱制度的诞生》,刘北成、杨远婴译,桂冠图书股份有限公司1992年版。

古希腊,苏格拉底还是因思想不见容于民众而死。不过,处罚思想在古代专制社会里尤甚,专制的程度越高,对思想犯的打击越严酷。在这方面,中国古代法无疑是世界之最,且流风悠长。我国古代商鞅变法时就有惩罚思想犯之举,秦始皇有"焚书坑儒"之罪恶行为。我国古代统治者有组织地删改书籍,伪造历史,公布禁书目录。惩治思想犯的法律在秦有"挟书律",汉有"诽谤妖言令"、"非所宜言"甚至"腹诽"。明清法律中没有以言治罪的法律,清乾隆帝曾屡次表白"朕不以言治罪"。但恰恰是在这两代,惩罚思想犯最严酷。清代有案可查的文字大狱有近百起,动辄杀人抄家灭门甚至祸及邻里、师友。文字狱的最大特点是以片言只语兴大狱,不要客观依据。〔27〕 司马迁本人仅仅因为替李陵说了几句公道话而被腐,女婿杨敞胆小不敢言,却因惊吓而亡,外孙杨恽仅仅因为写了一封发牢骚的信而被处腰斩。西方中世纪惩治思想犯的任务主要由宗教法庭来完成。〔28〕

第七,司法的确定性程度低。由于古代实体法律的形式化程度低,司法程序简单,加上统治者对司法的工具化使用,司法常常成为达到"另一种善"的工具,〔29〕通行所谓"卡迪司法"这就使司法处于高度不确定之中。

三、现代法的标准

现代法是同古代法相对照的国家法发展的第二阶段,现代法与古代法相较有哪些特点或现代法的标准如何?要回答这个问题首先要解决一个前提性问题:寻找现代法的特点或标准的方法。现代法是个理想类型的概念,它是人类法律理想和法律实践的综合体,探索现代法律标准的方法或参照系有三:一是工业化社会应当具备的合理的法律,即现代法律理想,它的发现借助人的理性思考;二是古代法的基本缺陷,从而提供反面的参照,它的发现借助于法史学研究;三是现代工业社会成功的法律实践,这有待对现代工业社会法的实证研究。结合这三方面的知识,我们将现代法律的标准分为价值和形式两方面。

现代法律的价值来自现代工业社会的基本价值,所以寻找现代法律价值标准只有到工业社会中去寻找。工业社会离不开市场经济,市场经济需要什么?交易行为从法律上看仅仅是权利的交换,所以市场经济首先需要财产权利的保障,财产权利不受保障根本无法形成有效的交换。交换的主体同时必须是自由的、平等的,没有自由无权处分自己的权利,不平等主体间也无法产生真正的交换。正如马克思在《资本论》中早已证实了的,所有权、自由和平等是"三

---

〔27〕 例如著名的扬州题诗案。宋哲宗元丰八年,苏轼差点因《归宜兴留题竹西寺》中"山寺归来闻好语"一句而罹祸。弹劾者谓他"闻讳而喜"(适逢神宗驾崩),被告辩谓"闻丰收和新帝登基而喜",其弟事后回忆是因在常州买得良田得以养老归隐而喜。值得注意的是,弹劾者并非所谓"酷吏",且于苏轼无任何私怨,宋代又是公认较宽容的朝代。

〔28〕 1198 年,英诺森三世下令对异端"使用铁剑",1252 年建立宗教裁判所,各教区设立专门委员会对付异端,委以逮捕、审判、没收财产之权。刑罚有耻辱标、公开鞭笞、坐班房、火刑。布鲁诺因坚持日心说被烧死于鲜花广场;伽利略主日心说四次被审,要不是"认罪",也逃不了火刑加身的厄运。关于宗教裁判所可以参见董进泉:《黑暗与愚昧的守护神——宗教裁判所》,浙江人民出版社 1988 年版。

〔29〕 这个"另一种善"是指案件以外的、当事人权利以外的各种考虑,例如推进道德(道德目的)、统治稳定(政治目的)、社会发展(社会目的),甚至为了统治者"敛财"——朱元璋隔三差五地严厉打击富户,其目的就是没收富户的财产充实国库。

位一体”的。[30] 而古代法的本质特征恰恰在于自由平等精神缺乏和义务本位。从法律实践上来看,这些价值也是现代法律所具有的。有鉴于此,我们认为现代法律的价值标准是:(1)自由、平等是现代法律的总体精神,维护人的自由是现代法律的根本目的,它应当摒弃任何特权的规定;(2)人权保障是现代法律的主要功用,对权利的限制必须是合理的、必要的,立法不得无理地、非正当地限制公民权利,对于基本人权不得立法克减;(3)民主和限制权力。对民主的确认和对权力的限制是保障三大目标(自由、平等、权利)得以实现的不可或缺的组织保障,只有公民都是社会的主人,他们才是自由的、平等的,只有在政治上具有人格的人,其权利才是政治社会所保障的。为了保证民主和有效地限制权力,现代法律所确认的权力必须是分立的、相互制约、平衡的。

现代法律的形式标准在法学界的看法比较一致,主要是:(1)法律体系的完整和谐。即法律体系就其内容来说必须是完整的,社会生活的各领域都有法律调整,法律部门高度分化,各部门法间,部门法内的制度和规范相互协调,发达的解决法律矛盾、冲突的制度性规定和技术。(2)法律规范的普遍性、明确性、严格性。一般来说,法律都具有普遍性、明确性、严格性,但是工业社会要求法律有更高的普遍性,不得因人而异;要求更高的明确性,不得模棱两可,防止给特权和滥用权力留下空隙,更高的严格性以保障法的权威而限制个人任意。(3)法律运作过程的严格程序性。(4)从法律的地位看,必须实行法律至上。这是价值标准和形式标准的交汇点。

四、中国的法律现代化

我国的法律现代化经历了艰难的历程。迄今为止大约可以分为四个阶段:(1)西学东渐和法律现代化的意识准备。中国法律现代化是西方法观念推动和西方列强压力下的产物。中国朝野历来存在“中央帝国”观念和对“外夷”蔑视的夜郎心态,对西方的典章制度更是不屑一顾。直到19世纪末才开始承认需要改变自己的法律以适应世界潮流,派员出国考察、学习。(2)清末变法。光绪二十八年(1902)开始了大规模的变法,删除了345条,所革者主要是凌迟、戮尸、枭首、缘坐、刺字等酷刑,停止刑讯。后来制定或起草了许多市场法规:商人通例、破产例、商标注册试办章程、商会简明章程、大清商律草案、海船法草案、民律第一次草案,并预备立宪。上述变法是中国法律现代化的重要一步,奠定了中国现代法律的基本格局:大陆化。(3)民国大规模现代化阶段,民国从《临时约法》开始,积极引进西方法律,特别是民商法,初步形成了现代法律体系——六法体系。(4)1949年以后的回落及其新的现代化阶段。1949年以后法律虚无主义一度流行,在阶级斗争为纲的年代,法律甚至成为批判、攻击的对象,西方法文化更是在十恶不赦之列,所以无论就法律的价值和形式、法律的社会地位诸方面均产生了严重的回落。粉碎“四人帮”以后,法律现代化迈上快车道,特别是1990年代以后,人们重新用理性的眼光看待西方法律文化,肯定了人的尊严、人权保障和法治等现代社会的基本共识,立法取得了重大进步,不过,步入现代司法还有很长的路要走。

---

〔30〕［德］马克思:“《政治经济学批判》第一分册第二章初稿片断和第三章开头部分”,载《马克思恩格斯全集》(第46卷),人民出版社1980年版,第477页。

第五节 世 界 法

一、什么是世界法?

什么是世界法?简言之,世界法(global law)就是效力及于全世界的、全球普遍适用的法律。世界法不同于国际法,国际法是"国家之间"的法律,它的首要主体是国家,个人只在有限的意义上得为国际法主体,而世界法的首要主体主要是个人。人类迈向世界法的进程始于二战,在短短的几十年中,我们已经取得了重大进展:我们已经有了一个不尽理想的"世界政府"——为全世界193个国家认同的联合国;我们已经有了一个世界法的框架或者原则性共识:世界人权法;我们已经达成了一些关于司法的全球性规则——1985年8月至9月在意大利米兰举行的第七届联合国预防犯罪和犯罪待遇大会通过的《关于司法机关独立的基本原则》、1989年5月24日联合国经济及社会理事会通过的《关于司法独立的基本原则:实施程序》等等;我们甚至还有一个效力及于全球大部分国家的《国际刑事法院罗马规约》、世贸组织规则等等。当然,这一切仍然是相当幼稚的,说其幼稚,是因为时下效力及于全球的统一的规范在量上仍然不多,且在有限的规则中,它的效力范围虽然远远越出了国界,但还不是"全球"的,它的实效也还差强人意等等。

这个世界法与国家法相比具有三大特点:(1)全球一域、高度自治。与国家法一国一法域不同(当然也有例外,例如我国就存在一国三法域甚至四法域),世界法时代全球为一个法域,即它的主要原则及于全球,全球法律以高度发达的法律技术统合为一个法律体系,国家法成为构成这个法律体系的次级体系。(2)关注人权、人类一家。世界法以人权为根本价值取向,人权是它的"宪法",人权的重要事项和普遍原则适用于全法域,同时在次要的问题上确认地区性、国家性的标准。(3)关注人类整体利益及全球和平发展。

二、久远的世界法理想

如此美好的"世界法梦",人类已经想象了几千年,且也有仁人志士为此作过不懈努力。早在公元前三世纪,古希腊的斯多葛学派就描述了一幅令人神往的世界法图景。该学派认为,自然法是人类理性的体现,理性存在于任何地区的人们之中,而不论其民族与种族,因此,作为共同理性的自然法贯穿于全世界,其主要原则世界各地的人都必须遵守,不管他属于哪个城邦。这种世界城邦与世界公民的思想就是典型的世界法思想。西塞罗(Marcus Tullius Cicero,公元前106—前43)接过了斯多葛学派的世界法观念并加以光大,构建了一个超越城邦、民族、地域的世界国家理想。在这个世界国家里,适用受自然法支配的"世界宪法"。罗马皇帝马可·奥列留(Marcus Aurelius,161—180年在位)也曾说过:"如果我们的理智部分是共同的,就我们是理性的存在而言,那么,理性也是共同的,因此,那命令我们做什么和不做什么的理性也是共同的,因此,就也有一个共同的法;我们就都是同一类公民,就都是某种政治团体的成员;这世界在某种意义就是一个国家。"[31]中世纪的基督教以上帝意志的面貌使世界法理想神圣化,至少在基督徒的眼中,摩西十诫等基督徒的法律乃是全人类的法律,世界的法律。

到了启蒙时代,康德对于传统自然法思想进行了哲理改造,将世界法从自然法思想中分离出来,形成了对启蒙时代以来的以民族国家为主导的法律发展范式的挑战。康德法哲学体系的逻辑终点便是世界法,他认为人类的普遍权利可将地球上的所有民族组成一个联合体,这个普遍权利即"世界公民的权利",这个权利亦即"世界法"。[32] 近现代的自然法学皆承认人类具有同一的理性,法律是(或应该是)理性的体现,这隐含了对世界法的崇尚。

纯粹法学的代表人物凯尔森主张国际法与国内法的一元论,认为"每一国内法律秩序,是同国际法律秩序,以及通过这一秩序,同每个其他国内法律秩序,有机地联系着的,因而所有的法律秩序就汇合成为一个完整的法律体系"。[33] 他描述的这个"完整的法律体系"正是一幅世界法图案。社会法学巨擘庞德指出"对于一个世界法律秩序,也无需抱悲观失望的怀疑态度"。[34] 当代法国的法社会学家布律尔认为法律将走向统一,并列举了统一的迹象。新自然法学派的代表马里旦认为自然法不仅是一国现行法律的基础,而且是整个世界性法律的基础,他预言将会出现一个世界政府。我国民国时期的法学家也有强调世界法者。[35] 到了20世纪下半叶,随着全球化进程的深入,对于一种有效的全球治理的需求使得人们更加关注世界法的基本问题,世界法理论获得了很多关注和研究。

三、世界法的基础

世界法有其建立的物质的与精神的基础。

第一,世界经济的一体化。世界法是在经济一体化所产生的共同需求与利益之上产生的,而不是通过武力征服强加给人类的,这是人类世界法理想与希特勒式的种族扩张主义法律帝国主义法观念的根本区别,因此,世界经济一体化是其根本。世界性商品生产、交换的最终结果必然是经贸法律越出国界,形成世界经济法律秩序。步入20世纪以来,特别是二战以后,世界经济关系已从早期的商品贸易而走向相互的资本输出、同时涌现了大量的跨国公司。这些跨国公司的活动已经不是国际间的一般交换关系,它带来的法律后果不仅限于经贸法律的一体化,而且将逐步实现有关生产管理关系、甚至政府管理行为的法律的一体化。

第二,现代科学技术。现代科学技术为世界各个角落的物质和信息交流提供了简便的手段,缩小了不同地域人群间的空间和时间距离,将在祖先眼中无边无际的世界变成一个小小的地球村,这个村庄的居民迟早会实现法律一体化。同时,现代科学技术为处理无数的法律信

---

〔31〕［古罗马］马可·奥列留:《沉思录》,何怀宏译,中国社会科学出版社1989年版,第22、118页。

〔32〕［德］康德:《法的形而上学原理》,沈叔平译,商务印书馆1991年版,第189页以下。

〔33〕［奥］凯尔森:《法与国家的一般理论》,沈宗灵译,中国大百科全书出版社1996年版,第388页以下。

〔34〕［美］罗斯科·庞德:《通过法律的社会控制 法律的任务》,沈宗灵、董世忠译,商务印书馆1984年版,第111页。

〔35〕北京政府的司法总长张耀曾(1885—1938)在《民法总则讲义》中就说过:"在未开化之社会,亦有极不完全之民法。又在国际间,现在虽无国际民法之主张,然国际著作权法、国际工业所有权法、国际票据法、国际商法等既已成实际问题,则将来对于民法发生世界法之运动,亦意中事。"参见张耀曾:《宪政救国之梦(张耀曾先生文存)》,杨琥编,法律出版社2004年版,第98页。

息,简化和同化不同地域法律提供了技术手段。科学的高度发展强化了对统一规范的需求,促使人们对全球同一规范的认同。

第三,共同的伦理基础。尽管人们在什么是人性,人性是善是恶甚至有无共通的人性这些问题上争论不休,但人作为人都具有些共同点已为大部分学者所认可,那种"别"的人性论早已为现代有社会责任感的学者所不取。因为"别"的人性论的实质是只承认"自己人"是人,不承认"异己"的人是人,这是巨恶大奸们如希特勒者的"伦理"。共同的人性产生最低限度的共同的"良心"与"正义",这正是世界法的伦理基础。例如,为中圣西哲所崇尚的"己所不欲,勿施于人",人际交往中的诚信原则,被黑格尔推崇为法律基本精神的"尊重他人为人、损害他人要承担责任"之类。在这些共同的伦理基础之上,人类有能力通过理性设计和通过实践积淀形成共同的规范体系。

第四,全人类共同利益。不同主体间的利益有对立的一面,更有统一的一面。就如同行之间既有竞争关系又有共生关系一样,分工合作给人类带来的利益远大于相互间的暴力争斗,全球范围的分工合作将给人类带来最大的福利。全球公共选择也将人类逐步导向合作、规范的协同。总之,全球性的交往、分工合作必然产生全球整体利益。这些整体利益主要包括:其一,全球的和平与安全。和平与安全是人类第一利益,由于人类交往进入全球范围,和平与安全也带有全球性。恐怖主义、毒品交易、海盗、劫机、商业诈骗等犯罪活动越出国界趋于世界化,对人类整体的人身和财产安全构成威胁,全人类联合起来对付战争与犯罪维护人类的和平安全需要共同的规范。其二,共同的生态环境。由于人口增长与科技的发展,人类活动对地球生态环境带来的不良影响日趋严重,环境问题再也不仅仅是国内问题,而且是全球性问题。大气污染、海洋污染、臭氧空洞、热带雨林锐减、物种减少、海平面升高、荒漠化、温室效应等生态环境问题威胁着人类的生存与发展,需要全人类的共同努力才能有所作为。〔36〕 其三,全球经济、文化的发展。经济文化的发展不仅仅是发展中国家利益之所在,也与发达国家利益息息相关。全球经济、文化的发展将提高全人类的生活素质,而全球经济文化的发展同样需要全球人民的努力。正所谓全人类休戚与共,一损俱损,一荣俱荣。其四,全人类对共同自然资源的合理开发与利用,例如对南极的开发与利用、深海洋底资源的开发与利用、对外层空间直至对其他天体的可能开发与利用等等。对人类共同的自然资源的开发与利用只有纳入全球共同的法律框架内才能最大限度地避免争端,避免掠夺式经营,从而达到实现全人类利益的最大化。其五,人类的基本权利。除了上述四大全球性社会利益以外,人类的基本权利也是人类总体利益的组成部分。因为全球社会是个体的人组成的,因而保障每个人的基本人权,实现人的自由发展,是最大的全球总体利益。

---

〔36〕 这些问题正显得越来越重要。据《环球时报》2000 年 10 月 20 日报道,智利的蓬塔阿雷纳斯市因为臭氧空洞严重影响人的健康而宣布进入紧急状态,相信这在人类历史上是第一次。据香港明报 2002 年 8 月 30 日报道,太平洋小岛国图瓦卢官员在 2002 年 8 月 28 日出席地球峰会期间透露,该国正准备拉拢加勒比海印度洋低地国家,联手控告美国和澳大利亚这两个污染大国,因为他们拒绝接纳《京都条约》,继续大量排放温室气体,使他们低洼小国面临被淹没的危险。

四、法律的世界化运动

前已论及，世界法是法律发展的第三个时代，由整体观之，人类目前正处在国家法的最高阶段，并开始迈入由国家法向世界法的过渡阶段。这个过渡表现为法律的世界化运动。这个运动表现在以下几个方面：

(一)国际法的世界化

其一，国际法内容的扩展。早期国际法的目标在于解决国际无序问题，其内容主要为战争与和平的规定，是真正“国际的”。公认作为近代国际法重要文选的《威斯特伐利亚和约》就是以结束三十年战争为目标的。第二次世界大战以来，侵略战争大为减少，国际法的热点由国家间的关系扩充到全球性的人际关系，由规范战争转向建立全球经济秩序、政治秩序，并追求全球正义。二战以后许多重要的国际条约集中于全球环境保护、国际反恐怖主义、建立全球统一的经济贸易法律秩序、人权保障、自然资源保护、全球性的社会保障(扶助贫穷国家、解救国际危难等等)，这一切就是极好的证明。其二，国际法主体种类趋向多元。传统国际法的主体几乎只有国家。现代国际法的主体除国家以外，有各种国际组织。殊可重视者是个人成为国际法的主体，欧盟法甚至规定公民个人可以向欧洲法院状告自己的国家。奥地利一公民诉讼曾导致奥地利刑事诉讼法的修改。这一现象的重要性在于，公民由国家的附属物变为与国家处于平等地位的法律主体，或起码表明公民对国家从属的缓解，公民的权利保障部分地来自超国家的世界法，个人正由“国家公民”走向“世界公民”。如果公民成为国际法主体还是区域性的(欧洲)，那么跨国公司作为国际法主体却已是全球性的了。这些公司无论在法律上还是经济上都已不是“纯国家”的，而是世界的了。其三，国际法精神的变化——以承认强权统治到全球平等的世界精神。早期国际法存在严重的强权政治的印记，它承认战争是达到国家目的的合法手段。现代国际法强调国家间的平等、非战、人权、国际合作，这为国际法转换成世界法的一部分打下了基础。其四，国际法普遍性程度的提高，其表现有二：一是国际法由“欧洲的”国际法变成“全球的”国际法；二是达成了许多全球一致的国际法原则和规则。

(二)国内法的世界化

国内法的世界化主要表现为各国法律的趋同以及对外国法律与法律实践的认可，这为世界法打下了坚实的规范基础。最受人们注目的是民商法领域。经过半个世纪的探索与磨合，全球大部分人类终于以世界贸易组织的形式达成了共同的经贸法律体系，出现这个体系的重要性不仅在于“国际性规范”的统一，而且在于“国内性”规范的统一。至于民法，其基本规则与原则从《拿破仑法典》以来各国早已相差无几。常常被国人认为阶级性最强的宪法，从基本内容到原则、规范，其一致的多还是歧异的多？一个不抱偏见的人只要去翻翻《世界宪法大全》就可知晓。至于刑法，除了政治性犯罪的规定以外，从一开始，其基本原则与内容各国也是大同小异，而政治犯罪的规定已经从大部分国家的刑法中消失了(我国 1997 年新刑法已经取消了反革命罪)。国内法世界化的另一表现是国内法对外国法律与法律实践的认可，国内法院适用外国法日益频繁、各国间相互承认与执行判决的司法协助条约日益增多，这从司法实践的角度将国家法推向世界法。在这方面,欧洲走在世界的前列。欧洲公法早就具有共同的精神与原则,其主要的规范载体无疑是《欧洲联盟条约(Treaty of Maastricht)》以及《欧洲保障人权和基本自由公约(Convention for the Protection of Human Rights and Fundamental Freedoms)》,在私法方面,借助欧洲私法整合运动,相应的"欧洲私法共同原理"和示范法也取得了一定的法源地位。[37]

(三)国际法国内法的一体化趋势

半个世纪以前,著名国际法学家凯尔森就主张国际法与国内法的一元论,他从逻辑上令人信服地证明,国际法、国内法这些所有的法律秩序汇合成一个完整的法律体系。此后半个多世纪的法律实践不断为凯氏理论提供无可置疑的证据。(1)国际法效力优位的取得。国际法的优位不但为大多数国家国内法所认可,也为国际条约所规定。我国是最重国家主权的国家,改革开放以后,我国许多法律均有"中华人民共和国缔结或者参加的国际条约同本法有不同规定的,适用该国际条约的规定"这种相似的规定。维也纳《条约法公约》(1969 年)规定,一当事国不得援引其国内法规定为理由而不履行条约(第 27 条)。在司法实践中,也要求国内法院在国际法与国内法冲突时适用国际法,如果国内法院不顾国际法规定而适用国内法,则构成国家侵权行为。(2)国际法向国内法的渗透。越来越多的国际法科国家以制定一定规范的义务及禁止制定某些规范的义务,即令国家在立法上承担国际法义务。在这里,国家立法机关只是执行国际法造法义务的一个组织,避免国内法与国际法的冲突。事实上,"法院、行政机关,以及甚至立法机关,都可以由国际条约建立"。[38] 更有特例,依据联合国的决议可建立新国家:1947 年,联合国大会曾通过决议,规定在巴勒斯坦地区分别建立独立的阿拉伯国和犹太国。(3)国际私法中国民待遇原则的普遍化。国民待遇本属国家间的互惠制度,当今世界上国民待遇原则几乎成了文明国家通行的制度,这对于全球统一法律制度的建立具有重要意义。国民待遇原则的普遍化将促进各国实行统一的民事规范,减少不同国家法律的冲突,有利于减缓国籍对人的权利与义务的影响,使人逐渐成为世界公民。(4)国际法强制力的取得与国际司法组织的建立。早期的国际法事实上只具有道德性,现今的许多国际法取得了强制性。这使得少数破坏国际统一法律秩序、严重侵犯人权的国家受到制约,维护了国际法的权威性。海牙国际法院虽然权力有限,但毕竟为解决国际冲突提供了一个"讲理"的地方,联合国安理会实际上也行使部分司法功能。这还不包括短期的为特定目的设立的国际性司法机关,比如东京法庭、纽伦堡法庭等。1998 年,联合国通过了《国际刑事法院罗马规约》,该规约已于 2002 年 7 月 1 日生效,国际刑事法院也已成立并开始工作,他已经向苏丹总统巴希尔发出通缉令。这是有史以来第一个全球性常设的具有强制管辖权的刑事法院。国际司法机构的开创对世界性法律秩序的重要性远远没有充分显示出来。更可喜的是,人类有史以来第一次组成了维护全球秩序与正义的强制力量——联合国维和部队。如果说上述四个证据证明国际法、国内法

---

〔37〕[德]尼尔斯·杨森:"欧洲法源多元格局:国别法、欧洲法民间法典编纂",罗浏虎译,载《求是学刊》2016 年第 1 期。

〔38〕[奥]凯尔森:《法与国家的一般理论》,沈宗灵译,中国大百科全书出版社 1996 年版,第 359 页。

的一体化还不够有力的话,那么,欧盟这一区域性法律共同体早已实现了国际法、国内法的一体化却是不争的事实。欧盟有自己的立法机关与司法机构,而且从1993年马斯特里赫特条约生效以来,欧盟的立法在各成员国内自然生效。这样一来,欧盟的国家法实际上退居“自治法”的地位。[39] 1999年,阿姆斯特丹条约生效,欧盟在实现法律一体化方面又迈出了重要的一步。现在,欧盟成员的立法要由欧洲委员会审核登记。如果委员会对该法的合法性提出质疑,则可以诉之欧洲法院。例如,2008年德国通过《国家基金法》,欧盟委员会就表示将对该法进行审核。欧盟将审查这部法律是否符合欧盟基本法中有关资本流通、创业自由等规定。假如欧委会持有质疑,可以依法开启诉讼程序,并向欧盟法院提出上诉。

（四）司法的世界化

司法世界化是指司法独立于本国的政府与立法部门而执行他国或世界性的法律的倾向。与上述法律的世界化相比,司法的世界化来得要晚一些,强度也小得多,目前仍然是少数发达国家法院的行为。例如,不顾高等金融法院和德国政府的强烈反对,一个德国低等法院仍然坚持遵守欧洲法院的裁决,而不遵守德国的法律。尽管面临法国立法机关“法官政府”这一古老指控和剥夺权限的威胁,法国最高法院仍然坚持欧盟法的至高地位并执行欧洲法院的指令。英国法院颠覆了神圣的议会君主制的教条,颁布了一条命令否定了对欧洲标准上司法审查悬而未决的英国法律的效力。[40]

五、世界法的必然性

世界法是法律发展之必然。法律发展的过程,是法律秩序的效力空间不断扩大的过程,这个过程不仅是单个法律秩序的扩展,还表现为多个法律秩序融合为一个统一的更大的法律秩序。多个法律秩序融合为一个更大的法律秩序的极点便是全球法律秩序的一体化。只要存在不同法域间人们的交往,只要存在法律的域外效力(从平等的角度来看,当然意味着同时承认外部法在本法域的效力),法律间的相互影响以致最终不同法域融合为一个统一的法律秩序就势在必然。

由原始法向国家法的迈进是法域的第一次大融合。随着人类部落群体范围的扩大,不同法域间的接触便日益频繁,它的最终结果便是两者必居其一:或是一个强大的部落吞并其他的部落而组成国家,原始法便成为国家法;或是各部落组成联盟,协调行为规范而达于国家法。

---

〔39〕 欧盟法与其成员国法律的效力关系遵循两大原则:第一,直接效力原则,在一定条件下,欧盟法可以自动进入成员国国内法律体系并产生法律效力,成员国的私人可以援引欧盟法创设的诉权将其政府诉诸国内法院;第二,优先适用原则,当欧盟法与成员国法之间发生冲突时,欧盟法具有高于成员国法的效力。具体进入成员国国内法律体系的方式有各国国内法连接国际法的原则不同而有所不同。采一元论的国家,例如法国,欧盟法可以直接进入国内法律体系;采两元论的国家,例如德国,欧盟法的进入有待一个转换过程,或者经过德国立法或者德国司法判例方式进行转化。

〔40〕 [美]安玛丽·斯劳特:《司法全球化:论世界范围内法院对话的兴起》,石明磊、张千帆译,载《南京大学法律评论》2003年春季号,第3页。

罗马国家就是罗马部落,萨伯力安部落和各种不同分子构成的第三个部落融合而成的。[41] 可以想见,随着罗马国家的出现,三个原始法融合为罗马的国家法。我国法律国家化的实现则是黄帝部落打败其他部落后将自身的原始法推而广之的结果(如果古史可信的话)。

由于法的"跨文化"属性,法域的扩大如非遇到自然环境的阻隔是不会停止的。在国家法形成过后,这个过程仍在继续。在中国,"以夏变夷"、华夏文明不断扩展的法律表现之一是华夏法域的拓展,不过由于特定的历史、地理、人文环境,华夏这一法域的主要存在方式是大一统的中华帝国法以及臣服于它的所谓"藩国"的法,而没有形成"世界的"法。不过,如果你把中国及其臣服于中国的所有地方看成一个小的世界,则华夏古代的法也是一个局部的世界法。罗马法在发展过程中形成了"市民法"与"万民法"的二元结构。罗马的万民法可以看做"地中海世界"的世界法。[42] 西欧中古中期、后期的教会法也是一个区域性世界法。它并非由国王、诸侯制定,但它的效力却及于英格兰、诺曼底、法兰西、德意志、西班牙、佛兰德、匈牙利、丹麦等欧洲的所有国家和地区。11 世纪复兴后的罗马法也是一个区域性的世界法。"在西方,查士丁尼的罗马法被视为一种理想法,是理性的文字体现,即书面理性(ratio scripta),它的原则应当支配任何地方的所有法规,无论是教会的法律,还是世俗政治体的法律。"[43] 其实,我们今天认为是法律的唯一形式的国家法——民族国家法,在欧洲不过是 19 世纪以来的事,它原本是超越国界的。[44] 当然,无论是教会法还是复兴的罗马法远非理想的世界法。不过,既然古代的先民们可以造就"幼稚的"世界法,我们就没有理由怀疑全球化时代的我们有能力创造完美的世界法,事实上,美丽的世界法正向我们款款走来!

讨论题

1. 法律发展的主要动力是什么?
2. 什么是法律移植? 为什么说多数法律是可以移植的?
3. 法律现代化的基本标准有哪些?
4. 如何理解法律文化的含义? 法律文化包括哪些组成部分?
5. 什么是法系? 大陆法系和英美法系的主要区别有哪些?

延伸阅读

1. [英]梅因:《古代法》,沈景一译,商务印书馆 1959 年版。

---

〔41〕 [德]恩格斯:《家庭、私有制和国家的起源》,中共中央马克思恩格斯列宁斯大林著作编译局译,人民出版社 1972 年版,第 117 页以下。

〔42〕 "世界"这一词除了指全球以外,还可指某一自成一体的空间范围,如人们讲"资本主义世界"、"东方世界"。由于古代文明更受制于地理环境,其扩展能量不足,所以全球实际上形成了多个相互阻隔的世界,最著名的有地中海世界、东亚世界、南亚次大陆世界等等。

〔43〕 [美]伯尔曼:《法律与革命》,贺卫方等译,中国大百科全书出版社 1993 年版,第 240 页。

〔44〕 [法]米海依尔·戴尔马斯—马蒂:《世界法的三个挑战》,罗结珍等译,法律出版社 2001 年版,第 2 页。

2.［美］R. M. 昂格尔：《现代社会中的法律》，吴玉章、周汉华译，译林出版社2008年版。
3.［英］威廉·退宁：《全球化与法律理论》，钱向阳译，中国大百科全书出版社2009年版。
4.［英］博温托·迪·苏萨·桑托斯：《迈向新法律常识：法律、全球化和解放》，刘坤轮等译，中国人民大学出版社2009年版。

延伸思考

1. 您怎样看待"法律移植论"与"本土资源论"的争论？
2. 法律的跨文化性对现代立法有何启示？
3. 您对世界法有信心吗？

参考文献

1.《圣经》。

2.［古希腊］柏拉图:《理想国》,郭斌和、张竹明译,商务印书馆 1986 年版。

3.［古希腊］柏拉图:《法律篇》,张智仁等译,上海人民出版社 2001 年版。

4.［古希腊］亚里士多德:《政治学》,吴寿彭译,商务印书馆 1965 年版。

5.［古罗马］查士丁尼:《法学总论》,张企泰译,商务印书馆 1989 年版。

6.［古罗马］西塞罗:《论共和国　论法律》,中国政法大学出版社 1997 年版。

7.《阿奎那政治著作选》,马清槐译,商务印书馆 1963 年版。

8.［法］达维德:《当代主要法律体系》,上海译文出版社 1984 年版。

9.［意］朱塞佩·格罗索:《罗马法史》,黄风译,中国政法大学出版社 1994 年版。

10.［德］K. 茨威格特、H. 克茨:《比较法总论》,潘汉典等译,贵州人民出版社 1992 年版。

11.［英］丹宁勋爵:《法律的训诫》,杨百揆等译,法律出版社 1999 年版。

12.［英］韦恩·莫里森:《法理学——从古希腊到后现代》,李桂林等译,武汉大学出版社 2003 年版。

13.［英］洛克:《政府论》,瞿菊农等译,商务印书馆 1982 年版。

14.［法］孟德斯鸠:《论法的精神》,张雁深译,商务印书馆 1961 年版。

15.［英］霍布斯:《利维坦》,黎思复、黎廷弼译,商务印书馆 1985 年版。

16.［法］卢梭:《社会契约论》,李平沤译,商务印书馆 1980 年版。

17.［英］边沁:《道德与立法原理导论》,时殷弘译,商务印书馆 2000 年版。

18.［英］奥斯丁:《法理学的范围》,刘星译,中国法制出版社 2002 年版。

19.［奥］凯尔森:《纯粹法理论》,张书友译,中国法制出版社 2008 年版。

20.［奥］凯尔森:《法与国家的一般理论》,沈宗灵译,中国大百科全书出版社 1996 年版。

21.［英］哈特:《法律的概念》,许家馨、李冠宜译,中国大百科全书出版社 1996 年版。

22.［英］哈特:《法理学与哲学论文集》,支振锋译,法律出版社 2005 年版。

23.［英］拉兹:《法律的权威》,朱峰译,法律出版社 2005 年版。

24.［美］弗里德曼:《法律制度》,李琼英、林欣译,中国政法大学出版社 1994 年版。

25.［德］康德:《法的形而上学原理》,沈叔平译,商务印书馆 1991 年版。

26.［德］黑格尔:《法哲学原理》,范杨、张企泰译,商务印书馆 1961 年版。

27.［德］拉德布鲁赫:《法学导论》,米健译,中国大百科全书出版社 1997 年版。

28.［德］拉德布鲁赫:《法哲学》王朴译,法律出版社 2005 年版。

29.［德］考夫曼:《法律哲学》,刘幸义译,法律出版社 2004 年版。

30.［德］考夫曼:《类推与“事物本质”》,吴从周译,学林文化事业有限公司 1999 年版。

31.［德］萨维尼:《论法学与立法的当代使命》,许章润译,中国法制出版社 2001 年版。

32. [英]梅因:《古代法》,沈景一译,商务印书馆1959年版。
33. [法]库朗热:《古代城邦》,谭立铸等译,华东师范大学出版社2006年版。
34. [德]马克斯·韦伯:《新教伦理与资本主义精神》,于晓、陈维纲等译,三联书店1987年版。
35. [美]伯尔曼:《法律与宗教》,梁治平译,中国政法大学出版社2003年版。
36. [德]马克斯·韦伯:《论经济与社会中的法律》,于晓、陈维纲译,生活·读书·新知三联书店1987年版。
37. [法]狄骥:《公法的变迁 法律与国家》,冷静译,辽海出版社、春风文艺出版社1999年版。
38. [美]罗斯科·庞德:《通过法律的社会控制 法律的任务》,沈宗灵、董世忠译,商务印书馆1984年版。
39. [美]罗斯科·庞德:《法理学》,邓正来译,中国政法大学出版社2007年版。
40. [日]穗积陈重:《法律进化论》,黄尊三译,中国政法大学出版社2003年版。
41. [美]霍贝尔:《原始人的法》,严存生译,法律出版社2006年版。
42. [美]罗尔斯:《正义论》,何怀宏等译,中国社会科学出版社1988年版。
43. [美]比克斯:《法理学:理论与语境》,邱昭继译,法律出版社2008年版。
44. [美]德沃金:《认真对待权利》,信春鹰、吴玉章译,上海三联书店2008年版。
45. [美]德沃金:《法律帝国》,常青译译,中国大百科全书出版社1996年版。
46. [美]德沃金:《自由的法》,刘丽君译,上海人民出版社2001年版。
47. [美]德沃金:《至上的美德——平等的理论与实践》,冯克利译,江苏人民出版社2003年版。
48. [英]登特列夫:《自然法:法律哲学导论》,李日章、梁捷、王利译,新星出版社2008年版。
49. [英]哈耶克:《法律、立法与自由》,邓正来译,中国大百科全书出版社2000年版。
50. [英]哈耶克:《自由秩序原理》,邓正来译,三联书店1997年版。
51. [美]E.博登海默:《法理学——法律哲学与法律方法》,邓正来译,中国政法大学出版社1999年版。
52. [美]波斯纳:《法律的经济分析》,蒋兆康译,法律出版社2012年版。
53. [美]昂格尔:《现代社会中的法律》,吴玉章、周汉华译,译林出版社2001年版。
54. [英]彼得·斯坦、约翰·香德:《西方社会法律的价值》,王献平译,中国法制出版社2004年版。
55. [德]鲁道夫·冯·耶林:《法学是一门科学吗?》,李君韬译,法律出版社2010年版。
56. [意]皮罗·克拉玛德雷:《程序与民主》,翟小波、刘刚译,高等教育出版社2005年版。
57. [英]科特威尔:《法律社会学导论》,彭小龙译,中国政法大学出版社2015年版。
58. [英]米尔恩:《人的权利与人的多样性——人权哲学》,夏勇等译,中国大百科全书出版社1995年版。
59. [美]伯顿:《法律和法律推理导论》,张志铭、解兴权译,中国政法大学出版社1998年版。
60. [日]棚濑孝雄:《纠纷的解决与审判制度》,王亚新译,中国政法大学出版社1994年版。
61. [美]贝勒斯:《法律的原则——一个规范的分析》,张文显译,中国大百科全书出版社1996年版。
62. [日]谷口安平:《程序的正义与诉讼》,王亚新、刘荣军译,中国政法大学出版社1996年版。
63. [美]诺内特、塞尔兹尼克:《转变中的法律与社会》,张志铭译,中国政法大学出版社2004年版。
64. [美]卡多佐:《司法过程的性质》,苏力译,商务印书馆1998年版。
65. [美]布莱克:《法律的运作行为》,唐越、苏力译,中国政法大学出版社1994年版。
66. [美]伯尔曼:《法律与革命》,贺卫方等译,法律出版社2008年版。
67. [美]约翰·V.奥尔特:《正当法律程序简史》,杨明成、陈霜玲译,商务印书馆2006年版。
68. [美]约翰·麦·赞恩:《法律的故事》,刘昕、胡凝译,凤凰出版传媒集团、江苏人民出版社2010年版。
69. [英]丹宁勋爵:《法律的正当程序》,李克强、杨百揆、刘庸安译,法律出版社2011年版。
70. [德]考夫曼等主编:《当代法哲学和法律理论导论》,郑永流译,法律出版社2013年版。

71. [英]尼尔·麦考密克:《法律推理与法律理论》,姜峰译,法律出版社 2005 年版。
72. [德]伯恩·魏德士:《法理学》,丁晓春、吴越译,法律出版社 2013 年版。
73. [美]斯蒂芬·B. 戈尔德堡等:《纠纷解决——谈判、调解和其他机制》,蔡彦敏等译,中国政法大学出版社 2004 年版。
74. [德]哈贝马斯:《在事实与规范之间》,童世骏译,生活·读书·新知三联书店 2003 年版。
75. [意]卡佩莱蒂:《比较法视野中的司法程序》,徐昕、王奕译译,清华大学出版社 2005 年版。
76. [日]森际康友:《司法伦理》,于晓琪、沈军译,商务印书馆 2010 年版。
77. [美]富勒:《法律的道德性》,郑戈译,商务印书馆 2005 年版。
78. [荷]伊芙琳·T. 菲特丽丝《法律论证原理——司法裁决之证立理论概览》,张其山等译,商务印书馆 2005 年版。
79. [美]霍菲尔德:《基本法律概念》,张书友译,中国法制出版社 2009 年版。
80. [德]阿列克西:《法律论证理论》,舒国滢译,中国法制出版社 2002 年版。
81. [德]罗伯特·阿列克西:《法概念与法效力》,王鹏翔译,商务印书馆 2015 年版。
82. [德]霍恩:《法律科学与法哲学导论》,罗莉译,法律出版社 2005 年版。
83. [美]埃尔曼:《比较法律文化》,贺卫方、高鸿钧译,清华大学出版社 2002 年版。
84. [美]贝勒斯:《程序正义——向个人的分配》,邓海平译,高等教育出版社 2005 年版。
85. [日]山本祐司:《最高裁物语——日本司法 50 年》,祁玫译,北京大学出版社 2005 年版。
86. [德]拉伦兹:《法学方法论》,陈爱娥译,五南图书出版公司 1996 年版。
87. [苏]维辛斯基:《国家和法的理论问题》,法律出版社 1955 年版。
88. 陈弘毅:《法治、启蒙与现代法的精神》,中国政法大学出版社 1998 年版。
89. 陈金钊:《法律解释的哲理》,山东人民出版社 1999 年版。
90. 郭道晖:《法理学精义》,湖南人民出版社 2005 年版。
91. 贺卫方:《司法的理念与制度》,中国政法大学出版社 1998 年版。
92. 胡玉鸿:《法学方法论导论》,山东人民出版社 2002 年版。
93. 瞿同祖:《瞿同祖法学论著集》,中国政法大学出版社 1998 年版。
94. 夏勇:《人权概念的起源》,中国政法大学出版社 1992 年版。
95. 杨仁寿:《法学方法论之进展——实践哲学的复兴》,三民书局有限公司 2013 年版。
96. [美]罗纳德·德沃金:《没有上帝的宗教》,於兴中译,《中国民主法制出版社》2015 年版。
97. 张志铭:《法律解释操作分析》,中国政法大学出版社 1999 年版。
98. 刘星:《一种历史实践——近现代中西法概念理论比较研究》,法律出版社 2007 年版。
99. 颜厥安:《法与实践理性》,中国政法大学出版社 2003 年版。
100. [美]阿德里安·沃缪勒教授:《不确定状态下的裁判——法律解释的制度理论》,梁迎修、孟庆友译,北京大学出版社 2011 年版。
101. [美]罗纳德·德沃金:《身披法袍的正义》,周林刚、翟志勇译,北京大学出版社 2010 年版。
102. [美]吉姆·佩特罗等:《冤狱何以发生——导致冤假错案的八大司法迷信》,苑宁宁、陈效等译,北京大学出版社 2012 年版。
103[美]斯蒂芬·布雷耶:《法官能为民主做什么》,何帆译,法律出版社 2012 年版。
104[美]米尔伊安·R. 达玛什卡:《司法和国家权力的多种面孔——比较视野中的法律程序》,郑戈译,中国政法大学出版社 2004 年版。

后　记

我出生在长江下游南岸的小村，唯一的骄傲是拥有天下最敬业、最善良的父母。二老在半饥饿状态中支撑我读完小学又读中学。“文革”爆发，学业中断，我也加入亿万农民行列。曾从家乡拉纤到上海装大粪回乡以肥田。1969 年应征服兵役，退伍后教小学、中学。接下来就是恢复高考又做学生，毕业后再做教师至今。布衣生涯造成我近乎病态的平民性格，视马克思、恩格斯提倡的人的自由与解放、人格独立为生命。我认为马克思的法理学就是“平民法理学”，他追求的是自由、平等、权利，他鞭挞任何特权及特权颂歌。

还在读大学时，在十一届三中全会倡导的思想解放运动中，我请教恩师谢随知（《柏拉图——生平及其著作》的中译者），中国的出路何在？他以哲学家的睿智道出两个字：法治！此事距今已整整二十年。然历时愈久，信之弥坚。师训虽然令我茅塞顿开，但那时我对法治的理解是浅薄的，仅仅是有法律、用法律而已。但却正是这两个字，促使我自学法律。当时能找到的法律书仅有苏联人的《国家与法的理论》之类，维辛斯基法律理论于是成为最先进入我脑海的系统的法思想，我隐隐感到它与我自由平等的理想有很大差距。西南政法学院进修以后，我花两年时间通读了老师开列的马恩全集和列宁全集中所有有关法律的文章，而后从研究民法而达于法理。20 世纪 90 年代以后，得以广泛阅读西方法学名著，并从宪法、行政法而进于法理。至此，我开始对传统法理学全面反思。1993 年，与范忠信君合著《法理学——市场经济下的探索》，该书得到年轻人厚爱，却也被权威当头棒喝。1997 年，中共十五大确立了建设社会主义法治国家的方略，我决定从全球视野重新审视法理问题，并将我的教学、研究成果融入其中，结果便是奉献给各位的这本书。从我最初接触法理学至今，已接近二十年，从事法理学教学研究也已近十八年，个中甘苦自知。作为 30 岁才读大学，特别是以法理学为业的人，我常常扪心自问：我说的话是否对得起给我以衣食的农民、工人？是否对得起圆颅方趾的物类？这种反省常常化作笔端的激情。书一写完，它就成为客观的存在，要接受实践检验和读者评判，每念于此，常怀惴惴不安之情。

本书得以顺利出版要感谢法律出版社的支持，特别要感谢敬业与善良的卞学琪先生的帮助。胡亚球先生为联系出版事宜不辞辛劳，庞凌、焦宝乾、张海平、陈海英、蔡琳、曾国文、茹洋诸君参加了辅助性工作，并提出了许多宝贵的建议，在此一并致谢。

作者

1999 年 9 月

图书在版编目(CIP)数据

法理学:全球视野 / 周永坤著. --4 版. --北京:
法律出版社,2016.7(2025.12 重印)
ISBN 978-7-5118-9746-6

Ⅰ.①法… Ⅱ.①周… Ⅲ.①法理学-高等学校-教
材 Ⅳ.①D90

中国版本图书馆 CIP 数据核字(2016)第 165822 号

法理学——全球视野(第四版)
FALIXUE—QUANQIU SHIYE(DI-SI BAN)

周永坤 著

责任编辑 陈 慧
装帧设计 乔智炜

出版发行 法律出版社
编辑统筹 法律教育出版分社
责任校对 郑怡萍
责任印制 刘晓伟
经　　销 新华书店

开本 787 毫米×1092 毫米 1/16
印张 26.5　　字数 580 千
版本 2016 年 8 月第 4 版
印次 2025 年 12 月第 8 次印刷
印刷 固安华明印业有限公司

地址:北京市丰台区莲花池西里 7 号(100073)
网址:www.lawpress.com.cn
投稿邮箱:info@lawpress.com.cn
举报盗版邮箱:jbwq@lawpress.com.cn

销售电话:010-83938349
客服电话:010-83938350
咨询电话:010-63939796

书号:ISBN 978-7-5118-9746-6
定价:56.00 元

凡购买本社图书,如有印装错误,我社负责退换。电话:010-83938349